불교 페미니즘
: 가부장제 이후의 불교

이 도서의 국립중앙도서관 출판예정도서목록(CIP)은 서지정보유통지원시스템 홈페이지 (http://seoji.nl.go.kr)와 국가자료종합목록 구축시스템(http://kolis-net.nl.go.kr)에서 이용하실 수 있습니다. (CIP제어번호 : CIP2020024032)

불고 페미니즘

가부장제 이후의 불교

Buddhism After Patriarchy: A Feminist History, Analysis, and Reconstruction of Buddhism

리타 그로스 지음
옥복연 옮김

동연

추천의 글

이 책의 원서 *Buddhism After Patriarchy*가 1980년대 초 미국에서 처음 출판되었을 때, 서구 불교계는 모두 반가워했다. 페미니즘 비평에 획기적인 책이었기 때문이다. 당시만 해도 불교계에서 여성과 관련된 책을 만나기가 쉽지 않았는데, 이 책은 보기 드물게 불교를 페미니즘적인 관점에서 비평하고 또한 미래를 예측하고 있다. 이처럼 중요한 책이 한국어로 번역된다니, 참으로 반갑기 그지없다.

리타 그로스Rita Gross 박사는 오래전에 내가 거주하고 있는 사원에도 왔던 적이 있는데, 자신의 책이 번역된다는 사실을 안다면 얼마나 좋아할까? 너무 빨리 세상을 떠나서 아쉽기만 하다. 그녀는 비교종교학 박사학위를 받은 학자로, 특히 불교를 페미니즘과 결합한 논리적인 서술로 여성계뿐만 아니라 불교계에도 매우 특별한 공헌을 했다. 수천 년 동안 불교 국가들과 불교인들에게는 여성이 남성보다 열등하다고 인식되어왔다. 전생에 나쁜 업(카르마)을 지었기 때문에 여자로 태어난다는 것이 오랫동안 전통으로 전해져왔다. 단지 여자로 태어났다는 것이 불행이었다.

하지만 붓다께서는 여성들이 완전한 깨달음에 도달할 수 있다고 가르치셨다. 또한 교단의 구성원인 비구, 비구니, 재가 남성, 재가 여성은 교단 번영에 필수적인 사부대중임을 강조하면서 비구니와 재가 여성을 종종 격려하고 지지했다. 그럼에도 불구하고 비구니와 재가 남녀 불자들은 항상 비구보다 뒷자리에서, 여러 가지 제한 속에서 그 능력을 발휘하지 못했던 것도 사실이다.

여성들, 특히 비구니들조차 일반적으로 교육과 학습과 실천의 기회를 박탈당하기 때문에, 그들은 자연스럽게 지적으로 남성들보다 열등하게 여겨졌다. 자신들의 통찰력을 표현할 목소리조차 낼 수 없는 비가시적인 존재로 간주되었다. 거의 모든 교리와 연관된 문헌들은 남자(대부분의 비구)가 암송하고 기록한 것으로 남성적 관점을 반영하고 있으며, 솔직하게 말하면, 종종 여성에 관련된 모든 것을 의심스러워하거나 외계인처럼 생각하는 여성 혐오자 혹은 남성 중심적인 내용이 포함되어 있다.

또한 여성은 지적 능력이 부족하고, 성적 욕구를 억제하지 못하며, 부정한 존재로 묘사되었다. 그래서 당시 여성들이 다음 생애에는 꼭 남자의 몸으로 다시 태어나도록 기도하는 것도 놀랄 일이 아니었다! 불교는 여성에 대한 사회적 불평등을 개선하기보다는 오히려 이러한 차별이 올바르고 적절한 것이라며 교리를 담고 있는 문헌들에 포함시키기도 했다.

여성들이 남성과 동등한 교육 기회를 갖게 되면서, 이러한 상황들은 심각할 정도로 불공평하다는 것을 깨닫고 인간으로서의 평등한 권리를 요구하는 것은 그리 오래되지 않았다. 리타 그로스는 그녀의 삶 대부분을 여성의 권리 향상과 성평등을 옹호하기 위해 열정적으로 노력했고, 그녀의 신념이 점차 성숙하면서 책을 출판하거나 다양한 글을 발표하면서 자신의 주장을 펼쳐 나갔다.

이 책은 그녀의 뛰어난 학식과 깊이 있는 오랜 연구의 결과물로, 가부장제와 그 이후의 불교에 관한 내용을 담고 있다. 동서고금을 막론하고 오늘날까지 의심할 여지 없이 모든 불교 전통에서 전해오는 불교 문헌의 차별성에 대해서 그녀는 이미 30여 년 전부터 과감하게 도전했다. 지금으로부터 약 30년 전에 쓴 책임에도 불구하고, 여전히 그녀의 분석이 유용할 정도로 불교가 변하지 않은 것이 안타까울 뿐이다.

오늘날에는, 다행스럽게도 서구 불교계에는 잘 알려진 교리 스승과 학자들 가운데 여성이 많이 있으며, 여성이라고 지식 수준이나 경험에 대해 이의를 제기하는 사람은 거의 없다. 그러나 불교 역사를 통해 볼 때, 여성이 인정받기 시작한 것도 그리 오래되지 않았다. 만약 불교가 그렇게 성차별적이고 가부장적이지 않다면, 제대로의 불교는 어떤 모습일까? 어떻게 하면 불교가 현대 사회에서 더욱 성평등한 종교로 나아갈 수 있을까? 이러한 질문을 시작해 준 리타 그로스에게 진심으로 감사의 말을 전하고 싶다.

불교의 핵심 교리 중에는 영원불변한 것은 없다는 가르침이 있는데, 그럼에도 가부장적 위계질서에 대해 변화를 거부하고, 특히 교리를 신선한 통찰력으로 보는 것에 대한 저항도 있다. 그러나 사회는 지속적으로 여성의 목소리를 포함시키고 여성의 권리를 발전시키고 있으며, 이러한 변화는 누구도 거역할 수 없게 되었다.

불교는 모든 존재의 상호 연관성을 중시하고, 시대를 초월하는 위대한 붓다의 지혜를 사회와 공유하기 위해 21세기로 옮겨가야 한다. 붓다의 가르침은 모든 인간에게 매우 유익한 것이며, 오늘날은 교리 연구와 실천에 종사하는 여성들도 다수이다. 일반적으로 여성들은 더욱 수행에 집중하고, 헌신적이며 영적인 길에 전념하는 경향성이 있으며, 미래에도 불교를 유지하고 발전시킬 주체가 될 가능성이 높다.

사실 가장 높은 권위를 가진 금강승 비구들 중 몇몇은 미래 사회에 교리가 여성들의 손에 넘어갈 것이라고 예언해 왔다! 여성들이 얼마나 불교계에서 위대한 존재인가? 이제라도 교단은 여성들이 비주류가 되지 않도록 지지하고 격려하고, 또한 모든 불자들은 성평등한 불국토 건설에 앞장설 수 있기를 바란다.

한국의 불자들이여, 담마 안에서 모두 행복하기를. _()_

2019. 12. 21
동규가찰링사원Dongyu Gatsal Ling Nunnery에서
텐진 팔모Jetsunma Tenzin Palmo

〈텐진 팔모〉 서양 여성 최초의 비구니인 텐진 팔모 스님은 영국 출신으로, 20세의 나이에 인도로 불교 공부를 하러 갔다가 티베트 불교의 8대 활불인 캄트룰Khamtrul 린포체 님을 스승으로 모시고 사미니계를 받았다. 6년간 스승 밑에서 공부를 하고, 히말라야 산자락의 작은 승원에서 6년간 수행을 그리고 히말라야 석굴에 홀로 들어가 12년을 명상 수행을 했다.

여성은 정식 승려가 될 수 없는 티베트의 성차별적인 상황에서도 그녀는 여성 원리의 우월성을 믿으며, 앞으로도 계속해서 여성의 몸으로 태어나고 여성의 몸으로 깨달음을 얻고 성불하리라고 서원을 세웠다. 12년간 이 설산에서의 수행 과정을 적은 『나는 여자의 몸으로 붓다가 되리라』라는 책이 출판되어 전세계적으로 알려진 스님은 많은 비구니들뿐만 아니라 여성 불자들에게도 큰 용기를 주고 있다.

스님은 2000년, 인도 북부에 비구니들의 교육과 수행을 위한 동규가찰링Dongyu Gatsal Ling 승원을 세우고 있는데, 자격을 갖춘 비구니 교사의 양성을 시급한 과제로 삼고 있다. 비구니들의 대스승이자 역할 모델이 된 텐진 팔모 스님은 유럽과 북미, 호주 등 서구 여성들이 출가를 하는 등, 서구 사회에 불교를 전파하는 데도 중요한 역할을 하고 있다.

특히 비구 중심의 교단에서 비구니와 여성 불자들을 격려하고 지지하며 세계 곳곳에 순회강연을 하며, 여성으로서의 자존감을 북돋워주며 성평등과 관련된 힘찬 메시지를 전하고 있다. (http://tenzinpalmo.com에서)

동규가찰링승원에서 수행중인 비구니들
http://tenzinpalmo.com.

인도 INEB 컨퍼런스에서 법륜 스님과 주제 발표 중(2019년 10월)

머리말

이 책은 오랜 세월 열심히 노력하고 묵상한 결과이지만, 많은 스승들의 영감과 친구들의 격려 없이는 완성되지 못했을 것이다. 먼저 나의 학문적 스승들께 감사드린다. 밀워키에 있는 위스콘신주립대의 플로런스 왈즐Florence Walzl 선생님은 학부 여학생들이 학문적 진로에 대해 진지하게 생각하도록 격려해주었고, 올바른 방향들을 제시해주었다. 처음 나에게 여성과 종교에 관한 연구에 헌신해보기를 제안했던 미르체아 엘리아데Mircea Eliade 선생님께 깊은 감사의 말씀을 전하고 싶다. 시카고대학교의 찰스 H. 롱Charles H. Long과 조셉 M. 키다가와Joseph M. Kitagawa도 이러한 학문을 지속하기를 장려했다.

불교 가르침의 스승들로부터 나는 여러 가지 교훈을 얻었으며, 이들은 모두가 나에게 말할 수 없이 소중한 분들이다. 초캄 트룽파Chogyam Trungpa와 오셀 텐진Osel Tendzin은 매우 현명하고 용기 있고, 믿을 수 없을 정도로 친절하며, 또한 격렬한 논쟁을 통해 가르침을 주신 스승들이었다. 그들은 또한 제자들에게 열정적으로 헌신하셨고 격려를 아끼지 않았는데, 우리가 삶의 모든 영역에서 자신만의 광대한 비전을 이어가고, 가르침을 실천하면서 이와 분리될 수 없는 삶을 살아가도록 격려했다.

세계 여러 나라의 친구들은 계속해서 나를 격려해 주었다. 이 책의 초안 일부를 읽고 주석을 달고, 이 책이 완성될 때까지 중요한 단계마다 꼭 필요한 동반자가 되어 주었다. 학문 세계에서 사랑하는 나의 친구 낸시A. 포크Nancy A. Falk는 지속적인 격려와 조언 섞인 피드백을 해 주었다. 학업 초기에 젊은 페미니스트 학자들의 공동체는 나에게 지속적인 힘이 되었다. 캐롤 크리스트Carol Christ, 나오미 골든버그Naomi Goldenberg, 주디스 프레스코Judith Plaskow 등 페미니즘 학문에 함께 했던 다양한 여성들이 젊은 페미니스트 학자였던 나에게 용기를 주었다. 불교 친구들 중 특히 진Jean과 브루스 웨스트비Brus Westby, 카셀 그로스Cassell Gross 및 자일드 데 라이스메스Jaird de Raismes는 내 삶의 여정에서 진정한 동반자라고 말하고 싶다.

불교와 기독교 간의 대화와 만남의 세계는 점점 더 소중한 지지와 격려의 공동체가 되었다. 프레드릭 스트렝Frederick Streng은 연구 방법론에 대한 토론에서 도움을 주었다. 불교 페미니즘에 대한 서구의 뿌리를 연구하는 첫 번째 도전이었던 존 콥John Cobb의 프로젝트를 수행할 수 있도록 한 데이비드 차펠David Chappell에게 감사드린다. 내 친구인 주디스 심머-브라운Judith Simmer-Brown은 여러 토론 분야에 참여해서 나에게 다양한 도움을 주었기 때문에, 그녀를 어느 그룹에 포함시켜 감사해야 할지 모르겠다. 또한 많은 다양한 목소리가 나에게 힘을 주었고 도움이 되었다. 그들 모두의 이름을 언급하지 않은 것에 대해 죄송하게 생각한다.

오클레어에 있는 위스콘신대학은 1990년 가을 학기에 나에게 안식년을 주었는데, 그때 나는 이 책의 첫 번째 초안을 완성했다. 대학은 또한 내가 이 책을 쓰기 위한 준비 과정에서 필요한 다양한 프로젝트를 도와주기 위해, 몇 년 동안 보조금을 제공했다. 특히 내 전공학과의 학과장인 브루스 자누시Bruce Jannusch에 대해 감사드린다. 여러 해 동안 그녀는 내 수행의 주요 부분에 해당하는 집중명상 훈련에 참석할 수 있도록 도와주었다. '불교 여성과 종교' 수업을 들은 많은 학생들이 내 발표를 명확하고 단순화하도록 지적하면서 실질적으로 도움을 주었는데, 수업에서 그들의 코멘트 또한 나에게 많은 영감을 불어 넣어주었다. 그중 누구를 따로 지적하기가 어려워서 그 학생들 모두의 이름을 거론하지는 않겠다.

　마지막으로 친절하고 따뜻하게 매우 도움 되는 제안을 해준 뉴욕 주립대학교 출판사의 빌 이스트만Bill Eastman에 감사드린다. 그보다 더 협조적이고 열정적인 편집자는 상상하기 어렵다.

리타 그로스Rita Gross

옮긴이의 글

이 책을 처음 접했을 때 그 신선함은 지금도 기억이 난다. 불교는 가부장제와 매우 잘 어울리는(?) 조합이라고 생각했는데, '가부장제 이후의 불교'라니, 도대체 그 안에는 어떤 내용이 있을까 매우 궁금했었다. 서양 페미니스트가 어떻게 불교로 가부장제를 극복할 수 있다고 주장하는지, 왜 불교여야만 하는지, 무엇으로 성평등하게 변화시킬 수 있다는 것인지 선뜻 이해하기가 쉽지 않았다. 하지만 이 책을 읽은 후, 나는 여성학적 관점에서 불교가 참으로 페미니즘과 유사하다는 그녀의 주장에 찬성하며, 불교와 연관된 박사학위 논문을 쓰기로 결심했다.

그리고 리타 그로스를 만난 것은 베트남에서 개최했던 세계여성불자대회, 샤카디타에서였다. 동서양을 막론하고 세계의 불교 여성들이 한자리에 모이는 이 행사에는 특히 상좌불교 국가의 사미니(비구니 수계를 받지 못한 수행녀)와 대승불교 국가의 비구니 그리고 서구 불교 페미니스트들과 동양의 재가 여성 불자들이 함께한다. 그러다 보니 다양한 출신국만큼 이슈도 다양하고, 관점 또한 그 성장 배경만큼 많은 차이가 있었다. 하지만 공통적인 주장은 불교가 성평등하게 변해야 한다는 것이었다.

나는 리타 그로스에게 이 책이 얼마나 나에게 큰 영향을 미쳤는지 말하면서, 많은 한국 여성 불자들이 읽을 수 있었으면 좋겠다고 했다. 그녀는 나를 격려했고 우리는 이 책의 한국어판을 약속했는데, 그녀가 다른 세상으로 떠나버린 지도 한참 지난 이제야 그 약속을 지키게 되었

2009년 12월부터 2010년 1월 3일 까지 개최된 제11차 샤카디타 세계 불교여성대회에서 리타 그로스와 역자

다. 참으로 미안할 뿐이다. 하지만 놀라운 사실은 그녀가 1993년에 썼던 이 책에서 전개한 논리들이 오늘날 성평등한 교단으로 재구축하고자 하는 여성 불자들에게도 매우 유용하며, 교단의 견고한 가부장성을 해체하기 위한 적절한 도구로 여전히 작동할 수 있다는 점이다.

불교와 페미니즘은 인간의 변화 발전 가능성과 자력에 의한 해방이라는 공통의 목적을 가지고 있으며, 페미니즘적인 해방 이데올로기를 불교 교리를 통해 발전시키면서 1980년대 서구에서 시작되었다. 즉 서구 문명에 대한 반성과 비판이 불교에 대한 관심으로 나타나고, 페미니즘적 의식이 불교 교리를 새로운 여성해방 이론으로 받아들이면서 불교 페미니즘이 형성된 것이다. 90년대는 교단 내에서 페미니즘이라는 용어도 익숙지 않았을 것인데, 그녀는 참으로 앞서간 페미니스트 종교학자이자 수행자였다.

불교 페미니즘이란 불교를 페미니즘적 관점에서 해석하는 이론으로, 해방과 평등의 불교 교리는 페미니즘에서 지향하는 바와 매우 일치한다. 불교의 공성, 무아, 연기 사상 등은 남녀 이분법과 남성의 지배와 억압에 대항하는 여성의 투쟁이라는 이념적 경직성을 극복할 수 있는 이론적 토대가 된다. 이는 리타 그로스가 "불교는 페미니즘이다"라고 주장한 이유이다. 그녀는 불교 페미니즘이 여성만을 위한 것이 아니라 "여성과 남성의 공동 인간성에 대한 기본적인 수행"으로 정의한다. 이는 본 역자가 불교 페미니즘을 "여성이 억압받고 있는 현실에 대한 자각과 함께 이러한 억압이 사회적으로 구성되었기 때문에 변화 가능함을 인식하고, 불교 사상을 기반으로 여성해방은 물론 궁극적으로는 온 생명의 존귀함과 평등을 성취하기 위한 실천이론"이라고 정의하는 것과 다를 바가 없다.

　　리타 그로스는 티베트 불교에 깊이 심취했었는데, 불교의 가부장성을 극복하고 성평등하게 재구축하는 일에 티베트 불교는 중요한 위치에 있다고 주장한다. 왜냐하면, 첫째, 티베트 불교는 초기 인도 불교가 전파되어서 교리가 잘 보존되어 있기 때문인데, 작년 10월 INEB 국제참여불교회의에서 달라이라마 존자님을 방문했을 때 존자님께서도 이 때문에 티벳어를 잘 보존해야 한다고 말씀하셨다. 둘째, 티베트 불교는 금강승불교라고 부를 정도로 대승불교에서 매우 수준 높은 교리와 다양한 형식의 탕가(탱화)나 불상 등의 상징물과 시각화 수행법 등으로 불교의 핵심 사상을 가르치고 있다. 셋째, 서구 사회에 티베트 불교가 널리 전파되어 오늘날 서구 불교의 발전에 큰 영향을 미쳤는데, 최근에는 간결하고 실용적인 서구 불교가 동남아나 한국 등 불교 국가에 역수입되고 있다. 넷째, 티베트 불교는 특히 페미니즘적 관점에서 볼 때, 어떤 불교 분파보다도 여성성을 중시하며, 뛰어난 여성 스승들이 많이 존재하며, 수행에 필수적인 여성 상징들이 발달해 있다는 것은 불교를 페미니즘적으로 재구축하는 데 매우 유용한 자원이 될 수 있다.

　　티베트 불교에서 수행의 완성은 여성성과 남성성이 결합되어야 하므로 여성성 또한 남성성과 동등하게 존중되며, 여성을 비하하지 말라는 구체적인 계율까지 정해질 정도로 여성성을 존중하고 있다. 또한 예세 초겔이나 다키니 등 위대한 여성 스승들이 역사적 인물로 존재했으며, 불교에서는 드물게 오늘날까지도 여성 종교지도자로 추앙받고 있다. 현재까지 어떤 다른 기성 종교에서도 흔치 않은 일이다. 그럼에도 불구하고 티베트 불교는 비구니 승단이 복원되지 못하고, 여전히 가부장성이 견고한 것이 부정할 수 없는 현실이다. 현실과 교리, 현실과 역사, 현실과 제도의 엄청난 이 격차는 불교 여성들이 연대해서 해결해야 할 우선적인 과제라고 할 수 있다.

불교 페미니즘적 관점에서 보면 한국 불교 역시 성차별이 고착화되어 있다. 예를 들면 한국 불교의 대표적인 종단인 조계종단은 비구 중심의 종단으로 제도화하면서 젠더 위계와 출가자 중심의 신분 위계를 종법으로 고착화시켰다. 인간 평등과 해방을 주창한 붓다의 가르침에도 불구하고 경전 속에는 부정적이고 열등한 여성관이 여전히 전승되고 있으며, 독신 비구의 금욕을 위해 여성 섹슈얼리티를 통제하는 등 여성 혐오 담론도 전해지고 있다. 그 결과 교단 내에서 성차별, 성희롱 그리고 성폭력 등 성범죄도 발생하고 있으며, 한국 사회의 성평등한 흐름을 따라가지 못하고 문화 지체 현상을 보이고 있다.

이러한 상황에서 리타 그로스의 책이 번역되는 것은 큰 의미가 있다고 생각한다. 이 책은 그녀가 서두에서 밝혔듯이, 종교학, 페미니즘 그리고 불교라는 세 요소가 상호 영향을 미치면서 독특하게 전개되고 있을 뿐만 아니라, 개인적인 경험도 통합되어 있는 교차문화적인, 매우 오랜 기간의 노력과 심도 깊은 비교연구를 보여주고 있다. 그녀는 티베트 불교를 수행하는 재가 여성이라는 내부자적 관점과 페미니스트 종교학 연구자라는 외부자적 관점을 견지하면서 불교 역사를 살펴보고, 또 성평등한 이데올로기로서의 불교 이론을 분석해서 이를 토대로 불교를 재구축하고자 한다.

그리하여 불교 페미니스트의 재평가 전략을 세우며 목표와 방향을 설정하고, 왜 과거를 알아야 하며 정확하고 유용한 과거는 무엇을 위해 필요한가를 질문하면서 그 답을 찾아 나간다. 또한 불교 교리에 나타나는 주요 개념들을 페미니스트적 관점에서 심층분석한 후, 붓다의 가르침에는 여자도 남자도 없다는 너무나도 당연한, 그러나 다수 불자들이 무시하고 있었던 결론을 내린다. 그녀는 불교사에서 초기 불교, 상좌불교 그리고 대승불교라는 세 번의 전환기를 무아, 공성, 불성의 개념으로 설명하는데, 이는 교리 연구와 티베트 불교 명상수행에 그녀가 얼마나 열중했던가를 짐작할 수 있게 한다.

성평등한 불교의 재구축을 위하여 과거를 돌아보고 또 미래를 준비할 것을 강조하며, 가부장제 이후의 불교는 출가자 중심, 사원 중심이 아니라 재가자, 사원 그리고 요가 수행자 등을 중심으로 대안을 마련해야 함을 주장한다. 특히 성평등한 세상을 위하여 젠더화된 언어를 극복하고, 승가가 단지 출가자의 모임이 아니라 함께 수행하며 상호 깨달음을 위해 선한 영향을 미치는 사람들의 새로운 방식의 모임이 되어야 한다고 주장한다. 사원에서만 수행하는 것이 아니라 일상의 삶 속에서 끊임없이 알아차림을 놓치지 않는 삶, 그리하여 가부장제 이후의 세상에서는 수행과 삶이 둘이 아니라 하나라는 것을 깨닫기를 강조한다.

그녀의 "가부장제 이후의 불교"는 처음부터 끝까지 현실에 바탕을 두고 있으며, 성별 권력뿐만 아니라 출가와 재가, 신분, 인종 등의 관계도 재구축하고자 한다. 그러므로 이 책은 불교 여성들에게 외부의 변화에 대한 능동적이고 적극적인 대응을 통해 자신의 정체성을 지속적으로 재구성하는 성찰적 주체자가 되도록 격려한다. 또한 억압과 예속된 경험 속에서도 창조적으로 긍정적인 삶으로 변화시키는 능동적 행위자로서의 역할을 요구하고 있다.

리타 그로스는 명상 등 직접 티베트 불교 수행을 경험한 후에, 내부자적 관점과 외부자적 관점으로 불교 재구축을 주장하고 있기 때문에 더욱 마음에 와닿는 이 책은 참으로 소중하다. 이 책을 조금이라도 쉽게 이해하기를 바라는 마음에서 역자는 티베트, 네팔, 미얀마, 베트남, 부탄, 인도 등 다양한 불교 국가들에서 찍은 사진들을 본문 내용에 맞게 첨부했다. 또한 낯선 용어들 때문에 읽기를 멈추지 않도록 역자의 주를 덧붙였다. 이러한 번역자의 노력들이 모쪼록 저자의 글에 누가 되지 않기를 바랄 뿐이다.

번역을 멈추지 않도록 격려해 준 종교와젠더연구소, 성평등불교연대, 아카데미할미의 선우들에게 고마움을 전하며, 원고를 읽고 오자를 수정해 준 박채은 님께도 감사를 드린다. 무엇보다도 이 책을 출판할 수 있도록 도와준 도서출판 동연의 대표님과 편집자 여러분께 감사드린다. 마지막으로, 부족한 실력으로 인해 그녀의 학문적 깊이를 제대로 전달하지 못한 것은 아닌지 염려가 되며, 이 책에서 부족한 점이 있다면 모두 번역자의 책임임을 밝힌다. 이 번역서를 멀리 떠나간 리타 그로스에게 바친다.

한 해를 마무리하면서
2019년 12월 30일
옥복연

차례

일러두기

원서에 있던 저자주는 책 뒤편에 미주로 편집하고, 역자주는 각주로 표기하였다.
본문에 들어 있는 사진은 원서에는 없던 것으로 역자가 관련 사진을 제공하여 수
록하였다.

제 I 부

목표와 방향 설정하기

1장
불교 페미니스트의 재평가 전략

이 글은 종교학, 페미니즘 그리고 불교라는 세 가지 관점이 복합적으로 독특하게 연결되어 전개되고 있을 뿐만 아니라, 개인적인 경험도 통합된 교차문화적인 비교연구라고 할 수 있다. 각각의 관점들은 개별적으로 잘 알려져 있거나 널리 쓰이지만, 이 세 가지 요소들의 통합적인 연구는 흔치 않다. 나의 개인적인 삶 속의 경험들과 학문적인 과정을 통해 얻은 성과로, 이 요소들이 일관성 있게 상호 긍정적인 영향을 미치면서 매우 유용한 결과를 만들어내고 있음을 영적이고 학문적인 관점에서 분석하고자 한다. 이 요소들이 서로 통합되는 과정에서 어떻게 조화롭게 연결되는지를 살펴보면서 내가 이해하고 지향하는 바가 무엇인가를 설명할 것이다. 그러나 캐롤 크리스트와 크리스틴 다우닝과 달리,[1] 나는 이 세 가지 관점과 개인적인 경험에 직접적으로 초점을 맞추지는 않을 것이다. 그보다는 나의 연구와 고민 그리고 경험에 기초해서 나타나는 의미 있는 결과에 중점을 둘 것이다.

이 책에서 나의 주된 과제는 불교를 페미니스트적으로 재평가하는 것이다. 일반적으로 여성 신학에서 "재평가"는 여성주의적 관점에서 전통적인 종교의 범주와 개념을 연구한다. 이는 양면적인 의미를 지니는데, 한편으로는 세계의 주요 기성 종교들에 대한 여성주의적 분석을 통해 그동안 은폐되어 왔던 여성에 대한 광범위한 성차별과 편견을 드러내는 것이 목적이다. 다른 한편으로, 바로 그 "재평가"가 함축하고 있는 암묵적 판단을 중시하는 것이다. 즉, 아무리 성차별적인 전통이라고 할지라도 이를 재평가한다는 것은 그 전통을 성평등하게 회복하는 것이 가능하다는 것을 의미한다.

사실 재평가는 전통을 고치는 일이며, 종종 그 전통이 가지고 있는 가부장적인 형태보다는 전통의 근본적인 가치와 비전에서 더 많은 변화를 가져오기도 한다. 그러므로 나의 재평가 전략은 우선 불교 역사를 연구한 후에, 여성주의적 관점에서 불교 세계관과 관련된 주요 개념을 분석하는 것이다. 이러한 연구 결과를 토대로 불교 페미니즘의 재건이라는 목적으로 나아가고자 한다. 우선 불교 역사에 관한 장에서는 인도 불교, 대승불교, 인도-티베트 불교 등 3대 주요 불교 지성 발달사에 나타난 여성들의 역할과 이미지들을 살펴볼 것이며, 그 시대를 살았던 여성들에 대한 흥미로운 이야기도 함께 찾아볼 것이다.

이러한 연구는 다음과 같은 두 가지 목적을 가지고 있다. 첫째, 과거 불교가 융성했던 시절에 널리 통용되었던 여성의 이미지와 역할에 관한 기록을 정확하게 파악하고자 한다. 이러한 과거를 정확히 파악하지 못한다면 그 누구도 불교와 페미니즘에 대해 사실대로 언급할 수 없다. 둘째, 페미니스트 역사학자들이 정의한 것처럼, 불교사에서 드러난 여성의 역할이나 이미지, 이야기에 대한 기록들을 통해서 여성과 관련된 유용한 과거를 찾고자 한다.[2]

다음 장에서는 페미니스트적인 관점에서 불교의 핵심 개념에 대해 자세히 분석할 것이다. 예를 들면, 매우 제한적이지만 문화적 조건을 반영할 수 있는 역사적 맥락과 종교 상징체계의 핵심적인 가르침 사이에서, 기독교 여성 신학자들이 종종 보여주었던 탁월한 분석 방법들을 활용할 것이다. 대부분의 기독교 여성신학자들처럼, 나는 과거의 부적절했던 사례들보다 불교의 핵심 가르침이 성별에 미치는 영향에 대해 훨씬 더 관심이 있다.

분석의 장에서는 불교의 모든 지적 발달의 시기에 걸쳐 불교의 핵심 교리들은 성별 위계와 여성(혹은 남성) 차별과는 양립할 수 없는 개념임을 설명할 것이다. 분석의 장은 어떤 의미에서는 불교의 현재를 다루고 있다. 이 핵심 개념들이 과거에는 확실하게 설명되었지만, 오늘날은 해당 개념들과 불교인들과의 연관성을 역사적인 자료를 통해서 알 수 있다. 일부 다른 종교의 전통에서 보여주는 것과 달리, 불교 신자들에게 역사는 계시적이거나 규범적이지 않다. 그러나 중요한 불교 개념은 불교 신자들이 현재 믿고 있는 것을 구성하기 때문에 매우 예민하게 생각해야 한다.

역사와 관련된 장에서 불교인들이 과거 오랜 세월 동안 여성을 어떻게 대해 왔는지 논의할 것이다. 재구성과 관련된 장에서는 불교의 전통적인 틀과 페미니스트적인 관점이라는 두 가지 측면에서 가부장제 이후 미래 불교를 살펴볼 것이다. 불교의 평등주의와 가부장적인 역사 사이의 모순을 탐색하면서 그 모순을 역사적으로 설명하고, 미래에 불교가 나아갈 올바른 방향을 찾고자 노력할 것이다. 즉, 오늘날 불교의 제도적 형태뿐만 아니라 개념적인 구조 등도 포함하여 재구성하는 것이다. 역사, 분석, 재건에 관한 장은 종교와 종교학, 페미니즘 그리고 불교 자체에 대해 매우 구체적이고 다소 특이한 방식으로 이해할 수 있도록 구성되어 있다.

이러한 방법론적 문제들과 입장에 대한 자세한 논의는 이 책의 뒷부분에 설명되어 있는 부록들을 통해서도 알 수 있다. 신학과 종교사와의 연관성에 관한 복잡한 문제들을 다루는 나의 방법은 이 책의 뒷부분에 제시된 '방법론적 부록'에서 "종교적 경험과 종교 연구: 종교의 역사"라는 제목으로 설명하고 있다. 불교 페미니즘에 대한 나의 입장을 이해하는 데 매우 중요한 페미니즘의 정의는 부록의 제목인 "여기, 내가 서 있다: 학문적 방법과 사회적 비전으로서의 페미니즘"에서 찾아볼 수 있다. 이 부록은 특히 페미니스트적 방법과 주장이 낯선 독자들에게 권장한다.

불교를 공부하는 방법은 바로 다음 장에서 소개할 예정이다. 불교 입문에 관련된 이 장은 불교에 익숙하지 않은 독자들을 위해 간단하게 불교의 개론을 설명할 것이다. 나의 연구 방법은 대부분의 학자들이 활용하는 방법론과 접근법을 병행할 것인데, 종교와 종교학에 대해서는 종교사와 신학의 접근 방식을 결합하고자 한다. 페미니즘과 관련해서는 학문적인 방법과 사회적 비전을 제시하는 방식으로 접근할 것이다.

마지막으로 불교를 연구할 때, 불교학에 대한 역사적이고 사회학적인 정확한 지식을 바탕으로 '외부자적 관점'과 불교인이라는 '내부자적 관점'을 병행하여 전개할 것이다. 결론적으로, 나의 연구 방법은 어떤 형태의 불교에서도 지혜와 자비가 분리될 수 없음을 강조한다. 즉, 종교학, 페미니즘 그리고 불교라는 이 세 가지 관점은 나의 연구에서 결코 분리될 수 없기에, "분리할 수 없는 방법"이라고 할 수 있다. 내가 어떤 특정한 토론에 참가하더라도 나의 모든 연구는 온전히 이 세 가지 요소들과 연결되어 있다.

네팔의 스와얌부나트사원: 네팔에서 붓다가 태어난 룸비니 다음으로 신성시되는 곳으로, 흰 탑의 가운데 부처님은 비로자나불이다. 탑신의 흰색 반구는 우주의 중심, 또는 자궁을 상징하고, 그 위의 사각 노반과 보륜들로 장식되어 있다. 사각 노반에는 부처의 눈(Buddha's Eye)이라고 불리는 그림이 그려져 있다. 얼굴의 코는 1을 상징한 것인데, 진리에 이르는 길은 하나라는 의미이다. 노반 위에는 다섯 부처님이 모셔져 있는데, 이는 다섯 방위 부처님 금강경 만다라를 상징한다. 도금이 되어 있는 13개의 보륜은 깨달음에 이르기 위한 13단계를 의미한다.

나는 사회과학, 특히 인류학뿐만 아니라 널리 이해되고 있는 신학의 결과도 포함하는 종교 간 다양한 비교문화 연구에 매우 관심이 있다. 이러한 연구를 적절하게 그리고 분명하게 해나간다면, 종교에 대한 다양한 관점들 사이에서 가장 기본적인 중재자이자 재판관 그리고 평화 조정자가 될 수 있다. 그것은 오늘날 분별력이 있고 합리적이며 인간 중심적인 종교적 혹은 영적 서술을 위한 매트릭스(모체)이자 컨테이너(용기)라고 할 수 있다.[3] 나 역시 페미니스트적 관점에 깊이 연관된 학자로서, 나의 경험상 페미니즘은 거의 모든 연구 주제와 개인의 정치적 신념에 관한 사람들의 시각을 근본적으로 바꾼다고 생각한다.[4]

마지막으로, 불교는 나에게 있어서 학문적인 연구를 위한 대상일 뿐만 아니라 개인적인 신앙으로서도 매우 중요하다. 나는 전통적인 불교 명상수행을 했고 또한 명상 훈련을 하면서 다양한 방식의 수행을 접할 수 있었다. 따라서 비교연구가인 동시에 페미니스트 그리고 불교 '신자'라고 할 수 있다. 내부자인 동시에 외부자로서, 이 두 관점을 상호 갈등적이기보다는 오히려 통합적으로 활용함으로써 균형을 가지고 연구를 할 수 있었다.

2장
불교에 대한 이해
: 접근 방식, 기본 교리 그리고 개괄적인 설명

　페미니스트 역사, 분석 그리고 불교의 재구축은 페미니즘 이론과 불교라는 두 가지 중요한 주제를 바탕으로 전개된다. 페미니즘을 학문적인 방법으로서 그리고 첫 번째 부록에서 설명한 것처럼 사회적 비전으로서의 접근 방식 외에도, 이 책에서는 일상에서 접할 수 있는 구체적인 문제들에 대응하는 페미니즘적인 방법과 이론에 대해서도 논의할 것이다. 그러나 불교를 잘 모르는 사람이라면 불교 자료들에 대한 페미니스트적인 분석을 이해하기가 쉽지 않을 것이다. 해당 지식에 대해 페미니스트적인 관점에서 논평하고, 동시에 모든 분야에서 여성주의적 관점을 가진 교사나 학자들의 지속적인 문제 제기는 매우 어렵다.

　그 문제를 해결하기 위한 하나의 방안은 불교의 어떤 한 측면에 대해서 상대적으로 충분히 논의하는 것인데, 이러한 경우에도 나는 페미니스트적인 관점으로 접근할 것이다. 그런데 한 명의 작가가 한 권의 책에서 쓸 수 있는 내용은 제한되어 있어서 불교의 모든 것을 논할 수는 없기에, 나는 불교의 기록들 가운데 이 책에서 논의할 주제를 선택할 것이다. 불교와 불교에서 페미니스트적인 관점은 어떠한가를 동시에 소개하기가 쉽지 않다. 그러나 불교의 개요를 먼저 설명하고 내용을 전개해 나갈 것이다.

불교: 기본 교리에 대하여

초보자들에게 불교는 너무 어렵고 복잡한 종교처럼 보일 수 있지만, 사실 불교 전체를 요약하는 몇 가지 기본 교리만 알면 매우 쉽게 접근할 수 있다. 그 교리는 매우 간단하지만, 사람들이 생각하던 일반적인 희망과 공포라는 개념과는 다소 차이가 있기 때문에, 종종 그 개념을 이해하기 어렵다고 생각할 수도 있다. 불교는 유일신을 믿고 따르는 종교가 아니다. 불교의 핵심 가르침은 그 지지자들에게 인간이면 누구나 겪어야 하는 고통의 원인과 치료 방법을 알려주어서, 삶에 대한 태도를 변화시키고자 하는 것이다.

불교는 신을 믿거나 절대자의 존재를 인정하지 않는다. 왜냐하면 아무리 전지전능한 절대자라 할지라도 불교인들이 정의하는 인간의 고통을 줄여주지 못하기 때문이다. 절대자라고 해도 인간이라면 누구나 겪어야 하는 실존적인 고통의 원인을 제거할 수 없으며, 오직 인간만이 스스로 그 고통을 제거할 수 있다. 불교의 근본적인 영적, 종교적 가르침은 네 가지 고귀한 진리(사성제, 四聖諦) 그리고 사성제를 바탕으로 하는 가르침의 확장과 전개를 통해 상좌불교와 대승불교로 발전해서 오늘날까지 전해지고 있다.

불교의 기본적인 가르침에 따르면, 불행의 원인은 모든 깨닫지 못한 사람들에게 공통적으로 나타나는 부정적인 습관 때문으로 본다. 분명하게 말하자면, 모든 인간은 아직 깨닫지 못했기 때문에 이루어질 수 없는 목표를 향해 달려가고 있으며, 이 때문에 고통을 겪는다. 권태와 불만족에서 벗어나고자 하는 사람들은 완벽하고 완전한 행복을 얻기 위해, 불확실성을 싫어하는 사람들은 완벽하게 온전한 평온을 얻기 위해, 죽음과 유한성을 원치 않는 사람들은 개인적인 불멸이라는 완전한 영속성을 얻기 위해 노력한다. 불교의 가르침에 따르면, 이러한 갈망은 어떻게 해도 얻을 수가 없다. 그러므로 채울 수도 없는 욕구를 채우기 위한 노력은 효과도 없고, 오히려 반복되는 실패로 인해 고통만 심화시킨다.

불교에서 중요한 가르침인 네 가지 고귀한 진리, 즉 사성제는 나쁜 소식과 좋은 소식이 두 가지씩 있다. 나쁜 소식 두 가지를 보면, 첫째로 인간은 고통으로 가득 차 있는 존재라는 고성제苦聖諦이고, 둘째로 고통의 원인은 무지에 뿌리를 두고 있다는 집성제集聖諦이다. 반면에 불교에서 좋은 소식은, 인간은 이렇게 쓸모없고 역효과만 내고 욕망이 가득한 존재의 상태에 머무를 필요가 없으며, 여기에서 벗어나 깨달음의 평온을 찾을 수 있다는 것이다. 그것이 세 번째 진리로, 이는 고통의 중단이라는 멸성제滅聖諦를 말한다. 불교가 추구하는 궁극적인 해방의 특성을 정의하기 위한 다양한 시도가 있었는데, 해방은 이론이 아니라 경험의 영역이기 때문에 이론적인 시도는 결국 실패한다.

불교에서 해방이란 '존재의 매듭을 푸는 방법을 앎'이라고 정의하는 것이 가장 정확한 개념일 것이다. 해방된다는 것을 고전적인 불교 용어로 해석하면 "있는 그대로"를 아는 것이고, 그러한 조건들을 갖추어 자유롭고 자애롭게 사는 방법을 아는 것이다. 불교에서 무엇보다 가장 좋은 소식은 과도한 욕망과 집착을 줄여서 행복을 찾고자 하는 사람이라면 누구든지 좋은 결과를 가져올 수 있는 간단하고 실천 가능한 길이 있다는 것이다. 불교는 그러한 해방에 이르도록 돕는 분명한 길, 즉 전체적인 생활 방식을 제시해준다. 이는 네 번째 성스러운 진리인, 고통의 소멸에 이르는 길인 도성제道聖諦로 정의된다. 도道는 이상향인 열반에 도달하는 수행 방법이며, 구체적으로 팔정도八正道라는 여덟 가지 수행법[1]이 있다.

이 팔정도는 세 가지 주요 규율인 도덕적 훈련(계, 戒), 영적 함양(정, 定) 그리고 지혜의 추구(혜, 慧)로도 요약될 수 있다. 불교사를 볼 때, 모든 종류의 불교에서 공통적으로 볼 수 있는 이 기본 가르침은, 근본적 세계관을 통해 다양하게 발전된 여러 형태의 불교에서도 확장되거나 확대 해석되기도 한다. 붓다 사후 약 500년 후에 출현한 대승불교는, 지혜와 연민 그리고 완전한 이타주의를 기본으로 하는 특별한 교리로 발전했다. 이후, 금강승불교는 의례와 명상과 관련된 다양한 기술들을 발전시켰는데, 이는 더욱 빨리 해탈로 나아가는 길을 제시하는 것이라고 주장한다.[1]

불교: 지리적, 역사적 윤곽에 대한 이해

불교에 아직 익숙하지 않은 사람에게는 불교는 교리도 어려울 뿐만 아니라, 역사적, 문화적으로 압도당할 정도로 매우 복잡하게 다가

---

[1] 팔정도란 바르게 보고(정견, 正見), 바르게 생각하고(정사유, 正思惟), 바르게 말하고(정어, 正語), 바르게 행동하고(정업, 正業), 바른 수단으로 목숨을 유지하고(정명, 正命), 바르게 노력하고(정정진, 正精進), 바른 신념을 가지며(정념, 正念), 바르게 마음을 안정시키는(정정, 正定)을 말한다.

올 수 있다. 그러나 다음의 몇 가지 기본적인 개념을 이해한다면 새로운 불교 신자가 될 수 있다. 이 책에서는 불교사에서 중요하게 변화하는 각 단계에서 나타난 여성의 역할을 통해서, 불교의 역사적, 지리적 배경을 이해하면서 간략하게 살펴볼 것이다.[2]

불교는 대략 2,500년 전에 북인도에서 시작되었는데, 태자 신분이었던 고타마 싯다르타가 영적 해방을 찾기 위해 가족과 왕자의 지위를 버리고 열심히 수행을 하고 깨달음을 성취한 후에 설립되었다. 진리를 찾기 위한 출가는 당시 인도에서는 드문 일이 아니었다. 왜냐하면 어떤 한 사람이 국가나 사회, 혹은 가정에 속해있다면 그에 맞는 다양한 역할을 해야하므로, 영적으로 해방을 얻는 일은 매우 어렵거나 불가능한 것으로 여겨졌기 때문이다. 그러므로 고타마 싯다르타처럼 많은 젊은 (혹은 나이든) 남성들의 출가는 드문 일이 아니었다.

싯다르타가 깨달음을 성취하고 처음 법문을 한 직후, 몇몇 남성 출가자들이 그를 따르는 추종자가 되었다. 그리고 남성 수행자 집단인 비구 승단은 급속히 성장했다. 그 후 몇 년이 지나 그를 길러주었던 양모 마하파자파티는 자신과 궁궐 여성들도 머리를 삭발하고, 승복을 입고, 승단에 들어갈 수 있도록 붓다께 간청했다. 붓다는 처음에는 이 요청을 거부했지만 결국 허락하였고, 여성 수행자 집단인 비구니 승가가 설립되었다. 그러나 여성들이 비구니 승단에 들어오기 위해서는 여덟 가지 특별 계율(팔경계)[2]을 전제조건으로 받아들이도록 했다. 이러한

---

2 팔경계를 간단하게 살펴보면, ① 보름마다 비구의 지도를 받아야 함. ② 비구의 지도에 따라 안거(安居)해야 함. ③ 안거(安居)의 마지막 날에는 비구를 초청하여 그동안에 저지른 자신의 허물을 말하고 훈계를 받아야 함. ④ 식차마나(式叉摩那)는 비구·비구니에게 구족계(具足戒)를 받아야 함. ⑤ 비구를 꾸짖어서는 안 됨. ⑥ 비구의 허물을 말해서는 안 됨. ⑦ 무거운 죄를 저질렀을 때는 비구에

규칙들은 오늘날 다양한 논란이 있으며, 결과적으로는 현재에 이르기까지 비구니가 비구에게 절대 복종하도록 만든 계기가 되었다.

또한 여성들이 승단에 들어왔기 때문에 붓다의 가르침은[3] 단지 500년 동안만 지속될 것이라는 주장도 있었다. 이러한 제약과 예언에도 불구하고 여성들이 비구니 승단에 들어가는 것을 막을 수는 없었고, 윤회로부터 벗어나기 위한 지혜를 얻는 데 성별은 크게 영향을 미치지 않았다. 또한 다수의 비구니들이 초기 불교의 목표와 이상인, 욕망의 소멸을 의미하는 해탈Nirvana에 도달했고, 그 결과 불교의 최종 목표인 윤회를 멈출 수 있었다.

붓다 생전 뛰어난 장로[4] 비구니들의 감동적인 이야기는 그들의 깨달음과 통찰을 표현하는 시로도 종종 표현되었는데, 이는 「테리가타 Therigatha」라는 제목의 시집으로 현재까지도 전해오고 있다. 오늘날 동남아시아에 전파된 불교의 한 형태인 상좌불교에서 이 시집은 경전의 일부로 간주되어 보존되었다. 이처럼 뛰어난 여성출가자가 존재했음에도 불구하고, 불교 역사가들은 일반적으로 붓다의 사후 몇 세기 후에 여성에 대한 입장이 변했다고 결론짓는다. 승단은 점점 더 많은 권력을 지니게 되고 또한 사람들로부터 존경과 권위를 부여받았으며, 여성

게 참회해야 함. ⑧ 수계(受戒)한 지 100년이 지난 비구니라도 방금 수계한 비구에게 공손해야 한다는 규정을 가지고 있다. 팔경계에 대한 자세한 내용은 역자가 기고한 "다시 팔경계(八敬戒)를 소환하며," 「불교평론」 62호를 참고하기 바란다.

[3] 담마(dhamma)는 일반적으로 붓다의 가르침을 의미하는 포괄적인 용어로, 법(法)이라고 쓰기도 한다. 이 글에서는 문맥에 맞게 진리, 담마, 붓다의 가르침, 불법(佛法) 등의 용어로 쓸 것이다.

[4] 불교에서 장로는 깨달음이 이른 사람이나 연장자 즉, 존경할만한 선배를 가리키는 용어이다. 붓다 재세시의 언어인 빠알리어로 비구는 테라(thera), 비구니는 테리(theri)라고 부른다.

신자들은 단지 후원자나 보시자로만 취급되었다. 그리고 「테리가타」에서 다수 비구니들이 깨달음의 기쁨을 노래한 시들이 전해옴에도 불구하고, 여성은 깨달음을 얻을 수 없다는 믿음이 퍼지게 되었다.

　부처님이 돌아가시고 500년 정도 지나서, 새로운 불교인 대승불교가 나타났다. 초기 대승불교는 이전의 불교와 철학적인 측면뿐만 아니라 불교 공동체를 이해하는 방식에서도 차이가 있었다. 대승불교는 출가자들의 권위만을 중시하던 기존의 관점에서 한 걸음 더 나아가 재가자와 여성을 포함한 보다 큰 교단을 불교 공동체로 강조하였다. 따라서 많은 학자들은 대승불교가 일반적인 측면에서 이전의 불교보다 여성에 대해 훨씬 더 개방적이며 성평등을 위해서 열려있다고 강조한다.

　사실, 가장 유명하고 영향력 있는 대승불교의 문헌 대부분은 여성이 얼마나 많은 것을 성취할 수 있는지에 대해 질문을 하고, 또한 여성의 능력은 무제한적이거나 남성의 능력과 동일하다는 중요한 결론을 내리고 있다. 종종 대승불교의 경전은 높은 경지의 깨달음을 얻은 여성과 교단에서 스승으로 존경받는 나이 많은 비구 사이의 논쟁을 무대에 올리기도 한다. 그 비구는 여성의 높은 지적 수준에 놀라면서 불만을 표시하기도 하고, 그 여성은 비구를 곤경에 빠뜨리기도 한다. 또한 깨달았으면 왜 남자로 변하지 않고 여자의 몸으로 그대로 있는지 비구는 그 여성에게 묻기도 한다.

　이 이야기들은 두 가지 방식으로 끝이 난다. 하나는 여성이 마법처럼 자신의 몸을 남성의 몸으로 바꾸기도 하고, 또 다른 하나는 여자의 몸 그대로 여성으로 남아 있다. 그러면서 논리적으로, 혹은 마법을 통해서 남녀 성별의 차이가 중요하지 않다는 것과 성별이란 전적으로 상대적인 개념임을 보여준다. 하지만 이 이야기들에서조차 '여성이 완전한 깨달음을 얻거나 붓다가 될 수 있는가?'라는 다른 중요한 질문에는 대답하지 않는다. 대승불교 사상에서 강조하는 중요한 교리 가운데 하나는, 모든 열성적인 수행자들에게 완전한 깨달음을 향하는 보살의 길을 권장한다는 것이다.

대승불교에서 진정한 수행자는 윤회로부터 해방될 수 있는 혼자만의 깨달음을 추구하는 것이 아니라, 모든 존재들이 깨달음을 얻을 수 있도록 돕는 존재인 보살이 되도록 장려한다. 이 대승불교에서 여성이 보살이 될 수 있다는 것을 의심하는 사람은 거의 없다. 하지만 그럼에도 불구하고 어떤 사람들은 완벽한 깨달음을 얻거나 붓다가 되는 과정에서 미래의 부처는 여성의 몸으로 태어나지 않는다고 주장하기도 한다. 즉, 보살은 역사적으로 존재했던 부처가 되기 이전에, 인간 고타마 싯다르타의 모습을 재현한 것이라고 해석하기도 한다. 전해오는 붓다의 전생담[5]을 보면, 그는 동물로 다시 태어나는 윤회의 과정에서조차 암컷으로는 태어나지 않았다고 한다. 이처럼 많은 대승불교 경전에서 붓다는 여성성을 부정하는 것처럼 단순하게 묘사하기도 한다.

그러나 다른 경전에서 붓다는 남성도 여성도 아닌 성별을 초월한 존재로 묘사되기도 하고, 일부 경전에서는 붓다의 모습을 여성으로 묘사할 수도 있다고 말한다. 그 후, 대승불교의 한 유형이라고 할 수 있는 금강승불교가 등장했다. 이는 인도에서 발전해서 티베트로 전파되었는데, 종종 여성과 여성성을 가장 급진적으로 묘사하는 불교의 형태로 여겨진다. 하지만 금강승불교는 서양에서 많은 악평을 받기도 하고 또

---

5 초기 불교에 의하면 인간 싯다르타가 단지 6년 동안의 수행으로 붓다가 된 것이 아니라, 수없이 많은 생을 윤회하면서 끝없이 수행 정진을 했기 때문에, 이 세상에서 깨달음을 성취한 붓다가 되었다고 본다. 과거 수많은 전생에서 있었던 이야기를 전생담이라고 한다.

한 불교계에서도 성평등과 관련하여 다양한 의심을 받는데, 이는 기존의 가부장 사회에서 여성에 대한 인식이나 여성적 원리와는 상반된 개념을 포함하고 있기 때문이다. 또한 성적인 상징을 너무 광범위하게 사용함으로써, 마치 무분별하게 성적 행위를 허용하는 것처럼 잘못 해석되기도 한다.

금강승불교의 기본적인 이미지는 중생들이 이해하기 쉽도록 해탈을 성적 행위로 비유하면서, 모든 부처와 보살들을 남녀 간의 성적 결합의 파트너로 상징적으로 묘사하고 있다. 예를 들면 남녀 한 쌍은 깨달음을 성취하는 과정에서 통찰적인 자유를 가져오는 차별화된 인식인 지혜프라즈냐와 그 파트너인 연민카루나이라는 의미로 구성된다. 비록 여성이 깨달음의 완벽한 전형이라고 해도, 온 생명을 구원하기 위해서는 여성 혼자 떨어져 있기보다는 남녀가 함께 결합해야 한다는 것이다. 특히 티베트 불교에서 많은 뛰어난 여성 지도자들과 창시자들이 존경을 받는 것은 놀랄 일도 아니며, 티베트 불교에서 가장 인기 있는 인물에 여성이 포함되어 있는 것은 당연한 일이라고 할 수 있다.

그러나 시간이 흐르면서, 심지어는 티베트 불교 내에서도 동일한 계층의 남녀는 평등하지 않게 변했다. 아주 오랫동안 동남아시아 불교는 종종 여성들에게 가장 보수적인 모습을 보였다. 역사적으로 보면, 비구니 승가가 인도에서 스리랑카로 전해져서 한때는 비구니의 역할은 매우 활발했다. 그러나 오늘날 상좌불교 국가에서 비구니 승가는 사라지고 없다. 그리하여 최근까지 비구니 승가를 복원하려는 여러 시도가 있었으나 이는 매우 많은 논란을 불러일으켰으며, 종종 극단적인 회의론이나 심지어 적대감을 보이기도 한다. 특히 상좌불교 국가에서 출가자-재가신자의 위계는 매우 강하고, 일반 불교 신자들은 출가자에 비해 수행이나 불교철학 연구 등에 대해서는 그다지 깊이 관여하지 않는다.

따라서 여성의 선택권은 매우 제한적이다. 여성들은 출가자의 생활 방식을 선택할 수는 있지만, 대개 그들은 공식적으로 수계를 받은 비구니가 아니라 단지 출가한 여성수행자일 뿐이다. 그러므로 그들의 위치는 비구들과 비교할 수 없을 정도로 낮다. 흔히 남녀 신자들에게 가장 흔하게 요구되는 역할은 굳건한 믿음을 가지고 보이지 않는 곳에서 봉사하고 헌신하며 보시하는 것이다. 여성의 수행과 깨달음에 대해서는 인정하지 않거나 아주 낮은 평가가 일반적인 현실이지만 상좌불교 국가에서 재가자 운동이 강력하게 나타나고 있다. 그리고 소수의 여성재가자들은 명상 수행의 스승으로 추대되어 존경받고 있다.

중국과 일본을 중심으로 하는 동아시아 불교는 상좌불교와는 다른 복잡한 양상을 보여준다. 동아시아 불교는 제도적으로 남성 중심 사회지만, 불교는 이러한 사회에서 여성들에게 출가 수행자라는 새로운 선택권을 제공했다. 게다가 동아시아 불교에서 여성의 뛰어난 측면들이 다른 형태의 불교보다 더 강조되기도 했으며, 독립적인 비구니 승가는 중국과 한국에서 잘 보존되어서 오늘날까지 전해져왔다. 불교계에서 이러한 비구니 계보는 현대 불교에서도 매우 중요하다. 왜냐하면 이는 다른 불교 국가에서 비구니들의 승단을 다시 구축하는 기초가 될 수 있기 때문이다.

오늘날, 비구니 승가는 한국과 대만에서 모범적으로 잘 유지되고 있으며, 젊고 교육받은 여성들이 이 승가에 들어오고 있다. 일본 불교는 일반적으로 다른 불교 국가에서 요구되는 것과 같은 종류의 엄격한 수행 생활을 요구하지 않는다. 비록 한때는 스님들이 인도의 규범에 따라 수계를 받았었지만, 전통적인 방식의 비구니 수계는 일본에서는 사라졌다. 결국 보살의 가르침이 승단의 가르침을 대체했고, 결혼한 출가자가 점차 일본 교단의 규범이 되었다. 하지만 오늘날 일본 비구니들은 실제로 고대 인도 비구니들과 매우 유사한 생활 방식으로 살아가고 있다. 이들은 비구와는 달리 보통 결혼을 하지 않거나 술을 마시지 않는다. 이 비구니들은 지역사회에서 리더십을 발휘하기도 하고, 의례를 주도하면서 "사찰의 의례 집전자" 역할을 맡기도 한다. 그리고 티베트처럼, 중국이나 일본의 대중적인 불교 방식은 여성 신화나 여성 상징과 관련된 불상과 보살상을 매우 존경한다.

불교의 오랜 역사에서 가장 최근의 발전은 금세기 초에 시작된 서양으로의 불교 전파이다. 60년대 중반 이후 많은 아시아 출가자들이 서구에서 포교를 시작했고 불교는 기하급수적으로 확산되었다. 모든 형태의 불교는 서구 국가들에서 아시아 이민자들 사이에서뿐만 아니라 그들의 민족 전통의 일부로서 유지되기도 한다. 또한 자기 주관이 강하고, 교양 있고, 헌신적인 유럽 혈통의 소수민족과 유럽계 미국인 후손들도 선택하는 종교로 서양에서 자리매김하고 있다. 불교 역사를 통해 볼 때, 서구로의 불교 전파는 불교의 세계관과 성별 관계에 대한 비전을 부정하는 것이 아니라 평등과 해방이라는 불교의 세계관을 드러낼 수 있는 가장 좋은 기회를 제공하고 있다. 현재 서구 여성 불자들은 모든 형태의 불교에 대해 적극적으로 알고자 하며, 또한 영향력도 가지고 있다.[3] 서양 불교의 미래 세대에, 여성이 강력한 존재감을 가지고 영향력을 계속 유지할 것인지를 말하기는 매우 이르다. 상황을 안일하게 생각하거나 가부장적 반발에 너무 안주하게 되면, 불교뿐만 아니라 다른 주요 종교에서 과거에 경험했던 것처럼 이 모범적인 상황은 다음 세대에서 끝날 수도 있다.

불교: 저자의 연구 방법

　페미니스트적 관점에서 불교의 역사, 분석 그리고 복원에 대한 나의 연구는 기존의 불교 신자들이나 불교 학자들이 했던 것과는 차이가 있다. 왜냐하면 불교에 대한 '내부자'와 '외부자'의 관점을 온전하게 결합하는 것 자체가 어려운 과제이며, 이 과제를 수행하기 위해서는 외부자의 불교적이고 페미니스트적인 지식이 동시에 요구되기 때문이다. 학문적 정확성이 결여된 외부자는 종종 그들이 탐탁지 않게 여기는 전통에 대해 잘못 표현하거나 애매하게 해석하기도 한다. 그들은 또한 그 전통을 비판적으로 평가하고자 하므로, 역사적 정확성과 이를 밝히려는 의지가 부족할 수도 있다.

　실천적 학자이자 비교종교학자로서, 나는 그러한 실수를 용납할 수 없다. 페미니스트로서, 나는 어떤 전통이 여성을 위한 적절한 역할이라고 말하거나 여성의 내재적 한계로 인해 감수해야 한다고 말하는 것을 그냥 그대로 받아들일 수 없다. 그러므로 종교사학자이자 페미니스트로서, 내가 습득한 모든 지식과 역량을 이 역사 분석과 재구축을 위해 활용할 것이다. 단지 외부인에 불과한 사람이라면 여성주의 관점에서 불교를 분석하고 재건하는 것과 관련된 위험을 감수하지 않을 것이며, 그런 학자는 내가 관심을 가지고 있는 일종의 불교여성주의 역사에는 관심도 없을 것이다.

　나는 학문적 정확성뿐만 아니라 가부장제 이후의 불교에도 관심이 많으며, 불교에 대한 나의 관심사는 단순하거나 순수하게 학구적인 것만은 아니다. 나는 페미니즘과 종교학문 연구와 마찬가지로 불교연구에 많은 시간과 노력을 투입했으며, 전통적인 불교 교육 방법을 학술적 접근 방식과 동일하게 활용해 왔다. 그러므로 전문 지식이나 전통에 대한 통찰력이 부족한 불교 이야기는 나에게 있어서는 역사적으로 부정확하거나, 비판적이지 않은 내부자의 전통만큼이나 전통을 잘못 드러내는 것으로 간주된다. 이 과제를 수행하면서 이성적인 판단이 요구되지 않는 영역에 대해서는 불교 '신학자'의 관점에서 연구할 것이며, 불교를 연구하기 위해서는 종교사에서 사용되었던 도구들과 페미니즘의 가치를 활용할 것이다.

이 책에서, 나는 주로 다른 사람들의 의견과 주장을 단순히 보고하는 기자나 해설자가 될 생각은 추호도 없다. 더욱이 불교 스승들의 말을 그대로 따라 하면서 그들의 아바타 역할을 할 생각도 없다. 나는 내가 활용할 수 있는 모든 도구들을 이용해서, 보다 바람직한 불국토 건설을 위해 노력하는 한 사람의 불교인으로 글을 쓸 것이다. 불교의 주제 연구에 대한 서구 학자로서 이런 태도는 이례적이라고 할 수 있는데, 그들 중 일부는 학문 영역과 불국토 건설이 서로 양립할 수 없는 것이라고 주장하기도 한다. 내가 종교사에 대한 부록에서 광범위하게 논의했듯이, 그러한 태도는 모순으로 가득 차 있고 시대에 뒤떨어진 것이다.

기독교, 유대교, 심지어 페미니즘을 연구해왔던 학자들에게는 이러한 세계의 건설에 참여할 수 있는 것이 오랫동안 주어졌던 특권이라고 할 수 있지만, 불교학자들에게 오랫동안 거부되어왔다. 이제 이 금기를 깨야 할 때이다. 불교는 너무 방대해서 한 명의 작가나 한 권의 책이 불교의 모든 것을 설명할 수 없다. 나는 가능한 한 광범위하고 비종파적이 되려고 노력하지만, 나의 페미니스트 역사, 분석, 불교의 재구축에는 나 자신의 학문적 훈련의 한계뿐만 아니라 불교를 대하는 나의 입장도 반영되어 있다.

　내가 아웃사이더로 활동할 때는 불교학자나 언어학자, 번역가라기보다 종교 역사가나 비교연구자에 훨씬 더 가깝다. 나는 동남아시아에서 학문적, 언어적 훈련을 했지만, 학부과정에서는 동아시아에 대해서도 많이 가르쳤다. 내부자로서, 나는 티베트 밀교를 배우고, 그 틀 안에서 카르마 까규 학교Karma Kagyu school에서 훈련을 받았다. 그 결과, 나는 불교를 "세 가지 유형의 불교three-yana" 관점으로 본다. 이 관점은 기초적인 초기 불교hinayana(대승불교적 관점에서 소승불교라고도 부르지만, 이 글에서는 초기불교라고 부른다)부터 좀 더 포괄적인 현대의 대승불교mahayana 그리고 파괴할 수 없는 금강승불교vajrayana에 이르기까지 영적 발전의 단계를 강조한다. 나는 불교에서 여성의 역할과 이미지에 대한 나의 의견과 주요 불교의 가르침에 대한 나의 페미니스트적 분석, 둘 다를 조직하기 위해 이 '세 가지 유형의 불교'라는 프레임을 활용할 것이다.

　불교사에 나타난 여성의 역할과 이미지에 관한 장에서는 나의 학문적이고 교리적인 전문 영역을 고려해서, 인도와 티베트 불교로 그 대상을 제한할 것이다. 그러나 거의 모든 형태의 불교에 대한 주요 가르침이 인도에서 발전했기 때문에, 분석과 재구축의 문제는 특정 시대로 제한하지 않았다. 다양한 형태의 불교뿐만 아니라 초기 인도 불교에서 발견된 불교의 기본 개념에 대한 페미니스트적 분석은, 그 개념 정의에 있어 모든 형태의 불교와도 연관이 있다. 인도 대승불교의 개념에 대한 페미니스트적 분석도 대승불교를 수용한 상태에서 이루어지기 때문에 동아시아 불교 형태와 관련이 있다. 금강승불교의 개념과 이미지에 대한 페미니스트 분석은 물론 금강승불교 신자들에게 가장 적합하다. 내가 제안하는 페미니스트적 재구축은 비록 금강승불교의 영감 덕분이지만, 비종교적이거나 모든 학파의 불교 신자들의 신념들과도 연관이 있다.

마지막으로, 이 책에서 불교는 해탈을 통한 해방을 목표로 하는 종교적이고 정신적인 체계로 정의할 것이다. 불교는 철학적인 시스템으로도 연구할 수 있다. 비록 이러한 관점들은 중요하지만 불교에서 철학은 부차적인 것이며, 영성을 위한 가르침이며, 말과 개념을 뛰어넘는 통찰력을 기르기 위한 방법에 불과하다. 그러므로 불교철학에 대한 논의는 가급적이면 피할 것이다. 불교철학은 전통의 핵심을 전달하지도 못하며 그 자체가 목적은 아니지만, 정치, 경제, 사회적인 발전 등 전반적인 측면에서 논의될 수 있다. 그렇다고 해서 이러한 요인들이 불교에 대한 이해를 높이는 데 충분하다고 생각하지는 않는다.

〈진리가 바람을 타고 어디든, 누구에게든 함께하기를〉

티베트는 산이나 바다, 나무나 돌멩이, 친근한 집안 구석에도 불교의 상징물이 있다. 수평으로 길게 깃발을 여러 개 펼쳐놓은 것은 '룽다'(Lung ta: 바람의 말)이고, 깃대에 수직으로 커다란 깃발을 하나만 걸면 '타르초'이다. 룽다는 다섯 가지 색상으로 배열하는데, 파란색은 하늘과 공간, 흰색은 공기와 바람, 빨간색은 불, 초록색은 물, 노란색은 땅을 상징한다. 그 천에는 옴마니반메훔 같은 만트라와 불교 경전이 쓰여 있다. 이는 진리가 바람을 타고 세상 곳곳으로 널리 퍼져서 모든 생명들이 해탈에 이르기를 서원하기 위함인데, 글을 모르는 사람이라도 붓다의 가르침을 가까이 할 수 있도록 하는 것이 목적이다.

정확하고 유용한 과거를 위하여
: 불교 역사에 대한 페미니스트의 스케치

3장
왜 과거를 알아야 하는가
: 정확하고 유용한 과거는 무엇을 위해 필요한가

고타마 싯다르타Gautama Sudhartha는 붓다가 되기 전, 자신의 영적인 수행에 장애가 된다며 부인과 갓 태어난 아들을 남겨둔 채 혼자서 출가했다. 그 후 그는, 여성들이 가정에서 책임이나 역할을 수행하기보다 영적 발전과 깨달음의 성취를 위해 출가하려고 할 때, 이를 반대했다. 이러한 남성이 설립한 종교가 여성의 관심과 욕구를 충족시킬 수 있을까? 이 두 가지 이야기는 매우 잘 알려져 있으며 종종 반복해서 등장하기도 한다. 그렇다면 페미니스트 관점에서 이 이야기를 어떻게 "읽어야" 할까?

우선 첫 번째 이야기에서, 남편의 출가로 인해 홀로 남겨진 아내의 삶에 대해 알려진 바는 거의 없다. 미래의 붓다가 될 사람이, 엄격한 가부장제 사회에서, 이제 막 자신의 아이를 낳은 아내를, 감정적으로나 경제적으로 취약한 상태로 홀로 남겨둔 채 출가했다. 이러한 관점에서 보자면, 그는 여성혐오자 혹은 가정에 무책임하고 심지어 잔인하기까지 한 사람이라고 말할 수 있다. 그러나 불교계에서 이러한 주장은 받아들여지지 않는다. 오히려 이와 정반대로, 이 이야기는 미래에 붓다가 될 싯다르타가 인류를 지극히 사랑하는 마음으로 개인의 행복을 포기하고, 만인의 해방을 위해 희생한 이야기로 자랑스럽게 재해석되어 전해지고 있다.

두 번째는 깨달음을 얻어서 붓다가 된 후의 이야기이다. 아내와 갓 태어난 아들을 버렸던 청년 싯다르타는 결국 위대한 자가 되었고, 자신을 따르는 제자들을 중심으로 비구 승단을 설립했다. 이후 그를 키워주었던 양모 마하파자파티와 궁궐 여성들이 찾아와서, 출가해서 수행자의 길을 갈 수 있도록 간청했지만, 그는 이를 거부했다. 남성들에게는 붓다 스스로 깨달음에 이른 출가 수행을 적극 권장했으나, 여성들에게는 승단에 들어오는 것조차 허락하지 않았다. 많은 현대 학자들과 불교도들이 이 이야기의 진위 여부에 대해 의문을 제기한다. 하지만 불교사를 통해 오늘날까지 명백히 전해지고 있으며, 그 결과 여성들에게 매우 부정적인 영향을 미치고 있다. 그러나 한편으로는 동일한 경전에 의하면, 여성들이 결국에는 승단에 합류해서 세계 최초로 여성 성직자 집단인 비구니 승가가 설립되었다. 남성과 동등하게, 여성들도 영적으로 가장 높은 단계에 도달하며, 뛰어난 여성 장로 비구니들이 등장하는 데도 성공했다.

기원전 6세기경, 인도 북부에서, 다수의 여성들이 비구니 승가에 들어옴으로써 당시 불교는 여성들에게 강요된 남성 중심적인 생활 방식에서 벗어날 수 있도록 매우 중요하고도 자유로운 선택권과 대안을 제공했다. 깨달음을 성취한 이 비구니들의 계송을 담고 있는 「테리가타」는 초기 불교인들에 의해 경전으로 보존되어 전해지고 있다. 비록 그 비구니들이 널리 알려지지는 않았다고 할지라도 2,000년 이상 그들의 존재와 그들이 남긴 기록이 보존되어 전해지고 있는 것은 사실이다.

이처럼 잘 알려져 있거나 혹은 잘 알려지지 않은 이야기이건, 페미니스트적인 관점으로 불교사 읽기는 관점에 대한 일종의 방향 전환이 필수임을 보여준다. 일반적으로 잘 알려진 이야기와 남성 중심적인 해석에 워낙 익숙하므로, 뛰어난 여성의 이야기는 불분명하거나 익숙하지 않게 느껴진다. 하지만 남성 중심적인 해설자가 거의 무시하고, 일반 사람들에게는 낯선 이 이야기들은 역사를 재해석하는 데 중요 자원이 된다. 그러므로 불교 여성을 위한 정확하고 유용한 과거는, 익숙한 것으로부터의 방향 전환이자 익숙하지 않은 것의 발견이라는 두 가지 사실이 결합되어 나타난다. 낯설거나 삭제된 이러한 이야기들은 남성 중심적인 안일한 역사관과 페미니스트적 분노를 모두 피하면서, 불교사에서 여성의 역할과 이미지를 새롭게 해설하는 그림이 등장할 수 있도록 돕는다.

불교 페미니즘: 네 단계의 남성 중심주의에서 벗어나야

불교 페미니스트 학자가 불교사에서 여성을 위한 정확하고 유용한 과거를 찾는 일은 쉽지 않다. 이를 위해서는 네 단계의 남성 중심주의를 연구해야 한다. 첫 번째 단계로, 불교인들은 어떤 문서를 보관할지 혹은 어떤 경험을 역사적 기록으로 남길지 선택할 때 일반적으로 남성 중심적인 의식과 가치관을 지니고 있다. 이 때문에 남성의 진술이 더 반영되어 여성보다 남성에 관한 이야기가 더 많이 기록될 수 있었다.

최근의 페미니즘 해석학이 증명했듯이, 이러한 선택은 제한적이지만 만약 그 당시에 남녀 모두를 동일하게 중시하는 학문이었다면 현대 학문에 그다지 심각한 피해를 입히지는 않았을 것이다.

두 번째 단계는, 불교인들이 여성에 관한 중요한 기록을 보존했다고 할지라도, 남성 영웅에 관한 이야기를 선호하는 불교 전통 때문에 여성 이야기를 무시하는 경향이다. 「테리가타」는 뛰어난 여성수행자의 이야기를 기록하고 보존하고 있지만, 대부분의 불교사에서 다수의 불교인들은 깨달음을 얻기 위해 여성이 남성으로 다시 태어날 필요가 있다고 믿었다.

세 번째 단계로, 불교와 관련된 대부분의 서구 학문은 매우 남성 중심적인 점이다. 대체로 이러한 편견이 포함된 불교 기록에 동의할 뿐만 아니라 여성에 관한 기록은 무시되고, 심지어 여성이 조롱을 당해왔다는 것에도 동의한다.[1]

네 번째 단계는, 과거 불교인과 불교 관련 서구 학문이 철저히 남성 중심적이었다는 것이다. 아시아와 서구의 현대 불교는 지속적으로 남성 중심주의를 펼치고 있다. 서구의 불교에 관한 학술 문헌은 남성 중심적인 기록뿐만 아니라, 어떤 자료를 기록할 것인가에 대한 선택의 가치 기준도 매우 남성 중심적이었다고 할 수 있다. 서구의 불교에 관한 학술 문헌은 서구 또는 아시아의 그 어떤 종교에 관한 학술 문헌만큼이나 여성을 무시한다.

그러므로 불교사에서 철학적인 내용이든 사회적인 내용이든 일반적인 글을 읽었을 때, 불교 기관 참여에 여성이 배제되었다는 사실에 대해 거론하는 학자들이 거의 없음을 알 수 있다. 몇 마디의 논평과 이야기는 논외로 하고, 불교에 관한 일반 학술 문학에서는 대부분 여성의

큰 사원이 있는 마을, 티베트

역할은 그야말로 미지의 영역이다. 일부 서구 종교의 경우, '주류' 학술
문헌이 매우 남성 중심적임에도 불구하고 최근에는 여성 관점의 연구
가 더해져 여성 중심의 많은 책들이 나오기 시작했다. 하지만 불교의
경우는 이마저도 미비하다. 불교 여성에 관한 장과 별도로, 최근 몇 년
동안 나타난 세계 종교의 여성 관련 설문조사에서,[2] 특히 불교 전통에
관한 대부분 영역에는 여성에 대한 포괄적인 자료조차 찾을 수 없다.
대신 불교사에서 특정 시기의 여성에 관한 몇 권의 책 그리고 여성과
불교의 다양한 측면에 관한 몇 편의 논문들만 있을 뿐이다.

　　동시대의 아시아는 물론 서구를 포함한 세계의 불교인들은 매우
남성 중심적이고 가부장적이다. 현대 불교인들은 종종 불교 역사 속
여성의 역할에 대한 정보가 부족하여 여성의 삶에 대해 잘 알지 못하거

나, 불교 페미니스트 운동에 무관심하거나 오히려 적대적이기도 하다. 아시아에서 불교 페미니스트 운동이나 여성운동의 움직임은 서구와 달리 미약하며, 서구인이나 서구 교육을 받은 아시아 여성들이 대체로 이 운동들을 주도한다. 하지만 일반적으로 아시아 불교계의 학자나 남성종교인 계급은 이 운동에 무관심하거나 적대적이다. 페미니즘 관점으로 재해석한 비판이나 지식들을 그들의 연구 기관 커리큘럼과 통합하기란 결코 쉬운 일은 아니다.

정확하고 유용한 과거란 무엇인가?

페미니스트 역사학자들은 이 네 단계의 남성 중심주의를 통과해서, 정확하고 유용하게 사용할 수 있는 과거를 연구한다. 페미니즘의 학문적 연구 방법으로 '정확성'은 페미니즘 주제와 밀접한 연관이 있는 반면, '유용성'은 사회적 비전을 가진 페미니즘 주제와 더욱 관련이 있다. 정확한 역사를 추구하는 것은, 정의상으로는, 남성 중심의 역사가 정확할 수 없다는 확신에서부터 비롯된다. 여성과 관련된 이야기 다수가 생략됨과 동시에 대부분의 경우 가부장적인 과거에 대해 많은 부정적인 요소들이 감추어져 왔다. 여성학은 남녀가 균형을 이루는 주장들에 대해 연구한다. 인구의 절반인 여성에 관한 데이터를 무시한 채 쓰인 과거는 틀릴 수도 있다는 것은 매우 합리적인 주장이다.

여성학은 부정확한 역사보다 항상 정확한 역사를 선호한다. 따라서 불교사에서 여성의 역할과 이미지를 연구해야 하는 이유는 일반적으로 불교사에 제외되어 있던 것을 다시 포함시킴으로써 정확성을 회복하기 위함이다. 과거에 대한 우리의 기록은 항상 과거로부터 선택임을 인식하고 과거가 다시 설명된다면, 과거는 새로이 재구성될 수 있다. 페미니스트 역사가들은 '관련 있는' 데이터라는 것을 누가, 어떻게 선택하였는가에 대해 학자들이 당혹스러워할 수 있는 질문을 한다. 역사가 결코 중립적이거나 객관적이지 않지만, 항상 남성 중심의 특정 가치와 관점을 비판하는 페미니스트 역사가는 정확할 뿐만 아니라 유용한 과거를 추구한다. 그들은 여성들에게 힘을 부여할 수 있는 역사적 사건임에도 불구하고, 남성 중심적인 기록과 그 해석으로 인해 종종 여성들이 무시되거나 무력화된 역사적인 예시들을 찾아낸다.

엘리노어 맥라그린Eleanor McLaughlin은 동일한 주제로 기독교 역사에 관해 쓸 때, 남성 중심적으로 과거를 다루는 방식에 대해 반성해야 한다고 주장했다.

> 나는 유용한 과거에 대한 탐색을 합니다. … 여성과 모든 인류를 위해서 새로운 질문을 하는 역사에 대한 연구 그리고 새로운 질문에 이어 누락된 것을 바로잡고 재구성하는 역사를 탐색합니다.[3]

역사는 항상 과거에 발생했던 일에 대한 선택적 기록이기 때문에, 어느 정도만 정확하고 완벽할 수 있을 뿐이다. 무엇이 선택되고 생략되는지, 특정한 데이터를 포함하거나 제외하는 것은 항상 과거의 어떤 특정한 용도와 일치한다. 페미니스트 역사는 남성 중심적인 과거가 어떤 용도로 쓰였는지 뿐만 아니라, 무엇이 여성들에게 유용한 과거로 구성될 것인가에 관심을 가진다. 그리고 과거를 재구성하고자 하는 이유는 현재의 가치를 반영하기 위함이다. 남성 중심주의자는 남성에 초점을 둔 기록에 만족하는 반면, 중립적인 학자는 "누락된 것을 수정해서 다시 해석하는 역사"를 추구한다.[4]

　　종교적인 공동체는 집단적 기억, 즉 과거를 회상하고 기억함으로써 그 자신을 구성하기 때문에 "유용한 과거"는 중요하다. 이 기록이 현대의 경험적 역사 기준에 비추어 볼 때 완전히 정확한지 아닌지의 여부는 종교적인 관점과는 다소 무관하다. 종교 공동체에서 기억된 과거는 종교 공동체에서 그 자신을 영속시키기 위해 사용된다. 서구의 일신론과 마찬가지로 역사가 규범적이거나 계시적이지 않다는 것은 불교사에서도 유사하다. 전해지는 기록이 여성을 경멸하거나 무시한다는 것은, 공동체가 여성의 잠재력과 지역 사회에서 차지하는 여성의 위치에 대해서 그렇게 말하고 있는 것이다. 마찬가지로, 여성학이 여성에 대한 과거를 발견할 때, 만약 영웅적인 과거를 발견하게 된다면, 어떤 경우에는 사회 전체가 재편성될 수도 있다. 그러므로 사람들이 말하는 이야기들, 그들이 기억하는 역사적 사실들은 공동체의 모든 부분에서 권한을 부여하거나 혹은 권한을 삭제하는 데 중요한 역할을 한다.

　　전설이든 역사든, 페미니스트가 쓸 수 있는 과거에서 가장 중요한 요소 중 하나는 좋은 이야기이다. 그것은 열정을 가진 사람을 진지하고 영적으로 받아들일 수 있도록 만드는 신비로운 모델이나 거울 역할을 하기도 한다. 전기나 자서전을 쓰는 중요 이유는, 그 사람이 누구이며 왜 그가 그런 이데올로기를 지니고 있는지 이해하기 쉽도록 잘 알려주기 위함이다. 이는 페미니스트적인 연구 방법으로, 때때로 나를 포함한 페미니스트 작가들이 스스로 자신을 드러내는 방식 가운데 한 방법이기도 하다.

　　전통적인 불교도 그런 이야기에 대한 가치를 인정해 왔다. 전통적으로 남성 신화의 모델에 관한 이야기는 자랑스럽게 반복된다. 다행스럽게도, 불교사는 기대 이상으로 불교 여성에 대한 이야기가 많이 포함되어 있지만, 불교도나 서구 불교학자들에게는 잘 알려지지 않고 있다. 불교사를 통한 여성의 역할과 이미지가 페미니즘적인 불교를 위한 재평가의 일환으로 연구될 때, 정확한 과거에 대한 조사는 유용한 과거에 대한 탐구와 조화를 이루면서 서로를 강력하게 만들 수 있다.

여성이 누락된 남성 중심의 기록에서 여성을 포함시켜서 수정한 후의 정확한 기록은, 두 가지 점에서 매우 중요하다. 첫째는 불교의 과거사를 통해 보면 여성은 다양하고 의미 있는 방식으로 참여했으며, 불교 문헌에서 여성의 역할과 이미지가 비교적 자주 등장한다는 것이다. 둘째는 불교사를 통해 여성의 역할과 이미지를 구체적으로 살펴보면, 불교적 교리에 맞지 않은 과거의 부적절한 가부장성을 분명하게 보여준다는 것이다. 이 두 가지 정확한 결론은 서로 다른 방식으로도 주장할 수 있다. 위에서 인용한 두 가지는 과거를 연구할 때 "과거를 그 자신의 용어로"[5] 책임성이 있는 방식으로 할 것을 요구한다.

책임성이란 현재의 가치와 질문을 과거에 투사하지 않는 것도 포함하는 개념이다. 이는 페미니스트 역사에서는 여성에 대한 전통적인 태도나 기록을 검은색이냐 흰색이냐라는 이분법적으로 판단하려는 유혹에서 벗어남을 의미한다. 역사를 탐구하는 페미니스트들은 역사에서 재조명되고 있는 사람들에 대한 비난과 함께 편견, 여성 혐오, 배척의 자세로 우울한 기록들을 주로 접하게 된다. 페미니스트들은 때로는 그녀가 가장 좋아하는 과거가 적어도 다른 과거와 비교할 때 여성에게 매우 유리하다는 점을 알게 될 것이다. 교묘하게 혼합된 기록을 유지하면서 과거에 대한 칭찬이나 비난을 자제하기란 훨씬 더 어려운 일인데, 이 두 가지는 모두 페미니스트적 의제들을 과거에 투영한 데서 비롯된다.

그러나 동시에, 가부장적이라고 부르기 위해 과거에 덧칠하거나 기록을 첨가하기보다는 정확성에 근거해서 올바르게 이루어지는 평가가 똑같이 중요하다. 이러한 판단을 내릴 수 있는 충분한 정보를 가지는 것은 불교에 대한 페미니스트적인 재평가에는 매우 중요하다. 이런 정보가 없다면, 많은 보수적인 불교 신자들이 여성에 대한 불교적 처우는 아무런 문제가 없으며 재고할 필요가 없다고 주장할 수도 있다.

남성 중심적인 안일함에 대항하는 과정에서는, 그것이 불교의 이상과 규범에 맞지도 않고 불교의 다른 평등주의적인 사례와도 부합하지 않다는 것을, 즉 불교에서 여성에 대한 부적절한 처우와 차별에 관한 정확한 지적이 필요하다. 역사의 현시점에서 불교와 페미니즘의 상서로운 우연한 일치에 내재되어 있는 의미를 생각해 보면, 이러한 인식은 특히 중요하다.

정확하고 유용한 과거 불교사의 몇 가지 이야기

정확한 역사를 알기 위해서, '남성 중심주의', '가부장제' 그리고 '여성혐오'를 명확하게 구분하고, 이 용어를 정확하게 적용하는 것이 중요하다. '남성 중심주의'와 '가부장제'는 일반적으로 함께 사용하는데, '가부장제'는 의식의 한 형태나 사고방식이 남성 중심적으로 정보가 수집되고, (남성이 정의한) "세상의 구조" 속에 여성의 위치를 분류하는 방법이다. 가부장제는 보통 남성 중심주의와 함께 하는 사회적이고 제도적인 형태이다. 분명한 것은 가부장제는 여성에 대한 남성의 성별 계층구조를 인정하며, 남성이 여성을 통제하고 여성들은 남성으로부터 통제받기를 좋아한다고 생각한다. '여성혐오'는 여성과 여성다움이라는 문자 그대로의 의미에 대한 증오(혹은 두려움)을 보여주는 현상을 위해 쓰는 말이다.

어떤 종류의 사회에서든 개인은 여성혐오자가 될 수 있으며, 그렇다고 해서 모든 가부장들이 여성혐오자는 아니다. 가부장들은 종종 여성이 "그들의 위치에" 있을 때는 칭찬하지만, 남성들이 정해놓은 위치를 떠나서 자기결정권을 행사하는 여성들에 대해서는 여성혐오자가 될 수 있다. 진정한 여성혐오자들은 여성들을 비롯해 그들과 관련된 모든 것을 싫어하거나 두려워한다. 그들은 본질적으로, 단정적으로 그리고 태생적으로 여성들을 악하거나 열등하다고 여기며, 차라리 여성이 없는 삶을 선호하기도 한다. 이런 점에서 나는 '여성혐오'를 매우 세심하게 정의하여 쓸 것인데, 왜냐하면 여성혐오는 가부장제나 남성 중심주의보다 훨씬 더 해롭고 파괴적이라고 생각하기 때문이다. 나는 이러한 정의에 근거해서 불교 전통을 살펴본 결과, 널리 퍼져있는 여성혐오증은 발견하지 못했다.

그러나 고전적인 불교 사상과 제도에 대한 페미니스트적 분석 결과, 대부분의 전통적인 불교가 비교적 비논리적이고, 그 전통을 공식화하고 기록한 사람들이 남성 중심적인 세계관을 가지고 있다는 결론을 내릴 수 있었다. 사실, 전통적인 불교에 대해 페미니스트들을 가장 불편하게 만드는 대부분은, 불교사의 모든 시대와 전통 불교에서 추측되고 당연시되는 것들이 뿌리 깊은 남성 중심 사상에서 비롯된다는 것이다. 사회적으로, 남성 중심적인 의식은 남성에 의해 통제되는 제도, 즉 가부장제로 나타난다. 그러므로 불교 기관들이 종종 여성을 중요한 업무나 지도적 역할에서 배제해왔고, 불교사에서 "여성의 질문"이 반복적으로 제기되었지만 거의 항상 남성 중심적인 방식으로 전개되었다.

여성과 관련된 문제나 이슈들은 항상 여성에 대해 무엇을 해야 하는지, 어떤 특별한 규칙을 지켜야 하는지, 깨달을 수 있는지, 남성들처럼 붓다의 길로 나아갈 수 있는지 등이었다. 여성들은 '우리'보다 '그들'이라는 특징적이고 남성 중심적인 방식으로 규제되거나 설명되었고, 다른 사람이나 대상으로 이 세상에서 통제되고, 설명되고, 배치되었다. 역사적 불교가 사상적 형태와 제도에서 남성 중심적이라는 평가는 분석적이고 정확한 서술이지만, 그렇다고 해서 비난만 하지 않는다. 비록 그러한 시대에 살지 않았다는 사실에 안도할지라도, 과거를 합리적으로 비난하거나 고발만 할 수는 없다. 남성 중심적이거나 성 중립적인 방법으로 전환한 학자들이 과거의 사고방식과 제도 등을 정확하게 기술하고 분석하는 것이 페미니즘 가치를 적절하게 반영하는 것이다.

만약 우리가 가부장적 사고방식과 제도에 대한 분석을 중단하지 않고, 또한 그러한 사고방식과 생활 형태에 참여했던 인간들에 대해서 비난만 한다면, 이는 과거에 대한 페미니즘적인 가치를 부적절하게 반영하는 것이 될 것이다. 우리는 시대에 뒤떨어지고, 오늘날의 기준으로 볼 때는 잔인하고, 이기적이고, 남성 중심적이며 가부장적인 존재 방식에 집착하려고 노력하는 사람들에게 비난의 화살을 돌려야 한다. 놀랍게도, 여성에 대한 정확한 정보를 찾는 것을 목표로 불교 과거를 보는 것에 한 번 익숙해지면, 불교 역사의 모든 주요 시기의 문헌에서 여성의 역할이 명백하게 등장한다는 것을 알게 된다. 이용 가능한 과거를 찾는 사람에게 이것은 중요한 자료이다. 이러한 정보를 고려할 때 불교에서 여성의 적절한 지위에 대한 우려는 단지 우려에 불과할 수도 있다.

여성이 불교에서 중요하게 등장하는 것은 오랜 불교사에서 종종 있는 일이었고 그 주제에 대한 의견이 현저하게 다르게 나타나기도 한다. 이 때문에 페미니스트적 분석은 여성의 등장에 무관심했던 과거를 향한 현대적 가치와 우려를 투영한 것만으로 충분하지 않을 수 있다. 정확한 조사 결과, 남성 중심적이고 가부장적이지만 그다지 여성혐오적이지 않은 기록들은, 수 세기 동안 여성에 대한 두 가지의 평가들이 다양한 방식으로 변형되어 반복되고 있음을 알 수 있다. 첫 번째 결론은 여성성이 근본적으로 남성성보다 열등하다는 관점이다. 불교 남성은 수행 과정에서 여성이 남성보다 의미 있는 성과를 얻지 못한다고 간주한다. 그로 인해 남성은 여성보다 훨씬 더 우등하고 여성은 열등한 존재로 나타난다. 이러한 평가에 의한 결과는, 여성에 대한 적대감이나 두려움, 여성으로 태어난 불행에 대한 동정 등 다양하다. 성차별 문제에 대한 이러한 '결론'은 두 번째 결론보다 더 자주 거론되고 선호된다.

두 번째 결론은 여성의 몸이 깨달음에 이르는 데 장애가 되지 않는다는 것이다. 성차별 문제에 대한 주요 불교 교리를 분석할 때, 이는 훨씬 명백하고도 규범적으로 도달할 수 있다. 이 두 번째 입장으로 인해 불교가 매우 규범적이라는 결론을 내릴 수 있기 때문에, 불교사 전반에 걸쳐 여성의 지위에 대해 이의를 제기할 수는 없는 것은 분명하다. 이는 여성의 평등과 존엄성을 주장하는 페미니스트적인 입장이 단순히 현대적 가치에 의존하는 것이 아님을 보여준다. 불교인들에게도 친숙한 전통들에서 성평등한 입장이 존재하기 때문에, 불교는 페미니스트들의 이슈들을 설명하는 데 있어서 매우 현대적 가치를 담고 있는 혁신적인 사상이라고 할 수 있다. 이처럼 성평등한 교리를 담고 있는 불교 전통들은 매우 친여성적이기 때문에, 종교가 반페미니스트적이라고 비판하는 사람들에게 혼란을 주기도 한다.

페미니스트 신학과 영성학 분야에서의 주요 주장 가운데 하나는 오늘날 대부분의 기성종교의 본질이 가부장적이기 때문에, 남성의 이 익에만 봉사하고 여성에게는 도움이 되지 않는다는 것이다. 대개 유대 교와 기독교에서 이러한 주장들이 등장하고 있음에도 불구하고, 이 주 장을 그대로 불교에 적용하기란 쉽지 않다. 불교에 대한 가부장성의 일반화를 주장하는 사람들은 대개 불교 사상에서 발견되는 가장 부정 적인 문헌과 몇 가지 이야기를 인용한다. 하지만 더 많은 문헌들을 보 게 되면 그러한 일반화는 불교에 있어서 피상적이고 부정확한 것임을 알게 된다. 전통적으로 권위를 인정받는 주요 불교 문헌들에서 여성성 은 장애가 아니라고 분명하게 주장하고 있기 때문이다.

불교에서 여성성이 인간의 가장 높은 경지를 성취하는 데 장애가 되지 않는다는 입장은 불교 문헌에서 두 가지 형태를 취하고 있다. 이 주제에 대한 훨씬 더 일반적인 주장은 본질적으로 "담마$_{Dhamma}$[1]는 여자 도 아니고 남자도 아니다"라는 것인데, 불교적인 가르침을 올바로 이 해한다면 성별$_{gender}$은 무관하거나 심지어 존재하지도 않는 것으로 해 석하기도 한다. 또한 드물지만, 여성성에 대해 긍정적으로 인식하는 사람들은 오히려 여성성이 수행에 유리하다고 주장하기도 한다. 비록 이 평가가 일반적이거나 사람들에게 널리 알려지지 않았으나, 바로 그

---

[1] Dhamma는 초기 경전을 기록한 글자인 빠알리어로 불변의 진리, 붓다의 가르 침, 법 등 다양한 의미를 가진다. 소문자로 담마(dhamma)로 쓰고 의미를 구별 하기도 하는데, 이 글에서는 D(d)hamma 두 가지 모두 담마, 가르침, 진리라는 용어를 사용할 것이다.

이유 때문이라도 불교의 성적 가치관에 대한 정확한 기록 수집은 중요하다.

불교의 남성 중심주의와 서구 불교인들의 과제

정확한 역사는 학자들에게 중요하고 흥미롭다. 특히, 유용하고 정확한 역사는 전통을 가진 새로운 세계를 건설하는 데 매우 중요하다. 오늘날 활용 가능한, 전통적인 과거에 대한 효용성은 미래의 이해관계에 영향을 미치는 사람들에게 가장 명확하게 나타난다. 그러므로 나는 서구 학문이나 동양불교의 태도에 대해 감독하기보다는 불교와 중도주의에 대한 서구 불교학자들의 태도에 더 관심을 가진다. 왜냐하면 나는 서구 불교신자로서 글을 쓰고 있으며, 섹슈얼리티와 관련하여 불교에서 가장 중요하고 필요하면서도 다양한 발전이 서구불교 신자들에 의해서 먼저 나타날 것임을 확신하고 있기 때문이다.

그러므로 나는 여성에 대한 대부분의 서구 동료 불자들의 안일하거나 무지한 태도는 문제라고 본다. 불교에 대한 전통적이거나 가부장적인 관행은 아니지만, 많은 서구 불교신자들은 대부분의 불교사 전반에 걸쳐 널리 퍼져있는 성평등한 가치에 대해 무지하거나, 분명하고 자의식을 가진 페미니스트적 입장에 대해서는 적대적이다. 이러한 입장은 서구, 어쩌면 세계 불교의 장기적인 발전에 매우 위험한 요인이 될 수도 있다. 대부분의 서구 불교신자들은 새로운 종교운동의 1세대 불자로서, 종교운동에서 계급이나 구성원으로서의 전형적인 모습보다는 그들이 속한 종교적 전통에 대해서는 잘 알고 있다. 비록 그들이 일반적인 불교에 대해 잘 알지 못하더라도 그들이 속한 불교의 철학적, 교리적 요소들에 대해 잘 알고 있고, 과거든 현재든 그들이 속한 종파의 역사에 대해 비교적 잘 아는 경향이 있다.

하지만 불행하게도, 그들은 불교사 전반에 걸쳐 여성의 역할에 대해서는 잘 알지 못한다. 그들은 오늘날의 서구 불교 사회처럼 여성들이 성평등하게 불교 활동에 참여했다고 생각하기도 한다. 그들은 불교의 가부장적 기록에 대해 완전히 무지하고, 아시아불교에서 여성의 역할에 관한 구체적인 정보도 부족한 경향이 있다. 때때로 그들은 아시아 불교사에 등장하는 몇몇 뛰어난 여성들에 대해서 어느 정도는 알지만, 이를 훨씬 평범하게 받아들이기도 한다. 따라서 그들은 불교에서 페미니즘이 불필요하다고 간주하거나, 불교 페미니즘이 이단자는 아니라고 하더라도 배신자로 간주하는 경향도 있다.

이는 남녀 이분법을 불교 가르침의 핵심으로 잘못 이해한 것이다. 안타깝게도, 서구 불교 신자들은 대체로 아시아 불교에 나타나는 여성의 위치에 대해 너무 무지해서 자신들과 얼마나 다른 상황인지도 깨닫지 못한다. 대신에 그러한 차이들을 당연하게 여기며 그것을 일반적이라고 가정하기도 하는데, 이는 매우 근시안적인 접근법이다. 아시아 불교와 서구 불교의 관례들 사이에서, 충분하지는 않지만 종종 볼 수 있는 가장 큰 차이점은, 서구 불교에서는 여성의 참여가 완전히 당연시되며 여성의 권리가 보장된다는 것이다.

인도 식킴에 있는 럼테크사원Rumtek monastery과 미국 콜로라도주의 보울더사원Boulder에서 금강승불교 수행을 하는 사다나(Sādhana, 목표를 달성하기 위한 수행법) 사진을 비교해보면 인도 불교와 서구 불교에서의 여성의 지위가 얼마나 차이가 있는지 시각적으로도 확실하게 입증된다.

이 수행법은 내가 참여하는 불교 종파에서 널리 행해지고 있으며 개인적으로 내가 수행하는 방법이기에 나에게도 매우 중요한데, 이 사진들은 항상 내 마음을 아프게 한다. 왜냐하면 인도 럼테크사원의 사진에는 남성들만 수행하고 있는 반면에, 미국 보울더사원의 사진에는 매우 많은 여성들이 있음을 알 수 있기 때문이다. 이처럼 서양과 동양의 여성 불교 신자들의 신행에서 드러나는 위상의 차이를 보여주는 많은 증거들이 있다.[6]

불행하게도 여성에 대한 무시와 무관심이 너무나 일상적이어서, 불교 활동에 적극적인 여성을 포함하여 서구 불교도들은 이 사실을 알지도 못하는 경우가 있다. 예를 들어보자. 어느 날, 나는 다수의 서구 불교 신자들에게 럼테크사원에서 촬영한 환상적인 비디오, 수행자들을 통해 삶의 아름다움과 단순함에 대한 동경을 불러일으키는 초상화 같은 장면들을 보여주었다. 영화에서 나오는 유일한 여성은 계단을 오르고, 기도 바퀴를 빙빙 돌며, 제물을 바깥으로 들고 나간 후, 떠날 것을 알리는 여성이었다. 그러나 이 영화를 본 나의 여자 친구들은 그 여성이 럼테크사원에 들어오도록 허락도 받지 못했고 머물 수조차 없다는 것을 알지 못했다. 그들 중 많은 사람들은 여성수행자들이 비구니계를 받을 준비가 되었고, 여성들도 사원에 머물 수 있으면 좋겠다고 말했다. 여성들이 절대로 들어갈 수 없는 열악한 신체적 조건도 아님을 보여주었다.

하지만 여성이라는 신체적 조건은 아시아 불교와 서구 불교에서 중요한 차이를 보여주었으며, 그 문제가 얼마나 여성에게 중요한지는 아시아불교를 통해서 알게 되었다. 그러나 내가 그 문제를 지적했을 때, 나에게 돌아온 것은 적대적인 시선뿐이었다. 과거를 반복하지 않기 위해서, 즉 대안을 찾기 위해서 과거에 대한 연구를 권장하기도 한다. 불교에서 여성의 역사를 보고자 하는 것은 학문적으로 여성의 과거를 알기 위함이고, 이는 연구를 위한 동기 부여가 되기도 한다. 서구 불교도들은 과거가 어떠했는지 아는 것이 매우 중요하다. 가치 있는 전통을 유지하거나 적절하지 못한 과거 유산을 재구성하는 것이 필요할 때에는 이를 근거로 결정을 내릴 수 있기 때문이다. 성性 문제에 대한 불교 전통의 미묘함, 복잡성 및 모호함을 강조하는 과거 기록을 분석하면, 그 자원이 얼마나 적절하거나 반대로 부적절한지를 알 수 있다.

현대 페미니즘의 가치관에서 볼 때, 불교의 자원들은 가부장적이라거나 가부장적이지 않다는 기준이, 이분법적 사고로 나누기에는 쉽지 않을 정도로 혼재되어 있다. 이러한 자원을 활용하면, 평등한 여성의 지위를 구축하려는 현대 불자들은 아시아의 불교 모델이 어떻게 '좋고' 어떻게 '나쁜지' 쉽게 알 수 있다. 또한 불교 규범으로서의 남녀 위계가 아니라 성평등을 주장할 수 있는 전통적인 근거들이 많다는 것을 쉽게 알 수 있을 뿐만 아니라, 매우 심각한 성차별적인 특정 관례들은 밖으로 드러내서 이를 수정하거나 버릴 필요가 있다는 것도 알 수 있다. 이러한 방식은 현대적인 성평등 기준을 위반하지 않고도 전통과의 연속성을 유지할 수 있기에, 매우 유용한 페미니스트 전략이 될 수 있다.

또한, 서구 불교신자들은 해방을 위한 불교와 페미니즘이라는 세계에서 가장 강력한 두 운동의 "축복할 만한 동반자"라는 관계 위에 서 있다. 그러므로 서구 불자들은 무거운 책임감뿐만 아니라 특수한 기회, 즉 가부장제를 넘어서 불교를 해석할 기회와 책임이 있다. 이러한 이해관계를 바탕으로 역사 전반에 걸쳐 여성이 불교에 관여했던 방식을 연구하고 분석해야 하는 과제에 직면했을 때, 누군가가 "왜 과거에 관심을 가지느냐"고 묻는 것은 합당하지 않다. 오히려 불교 역사가 모든 인류의 발전을 위해 '올바른 것'이 될 수 있도록 과거를 연구해야 한다고 답해야 한다.

4장
샤카디타, 붓다의 딸들
: 초기 인도 불교의 여성 역할과 이미지

당신은 깨달은 붓다이시며,

스승이시며,

나는 당신의 딸이고,

진실한 자식이고,

당신의 입에서 태어나고…

나는 해야만 하는 일을 성취했다….

「테리가타」[1] 336

    불교가 성립되고 첫 500년은 불교 역사상 최초의 중요한 시기로 규정한다. 이 시기가 끝날 즈음에 불교는 첫 번째 전환기를 겪게 되는데, 이는 관점에 따라 대대적인 개혁, 혹은 타락이라고 부르기도 한다. 그리고 새롭게 등장하는 형태의 불교를 대승불교라고 부르는 것에 모두가 동의하지만, 사실 이 500년 동안의 불교를 무엇이라고 부를 것인가는 매우 어려운 문제라고 할 수 있다. 초기 인도 불교의 많은 특징들이 현재 상좌불교Theravada의 전통에 남아 있지만, 이는 특히 여성에 대한 관점에서 초기의 인도 불교와 같지 않다. 또한 대승불교주의자들이 자신들과 반대편에 있는 이 불교를 상대적으로 얕보면서 부정적인 의미로 "소승불교hinayana"라고 불렀기 때문에, 특히 오늘날 상좌불교에서는 이 용어를 매우 불쾌하게 여기기도 한다.

그러므로 만약 이 학파를 제대로 이해한다면 "소승불교"로 부르는 것은 피해야 한다. 티베트의 금강승불교 신자들은 그들에게 친숙한 "세 가지 유형의 불교three-yana 관점"으로 설명하면서, 첫 번째 불교yana를 "소승불교hinayana"라고 부르기도 한다. 하지만 표면적인 유사성에도 불구하고 "소승불교"는 현대의 상좌불교와 다르다. 또한 역사적으로 볼 때, 불교의 초기 형태를 의미하는 것도 아니다. 불교사를 통해서 볼 때, 모든 형태의 불교들은 이 초기 불교에서부터 출발했음을 공통으로 인정한다. 하지만 이 첫 번째 시기의 불교는 어떤 교파의 명칭도 적절하지 않고, 현대 불교에까지 완벽하게 전해지지 않은 역사적인 시기로 독특한 형태의 불교이다. 그러므로 나는 이 시기의 불교를 "초기 인도 불교early Indian Buddhism"라고 부를 것이다.

불교사적으로 볼 때, 초기 인도 불교 시기의 여성에 관한 정확하고 유용한 과거의 발견은 초기 불교에서의 비구니에 관한 두 가지 상반된 문학적 근거를 연구하는 것도 포함한다. 불교 교단이 성립된 초기에, 뛰어난 비구니들이 깨달음을 성취한 후 지었던 시가 「테리가타」의 기록으로 전해오고 있음에도 불구하고, 이들의 성취보다는 붓다께서 마지못해 비구니들의 승가를 설립하도록 허락한 이야기가 오늘날 더 잘 알려져 있다.[2] 여성은 깨달음에 도달하는 데 능력이 부족하다는 일부 불교학파들의 인식에도 불구하고, 이 문헌은 여성들이 깨달음을 성취했음을 보여준다. 즉, 여성출가자들이 남성출가자들과 동등한 수준의 영적 능력이 있다는 것을 증명한다. 이처럼 초기 불교에서부터 여성과 관련된 불교의 입장은 불분명하고 모호했다.

불교에서 일부만을 인용해서 전해오는 기록 때문에 절망적일 정도로 여성들에게 부정적이거나, 혹은 그와는 정반대로, 남성과 여성이 매우 평등하게 인식된다. 한마디로 말하면 여성관은 지극히 이중적이다. 이「테리가타」에는 불교를 통해 고통에서 해방되고 만족스러웠던 많은 여성들, 깨달음에 이르는 능력이 뛰어남을 보여주는 여성들 그리고 그들의 영적인 딸들에게 영감을 줄 수 있는 여성들에 대한 많은 이야기가 있다. 또한, 붓다 자신의 이야기 중 많은 부분을 포함하여, 초기 인도 불교에서의 여성은 뛰어난 영적인 존재라거나 여성들의 긍정적인 이미지에 대해 전해지지 못한 많은 이야기도 발견할 수 있다.

아마도 불교에 대한 서구 학문이 남성 중심적이므로, 비구니들의 뛰어난 업적보다 붓다께서 비구니계를 부여하기를 원치 않았다는 이야기가 훨씬 더 많은 관심을 받았을 것이다. 혹은 이러한 불평등으로 인해 비구니 승가가 생존에 실패했기 때문인지도 모른다. 역사적으로 번성하지 못했기 때문에, 초기 비구니 승단의 장점보다는 비구니 승단의 설립을 세 번이나 거부했던 붓다의 머뭇거림을 강조하는 불충분한 기록들이 더 많이 알려져 있다. 그러나 이 시기의 문헌을 선입견 없이 읽으면, 「테리가타」에서 묘사된 바와 같이, 당시 비구니 승단의 위엄과 권위, 규모에 감명을 받지 않을 수 없다. 왜 이런 이야기들이 더 확실하게 강조되지 않고, 더 자주 설명되지 않았는지 의아할 뿐이다.

만약 뛰어난 여성의 이야기가 많이 등장했었다면, 초기 인도 불교가 열등하고 부정적인 여성관을 가지고 있다는 우리의 부정적인 인상

제11차 샤카디타(The 11th Sakyadhita International Conference on Buddhist Women), (2010 년 베트남)

은 크게 바뀌었을 것이다. 초기 인도 불교에서 여성의 업적에 대해 그 토록 엄청난 기록을 가지고 있음에도 불구하고 왜 강력한 남성 지배 전 통을 이어가게 되었을까? 다수를 차지하는 남성 중심적인 관점을 어떻 게 불교에서 표준으로 여겼을까? 이러한 여성들의 이야기를 접할 때마 다 의문을 갖는다. 내가 어느 연구자에게 이런 의문을 말하자, 그녀는 "아니요. 그 시대의 가부장적인 위계질서에 비추어볼 때, 그런 엄청난 문학이 어떻게 기록으로 인정받았는지, 어떻게 보존되어왔는지를 설 명하는 것이 더 어려워요"라고 대답했다. 어찌 되었든 초기 인도 불교 문헌인 「테리가타」에 나타난 위대한 여성들의 자각과 활동들은, 그 시 기의 기준이었던 남성 중심적인 읽기로부터 관점을 전환해야 한다는 것을 보여준다.

초기 인도 불교 그리고 출가의 세계

불교 역사에서 이 시기의 여성에 관한 다양한 입장들과 이야기들은 출가라는 사회적, 영적 현상에 담겨있다. 남녀가 자신의 출생부터 맺어왔던 사회적 유대관계와 재산을 포기하고 출가 공동체라는 대안사회에서 재편성되는 세계관과 가치를 이해하지 못하면, 초기 인도 불교를 이해할 수 없다. 우리는 다른 세계관과 다른 가치에 의해 동기 부여가 되는 서구 방식의 금욕주의에 익숙해서 인도의 출가세계는 서구의 금욕주의와 상통하는 것으로 오해한다. 오늘날 잘 알려진 것처럼, 인도의 종교적 사고방식은 집을 떠나서 고행하는 출가자 세계와 세속에 남아 있는 재가자 세계를 모두 인정하며 존중했으며, 각 개인은 자신의 상황에 맞는 길을 선택하였다.

불교는 세속적인 일을 가치 없는 것으로서 비난하지 않는다. 왜냐하면 세속의 삶은 가치 있는 일과 좋은 업적을 쌓을 수 있는 기회를 제공하며, 출가자를 재생산하고 승단을 지원하는 모체이기 때문이다. 그러나 초기 인도 불교에 따르면, 가정주부의 삶은 깨달음이라는 불교의 최종 목표에 이르는 데는 도움이 되지 않는, 깨달음을 최종 목표로 하는 사람에게는 부적절한 생활 방식임을 알 수 있다. 초기 인도 불교 문헌은 다양한 힌두문학과 달리 주로 깨달음이라는 최종 목표를 위한 출가의 가치를 반영한다. 세속의 생활 방식을 자주 언급하는 까닭은 많은 사람이 비구와 비구니의 생활 방식에 적합하지 않기 때문이다. 또한 모든 세속에 있는 사람들을 보편적으로 비난할 수 없을 뿐만 아니라 종종 가장 가까운 친족의 희망을 무시하거나 이에 저항하게 되면 출가자의 자유를 깨뜨릴 수 있기 때문이다.

그러나 왜 출가 생활 방식이 뛰어난 것으로 간주 되는가? 이 질문에 대한 대답은 종종 서양의 금욕주의와 연결되어 잘못된 결론을 낳기도 한다. 불교 세계관에서 신체, 재산, 가족관계, 또는 감각적 쾌락은 본질적으로 그 자체의 사악한 성질 때문에 피하기가 쉽지 않다, 이런 것들은 악으로 보지 못하고, 오히려 더욱이 집착하게 되고, 이에 빠져들어 혼미해지는 것을 극복해야만 영적인 해방을 얻을 수 있다. 초기 인도 불교는 그 시대의 많은 영적인 것과 마찬가지로, 누구나 감각적 쾌락, 신체적인 건강, 가족의 행복과 부를 추구하면서 동시에 객관성과 통찰력을 함께 얻을 수 있다고 생각하지는 않았다. 이러한 것들을 추구하는 것은 인간의 마음을 너무 산만하게 만들기 때문이다.

또한 이러한 것들은 분리, 통찰 및 자유와 정반대인 감정을 만들어낼 수 있어서 영적인 해방을 위해 노력하는 사람들에게는 부적절한 관심사들이다. 이러한 가치들이 남성들에게 속세를 포기하도록 동기 부여를 한 것처럼 여성들에게도 동기 부여를 했다. 하지만 많은 사람들은 여성이 속세를 떠나거나 세속적인 욕구를 벗어나는 생활에 대한 적절성과 가능성에 대해 의문을 제기했다. 그러므로 초기 인도 불교 문학에서는 여성에 대한 모호함과 긴장감이 많이 발견된다.

붓다, 비구니 승단을 설립하시다

붓다께서 깨달음을 성취한 이후 남성들과 재가불자를 위한 공동체인 비구 승단을 세웠다. 그리고 5년이 지난 후, 양모였던 고타미 왕비가 다수의 궁궐 여성들과 함께 붓다를 방문해서 여성도 출가를 할 수 있도록 세 번이나 요청했다. 하지만 그때마다 붓다께서는 "오, 고타미여, 여자들이 그렇게 하도록 허락할 수 없다"고 답했다. 그 대답을 들은 여성들은 울면서도 계속 자신들을 받아주기를 요구했고, 머리카락을 자르고 출가자의 승복을 입고 붓다께서 가신 곳을 따라 먼 길을 맨발로 걸어서 갔다. 궁궐에서만 지내던 여성들이 먼지를 뒤집어쓰고 발이 퉁퉁 부은 채, 불쌍하고 비참한 모습으로 도착했을 때의 이야기들은 지금까지도 다양하게 전해지고 있다.

이때, 붓다의 시중을 들던 아난다(아직 깨달음에 도달하지 못했던 붓다의 제자)는 이 여성들의 고통을 보면서 문제를 해결해주고자 했다. 고타미의 출가 요청은 세 번이나 제기되었고 세 번 모두 거절되었다. 「율장Cullavagga」 X.1.3에 의하면, 아난다는 붓다께 다가가서,

> 붓다시여, 진리를 성취하신 분에 의해 선포된 법과 계율에 의하면, 여성들은 집 없는 곳으로 떠나가서 수행을 하면, 일래과나 불환과[1]등 깨달음에 이를 수 있습니까?

라고 물었다. 그러자 붓다께서는 여성도 수행을 하면 이 모든 목표를 성취할 수 있다고 대답했다. 이에 아난다는, 여성들이 출가 생활로 깨달음에 이를 수 있고, 또 고타미 왕비는 싯다르타를 정성으로 양육했기 때문에,

---

1 붓다의 가르침에 따라 수행을 하게 되면 네 단계의 경지(과, 果)를 도달하게 된다. 예류(豫流)과는 수행에 대한 확신이 생겨 깨달음이라는 흐름에 들어가는 단계이며, 일래(一來)과는 한번 세상에 다시 태어나는 단계, 불환(不還)과는 더 이상 윤회하지 않는 단계 그리고 아라한(阿羅漢)과는 모든 번뇌가 끊겼기 때문에 열반에 들어가는 단계이다.

… 여성은 집에서 집 없는 곳으로 떠나, 진리를 성취하신 분에 의해 선언된 가르침을 닦고 수행을 실천해서 깨달음을 얻을 수 있어야 한다

고 주장했다. 이에 붓다께서는,

아난다여, 만약 고타미가 여덟 가지 중요한 규칙을 받아들인다면 그녀는 비구니계를 받을 수 있다

고 답했다. 붓다는 아난다에게 그 규칙을 암송하게 해서 고타미 왕비에게 전달했고, 그녀는 그것을 기꺼이 받아들였다. 그때 붓다께서는 그때 이처럼 말씀하신 것으로 알려졌다.

만일 아난다여, 여성이 집에서 집 없는 곳으로 출가를 하지 않았다면 진리를 성취하신 분에 의해 선언된 가르침과 규율은 천 년을 이어갈 것이다.
하지만 아난다여, 여성을 승단에서 받아들였기 때문에…
이제 이 가르침과 규율은 겨우 500년을 버틸 것이다.

이는 여성이 많더라도 남성이 적은 집에는 강도가 들기 쉽다는 것과 질병 때문에 번성하지 못하는 농작물을 비교하는 것과 같다고 예시를 들면서 여성의 출가를 받아들인 후의 가르침은 500년으로 수명이 단축될 것임을 설명한다. 이 대화는 붓다의 여덟 가지 특별한 법(팔경법)에 대한 정당성을 설명하면서 끝난다.

아난다여, 남자로서 앞을 내다보며,

거대한 저수지의 물이 넘치지 않도록 둑을 만들어야 하며,

아난다여, 그렇게 하더라도 내가 준 여덟 가지 중요한 규칙을 지켜야 한다.[3]

　이 이야기와 「테리가타」에서 받은 인상과 너무나도 달라서 참으로 놀라울 정도이다. 이러한 차이에 대해서 문헌 조사 및 역사적 연구들은 명료한 해답을 제시하기도 한다. 즉, 비구니 승가에 대한 붓다의 부정적인 태도는 당시 인도 사회의 전통에 대한 보완책이라거나, 후대로 가서 더욱 보수적인 제자들의 가치관이 반영되었다고 주장한다. 사실, 그 해결책은 역사적으로 의미가 있다. 비구니 승단이 신생 종교인 불교의 장기적인 생존에 미치는 영향을 고려한 붓다의 예언이라는 설명도 있지만, 동시에 이러한 분위기에서 「테리가타」가 어떻게 등장하며 또 오늘날까지 전해올 수 있는지를 설명하기는 쉽지 않다.

　일반적으로 인도문화에 만연해 있던 가부장제를 고려할 때, 여성의 능력을 인정하지도 않고 여성에 대한 비전도 없는 후대의 경전 기록자들이 가부장적 가치관과 태도로 되돌아가는 것을 상상하기란 그리 어려운 일이 아니다. 이 시기를 연구한 학자들은 부처님 재세 시에 여성의 현실은 가부장제 사회의 다른 시대와 비교했을 때 비교적 양호했다며 애매하게 결론짓기도 한다.[4] 또 다른 학자들은 초기 인도 불교 시대에 여성에 대한 태도가 완만하게 변화하지만, 후반으로 갈수록 여성혐오가 문헌에서 훨씬 더 많이 나타나고 여성은 남성보다 열등하며 유혹자로 자주 묘사된다고 주장하기도 한다.[5] 예를 들면, 일반적으로 후대에 나왔다는 「자타카」(붓다의 전생 이야기)에서는 여성을 거의 하나같이 부정

적으로 그리고 있는데,6 이는 이전 문헌에서 여성을 이중적으로 애매하게 묘사한 것과는 크게 대비가 된다.

카지야마 유이치Kajiyama Yuichi는 그의 뛰어난 논문에서, 비구니 승가의 수용으로 인해 불교 수명이 단축된다는 예측은 사실 초기 인도 불교가 외부로부터 심각한 도전과 위협을 받았던 시대였다고 설득력 있는 증거를 제시한다. 즉, 이는 교단을 설립하고 500년이 지난 후 발생한 대승불교의 부흥 때문이라는 것이다. 같은 글에서, 여성이 부처가 될 수 없거나 '다섯 가지의 성취' 중 어느 것도 얻을 수 없다는 결론은 기원전 1세기 이후에 나타났다는 주장도 있다.7 그러나 두 모순된 텍스트가 보존되어 전해져오고 있기에, 이러한 설명 중 어느 것도 이 전통을 완벽하게 설명할 수는 없다. 이 역사학자의 설명은 종교적 전통 그 자체에는 아무런 영향을 미치지 못했는데, 나는 이 두 모순된 텍스트에서 나타나는 문제들을 해석해보고자 한다.

사람들은 붓다께서 여성의 출가를 꺼린 것을 이해하거나 설명하려고 노력한다. 통속적인 문학에서 드러나듯이 붓다의 태도가 불교의 기본적인 메시지와 너무나 상반되기 때문이다. 그러나 우리는 가설을 세울 수 있다. 예를 들어, 서구의 여성 불교학자인 호너I. B. Horner가 그녀의 책에서 자세하게 설명했던 것처럼,8 붓다의 거부 이유를 설명하는 이전의 텍스트들은 종종 후대 사람들에게는 쉽게 납득가지 않는 것처럼 보인다. 이 글에 의견을 제시하는 학자들은 붓다가 아니라 주로 그/그녀의 해설을 하지만, 이러한 해설은 모든 불교 페미니스트들에게 관심을 요구하고 학자의 호기심을 자극한다. 호너가 지적하듯이9 이 사례는 제자들의 설득과 주장으로 붓다의 입장이 바뀔 수 있도록 만들었던 기록상 유일한 사례이다.

전통적인 텍스트 속에 있는 이 이야기를 어떻게 이해해야 할까? 첫째, 나는 전체 이야기에서 쟁점이 되는 것을 명확하게 구별하는 것이 중요하다고 말하고 싶다. 깨달음이나 초기 불교에서의 목표를 추구하고 달성하는 여성의 능력은 열등하지 않다. 붓다는 이전의 문헌들에서 여성이 그러한 목적을 달성할 수 없다고 말했으나, 초기 경전에서 나오는 많은 구절에 따르면 여성이 그 목표를 달성할 수 있거나 이루었다고 말한다. 그는 여성들이 무능하다고 거절하지 않으며, 여성의 능력을 인정한다면 비구니 승단을 받아들여야 한다는 아난다의 요구로 생각을 바꾸었다. 따라서 한 가지 확실한 것은 붓다께서 여성들의 출가 요구를 거절한 이유가 여성이 열등하거나 가치가 없다는 믿음 때문이 아니라는 것이다. 붓다는 이 글에서 여성혐오자로 표현되지 않는다. (불교가 빨리 쇠퇴할 것을 예언한 「코다coda」를 제외하고, 일부 이야기는 나중에 추가되었을 가능성이 크다.)

그러나 피상적으로 볼 때 가장 설득력 있는 답변이라고 할 수 있는 붓다의 여성혐오증을 비난할 수 없다면, 우리는 본문과 전체적인 맥락 안에서 어떤 이유가 논리적인지 찾아야 한다. 본문에는 두 가지 중요한 문제가 있다. 첫째, 여성들이 집 없는 수행자로, 열반이라는 불교의 목표를 추구하도록 허용되어야 하는가? 둘째, 만약 여성들이 출가자로 계를 받는다면, 그들의 지위와 남성 출가자들과의 관계는 어떻게 될 것인가? 이 두 가지 문제를 다룰 때, 우리는 붓다가 여성혐오자는 아니더라도 그가 남성 중심적이고 가부장적인 역할을 한다는 것을 알 수 있다. 여성혐오적인 주장이 나중에 첨가된 내용이라 할지라도, 남성 중심주의와 가부장제는 분명히 알 수 있다.

왜 붓다는 파자파티의 요청을 즉각 받아들이지 않았을까? 사실 그는 많은 남성의 출가를 격려했는데, 남성들처럼 여성들에게는 왜 나서서 출가를 권유하지도 않고, 또 여성들이 출가를 요청했지만 기다리게 했을까? 이것은 페미니스트적 가치를 지닌 사람이라면 누구나 민감하게 생각할 수 있는 질문이지만, 남성 중심주의와 남녀 이분법적인 성 역할을 강력하게 지지하는 사회에서 이러한 문제는 그다지 관심이 없는 영역이다. 즉, 평등과 일반적인 인류애에 대해서, 심지어는 붓다께서 깨달음을 성취한 후에도 젠더 이슈는 그의 주요 관심사가 아니었다. 남녀의 차이와 그 사이에서 일어나는 긴장감, 요컨대 여성의 눈을 통해 남성 중심적인 부정적인 면을 보는 것은 단순히 그의 관심사가 아니었다. 가부장적인 고통에 대한 여성들 자신의 경험에서 문제의식을 느꼈다면, 그것을 체험한 여성들이 평범한 일상에 도전하고 이분화된 성 역할을 거부해야만 하는 것이었다.

이것은 아마도 붓다의 단점, 즉 전지전능한 능력의 한계로 인용될 수도 있겠지만, 가부장적인 성 역할을 요구받은 여성에게는 그녀 자신이 사회의 중심 세력인 남성이 아니라는 것도 불행한 사실이다. 이것은 남성에게 나쁜 의지가 있어서라기보다는 단순히 경험과 의식이 부족하기 때문이며, 불교계에서도 오늘날 나타나고 있는 현상을 인용하는 것도 이러한 분석을 이해하는 데 도움이 된다고 생각한다. 오늘날 비구니들의 권위를 향상시키는 운동들은 여성들에 의해 주도되고 있지만, 어떤 남성들은 매우 적대적이거나 동정심이 부족해 보인다. 달라이 라마와 같은 분은 성차별을 극복해야 할 과제라고 지지하지만, 그가 이 운동의 지도자는 아니다. 그에게는 젠더 문제는 그의 문제도 아니며, 그에게 가장 중요한 문제도 아니다.

개인적인 예를 한 가지 소개하고자 한다. 티베트 불교에서 서양인은 남성적이라는 고정관념을 가지고 있는데, 이 티베트 불교의 특징을 소개할 때 나의 스승은 단순히 남성만이 지도적 역할을 맡는 것이라고 설명했다. 여성들이 이 문제에 대해 반대의견을 제시했을 때 그는 매우 쉽게 받아들였지만, 그가 일반 티베트문화의 고정관념을 드러내지 않으려고 매우 조심했음에도 불구하고, 처음부터 여성을 동등하게 고려할 생각은 없었음을 알 수 있었다. 비록 불행하고 슬픈 이야기이지만, 성 역할 고정관념이 강하고 가부장적인 인도 사회에서 성평등 이슈를 적극적으로 해결하고자 하는 여성들의 관점에서 볼 때, 붓다께서 이 문제에 적극적으로 앞장서지 않았다는 것은 그리 놀라운 일이 아니다.

초기 불교에서 가정주부의 삶과 집 없는 출가의 삶에 대한 가치를 비교한다면, 여성들의 출가를 격려하지 않거나 적어도 허용하더라도 영적인 측면에서 남성보다 열등하지 않음을 인정하는 것이 무슨 의미가 있느냐고 주장할 수도 있다. 여성이 집 없는 삶을 위해 출가를 하는데, 비구니계를 주는 것을 왜 그토록 꺼리는 것일까? 그 이유는 첫째, 무엇보다도 불교인들은 젊은 남성의 출가를 격려했지만, 비평가들은 출가를 무책임하고 파괴적인 것으로 보았기 때문에 실제로 많은 남성에게도 출가는 쉽지만은 않았다. 아마도 많은 사람, 즉 부모, 아내, 또는 자녀들이 그들의 남자들을 승단으로 데려간다고 불평을 했을 수도 있다. 또한 출가자들은 재가 보시자에게 승가의 물질적인 삶을 의존하면서, 남성뿐만 아니라 어머니, 아내, 며느리 등 여성들까지 집 밖으로 데리고 간다고 분노 섞인 비판을 듣기를 꺼렸을 수도 있다. 이는 오늘날 남성 중심적인 가치 체계에서 여성들이 남성 출가는 운명으로 받아들이면서, 여성 출가는 전쟁터의 시체가 되는 것처럼 생각하여 이를 반대하는 것은 상반된 이중 잣대로 논쟁하는 것과 같다.

베트남의 한 비구니 사찰에 모셔진 고타미의 초상화

아마도 두 번째 이유는 더 직접적이라고 할 수 있다. 여성이 승단에 합류하면 승단의 질서에 대한 삶은 더욱 복잡해질 것이다. 승려와 여성 신자와의 관계보다 더 복잡하고, 친인척 등 직접적인 관계가 있는 남성과 여성 출가자의 상호 교류를 규제하기 위한 규칙이 필요했다. 남녀 출가자가 실제로 서로 교류하는 과정에서 재가신자와 비불교도의 험담에 대해 반박해야 했으며, 실제로 비구와 비구니의 성적 행위가 비난을 받았다는 기록이 일부 문헌에서 나타난다.[10] 또한 여성들이 남성의 폭력에 노출될 것이라는 두려움도 현실적인 문제였다. 당시에 숲속에서 수행하고 있는 비구니를 대상으로 한 성폭력도 있었으며, 교단은 그것을 막을 수 있는 규정도 만들어야 했다. 이 규정은 대개 여성이 혼자서 여행을 하거나 혼자서 수행하는 관행을 제한했으며,[11] 오늘날처럼 여성이 위험한 장소에서 밤늦은 시간에 혼자 있는 것을 금지하여 남성으로부터의 폭력을 예방하고자 했다.

　그러나 아마도 여성을 출가자로 허용하는 것을 꺼리는 가장 중요하고 지배적인 이유는 간단했을 것이다. 그것은 당시 사회에서는 너무 파격적이었다. 붓다 재세 시 여성의 지위는 아버지, 남편, 아들에게 의존하면서, 희생과 봉사를 강요받았던, 한없이 열등한 존재로 취급받았다. 그리고 불교는 개혁적인 사회를 만들려는 사회 혁명운동이 아니라, 전통적인 사회로부터 벗어나는 개별적인 수행의 길을 중시했다. 오늘날과 같은 사회였다면 아마도 궁궐 여성이나 부유층 여성들도 포함했겠지만, 일반적으로 붓다 시대의 사람들은 사회적인 활동이 거의 없었던 여성들이 출가해서 생활한다는 것은 상상하기조차 어려웠을 것이다. 남성들의 출가 생활은 당시에는 이미 어느 정도 선택 가능했지만, 여성들이 그렇게 하기에는 너무나도 파격적이었다. 붓다는 사회적 불평등과 불공평을 바로잡으려는 사회개혁가가 아니었으며, 남성 중심 사상과 가부장적 젠더 위계를 극복하는 것은 그에게 주요 이슈가 아니었다.

팔경계, 비구니 승가의 굴레

　붓다는 여성 출가를 승낙하기 위한 전제조건을 요구하였고, 여성들은 이 모든 어려움을 받아들이면서 붓다의 동의하에 비구니 승가가 설립되었다. 비구니 승가가 비구 승가와 대등한가에 대한 주요 쟁점에 대해서는 그 답이 거의 분명할 것이다. 왜냐하면 여덟 가지 특별 규칙[팔]

경계, garudharma은 마하파자파티의 수계 조건과 수계식의 형태에 관한 계율로 주어졌기 때문이다. 붓다는 이 규칙들을 물이 넘치지 않도록 저수지의 물을 가두어두기 위해 지은 둑에 비유했다. 이 계율에는 무엇이 포함되어 있을까? 여성에 대한 남성의 전통적인 젠더 위계, 여성에 대한 남성의 지배는 팔경계의 중심이다. 어떤 비구니라도, 아무리 신분이 높더라도, 방금 계를 받은 비구에게 일어나 절을 하며 예우를 갖추어야 한다는 제일 첫 번째 계율에서도 이를 알 수 있다.

또한 팔경계를 보면 비구니들은 비구의 감독을 받을 수 있는 장소에서 장마철 안거를 보내야 한다. 비구들은 두 달에 한 번 있는 자자自恣[2]를 위한 회의 날짜를 정하기로 되어 있었다. 비구들은 규칙을 어긴 혐의로 고발된 비구니들의 조사에 참여할 수 있지만, 그 반대로 비구들의 잘못에 대해 비구니는 말할 수 없다. 비구들은 또한 위반에 대한 비구니들의 벌칙을 결정하는 데 참여하지만, 비구니는 그 결정에 참여할 수 없다. 비구들은 비구니들의 수계에 참여해야 하지만, 비구니들은 비구의 수계에 참여할 수 없다. 비구니들은 어떤 경우에도 비구를 질책하거나 비난할 수 없다. 그리고 비구들은 비구니들을 훈계할 수 있지만, 비구니들은 비구들을 훈계하는 그 어떤 행위도 공식적으로 허락되지 않았다.[12]

고대 인도에서 가부장적인 젠더 위계 질서가 무시될 수 있다는 것은

---

2 불교에서는 자자(自恣)와 포살(布薩)을 중시한다. 자자(自恣)란 여름과 겨울의 3개월 동안 출가자들이 외출을 금하고, 함께 수행을 하는 안거 기간의 마지막 날에 스님들이 모두 모여서, 안거 기간 동안 율장의 가르침을 잘 지켰는지 서로 반성하고 참회하는 의식이다. 포살(布薩)은 매월 보름마다 출가자들이 모여서 붓다의 가르침을 잘 따르고 있는지 참회하며 새롭게 수행을 다짐하는 의식을 말한다.

미얀마 스님들의 아침 탁발 행렬

여성들이 출가자의 삶을 사는 것보다 훨씬 더 상상할 수 없는 일이었다. 인도의 초기 불교에서, 전통적인 사회 체계의 공식적인 위계질서를 유지하는 것은 출가세계에서도 반드시 지켜야 하는 단호한 원칙이었다. 사실상 세속 생활의 많은 방식들은 출가로 달라졌지만, 이 문제는 분명하게 유지되었다. 마하파자파티는 처음에는 주저 없이 여덟 가지 특별 규정을 받아들였지만, 얼마 후 아난다를 통해 부처님께 한 가지 요청을 드렸다. "세존이시여, 세존께서 연장자 순서에 따라 인사를 하거나, 지지하거나, 절을 하거나 그리고 비구와 비구니들 사이의 적절한 의무를 허락해 주신다면 좋겠습니다"(율장Cullavagga, x.2.3).

만약 이 요청이 허락되었다면, 팔경계의 첫 번째 규정을 풀었을 것이다. 붓다는 비록 지도력이 없는 다른 종파에서조차 남자는 어떤 상황에서도 여자를 위해 일어나거나 경례를 하지 않는다는 주장으로 단호히 이를 거절했다. 그것은 확실히 "진리를 만드시는 분"에 의해 허락되지 않았다. 또한, 붓다는 비록 비구가 위법 행위를 했다고 할지라도,

비구, (비구계를 받기 전의 남성 수행자인) 사미, 수행녀(비구니계를 받지 못한 사미니, 이 책에서는 수행녀라 부름)의 순서로 탁발에 나서고 있다(2011년 03월).

비구니는 비구에게 절을 해야 한다고 선언했다(율장Cullavagga x.2.3). 따라서, 많은 사람이 여성들의 진정한 영적 능력과 출가하고자 하는 요구에 공감하는 반면, 출가자들(붓다들과 보살들)사이에서도 여성에 대한 남성 지배와 성별 위계가 지켜져야 한다고 강하게 믿었음이 분명해 보인다.

  하지만 팔경계는 여성의 정신적 발달에 내재된 장벽이 없음을 보여준다. 여성들은 영적인 종속이 아니라 제도적인 종속을 강요당했는데, 이는 오늘날 상좌불교에서 남성 지배를 옹호하는 것과 유사하다. 실제로는 여성에게 열등한 영적 지시나 관행이 주어진 것은 아니고, 여성과 남성 모두 똑같은 방식으로 수행이 이루어졌다. 그들은 같은 생활 방식으로, 같은 관행과 의례로, 심지어 삭발과 복장이나 외양도 똑같았다. 특히 수행 규칙에 있어서 비구들이 비구니들에게 가사 노동과 같은 일을 부탁하거나 출가한 공동체에서 음식 만들기나 빨래 등 여성의 의무로 간주되던 일을 요구하지 못하도록 강제하여 비구니들을 보호했다.[13] 이러한 규칙들은 놀라울 정도로 여성들을 배려하고 있으며, 여성들은 자신의 종교적 목적을 위해 속세에서 해오던 역할들을 포기한다는 것을 인식하고 있었다. 이는 여성들의 봉사에 익숙한 남성에 의해 훼손되지 않도록, 즉 비구에 의해 비구니들이 희생하지 않도록 붓다께서 미리 규칙을 만든 것이다.

　남성의 요구와 간섭으로부터 정당하게 보호받고 대응하는 이러한 원칙들로 인해, 여성들이 남성에게 종속당하는 일은 공식적으로는 쉽지 않았을 것이다. 그러나 낸시 포크Nancy Folk가 지적한 바와 같이, 기묘한 이 형식적인 종속성은 결과적으로 비구니 승가가 급속하게 약화되는 역할을 했다. 팔경계로 인해 비구니들은 대체로 비구와 분리된 삶을 살았기 때문에 종종 다른 여성들을 가르치며, 여성들의 수행에 상당한 진전을 이루었다. 그럼에도 불구하고, 비구니들은 비구들에게 결코 훈계할 수도 없었고 공동체의 중요한 지도자가 되지도 못했다. 비구니들에게는 보시하는 사람을 구하는 등의 부차적인 역할이 더 중시되었고, 중요한 지도자가 되지 못했기 때문에 비구들과 같은 수준의 경제적 지원을 받지 못했다. 그녀의 분석에 의하면 이 경제적 어려움은 팔경계의 간접적인 결과로 나타난 것이다. 붓다께서 비구니 승단을 허락하기를 꺼리는 이야기가 여성혐오사상과 잘못 결합되어, 결국 오늘날 대부분의 불교 국가에서 비구니 승가가 발전하지 못하거나 사라지게 만드는 원인이 되었다.[14]

　인과응보의 이 복잡한 인드라망 속에서 어떤 것이 가장 중요한 요인인지를 알기는 쉽지 않다. 나는 여성들이 전반적으로 지역사회의 주요 지도자가 되는 것을 막는 규칙, 규범, 관습 등이 가장 문제였다고 생각한다. 지식과 통찰력이 교사로부터 학생에게, 세대에서 세대로 계승되고 발전하는 전통 속에서, 중요한 지도자가 되는 것이 엄격하게 금지된 그룹은 그 권위가 심각하게 폄하되고 지위도 낮아질 수밖에 없다. 또한 그들의 목소리와 통찰력이 부족해져서 그나마 전통에서조차 매우 열악하게 묘사될 것이다. 여성들에게 침묵을 강요하는 것은 남성 중심적인 의식과 가부장적인, 성차별적이고 지배적인 통제 전술이다. 따라서 팔경계는 여성이 열등한 지위로 전락하는 데 장기적으로, 가장 직접적으로 심각한 영향을 미쳤다.

과거: 유용하거나 유용하지 않거나

팔경계의 존재를 인정하고 그 속에 포함된 여성에 대한 태도에 관하여 몇 가지 설득력 있는 이유를 찾고자 함은 불교 페미니스트 역사학자의 임무 가운데 하나이다. 비록 정확한 기록이 참고하고 싶지 않은 이야기를 포함한다고 하더라도, 정확한 기록을 갖는 것이 중요하다. 그러나 그것이 "유용한 과거"를 추구해야 하는 페미니스트 역사가의 유일한 과제는 아니다. 나는 팔경계가, 전부는 아니더라도 대부분의 경우, 단순히 사용 가능한 과거 불교의 일부분으로서 자격이 없다고 주장한다. 이 이야기에 반영된 가치들, 특히 여성들이 남성들에 의해 모든 것이 통제되는 상황에서, 여성들에게만 요구되는 무조건적인 복종은 기본적이고 본질적인 불교적 가치와도 양립할 수 없다. 무조건적인 복종이란 원래 불교적 가치로는 받아들일 수 없지만, 피할 수 없었던 관습에서 유래된 불행한 유물이다. 그러므로 더 이상 지키고 육성할 가치가 없다. 이러한 판단은 불교 문헌에서 여성혐오적인 내용뿐만 아니라 붓다께서 여성 수계를 꺼렸다는 것 그리고 팔경법 그 자체까지 확대된다.

물론 정통 문헌에 등장하는 붓다의 말씀을 낡은 가치관으로 표현하는 것에 대해 일부 사람들은 당황할 것이다. 그러나 그 결론에 대한 대안은 더욱 받아들이기가 쉽지 않다. 어떤 사람이 문헌에 있다고 해서 문자 그대로 무조건 받아들인다거나, 붓다의 말씀이니 무조건 따라야 한다는 근본주의자가 된다면, 이는 올바른 불교인의 자세가 아니다. 그렇다면, 붓다를 따르는 우리가 그의 가르침 중에서 받아들여야 하는 말을 어떻게 진지하게 고르고 선택할 수 있을까? 사실, 때로는 충격적인 가르침, 예를 들면 붓다께서 팔경계에 기록된 진술들 그대로를 만들었다면, 나는 붓다가 완전히 깨달았을 리가 없다고 생각한다. 정말로 그가 이렇게 가르쳤다면, 그는 전지전능한 존재가 아니다.

문헌에 의하면 불교는 여성의 수계 때문에 천 년이 아니라 오백 년만 지속될 것이라고 한다. 하지만 불교는 그보다 훨씬 더 오래 지속되고 있다! 원리주의자들은 불교 문헌에 어떤 단어를 쓸지에 대해 항상 선택적이다. 붓다께서 말씀하셨기 때문에 여덟 가지 특별한 법칙을 반드시 지켜야 한다고 주장하는 사람들은 (따라서 여성에 대한 남성의 지배를 유지하겠다는 그들의 진정한 의도를 숨김으로써) 붓다의 예언이 말 그대로 사실로 증명될 수 있도록 불교가 1500년이나 2000년 전에 파괴되었어야 한다고 결론을 내리지 않을 것이다! 나는 이 모든 복잡함을 대신해서 훨씬 더 합리적인 해결책을 제안한다.

붓다의 전지전능함은 그것이 의미하는 바가 무엇이든 간에, 영원토록 정확한 과학적 또는 역사적 진술이나 영원히 유효한 제도적 형태와 규칙을 포함하지는 않는다. 오래된 선언문이나 사회 규범을 삭제하기 위해 사성제[3]에서 보여주는 통찰력을 적용해야 한다고 말하는 것이 아니다. 단지 본질적인 통찰력과 필수적이지 않은 문화적 트랩을 구분하는 것이 필요하다. 기독교 페미니스트 신학에 정통한 사람들은 이 구별이 기독교 페미니즘에도 매우 중요함을 아는데, 그것은 현재 주요 기성종교에 대한 페미니스트적 고려사항에 필요하기 때문이다.

그럼에도 불구하고 이 이야기는 매우 유용한 요소를 포함하고 있다. 가장 유용하고 적절한 종교적인 규율을 추구함으로써, 남성과 동일한 정신적 능력과 요구를 가진 여성이 동등한 이익을 얻을 것이라는 논리에 설득된 붓다는 그의 마음을 바꾸었다. 불안감과 현실적 어려움, 부정적인 반여성적 사회 여론에도 불구하고 그는 본인의 생각을 바꾼 것이다. 사실 이것은 우리가 활용할 수 있는 가장 유용한 모델로, 모든 사람의 문제를 해결해주는 전지적인 능력자인 붓다보다 훨씬 더 유용한 이야기이다. 여성들이 해결해야 할 문제가 있다는 것을 깨닫기 전에, 남성들이 여성에게 필요한 것이 무엇인지 결정하고 그녀들이 '여성운동'의 리더가 되는 것을 기대하기란 합리적이지 않다.

정말 필요한 것은, 여성들이 불합리하고 비인간적인 차별에 반대하고 그에 따른 문제를 고치는 프로그램을 제시할 때, 남성들이 그들의 성별에 기초한 특권과 권력을 유지하려고 애쓰면서 여성의 반대편에 서지 않는 것이다. 따라서 붓다는 오늘날 여성들에게 매우 중요한 상호 작용을 보여주는 모델이다. 처음에는 영적이고 인간적인 행복을 증진하려는 여성들의 요구에 저항했지만, 매우 논리적이고 인간적인 반

---

3 인간으로 존재하는 것은 고통[苦]이며, 이 고통은 원인[集]이 있기에 해결 방법[滅]이 있고, 결국에는 깨달음에 이를 수 있다[道]는 불교의 네 가지 성스러운 가르침.

론에 직면하면서 그는 자신의 반대 의사를 철회했다. 오늘날 불교계에서 거의 모든 중요한 위치를 차지하고 있는 남성들이, 이 이야기의 주제에 초점을 맞추고 그것을 가슴 깊이 새겨듣기를 바란다! 그밖에도 교본으로 여겨지는 중요한 문헌에서 붓다가 여성과 상호작용을 하는 이야기는 비구니 승가가 확립된 이야기와는 매우 다르며, 훨씬 더 유용하다.

비구니들은 비구를 통해 붓다께 말을 건네는 경우도 많지만, 붓다께서 직접 여성에게 수준 높은 가르침을 지도하는 이야기는 수없이 많이 전해져오고 있다. 특히 「테리가타」에서 붓다는 재가 여성이건 비구니이건 여성제자들의 출가를 꺼린다는 표현은 하지 않는다. 어떤 비구니들은 때때로 그들의 명상 수행과정에서, 특히 중요한 시기에 꿈이나 환영을 통해 붓다로부터 가르침을 받는다. 붓다는 어떤 비구니들에게는 수행 생활이나 명상, 또는 다양한 가르침의 측면에서 그들의 자질에 맞는 전문가가 되기를 요구하기도 한다. 또한 영적 어려움을 겪는 몇몇 여성들에게는 올바른 가르침을 주기 위해 특별한 주의를 기울인다. 그가 비구니들에게 현명하고 적절하게 충고하고 가르침을 펼치는 것은, 비구니 승가의 성립 과정에서 보여준 소극적인 모습과는 매우 대조적이다. 그렇기에 이는 매우 중요하다.

이처럼 붓다와 비구니 사이에는 상반된 두 가지의 초상화가 있다. 그럼에도 불구하고 하나는 그렇게 널리 반복되고 인용되는 반면, 또 다른 하나는 사실상 무시당하고 알려지지 않는 것인지 의문을 제기하지 않을 수 없다. 물론, 그 대답은 확인하기가 어렵지 않다. 그것은 이미 불교 기록 자체가 남성 중심적이고, 서양 학생들이나 통역가들 대부분이 남성 중심적이라는 이중적인 남성 중심성이 바탕이 되기 때문이다.

초기 인도 불교, 과연 여성혐오적인가?

초기 인도 불교와 관련하여 이미 논의된 많은 자료나, 특히 다이아나 폴Diana Paul과 같은 학자들에 의해 연구된 여성 관련 주제들을 해석해 보면,[15] 초기 인도 불교의 전반적인 시기는 본질적으로 여성혐오적이라고 평가할 수 있다. 하지만 그런 평가는 좀 더 조심스럽게 이루어져야 한다. 불교사의 이 시기는 페미니스트적 관점에서 볼 때 집중적으로 연구하거나 재구성하기가 매우 어려운 시기이다. 왜냐하면 연구 대상인 문헌들이 다른 시대보다 여성에 대하여 모호하고 상반된, 자기 모순적이기 때문이다. 그 문제들은 초기 인도 불교와 가장 밀접하게 닮은 오늘날 동남아시아의 상좌불교에서 더욱 복잡해지는데, 이는 현대 여성들이 가장 동조하지 않는 불교 형태이기 때문이다. 만약 초기 인도 불교가 정말로 여성 혐오적이거나 혹은 여성 혐오적이었다고 받아들인다면, 우리는 일부 상좌불교인들이 불교 여성운동에 반대할 때 그들이 단지 불교의 진리에 단순히 충실했다고 하는 주장을 강화하는 것이 된다.

나는 이 주장이나 논쟁에 대해 결코 찬성할 수 없다. 아마도 이는 여성에 대한 남성 지배와는 다른 현상인, 여성에 대한 공포와 증오가 '여성혐오'의 원인이라는 나의 분석 때문이다. 아니면 다이애나 폴은 초기 인도 불교와 그녀의 주된 관심사인 대승불교를 대조하고 싶었을지도 모르겠다. 아마도 이 평가는 단순히 판단의 주장에 불과할 것이다. 초기 인도 불교, 특히 그 시대 후반부에 많은 여성혐오적인 구절이 분명히 있다. 중요한 문제는 종종 여성혐오의 증거로 제시되는 문학, 테마, 텍스트의 일부가 잘못 해석되어 있다는 것이다. 원문을 해석하는 방법에서 자음(子音)이나 모음(母音)의 한 획이 잘못 표기된 경우에 종종 같은 원문을 가부장적으로 해석하는 사람과 페미니스트적으로 해석하는 사람 사이에서 다르게 나타나기도 한다. 두 사람 모두 본문이 남성의 지배를 요구하거나 여성의 열등감을 보여준다고 강력하게 주장한다.

물론 가부장적으로 해석하는 사람들은 우리가 전통에 충실하려면 남성의 지배가 필요하다고 주장하는 반면, 여성주의자들은 그 전통이 여성들에게 매우 적대적이고 불공평하며 폐기되어야 한다고 주장하기 위해 달리 해석한다. 텍스트가 정말 여성혐오를 보여준다고 인정하는 것은 마지막 수단으로 해석되어야 한다고 나는 생각한다. 전통을 재구성할 때, 그 역사의 주요 시기가 변함없이 여성혐오주의로 결론 내리는 것은 유용하지 않다. 여성에 대한 남성들의 독설적이면서 분노한 발언을 담고 있는 여성혐오적인 텍스트들은 초기 불교 기록 중에서도 발견된다. 문학의 범위가 광범위하고 여성혐오자들이 모든 문화권에 존재하기 때문에 이것은 놀라운 일이 아니다.

남성 중심적인 기록 보존 관행에 대해서 여성들이 어떻게 대응할 것인가 하는 여성의 입장이 우리에게는 부족했다. 나는 종종 남성들만이 자신의 의견을 기록했기 때문에 종교 문서나 성별 긴장과 적개심이 반영된 진술들은 대체로 일방적이라고 주장했다. 남성 중심적인 텍스트는 때때로 여성 본성에 대한 남성의 의견에 동의하는 것으로 제시하지만, 그것은 여성들이 이러한 평가에 실제로 동의했음을 의미하지 않는다. 어떤 여성학자이든 여성 하위문화 연구에 참여한 적이 있는 사람은 모든 구전 전통에서 남성의 부족함과 단점이 상당히 널리 퍼져 있음을 알게 된다.

또한 여성들은 그들 자신의 문화에서 여성에 대해 주장하는 남성들의 의견에 완전히 동의하는 것도 아니다. 그러나 남성 중심적인 사고방식에 의해 기록이 보존되는 사회에서, 이러한 여성의 입장은 기록조차 되지도 않지만, 그렇다고 널리 퍼지지 않는 것은 아니다. 그 기록이 너무 불완전하고 너무 비논리적이기 때문에, 나는 페미니스트들이 불교의 핵심인 텍스트 속에 있는 여성혐오적인 구절들에 대해 강력히 반응할 때 그들의 분노가 표현되는 것이라고 본다. 그들의 분노는 여성혐오증에 있는 것이 아니라, 남성의 주장에 동의하지 않는 여성을 기록에 포함시키지 않은 남성에게로 향한다. 여기서 상좌불교는 관습에 대하여 매우 귀중한 균형감각을 보여주는 역할을 한다.

이 여성의 기록에는 남편으로부터 자유로워진 여성의 기쁨을 표현한 노래가 나온다.

오, 자유로워진 여성이여!
부엌일을 철저히 하지 않아도 되는 나는 얼마나 자유로운가!
얼룩이 지고 낡아빠진 '내 요리용 냄비들'
내 잔인한 남편은 더욱 쓸모가 없었다.
햇빛 가리개 아래서 그는 느긋하게 옷감을 짜고 있었지.
예전의 모든 욕망과 증오가 사라졌다.
펼쳐진 나뭇가지 그늘 아래
편히 명상에 잠겨서 나는 살아간다.
이런 삶이 내게 얼마나 잘 어울리는가![16]

빠알리 경전에 있는 일부 여성혐오적인 구절들은 단지 한 개인으로서 좌절된 비구의 감정적인 폭발이다. 이러한 폭발은 모든 시기나 학파가 여성혐오자라는 증거로 해석되어서는 안 된다. 붓다께서 말씀하지 않았던 한 가지 특징(그리고 종종 인용된 진술)과 같이 여성혐오의 증거로 훨씬 더 심각한 것은 여성의 성격이나 능력과는 관련이 없는 추상적인 교리적 진술이다.

여성은 걷잡을 수 없다…
부러움… 욕심… 지혜가 약하다…
여자의 가슴은 인색함에 시달린다…
질투심… 관능심.[17]

여성을 진심으로 지지했던 아난다는 붓다 사후 1차 경전 결집 때 여성과 관련하여 두 가지 잘못을 고백하도록 강요당했다. 즉, 그가 여성에게 비구니 승가를 설립할 것을 허락하도록 붓다께 간청했다는 것이 하나이고, 붓다의 사후 여성들이 붓다의 시신에 눈물을 흘려서 그의 옷을 더럽혔다는 것이 두 번째이다.[18] 참으로 여성혐오적인 내용을 담은 기록이다. 카지야마 유이치와 일부 학자들은 이런 여성혐오적인 인식들이 이 시기 후반에 이르러서는 문학에도 등장했다고 주장한다. 하지만 몇몇 여성혐오적 교리는 이 시기의 어느 시점 이후부터는 초기 불교 경전이라고 할 수 있는 빠알리 경전과 초기 인도 불교의 일부 내용이 되었다.[19]

여자는 붓다가 될 수 없고 붓다는 여자가 될 수 없다는 교리는 이 시기 이후에 널리 퍼졌다. 그 결론은 여성이 '깨달음의 다섯 단계' 가운데 어느 한 곳에도 도달할 수 없고, '삼종지도'(아버지, 남편, 아들에 복종함)

제12회 샤카디타에 참석한 태국 수행녀들(2011년 태국)

를 감수해야 하므로 여자는 부처가 될 수 없다는 논리로 자리 잡았다.[20] 이 주장은 불교에서 여성의 낮은 지위에 대한 정당화와 논리적 근거로 광범위하게 퍼져서 오늘날까지 전해오고 있으며, 동아시아 불교에서 특히 인기를 끌었다. 경전에 따르면, 「테리가타」의 명확한 기록에도 불구하고, 일부 문헌에서는 여성들이 아라한에도 오를 수 없다고 한다. 한 경전에서는 붓다께서 "불가능하다, 비구여, 여자가 완전히 깨달은 아라한이 되는 것은 불가능하다"는 내용도 담겨 있다.[21]

마지막으로, 불교의 남성우월성은 거꾸로 붓다의 전생에도 투영되었다. 흔히 매우 여성 혐오적이라고 평가되는 자타카 문학[22]은 점점 많은 인기를 끌게 되었다. 비록 이 문헌에는 부처의 전생 가운데는 그가 동물이었던 때에 대한 많은 이야기가 있지만, 그가 여성이나 동물의 암컷이었던 전생은 존재하지 않거나 극히 드물었다고 기록되어 있다.[23] 「자타카」에 실려있는 어떤 이야기는 미래의 부처를 남자 도적 두목 또는 남자 도둑으로 말한다![24] 어떤 사람들은 그가 매우 오래전부터 여성의 몸으로 태어나는 것을 멈추었다고도 한다.[25] 남성과 여성 사이의 친화력보다 남성 인간과 남성 동물 사이의 친화력을 더 많이 보여주는 것은 물론, 남성 우월적인 이상으로 인해 여성은 이질적인 대상이지만 인간의 주체가 아닌 것으로, 표준에서 벗어난 것으로 여기는, 남성 중심 사상의 최고 정점을 보여준다.

그러한 교리와 이야기들을 여성 혐오적이라고 평가하지 않기는 어렵고, 초기 인도 불교에서 여성혐오의 변형이 발견되는 것 또한 부인할 수 없다. 그러나 몇몇 명백한 여성 혐오적 교리가 존재한다고 해서, 고대 인도 불교 전체가 여성 혐오적이었던 것은 아니다. 내가 보기에, 초기 인도 불교가 여성 혐오적이었다는 주장을 뒷받침하기 위해 사용되는 많은 이야기가 때때로 여성혐오가 아닌 다른 이유에 대한 증거들이고, 남자에 관한 유사한 이야기들이 나오거나 모든 관련 정보가 고려되지 않는 경우에만 여성혐오자로 해석될 수 있다.

성에 관한 가장 대중적이고 오래된 불교적인 태도 중 하나는 여성은 불행한 존재이며 여성으로 탄생은 나쁜 업보의 결과라는 것이다. 이미 초기 문학에서는 여성 특유의 고통에 관한 목록이 만들어져서 유포되었다. 호너Homer는 어린 나이에 결혼해서 가족을 떠나고, 생리, 임신, 출산을 하고 남자에게 복종해야 한다는 다섯 가지 여성 특유의 고통을 인용한다.[26] 유이치는 여성 특유의 열 가지 고민을 열거한 문헌을 인용한다.[27] 그 목록에는 가부장제로 인한 여성의 사회적 위치와 신체적인 특성으로 생기는 고통 등, 여성의 일생을 통한 괴로움 모두가 포함되어 있다. 비록 이러한 고통의 목록들이 여성혐오의 증거로 인용되기도 하지만, 나는 여성들이 살았던 사회와 그 제도적 조건들이 정말로 여성을 힘들게 만들었다고 생각한다. 종종 여성들은 여성으로 다시 태어나는 삶은 힘들고 불행하다는 판단에 동의한다.

「테리가타」 시 중 하나는 그것을 매우 잘 표현한다:

슬픔은 여자의 몫이다….

적대적인 아내들과 가정사를 함께 나눌 때 슬프고,

참을 수 없는 고통 속에서 아이를 낳을 때 슬프다.

어떤 이들은 죽음을 찾거나,

혹은 두 번 고통을 겪거나,

목구멍을 뚫는 아찔한 독을 마신다.

또한, 어머니가 뱃속의 태아를 살해할 때 슬프고,

태아가 세상에 태어나지도 못했거나,

둘 모두의 죽음을 발견했을 때 슬프다.[28]

    여성에 대한 광범위한 문화적 고정관념이 때때로 불교 경전에 반영되는 것은 사실이다. 이러한 고정관념은 불교사를 통틀어 특히 인도에서 중요하게 나타났는데, 일반적으로 여성은 몸이 약하고 스스로 독립해서 살아갈 수 없기에 항상 남성의 보호와 보살핌을 받아야 한다고 생각했다. 또한 여자들은 어리석고 질투심이 많고 욕심이 많은 존재로 간주 되었는데, 인도인의 고정관념은 대개 여성이 성적 유혹자이자 공격자이며, 그들의 성욕을 쉽게 통제할 수 없다고 보았다. 「앙굿따라니까야」는 여성이 성적 기쁨과 출산이라는 두 가지를 결코 동시에 가질 수 없다는 사회적 통념을 설명하고 있다.[29]

    초기 인도 불교에서 여성혐오자로 평가받는 사람들은 종종 여성이 남성을 파멸로 이끄는 유혹자라는 전통적인 여성관을 주장한다.[30] 이러한 주제와 함께, 빠알리 문헌들에는 여성의 몸을 더럽고 혐오스럽게 여길 수 있도록 수행자들에게 여성의 시체를 보라고 격려하는 내용이 종종 등장한다. 이 두 가지 주제가 모두 분명하게 전해져 오지만 그 분석은 매우 일방적이고 불완전하다.[31] 왜냐하면 이 시체보기에 대한 가르침은 여성의 몸만 더럽고 혐오스럽다고 가르치는 것이 결코 아니다. 여성은 물론 남성의 몸, 즉 인간의 몸에 대한 부정관(不淨觀, 시체가 부패하는 과정이나 몸의 더러움을 관찰하여 애착이나 감각적 욕망 등을 끊는 수행법의 일종)으로, 이는 여성혐오증을 보여주는 것은 아니다.

이러한 이야기와 태도는 성별을 떠나 기본적인 관점, 즉 남성의 몸이든 여성의 몸이든 몸이 갖는 본성을 표현한다. 감각적인 쾌락, 특히 초기 불교에서 성행위는 여성과 남성 모두에게 매우 위험한 유혹으로 여겨졌다. 비록 전통적인 일상생활을 하는 사람에게는 섹스가 중요한 매력으로 인식되지만, 그것은 임신을 통해 윤회하며 다시 태어나는 함정에 빠질 수 있다고 보았다. 관능과 성에 대한 매력을 피하고 물리치는 것은 초기 불교문학에서 종종 등장하는 주제이다. 이는 초기 인도불교에서 일부 구절들을 통해 여성에 대한 부정적인 예시로 등장하기도 한다:

붓다시여, 여성과 관련하여 우리는 어떻게 수행해야 합니까?
아난다여, 그들을 쳐다보지 마라.
우리가 보았다면, 우리는 어떻게 해야 합니까?
아난다여, 말을 하지 말라.
붓다시여, 말을 했다면 우리는 어떻게 합니까?
아난다여, 그냥 조용히 듣기만 하여라.[32]

나는 이 대화가 여성혐오증이나 여성을 유혹자로 평가한다는 주장에 대한 증거가 아니라고 본다. 여성들은 비구들에게 유혹적일 수도 있다. 그러나 그것만으로 그녀가 유혹자임을 의미하지는 않는다. 이 구절은 이 시기의 정확하고 남성 중심적이지 않은 분석에 매우 중요하다. 자주 인용되는 또 다른 구절을 보면, 비구는 독신으로서 유지가 어려울 때 흔히 남성들이 자주 하는 방식으로 자신을 합리화한다. 그는 자신의 문제를 여성들에게 투영하고 여성이 매력적이기 때문이라고 여성을 비난한다.

비구들이여,
심지어 여인이 혼자 걸어갈 때도,
남자의 마음을 사로잡기 위해 멈출 것이다.
서 있든 앉든 눕든, 웃고 떠들든, 노래를 부르든,
울든, 상처를 받든, 죽든,
여자는 남자의 마음을 사로잡기 위해 멈출 것이다.[33]

문학에서는 승려를 유혹하려는 여성들의 이야기도 많이 전해지고 있다. 이러한 이야기에서 결론은 종종 윤회의 굴레에 저항하는 싸움에서 여성들은 "마라의 편"이라고 취급당한다는 것이다.[34] 물론 남자들이 비구니들을 유혹하거나 강간하려 한다는 이야기도 있다.[35] 비구니를 유혹하려는 남자들의 이야기를 어떻게 보는가? 마찬가지로, 비구니를 유혹하는 남성들을 마라의 편이라고 규정해야 하는데, 이는 실제로 일부 텍스트, 특히 「테리가타」에서도 나타난다. 「테리가타」의 52번 이야기에서 마라가 남성의 "젊은 몸"으로 나타나서 케마 비구니를 유혹하는 내용이 나온다.

젊음은 짧고 당신은 사랑스럽고 아름답네요.

나도 젊어요. 나도 그래요.

네, 예쁜 아가씨!

우리의 귀를 즐겁게 하는 아름다운 음악을 들으면서,

우리의 기쁨을 찾읍시다.

　이 말에 그녀는 진실한 출가수행자로 대답한다:

이 몸이 사악하고, 더럽고, 질병과 타락의 덩어리임을 알았기에,

혐오감과 우울함을 느낀다네.

이제 성욕에 대한 갈망은 뿌리째 뽑았다.

단검과 투창으로 몸의 욕정과 감각적 마음을 잘라내었다.

나에게 감각적 즐거움을 찬탄하는 말을 하지 마라.

그런 모든 헛된 욕망은 결코 나를 기쁘게 하지 못할 것이다.

세상과 육신과 악마의 사랑은 죽음이 되어 사방으로 흩어진다.

한때 나를 괴롭혔던 무지의 암울함을 벗어 던진다.

악마야, 이것을 알아라!

파괴자, 너 자신이 최악이라는 것을 알아라.[36]

　흥미롭게도, 오늘날 다수의 해설가가 비구와 비구니를 분리하는 것이 독신주의를 보호하는 것으로 생각하지만, 거의 예외 없이 비구와 비구니들 모두 서로에게 유혹을 받지 않는다.[4] 진정한 투쟁은 수행자

---

4 「우다나 Cullavagga」, x.9.12 (363-364). 이 이야기에서, 처음에는 비구, 그다음에는 비구니들이 서로에게 자신의 사적인 이야기를 들려준다.

와 신자들 사이에 있었다. 그 투쟁에서, 매력은 두 가지 방식으로 나타났다. 단지 여성이 남성들을 유혹하는 것이 아니다. 남자들에게는,

여자의 모습이 너무 매력적이고,
갖고 싶고, 유혹적이고,
구속적이고, 방해하고…
유지할 수 없는 평화…37

그런데 반대로, 여자에게는 남자가 가장 유혹적인 존재이다.

비구들이여,
여자는 남자의 형태, 소리, 향기, 미각, 감촉으로 노예가 된다.
여자는 그 어떤 다른 형태, 소리, 향기, 미각, 감촉도
이보다 더 여자를 유혹하는 것을 나는 알지 못한다.38

유혹을 시도하거나 유혹하는 다양한 이야기를 분석해 보면, 여성 혐오라는 하나의 주제보다는 더 많은 유형과 동기가 나타난다. 여성이 유혹자로 간주 되거나 성적으로 만족스럽지 못하다거나, 남성을 여성의 자유의지를 무시하는 성폭력 가해자로 평가하는 방식은 일반화할 수 없다. 다양한 인간의 욕구와 딜레마에 대한 설명을 담고 있는 많은 이야기가 그러한 고정관념과 일반화가 정확하지 않음을 보여준다.
남편을 되찾으려고 하는 아내들은 보통 사악한 유혹자로 비난받지 않는다. 사실 그들은 때때로 비구니가 되기를 포기하거나 남편 옆에서 헌신적으로 살아간다.39 스님을 유혹하여 스님의 수행 능력을 시험하

려는 듯한 여성들은 흔히 심하게 폄하당하지 않고 단지 이름만 거론되거나, 스님을 여성혐오주의자라고 아무도 말하지 않는다. 대부분 이러한 이야기는 스님이 좀 더 진지하게 수행하는 과정에서 유혹을 당하거나 실패를 경험하고 있음을 보여준다.[40] 그는 때때로 위에서 본 것처럼, 자신이 유혹당한 것을 여성들에게 투사한다. 여성이 아닌 남성이 성적 유혹자로 등장할 때, 여성은 그 유혹에 저항하는 과정에서 성별을 바꾸기도 한다.[41] 일반적으로 비구니들은 비구보다 성적인 유혹을 훨씬 덜 경험한다. 이를 통해, 현대 중국의 비구니들이 때때로 주장하듯이,[42] 만약 여성들이 비구니가 되는 것을 결심한다면, 비구가 되기를 결심하는 남성들보다 훨씬 더 그 일에 더 적합하다고 추론할 수 있다.

여성이 상대적으로 출가에 반대하는 경향이 있고, 이로 인해 세속의 삶을 떠나고 싶은 남성의 출가를 어렵게 만든다는 주장도 있다. 때때로 어떤 여성이나 아내의 출가는 반가워하지 않더라도 아들의 출가는 격려하는 어머니도 있다. 반면에 남성, 종종 아버지는 아들이 승려가 되도록 쉽게 허락하지 않는다. 마찬가지로 남자들은 여자들이 출가하지 못하도록 막기도 한다. 특히 남편들은 자신의 출가로 인해 가정에서 남편이 없어진다는 현실에 대해 별로 신경 쓰지 않는다. 여기에서 우리는 남성 대 여성의 인간성에 대한 차이가 아니라, 가부장제 사회에서 남성들은 아내와의 상호 합의도 없이 출가함으로써 아내와 가족을 버렸다는 것이다. 그런 후에 부인들이 남편을 유혹하려 했다고 말하기도 한다. 반대로 비구니가 되기를 원하는 아내는 대개 남편의 사후, 혹은 남편이 그녀가 떠나도록 허락할 때까지 기다려야만 했다. 그렇다고 해서 모든 남편이 여성에 대해 무감각하고 자기중심적이라는 것은 아니다. 일부 남성들은 그들의 아내 또는 약혼녀가 비구니가 될 수 있도록 돕기도 했다.

잘 알려진 붓다의 일생과 관련된 이야기 가운데, 깨달음의 체험 단계에서 마라의 딸들에게 유혹을 받는 에피소드가 있다. 이는 초기 인도 불교가 여성 혐오적임을 보여주는 증거로 자주 인용된다. 다시 말하지만, 이것은 부분적이고 선택적인 분석으로 전체 이야기를 고려하지 않은 결론이다. 한밤중에 보리수나무 아래서 싯다르타 앞에 놓인 유혹 중 하나는, 분명히 마라의 세 딸로 대표되는 관능의 유혹이었다. 그리고 남성들은 권력과 무서운 협박으로 붓다를 유혹했다. 하지만 싯다르타의 가장 강력한 지지자이자 변호인인 지구 여신은, 다른 목격자가 아무도 없을 때, 붓다의 관대함과 엄격함에 대해 목격자로 나서서 증언을 했다.

마라의 다양한 유혹을 마치 그들이 처음부터 유혹자였던 것처럼 등장시키고 이야기의 나머지 부분에서 마라의 딸들을 철수시키는 것보다, 다양한 클리세(klesha, 습관적인 표현이나 캐릭터)의 구체화된 모습으로 해석하는 것이 훨씬 더 솔직하게 보인다. 그녀들은 심지어 실체가 무엇인지 해석도 하지 않았다.[43] 마라의 딸들은 초기 불교에서 여성혐오를 증명하는 것보다 관능적인 유혹으로 더 많이 설명된다. 이와 관련, 비구니들이 성적으로 유혹을 받는 「테리가타」의 이야기 중, 종종 마라가 남성 유혹자로 등장하는 것에서도 알 수 있다. 아마도 이 서사들이 그들의 성향에 있어서 분명히 이성애적이라고 결론 내릴 수 있을 것이다. 그러나 남성보다 여성이 성적 유혹자이거나 성적 유혹을 견디기 어려운 존재라고 단정지었음이 분명하다.

여성혐오증으로 덧칠을 하거나 매혹적으로 치장하는 그 이면에는, 여성의 신체가 더럽다고 자주 평가함으로써 이를 사실로 만들려는 것이 아닐까? 비구들은 비구니들보다 독신 생활에 더 어려움을 겪었기 때문에, 특히 자신의 문제를 여성 탓으로 돌리는 비구들로부터 그러한 이야기가 나올 수도 있다. 그러나 특정한 여성의 유혹에 저항할 때를 제외하고는, 몸에 대한 분석은 보통 남성과 여성의 몸을 구분하지 않는다. 인간의 몸은 양끝을 묶은 마대자루와 자주 비교되고, 더러운 물질로 가득 차 있으며, 겉으로만 매력적으로 장식되어 있다. 비구나 비구니 모두 그런 내용을 스스로에게, 혹은 다른 사람에게 암송하기도 한다. 그 수행은 자기 자신이나 타인에 대한 애착에서 벗어나고, 자신의 것이든 남의 것이든 육체에 의해 자극받는 성적 흥분을 포함한 쾌락이 부질없음을 이해하도록 만든다. 암송에 등장하는 몸의 더러운 내부 물질 목록에는 특별히 남성이나 여성의 신체 부위만을 언급하지는 않는다. 이러한 사색들은 분명히 반-신체적인 것이지 반-여성적인 것은 아니었다.

마지막으로 낸시 포크가 "과거 불교문학 속 여성의 이미지: 마라의 딸들"이라는 논문에서 했던 제안은 매우 중요하다. 그녀는 초기 인도 불교가 본질적으로 여성 혐오적이라고 주장하지는 않는다. 하지만 여성들이 출가를 통해 윤회가 이어지는 상징적인 도식에서 벗어나고자 했으며, 이 시기의 여성들은 열악한 삶을 견뎌야만 했음이 분명하다고 주장한다.

전통적인 보수주의 불교는 "존재"의 두 가지 측면, 즉 열반이나 해방 그리고 윤회, 혹은 새로 태어남 사이에 첨예한 선을 그었다. 윤회라는 것은 필연적으로 고통을 낳는, 끊임없이 이어지는 태어남과 죽음을 상징하는 적이었다. 원하는 해방이 이루어지기 위해서는 그것을 깨뜨려야만 했다.

그러나 우리가 보아온 것처럼, 불교에서 여성이라는 존재는 윤회로 이어지게 만드는 재생산과 성장의 원천이 되는 바로 그 이미지였다. 그러므로 여성은 개인적 차원에서 볼 때는 유혹의 원천으로 그리고 우주적 차원에서 볼 때 적이었다.[44]

낸시 포크는 또한 불교에서 여성과 윤회 사이의 이 도식이 부정되지 않았으며, 대승불교의 인식은 완전히 다른 방향으로 상징적인 도식을 취했다고 주장했다. 그녀는 고대 인도 불교에서, 대승불교와 금강승불교에서 후대에 개발된 매우 긍정적인 여성 원리와는 달리, 부정적인 여성 원리를 이미 발견했다고 설명한다. 여성의 원리는 불교에서 매우 중요하기 때문에, 이 주장은 신중하게 검토해야 한다. 논리는 분명하지만 여성 원칙의 상당 부분을 차지하는 원형, 신화적, 상징적 사고는 초기 인도 불교에 대한 생각과는 완전히 다른 것이다.

이 시기의 이야기 속에는 마라나 마라의 딸과 같은 상징적인 등장인물이 등장한다. 하지만 이러한 인물들은 여성의 본질을 담고 있는 여성 원형이 아니며, 진정한 여성 원칙이라고 특징지을 만한 전형적인 상징주의적 의미도 없다. 나는 이 문헌에서 여성이 우주의 적이라고 생각하지 않는다.

고대 인도 불교문학에 나타난 긍정적인 여성 이미지

만약 여성에 대해 부정적으로 해석한 자료가 아니라 분명히 긍정적으로 묘사를 하는 자료가 있다고 할지라도, 그 인용 횟수가 매우 높을 것이라고 예측하면 안 된다. 그 내용이 여성과 타협한다거나 현대의 불교 페미니스트와 균형을 맞출 수 있는 주장으로 보고 찬성하리라 생각하면 이는 착각이다. 부정적인 기록들이 완전히 쓸모없고 실망스럽다고 주장하는 사람도 많이 없겠지만, 정확한 자료들을 찾아보면 처음보다 훨씬 유용한 것이 많음을 알 수 있다.

붓다의 가르침 속에는 여성들에 대한 부정적인 내용도 있지만, 그 반대의 경우도 많이 있다. 붓다께서는 딸이 태어나서 실망한 왕에게 "딸이 아들보다 더 나은 후손을 낳을 수도 있습니다"라고 설명했다.[45] 「테리가타」에 따르면, 그는 종종 비구니들과 여성신자들에게 직접적이고 적절하게 가르쳤다. 종종 붓다는 위대한 자비심과 수행력을 가진 여성들의 높은 성취와 관대함을 비구 제자들 앞에서 드러내고 매우 칭찬했다. 그리고 매우 단호하게 다음과 같이 말한 것으로 기록되어 있다.

이 여성들 중에는 한때 흐름에 든 여성(수다원)도 있고, 한번 돌아온 여성도 있고(사다함), 돌아오지 않는 여성(아나함)도 있다. 보람이 없는 것은 아니다, 비구들이여. 깨달음을 성취한 나의 이 뛰어난 여성 제자들이라오.[46]

더욱 직설적인 것은 호너에 의해 인용된 시다:

그리고 그런 마차를 기다리는
여자라 할지라도,
남자라 할지라도,
기다리고 있던 열반을 성취하고

그들이 같은 마차로 올 것이다.⁴⁷

　이러한 서술은 항상 적극적으로 강조되어야 한다. 왜냐하면 남성 중심적인 기록 보존에도 불구하고 남아 있는 이러한 구절들은 깨어있는 여성들에게 많은 도움이 되기 때문이다. 여성의 가장 긍정적인 이미지는 「테리가타」에서 그리고 위샤카Vishakha에 대한 긴 시와 같은 기록에서 발견되기도 한다. 따라서 이 문헌은 이 시대 불교 여성들, 즉 비구니나 재가 여성의 두 가지 생활 방식에 대한 해석이 나온다. 적어도 여성의 입장으로 보면, 남성들이 초기 경전 빠알리에 포함되어 있었던 경전을 수집하고 편집했음에도 불구하고, 「테리가타」를 통해 여성들의 기록이 보관되어 전해지고 있다는 것은 확실하다. 만약 그 텍스트가 없었다면 초기 인도 불교에 대한 우리의 상상은 훨씬 제한적이었고, 기껏해야 붓다조차도 매우 제한적으로 여성들과 교류하고 그들에게 미미한 영향을 미쳤다고 알고 있을 것이다. 왜냐하면 비구니들의 이야기는 남성들에 의해 보관된 많은 기록에서는 두드러지지 않기 때문이다.

　남성들은 비구니보다 재가 여성 관련 내용을 훨씬 더 많이 다룬다는 기록이 있다. 이미 본 바와 같이 재가 여성은 때때로 남편을 되찾으려고 하거나, 그렇지 않으면 남성에게 걸림돌이 되는 아내로 부정적으로 묘사되기도 한다. 비구나 비구니들에게 재가 여성에 대한 이야기는 전혀 관심 밖의 주제였기에, 아마 돌이킬 수 없을 정도로 그녀들의 목소리는 잃어버렸을 것이다. 그러나 뛰어난 재가 여성들도 남성들이 남긴 기록에서 분명하게 나타난다. 이들은 초기 불교문학 전반에서 가장 뛰어난 여성 보시자들이다. 낸시 포크는 이렇게 지적한다.

불교의 이야기 전반에서 뛰어난 여주인공은 비구니 승단의 창시자인 마하파자파티가 아니다. 초기 교단공동체에서 비구니계를 한 번도 받지 않았던, 부유한 상인의 딸이자 재가 여성 불자인 위샤카Vishakha이다.[48]

이러한 경향성은 비교적 최근 서구의 연구들에도 계속 이어진다. 헨리 크락와렌Henry Clark Warren은 위샤카에 대해서는 29페이지를, 초기 불교 비구니에 대해서는 6페이지를 썼다.[49] 재가 여성인 위샤카는 세계 최초로 비구니 승단을 설립하는 데 기여했던 마하파자파티와 비교해도 그 역할이 결코 열등하거나 제한되지 않았다. 그녀는 많은 사람으로부터 엄청난 찬사와 존경을 받았던 여성이다. 비구니들은 아난다를 중개로 하거나 때로는 의지해서 붓다께 다가갔던 반면, 그녀는 조금 더 편하게 붓다와 직접 만나고 또 친근한 관계를 유지했다. 심지어 붓다는 교단 운영과 관련하여 그녀의 충고에 따른다고도 말했으며, 교단에 어떤 문제가 발생했을 때는 "일상적이지 않은 시간"에도 붓다를 방문할 수 있었다.[50]

비구들이 합법적인 목적으로 비구니들을 방문했을 때조차도 소문이 생기곤 했었던 것과 비교하면, 위샤카는 결코 이러한 자극적인 소문에 휘말리지도 않았다.[51] 그녀의 재산은 엄청났고 그녀의 관대함은 다른 누구와 비할 데 없이 훌륭했다. 그녀는 부유하고 권력이 있는 시아버지를 불교로 개종시키는 과정 중에 발생한 논쟁에서도 매우 뛰어났고, 불교를 발전시키는 데도 열성을 다했다. 무엇 하나 부족함이 없었던 그녀는 또한 믿을 수 없을 정도로 아름다웠고, 열 명의 아들과 열 명의 딸들을 낳고 120세까지 살았다고 한다. 항상 열여섯 살처럼 젊게 보였으며, 흰머리가 한 올도 없었다고 한다![52] 분명히 그녀는 역사를 기

재가 여성과 대화하는 붓다, 대만의 한 사찰 벽에 그려진 그림

록하는 관리자들이 가장 선호하는 사람이었고, 그들은 마하파자파티
보다 그녀를 더 좋아했다는 결론에 도달할 수도 있다.

그녀의 이야기는 불교 문헌에서 두 가지 공통적인 주제를 제공한
다. 종교에 대한 여성 보시자의 중요성과 출가 여성인 비구니보다 재
가 여성들을 선호하는 남성 중심적인 역사 기록자들의 경향성이다. 이
두 주제는 다르게 평가할 필요가 있다. 불교신자나 불교학자 모두 승
가 엘리트계층에 포함되는 종교인 불교 교단 내에서 재가 여성신자를
존중했다는 핵심을 간과해서는 안 된다. 여성 활동의 중요성이 인정되
고, 또한 정확한 기록 보존은 매우 중요하다. 특히 유용한 재가 여성모
델은 뛰어난 비구니 이야기만큼이나 불교 페미니스트들의 불교 재구
성에 중요하다. 그러나 특히 위사카와 마하파자파티와의 대조를 통해
또 다른 측면도 짐작할 수 있는 것은 초기 인도 불교에서 종종 비구니

보다 재가 여성을 선호하는 것처럼 보인다는 것이다. 낸시 포크는 이렇게 말했다.

> 불교인들은 힌두교도와 마찬가지로 가정주부를 존중했다. 특히 그들이 정숙한 재가 여성들이라면 더욱 그랬다. 그러므로 우리는 힌두교도와 마찬가지로 많은 불교신자들도 길이나 수행처의 담벼락 안에서보다 가정에 있는 여성을 보는 것을 더 좋아했다고 의심할 수 있다.[53]

그 이유를 상상하는 것은 어렵지 않다. 출산하고 아이를 키우는 가정주부는 여성에 대한 고정관념에 도전하거나 그것을 깨지 않았다. 아마도 행복한 결혼생활을 할 것이므로 이들은 비구를 성적으로 유혹하거나 위협하지 않았다. 결혼한 재가 여성 불자들는 겸손하고 예의 바른 여성이고, 비구를 존중했고, 비구의 의견에 따랐다. 그리고 묻기 전에 항상 비구가 필요로 하는 물품을 제공했고, 그 보답으로 아무것도 기대하지 않았다. 요컨대 그녀는 어떤 식으로든 도전하거나 위협하지 않고 남성의 욕구를 충족시켰다. 「테리가타」의 비구니들과는 달리, 그녀는 남성 중심적인 창조물이다.

이런 이야기들은 딜레마를 내포하고 있다. 그들은 재가 여성의 중요성을 인정받는다는 점에서 정확하게 그녀의 존재를 지지하고, 재가 여성에게 필요한 모델을 제시한다. 그리고 그들은 불교문학에서 다소 보기 드문 특징을 보여준다. 즉 온전하게 칭찬받고 존경받는 여성이다. 그럼에도 불구하고, 우리는 남성 중심적인 기록에서, 유용한 모델이 아니라 매우 보기가 드문, 보조적인 무언가를 발견한다.

초기 인도 불교는 이미 인용된 모든 문헌 외에도 여성과 관련하여 더 많은 것을 기록할 수 있는 기록 보존 관행이 있었다. 그리하여 다른 종교 문학에서보다 더 많이 여성에 대해서 주목할 만한 문서가 보존되었다. 대표적인 문서가 「테리가타」인데, "여성들의 속마음"을 이미 여러 번 언급하고 인용했다. 초기 기독교에서 이와 유사한 문서가 있다면 기독교 페미니스트가 얼마나 도움이 될 것인가를 상상해본다. 이 기록은 불교가 높은 영적인 성취를 이룬 여성들에게 무엇을 의미하는지도 알 수 있으며, 그들이 수행을 통해 발견한 자유와 기쁨에 대해 명확하고 이해하기 쉬운 솔직한 설명도 있다.

이 기록을 통해서 우리는 여성의 능력에 대한 의심이나, 그들을 유혹하거나 비하하려는 성공적인 시도나, 그 어떤 종류의 여성혐오도 발견할 수 없다. 이는 여성에 대한 남성들의 환상이나 예측이 아니며, 그런 여성들이 존재했을 것이라는 가설도 아니다. 가부장제의 사회에서 가부장적 가치관을 가진 기록자에 의한 기록으로, 압도적인 남성 중심 사회에서 패배한 소수 여성에 관한 불행한 기록이 아니다. 이 글에는 속세를 떠나 수행을 하고 가르치고 다른 사람들을 수행으로 이끄는 많은 여성 장로들이 있다.

또한 많은 여성 장로들이 그들의 사회적 기원에 있어서나 혹은 비구니가 되기 위해 속세를 떠난 이유들도 다양했다. 젊었거나 나이가 들었거나, 과부, 아내, 약혼녀, 어머니, 딸, 부유하거나 가난한 여성, 특권층 여성, 매춘부 등은 모두 불교의 길을 따랐고, 불교의 목표를 얻었으며, 그들의 경험을 노래했다. 그리고 우리는 지금, 그들이 노래했던 시를 가지고 있다! 그 내용을 간단하게 요약할 수는 없다. 불교가 여성의 처지를 개선하려는 사회 개혁 운동이 되려고 일부러 직접적으로 시도하지 않았음에도 불구하고, 초기 인도 불교에서 많은 여성이 자유를 찾았다는 것을 우리는 알게 된다. 페미니스트 역사학자가 유용한 과거와 좋은 서사를 추구하는 것은 적어도 그녀가 남성 중심적이고 가부장적인 과거 안에서 활동할 때, 이보다 더 성공하기 어려울 것이다. 그렇다고 불교신자나 불교학자들 활용할 가치가 없는 불교 자원을 가진 것은 아니다.[54] 여성의 정신적, 사회적 자유와 관련된 주제가 이 시들을 지배하고 있으며, 문화적으로 지배적인 여성에 대한 고정관념과도 현저하게 대조된다.

> 나는 그 끔찍한 세 가지로부터
> 완전하게 자유로워졌다네.
> 나의 맷돌, 나의 절굿공이,
> 그리고 나의 곱사등이 남편으로부터…
> 나는 태어남과 죽음으로부터도 자유롭고
> 내 삶과의 연결은 끊어졌다.[55]

또 다른 주목할 만한 시는 여성의 지적, 정신적 능력에 대한 문제를 직접적으로 제기한다. 다른 문헌에 기록되어 있는 모든 의심에도 불구하고, 비구니 자신은 그들이 출가의 임무를 감당할 수는 있는지 아니면 불교의 목적인 깨달음을 달성할 가능성은 있는지에 대해서 고민하거나 심지어 고려조차 하지 않는다. 그들 중 몇몇은 깨달음에 이르기 전에는, 스스로 목숨을 끊고 싶을 정도로 힘든 시간을 보내거나 절망을 경험했다. 이런 이야기들은 수행과정에서 그 결실이 나타나지 않는다고 일부 비구들이 절망에 빠지는 것과 매우 유사한 이야기들이다.

한 비구니는 이러한 문제를 생생하게 다루는 시를 썼는데, 이 내용은 종종 반복적으로 인용된다. 즉, 소마 비구니는 마라[악마]로부터 성적인 부분이 아니라 여성의 능력에 대해 비웃음을 받게 된다. 마라는 그녀에게 여자는 밥 지을 쌀의 양을 잴 수 있는 "두 손가락 정도의 지능"만 있을 뿐이라고 조롱했다. 이에 그녀는 다음과 같이 답했다:

여성의 숨겨진 본성이 어디에 있는가?
그 사람의 마음이 삼매에 잘 들고 지혜의 힘이 작동한다면
올바른 법을 볼 수 있을 것인데,
여인이라는 것이 깨달음에 무슨 장애가 된다는 말인가?
악마가 말을 걸기에 적당한 상대는
'나는 여자다, 나는 남자다. 또는 나는 어떤 사람이다'
라고 걱정하고 두려워하는 사람이라오.[56]

그녀의 주장은 '남성'과 '여성'이라는 성별이 깨달음을 얻는 데 상관이 없다는 통찰력을 강력하게 주장한다. 깨달음을 얻기 위해 수행을 하는 데는 남녀의 구분이 무슨 소용이냐며, 남녀 차별을 하는 마라의 어리석음을 꾸짖고 있다. 불교신자들은 남성이 여성보다 영적인 수행에 있어 더 능숙하다고 주장하지 않으며, 여성과 남성을 종교적으로 차별하는 것은 진정한 불교가 아니라고 믿는다.

대만의 유명한 비구니스님인 증엄 스님은 전 세계 400만 회원으로 세계 최대의 자선구호단체를 운영하면서 중생 구제를 위한 관세음보살의 화신으로 칭송받고 있다. 그녀는 보천삼무를 매일 서원하는데, 그것은 다음과 같다:

천하에 내가 사랑하지 않는 사람이 없기를,

천하에 내가 믿지 않는 사람이 없기를,

천하에 내가 용서하지 않는 사람이 없기를,

마음의 번뇌와 원망, 근심 버리고

만인을 사랑하는 마음이 허공 가득 다함이 없기를….

또 다른 기혼여성은 비구니 승단의 창시자인 마하파자파티의 법문을 듣고 속세의 삶을 떠나고자 했다. 하지만 그녀의 남편이 출가를 허락하지 않았기에 집안일을 하면서 혼자 명상 수행을 했다. 어느 날, 그녀는 요리하다가 난 불이 걷잡을 수 없게 번져서 음식을 태울 때, 그 불을 보고 깊은 깨달음을 얻는다. 그 후 그녀는 더 이상 보석과 장신구가 필요하지 않다며 착용하지 않았다. 남편이 그 이유를 묻자 그녀는 일상적인 생활이 의미가 없다고 대답했다. 부인에게 감동한 남편은 그녀를 마하파자파티에게 데려가서 비구니계를 받도록 했고, 결국 그녀는 아라한이 되었다.[57] 주목할 점은 마하파자파티의 강력한 가르침, 여성 스승이 여성 학생에게 미치는 영향 그리고 이 여성이 극복하고자 했던 가부장적 억압이다. 비구들의 시집인 「테리가타」에 의하면, 그런 수준의 통찰력을 가진 남성들은 아내로부터 떠나서 출가했지만, 간혹 그들은 다시 아내를 유혹하려고도 했다.

많은 해설자들이 가장 좋아하는 이야기 가운데 하나는 키사고타미의 사례이다. 그녀는 아들의 죽음을 너무 슬퍼하면서 시신을 땅에 묻기를 거부하고 업고 다녔다. 그리고 만나는 사람마다 아들을 위해 약을 달라고 정신이 나간 상태로 울부짖었다. 마침내 사람들은 그녀를 붓다께 안내했는데, 붓다는 죽은 사람이 한 사람도 없는 집에 가서 겨자씨

를 가져오면 아들을 다
시 살려주겠다고 약속
했다. 그녀는 매우 기뻐
하며 그러한 겨자씨를
찾아 헤맸지만, 곧 그것
은 결코 찾을 수 없다는
것을 깨달았다. 죽은 사
람이 없는 집은 하나도
없었기 때문이다.

대만 자제공덕회 창시자 증엄 스님과 그녀의 스승

그 결론에 도달한
그녀는 곧바로 마을을
떠나 죽은 아이를 묻었다. 그리고 죽음에 대한 깊은 통찰력을 가지고
붓다께 돌아왔다. "붓다여, 작은 겨자씨로부터 깨닫게 되었으니, 제가
당신에게 귀의하게 해 주십시오."[58] 보통 이 이야기를 해석할 때, 제정
신이 아닌 여성을 가르치기 위한 붓다의 뛰어난 가르침을 강조한다.
붓다께서 그 여성을 차별하거나 무시하지도 않았고, 가르침을 거절하
거나 주저하지도 않았다. 그리고 키사고타미는 아둔한 학습자가 아니
었다! 그녀는 붓다께 돌아오는 길에 깨달음의 첫 단계인 "흐름에 든 자"
가 되었고, 빠르게 아라한과를 성취했다. 결국 붓다는 그녀를 "거친 의
복을 입고 있는 출가자 가운데 제일 뛰어난 비구니 제자"라며 비구 제
자들 앞에서 그녀를 칭찬하였다.[59]

비구들의 시집인 「테리가타」에는 남편의 시가 부분적으로 연관되
어 실려 있고, 비구니의 시집인 「테리가타」에서 그녀 자신의 시가 완전
하게 실려 있는 바다 카필라니 이야기도 있다. 그녀의 이야기는 「테리

가타」에 실린 다른 비구니들의 사례와는 차이가 있는데, 이 책의 내용이 얼마나 다양한지를 보여준다. 그녀의 남편인 카사파 대왕은 결혼 전에, 부모가 살아계신 동안에는 부모를 돌보기 위해 출가를 하지 않겠다고 약속하고, 부모가 돌아가시면 출가할 생각으로 결혼을 거부했다. 하지만 어머니의 계략에 의해 결혼을 하게 되는데, 그의 약혼녀인 밧다도 그처럼 결혼을 거부하고 출가하기를 원했다. 어쩔 수 없이 결혼식을 하고 첫날밤을 보내게 된 두 사람은 금욕을 약속하고, 함께 자는 방 안에 "꽃 줄로 선을 만들어서 공간을 나누어" 따로 밤을 보냈다.

그의 부모님이 돌아가신 후, 두 사람은 머리를 깎고 승복을 입고 걸식할 그릇만 준비해서 출가했다. 그 둘은 수행자들을 찾기 위해 길을 걸었지만, 둘이 함께 있는 것이 오해를 불러올 수 있다고 판단하여 반대 방향으로 헤어졌다. 그 후 두 사람 모두 아라한이 되었으며, 교단 공동체에서 중요한 지도자가 되었다. 부인이었던 밧다는 붓다에 의해 "전생을 기억하는 사람 중 제일 뛰어난 비구니 제자"라고 칭송받았다. 그녀는 「테리가타」에 쓴 시에서 자신과 그 남편의 성취 그리고 그들의 공통된 업적을 모두 축하했다.

우리 둘 다,
그와 나 둘 다,
세상의 비통함과 연민을 보았고, 나아가고 있다.
우리 둘 다,
스스로를 잘 길들인 아라한이다.
멋지다. 우리 둘 다,
이제 열반은 우리의 것이다.[60]

「테리가타」와 같은 기록이 있는 이상 여성을 무시할 수 없다. 여성이 깨달을 수 있는지, 그에 관한 여부를 반복해서 설명할 필요조차 없다! 분명히, 여성과 남성은 서로의 출가와 해방, 평화의 성취를 위해 협력할 수 있다. 분명히 여성들은 그 목표를 충분히 달성할 수 있다. 그리고 완전히 정확한 역사적 기록을 찾고자 한다면, 여성혐오에 반대되는 많은 자원이 있음을 알 수 있다. 정확하고 유용한 과거를 추구하는 것은 초기 인도 불교에 대한 남성 중심적인 입장을 넘어서서 불교 역사를 더욱 조화롭게 만들 것이다.

따라서 이 시기는 시작부터 여성에 대한 정확한 묘사가 애매모호하다고 강조하는 동시에, 페미니즘에 유용한 여성의 "긍정적" 그리고 "부정적"의 이미지를 함께 제시해 나가는 것으로 마무리하고자 한다. 또한 이 시기에 발견된 많은 텍스트와 이야기들을 확실하지 않은 여성혐오로 묘사한다면, 쉽게 잘못 해석될 수도 있다는 점도 강조하고자 한다. 불교의 메시지를 온전히 담아 평화와 해방의 목표를 달성한 여성들에 대한 공감적인 초상화를 보여주는 「테리가타」의 존재는 모든 불자가 여성이 더 이상 열등하고 부정적인 존재로 인식되는 것을 거부하도록 만든다.

5장
타고난 여성의 특성과 성향이 있는가
: 인도 대승불교의 여성 역할과 이미지

사리불: 왜 당신은 여자 몸을 남자로 바꾸지 않습니까?

여신: 나는 12년 동안 여기에 있으면서 여성의 타고난 특성이 무엇인지 찾으려고 했습니다. 하지만 아직도 그것을 찾을 수 없답니다.

_ "여신의 장", 「유마경」[1]

대승불교의 기원은 확인하기 어렵다. 대승불교의 경향과 학파가 출현한 초기 인도 불교의 시대와 장소들에 대해 학자마다 다양한 논쟁이 있다. 또한 대승불교의 개념이나 주제 중 어떤 것이 먼저 나타났는가 등 다양한 문제들도 제기된다. 그러나 몇 가지 중요한 이슈를 둘러싸고 이견은 거의 없는데, 이는 대승불교가 스스로 개혁적인 종파로 갑자기 등장한 것이 아니라, 완전한 형태로 서서히 발전되었기 때문이다.[2] 매우 점진적으로 발전하면서 일정한 시간이 경과한 후에는, 광범위하게 교단에서 반-소승불교_anti-"hinayana"_[1]라는 용어로 완성된, 자의식이 강한 이데올로기라고 할 수 있다.

더욱이 대승불교 이념은 수행의 관점에서는 상좌불교와 차이가 거의 없었다. 승단의 규율 면에서도 큰 차이가 없었기 때문에, "상좌불교"와 "대승불교" 승려들이 같은 수도원에서 함께 지내는 생활도 가능했으며, 이는 결코 드문 일이 아니었다.[3] 스넬그로브Snellgrove의 주장처럼, 대승불교에 속한 스님의 생활방식과 행동은 대승불교에 속하지 않은 스님의 생활방식과도 거의 다르지 않았다.[4] 또한 대승불교는 재가자의 수행을 장려했지만, 출가자들은 지속적으로 수행하는 종교 생활을 통해 계속 존경을 받았다.

하지만 불교사를 통해 보면, 대승불교의 발전은 지적으로나 지리적으로 모두 커다란 분열을 초래했다. 두 형태가 때때로 공존해왔던 인도 불교가 점차 무너지면서, 이 둘은 19세기까지 직접적 상호 교류를 통해 지식을 접하는 기회를 잃게 되었다. 대승불교는 북쪽과 동쪽에서 유행하였고, 초기 불교는 남쪽과 동쪽에서 알려졌다. 두 형태로 불교가 분열된 것에 대해서는 매우 다른 평가들이 있다. 초기 불교의 관점에서, 대승불교에 대한 가장 전형적인 평가는 그야말로 부당한 혁신으로 보는 것이다. 말 그대로 느슨하고 뒤죽박죽인 학생들에 의해 전체 옷이 만들어지는, 그야말로 부적절한 혁신이다.

대승불교주의자들은 상좌불교를 비판하기를, 깨달음만 강조하는 이기적이고 통찰적이지 못한 승려들에 의한 불교는 완전한 깨달음을 성취하지 못할 것이라고 경고한 붓다의 말씀을 인용한다. 그리고 대승불교주의자들이야말로 붓다로부터 진정한 혈통을 물려받았다고 주

---

[1] 소승불교를 대승불교의 논쟁적인 용어로 올바로 사용한 경우, 이는 소승불교의 단점을 극복하고 등장한 대승불교라는 것을 지적하려는 저자의 의도를 나타낸 것이라고 생각할 수도 있다.

장한다. 오늘날, 두 종파의 구성원들은 일반적으로 이러한 극단적인 주장은 피하고 있지만, 두 형태의 뚜렷한 이론적 차이에도 불구하고 각자가 붓다의 가르침을 올바로 대표한다고 주장한다. 상좌불교는 가장 오래된 경전에 따라 수행하고 있으며, 초기 불교에서 신자들이 관찰한 형태와 거의 유사하게 생활한다.

대승불교주의자들은 그들의 가르침이 붓다 고유의 메시지가 펼쳐짐을 상징하고, 이전 불교 학파에서는 분명하지 않고 완벽하게 이해되지 못했던 것을 자신들이 확실하게 보여준다고 주장한다. 이러한 믿음을 신화적으로 보면, 인간 세계가 수용할 준비가 될 때까지 대승불교 경전에서 붓다의 가르침을 지키던 '용수'(Naga, 중관학파의 창시자)의 이야기에서도 나타난다. 물론 불교역사가들은 종교적 교리와 형태의 변화를 피할 수 없는 것으로 인정하며, 그 변화된 내용이 이전의 교리와 형태에서 어느 정도 충족되는지 또는 이탈하는지를 평가한다.

이러한 불교 학파들을 분명하게 나누는 핵심적인 이슈 가운데 하나는, 비록 그 종파적 다양성이 학문 영역에서는 많이 알려지지 않았더라도, 여성에 대한 이미지와 역할에 관한 것이다. 대승불교와 상좌불교가 분열하면서 여성에 대한 태도가 어떻게 변했을까? 그리고 얼마나 여성의 지위가 중요해졌을까? 나는 붓다의 보수적인 제자들에 의해 전해져오는 반여성적 진술들이 후대에 수정될 수 있다고는 생각하지 않는다. 하지만, 붓다의 생애 전 과정과 그의 사후에 그리고 불교 학파의 변화 과정에서 여성의 지위는 중요하거나 논쟁적인 이슈가 아니었다고 보는 게 타당하다. 여성의 수행공동체 사상은 붓다로부터 출발했으나 붓다는 그러한 사상에 열광하지 않았을 수도 있다. 짧은 시기였지만 비구니 승가와 그 구성원의 영적인 업적이 존재했다는 것은, 비록

교단 지도자 개인들이 여성혐오
적인 입장을 가졌을지라도, 불교
계 내에서 여성의 역할과 성과에
대해서는 논란이 있을 수가 없다.

불교의 분파가 점차 다양하게
확대되면서 반여성적인 관점과
미사여구는 더욱 성행하게 되었
다. 비구니 승가를 없앨 수는 없었
지만, 여성의 몸으로 깨달음에 이
를 수 있다는 가능성은 점차 축소

간다라미술, 2-4 AD, 붓다 입상

되었다. 붓다는 항상 남자로 구현되었으며, 계급과 신화를 봐도 모든
중요한 높은 지위는 남자로 채워졌고, 심지어는 여자의 몸으로 깨달음
을 얻을 수 없다는 주장까지 등장했다. 수행 도중 성적 유혹에 빠진 출
가자가 분출하는 여성혐오 사상과는 전혀 다른, 매우 굳건한 반여성적
인 교리는 아마도 초기 불교에서는 그다지 강하지 않았을 것이다. 그
러나 점차 불교가 분열되기 시작하면서 이러한 여성혐오는 교단 내외
에서 무척 흔하게 되었고, 일부는 앞서 본 것처럼 교단 분열의 원인을
여성 승가의 존재로 돌리기까지 했다.

더욱 극단적인 반여성인 교리가 널리 퍼지기 시작한 것과 동시에,
다른 사람들은 정반대의 관점을 똑같이 강력하게 주장하였다. 어떤 텍
스트들은 매우 반여성적인 것으로, 초기 인도 불교에서 나온 텍스트보
다 더욱 심각했다. 그러나 특히 본격적으로 등장한 대승불교경전들은
초기 인도 불교나 상좌불교보다 여성의 능력을 인정하는 데 훨씬 더 수
용적이었다. 여러 가지 이유로, 오래된 형태의 불교와 대승불교 사이

의 분열이 더욱 뚜렷해지면서, 여성이 위대한 종교적 통찰력과 영적 성취감을 가질 수 있다고 주장하는 사람들은 대체로 대승불교 진영에서 나타났다.

물론 이 진영에서 여성에 대해 부정적인 태도를 보이는 사람들도 있었지만, 그렇다고 해서 상좌불교 진영이 훨씬 더 보수적이고 부정적인 여성상을 강하게 주장하는 사람들만 있었다고는 할 수 없다. 오늘날 여성 문제에 대한 교단 내 관점의 차이는 매우 중요하다. 즉, 대승불교 형태의 불교가 상좌불교 형태보다는 여성 수행자들에게 훨씬 더 유용한 기반을 제공하고 여성주의적인 불교 전형을 제공한다는 것은 부정할 수 없는 사실이다.

대승불교에 나타난 여성의 역할: 역사적 증거

이 시기를 이해할 수 있는 대부분의 근거는 사회 역사를 재구성할 수 있는 문서라기보다는 누군가에 의해 기록된 글이나 '신화'들이다. 이 시기의 많은 이야기 속에 여성들이 두드러지게 등장하기는 하지만, 역사적 연혁에 기록된 어떤 인물과 연결 짓는다거나 심지어 현실적인 인물로 간주하는 것은 불가능하지는 않더라도 찾기가 쉽지 않다. 대신 현실에 존재하는 여성이 아니라 교조적이고 관념적인 중요성을 증명하기 위해 우화적으로 사용되는 여성 캐릭터가 많았다. 이러한 상황은 뛰어난 비구니들의 삶이 기록된, 역사적으로 믿을 수 있는 「테리가타」의 여성들과 우리가 금강승불교 시대에 만나게 될 역사적 영웅들과 현저하게 대조된다.

그러나 비록 우리가 대승불교 경전의 본문에서 만나는 여성이 신화적인 모습이라고 할지라도, 그들의 이야기는 매우 유용하다. 그것은 장르가 다른 종교적인 텍스트이다. 그러므로 그 자체가 종교적인 성격을 가지므로, 이에 적합한 방법을 사용해서 해석해야 한다. 이 기간에 비구니와 재가 여성에 관한 역사적 기록은 매우 드물다. 문자로 기록된다는 조건과 불교 기관에서의 일상적인 활동들 사이에는 다소 큰 차이가 있다. 깨달음의 보편적인 가능성에 대해 교리적 관점을 만들면서, 대승불교에서 문자로 기록된 일반적인 영웅과 주인공은 비구가 아닌 재가자인 경우도 많다. 종종 초기 인도 불교의 유명한 승려들은 경직되고 지혜롭지 않은 상태로 등장하기도 한다. 심지어, 이 승려들은 보통 토론이 끝날 때쯤이면 우스꽝스럽게 보이기도 한다. 대승불교 주인공의 경우 승려보다는 재가자였을 뿐 아니라 남성보다는 여성, 성숙하고 교육받은 사람보다는 젊은 사람인 경우가 많다.

그러나 사회학적으로나 역사적으로 이 문학적 모티브가, 일반인과 여성의 정신적 능력에 대하여 다른 평가를 반영하고 있지만, 대승불교에서 여성이 지배적인 모습을 보인다는 증거는 없다. 사실 승려들은 계속해서 불교에서 선도적인 대변인이거나 혁신가로 역할을 했다. 반면에 역사적 기록을 보면 비구니들이 이러한 발전에 큰 역할을 했다는 기록은 별로 없다. 사실 그 반대일 것이다. 팔경계에 영향을 받은 비구니 승가는 경제적, 사회적 요인들로 인해 이미 심각하게 약화되고 있었다. 이는 또한 일반 재가신자들이 비구니를 비구보다 덜 관대하게 여기고 덜 존중한다는 것을 암시한다.

기원전 7세기경, 중국의 순례자인 승려 의정(I Ching)은 인도의 비구니들에 대해 다음과 같이 썼다.

인도의 비구니들은 중국의 비구니들과 매우 다르다. 그들은 음식을 구걸하며 스스로를 지탱하고, 가난하고 소박한 삶을 살고 있다…. 비구니 승가 구성원들을 위한 혜택과 물품 공급은 매우 적으며, 많은 사찰에서도 그들을 위한 특별한 식량 공급도 없다.[5]

비구니들은 일반적으로 가난하고 물품도 부족했다. 그들의 이야기는 대부분 기록되지 않았고 심지어 이름도 거의 없었다.[6] 비구니들은 당시의 위대한 지성 발달 과정에 참여했다는 기록도 없다. 유명한 불교 대학들에서도 그들을 중시하지 않았고, "뛰어난 사상과 풍요롭고 생산적이며 광범위한 예술을 펼치던, 비구 승가의 보석으로 여겨지지는 않는 것으로 보였다."[7] 게다가 교육받고 영향력 있는 불교계 여성들에 대한 역사적 기록도 그다지 많이 남아 있지도 않았다.

그러나 제니스 윌리스Janice Willis에 따르면, 여성 보시자들은 기록으로 전해지고 있는데, 이들은 대승불교 시대와 초기 인도 불교 시기보다 새로 포교가 된 국가들에서 불교의 지지자로서 훨씬 더 중요하게 등장했다.[8] 하지만 여성의 영적 능력을 증명하기 위한 강력한 문학운동에도 불구하고 여성이 살았던 조건은 거의 변하지 않았던 것 같다. 경건하고 지지적인 재가 여성들은 여전히 받아들여졌지만, 적어도 인도에서는 대승불교가 현명한 여성들의 깨달음을 위한 중요한 도구로 사용되지는 않았던 것 같다.[9] 사실 일반적이지는 않지만, 일부 보수적인 비구들은 비구니를 포함하여 모든 여성들을 피하도록 권했다.[10]

인도 대승불교 시대의 여성들, 특히 비구니들의 이 황량한 역사적 초상화는 이 기간 동안 다른 지역의 불교와 극명하게 대조된다. 승려 의정은 인도 비구니들은 중국 비구니들과 "매우 다른" 존재로 비교했다. 중국 비구니들은 적어도 이 시기에 그리고 이후에도 인도의 비구니들보다 훨씬 더 수가 많았고, 번영했고, 존경받았고, 영향력이 있었다. 낸시 슈스터는 중국 비구니 승가가 오랫동안 유지되며 문학에도 뛰어난 여성 캐릭터로 등장할 수 있었던 이유는 대승불교 경전이 인기가 있었기 때문이라고 주장한다.[11] 스리랑카의 비구니들도 이 시기에 비교적 잘 지내고 있었다. 그들은 중국 비구니들에게 비구니계를 주었고, 중국 비구니 승가를 설립하는 것을 돕기 위해 비구니 대표단을 중국에 보내기도 했다.[12]

문학에 나타난 초기 인도 불교 비구니들의 이미지

비구니에 대한 역사적 증거보다는 비구니에 대한 인도 문학을 살펴보면 다소 다른 그림이 나온다. 비록 비구니와 관련된 문학작품에서 비구니가 여성 스타가 될 정도로 유명하거나 영향력이 있지는 않지만, 몇몇 인도 문헌들은 비구니들을 초기 인도 불교에서 나온 어떤 문헌보다 훨씬 정교하고 광범위하게 묘사하고 있다. 대승불교의 여성에 관한 주요 자료집,『불교의 여성들Women in Buddhism』에서는, 다이애나 폴Diana Paul이 프란체스 윌슨Frances Wilson의 도움을 받아 처음으로 사자빈신 비구니Lion-Yawn를 그린 화엄경Avatamsaka Sutra의 결론 한 부분을 번역했다. 그녀는 보살이 되기 위한 수행법을 알기 위해 많은 사람들에게 가르침을 찾아다니는 선재동자를 만났다.

선재 동자는 그녀가 다수의 수행자들에 둘러싸인 채 교단에 앉아 여러 계층의 존재들에게 가르침을 설하고 있는 것을 보게 된다. 그 존재들은 각자 자기 자신에게 맞는 메시지를 듣게 되고, 그 결과 그들 각자는 완벽한 깨달음을 얻은 최고의 존재가 되었다.[2] 그 후 그녀는 선재동자를 개인적으로 지도하면서 혼자서 담마를 이해할 수 있도록 도와준 후에, 스승인 여성(바수밀다)에게 가라고 길을 알려준다.[13] 이 이야기는 대단히 과장되고 "신화적"이지만, 사자빈신 비구니는 아주 높은 단계의 성취를 이루었을 뿐만 아니라, 많은 제자들을 거느린 뛰어나고 유능한 스승으로 묘사되기 때문에 매우 주목할 만하다. 그녀는 다수의 대승불교 문학에서 일반적으로 부처나 수행의 경지가 매우 높은 보살들에게 법을 가르치는 능력과 권위를 가지고 있다.

또 다른 비구니의 이야기는 사뭇 다르다. 타밀어로 쓰인 것을 영어로 번역한 요약 글에 의하면, 대승불교의 내용은 그다지 많지 않은 것 같다. 폴라 리치먼Paula Richman에 따르면, 이 글은 불교에 익숙하지 않은 청중을 위해 그리고 여성 출가의 가능성을 소개하기 위해 쓰였다. 서사시 형식인 이 글은 궁궐 계급의 젊은 여성이 구혼자를 버리고 비구니가 되기 위해 정서적, 지적 투쟁을 하는 내용에 초점을 두었다. 그 이야기는 그녀가 불교에 대해 매우 논리적이고 철학적으로 이해함으로써 얼마나 높은 지적 수준을 가졌는지 보여주면서 끝을 맺는다.[14]

비구니 승가가 쇠퇴하기 시작한 이 시기(6세기경)와 승단이 이미 쇠퇴기에 접어든 듯한 15세기에, 모든 서사시가 비구니의 길을 가려는 평범한 여성을 주제로 쓰인 것은 꽤 흥미롭다.[15] 비구니들이 대승불교에 참여할 수 있는 다른 증거들이 부족하다는 점을 감안하여 그녀들의 철

---

2 이것은 대승불교주의자들이 개인의 깨달음이라는 초기 인도 불교의 목표에 반대하고 대승불교주의자가 중생을 위해 역할을 해야 함을 주장하는, 대승불교의 관점에서 설명한 용어이다.

학적 수준 또한 주목할 필요가 있다. 아마도 그들은 실제로 이런 대학에서 공부하고 심지어 가르치기도 했겠지만, 기록을 보관하고 있는 사람들은 그들의 존재를 언급할 필요가 없다고 느꼈을 것이다. 이 이야기는 또한 많은 대승불교 경전에 서술된 것보다 규모 면에서 훨씬 더 인간적인데, 이는 「테리가타」의 이야기처럼 몇몇 이야기들이 계속 기록되었음을 보여준다.

여성성과 깨달음: 물과 기름처럼 불가능한가?

여성의 능력에 대한 보다 추상적인 논의는 대승불교 문학에서 흔히 볼 수 있다. 초기 인도 불교처럼 이런 문헌들은 매우 모순된 내용을 담고 있다. 여성으로 태어나는 것은 어떤 문제가 있다는 내용과 동시에, 여성이 높은 단계의 깨달음을 성취한 내용의 매우 강력한 서사도 등장하고 있다. 만약 그렇다면 대승불교의 텍스트들은 초기 인도 불교 자료보다 여성의 지위에 대해 훨씬 더 극단적인 진술을 담고 있다고 할 수 있다. 이전의 텍스트와 마찬가지로, 일부 자료들은 유용하고 심지어 고무적인 경우가 있는 반면에, 다른 자료들은 불교 페미니스트가 읽기에도 어려운 내용을 담고 있다.

여성으로 태어남이 불행하다고 생각하는 것은 대승불교 텍스트에서도 매우 쉽게 찾아볼 수 있다. 그것은 대승불교 전후로 불교 사상사 발전에 매우 강력한 주제가 되기도 했고, 대승불교주의자들은 그 의견에 동의하든 아니든 그것을 잘 알고 있었다. 그러나 여성에게는 무엇인가 결여되어 있다는 주제로 두 가지 입장을 구분해서 따로 생각해 보는 것은 중요하다. 한편으로 우리는 여성혐오증을 교리적인 형태로 발견하기도 하는데, 이는 단지 좌절에 깊이 빠져서 이성을 상실한 비구의 감정적인 분출만이 아님을 보여준다. 반면에 종종 일부 해설자들의 여성 혐오와 심각하게 혼동되는, 여성으로 태어남으로 인해 겪는 불행과 어려움에 대한 많은 논평과 그것을 대처하기 위한 다양한 처방들을 발견할 수 있다. 이러한 대응책은 여성에 대한 공포와 증오가 바탕이 된 것이 아니라, 종종 고통스럽고 힘든 현실에 놓여 있는 존재에 대한 연민과 애정에 바탕을 두고 있다.

초기 불교와 마찬가지로 대승불교는 남성 중심적인 가치와 사고방식이 강하게 나타나는 가부장적 사회의 맥락에서 존재했다. 주변 문화에 대한 성 고정관념은 여성과 남성 모두에게 지속적인 영향을 주었다. 그리고 초기 불교에서 그러한 성 역할의 고정관념은 여성이 남성보다 지능이 낮고, 성적으로 자신을 통제할 능력이 부족하며, 성적인 것만큼 세속적인 것에 관심이 많고, 영적인 규율에는 적합하지 않다고 알려

미얀마 사찰의 비구 스님(밀랍모형)과 그 스승들의 사진

져 왔다. 사실 대승불교 텍스트에서 보수적 입장을 보여주는 나이든 장로들이 하는 말은 아마도 일반 대중들이 여성을 보는 관점을 정확하게 대신한다고 볼 수 있다. 자세하게 살펴보아야 할 대부분의 텍스트에서, 그러한 여성혐오적 태도는 이야기의 마지막 부분에서 철회되거나 거짓으로 증명되기도 한다.

하지만 어떤 텍스트에서는 그러한 부정적인 여성관이 계속 유지되기도 한다. 특히 강력한 가부장적 예로, 권위 있는 철학자의 입장은 아상가의 '보살지Bodhisattvabhumi'에서 발견된다. 그는 붓다가 결코 여성이 될 수 없는 이유를 다음과 같이 설명한다:

완벽하게 성취한 부처는 여성이 아니다. 왜? 정확하게 말하면, 보살은 그가 처음으로 셀 수 없는 수많은 영겁을 지나면서 여성이라는 몸을 완전히 극복했기 때문이다. 최고의 깨달음의 경지에 오를 때(혹은 이후), 그는 다시는 여자로 태어나지 않는다. 모든 여성은 본질적으로 더럽고 나약한 성향으로 가득 차 있다. 세속에 오염되었고 나약한 지혜를 지닌 자는 결코 완성된 보살도를 성취할 수 없다.16

이 구절은 당대 불교에서 오늘날 페미니즘에서 문제 제기를 하고 있는 교리를 가장 직접적으로 언급하고 있으며, 여전히 학계에서 많이 전승되고 있다. 다른 대승불교 문헌에서는 반박되고 있는 이 교리가 이 문헌에서는 그대로 유지되면서 여성성과 불성은 상호 배타적이라고 기술하고 있다. 즉, 붓다는 결코 여자의 모습으로 나타날 수 없고 여자는 부처가 될 수 없다는 것이다.

또 다른 대승불교의 맥락에서 다양한 추가적인 이유가 첨가되어

미얀마의 어린 수행녀들

있다. 여자는 아버지, 남편, 아들이라는 세 남성의 지배 아래 있어야 하는데, 붓다는 분명히 여성은 그 누구의 지배도 받지 않기 때문이라고도 설명한다. 여성에 대한 남성 지배의 문제는 팔경계의 예시처럼 중요한 문제로 다시 등장한다. 이 사상이 힌두교와 유교적 사회규범에 필수적이지만, 실제로 불교 가르침과는 아무런 관계가 없다는 것은 불교 교단의 가부장들이 잘 알고 있다. 그럼에도 불구하고 그들은 남성 지배를 단념하지 않는다.

　　그러나 대승불교 문학에서 훨씬 더 자주 인용되는 것은 "다섯 가지 상태"와 "붓다의 32상"을 활용한 주장이다. 대승불교에서 중요한 텍스트인 「법화경」에는, 초기 불교에서 붓다의 제자 가운데 가장 지혜롭다고 인정받은 비구인 사리불이 젊은 여성에게 그녀가 깨달음을 성취할 수 없다고 말하는 대목이 나온다:

　　아무리 착한 딸이건, 혹은 수 세기 동안 부지런히 수행했거나, 수천 년 동안 좋은 일을 베푸는 여인이라 할지라도 붓다가 될 수 없다고 말한다. 왜일까? 여자의 몸으로는 다섯 가지 지위를 얻지 못하기 때문이라고 한다. 그 다섯 가지 유형은 무엇인가? ① 범천의 지위, ② 제석천(인드라)의 지위, ③ 마라의 지위, ④ 전륜성왕의 지위, ⑤ 붓다의 지위, 이 다섯 가

지를 말한다.[17]

이 논쟁은 많은 곳에서 되풀이되는데, 세 번째 지위는 종종 신화적인 불교 유혹자 마라의 역할이다. 이 목록은 인도 신화에 삽입되어 있는데, 신화적인 맥락을 깨달음을 위한 조건으로 설명할 필요는 없다. 만약 어떤 존재가 깨달은 자인 붓다가 되려면 많은 다른 조건들, 특히 인도의 사회적, 종교적 영역에서 위대한 존재의 조건들을 경험해야 한다는 것이다. 긍정적이든 부정적이든 초현실적인 힘을 가진 존재들은 현실이나 환상이나 그 어떤 상황에서도 여성들을 인정하지 않는다. 「법화경」을 포함한 대승불교 문헌에서, 여성은 불교의 가르침에 대한 높은 수준의 통찰력을 보여주고, 마법을 써서 자신의 몸을 남성의 몸으로 변화시킨 후에야 비로소 이를 지켜본 비구로부터 인정을 받는다. 현대의 페미니스트 평론가라면 쉽게 성평등을 위한 해결 방안을 제시할 수 있겠지만, 당시의 인도 사회에서 젊은 여성이 존경받는 비구에게 반발하고 그보다 뛰어난 모습을 보이는 것은 상상조차 어려웠을 것이다.

그러나 경전에서는 남성만이 가질 수 있는 경험, 즉 남자의 몸으로 다시 태어나야 한다고 선언함으로써 붓다의 남성성에 대한 옹호를 강조한다. 이는 붓다의 신체에서 나타나는 32가지 성스러운 특징을 가지려면 남성의 몸만이 가능하다는 뜻이다. 일반적인 군주(위에서 열거한 네 번째인 전륜성왕)도 포함하여 영적으로 뛰어난 수행자들에게 나타나는 신체의 32가지 모습 가운데 그 열 번째는 "아래 피부 속에 장기가 감추어져 있는 것"이다. 한문 경전의 번역에 의하면 부처님의 음경이 말의 그것처럼 음경에 숨겨져 있다는 것(음마장상, 陰馬藏相)을 의미한다."[18]

그러므로 표면적으로 볼 때 이론의 여지가 없다. 붓다가 되기 위해서는 음경을 가지고 있어야 하는데, 여성은 음경이 없기에 붓다가 될 수 없다는 것이다. 그러나 전통적으로 이 주장에 대한 반박은 사용된 용어를 그대로 받아들여서는 안된다는 것이다. 숨겨진 음경에 대한 핵심은 붓다의 남성성을 강조하는 것도 아니고, 열등한 여성이 수준 높은 영적 성취를 이루었음에도 불구하고 단지 여자라는 이유로 부적격하다고 만드는, 어떤 논쟁거리를 찾으려는 여성혐오도 아니다. 이는 붓다가 무성적(몰성적)인 존재임을 강조하려는 것이다.

또 다른 주장은, 전통적으로 여성 붓다의 출현을 장려하는 데 특별히 용이하지는 않지만, "붓다는 여래라는 이름을 가지며, 그의 표식은 볼 수도 없을 뿐만 아니라 오히려 아무런 표식이 없다는 특징이 있다."[19] 오늘날 열 번째 특징에 대한 해석은 부처가 남자임을 의미하는 것이 아니라고 반론을 제기하기도 하는데, 이를 위해서 여성 해부학을 좀 더 진지하고 자세히 볼 것을 요구하기도 한다. 보통 표피에 덮여있는 "페니스"의 소유자는 남성이 아니라 여성이다. 여성 성기의 소음순은 대음순에 덮여있는 구조인데, 이는 아마도, 우습게도, 똑같이 이 열 번째 표시를 통해 붓다가 해부학적으로 남성이 아니라 여성일 가능성이 크다고 주장할 수도 있을 것이다. 남성과 여성의 역할을 바꾸어 생각해보면, 남성 중심적인 텍스트 해석자들이 얼마나 우스꽝스러운 주장을 하는지를 보여준다.[20]

다시 여자로 태어나지 않기 위하여

일부 대승불교 문헌들은 여자로 다시 태어나는 것을 피할 수 있는 법을 조언해준다. 보통, 이 문서들은 여자로 태어나서 겪어야 할 고통 때문에 다시 여자로 태어나는 것은 바람직하지 않다고 생각한다. 그러나 일부 문헌은 아상가Asanga[3]가 왜 여자의 몸으로는 부처가 될 수 없는 가를 주장했던 것처럼, 여성이 도덕적으로 결함이 있기에 남자로 다시 태어날 것을 권하고 있다.

> 여성의 결점, 증오, 망상, 그 밖의 더러움은 남성의 결점보다 크다….
> 당신 여자들은 이런 의지를 가져야 한다….
> 나는 더러운 여자 몸으로부터 해방되어서
> 아름답고 건강한 남자 몸을 얻을 것이다.[21]

그러나 다행스럽게도 종교지도자들은 여성혐오증이 아니라, 남성 지배적 사회에서 여성으로 다시 태어나는 것은 불행이며 그 한계가 매우 크다고 확신한다. 그들은 여성에 대한 연민과 동정심을 느끼기에 남성으로 다시 태어나도록 장려하는 것이다. 매우 광범위하게 통용되고 있는 아시아인(그리고 서양인)의 인식 가운데는, 여자아이를 낳는 것 자체가 불행이라는 주장이 있다. 실제로 가부장제 사회에서 이러한 주장이 틀렸다고 말할 수 없다. 객관적으로 여성의 삶은 남성의 삶보다 어렵고 보람이 적다. 사회적이고 종교적인 고통은 생물학적인 고통 위에 쌓여 있다. 젊은 나이에 결혼해서 산아제한도 없이 평생을 끝없이 반복되는 임신으로 연결되고, 그중 많은 엄마는 출산 중이나 그 후에 죽은 아이들을 애도하면서 삶이 끝난다.

---

[3] 불교 유식학의 시조로 인도의 유명한 성자.

성적 만족은 아마도 여성의 삶에서 기대할 수 없는 부분일 것이다. 적어도 상류층에서는 남편에게 부인 이외에 성적 서비스를 담당하는 여성이 합법적으로 따로 존재한다. 하층 계급의 여성들은 그들의 생식 활동뿐만 아니라 가족을 먹여 살리기 위해 일터에서 열심히 일해야 한다. 이러한 악조건들은 그들이 속해 있는 사회에서 점차 완화되기보다는 오히려 강화된다. 여성들은 태어날 때도 환영받지 못할 뿐만 아니라 평생을 남성의 권위 아래 종속되고, 이러한 사회 시스템에서 종종 여성들끼리 서로 경쟁하게 만든다. 여성들은 대개 교육을 받지 못하고, 욕정적이고, 어리석고, 감정적이고, 질투하고, 말다툼을 일삼고, 영적인 깊이가 거의 없으며, 경건하고 순종적이어야 하건만, 진정한 영적 개발을 위한 능력을 갖추지 못하고 있다고 배운다.

이러한 상황에서 여성으로 다시 태어나는 것을 불행으로 여기는 것은 당연하다. 그런데 결론은 여성뿐만 아니라 여성과 남성 모두가 그러하다. 이 문제에 대한 전통적인 불교적 해결책은 이러한 재탄생을 피하는 방법이 있다며 희망을 주고, 업과 윤회를 믿으면서 현재 상황을 남녀 모두가 받아들이도록 가르친다. 옛날부터 널리 알려진 믿음에 따르면, 아무리 운이 좋고 행복하더라도, 아무리 불행하고 비참해도, 모든 인간의 현생은 전생에 축적된 업까르마으로 인한 결과라는 것이다.

자신의 현재 조건을 바꾸려고 하기보다는, 현재의 좋은 행동이 미래에 더 좋은 윤회로 이어질 수 있음을 알기 때문에, 주어진 현재의 역할을 잘 수행해야 한다. 여자의 삶은 단순히 과거 업의 결과로 주어진 것이며, 현재의 노력에 따라 미래에는 더 좋은 결과를 얻을 수 있다. 많은 불교 텍스트들은 여성의 삶을 불쌍히 여기며 다음 생에 여성으로 태어나는 것을 피할 수 있는 방법들을 제공한 반면에, 또 다른 텍스트들은 과거의 잘못으로 인해 여성으로 태어났다고 추측했다. 예를 들어『대보적경Maharatnakuta sutra』의 한 구절에는, 지적이고 세련된 매너를 갖춘 여성으로서 자신의 몸을 바꾸기 위해 무엇을 해야 하는지 붓다에게 묻는 장면이 나온다. 그는 그녀가 순종적이며 경건해야 한다고 대답한다:

시기하고, 인색하고, 아첨하고, 화내고, 진실로 남을 비방하고,
욕망, 모든 그릇된 견해를 버리라.
붓다와 다리니Dharina를 숭배하라.
승려와 브라만에게 제물을 바치고, 가정과 가족에 대한 애착을 버리고,
예언을 받아들이고, 사악한 생각을 품지 않으며,
여자 몸에 무관심해지고, 깨달음과 가르침을 생각하며 지켜라.
세속의 삶을 환상처럼 여기고, 꿈처럼 여겨라."[22]

또 다른 텍스트는 "깨달음의 생각"을 불러일으키는 여성은 미래에 여성으로 태어나지 않게 되는데, 이는 '보살'로서 대승불교의 길로 나아가도록 심오한 마음의 변화를 일으키는 것이다.

만약 여성이 한 가지를 성취할 수 있다면, 여성의 몸에서 해방되어 남성이 될 것이다. 그것이 무엇인가? 깨달음을 추구하는 심오한 정신 상태이다. 왜일까? 여성이 깨달음의 생각에 눈을 뜨면 위대하고 좋은 사람의 마음 상태, 남자의 마음 상태, 현자의 마음 상태를 갖게 될 것이다….
만약 여성이 깨달음에 눈을 뜨게 되면, 여성이 지니는 심리상태의 한계에 얽매이지 않을 것이다. 그들은 한계에 속박되지 않기 때문에 영원히 여성으로 다시 태어나지 않고 남성으로 태어날 것이다.[23]

또한 다른 텍스트에는 여자가 남자로 다시 태어나는 방법(깨달음으로 나아가는 모습을 보임으로써)뿐만 아니라 여자가 여자로 다시 태어나는 이유와 남자가 여자로 다시 태어나는 이유를 상세히 기술하고 있다. 여자는 아래의 경우처럼 탐닉하면 다시 여자로 태어난다고 한다.

① 여자의 몸에 대한 사랑,
② 여자의 정욕에 대한 애착,
③ 여자의 아름다움에 대해 지속적으로 즐거워함,
④ 그녀 자신의 악행을 감추기 위한 마음의 불성실,
⑤ 남편에 대한 피로와 경멸,
⑥ 다른 남자들에 대한 끊임없는 생각,
⑦ 타인의 친절에 대한 배은망덕,
⑧ 속임수를 위해 그녀의 몸을 사악하게 꾸미는 것 등이 있다.

남자는 네 가지 이유로 여자로 다시 태어난다고 한다.

① 붓다나 보살에 대하여 불경스럽게 웃고 소리치고,
② 예언을 지키는 순수한 사람을 비방하며,
③ 속이기 위해 아첨하고 잘난 척하며,
④ 다른 사람의 행복을 부러워한다.[24]

이 다양한 텍스트들을 보면, 조언의 수준이 한쪽으로 치우쳐 공평하지 않다는 것을 알 수 있다. 깨달음에 대한 생각을 불러일으키기를 권하는 것은 남녀 대승불교주의자들에게 좋은 충고이다. 하지만 남성

아기를 안은 불상 앞에서 기도하고 있는 여성

이 여성으로 태어나는 것을 피하기 위한 조건들은 매우 사소한 전통적인 도덕성을 포함하고 있는 반면에, 여성이 여성으로 다시 태어나는 이유는 여성에 대한 남성들의 불만을 반영한 내용이다.

여자로 다시 태어나지 않는 가장 잘 알려져 있고 중요한 해결 방안은 아미타불의 정토와 관련하여 「대무량수경Sukhavativyuha Sutra」에서도 알 수 있다. 위대한 붓다들이 만들어낸 모든 부처 세계가 그렇듯이 아미타불의 정토에서도 불행한 출산은 없다. 아미타불의 낙원에서는 여자로 태어남도 없을 것이고 여자라는 이름은 듣지도 못한다고 한다. 이 서방정토의 순수한 땅에 대한 비전은, 훨씬 덜 알려져 있고 덜 인기가 있는 아촉불Akshobya이 계시는 동방정토와 현저하게 대조를 이룬다. 서방정토에는 성욕이나 질투도 없고, 여성은 놀라울 정도로 아름다우며, "월경의 저주로부터 해방"된다. 그들은 성행위를 하지 않고 임신이 되고, 엄마와 아이 모두 "임신에서 출생까지 안전하고 순수한 상태"라고 한다.25

그러나 아미타불은 여자로 태어나지 않을 방법에 대해서는 또 다른 요구를 하고 있다. 아미타불은 순수한 땅인 정토에서 모든 중생을 구제하겠다는 서원을 세우는데, 그중에는,

> 만일 내가 깨달음을 얻은 후, 모든 면에 헤아릴 수 없고 상상할 수 없는 거대한 불국토의 여성들이, 내 이름을 듣고 나서 경솔함이 일어나도록 허락해서도 안 되며, 그들이 태어날 때 그들의 생각을 깨달음에서 다른 쪽으로 돌려서도 안 되며, 그들의 여성성을 경멸해도 안된다. 만약 그들이 그렇게 한다면, 열등한 여성 본성을 가지고 다시 태어난다고 생각해야 한다. 그러면 나는 최고의 완벽한 깨달음을 얻지 못할 것이다.[26]

정토에서 다시 태어날 수 있는 확실한 방법은 정토종의 여러 학파들 사이에 이견이 있지만, 결론은 하나이다. 여성들은 아미타불이 계시는 정토에서 남성으로 다시 태어날 수 있도록 맹세를 해야 한다는 것이다. 이러한 형태의 불교는 일본에서 엄청난 인기를 끌게 되었고, 정토에서 여성으로 태어나는 일은 없을 것이라는 믿음은 그들의 장례식에서 여성들에게 남자 이름을 지어주는 관행을 만들었다. 일본의 전형적인 정토종 장례에서는 고인에게 새로운 이름을 붙인다. 그런데 정토에서 다음 생에는 여성이 없기에 모든 이름은 남자 이름이어야 하는데, 이러한 정토종의 의례는 아주 최근까지 계속되었다.

이 모든 주장을 그대로 받아들이기는 힘들겠지만, 그 주장 이면에 있는 깊은 뜻은 여성혐오증이 아니라 남성 중심 사회에서 여성의 위치에 대한 연민과 동정심이라는 것을 깨닫는 것이 중요하다. 여성들은 남성으로서 다시 태어나도록 염원해야 한다. "여성이 열등하기 때문"

이 아니라, 위에서 열거한 조건들을 고려할 때, 여성의 삶이 너무 고달 프기 때문이다. 그녀에게 선택권이 있다면, 그런 조건에서 누가 여자 로 다시 태어나고 싶겠는가. 만약 그녀가 더 많은 자율성을 가지고 덜 가혹한 삶을 살 수 있다면?

오늘날, 우리는 이 텍스트 이면에 숨어있는 동기가 아니라, 여자로 태어나지 않도록 추천하는 방법들에 대해서 논쟁할 수도 있다. 여자로 다시 태어나는 그 자체를 없애기보다 여자로 다시 태어나면 남자에 비 해 상대적으로 보상받지도 못하고 힘든 삶을 살아야 한다는 그 조건을 왜 없애지 않는가? 그러나 아마도 그럴 만한 이유가 있어서 그 무렵 인 도에서는 주장할 수 없었을 것이다.

대승불교 문헌에서 젠더 극복하기

주요 대승불교 사상은 여성에 대한 책임과 한계를 다루는 다양한 방 법들을 담고 있다. 현대 페미니스트적 관점에서 보면, 이 모든 경우에 부정적인 반응을 보일 수 있다. 하지만 그 맥락들을 조금 더 자세히 살 펴보면, 대승불교 작가들은 여성에 대한 부정적인 태도를 키우기보다 이를 바로잡고 극복하려고 노력했음을 알 수 있다. 주요 모티브와 문헌 들을 고려하기 위한 전주곡으로서, 우리는 대승불교의 글에서 공통적 이지만 종종 간과되는 몇 가지 중요한 장치들에 대해 주목해야 한다.

많은 대승불교 경전에서는 남녀의 성별을 분명하게 구분하거나, 성별에 따른 전통적인 특성을 규정한 언어를 널리 사용하고 있는 것을 알 수 있다. 때때로 성차별적인 언어 사용이 문제라고 예리하게 판단한 어떤 편집자가 남성적인 언어 사용을 피할 것을 정책적으로 요구한 결과, 착한 딸 뿐만 아니라 착한 아들도 자주 등장시킬 수도 있다. 그런데 대승불교 문헌에서는 흔히 구원의 친구나 동료는 동등한 수로 여자와 남자가 같이 포함되어 있다. 예를 들면 남에게 선한 영향력을 줄 수 있는 착한 아들과 딸은, 대승불교에서 지극히 중요하고 따뜻한 의미를 가진 용어인 "좋은 친구선우, kalyanamitra"라고 부른다.[27] 남성뿐 아니라 여성도 확실히 "좋은 친구"에게 선한 역할을 맡는다.

앞서 언급한 사자빈신 비구니는 "좋은 친구"이다. 대승불교 경전에서도 재가 여성들이 그 역할로 묘사되곤 한다. 가장 유명한 대승불교 경전 가운데 하나인 승만경Srimaladevi sutra은 바로 그런 캐릭터를 묘사하고 있다. 이 글에서 법을 가르치는 스승인승만 왕비Queen Shrimala의 가르침이 너무나도 앞서고 뛰어나기 때문에, 때때로 그녀는 여성 부처로 묘사되기도 한다.[28] 초기 불교 문헌들은 불교 공동체에서 여성을 주요 스승으로 묘사하기를 주저하는데, 여성만이 아니라 남성 그리고 비구 등과 "좋은 벗"이 되는 이 대승불교 경전은 초기의 성 역할과 성 규범을 고의적으로 역전시키고 있다고 할 수 있다. 여성 스승의 존재 또는 부재는 불교 페미니스트적 분석에서 가장 중요한 관심사인 만큼, 역사적인 인물보다는 신화를 반영한다고 하더라도 매우 의미 있는 묘사들이다.

대승불교 경전에서 보여주는 마법의 성전환

대승불교 경전에는 놀랍게도 자주 여성 스승이 등장하고, 또한 그녀에 대해 매우 개방적인 태도들이 보인다. 여성이 중요하거나 뛰어난 스승으로 나오는 많은 이야기에서도 다른 중요한 주제들을 포함하고 있다. 이러한 시나리오는 여성이나 소녀 그리고 종종 초기 인도 불교에 등장하는 유명한 비구, 매우 존경받는 남자 장로[4], 혹은 보살 사이의 논쟁들이 등장한다. 이때 여성은 항상 매우 높은 수준의 지혜와 능력을 보여줌으로써 상대역으로 나오는 남성 장로나 유명한 비구보다 훨씬 수준 높은 경지를 보여주기도 하고, 깨달음을 향해 빠르게 나아가고 있음을 증명한다.

남성 장로들은 종종 여성이 깨달음의 길에서 그토록 앞서갈 수 있다는 사실에 놀라워하면서, 그녀에게 반박하거나 도전한다. 이들은 "고정불변의 남성성 혹은 여성성이 존재하는가?" 또는 "영적인 성취와 성별이 어떤 관계가 있는가?"와 같은 주제로 토론한다. 종종 여성은 자신의 성별을 바꾸거나 상대 남성을 여성으로 바꿔서 그녀의 높은 성취 수준을 증명한다. 어떤 이야기는 여성 주인공이 깨달음을 성취하면 즉시 남성으로 바꿀 것이라고 말하기도 하고, 또 다른 이야기는 여성이 자신의 성을 바꾸지 않고 상대 남성의 성을 여성으로 바꾸는 예상치 못한 반전을 가져오기도 한다.

몇 가지 이야기에서 여성은 도전을 받지 않을 뿐만 아니라, 뛰어난 마법과 웅변 그리고 붓다의 가르침에 대한 설득력 있는 담론을 펼치기도 한다. 최근 이와 관련된 주제들이 많은 관심을 끌었고 다이애나 폴과 낸시 슈스터에 의해 번역되고 깊이 있게 연구되었다. 이 중 "여성의 성전환"을 주제로 한 글들이 가장 많은 관심을 받았다.

이처럼 강력한 여성 담마 스승을 특징으로 하는 대승불교 경전과

---

[4] 수행 정도가 매우 뛰어난 나이 많은 비구를 가리키는 불교 용어.

성에 관한 논쟁 때문에, 때로는 나머지 본문의 가르침과 분리되는 불행한 결과를 낳기도 했다. 그렇게 분리되었을 때, 이 도발적인 주제는 보수적인 가부장이나 회의적인 페미니스트들 모두에 의해 불교는 정말로 남성 지배적이라고 주장하기 위한 도구로 사용될 수도 있다. 그들은 양쪽 모두에서, "보라. 장기적으로 봐서 그런 성전환이 마법처럼 일어난다고 하더라도, 결국에는 남자로 다시 태어나야 한다"라거나 "불교 교리는 여성이 분명히 열등한 계급이라고 보여주고 있어"라고 말할 수도 있다. 그러나 이러한 해석은 주제의 핵심을 심각하게 오해하고 있다.

눈앞에서 남성으로 변하는 여성의 이야기는 비교적 자주 등장한다. 이 사건은 대승불교의 가르침에 관한 논쟁의 문맥 속에서 나타난다. 초기 불교와 달리 대승불교는 개인의 깨달음을 더 이상 추구하지 않는다. 불교 수행의 최대의 목표인 아라한과를 이룬다거나 개인적인 성취를 통해 더 이상 인간으로 태어나지 않기를 염원하는 것도 아니다. 반대로 그들은 불교 최대의 목표로서 붓다처럼 완전한 깨달음을 얻는 것을 추구한다. 즉, 대승불교의 경우, 가장 이상적인 성취는 초기 불교에서 추구하는 것과는 상상도 할 수 없을 정도로 다르다. 일반 수행자들에게는 개인의 해탈이라는 궁극적인 목표는 사라지고, 모든 중생 구제를 원으로 내세우는 "깨달음의 생각bodhicitta"을 얻기 위한 실천을 강조한다. 이 경험에서 영감을 얻어 수행자는 보살Bodhisattahahood의 서원을 세우고, 결국 모든 지각 있는 존재들을 구제하기 위한 완전한 깨달음을 얻는다. 미래의 붓다는 모든 중생을 구제할 때까지 인간 세상에 머무는 보살로 오랜 기간을 지내게 되는데, 이 보살은 지혜와 동시에 연민을 훈련한다.

"여성의 성전환"을 주제로 이해하는 것 역시 중요하다. 여성의 성

전환이 대승불교에 대한 철학적인 강조점이 고정불변의 본질이나 특성이 없음을 보여주기 때문이다. 그러므로 인간 세상에서 성별에 관해 꼬리표를 붙이거나 분류할 수 없으며, 표면적으로 보이는 특성을 토대로 사람들을 분류할 수 없다. 아마도 이 여성, 이 소녀, 또는 의심스러운 규범의 이 여인은 그녀의 모습만으로 판단할 수 있는 것이 아니라, 이미 보살로서 수행을 잘하고 있을 수도 있다.

또한 성 자체에는 고정되거나 고유한 특성으로 정해진 바가 전혀 없다. 한 사람은 신체적으로 여성 또는 남성으로 태어난다. 하지만 불교 사상에 의하면 하나로 고정되어서 영원히 변하지 않는 것은 없기에, 한 사람을 남성 또는 여성이라고 말할 수 없다. 단지 신체적인 특성을 여성, 혹은 남성으로 가지고 있을 뿐이다. 변하지 않는 고정된 본성으로 정의되거나 제한되지 않기에, 경험의 범주화에서 자유롭고 유연한 태도를 지닐 필요가 있다.

그러나 일부 불교도들은 여성의 영적인 잠재력을 포함하여 여러 가지 문제에 대해 매우 융통성이 없어졌다. 그들은 여성이 지닌 고정불변의 특성으로 인해 어떤 여성도 영적으로 발전할 수 없다고 주장했다. "여성은 결코 거룩하고 완벽하게 깨달은 붓다가 될 수 없다"[29]는 의견은 이미 널리 퍼져있었다. 또한 일부 보수성향의 텍스트는 "여성이 아라한이 되고 깨달은 존재가 되는 것은 불가능하지만 남성은 이룰 수 있다"고 선언했다.[30] 또 다른 일부 보수성향의 불교도들은 여성이 붓다가 될 가능성조차 부인하기도 했다. "불성을 떠나… (깨달음을 성취하기 위한) 단순한 결심조차도 여성은 할 수 없다."[31] 만약 대승불교인들이 이를 교리를 받아들인다면, 여성들은 종교의 가장 중요한 경험에서 "깨달음의 생각"이나 보살에 대한 생각을 불러일으킬 수 없는 존재가 될 것이다.

미얀마사원의 황금불상

깨달음에 있어서 여성의 잠재력에 대해 극도로 부정적인 이런 배경과는 달리, 대승불교주의자들은 이미 깨달음을 얻고자 결심했던 여성과 소녀들에 대해서 이야기한다. 따라서 여성은 보살 상태를 경험조차 할 수 없다고 말하는 여성 혐오적인 불교인들의 주장은 성전환을 한 여성 보살의 이야기에서 분명히 부정된다. 이러한 이야기들에서 더 중요한 점은 결국 그녀가 성을 전환했다는 것이 아니다. 이미 보살이 되어 완벽하게 깨달은 자, 붓다가 되기 위한 결심을 했다는 점이고, 이는 담마에 대한 이해와 마법의 힘으로 증명할 수 있었다.

그러나 대승불교주의자는 여성이 깨달음을 얻기 위한 결심을 할 수 있다는 것에 일반적으로 동의했지만, 여성의 몸으로 가능한지 아니면 결국 남성의 몸으로 다시 태어나야만 가능한지에 대해서는 의견이 달랐다. 비록 대다수 의견은 결국 그녀가 남성의 몸이 되어서야 가능할 것처럼 보이지만, 그것이 교리적 관심의 요점은 아니다. 교리적 관심의 요점은 지금 여기에 서 있는 이 여자가 자신에 대한 보수적인 불교 반대자들의 의견과는 달리 뛰어난 보살이고, 확실히 깨달음을 성취할 수 있는 능력을 지닌 존재라는 것이다.

게다가, 성전환을 하는 놀라운 마법은 확실한 변화 가능성에 대한 대승불교의 강조점과 완벽하게 양립할 수 있다. 그러므로 이 여성이 그 자리에서 자신의 성을 바꾸려고 하는 것은 이미 그녀가 뛰어난 보살이라는 점을 더욱 강력하게 보여준다. 더욱더 중요한 것은 이 마법적인 성전환은 전통적인 기호, 상징, 관점 그리고

관세음보살(베트남의 한 사원에서)

성별 고정관념과 같은 편견에 의존하는 고정된 마음으로는 믿을 수 없음을 강조한다.

이 배경은 이미 가장 오래된 대승불교 경전, 즉, 「팔천송 반야바라밀다경」을 이해하는 데 필수이다. 이 경전에서는 성전환이 즉석에서 일어나지 않고, 강가Ganga 여신의 다음 생일에 일어날 것이라고 예언한다. 여기서 그녀는 다음 생에는 모든 존재에게 깨달음을 가져다주겠다고 맹세한다. 그러한 희망은 대승불교주의자가 아닌 일반 사람들, 특히 여성에게는 불가능한 일이다. 그러자 붓다는 이 여성이 여래가 되어 붓다의 이름을 받을 것이라고 예언한다. 이러한 예측은 대승불교인이 아닌 사람들에게는 상상할 수조차 없는 일이다. 그리고 그는 그녀가 다음 생에 남성으로 태어날 것이라고 예언한다.

이후, 붓다는 이 여성이 바로 전생의 부처(과거불)인 디판카라 Dipankara라고 밝히면서, 생전에 여성의 몸으로 살면서 최고의 완벽한 깨달음을 성취하고자 결심했던 사실을 알려준다.[32] 그녀가 다음 생에 남성이 된다는 것은 다소 부수적인 차원이다. 당시 널리 유행하던 사상에서 이 글이 보다 급진적인 까닭은, 그녀가 이미 오래전 여성일 때부터 깨달음을 성취하기 위해 결심했으며, 미래의 붓다가 될 것을 미리 예언했기 때문이다. 가장 유명하고 영향력 있는 버전의 "여성 성전환"은 특히 동아시아의 모든 대승불교의 핵심 경전 중 하나인 「법화경」에서 찾을 수 있다. 이 이야기는 미래에 남성으로 태어나는 것이 아니라 지금 여기에서 즉각적으로 성전환이 되는 것을 보여준다.

여주인공은 8세 나가Naga 공주인데, 나가 왕국으로부터 방금 돌아온 문수보살이 "지식과 이해에 있어서 우월하다"고 그녀의 능력을 선언한다. 그는 그녀가 "광범위한 영역의 문제를 해결하고 실천하는 데 아무런 결점 없이 해내었다"라고 보고한다. 한편으로 또 다른 보살은 보살의 길이 매우 어렵고 성취하는 데 많은 시간이 걸리기 때문에 그녀가 이 길을 따르고 성취할 수 있을지 의심했다. 그러자 나가 공주가 갑자기 나타나 붓다를 찬양하며 "나는 깨달음을 원하기 때문에, 중생들이 고통에서 해방될 수 있는 담마를 널리 가르칠 것이다"라고 맹세한다. 사리불은 여성이 다섯 가지 영역에 도달할 수 없기에 그 목표를 달성할 수 없다고 반대한다. (이 구절은 앞에서 이미 인용했다.) 그러자 그녀는 붓다께 보석을 주었고, 붓다는 즉시 이를 받았다.

그녀는 사리불에게 붓다가 보석을 천천히 가져갔는지 빨리 가져갔는지 말해달라고 한 후, "이제 나는 미지의 완벽한 길을 가면서, 그보다 훨씬 더 빨리 최고의 깨달음을 얻겠다"고 말한다.

그 순간, 장로 사리불과 온 세상 앞에, 사가라 왕의 딸인 나가 공주의 여성 신체 부위들이 사라지고 남성의 신체부위들이 생겨났다. 보살로 나타나 남자의 몸이 되었고, 그 순간…. 깨달은 사람으로 나타났다. 붓다 몸의 특징인 32가지 특징이 빛을 발하고…. 그는 담마를 가르치기 시작했다.[33]

이 경전은 비록 여성과 남성의 몸을 바꾸기가 쉽지 않지만, 여자의 몸으로 깨달음을 얻을 수 없다는 관습에 도전하기 위해 사용되었을 수도 있다.[34] 또한 이 맥락에서 강조되는 것은 문자 그대로의 성전환에 대한 것이 아니다. 오히려 누군가의 진짜 정체성을 결정하려는 시도에 관하여 관습적인 판단이라거나 형식에만 의존해서는 안 된다는 것이 요점이다. 한순간, 여덟 살짜리 소녀; 바로 다음 순간 보살 그리고 바로 다음 순간, 그 32개의 특징을 가진 붓다.

이 사람은 진짜 누구인가? 나가 공주? 진짜 보살? 32상을 가진 진짜 붓다? 한 사람이 다른 사람이 된 것은 아니다. 공성空性에서 나가 공주도, 보살도, 부처도, 고정불변의 정해진 모습을 가지고 있지 않다. 그러므로 어떤 여자나 어떤 남자가 무엇을 할 수 있고, 또 어떤 사람이 될 수 있는지 예측할 수 없다. 대승불교 경전에서 여성의 성전환은 공성의 진리를 보여줄 뿐만 아니라 다른 가르침도 포함되어 있다.[35] 이 주제는 여성과 관련하여 대승불교에서 중요한 문제를 해결했다는 믿음을 준다. 즉 이는 여성성의 열등함이나 남성성의 우월성을 미화하려는 것이 아니라, 여성의 깨달음에 대한 가능성을 강조하려는 의도가 포함되어 있다.

성전환의 모든 사례에서 등장하는 여성은 이미 높은 수준의 깨달

음을 성취한 여성으로, 장로 비구에게 이미 성취한 자신의 지혜와 능력을 증명해 보인다. 성전환은 핵심 캐릭터인 여성을 개선하려는 것이 아니라, 여성을 고정 불변한 존재로 정의하고 제한하면서 성별에 따른 역할을 믿는 일부 변화를 받아들이지 않는 보수주의자들을 조롱하는 것이다. 그녀는 이미 초월적인 존재인

중국 만수선사의 보살상

붓다를 제외하고는 법회에 참석한 모든 남자보다 확실히 우위에 있었다. 또한 이 주제를 사용한 것은 공성空性에서 성은 고정되거나 경직된 특성이 아니라 유동적이고 쉽게 변하는 것임을 증명한다. 슈스터Schuster에 의하면, 『대불정수장엄경Surangama samadhi sutra』에서 대승불교를 믿는 사람들은 남녀 차이를 인정하지 않는 특성이 있다.

나는 여자의 몸을 가졌고,

그것은 나의 결심에 따른 것이다.

이제 나는 남자의 몸을 가졌지만,

여자 몸의 특징을 없애거나 버리지 않았다.[36]

또 다른 예는 소녀가 남자로 변했다가 다시 여자로 돌아오는 이야기도 있다.[37] 붓다의 가르침에 근거한 이러한 주제를 해석할 때, 종종 가부장적인 불교인이나 페미니스트 모두 중요한 통찰을 간과하기도 한다. 공空을 이해하는 성전환자는 성별에 대해 전혀 고정되지 않고 집착하지 않는다. 여자는 자신의 여성성에 애착은 없지만, 성전환을 통해 가르침을 전할 수 있다면 자신의 성을 남겨둘 것이다. 전통적인 사람들은 자아 정체성의 어떠한 측면도 성별 정체성과 성적 형태와 마찬가지로 유동적임을 받아들이기 어려워한다.

남성이 부처가 되는 것이 더 적합하다는 의미로 해석하는 사람들이라 할지라도, 붓다는 성이나 성별에 집착하지 않는 존재라고 생각할 것이다. 앞의 성전환 이야기에서 여성들은 의무적으로 성을 바꾼 것이 아니라, 할 수 있었기 때문에 성을 바꾼 것이다. 만약 여성들이 깨달음을 얻기 위해 성전환을 해야 했다면, 불교 가르침과는 완전히 분리된 상태에서 일어난 마법으로 해석할 수 있다.

역할 전환과 성전환

그럼에도 불구하고 페미니스트적 감수성을 가진 사람은 성전환 이야기의 끝을 조금은 불편하게 여길 수밖에 없다. 특히 남자들이 이 이야기를 교단에서 권위 있는 위치에 오르고자 했던 동시대 여성들에게 종종 했다는 점이 이를 증명한다.[38] 운 좋게도, 이 주제는 대승불교 신자들만 해당하는 것이 아니며, 성별과 영적 성취와의 관계에 대한 질문과 관련된 대답도 얻을 수 있다. 다른 텍스트들은 보수적인 불교 신자들이 고수했던 열등한 여성성과 관련된 논리나 마법처럼 서로 다른 점에서 더 강력한 가르침을 보여준다.

많은 해설자들이 가장 좋아하는 에피소드는 논리와 마법 두 가지 모두가 들어 있는 이야기로, 특히 유머와 연관되어 있을 때는 더욱 좋아한다. 예를 들면 「유마경」에서 사리불은 다시 여성과 진리에 관한 토론을 했다. 이 사례에서 상대 여성은 소녀가 아니라 12년 동안 비말라키티 궁전에 살면서 공부와 명상을 하는, '여신'으로 성숙한 여성이다. 그들의 토론은 한동안 계속되었고 사리불은 여신의 질문과 대답에 매우 감명을 받았다. 그래서 사리불은 그녀에게, "왜 당신은 성별을 여자에서 남성으로 바꾸지 않습니까?"라고 물었다. 그러자 그녀는 이렇게 대답했다.

여신: 나는 12년 동안 이곳에 있으면서 여자 성별만이 가지는 선천적인 특징을 찾으려고 했지만, 결국 찾지 못했습니다. 어떻게 바꾸면 될까요? 마술사가 여자에 대한 환영을 만들어내듯이, 누군가가 왜 여자 성을 바꾸지 않느냐고 묻는다면, 그는 무엇을 묻고 있는 것일까요?

사리불: 하지만 환영은 아무런 결정적인 선천적 특징이 없는데, 어떻게 바뀔 수 있지요?

여신: 모든 사물은 아무런 결정적인 선천적 특성이 없는데 어찌하여 '왜 여자 성을 바꾸지 않느냐'고 묻는가?

그리고 여신은 초자연적인 힘으로 사리불을 자신과 닮은 모습으로 바꾸고 자신은 사리불과 닮은 모습으로 바꾸어서 물었다. 사리푸트라는 여신의 모습으로 대답하였다.

여신 모습의 사리불: 나는 내가 어떻게 변했는지, 정말 어떻게 변했는지

모르겠습니다.

사리불 모습의 여신: 사리푸트라, 만약 당신이 여성의 형태로 변할 수 있다면, 모든 여성들도 변할 수 있습니다. 당신이 진짜 여자가 아니라 외형적으로 여성으로 보이는 것처럼, 모든 여성도 외형적으로 여성처럼 보일 뿐 실제 여성은 아닙니다.

그러므로 붓다께서는 진짜 남자도 진짜 여자도 없다고 하셨습니다.

그러자 여신은 초자연적인 힘으로 다시 사리불을 자신의 모습으로 바꾸었다. 여신은 사리불에게 물었다.

여신: 여성의 형태와 선천적 특성이 지금 어디에 있습니까?

사리불: 여성의 형태와 선천적 특성은 존재하지도 않고 존재할 수도 없습니다.[39]

분명히, 이 이야기는 대승불교에서 남녀에게 나타나는 고정된 성별 특성과 그 한계를 이해할 수 있는 중심적인 가르침을 공성空性의 개념으로 설명하고 있다. 그 마법은 논리적으로 합당하도록 단지 내용과 색깔을 부여할 뿐이다.

마법이 아니라 단지 논리일 뿐

내가 가장 좋아하는 이 질문에 대한 논의는 잘 알려지지 않았다. 그러나 여신에 의해 증명된 첨단 기술에 의존하지 않더라도 훨씬 더 직접적으로 답을 주고 있다. 주얼 브로케이드Jewel Brocade가 붓다를 따르며 명상수행을 하는 중에 붓다께서 그녀 앞에 나타났다. 그녀는 붓다에게 자신의 보석을 주고 최고의 완벽한 깨달음을 이루겠다고 선언했다. 가섭존자는 "최고의 완벽한 깨달음에 도달하기는 매우 어렵다. 여자의 몸으로는 붓다가 될 수 없다"라고 말하자, 쥬얼 브로케이드는 다음과 같이 말했다.

> 기본적으로 마음이 확고하고 순수한 보살은 어렵지 않게 깨달음에 도달할 수 있다. 깨달음을 얻은 그는 마치 손바닥을 인식하는 것처럼 붓다의 깨달음에 이를 수 있다. … 이에 가섭 존자는 "여자의 몸으로는 부처가 될 수 없다"고 말한다. 그런데 사람의 몸으로 깨달음을 얻는 것은 아니다. 그 이유가 뭘까? 왜냐하면 깨달음에는 남자도 여자도 없기 때문이다. 공성空性을 통해 인식하는 사람은 남자도 여자도 아니다. 귀, 코, 입, 몸과 마음도 텅 비어 있다. 우주의 고요함이 남자도 여자도 아닌 것처럼…. 깨달음을 통해 공성을 알게되는 사람은 남자도 여자도 아니며, 진리만을 추구할 뿐이다.[40]

이 추론을 통해서 깨달음에는 남자도 여자도 없다는 사실을 깨닫는 방향으로 나아갈 것이다. 물론 부처가 남성일 것이라는 남성 중심적인 기대는 공성空性의 이해를 통해 남성과 여성이 실제로 존재하지 않기 때문에 성평등한 주장에 대한 깊은 이해로 나아갈 수 있다. 그럼에도 불구하고, 남성들에 대한 차별이 아니라 여성에 대한 차별이 성평등한 이해로 극복되어야 할 문제라는 점에서 어느 정도 남성 중심적인 맥락은 여전히 핵심으로 남아있다. 인간성과 현실성을 가진 성 중립적인 모델과 남성 중심적인 모델 사이에서 선택할 때 우리에게 필요한 모든 선택권을 제공하는가는 여전히 의문이다.

여성 붓다?

후대 대승불교에서는 성차별을 극복하기 위한 또 다른 방법이 잠정적으로 제시된다. 부처든 더욱 뛰어난 존재이든, 어쩌면 고도로 진보한 존재가 이른바 "천상보살"이라는 사라지지 않는 여성의 모습으로 그려질 수도 있다. 그런 인물이 여성에서 남성으로 성전환을 하는 일은 없을 것이고, 현실과 가르침 속에서 "남자도 여자도 아닌 성 중립"이라는 주장에 의존할 필요도 없을 것이다. 그녀의 뛰어난 역량과 영적으로 매우 높은 수준은 그런 정당성이나 부차적인 설명이 필요하지 않을 것이다. 이러한 여성 붓다의 가능성은 인도의 대승불교보다 동아시아에서, 일부 대승불교 문헌과 관행에서 그리고 더 나아가서는 금강승불교에서 종종 찾아볼 수 있다.

또 다른 중요한 대승불교 경전인 승만경의 주인공으로 재가 여성 불자이자 여왕인 승만 왕비Srimala devi가 있다. 그녀는 남편과 함께 인도 왕국을 통치하는 것으로 그려지지만, 불교 교리에 대한 깊이있는 이해와 진리를 가르치는 뛰어난 능력으로 인해 "사자의 포효하는 소리를 내는 사람"으로 불리며 많은 사람들의 존경을 받았다. '사자의 포효사자후'는 깨달음을 선포하고 붓다처럼 설교를 할 수 있는 자격이 있음을 의미하는데, 여성에게 이 호칭이 주어졌다는 것은 매우 도발적이고도 경이로운 일이다.

흥미롭게도, 이 경전은 불교 페미니스트에게 가장 도움이 되고 심오한 불교 교리 중 하나로 다음 절에서 논의될 여래장 이론을 제시한 것으로 유명하다. 이 이야기는 그녀의 부모가 딸의 뛰어난 능력을 알고 붓다의 가르침을 듣도록 그녀를 붓다께 데려가는 것으로 시작한다.

법문을 듣자마자, 그녀는 마음속 깊이 우러나는 믿음을 붓다께 고백하고 완벽한 깨달음을 얻기를 결심한다. 그러자 붓다는 그녀가 최종적인 깨달음을 성취할 것이라는 예언을 한다. 어떠한 성 변화도 예측되거나 암시되지 않고, 여성의 몸 그대로 깨닫는다는 것이다. 그녀는 깨달음을 향해 지속적으로 수행을 하겠다고 다짐한 후, 붓다의 뛰어난 비구 제자들 앞에서 "붓다의 '사자후'처럼 논리정연하게" 설법을 한다. 아무도 그녀에게 이의를 제기하지 않았으며, 그녀의 성별은 아무런 문제나 걸림돌이 되지 않았다.

결국 그녀의 왕국에 있던 모든 사람들, 처음에는 여자들, 다음에는 그녀의 남편 그리고 마지막으로 남자들이 대승불교로 개종한다.[41] 이 경전을 번역하고 깊이 연구해온 다이애나 폴의 주장처럼,[42] 승만 왕비는 은연중에 여성 붓다로 묘사된다. 그녀는 미래에 완전하고 완벽한 붓다가 될 것이라는 예언을 붓다로부터 받는다. 비록 지금은 재가 여성 불자이지만 그녀는 붓다와 같은 웅변을 토하며 진리를 가르쳤고, 그곳에 모인 사람들을 설복시켰다. 다시 말하지만, 이 경전에서는 비록 여성이라고 할지라도 뛰어난 여성은 자신의 능력을 애써 설명하며 정당화하거나, 성별을 남성으로 바꾸지 않아도 된다는 것을 보여준다. 이러한 관점에서 볼 때, 분명히 이 이야기는 페미니스트 사학자에게 유용한 경전이다.

그러나 이 이야기가 해석된 결과를 보면, 페미니스트가 여성의 능력을 증명하고 긍정적인 여성성을 주장하기 위해 활용할 수 있는 유용성과는 극명한 대조를 보여준다. 복잡한 대승불교 보살이론에 의하면, 보살의 깨달음 정도를 10단계로 나눌 수 있다는 주장이 있는데, 불교 연구자들은 재가 여성 불자인 승만 왕비가 어떠한 보살 단계에 있는지 관심을 가진다. 이에 대한 다양한 해설들이 있다. 어떤 해설자에 따르면 그녀는 매우 뛰어난 8단계에 오른 보살로, 대승불교 판테온판신전의 신화 속에 나오는 위대한 남성 보살들 가운데 일부가 속한 단계라고 설명하기도 한다. 또 다른 해설자는 승만 왕비가 여성이 아니고, 원래 남성이었는데 단지 현실에서 여성 화신으로 등장하는 것이라고 주장하기도 한다!

반면에 또 다른 해설자는 원래 7단계 보살인데 8단계로 중요한 진전을 하는 중이라며 그녀를 약간 아래 단계에 두기도 하고, 또 다른 해설자는 그녀가 단지 첫째 단계에 들어섰을 뿐이며, 중요한 깨달음의 성과를 거두지 못했다고도 주장한다.43 이처럼 여성들에게 매우 유용한 승만 왕비 이야기조차도 남성 중심적인 논객들에 의해 남성 중심적으로 재해석되어, 페미니스트들의 기대에 어긋날 수 있음을 알 수 있다.

대승불교 판테온에 나타난 지혜와 자비의 여성적 특성

오늘날의 독자들에게는 지금까지 요약하고 분석한 이 이야기들에 등장하는 모든 인물이 지구상에 존재한 역사적인 인물이라기보다는 다소 '신화적인' 것처럼 보일 수 있다. 그들은 '신화'라는 단어의 또 다른 의미에서의 신화적인 캐릭터가 아니다. 그들은 주로 인간의 상상력에 의해 만들어지고 이 지구에서는 발견되지 않고 다른 영역에 놓여있는, 다양한 특성이 구체화된 것이 아니다. 지금까지 조사된 본문에 등장하는 인물들은 '인간'이다. 비록 다소 특이한 인간이지만, 다른 세계의 비-인간인 우월한 존재들이다. 비-인간의 특성과 투영이라고 할 수 있는

'신화'들은 초기 인도 불교에서 중요한 부분은 아니었지만, 대승불교에 오면서 중요하게 다루어진다. 어떻게 이런 일이 일어났는지, 그것들이 불교의 비-유신론의 입장에 어떻게 맞추었는지 설명하기란 쉽지 않다.

그럼에도 불구하고, 결국 대승불교는 일반적으로 "천상의 붓다와 천상의 보살"이라고 불리는 '판테온_{만신전}'을 가지고 있다. 다양한 예언과 다수의 인격이 보통 그러하듯이, 그러한 신적인 형상들은 추상적이고 중성적이며 무성적이라기보다는 젠더화되어 있는 존재들이다. 대승불교 판테온에서 발견된 인물들은 상당수는 남성이지만, 관세음보살과 반야바라밀이라는 두 중요한 여성 인물이 존재한다는 사실은 매우 중요하다. 따라서 대승불교에서는 초기 인도 불교와 달리 "여성적 원리"를 말할 수 있지만, 여성적 원리가 대승불교 이전에 거의 발전되지 않았다거나 나중에 금강승불교에 와서 비로소 중요해진 것은 아니다.

대승불교에서 여성으로 발현되는 관세음보살은 인도 불교에서는 남성으로 표현되는 아발로키테스바라보살_{Bodhisattva Avalokitesvara}이다. 그러나 관세음보살이라는 여성 형상이나 선언은 동아시아 불교에서 매우 인기가 있었다. 관세음보살이 '반대되는' 성인 남성으로 전환되는 과정은 아직 잘 이해되거나 많이 연구되지 않지만, 동아시아의 대중 불교에서는 이러한 여성 형태가 사람들로부터 가장 사랑받고 아끼는 인물이 되는 경우가 많았다. 사실 아발로키테스바라, 또는 동정심을 구현하고 의인화하는 중국식 이름의 관세음보살은 '진짜' 남자나 여자가 아니다. 불교적 관점이건 학문적 관점이건 간에, '그_{him}'를 때로는 여성 형태를 취하는 남성으로 보는 것이 더 적합한 해석이다.

이 보살은 깊은 동정심을 가지고 있으면서 많은 중생이 고통에서

〈천수천안 관세음보살상, 중국 만수선사〉 천 개의 손, 천 개의 눈을 가지고 모든 중생의 고통을 구제하는 관세음보살

벗어날 수 있도록 돕기 위해 여러 가지 형태로 형상화하는데, 매우 뛰어난 능력(방편)이 있는 이 보살의 이름만 불러도 사람들은 도움을 받을 수 있다고 한다. 중국 번역본 「법화경」의 가장 인기 있는 장에서는 이 관세음보살이 33가지의 모습으로 나타난다. 33가지의 모습으로 그려진 이유는, '비구, 비구니, 재가 남성신도, 재가 여성신도'를 불문하고 누구라도 그를 부르는 사람이 있다면 도와주어야 하는데, 구원하기에 가장 알맞은 모습으로 나타나야 하기 때문이다. 이 보살의 33가지 모습 가운데 일곱 가지는 여성의 모습이다. 그 가운데 다섯 가지 여성의 모습은 여자, 주부, 장교의 아내, 브라만 여성 그리고 소녀이다.[44]

이 경전에서 관세음보살은 또한 다양한 필요와 욕구를 가진 사람들을 도울 것을 약속한다. 관세음보살이 만나고자 하는 사람 중에는

아들을 낳고 싶은 여성도, 딸을 낳기를 원하는 여성도 있는데, 이 모든 사람에게 관세음보살은 똑같이 친절하고 자비롭다. 만약 어떤 사람이 딸을 원한다면 모든 사람이 소중히 여길, 좋은 업보를 가진 '매우 매력적인' 딸을 갖게 될 것이다.[45] 여성들이 딸을 갖고자 하는 욕망이 아들을 갖고자 하는 욕망과 동등하게 나타났다는 것은 꽤 흥미로운 지점이다.

대승불교에서 또 다른 주요한 여성적 의인화는 반야바라밀인데, 이는 관세음보살과는 전혀 다르다. 반야바라밀은 보살이 추구하는 초월적인 지혜를 의인화한 것으로 그녀는 중생의 기도를 들어주는 구세주가 아니라 목표에 대한 비전을 의미한다. 이는 '지혜'라는 산스크리트어 단어인 '프라즈나Prajna'가 문법적으로 여성성이기 때문이라는 주장도 있다. 만일 그것이 사실이라면 이는 매우 즐거운 일인데, 여성으로 의인화된 지혜의 추구는 금강승불교에서 매우 중요하고 적절한 은유와 영적인 규율을 포함하고 있기 때문이다. 후기 대승불교와 금강승불교의 사고와 실천에는 지혜와 자비가 매우 중요한 하나의 쌍으로 강조되고 있다.

관세음보살이 자비에 속해있다면 반야바라밀은 지혜에 속한다고 할 수 있다. 반야바라밀은 관세음보살과 비교할 때, 상대적으로 사람들로부터 숭배를 받지 못하고 종종 우상으로 표현되지도 않는다. 그녀의 중요한 능력은 "빛, 공성, 공간 그리고 치료적이면서도 동정심을 가지고 윤회를 직접 대면할 수 있도록 하는 것"이라고 할 수 있다.[46] 또한 관세음보살과 달리 그녀는 이미 초기 대승불교 경전인 「8천송 반야경」에서도 발견되는데[47], 이 문헌에서 그녀는 "여래의 어머니"와 "육바라밀5을 완성시키는 사람이자 이를 돕는 사람"이라고 불린다.[48]

열 가지 방향에 있는 붓다들은[6] 이 반야바라밀을 완벽한 지혜로 구현되는 그들의 어머니로 받아들인다. 과거에도 있었고, 또한 현재 열 가지 방향에 있는 세상의 부처님들은 모두 이 반야바라밀로부터 도움을 받는다. 미래의 사람들도 그렇게 될 것이다. 그녀는 이 세상을 보여주는 사람이다. 그녀는 붓다의 어머니, 생명을 만드는 어머니이다.[49]

또한 그녀는 어머니일 뿐만 아니라, 진심으로 원하는 사랑하는 사람이기도 하다. 이전의 불교 문헌에서는 여성과 성에 대한 두려움이 자주 등장했는데, 그러한 두려움을 고려할 때 특히 흥미로운 은유는 남자 학생을 반야바라밀과 사랑에 빠진 남자와 비교한다는 것이다. 지혜에 대한 끊임없는 사색 속에서, 그는 특히 그녀(반야바라밀)와 떨어져 있을 때는 한시라도 사랑하는 사람의 생각에서 빠져나올 수 없는, 사랑에 빠진 남자로 묘사한다.[50]

같은 글에서, 궁극적인 목표는 여성성이 긍정적으로 의인화되어 있을 뿐만 아니라 남학생과 제자로 추정되는 보살에게도 긍정적인 여성적 상징들이 사용되었다는 점이다. 깨달음을 체험할 준비가 되어 있는 보살은 곧 출산을 앞둔 임산부와 같다. 모든 존재를 위한 연민을 실천하기 위해서 하나밖에 없는 자식에게 모든 정성을 쏟는 어머니처럼 자비로운 존재다.[51] 이러한 은유를 통해서도 우리는 사고와 상징에서도 양성적인 방식이 분명히 나타나고 있음을 알 수 있다.

---

5 보살이 되기 위해서 닦아야 하는 여섯 가지 수행 덕목으로, 보시 · 지계 · 인욕 · 정진 · 선정 · 반야바라밀이 있다.

6 동 · 서 · 남 · 북 · 동북 · 동남 · 서북 · 서남 · 상 · 하의 열 가지 방향에 있는 부처님, 불교에서는 시방세계 부처님이라고 부른다.

따라서 이 장도 시작과 같이 마무리를 해야 한다. 대승불교 시대에는 여성의 역할과 이미지가 분명히 중요한 이슈였다. 현대 페미니스트들은 불교에서 적절한 성 역할에 대한 문제를 매우 어렵게 생각하는 최초의 불교 신자가 아니다. 또한 남성 중심적인 특권과 명예를 가진 가부장적 제도는 불교적이지 않다고 주장하는 최초의 불교 신자도 아니다. 분명히, 지금과 같이, 과거에도, 교단 내 사람들은 평등한 성별 배치와 긍정적인 여성 이미지를 갈구했다. 그들은 선천적인 여성의 특성을 찾으려고 애썼지만, 그것은 제한적이고 불교의 품위를 떨어뜨리는 것으로 간주했다. 하지만 자비와 연민 속에서 그들은 즉각적인, 혹은 미래에 있을 젠더 위계적인 변화를 찾았다.

그들은 자비를 내세우는 불교가 인류의 절반인 여성들을 영원히 열등감 속으로 몰아넣을 수 없다는 것을 깨달았다. 그리고 기나긴 논쟁을 통해서, 깨달음을 통해 진리를 보는 사람들은, "담마에는 남자도 여자도 없다"라는 결론에 도달할 것이다.[52]

6장
여성적 원리
: 인도와 티베트 금강승불교의
여성 역할과 이미지

깨달음을 실현하기 위해

기본적으로 필요한 것은 인간의 몸이다.

이때 남자 또는 여자의 몸은 큰 차이가 없다.

그러나 깨달음에 더 마음을 쏟게 되면

여성의 몸이 더 유리하다.[1]

_ 지식의 어머니

    탄트라불교Tantric Buddhism라고도 알려진 금강승불교의 역사적 기원을 아는 것은, 초기 인도 불교에서 대승불교의 발전을 추적하는 것보다 훨씬 어려운 일이다.[2] 그럼에도 불구하고 대승불교를 불교 발전과정에서 나타난 다양하고도 다각적인 불교운동으로 정의하고 구분하는 것이 대승불교의 개념을 훼손하지 않는 것처럼, 불교 내부의 독특한 운동으로 인도와 티베트 금강승불교를 설명하는 것도 가능하다. 이 경우에, 금강승불교인들은 대승불교를 반대하기보다는 그것을 불교의 비전과 실천의 일부로 인정하기 때문에, 이 둘을 분리하기가 그다지 명확하지 않다.

실제로, 대부분의 금강승불교인들은 대승불교인들이 깨달음을 성취하는 과정에서 가속화되는 데는 몇몇 특별한 기법이 있는 것으로 생각한다. 어떤 이들은 대승불교의 가르침이 이미 뛰어난 지혜를 포함하고 있다고 말할 것이다. 그러나 금강승불교는 그 지혜를 깨닫기 위해 숙련된 방법과 기법들을 다양하게 제공한다.3 따라서 이 장에서 금강승불교에 대한 논의는 매력적인 명상 기법에 대한 자세한 설명에 초점을 맞추고, 대승불교에서 이미 익숙한 논쟁과 주제들에 대한 철학적 토론을 살펴볼 것이다.

금강승불교가 가장 많이 사용하는 몇몇 기법은 언어적인 논쟁보다는 실천적인 직관이다. 금강승불교에서 실천은 현상 세계의 기본적인 순수성과 신성함에 대한 직관에 기초하고 있는데, 이 직관은 모든 인간의 감정과 경험에 영향을 미치고 또한 동시에 인간의 변화를 가져온다. 이러한 통찰은 모든 존재의 특성이 결코 고정불변이 아님을 보여주는데, 이는 공성空性에 기초해서 비어 있다는 대승불교의 결론과 유사하다. 이러한 결론은 금강승불교의 실천이 초기 인도 불교에서 외면당했던 인간의 경험이나 감정들을 필수적인 요소로 활용하고 있음을 보여준다. 따라서 금강승불교는 스스로에게 엄격하고 올바로 수행을 하겠다고 각오를 단단히 한 제자들만이 가능하다고 평가하기도 한다. 불교도이든 비불교도이든, 외부인들은 종종 금강승불교인들이 수행하는 영적인 관행들에 충격을 받기도 한다.

불교사의 주요 시기에서 여성의 역할과 이미지를 연구한 이전의 장들과 마찬가지로, 이 장에서는 여성과 관련 있는 주제에 대한 인도와 티베트 금강승불교의 입장들을 살펴볼 것이다. 대승불교와 금강승불교는 둘로 완벽하게 나눌 수 없기 때문에, 이 장에서 논의된 자료 중에 일부는 엄밀히 말해 금강승불교만의 자료나 입장이 아닐 수도 있고, 현실 세계의 신성함을 금강승불교의 관점에만 의존하여 보지 않을 수도 있다. 그러한 의미에서, 이 주제들 가운데 일부는 대승불교의 주제와 유사하게 여겨질 수도 있다. 그러나 이는 후기 인도 불교와 티베트 금강승불교와 교차하는 대승불교의 특징이라고도 볼 수 있다.

여성에 대한 이중적 태도

여성에 대한 불교의 태도가 모호하다는 주장은 오늘날 금강승불교에서도 이어지고 있다. 그러나 여성에 대한 긍정적이거나 부정적인 태도 모두 금강승불교에서 독특한 표현으로 나타난다. 여성에 대한 교리적 태도는 불교가 발달한 어떤 시기보다, 어떤 기성종교에서 발견되는 우호적인 입장보다도 훨씬 더 호의적이다. 금강승불교에는 여성과 남성 모두로부터 높이 평가받고 존경받는 많은 재가 여성과 여성 수행자들이 있을 뿐만 아니라 매우 다양한 여성 상징들이 있다.

이러한 여성성에 대한 인정과 뛰어난 여성에 대한 칭송은 모두 일상의 현실과는 현저하게 대비된다. 왜냐하면 상좌불교에서는 여성으로의 탄생 자체가 불행이라는 입장을 지속적으로 유지하고 있기 때문이다. 사실상 종교적인 힘, 영향력, 권위, 존경 등 모든 제도화된 영역들은 남성들에 의해 지배되었다. 그러한 방식이 도전받지 않은 이유는 그것에 대한 남성들만의 합의가 있었기 때문이다. 비구보다 비구니들의 수는 더 적었다. 비구니들은 일반적으로 비구보다 교육도 덜 받았을 뿐만 아니라 지원도 덜 받았다. 그 결과, 모든 면에서 비구보다 능력이 부족했다. 비구니든 재가 여성이든 영적으로 심오한 수행을 실천하고자 하는 여성들은 그 시대 남성들에 의해 종종 비하되기도 했고, 여성으로서 지녀야 할 규범과 역할에 대해서 끊임없이 그들로부터 지적을 받았다.

이러한 입장들 사이에서 대립은 확대되었고, 두 가지 입장은 매우 강력하게 유지되어 오늘날까지도 영향을 미치고 있다. 이 대립이 불교적으로 볼 때는 용납될 수 없는 것처럼 보일 수도 있다. 하지만 불행히도 여성을 상징적으로나 신화적으로 영광스럽게 여기기보다 여성을 성 역할로 제한하는 사회적 현상들이 다양한 곳에서 나타난다. 티베트 금강승불교에서는, 다른 대부분의 경우처럼, 모순은 그 사회 체계 내부의 사람들에 의해서는 드러나지 않는다. 보통 현대 티베트 불교의 경우, 사람들은 붓다의 가르침에는 분명히 성에 대한 차별이 없다고 말하기에 "여성과 가르침"에 특별한 논쟁점이 있을 수 없다고 본다. 하지만 여성은 자녀에 대한 책임 때문에 남성과는 환경이 다르다고 주장한다. 대부분 남성 스승들은 여성의 질문에 대해 성별을 무시하는 듯이 주장을 하는데, 이는 분명히 무엇인가 간과되고 있음을 의미한다.

"열등하게 태어남": 여자로 태어남에 대하여

여성에 대한 부정적인 입장이 기존의 종교 문헌에서 공식적인 교

붓다의 최초 제자 다섯 비구들, 미얀마의 한 사찰에 모셔져 있는 모형

리의 핵심으로 등장하지는 않는다. 이는 초기 인도 불교나 대승불교 문헌에서도 유사하다. 오히려 이 주제는 전통이나 관습이라는 이름으로 종교 공동체에 깊이 내재 되어 스며들어있는 것으로 추측된다. 성차별은 중요한 종교 문서에 나오는 것이 아니라, 일상적인 언행이나 태도 그리고 남성 중심적인 기록 보존과 기억의 관행, 티베트 불교 사회에서 통용되는 규범과 관행 등으로 서서히 퍼지면서 확대되어 왔다.

일상적인 언어 사용에 있어서 여성성이 열등하거나 불행한 출생이라는 의미를 지니지는 않지만, 티베트어로 '여인'을 뜻하는 말은 문자 그대로 해석하면 "열등하게 태어난다"라는 의미이다. 티베트 사회에서 가장 널리 사용되는 이 용어는 비속어도 아니고 일부 지역에서만 사용되는 말도 아니다.[4] 다소 놀라운 이 의미는 과거 먼 옛날이나 무의식 속에 묻혀있지 않고 오늘날까지도 널리 쓰이고 있으며, 이를 듣기만 해도 누구나 그 의미를 정확하게 알 수 있다.

이 용어에서 알 수 있듯이, 티베트인이라면 누구든지 예외 없이 그리고 어디서나, 여성은 사회적 지위가 낮은 것으로 인식할 수 있다. 그렇다. 그들은 여성이 남성만큼 능력이 없거나 발전을 위한 새로운 영역에 진입할 수 없다고 말한다. 그들에 따르면, 여성이 있을 곳은 집안뿐이며, 여성은 남성보다 지적 능력이 부족하다. 여성은 집에서 나와 출가를 할 수도 없고, 남자로 다시 태어날 때까지는 보살도 될 수 없다.[5]

철저한 대승불교 국가에서, 마지막 문장은 일반인들에게도 잘 알려져 있다. 대중적인 지혜의 관점에서 볼 때, 여성은 남성으로 다시 태어날 때까지 기다려야 깨달음의 성취를 시작할 수 있다는 것이다. 이러한 태도는 비구니가 비구에 비해서 왜 일반적으로 덜 존경 받고 지지받는지 그리고 진지하게 종교적인 수행을 해나가려는 많은 여성들이 왜 조롱을 받는지를 알게 해준다. 여성으로 태어나는 것이 '열등하다'고 보는 인식 때문에 제도화된 여성의 열등감은 출생 때부터 시작된다. 부모는 아들이 태어나는 것만큼 딸의 탄생을 기뻐하지 않는다. 이것은 억압된, 비가시적인 가치관이 아니라 공개적으로 언급되고 있으며, 남성 상속자인 아들이 없다면 남성은 믿을 수 없을 만큼 너무나도 불행하다고 말한다.[6] 소년의 성은 축하받으며, 소녀같이 변하지 않도록 보호하기 위한 각종 의례를 통해서도 남성의 성은 존중받는다.[7]

  비구니조차도 여성으로 태어나는 것이 '열등하다'는 태도를 갖는다. 인도에서 티베트 비구니로 수년 동안 살았던 서양 출신 카르마 렉시 소모Karma Lekshe Tsomo 스님은 티베트 여성들과 이야기를 나누고 다음과 같이 기록했다.

티베트 여성들은 한편으로는 어린 시절에 남자로 다시 태어날 수 있도록 기도한 것을 후회하지만, 다른 한편으로는 여성으로 다시 태어날 수 있도록 기원하는 데는 충분히 확신하지 못한다고 한다. 그들은 여전히 여성이 임신해야 하고 그로 인해 나타나는 취약한 단점들이 세속적, 종교적인 영역 모두에서 여성이 남성보다 덜 바람직하게 만드는 요인이라고 인식한다. 오늘날까지도 여성들은 더 많은 보호가 필요하고 남성보다 개인의 자유가 적다고 티베트 여성들은 생각한다.[8]

이전 장에서 살펴본 바와 같이, 여성들에게 남성으로 다시 태어나는 방법을 제시하는 것은 여성 혐오와 공포가 아니다. 가부장제 사회에서 여성의 몸으로 살아가야 하는 사람들에 대한 연민을 나타낸다. 그러나 아이들이 그런 방법을 배운다면, 그것이 여자아이의 자의식에

아들들의 단기 출가를 축하하는 의례. 미얀마 남자아이들은 성인이 되기 전에 단기 출가를 하는데, 이 때는 온 가족이 사원에 모여서 이를 축하하는 의례를 한다(미얀마, 2011).

어떤 작용을 하는지 상상으로 그칠 수밖에 없다. 우리는 여성에 대한 태도를, 재가 여성이지만 가장 부러움의 대상이 되기도 하는, 뛰어난 스승의 어머니 이야기를 통해서 짐작할 수 있다.

출가한 아들을 둔 어머니는 그가 소년 시절부터 아들이 출가한 사원 근처에 살았다. 여자는 사원에 들어갈 수 없기에, 그 주변에 살면서 아들을 돌본 것이다. 결국에 그녀의 아들은 남들로부터 존경받는 스승이 되었다. 그 후 그가 어머니에게 자신의 성을 묻자, 그녀는 성을 말해주었다. 그가 자신의 이름을 묻자, 그녀는 망설이다가 답하기를, 소중한 이름을 의미하는 존경의 호칭으로 "너는 린포체다"라고 답했다. 그러자 그가 그녀의 몸에서 나왔는지 물었다. 그녀는 한참 생각하다가 이렇게 대답했다. "글쎄, 어쩌면 나는 열등한 존재, 인간 이하의 존재인지도 모른다. 나는 여자의 몸을 가지고 있으며, 고결하지 못한 출산을 했다."9

최근에, 나는 저명한 티베트 여성 스승인 제춘 쿠살라Jetsun Kushala에게 이 이야기에 대한 그녀의 의견을 물었다. 즉각적으로 그리고 분명하게, 그녀는 미국에서는 그런 기도를 할 필요가 없다고 말했으나, 그 연유에 대해서는 자세히 설명하지 않았다.

"열등하게 태어나기"와 어머니 되기

불교의 영적 및 철학적 분야에서, 불교 스승들은 일상화되어버린 여성의 제한적 역할을 설명하고 정당화하기 위해, 종종 여성의 모성 역할과 책임이라는 용어를 사용한다. 불교사에서 위대한 여성 스승들이 그렇게 기록된 까닭에 대해 스승들에게 질문할 때도 나는 종종 이러한 대답을 받는다. 여전히 여성의 사회적 책임에 대해 부정적인 태도를 보이는 현대 티베트 여성들은, 여성은 임신을 하기 때문에 수행에 취약하다고 언급했다. 여성과 남성 모두는, 모성이 여성의 피할 수 없는 운명, 즉 그들의 능력을 제한하고 규정하는 숙명으로 간주한다. 임신 자체는 종종 산모와 태아 모두에게 고통스러운 상태로 여겨진다. 하지만, 일반적으로 임신 중 스트레스는 태아가 겪는 것으로 여기는데, 이는 태아가 산모보다 받는 스트레스가 더 크다는 인식을 지니고 있음을 보여준다.

　이것은 전형적인 남성 중심적인 사고방식인데, 사람들은 여성 인간보다 태아와 더 쉽게 동일시한다. 자궁은 종종 "불결한 장소"라고 불린다. 아마도 이러한 입장의 가장 유명한 예는 자주 인용되는 부처-자궁tathagata-garbha, 즉 부처를 품은 자궁이라는 은유일 것이다. "불결한 여자 자궁에 왕이 될 이가 있는 것처럼… 그것은 살아있는 존재들 속에서 발견될 부처의 공간이다."[10] 자궁이 '못 견디는 악취'의 장소라는 설명

인도 여성의 어머니 되기

도 빈번하게 나타난다. 11세기 티베트의 중요한 스승인 감뽀파Gampopa는 보살이 되기 위한 수행 매뉴얼인 '해방의 보석 장식The Jewel Ornament of Liberation'에서 임신에 대하여 장황한 설명을 하고 있다. 여기에는 태아

에게 일어나는 일을 일주일 단위로 서술하고 있는데, 매주 새로운 고통이 태아에게 다가오며, 그 모든 과정은 "오랜 시간 뜨거운 그릇에서처럼 자궁의 열로 인해 끓여지고 튀겨지는 것"으로 설명한다."[11]

임신을 여성보다는 태아로 확인하는 경향은 신생아와의 동일시에서 계속된다. 전형적으로, 아기는 엄마에게서 완벽한 보살핌을 받아야 하는 존재로 묘사된다. 감뽀빠는 자궁의 악취에 대한 설명을 한 후에, 몇 페이지에 걸쳐서 어머니가 아이의 가장 훌륭한 후원자라고 묘사한다. 왜냐하면 어머니는 자신의 아이를 위해서라면 어떤 일도 망설이지 않고 희생하며, 그 모든 노력 때문에 큰 고통을 겪기 때문이다.[12] 이러한 묘사는 어느 정도 정확하지만, 불행한 결과를 동반한다. 아버지는 유아를 양육하는 책임을 면제받지만, 어머니는 온전히 자식을 위해 희생하는 것이 이상화된다. 어머니에 대한 이러한 이상화된 서술은, 어머니들이 현실적으로는 그 정도로 완벽하게 자식에게 헌신하지는 못하기에 그들에게 죄책감을 느끼게 만드는 효과도 있다. 동시에, 어머니 역할에 대한 이러한 일반적인 이상화는 그보다 더 가치 있는 대안도 없기 때문에, 신체적으로 어머니가 되고자 하는 많은 여성들을 좌절시키고 폄하한다.

여성에 관한 전설적인 문학에서도 훨씬 더 부정적이고 분명한 이야기들을 발견할 수 있다. 11세기 티베트 여성인 남사 오붐Nangsa Obum은 붓다의 가르침을 온전히 수행하고자 하려는 욕망과 어린 아들 사이에서 갈등한다. 그녀가 아기를 돌볼 때는 슬픈 소리로,

이 여인은 법을 성취하기를 바란다!
나의 아들, 아이들은

라고 노래했다.[13]분명히 그녀는 자신의 아이에 대한 애정과 관심을 가졌을 것이다. 그러나 그녀가 존재하는 유일한 이유가 아들은 아니며, 아들이 자신의 깨달음을 향한 실존적인 필요성을 충족시키지 않는다는 것이다. 그녀의 태도는 아마도 가부장적 사회에서의 여성 규범에는 어긋날 것이다. 하지만 자녀를 위해 여성들에게 무조건의 희생을 강요하는 남성 중심적인 이상보다는 다수 여성의 실제 경험을 훨씬 더 잘 드러내는 이야기이다.

그러한 문학에서 여성을 묘사하고 있는 대부분 그림은 다소 어둡다. 여성은 선택의 여지도 없이 어머니가 되는 것이 현실이다. 그들의 장기는 악취가 풍기는 오염된 곳으로 치부되지만, 임신 중 여성들이 겪는 현실적인 고통은 남성들이 상상하는 태아의 고통으로 인해 무시된다. 출산 후, 아기는 엄마로서 여성이 존재해야 하는 유일한 이유가 된다. 아버지는 항상 육아 과정에서 멀리 떨어져 있고 관여하지도 않지만, 임신과 아동 양육에 대해서는 거의 다 남성들이 해설한다.

"열등하게 태어나기"와 결혼하기

일반적으로, 모성만이 여성들의 진지한 종교적 실천을 위한 시도에 방해가 되는 요인은 아니다. 여성의 생애 주기에 있어서 여성을 정의하는 데 임신과 출산만이 불가피한 것으로 간주되지 않는다. 여성에게 결혼과 아내가 되는 것은 피할 수 없는 강제적인 결과이다. 거의 모든 뛰어난 여성들의 전기는 예외 없이 전통적인 결혼이 큰 장애물이자 걸림돌로 여겨져 결혼이 바람직하지 않다고 회상한다. 결혼은 친척과 그 사회 전통에 의해 강제되었고, 초기 불교 비구니들의 경우와 마찬가지로, 이 여성들이 전통적인 결혼을 거부하거나 도망가면 남성들로부터 훨씬 더 큰 처벌을 받아야만 했다.[14]

뛰어난 티베트 여성인 예세 초겔Yeshe Tsogyel은 결혼을 거부하고 도망을 는데, 구혼자들에 의해 등이 피투성이가 되도록 구타를 당했다. 그녀를 붙잡았던 사람들이 그날 밤 신이 나서 술을 마시고 취하자, 그녀는 살기 위해 필사적으로 도망쳤다.[15] 인도 대승불교의 여성 명상가인 락슈민카라Lakshminkara는 남편의 궁전에서 옷을 찢고 미친 척하고 자신의 외모를 엉망으로 만들었다. 그녀는 궁궐을 탈출해서 개밥을 먹고 화장터에서 살며 미친 사람처럼 행동했다.[16] 낭사 오범Nangsa Obum도 결혼을 원치 않는다고 했지만, 그녀의 부모는 왕실의 구혼자를 받아들여서 결혼하라고 사정을 했다. 만일 결혼을 거부하면 구혼자가 복수할 것이라며 부모가 두려워하자, 그녀는 양심의 가책을 느끼며 할 수 없이 결혼했다. 그리고 자식이 태어난 뒤 남편과 시누이, 시아버지는 그녀가 떠돌이 수행자에게 보시했다는 이유로 그녀를 때려죽였다. 하지만 그녀가 마법처럼 다시 살아나서 수행하기 위해 구루와 함께 가족을 떠났는데, 시부모는 그녀를 집으로 다시 데려오려고 했다. 하지만 그녀가 부하자 구루와 그의 제자들을 죽이기 위해서 군대까지 끌고 와서 공격했다.[17]

이러한 반대는 여성들이 지적으로나 정신적으로 담마(붓다의 가르침)를 위한 수행에 적합하지 않다는 일반적인 가치관에 뿌리를 두고 있다. 이 때문에 어머니들은 특히 딸들에게 심하게 대하는 것 같다. 낭사

인도의 결혼식장, 아름다운 신부와 그 친구들

오범의 친척들은 결혼을 원치 않는다는 그녀의 결심을 경멸하고 방해할 뿐만 아니라, 그녀를 낳은 어머니조차도 그녀를 조롱했다.

만약 네가 진심으로 담마 수행을 하고 싶다고 해도,
그것은 너무 어렵단다.
할 수 없는 일을 하려고 하지 마라,
담마를 수행하는 것.
그것보다는 네가 할 줄 아는 일을 해라,
주부가 되어라.[18]

또 다른 전기에는 어머니가 딸에게,

애야, 여자들은

담마 수행을 할 수 없단다.

구혼자가 많으니,

결혼하는 것이 너에게 훨씬 좋은 일이란다

라고 말했다. 소녀는 대답하지 않고 혼자 생각하기를, "나는 소녀들이 깨달음을 위한 수행을 할 수 있다는 것을 증명해 보이겠다"라고 결심했다.[19] 이 여성의 경우는 다행스럽게도 아버지가 자신의 딸이 '평범한 여자'가 아니라 깨달음에 대한 탁월한 잠재력을 지니고 있음을 알아챘다. 그래서 그녀를 결혼시키지 않고 그의 가장 비밀스러운 담마 수행의 가르침을 전수하였고, 결국 티베트 불교에서 보기 드물게 그녀는 그의 담마 상속자가 되었다.

여성의 또 다른 선택: 인도-티베트 금강승불교의 비구니

페미니스트 평가 및 분석에 익숙한 최근의 티베트 불교 논평자들은, 티베트 여성들이 남아시아 또는 동아시아 여성들보다 훨씬 더 자기 결정권과 자유를 가지고 있었으며 더 많은 선택권을 가졌다고 주장했다. 그럼에도 불구하고, 아시아인들은 사회적, 종교적 명성과 권력이 거의 남성들에게 있다고 결론지었다.[20] 그러므로 티베트 불교의 상황은 인도 불교보다 복잡하고 다양하다. 여성들은 인도보다 훨씬 독립적인 종교적 성향을 가질 수 있었지만, 다방면에서 제약을 받았기에 다양한 삶의 길들을 선택할 수조차 없었다.

티베트에서 금강승불교를 열심히 실천하면 사미니[1], 혹은 요가수 행자인 요기니yogini가 될 수 있다. 사미니의 생활은 본래 인도와 동일한데, 이 여성들은 출가한 여성 종교인으로 오늘날까지 이어지고 있다. 이들은 분명히 비구니도 아니고 재가 여성도 아니다. 티베트 사미니는 오늘날까지도 여전히 비구니계를 받지 못하고 수행단계의 초보자로 살고 있기에, 비구들이나 명상 수행자들과 비교해도 많은 어려움을 겪고 있다. 10세기에서 11세기경 인도에서 티베트로 전해진 불교의 제2차 전환기 중에, 티베트에 비구니 수계가 전해졌다는 것은 확실하지 않다. 비록 사미니들이 비구나 정식 비구니와 매우 유사한 생활방식으로 살아가고 있지만 그들의 사회적 위상은 훨씬 낮고, 팔경계뿐만 아니라 초보 수행녀로서 매우 열악한 환경에서 살아가고 있다.[21]

오늘날 티베트 금강승불교 방식으로 수행하는 대부분의 서구 비구니들은 중국이나 한국 대승불교의 비구와 비구니들로부터 수계를 받았다. 최근에는 일부 티베트 여성들도 이 수계를 받기 시작했다. 티베트 교단의 남성 권위자들은 티베트에서 비구니 수계를 복구하는 것에 대해 관심은 있지만, 우선순위는 그다지 높지 않다. 그들은 비구니가 승단에서 비구 다음으로 제대로 대우를 받기 위해서는 비구니 승단이 회복되어야 한다고 생각은 하지만, 수계의 "청정성"에 대해[2] 지나치게 염려한다.

---

[1] 티베트 불교에는 비구니 승단이 없기 때문에 비구니계를 받지 못한다. 대승불교에서 비구니계를 받기 전 단계를 '사미니'라고 부른다. 이 글에서도 비구니 수계를 받지 못한 수행녀 신분을 강조하기 위해 '사미니'로 부른다.
[2] 티베트 불교와 대승불교는 엄연히 다른데, 티베트 비구니 승단의 계맥이 끊겼다고 해서 대승불교 국가에 가서 비구니수계를 받아와서 비구니 승단을 이어가는 것은 계율에 어긋나는 것이라고 주장하기도 한다.

미국 출신 비구니 카르마 렉시 소모 스님. 2010년 당시 샤카디타 회장으로, 비구니 승단의 복원과 여성 불자의 권익 옹호에 많은 관심을 기울였다.

사미니의 낮은 명성 때문에 그들의 수행처는 또 다른 어려움에 놓여 있다. 그들은 다른 비구 사원들처럼 결코 정치적으로 목소리를 내지 못했다.[22] 사원의 목적을 고려할 때, 사미니를 위한 교육의 기회도 제한적이었고 실망스러울 정도로 한계가 많이 있다. 그녀들을 위한 교육 기회가 개선되고는 있지만, 이 운동에 대한 리더십의 대부분은 사원에서 비롯된 것이다. 특히 서구에서 태어나 교육받은 사미니라 할지라도 남성 지도자로부터 도움을 받지 못하는 경우도 많다.[23] 그런데 인도에 망명 중인 티베트 승려들은 비교적 지원을 잘 받고 있으며, 학습과 수행으로 충분한 시간을 보낼 수 있다.

반대로 사미니의 생활 편의시설은 너무 열악해서 많은 여성으로부터 외면당하고 있다. 사미니들은 집을 짓고, 상당한 거리에 떨어진 곳에서 물을 길어다 먹고, 요리하거나 불을 땔 수 있는 장작을 얻기 위해 무거운 노동을 해야만 한다. 카르마 렉시 소모Karma Lekshe Tsomo가 관찰한 바와 같이, 이러한 여성의 낮은 사회적 위상은 "영적인 개발에는 남성이 여성보다 훨씬 더 뛰어나다는 묘한 결론"에서 비롯된 것 같다.[24] "영적 성향을 가진 소년이 출가를 한다면 분명히 자부심을 가질 수 있는 사원에 배치되겠지만, 비슷한 연령의 소녀가 출가를 한다면, 가족들은 결코 그녀를 격려하지 않을 것이다."[25]

어느 사회에서나 그랬던 것처럼, 비구니보다 비구들이 훨씬 더 존경받고 지지받은 것은 놀라운 일이 아니다. 중국이 통치하기 전 티베트 교단의 비구니 수에 관한 추정치는 1만 8,024명에서[26] 12만 명으로 매우 큰 차이가 있다. [27] 하지만 더 많은 수치라 할지라도 사미니 한 명당 9명의 비구가 있다는 비율은 매우 의미가 있다. 1959년 이후 교단은 비구니 승단의 복원보다 승려들의 생활방식을 보존하거나 개선하는 것을 더욱 중시하는 것은 안타까운 일이다. [28]

여성의 또 다른 선택: 인도-티베트 금강승불교의 요기니들

만약 여자가 비구니가 되고 싶지 않다면, 그녀의 또 다른 주요한 선택은 탄트리카tantrika로 알려진 요기니가 되는 것이었다. 요기(남성명상수행가)/요기니(여성명상수행가)의 종교적 생활방식은 불교에서는 찾아볼 수 없었지만, 인도의 밀교에서는 많은 인기를 얻고 있으며 그 가치를 인정받았다. 요기니는 반드시 독신이 아니어도 되고, 비구니처럼 공동체에서 살거나 종교 교단과 밀접하게 연관되어 있지도 않다. 종종 그들은 티베트 전역과 네팔로 종교 순례를 하면서 혼자서, 혹은 다른 요기니들과 함께, 혹은 요기들과 함께 자유롭게 수행처를 다니기도 한다. 유랑하는 기간 내내 혹은 돌아온 후에, 요기니들은 오랜 기간 집중적인 명상 연습을 하기 위해 고립된 은둔지에서 지내곤 했다.

대부분의 요기니들은 철학적으로 높은 수준의 교육을 받지는 못했지만, 여러 가지 수행이나 기타 명상법을 꾸준히 실천한다. 그 결과 명상과 관련하여 높은 수행력을 갖춘 사람들로부터도 종종 권위를 인정받으며 명상 지도자로 초대받기도 한다. 그들은 뛰어난 명상 수준에 도달하기도 하고, 남녀 모두, 수행자나 재가신자들에 의해 명상 스승으로도 선정되었다. 티베트 금강승불교 전통에서 대단한 사랑과 존경을 받았다고 전해오고 있는 뛰어난 여성들의 이야기 대부분은 이러한 범주의 종교 실천가에 속한다. 그리고 티베트 전통은 이러한 예외적인 사람들을 매우 존중하는데, 만약 여성이 부정적인 사회화와 성 고정관념의 미로 속에서 어떻게든 견디고 수행을 해낸다면, 매우 뛰어난 요기니로 존경받을 수 있을 것이다.

다행히도 요기니인 아유 하드로Ayu Khadro의 전기는 잘 보존되어 오늘날까지 전해져오고 있다. 그것은 티베트의 명문대학에서 온 한 남학생이 그녀와 함께 잠시 공부하며 그녀에 대한 논평(티베트인에게는 이례적인 것이라고 그가 말함)을 기록했기 때문이다.[29] 그는 그것을 티베트에서 가져와 공개했기 때문에 널리 알려졌는데,[30] 그녀의 전기는 모두 세심하게 읽어야 이해가 가능하다. 만약 일부 요약된 부분만 읽게 되면 그녀의 삶의 일부 측면만 이해할 수 있기에 다른 사람들에게 피해가 될 수도 있다. 그녀의 삶의 이야기는 특히 요기니가 경험할 수 있는 자유 그리고 그녀와 다른 요기니들 사이의 영적 우정의 깊이와 따뜻함이 잘 드러나 있다.

아유 하드로는 이모 그리고 또 다른 요기와 7살부터 18살까지 함께 살면서, 그녀 스스로 요기니의 삶을 선택했다. 19세가 되자 부모의 강요로 결혼을 했는데, 3년 후, 그녀는 거의 죽음에 이를 정도로 아팠다. 그녀의 이모와 함께 살던 라마는 그녀의 심각한 건강 상태가 종교적 수행을 강제로 중단했기 때문이라고 주장했다. 그녀는 이러한 진단이 있기 전과 후 남편의 행동을 자세하게 설명했다. 남편은 그녀를 이모의 동굴로 데려다주었고, 회복 중에 그녀의 동료에게 비용을 지불했다. 그녀는 이모가 죽을 때까지 함께 있었다.

마니차를 돌리며 경전을 독송하고 있는 티베트의 한 여성

그 후, 아유 하드로가 서른 살이 되었을 때, 처음에는 비구니와 남자 초드[31] 수행자와 함께 티베트를 여행하기 시작했다. 결국 그녀는 친한 친구가 된 또 다른 요기니를 만났다. 두 사람은 서로 아주 친밀한 관계를 맺고 있는 여러 명의 남성 수행자들을 만나서 한동안은 4명이 함께 순례하기도 했다. 약 14년 동안 그녀는 중요한 순례 장소로 다니면서 수행하고, 묵상하고, 많은 뛰어난 스승들과 함께 공부한 후에 본국으로 돌아왔다. 그녀와 좋은 사이로 지내면서 그녀의 수행을 지원해주었던 전남편은 그녀가 은둔생활을 할 수 있는 오두막을 지어주었다.

아유 하드로는 대부분의 긴 생애 동안 그곳에 머물렀고, 그녀의 요기니 친구가 와서 함께 지냈다. "우리는 함께 은둔했다. 이것은 나에게 큰 혜택이었다. 그것은 나의 수행을 발전시키는 데 큰 도움이 되었다."[32] 1953년 115세의 나이로 그녀는 사망했다. 남카이 노부Namkhai Norbu는 그녀가 죽기 약 2년 전에 그녀의 삶을 기록했었다. 우연히 그녀의 전기를 보존하지 않았다면, 우리는 아마 그런 여자가 최근에 그렇게 살았는지조차도 몰랐을 것이다. 남겨진 기록들처럼 그녀는 우리에게 매우 인상 깊고 보기 드문 사람이 아니었을지도 모른다. 그녀는 남카이 노부에게 그녀의 요기니 친구에게 은둔 오두막을 만들어 주었다면서, 1911년 그 친구가 사망하기 전에 그녀를 따르던 많은 학생들이 있었다고 했다.

그러나 아무도 그녀의 삶을 기록하거나 기억하지 못했다.

환생한 라마: 남성 특권의 요새

훌륭한 스승이 다음 생에 다시 환생하는 "윤회"를 찾아내고 그를 인가하는 티베트의 관행이 있다. 이는 고도로 숙련된 여성 수행자들에게 전해져오는 비밀스러운 전통과 남성 수행자들이 선호하는 제도적인 관행 사이의 긴장감이 매우 잘 드러나게 만든다. 달라이 라마Dalai Lama의 경우처럼, 티베트 불교에서만 나타나는 독특하고, 대중에게 가장 잘 알려진 "환생하는 라마" 제도는 매우 널리 알려져 있다. 하늘세계인 천상의 붓다나 보살의 발현으로 여겨지는 위대한 스승은 그의 사후에 다시 인간의 몸으로 환생한 것으로 간주된다. 만약 이 환생을 검증받으면 그는 연속적으로 스승의 위상이 주어지고, 지속적으로 그 역할을 해내기 위하여 어린 시절부터 훈련을 받게 된다.

티베트 불교의 지도자들은 이 화신incarnations은, 특히 중요한 법맥lineage[3]을 이어가거나 중요한 사원의 대표인 사람들보다 더 큰 존경, 헌신, 명예를 얻거나 엄청난 영향력과 권위를 행사하게 된다. 불행히도, 이 화신들은 여성보다 남성으로 환생하는 것이 당연하다고 여겨진다. 새로운 화신을 찾을 때 부모들은 그들의 아들이 인정받도록 매우 열심히 노력하지만, 소녀를 데리고 나온 부모들은 조롱을 받거나 수치심을 느낄 수도 있다. 화신으로 선택된 소년은 매우 특권적인 교육을 받을 뿐

---

[3] 법맥(法脈): 붓다의 가르침을 이어가는 스승과 그 제자들을 이어가는 법의 계승자들을 의미한다.

만 아니라, 그 부모에게 명예와 부를 가져다주며 환생으로 판명되면 곧바로 교단의 리더로 인정을 받는다. 하지만 아무리 자질이 뛰어나더라도 여자가 그처럼 리더로 출발하기란 쉽지 않다.

티베트 신화에서 중요한 인물인 위대한 여성 부처 바즈라요기니Vajrayogini의 화신이자 연속적으로 환생하는 법맥 보유자는 여성이다. 법맥에서 여섯 번째로 인정받는 현재의 화신은 '살아 있는 부처'라는 지위를 버리고, 중국 통치하에서 정치 고위관리가 되었다. 그리고 그녀는 결혼해서 세 아이를 낳았다.33 티베트 불교는 또한 연속적인 환생의 법맥에는 속하지 않지만, 때로는 위대한 영적 성취를 이룬 성인을 중요한 붓다 또는 보살의 발현으로 인정하기도 한다. 이 두 가지 관습은 종종 서로 혼동되어 전해오기도 하지만, 여성 화신인 바즈라요기니는 그다지 희귀하지는 않다고 주장하기도 한다. 현재 서양에서 수행을 가르치는 유명한 티베트 여성, 제춘 쿠슐라는 바즈라요기니의 발현으로 인정받았고, 1988년 한 성인 미국 여성은 어떤 인물의 화신으로 선언되었다. 그런데 이러한 인정은 주요 법맥 보유자로 성장할 아기를 찾는 것과는 완전히 다르다.

스승의 죽음 이후 새로 환생한 사람을 찾는 관습은 현재 티베트 밖에서도 계속되고 있다. 티베트가 아닌 곳의 몇몇 아이들도 그런 환생으로 선언되었지만, 현재까지 여자아이는 아무도 없다. 그러한 환생에 주어지는 경외심을 생각할 때, 성평등에 관한 필수적인 불교의 가르침을 쉽고 강력하게 증명할 수 있는 법은 이 중요한 화신 중 일부가 여성 형태로 나타나는 수밖에 없다. 티베트와 서양에서, 여성 수행자들의 자존감을 높이기 위해 할 수 있는 일은 헤아릴 수 없이 많다. 어떤 중요한 종교적 이유도 여성 형태의 화신이 나타난다면 이를 부정할 수 없

바즈라요기니: 바즈라요기니는 티베트 불교에서 존경받는 여성 이담으로, 깨달음에 이르게 하는 인식능력의 여성적 형상화이다.

는데, 일부 종교 합리주의자들은 그것을 선호한다.

사람들로부터 많은 사랑을 받는 여성 부처 타라Tara는, 사람들에게 널리 알려진 신화에서,

여성의 몸으로

깨달음을 성취하고자 하는 사람들이 적기 때문에,

나는 항상 여성의 몸으로 태어날 것이다[34]

라고 말한다. 만약 보살Avalokitesvara의 남성 화신인 달라이라마가 부활한

다면, 왜 여성 타라의 화신으로는 부활하지 않을까? 또한 이미 보아온 바와 같이, 수 세기 동안 뛰어난 여성들은 중요한 여성 불상이나 위대한 요기니의 화신으로 인식되어왔다. 그런데 만약 그들이 사후 환생한다면, 왜 여성들은 남성들이 선택되고 인정받는 것과 같은 방식으로 더 일찍 환생하지 않았을까? 분명히 여성으로 환생은 성별 간의 정치적, 사회적, 종교적 힘의 균형을 바꿀 수 있을 것인데, 왜 단 한 명도 이루어지지 않았는지 의아할 뿐이다.

이러한 상황에서, 위에서 간단히 기술한 위대한 비구니 아니 로헨Ani Lochen의 환생이 1955년에 라사에서 발견되었다. 그렇지만 이는 특히 우울한 소식이었다. 왜냐하면 "그는 전생에 자신이 했던 기도와 많은 제자들을 기억하는 훌륭한 어린 소년이었고, 달라이 라마로부터 진정한 화신으로 인정받았기 때문이다."[35] 오늘날 불교와 서구 사상을 연결하여 매우 높은 수준의 통찰력을 보여주었던 초감 트룽파Chogyam Trungpa의 학생들 사이에는, 적어도 그의 여러 화신 가운데 하나는 여성이 될 것이라는 희망이 있다. 그러나 그가 죽은 지 4년이 지난 지금, 환생에 대한 어떠한 공개적인 논의는 없다.

경전에 나타난 위대한 영웅들과 남성 중심적 기록
: 인도 티베트의 전설들

금강승불교에서 과거 위대한 수행자에 대한 전설들은 매우 중요하다. 왜냐하면 금강승불교주의자들은 깨달음이 한 생애 동안에 통해 성취될 수 있다고 믿기 때문이다. 그 업적을 이룬 사람들의 이야기가 자주 수집되고 재평가되어서, 오늘날 수행자들에게 영감을 준다고 본다. 자신의 성에 대한 역할 모델의 가치를 고려할 때, 남성 중심적인 기록 보존은 이전의 불교 형태보다 이런 맥락에서 훨씬 더 파괴적일 것이다. 대승불교가 도입한 교리는 보다 인간중심적인 형태의 불교를 위한 발판을 마련했고, 성평등한 부분에서 여성들이 매우 강력하게 반응했다는 내용은 금강승불교의 다양한 기록들을 통해서도 알 수 있다.

그러나 사람들이 놓치는 현실이 있다. 남성의 전기에서 상대방인 여성은 종종 남성의 하인이자 동반자로 등장한다는 것이다. 그 여성들의 통찰력은 놀라울 정도이지만, 그것은 남성의 깨달음을 돕기 위한 것처럼 보인다. 여성보다 남성의 깨달음만이 이야기의 중심인 것이다. 이 문헌에서처럼 여성에 대한 차별적인 대우 때문에 신세대들은 불교와 관련하여 가장 궁금한 질문을 던진다. 만약 붓다의 가르침이 젠더에 차별을 두지 않는다면 모든 지각 있는 존재들은 평등하게 적용되어야 한다. 모든 존재가 불성을 지니고 있다면 왜 위대한 여성 스승들이 그렇게 적은가?

어떤 문헌들에서는, 특히 금강승불교의 경우, 민간에서 전해오는 지혜와 사회적 규범에서도 여성의 기록이 부족하다. 숙련된 여성이 부족하다기보다는 남성 중심적이어서 여성에 관한 기록 보존이 불충분했다는 점이 그 이유가 될 수 있다. 아유 하드로와 그녀의 동료처럼 깨달음을 성취한 여성 스승들은 분명히 존재하지만, 그들은 남성 동료들의 제도적인 지원을 받지 못했다. 그들이 기억되는지 아닌지는 종종 남성 제자가 그들을 기록하는가의 여부에 달려 있었다. 남성 중심인 사원은 적절한 교육시설이 준비되어 있으므로 남성들이 더 자주 읽고 쓸 수 있었고, 미래 세대의 수행자들을 위해 보존할 기록을 선택하는

데 남성들이 독점적인 권리를 가지고 있었다.

위대한 여성들을 산발적으로만 기억했던 불교의 형태는 인도 티베트 밀교에서만 그런 것이 아니었다. 한때 중국에서 번성했던 찬불교 Ch'an Buddhism는 이론적으로는 금강승불교만큼 여성에게 개방되어 있었다. 하지만 우리에게 알려진 극소수의 여성 중 한 명은 남성 제자가 그녀를 소개했기 때문에 세상에 널리 알려질 수 있었다.[36] 많은 페미니스트 종교학자들이 여성의 종교 생활에서 "무언의 세계"[37]에 목소리를 내는 것을 매우 중시하면서 여성 스스로 발화하도록 격려하는 것은 이런 이유 때문이었을 것이다.

가장 중요한 전기 문헌을 조사한 결과, 여성의 목소리와 기록이 상실되어서 다음 세대의 수행자를 힘들게 한 몇 가지 결과가 있었다. 예를 들면 8세기에서 12세기 사이에 살았던 인도 금강승불교 전통인 마하싯다들Mahâsiddha, 즉 위대한 수행 전문가이자 "열성적인 요가수행자들"에게 매우 분명하게 드러난다.[38] 그들 중 많은 사람이 티베트 불교에서 널리 알려진 중요한 법맥의 보유자들이다. 그들은 84명의 마하싯다로 알려져 있는데, 그중 80명은 남성이고 4명은 여성이다. 80명의 남성 마하싯다 대부분은 중요한 변화와 성장을 위해 이 여성들과 교류를 하고 있었다.[39] 그러나 이 여성들은 뛰어난 통찰력과 엄청난 성취에도 불구하고 거의 이름조차 남기지 못했고 법맥에서도 영웅적인 스승으로 기억되지도 않는다.

가장 중요한 집단 가운데 한 사람인 초기 마하싯다인 사라하Saraha의 이야기는 이러한 일반적인 현실을 매우 분명하게 보여주고 있다. 그는 하녀와 함께 살았다. "주인이 수행하는 동안, 하녀는 그를 위해 걸식을 하러 나갔다." 어느 날 그는 그녀가 만든 무 카레를 달라고 했다. 그녀가 그것을 가져갔을 때 그는 깊은 명상 상태에 빠져 있었기 때문에, 그를 방해하지 않기 위해 즉시 물러났다. 그의 명상 상태는 12년 동안 이어졌다. 그리고 그 상태에서 나오자마자 그는 바로 무 카레를 요구했다. 그녀는 그가 12년 동안 깊은 명상을 한 후에도 과거와 정확히 같은 상태, 여전히 무 카레를 달라는 말에 놀랐다. 그의 수행이 진전되지 않았다고 본 것이다. 그녀는 그에게 무는 이제 제철이 아니라서 없다고 말했다. 그녀의 말에 당황한 사라하는 자신의 수행이 모자란 것을 깨닫고, 더 깊은 산으로 들어가 은둔하며 수행을 하겠다고 했다. 그러자 그녀는 그에게 말했다.

> 육체적인 고립은 진정한 은둔이 아닙니다. 가장 좋은 은둔은 융통성도 없고 마음의 선입견과 편견, 나아가 모든 개념과 꼬리표로부터 완전히 벗어나는 것입니다. 12년 동안의 명상에서 깨어나 아직도 12년 전의 무 카레에 대한 욕망에 매달리고 있다면, 깊은 산속으로 들어가는 것이 무슨 의미가 있겠습니까?[40]

그는 그녀가 자신에게 한 말에서 매우 소중한 교훈을 깨닫고 그것을 가슴에 새겼다. 그 후에 그는 깨달음을 성취했고 위대한 법맥의 보유자이자 스승이 되어, 그의 동료들과 함께 다키니Dakinis의 영역으로 갔다.[4] 분명히 그녀는 유명한 마하싯다 사라하만큼 가르침도 잘 이해하고 있었지만, 결국 그녀는 이름도 없는 존재가 되었다. 사람들이 그에게만 집중하고 그녀를 잊는다는 것은, 남성 중심적인 관점에서 기록을

---

4 티베트 불교에서는 뛰어난 수행자는 사후에 다키니들이 살고 있는 세상으로 간다고 표현한다.

보존하게 되면 그 후에는 어떤 일이 일어나는지를 보여주는 확실한 사례라고 할 수 있다.

또 다른 유명한 예는 금강승불교에서 둘 다 매우 중요한 스승과 법맥 보유자인 파드마삼바바와 예세 초겔의 기록이다. 그들은 함께 티베트 불교를 세운 것으로 알려져 있다. 운 좋게도 우리는 그녀에 대한 매우 많은 전기적 이야기를 가지고 있는데, 이 8세기 티베트 여성은 단 한 번의 생애에서 붓다의 깨달음 수준에 도달했다고 한다.[41] 만일 파드마삼바바의 전기만 전해져 왔다면, 우리는 예세 초겔의 업적과 중요성을 그토록 분명하게 알지도 못했을 것이다.

11세기 인도의 다른 커플인 나로파Naropa와 니구마Niguma의 경우는, 그다지 운이 좋지 않았다. 이 둘은 '여섯 요가'(Six Yogas)로 부르는 두 수행자 집단의 중요한 스승이 되었다. 나로파의 '여섯 요가'는 자주 등장하고 니구마의 '여섯 요가'는 덜 자주 등장하는데, 이것이 중요한 것이 아니다.[42] 나로파와 니구마가 속세를 벗어나 출가 생활을 하기 위해 결혼 생활을 끝낸 이야기는 많이 알려져 있다. 많은 수행자들의 경우처럼, 전통적인 결혼 생활에서 남성이 여성보다 더 쉽게 결혼 생활에서 벗어날 수 있다는 것에 나로파는 동의하지 않았다. 그는 니구마에게 자신은 떠날 것이고, 그녀가 다른 사람과 결혼하거나 혼자서 수행할 것을 권했다.

니구마는 나로파가 출가하는 것을 방해하지 않을 것이라고 말했는데, 왜냐하면 그녀도 언젠가는 결혼 생활을 중단하고 수행자의 삶을 살기로 나로파와 약속을 했기 때문이다. 그 약속을 실행에 옮기기 위해 그는 그의 부모님에게, 아내가 꾀가 많고 너무나도 결점이 많아서 도저히 함께 살 수 없다고 말했다. 부모님에게 아내가 좋은 점이라고는 하나도 없다고 대답했다. 그러자 부모는 두 사람의 이혼에 동의했고, 결국 둘 다 속세를 벗어나 출가했다. 출가를 위해 아내를 나쁜 여자로 만든 것이다. 또한 그 후의 이야기는 나로파에게만 초점이 맞춰진다.[43]

이 이야기와 유사한 사례가 또 있다. 마르파Marpa의 부인 다그메마Dagmema는 남편과 함께 살았지만, 그의 전기에서는 등장조차 하지 않는다.[44] 나로파와 마르파 모두 티베트 불교 카규파의 탱화에 그려진 법맥도[45]에 같이 자리를 차지하고 있지만, 남성들과 똑같이 성취한 여성 파트너들은 그렇지 못했다. 지극히 예외적으로, 예세 초겔은 닝마파 법맥도Nyingma Republic Tree에 있는 유일한 여성이고, 내가 아는 바로는 티베트 불교의 중요한 종파로 법맥도에 그려져 있는 유일한 여성이다.

예세 초겔: 위대한 스승, 깨달은 동반자, 여성들의 역할 모델

남성 중심적인 기록 보존에도 불구하고 여성들의 기록이 없다고 좌절할 수만은 없다. 「테리가타」와 마찬가지로, 이러한 이야기들은 그 자체로 매우 감동적이고 고무적이다. 그런데 나는 예셰 초겔의 전기 연구를 통해 무척 위로를 받았기 때문에, 남녀 관계에 있어서 담마에 맞는 행위, 내용, 의미에 대해 중요한 몇 가지 결론을 찾을 수 있었다. 나는 또한 그녀의 끈기, 동정심, 남녀 수행자들과의 관계 그리고 감정을 인정하고 다루는 방식에서 큰 영감을 얻었다. 비록 남성 중심적인 배경이 그녀의 이야기에 내재되어 있고,[46] 금강승불교의 용어와 관습이 어떤 사람들에게는 이타적이고 기적적으로 보이게 할 수도 있지만, 이 이야기는 아마도 불교 기록에서 가장 "유용한" 이야기일 것이다.

예세 초겔의 초상, 부탄

예세 초겔에 대한 다양한 묘사와 복잡한 명상 수행에 관한 내용은 마치 구약성서 레위기처럼 들릴 수도 있다. 이 흔치 않은 여성의 이야기를 다소 길게 요약하면서, 나는 난해한 요소들은 제외하더라도 그녀가 완전히 깨달은 부처가 되기 위해 세상과 어떻게 소통했는지에 초점을 맞추어 설명할 것이다. 예세 초겔의 일대기는 총 8장으로 나누어져 있다.

① "예세 초겔은 그녀가 세상에 나타나서 가르칠 때가 왔다"라고 비밀스럽게 그녀의 이야기를 시작한다.

② "티베트 땅에서 예세 초겔의 도착과 발현"은 초겔이 인간 몸으로의 태어남을 서술한다.

③ "예세 초겔은 만물의 무상함을 인식하고 스승에게 의지한다." 초겔이 관습적인 결혼을 피하는 데 실패, 강제적인 결혼의 고통 그리고 그녀의 구루인 파드마삼바바와의 궁극적인 결합을 서술한다.

④ "예세 초겔이 스승에게 담마의 가르침을 청한다"라고 서술한다. 원리를 갖춘 배우자인 아차라Atsara를 노예 신분에서 해방시켜서 집중적인 훈련을 통해 성취를 향해 나아간다.

⑤ 히말라야산의 눈덮인 동굴에서 초겔은 3년간 홀로 집중적인 수행을 한다. 그 기간 중 엄청난 금욕과 수행, 그녀 경험의 일부가 된 성적인 것과 다른 환상들에 대한 이야기가 전개된다.

⑥ "예세 초겔이 실천한 상서로운 징조와 깨달음을 얻은 후에 그녀가 보인 성취의 핵심."

예세 초겔이 수행한 라이언 동굴, 부탄

⑦ "예셰 초곌이 살아 있는 모든 존재를 이롭게 하고자 실천하는 태도"
는 그녀의 일생 동안 깨달은 자애로운 활동을 서술한다.
⑧ "예셰 초곌이 어떻게 자신의 목표에 도달하여 붓다의 경지에 도달
하고 만물의 이치를 아는 경지에 들어갔는가."[47]

처음 두 장(章)은 같은 이야기를 두 가지 관점에서 서술한다. 첫 번
째는 일반적인 사람들이 말하는 깨달음의 관점에서, 다음은 일반적인
사람들이 말하는 장애를 극복하기 위해 노력하는 관점에서 함께 고찰
할 수 있다. 이 두 관점을 나란히 놓는 것은 금강승불교에서 매우 중요
하면서도 어려운 개념이다. 타고난 기본적인 순수성과 불성Buddha nature
은 결코 그 가치가 훼손될 수는 없지만, 무명에 사로잡힌 중생은 아직
도 그 초보적인 순수성을 밝혀내기 위한 실천 수행의 길로 가야 한다.
첫 번째 관점에서 보면, 초곌은 붓다의 세 가지 모습kaya[5]과 같은 방식으
로 이해해야 하는 다층적인 존재이다.
　그녀의 법신dharmakaya형태는 원시 불상인 사만 바드라 부처님(여기
서는 산스크리트어에서 사용되는 여성형의 문법적 설명으로 되어 있다)이며,
그녀의 보신sambhogakaya은 우리가 다시 논의하게 될 금강승불교의 중요
한 이담(개인적인, 비일신교적인 신)이며 그리고 화신nirmanakaya은 8세기경
평범한 인간의 모습으로 출현한 티베트 여성, 위대한 스승, 깨달음을

---

5 초기 불교 시대에 붓다는 35세에 도를 깨닫고 80세에 입적한 고타마 붓다 한 사
　람을 의미하지만, 대승불교에 들어오면 붓다는 깨달음과 중생구제의 능력을 갖
　춘 세 가지 역동적인 구원의 존재로 설명한다. 즉, 법신불(法身佛, dharmakaya)
　은 깨달은 보편의 진리를 나타내는 비로자나 부처님으로, 보신불(報身佛, samb-
　hogakaya)은 중생에 대한 끊임없는 자비심을 발현하는 아미타불로 그리고 화
　신불(化身佛, nirmanakaya)은 용, 하늘 등 중생의 근기에 따라 여러 가지로 나
　타난다고 한다.

성취한, 파드마삼바바의 동반자인 예세 초겔이다.[48] 그녀는 또한 인간 여성으로, 우리에게 불가능해 보이는 기적과 경이로운 마법을 보여주었다고 해서, 우리와 매우 다른 존재로 보아서는 안 된다. 오히려, 금강승불교의 관습에 따라서, 그녀는 신화와 같은 존재로 간주될 것이다; 우리 중에 어느 누구라도 그녀가 경험한 것을 따라 할 수 있다.

또한 그녀의 존재 의미는 두 단계로 이루어진다. 초현실적인 수준에서, 구루guru(스승, 지혜로운 선각자)와 다키니[49](초현실적인 존재로서의 파드마삼바바와 초겔)가 결합하여 인간 초겔을 완성시킨다.

얍Yab의 금강vajra은 융Yum의 연꽃에 합체했고 그들은 함께 위대한 평온의 상태에 들어갔다…. 얍-융[6]의 위대한 축복이 온 세상의 모든 영역으로 퍼져 나갔고, 커다란 진동과 지진으로 우주가 흔들렸다. 빛의 광선은 얍과 융의 결합체에서 나오는 별처럼 쏟아져 나왔다. 빨간 글자 A가 보였고, 그것으로부터 하얀 모음글자의 화환이 나선형으로 나타났다. 흰색 글자 VAM이 나타났고 빨간색 자음 체인이 나선형으로 등장한다. 빛과 글자가 티베트에서 땅에 닿았다.[50]

한편, 또 다른 관점에서,

어느 날, 왕자였던 나의 아버지가 25세였을 때, 그는 부인인 나의 어머니와 사랑의 즐거움을 나누고 있었다. 그런데 어머니는 다른 환상을 보았다.[51]

---

6 얍-융(Yab-yum), 티베트에서 말 그대로 '아버지-어머니' 즉 여성과 남성의 결합으로, 이때 여성은 '지혜'를, 남성은 연민과 숙련된 방편을 의미한다. 즉, 지혜와 연민의 원초적인 결합을 통한 대승불교 보살행의 완벽한 실현을 의미한다. 얍-융은 주로 조각상으로 만들어지거나 탱화로 많이 그려진다.

특별한 환상이 밤새 계속되었고, 9개월 후 여왕은 특이한 능력의 여자 아이를 고통 없이 출산했다. 그때 태어난 여아는 위대한 종교적 스승이 되거나 황제의 부인이 되거나, 고타마 싯다르타와 매우 유사한 삶을 살 것이라고 예언가들이 말했다. 이 놀라운 임신과 출생에도 불구하고, 많은 전기에서 전형적으로 보여주는 것처럼, 초겔의 부모는 그녀의 위대한 능력에 관해 고마움을 느끼지 않았다. 그녀를 위해 적당한 혼처를 찾아 결혼시키는 것에만 관심이 있었다.

주변의 왕들은 그녀의 아름다운 외모와 품성에 감탄했으며, 그녀를 얻기 위해 왕족 출신의 구혼자들 사이에서 전쟁이 일어날 정도로 험악한 상황이 계속되었다. 마침내 그녀의 부모님은 그녀를 멀리 도망가게 하고는 그녀를 처음 찾아내는 사람은 그녀와 결혼할 수 있다고 선언했다. 또한 그녀를 빼앗기 위해 전쟁을 하면 안 된다는 칙령을 발표했고, 그녀를 멀리 도망가게 했다. 아무도 그녀를 잡지 못했기 때문에 한동안 전쟁은 일어나지 않았다. 하지만 결국 그녀는 납치범들에게 붙잡혔고, 결혼을 하지 않으려는 그녀의 희망은 무너졌다. 그녀는 진흙처럼 발을 바위에 붙이고 "등이 피투성이가 될 때까지"[52] 채찍을 맞으면서도 현생에서 깨달음을 얻겠다는 결심을 지키고자 잡혀가지 않으려고 저항했다.

납치범들이 초겔의 납치를 축하하면서 술에 만취되어 있을 때 그녀는 필사적으로 탈출했고, 열매를 따 먹으며 동굴에 숨어 지내다가 다시 붙잡혔다. 황제는 그녀를 차지하기 위한 전쟁이 계속될 것을 우려해서, 혼란을 끝내기 위해 초겔을 그의 아내로 삼았다. 그 후 얼마 지나지 않아 불교의 가르침을 배우고자 한 황제는 초겔을 만다라 의례의 일환으로 구루에게 주었다.[53]

얍-윰, 남녀교합도. 남성성과 여성성인 자비와 지혜를 남녀의 상으로 형상화한 것으로, 이 둘이 합쳐져야 진정한 깨달음을 얻을 수 있다는 의미이다.

이러한 사건은 초겔의 삶을 완전히 바꾸어 놓았다. 그녀는 오직 진리를 배우는 것만 관심이 있었기에, 그녀가 스승으로 모시는 파드마삼바바도 기꺼이 그녀를 위해 가르침을 전해 주었다. 그러나 어느 정도 수행을 한 후에, 파드마삼바바는 그녀가 스스로 더욱 발전해야 한다며 멀리 떠나게 했다. 그는 그녀에게 "… 숙련된 수단을 동원하지 않으면 탄트라의 신비를 경험할 길이 없다…"라고 말했다. 그리고는 "오른쪽 가슴에 점이 있는 16세의 젊은이가 있는데… 네팔의 계곡으로 가서 그를 찾아 당신의 파트너로 만들어라."[54]

그녀는 길고 힘든 여정 끝에 그 남성을 노예 무리 중에서 발견하고 돈을 지불하고 자유의 몸으로 만들었다. 당시 매우 신분이 높은 어떤 사람의 아들이 죽었는데 그녀는 그 아들을 다시 살려냈고, 그 대가로 엄청난 돈을 받아 노예 값을 지불할 수 있었다. 그녀의 수행에서 중요한 다음 단계는 3년 동안 설산에서 보냈던 은둔생활이다. 그녀의 이 시절의 이야기는 흥미로운 에피소드로 가득 차 있지만, 여성의 관점에서 볼 때 그 이야기들은 상반된 것들도 있다. 그녀가 은둔해서 수행을 할 때, 특별한 방문객이 찾아왔다.

잘 생기고, 고운 피부로, 달콤하게 냄새를 풍기고, 열정적이며, 능력 있고, 매력적인 젊은이들에게 어린 소녀들은 한 번만 쳐다봐도 흥분을 느낀다. 그들은 나를 정중하게 대했지만, 친숙해지면 곧 그들은 음란한 이야기를 하고 외설적인 제안을 하게 될 것이다. 때로는 나와 함께 게임을 할 수도 있다. 점차적으로 성기를 드러내면서 "이거 좋겠니, 아가?"라고 속삭인다. 그리고 "너는 내가 항상 사랑스럽지?" … 항상 … 모든 종류의 매혹적인 전희를 시험해 본다. 하지만 내 집중 명상의 힘으로 그들을 물리친다. 그들 중 몇몇은 즉시 사라졌고, 몇몇은 환상처럼 모든 외형을 통찰함으로써 보잘 것 없는 허상으로 전락하게 만들었다.[55]

수행을 완성하기 위해 그녀는 해방된 노예를 포함한 세 명의 동반자와 '쾌락과 공성의 동시적인 본질성'을 연습했다…. "내 마지막 성취를 위하여 금욕을 실천했다." 이러한 수행을 한 직후 그녀는 깨달음의 성취를 확인하고, 스승인 파드마삼바바에게 돌아가기 위해 은둔지를 떠났다. 그녀는 몇 가지 뛰어난 수행을 더 했는데, 적어도 그중 한 가지를 연습하기 위해서는 다른 동반자를 찾아야만 했다. 그녀의 나머지 전기의 대부분은 불교의 가르침을 성취하고 전파하기 위한 광범위한 수행에 초점을 맞추고 있다. 그녀는 남성과 여성을 포함하여 셀 수 없을 정도로 많은 제자를 얻으며, 그들 중 많은 학생을 높은 수준의 깨달음에 이

부탄의 한 사원에 조각된 파드마삼바바와 예세 초겔: 예세 초겔은 부탄에서 오늘날에도 많은 사람들에게 인기가 있는 여성 이담으로, 그녀를 칭송하는 독송도 있다.

르게 했다.

　그녀는 또한 많은 글을 썼고, 나중에 발견될 수 있도록 그 글들을 숨겨두었다.[56] 이러한 활동은 파드마삼바바가 티베트에서 그녀와 함께 있을 때 그리고 그가 떠난 후에 이루어졌다. 그녀는 스승 파드마삼바바의 존재에 의존하지 않았다. 실제로 그녀의 제자들은 그녀가 세상을 떠날 때 "모든 존재들의 행복을 위해 애쓰고, 위대한 가르침으로 대지를 가득 채우는 그녀는 뛰어난 능력을 가지고 있다"라며 칭송했다.[57]

　마지막으로 그녀가 수행을 끝내기 위해 실천한 가장 수준 높은 수행은 "타인의 업을 나의 업과 교환하여 사람들의 업을 소멸시키기"였다.[58] 그녀의 자비심은 타인의 업과 바꿀 수 있는 능력에까지 이르렀다. 이 수행을 통해, 그녀는 타인의 고난을 자기 스스로 짊어지고 그들의 고통을 덜어줄 정도로 수행을 완성시켰다. 그녀는 "나는 육식동물에게는 몸을 주고, 배고픈 사람들은 먹이고, 추위와 냉기에 떠는 사람을 보호하고, 병자에게 약을 주고, 빈곤한 사람들에게 재물을 주고, 갈

곳 없는 사람에게 피난처를 주었고, 성적 욕망을 해소하기를 원하는 사람에게는 성적 요구를 만족시켜 주었다."[59] 그녀가 직면한 가장 큰 요구는 이식 수술을 위해 신체 부위를 필요로 하는 사람과, 여성과 동반자 관계를 열망하는 극도의 반항적이고 병든 사람이었다. 그녀는 모두의 필요를 충족시켰다. 그러나 이러한 종류의 실천은 매일같이 너무 힘든 수행이거나 많은 여인이 필요하므로 불가능에 가까웠다.

그녀는 타인을 대신해서 자기희생을 적절하게 감당할 수 있을 즈음에 붓다와 가까워지는 것을 느꼈다. 타인을 위해 자신을 완전히 줄 수 있을 때, 그녀는 요구를 충족시켜주기 위해 지구 어디에나 나타날 수 있었다. 그녀는 이 단계에서 만족할 수 있는 많은 요구 사항을 다음과 같이 말한다. "아이를 갖고자 하는 사람에게 나는 아들이나 딸로 등장해서 행복을 가져다주었고, 여성을 원하는 남성에게 나는 매력적인 소녀로 나타나 행복을 가져다주었고, 남편을 원하는 여성에게는 잘 생긴 남자로 나타나서 행복을 가져다주었다."[60]

12년 동안 그러한 보시행을 한 후, 예세 초겔은 "모든 것을 소멸시키는 명상(삼매, 사마디)을 통해서 나의 자아를 완성했다"고 결론지었다.[61] 마지막으로 세상을 떠나는 이야기에서, 그녀의 제자들은 마지막 가르침과 예언을 해 줄 것을 요청했다.

이 작별을 마지막으로, 그녀는 반짝반짝 빛나고 화려하고 생생한 색채로 뒤덮인 남서쪽으로 가며 시야에서 사라졌다. 이 마지막을 목격한 모두는 셀 수 없는 시간 동안 그녀를 그리워했다. … 슬픔으로 가득한 우리 마음, 무거운 몸과 마음, 입에 담긴 눈물, 비틀거리는 소리, 통제할 수 없을 정도의 우리 몸, 흐느낌, 우리가 밤을 보낸 명상 동굴로 은둔하며…[62]

우리가 예세 초겔의 이야기를 끝내기 전에, 나는 여러 가지 점에서 위의 이야기에 드러난 두 가지 주제에 대해 간단히 언급하고자 한다. 그녀가 전통적인 결혼을 피하기 위해 싸웠던 에피소드부터 시작하여 남성과의 만남에 관한 많은 부분은 그녀에게 긍정적이거나 즐거운 것이 아니었다. 그녀는 자기 자신을 발견하고 영적 개발을 위한 여정을 시작하면서, 초기에 엄청난 시련들로 고통을 당했다. 티베트 전역에서 두 차례 여행하면서 도적단으로부터 도둑질을 당했고, 성폭행을 당하기도 했다. 이 두 사례에서도 상대방을 설득하고 법으로 굴복시키고 또한 불교로 개종시켜 제자가 되도록 했다. 공격적이고 부패한 나쁜 행위의 근본 원인에 대한 통찰력과 그 에너지를 보다 효과적으로 다루는 열쇠를 제공함으로써 그들을 변화시켰다.

덧붙이고 싶은 다른 주제는 여성과의 관계, 즉 그녀의 제자와 수행의 길에서 만난 동료들과의 관계에 관한 것이다. 그녀에게는 수많은 여성 제자가 있었고 11명의 핵심 제자 가운데 4명은 여성이었다. 그중 두 명을 분석하자면, 한 명은 바즈라바라히Vajravarahi7의 발현으로 인식되었고, 다른 이는 파드마삼바바의 배우자가 되었다. 예세 초겔은 자신의 인생을 마무리하고 추종자들을 떠나기 직전, 파드마삼바바의 다른 주요 배우자인 인디아 만다라바India Mandarava를 방문했다. "그녀는 여섯 명의 제자들과 함께 하늘에서 내려와 나를 맞이했다. 39일 동안 나와 함께 지냈고 우리는 교리를 주고받으며 서로를 더 강력하게 성장시켰고, 진리에 대한 끝없는 토론을 벌였다."63 이 두 여성은 경쟁자라기보다는 보살의 길을 걷고 있는 동료였다. 만다라바는 초겔에게 바치는

---

7 바즈라바라히는 붉은 다키니 형상을 한 즐거움의 화신을 말한다.

찬사의 시에서 그 관계가 지속이 되기를 바랐다.

내가 당신과 함께할 수 있을까요? 강력한 마법사이신 부인. 이후, 순결의
영역을 채우는, 그대들과 나는 연꽃 밭에서 부처님의 수행을 실천하는
스승인 페마 스컬-갈랜드Pema Skull-Garland의 연민의 빛 형태로 투사할 것
입니다. 윤회의 세 영역의 깊은 곳을 비우시옵소서.64

또 다른 뛰어난 여성들

남성 중심적 기록 선택과 전승은 현재까지 계속되고 있다. 그 결과
티베트 불교를 배우는 서양 학생들은 보통 위에 열거된 남성들에 대해
서는 많은 것을 배우지만 여성에 대해서는 거의 알지 못한다. 결혼 전 티
베트 비구니로 살아온 서양 여성 쵤트림 알리온Tsultrim Allione은 여성 성취
자인 싯다스Siddhas의 전기를 찾아서 번역했다. 여성들에게 많은 영감을
주는 전기의 전통 장르를 이어가는 그녀의 책,『지혜의 여성들Women of
Wisdom』은 위에서 다시 언급된 많은 이야기들을 모아놓았는데(예세 초겔
의 이야기는 아니지만), 티베트의 가장 혁신적인 여성 스승이자 실천가인
마칭 라프론Machig Lapdron에 대해서도 완벽하게 영어로 설명하고 있다.65
그녀의 이야기는 아마도 초겔의 이야기와 비슷하지만, 신화는 아니다.
마칭 라프론의 삶의 한 측면을 들여다보면, 그녀는 예세 초겔과는
수행 방법이 달랐음을 알 수 있다. 예세 초겔과는 달리 그녀는 아이를
가졌다. 그녀는 아이들이 다소 성장한 후에 그들에게 머물지 않기로
결심했다. 막내가 다섯 살 때, 그녀는 전문법사로 돌아갔고 남편이 아

이들을 돌보았다. 그녀의 업적과 명성은 초겔과 비슷했다. 어느 순간, 타라Tara(이 장의 뒷부분에서 논의될 예정)가 그녀에게 직접 나타나, 앞으로 나아가도록 희귀한 가르침을 전해주었다. 타라는 또한 마칭Machig의 아이들이 10대째 그녀의 계보를 이어갈 것임을 예언했다.

탁상곰파사원, 부탄: 파드마삼바바가 호랑이 타고 티베트서 날아와 명상한 바위동굴과 사원이 있다. 좌측에는 예세초겔이 수행을 했다는 사자동굴이 있다.

그녀의 어린 아들은 그녀에 의해 철저히 훈련받고 그녀의 계보를 이어갔다. 그녀의 딸은 다키니로 인정받았다. 따라서 그녀는 아이들을 돌보는 데 철저히 하기보다는 법학자이자 수행자로서 그녀의 운명을 철저하게 실천함으로써 자녀들에게 영향을 미쳤다. 초드Chod 수행을 인정받은 후, 그녀는 인도에서 티베트로 가르침과 수행이 전파되던 일반적인 흐름과는 반대로, 티베트에서 인도로 가르침을 전해준 유일한 티베트 스승이다.[66] 그럼에도 불구하고, 그녀는 많은 남성 교사, 창립자, 중요한 실천 수행의 전달자와 같이 그렇게 잘 알려지지 않았다.

아마도 널리 알려진 현대 여성으로서 금강승불교 스승은 주천 쿠살라Jutsun Kushala로, 그녀는 밴쿠버에 거주하고 있다. 엘리트 가정에서 태어난 그녀는 오빠이자 사카파의 대표인 사카 트리젠Sakya Trizen과 같은 교육을 받았다. 초기 티베트 생활에서 그녀는 가르치는 역할을 했지만, 이후 인도 망명 생활에서 그녀의 가족들은 그녀에게 결혼을 권했다. 처음에 그녀는 거절했지만, 나중에 그녀의 아들이 중요한 지위에 올라야 했기 때문에 이에 동의했다. 그 시점에 그녀는 가르치는 일을 중단했지만, 몇 년 후에 다시 시작했다. 그녀의 형제인 사카 트리젠Sakya Trizen과 달라이 라마는 서양 학생들이 이 여선생님에게 너무 많은 질문을 하며 열심히 공부했기 때문에 다시 가르치는 일을 맡아달라고 했다. 현재 그녀는 담마센터를 이끌고 있으며, 때때로 티베트 불교를 가르치기 위해 세계를 여행한다. 그리고 그녀와 비슷한 위치에 있는 많은 남성 수행자들과는 달리, 여전히 모든 시간을 수행에 전념하고 있다.[67]

여자의 일생: 두 가지 관점

예세 초겔의 전기에서 거의 나란히 발견된 두 구절을 인용하는 것이 금강승불교 세계에서 여성의 상황을 가장 정확하게 요약할 수 있다. 그녀는 여자로서 자신의 운명을 불평한다.

나는 여자다.
나는 위험에 저항할 힘이 거의 없다.
열등한 나의 출생 때문에 모두가 나를 공격한다.
거지로 가면 개들이 덤벼든다.
부와 먹을 것이 있으면 도적들이 나를 공격한다.
내가 크게 뭔가를 하면 현지인들이 나를 공격한다.

내가 아무것도 하지 않으면, 소문이 나를 공격한다.

뭔가 잘못되면 모두 나를 공격한다.

내가 무엇을 하든 행복할 가능성은 없다.

나는 여자니까 깨달음 따위를 따라가기가 어렵다.

살아 있는 것조차 힘들어![68]

또 다른 구절은 예세 초겔이 스승인 파드마삼바바가 그녀의 업적을 매우 높이 찬양하고 불교 문학에서 보기 드물게 뛰어난 여성의 능력을 인정하자, 그녀는 여성으로서 자신의 처지에 대해서는 이렇게 묘사했다.

비밀의 가르침을 실천하는 멋진 요기니!

깨달음을 실현하기 위한 기본은 인간의 몸이다.

남자든 여자든 차이가 없다.

그러나 깨달음에 기초한 마음을 기르면

여자의 몸이 훨씬 더 낫다.[69]

두 시를 어떻게 나란히 놓을 수 있을까? 예세 초겔의 발자취를 따르려는 많은 사람들이 발견한 것처럼, 어떻게 둘 다 사실일 수 있을까?

여자를 비하하지 말라: 금강승불교의 계명들

금강승불교 전통에 전해오는 이 모호성과 모순점은 주류 불교의 핵심적인 가르침과 너무나 상충하기 때문에 특히 잘 살펴봐야 한다.

여성에게 가장 부정적인 인도 불교의 텍스트가 금강승불교의 핵심은 아니다. 그러나 여성에게 가장 긍정적이고 여성이 불교 활동 전반에 적극적으로 참여하는 데 도움이 되는 대승불교의 텍스트는 매우 중요하다. 더욱이 여성 상징주의는 금강승불교에서 핵심이라고 할 수 있지만, 일반적인 종교에서는 보기가 쉽지 않다. 결과적으로, 우리가 조사한 바와 같이 여성과 연관된 전반적인 지혜로움에도 불구하고, 여성에 대한 부정적인 의견은 대부분의 금강승불교 문헌에서 중심적인 구성요소라기보다는 비주류적인 경향이 있다.

대승불교 문학에서 매우 두드러진 여성의 선천적인 특성에 대한 논쟁 대신, 어떤 사람은 간단하게 지나가는 주제들인 사성제의 실천에 관한 수행 매뉴얼, 금강승불교의 힘든 수행, 좋은 업을 많이 쌓아서 그 결과 다음 생에 남성의 몸을 얻게 된다는 것들을 찾을 수 있을 것이다.[70] 대부분의 사람들의 경우에는, 쉽게 이 말들을 지나칠 수 있다. 왜냐하면 모든 금강승불교의 수행자들이 여성에 대해 지켜야 하는 매우 무거운 의무에 비하면, 이는 아주 사소한 것이기 때문이다.

11세기에 사키야 판디타Sakya Pandita는 탄트라불교 수행자라면 반드시 지켜야 하는 의무를 설명하였다. 이 의무는 14개의 근본 사마야the Fourteen Root Samaya와 그 반대인 14개의 근본 파괴the Fourteen Root Downfalls 조항이 있다.[8] 탄트라불교의 수행자가 더 나은 깨달음의 길로 나아가려면

---

8 사마야(samaya)는 금강승불교에서는 특별한 가르침이나 교리 체계를 의미한다. 12세기경 뛰어난 티베트 불교학자 사키야 판디타는 자신의 사마야 상태를 순수하게 유지하는 데 있어, 파괴를 불러오는 요인과 상승을 불러오는 요인을 각각 14가지로 설명했다. 즉, 14가지의 근본 파괴는 스승을 무시하기, 붓다의 가르침을 어기기, 자신의 형제자매를 모욕하기, 지각 있는 존재에 대한 사랑을 포기하기, 보리심을 포기하기, 경전과 탄트라의 가르침을 비난하기, 합당하지 못한 사람들에게 비밀을 말하기, 몸을 학대하기, 공성을 거부하기, 나쁜 관계를 유지하

반드시 이 의무를 지켜야 한다. 사마야 의무는 금강승불교에서 지극히 중요한 일로 결코 가볍게 여겨서는 안 되며, 이를 어기게 되면 매우 큰 처벌이 뒤따른다. 모든 금강승 수행자들이 예외 없이 지켜야 하는 이 의무 가운데, 14번째 근본 파괴는 여기에서 충분히 인용할 가치가 있다.

지혜의 본성을 가진 여성을 분열시키면 그것은 14번째 근본 파괴이다. 즉, 여성은 지혜와 공성(空, 실체가 없는 절대적 존재)의 상징이라는 두 가지의 특징을 보여준다. 그러므로 여성은 영적으로 가치가 없고 부정한 존재로, 좋은 자질을 갖지 못했다고 말하면서 가능한 모든 방법으로 여성을 비하하는 것은 14가지 근본 파괴 가운데 하나에 해당된다. 여성에 관해서 미미할 정도로 비난한다면 그건 정화할 수 있다.

그러나 그 폄하한 여성이 금강승불교의 자매이고, 사람들이 그녀를 적으로 여기게 된다면, 그것은 세 번째로 더 무거운 근본 파괴가 된다. 만약 그 여자가 실제로 금강승불교를 믿는 여성이 아니라고 해도, 그녀에게 친절을 베풀지 않는 것은 네 번째 근본 파괴다.[71]

이 사마야 의무는 두 가지를 증명하고 있다. 사람들에게 관심이 없는 활동은 금지 규칙도 만들 필요가 없는데, 이러한 의무조항이 있다는 것은 여성들이 일부 불교 신자들에 의해 폄하당했음을 짐작할 수 있다. 또한 이 의무를 통해서, 금강승불교에서 권위를 가진 구성원들은 성 불평등이 여성과 남성 모두의 영적 실현에 장애가 된다는 것을 알았음을 보여준다. 나는 어떤 형태로든 여성에 관해 제도화된 사적 편견을 엄격히 불법화하는 종교적 판결은 없었다고 알고 있다.

앞 페이지의 불교 문헌들과 신화에서 인용된 모든 반여성적인 이

기, 공허함에 대해 반성하지 않기, 가르침을 믿는 사람들을 화나게 하기, 사마야 공약을 지키지 않기, 여성을 경시하기 등이 있다.

야기와 의견에 대한 해독제가 바로 이 금강승불교 수행자의 의무라고도 볼 수 있다. 분명히 이 사마야 의무는 아직도 불교에 남아 있는 가부장제, 성차별 그리고 남성 중심주의의 많은 잔재에 대항하여 거부하거나 저항할 수 있는 가장 확실한 정당성을 제공한다. 여성 비하가 단순히 여성에 대해 불평하는 것만을 의미하지 않는다. 불교계에서 그리고 남성 중심 세계에서 전통적 역할로 여성을 제한하거나 주변화하는 모든 입장, 고정관념 그리고 문화적 관습도 포함된다.

여성들은 지혜의 본질이며 지혜와 공성이 금강승불교의 규범적 입장이다. 여성은 본질적으로 현실에 대한 중요한 불교적 통찰력을 상징한다. 그러므로 금강승불교에서 여성의 상징주의가 매우 중시되는 것은 놀랄 일이 아니며, 초기 불교의 경우보다 훨씬 더 중요하다. 페미니스트적인 관점에서 여성 상징과 이미지에 대한 주요 질문은 다음과 같다. 그 상징과 이미지들이 실제로 여성에게 유용하고 여성의 현실을 정확하게 반영하고 있는가? 그리고 그것에 대한 우려를 포함하는가의 여부이다.

전통에 의해 높이 평가되더라도 여성에게 도움이 되지 않고, 심지어 전통을 파괴할 수 있는 여성적 상징들은 그다지 많이 알려지지 않았다. 왜냐하면 그것들은 남성 중심적인 바람과 투영이기 때문이다. 여신이나 다른 고상한 여성 상징의 존재만으로 여성이 좋은 대우를 받거나 인정을 받는 것이 아님은 당연하다. 기독교의 성모 마리아가 대표적인 사례인데, 마리아에게는 경배하고 헌신하지만, 일상의 여성에 대해서는 다소 경멸적인 경우가 많다.

그러나 금강승불교의 전통은 이러한 상징들이 여성의 명예를 훼손하지 않도록 종교적 차원에서 금지하고 있다. 더욱이, 여성 상징주의와 여성을 경멸하지 않는 사마야 사이에는 매우 강력한 상관성이 있다. 여성을 비난하지 않는 이유는 매우 구체적인데, 그들은 지혜의 본성을 지니고 있으며 지혜와 공성을 보여주기 때문이다. 즉, 여성들은 불교의 목표와 이상을 직접적으로 드러내는 존재이기 때문에, 여성들을 비난하는 것은 실제로 불교를 폄하하는 것이 된다. 이것은, 금강승불교의 여성 개념이 다른 종교의 여성 기호와 구별되는 지점이다. 여성들은 기독교에서 성모 마리아의 본질을 가질 수 없으며 그리스도인들에게 자신의 본성을 보여주지 않는다. 사실 마리아에 관해서는 "모든 성 sex 중에서 주님을 기쁘게 했다"[72]고 전해져 왔다.

남성 중심적인 여성과 여성 상징의 관계는 금강승불교에서 발견되는 것과 완전히 반대이다. 이는 민중의 여성혐오적인 인식이나 가부장적인 사회 구조의 모호성을 극복하고 보다 높은 영적 성취를 이룬 티베트 여성들의 출현을 이해하게 만든다. 오랫동안 지속된 불교적 관행을 포함하여 가부장적인 사회 형태가 가장 우울한 성향의 종교적인 규범으로 보존되어 왔다. 금강승불교에서 지금까지도 일어나지 않았던 일은, 여성을 파괴하고 비난하는 여성혐오적인 상징이나 관습들을 적어도 페미니즘적인 통찰력으로 꿰뚫어 보는 지혜를 마음에 새기는 것이다.

인도-티베트 금강승 불교의 여성 원리에 대하여

금강승불교는 여성과 긍정적인 여성적 상징을 폄하하지 말라는 명령을 대승불교의 핵심 가르침으로 확고히 하고 있다. 긍정적으로 의인화된 여성 원리의 전통은 모든 불상의 어머니로서 프라즈나파라미타

Prajnaparamita를 숭배하는 것과 함께 대승불교에서 일찍부터 시작되었다. 금강승불교에서 여성 원리에 대한 이해는 깊어지고 확장되면서 남성 원리와 함께 균형을 이룬다. 이 책의 다음 절에서 설명하겠지만, 이러한 맥락에서 여성 원리에 대한 교리적 분석은 이미지와 관련한 예비적인 설명과 논의가 중요하다.

금강승불교에서는, "존재하는 것"에 관한 가장 적절한 언어는 일원론적이거나 이원론적이기보다는

관세음보살에게 기도하는 상좌부 비구니(베트남)

비-이원론적이라고 주장한다.[73] 다시 말해서, 이질적인 현상들에는 그 특징들이 포함되어 있기 때문에 그 특이성과 개성이 상실되지 않으며, 동시에 그것들은 독립적이라거나 분명하게 분리되어 존재하는 것도 아니다. "2 대 1" 상징주의, 또는 때때로 우연의 일치라고 불리는 비-이중성은 여성과 남성, 남성성과 여성성 사이의 적절한 관계와 상호 작용에 대해 금강승불교의 입장을 이해하는 데 매우 중요하다.

남성성과 여성성의 결합은 이원적 합일을 이루며, 성적으로 포옹하는 부부인 얍-윰yab-yum 상징으로 인격화되며, 금강승불교에 조금이

라도 지식이 있는 사람들은 이에 친숙하다. 또한 상징적인 쌍들의 또 다른 예를 보면, 왼쪽과 오른쪽, 태양과 달, 모음과 자음, 빨강과 흰색 그리고 종과 금강저[74]가 있다. 그것들은 두 개로 완전히 분리될 수 있는 것도 아니고 온전한 하나도 아니다. 그들은 각각 쌍방으로 영향을 미치면서 상호 분리할 수 없고, 서로가 필요한 양자 통합체이다.

이러한 이분법적 통일에서 여성적 원리는 어떤 현상이 일어나고 상호 작용이 미치는 모든 것을 아우르는 공간을 상징한다. 대승불교에서 공간이라는 용어는 공空함을 뜻하며, 공간도 지혜로 본다. 따라서 기본적인 요소는 있지만 한 쌍 중 어느 한 요소가 더 중요하다거나 더 비중 있게 우선순위를 두지 않는다. 공간은 "여성"을 상징하는데, 다양한 금강승불교 수행에서 사람들은 여성의 성기를 훌륭하고 신성한 것으로 인정한다. 모든 현상의 원초적 근원은 "담마진리, 법, dharma의 근원"이며,[75] 아래를 가리키는 피라미드는 탄트라tantric[76] 기호가 인체와 겹쳐질 때 자궁의 위치가 된다(남성 수행자들은 또한 그러한 시각화를 요구하는 수행을 할 때 성기 부분을 진리의 근원으로 여긴다). 공간이 수용하는 것은 남성적인 원리 형태, 활동, 동정심이다. 그들은 얍-윰yab-yum이라는 한 쌍과 다른 여러 측면에서 남성 신으로 나타난다. 독특하지만, "형태는 공허하지만 공한 것이 또한 형태"(색즉시공 공즉시색)라는 점에서, 남성적이고 여성적인 원리, 공간과 형태는 불가분의 관계에 있다.[77]

금강승불교의 영적 깨달음에 대한 또 다른 주요 통찰은 이 금강승불교 계명에서 여성을 폄하하지 말라는 설명에서도 동일하게 나타난다. 금강승불교는 우주에서 일어나는 현상들이 원시적으로 순수하다고 선언하고, 이를 실천한다. 금강승불교인들은 이원론을 적용해서 하나만 받아들이고 나머지 하나를 거부해서도 안 되고, 둘 다 동시에 인정받고 해방되어야 한다고 본다. 한 사람의 세계와 한 사람의 경험은 멸시당해서는 안 된다. 그것들은 깨달음의 암호이고 그 세계로 들어가는 통로이기 때문이다. 남성 중심의 세계에서는 여성들이 쉽게 폄하되기 때문에, 이러한 남성 중심적인 관점은 특히 과소평가한다.

여성을 폄하하지 말라는 명령은 자신의 세계를 거부하고 세상을 극복해야 할 적으로 간주하기보다 오히려 영적인 자극에 감사하는 것으로 나아간다. 이러한 영성에 대한 접근 방식의 일환으로 금강승불교는 세상을 거부하기보다 육체, 섹슈얼리티, 감정을 영적 탐구의 핵심 요소로 간주한다. 긍정적인 여성 상징주의는 여성의 현실과 어긋나지 않고 이 세 가지 모두에서 필수적으로 나타난다. 몸에 대한 탄트라의 논평은 설명이 넘쳐날 정도로 많다. 그러나 모든 금강승불교 수행자들이 길게 설명한 첫 번째 구절이 가장 중요할 것이다:

귀중한 인간의 몸,
자유로이 움직일 수 있고 잘 생겼으며
얻기 어렵고 잃기 쉽다…[78]

여성 명상가는 남자와 같은 방식으로 소중한 인간으로 자신의 탄생을 칭송한다. 더욱이 여성 신체는 이미 법의 근원인 자궁에 대한 논의로 증명되었듯이 때로는 칭찬과 존경을 받기도 한다. 섹슈얼리티는 경이로운 경험으로 검증되기 때문에 금강승불교에서는 피할 수 없으며, 많은 수행에서 일상적인 상징으로서 시각화된다. 개념상 성적 상징은 여성의 상징성을 전제로 한다. 마지막으로, 금강승불교에서는 깨달음의 원료로 감정을 중시한다. 다섯 개의 신경증적인 감정, 이 다섯 개의 깨달은 지혜가 되는 방법은 사람들이 명상을 할 때 선호하는 주제이다. 그 명상 속에서 감정은 억압된 것이 아니라 부정적인 차원으로부터 해방된다.[79]

육체와 성, 감정을 의심하거나, 또는 그것을 영적으로 여기기보다는, 전통적인 영적 관행처럼 여자들은 종종 이 셋 모두와 동일시되고 그들을 흥분시키기에 비난의 대상이 된다. 그러나 만일 육체와 성적 욕구와 감정이 영적으로 나아가는 길목에 없어서는 안 될 존재로 생각한다면, 여성을 폄하하기보다는 숭배해야 한다. 비-이중성non-dualism에 중점을 두고 결합을 중시하는 금강승불교는 감정을 상대방에게 투사하지 않는다. 오히려 명상 훈련을 통해서 일관되게 자신의 감정을 자신의 것이라고 주장하도록 장려한다.

일부 페미니스트들은 진정한 양자 일치가 불가능하다는 의구심을 제기했다. 좀 더 추상적으로 말하면, 그들은 진정한 비-이중성이 불가능하며, 유일한 선택지는 이원론 또는 일원론이라고 주장한다. 상징적 우주에서 두 요소가 중심이 될 때마다 그들은 서로 경쟁할 것이고, 둘 사이에는 계층적 순위가 있을 것이다. 많은 시스템이 한 쌍의 요소가 모두 중요하고 필요하다는 것을 선언할 때조차 미묘한 이원론을 유지한다. 중국의 우주론적인 음양 사상에서 음의 원소에 붙어 있는 모호함이 좋은 예다.[80] 이러한 이원론에서 남성적 요소인 활동성이 여성적 요소인 연민보다 높은 가치를 부여받을 가능성이 있는가? 그렇지 않다. 이것은 탄트라 명상 의식에서 여성적이고 남성적인 원리에 대한 상징을 알차게 활용하기 위해 수행자에게 주어지는 구술 지시에서도 분명하게 드러난다.

오른손과 왼손, 남성적인 것과 여성적인 것, 금강저와 벨, 이들의 상호 작용, 공동의 필요성, 평등. 더 심각한 질문은 남성적이고 여성적인 원칙에 대한 강조가 성별 고정관념을 극복하는 것이 아니라 강화하는 것이 아닌가에 대한 우려일 것이다. 여성들은 활동적이기보다는 수용적이고 공간적인가? 남자는 세상을 구하기에 바쁘지만, 세상은 너무 넓고 조용하지 않은가? 인간의 신체적인 성과 일치하는 원리만을 개발하고 노력해야 한다는 것은 금강승불교의 가르침이 결코 아니다.

오히려 수행자는 항상 넓은 공간과 효과적인 활동으로 지혜와 연민을 발전시키기 위해 노력해야 한다. 여성과 남성은 똑같이 자신을 남성 이담 또는 여성 이담, 또는 둘 다로 시각화하는 수행을 한다. 남녀 수행자들은 성별 고정관념에 따라 여행을 시작할 수도 있지만, 그러한 방식은 나의 경험과 관찰에 의하면 대개 감소하는 경향이 있다.

젠더화된 의례: 인간과 "신성함"

보다 실질적이고 골치 아픈 질문들을 통해 금강승불교가 섹슈얼리티 의식과 관련하여 매우 유명하거나 악명 높은 일이 발생하기도 한다. 어떤 사람은 종종 수행자들이 그들의 종교적인 관습의 일부로서 배우자(이담)가 있다는 것을 안다. 게다가, 이담들은 일반적으로 시각적으로 표현되고 성적으로 받아들여진다. 인간과 '신성함' 사이에서, 성적 동반자 관계라고 해서 여성 파트너가 남성과 동등하게 중요한 존재로 간주되는 것은 아니다. 종교의식은 진정한 동반자 관계보다는 일방적으로 그와 그의 배우자에게 집중할 수도 있다. 질문을 가장 직설적으로 하자면 이렇다. 등장하는 여성은 파트너인가 아니면 남자가 자신을 완성하고 그의 수행을 제대로 하기에 필요한 의식적인 수단인가? 이 질문은 먼저 인간 파트너 중 한 명에게 물어봐야 하며, 다음에 탱화에서 묘사되고 수행 실습에서 시각화된 신성한 이담 파트너에게 물어봐야 한다.

방대한 역사서인 『인도-티베트 불교』에서, 데이비드 스넬그로브 David Snellgrove는 인도와 티베트의 탄트라불교 신자들의 성적 요가 관습에 많은 관심을 기울였다. 그의 견해에 따르면, 성적 요가의 문자적인 수행은 한때 꽤 성행했고, "성적 만족은 깨달음의 수단으로 간주된다"는 데 의문의 여지가 없다.[81]

그러나 여성 파트너는? 대부분의 문헌들과 수행 방법들은 남성적인 관점으로 썼고, 여성을 파트너라기보다는 도구처럼 대하고 있었다. 스넬그로브는 한 텍스트를 번역했는데, 거기서 "아름다운 눈의 상징을 얻고 젊음과 아름다움을 지녔던" 한 학생은 선생님께 "… 고운 옷과 화환과 샌들우드향으로 장식하고, 자신을 소개한다." 그 후 그와 그녀는 그의 스승을 숭배하면서 탄트라 과정에 입문하게 된다. '축복받은 스승'은 상징과 합체하고, 제자들에게 '누가(다음 순서로) 상징과 합체하겠느냐'고 묻고 그녀를 의례에 바친다.[82]

그렇다면 그녀도 수행이 시작되었는가? 아니면 그녀가 필요한 의식 도구 중 하나인가? 그는 어떻게 그의 상징을 얻는가? 그녀가 더 이상 "젊고 아름답지 않을 때 그녀는 어떻게 될까?" 스넬그로브Snellgrove가 번역한 텍스트 중 하나는 남성수행자가 여성의 입문을 위한 준비과정에서 여성에게 지시하도록 만든다. 먼저 그는 한 달 동안 혼자서 수행한다. 그런 다음 그는 "이 소녀의 팔을 벌리고 젊음과 아름다움을 부여받으며" 기본적인 법과 명상 기술을 가르친다. "한 달 안에 그녀는 건강해질 것이다. 그것은 의심의 여지가 없다. 그래서 이 소녀는 모든 잘못된 생각에서 벗어나 마치 이 행위가 자신에게 이익이 되는 것처럼 생각한다."[83] 하지만 스넬그로브의 결론은 상당히 부정적이다.

> 이러한 탄트라에서 여성에 대한 찬사와 그녀의 높은 상징적 지위에도 불구하고, 전 과정에 대한 이론과 실천은 남성에게는 확실히 이익이 된다. 높은 수준의 종교생활을 추구할 때 여성의 이익을 상대적으로 소홀히 하는 것은 모든 시대의 불교에서 일상적으로 볼 수 있었다. 그러나 단순히 그녀의 능력이 여성 몸에 갇혀 있다고 의심을 받는다고 해서 이런 형태의 감성적인 불교가, 마침내 그녀에게 약간의 희망을 주는 듯 보일지라도, 실제 현실에서는 여성에게 이익을 주지는 못하는 것 같다.[84]

권위 있는 지도자와 논쟁하기가 어렵지만, 특히 그가 많은 경우에 분명하게 옳았기 때문에, 어떤 증거들은 지도자의 주장과 차이가 있음을 느낀다. 역사적으로 여성은 본격적인 파트너가 아닌 단순한 의식 도구로 항상 대우받지 못했다. 전기 문헌들은 의례와 관련된 텍스트, 특히 성적 요가를 연습한 예세 초겔과 같은 여성의 몇 가지 전기와는 다소 다른 그림을 제공한다. 매우 남성 중심적이지만, 위대한 수행자들의 이야기에서 그들의 배우자는 단순한 도구로 묘사되지 않고 파트너로서 묘사된다. 사라Sarah의 이야기와 수행의 84개 모음집에 대한 다른 많은 이야기에서 이미 논의된 것처럼, 남녀 파트너는 함께 다키니의 영역으로 가는 수행자들이다.

인도를 떠나면 그리워질 모든 것을 노래하고 있는 마르파Marpa의

'인도와의 작별의 노래'에서 그는 의례 수행자들에 대해 진정한 애정을 가지고 말한다.[85] 여성들의 입장에서 보면, 어떤 설명들은 분명 성스러운 성직자들이 뛰어나고 능숙한 여성 실천가들이 만났다는 인상을 준다. 의식을 행할 장소에서 남성수행자 요기와 여성수행자 요기니는 서로 같은 종파와 혈통에 속함을 식별하기 위해 "여성들이 상대 성에 반응하는 자극이 될 수 있도록" 팻말을 사용한 것으로 보인다.[86] 여성을 파트너로서가 아니라 의례 도구로서 간주하는 경우도 많았다고 느끼는 것은, 의례 관련 문헌을 기록하는 사람들의 현실적인 실천 내용과 경험보다는 남성 중심적인 기록과 글쓰기 방식과도 연관이 있을 수도 있다.

오늘날의 금강승불교에서, 성적 요가에 대한 일반적인 해석은 문자 그대로, 혹은 외부에서 행해지는 의식으로서가 아니라 내적 상징적 과정으로 이루어진다. 그러므로 이러한 논의의 많은 부분이 무의미하다고 할 수 있다. 성적 관계는 비언어적 시술자들에게 중요한 삶의 한 측면으로 인정받고 있지만, 말 그대로 술을 마시고 고기를 먹을 수도 있는 탄트라 잔치는 문자 그대로의 성행위를 수반하는 것은 아니다. 의례적인 성에 대해 훨씬 더 문제가 되는 질문은 남녀를 성적으로 포용하는 전형적인 묘사와 연관이 있을 때 발생한다. 이 이미지는 예술 작품이 아니다. 금강승불교 수행에서 추구하는 정신적 변혁을 위한, 실질적인 보조가 되는 시각화를 위한 것이다. 시각화란 제작된 탱화 그림과 삼차원적인 아이콘들을 수행에 활용하는 것을 말하는데, 이는 금강승불교인이 아닌 사람들에게도 친숙하다.

비-이원론과 깨달은 정신 상태를 상징적으로 표현한 것으로, 이 성적인 이미지는 금강승불교 수행자들에게 매우 친숙하다. 그러나 이 이미지의 일반적인 형태는 현실적인 문제를 제기한다. 그로 인해 남성의 신성이 종종 우세한 것처럼 보이기 때문이다. 그 커플에서 여성은 등을 보이고 남성은 앞모습이 전면으로 향하고 있다. 그녀의 얼굴은 뒤로 젖혀져 있고, 그의 얼굴은 보는 사람을 똑바로 쳐다보기 때문에 그의 얼굴만 보인다. 두 사람의 색깔이 비슷한 경우에는 팔, 다리, 머리 등이 의식 도구의 한 덩어리로만 보이기 때문에 세밀하게 보아야 겨우 그녀의 형태를 알아볼 수 있다.

이러한 배치는 그녀가 그의 완성을 위해서는 필요하지만, 그녀 개별적으로는 그다지 중요하지 않은, 남성 이담이 가지고 있는 의식 중 하나인 아니마[9]라는 결론을 내리기가 쉽다. 그녀가 단지 그의 한 측면으로 여겨져야 하는가, 아니면 그의 확장으로 보아야 하는가? 금강승 불교의 가르침을 기반으로 누군가가 이렇게 묻는다면 항상 모순적이라고 생각되는 것을 피할 수 없다.

이러한 시각적 어려움 중에 일부는 전통적인 미묘한 남성 중심주의로부터 비롯된다고 본다. 다른 것들은 기술적인 문제들, 특히 이차원적인 부분에서 기인한다. 만약 그의 키가 더 크다면, 그의 등은 물론 그녀의 앞모습을 볼 수 없도록 막아버릴 것이다. 만약 그들이 옆에서 묘사된다면, 그들은 더 평등하게 보일 것이다. 하지만 그들이 강하게 성적 열정에 대한 설득력 있는 포즈로 고개를 돌리지 않는 한, 쳐다보는 사람들에게 이 두 얼굴은 보이지 않을 것이다. 그럼에도 불구하고, 나는 이것이 금강승불교가 남성 중심적인 측면에 더 민감하여 그 때문

---

[9] 정신분석학자 칼 융이 만든 용어로, 남성의 무의식 속에 원초적으로 부여된 여성적 특성은 아니마(anima), 여성의 무의식 속에 있는 남성적인 특성은 아니무스(animus)라고 한다.

에 여성 폄하가 생긴다고 느낀다.

그렇기에 이는 반드시 해결해야 할 문제라고 믿는다. 예를 들어, 화가는 선명한 색상으로 차별화하거나 두 형태 사이의 경계를 분명하게 해서 둘의 차이를 더욱 분명하게 구별할 수 있다. 이 점에서 최근의 몇몇 탱화들은 오래된 것보다는 훨씬 더 조심스럽다. 이러한 시각적 어려움은 또한 너무 많은 상징이 여성적이고 남성적인 원리의 동시대적 속성을 강조하며, 또한 의식적인 수행에 사용된 이담 커플을 시각화하고 있다는 사실에 의해서 점차 완화되고 있다. 외부인들은 탱화에 그려진 성적인 포즈만으로는 완전한 정보를 가질 수 없다. 이담 부부의 실천에 들어간 사람은 누구나 개별적으로 꽤 친숙하다. 그녀는 단순히 남성 이담의 동반자가 아니라 그녀 자신의 권리를 가진 중심적이고 중요한 이담이다.

여성 이담이 혼자 그려질 때, 그녀는 느슨하게 팔을 구부리고 있다. 갓 절단된 두개골부터 마른 두개골까지 다양한 분해 단계에 인간 머리 3개를 탑재한 이 이담은 상징성으로 가득 차 있다. 한 가지 의미는 이 상징이 그녀의 동료를 은밀히 대변하고 있다는 것이다. 이미 일부 페미니스트 여성 수행자들은 이 여성들과 그녀의 비밀스러운 동반자의 상징성에 대해 매우 신선하고 연관성이 깊은 의미를 발견했다. "그녀는 그것을 가지고 있지만 그것을 붙잡지는 못한다. 그녀는 그것이 필요할 때 사용하기 위해서 옆에 두면서 가지고 있어야 할 물건으로 인식하지만, 그것을 별개의 것으로 인식한다."[87]

의례와 문학에 나타난 다카daka들과 다키니dakini들

금강승불교의 남-여 관계는 인간이건 '신성한 존재'이건 상관없이 일상적인 성 역할과는 다른 차원을 보여준다. 다키니dakini와 같은 여성적 원리는 전기 문헌과 금강승불교의 의식적인 명상에서 매우 중요하다. "다키니"라는 용어는 다소 복잡하고 다양한 의미가 있다.[88] 전기 문학에서 다키니는 금강승불교의 수행자들에게 메신저, 알림이, 계시자 역할을 하는 계몽적이거나 통찰력을 가진 여성을 뜻한다. 그들은 인간일 수도 있고 인간이 아닐 수도 있다. 많은 여성이 다키니들이며, 마하싯다Mahasiddha(위대한 수행자)들은 끊임없이 그들을 만나고 있다.

마하싯다의 인간 배우자도 종종 다키니라고 한다. 신비하고 장난스럽고, 쉽게 알아차리기 어려운 여성들이, 마하싯다에게 어떤 비판적 지점을 상기시키거나 더 큰 목표에 도전하게 만든다. 위대한 마하싯다인 나로파Naropa는 신비롭고 추악한 노파의 도발에 의해 탄트라의 길에 들어섰다.[89] 그 노파는 76세의 다키니였고, 그들은 지상이 아닌 영역에서 가르침을 전하고 있었다. 너무나도 뛰어나고 중요한 마하싯다인 틸로파Tilopa는 "다키니들의 궁전을 습격함"으로써 가르침을 얻은 것으로 알려져 있다. 그리고 마하싯다가 죽을 때 종종 다키니의 영역으로 간다고 한다.

오늘날 금강승불교 수행자들은 정기적으로 명상 수행에서 다키니를 만나게 될 것이다. 다양한 수행의 시각화視覺化 방법에 의하면, 핵심 이담yidam 또는 이담 커플은 다키니들에 둘러싸여 있다. 이러한 주변의 다키니는 보통 명상 수행자에게 중요한 상징적 의미를 지닌다. 사다나 의례 중에 제물을 바치거나 심부름을 시키기 위해 다른 여성들을 불러내기도 한다. 그 결과는 의인화된 형태의 유일한 남성으로 중앙에 있는 남성 이담은 매우 여성스러우며 우주가 시각화된 존재이다. 사다나 의례가 여성 이담에게 초점을 맞춘다면 남성의 존재는 전혀 필요치 않다.

남성과 동등한 존재인 다카daka가 알려지면서, 때로는 수행 의례에서 그들이 역할을 한다는 것도 중요하다. 그러나 그들은 전기 문헌에서 거의 찾아볼 수가 없다. 실제로 그들은 금강승불교의 전체 세계에서 중요하지 않으며 여성보다 훨씬 덜 눈에 띈다. 무슨 일인가? 여성의 중요성이 인정받은 것인가? 또는 이것은 자신을 알아차리고 타인을 돕기 위해 헌신하는 여성 집단으로 둘러싸이는, 궁극적인 남성 판타지인가? 그리고 진짜 여성으로 확인된 수행자들은 이 모든 상황과 어떻게 연관될까? 만약 전통이 논리적이지 않다면, 마하싯다의 절반 정도가 여성이라면, 우리는 다카와 다키니 수의 불균형을 발견할 수 있을까? 아니면 다카의 신화나 상징성이 더 발달했을까?

이 모든 것들이 불교가 궁극적으로 성평등을 위한 재구축을 목표로 나아갈 때 고민해야 할 중요한 문제들이다. 먼저, 다키니의 핵심적인 중요성은 여성과 그들의 상상력, 통찰력, 강인함에 대한 인식에서 비롯된 것이다. 여성과의 접촉을 두려워한 초기 불교에 대한 상쾌한 반전이다. 또한 여성들이 불교문학 작품을 쓸 때 창의적인 의견을 가지고 있다면, 다카의 모습이 매우 부드럽게 풀릴 것으로 보인다.[90] 여성의 관점에서 여-남 관계에 대한 다양한 여성 원칙과 다양한 금강승불교 표현에 관해서도 여전히 많은 부분을 분명히 할 필요가 있다.

여성의 관점에서 다카들에 대해 더 많은 연구를 한다고 해서 다키니가 여성 수행자들과 무관하다는 것을 의미하지 않는다. 다키니는 일반적으로 묘사되는 것처럼 강력하고 창의적이며 지적인 여성 이미지로, 치유력을 가지고 있으며 또한 여성에게 도움이 된다. 특히 가부장적이거나 남성 중심적인 맥락에서도 그러한데, 예세 초겔과 다키니의 교류 이야기는 그 좋은 예이다. 설산에서 삼 년 동안 은둔하면서 음식을 거의 먹지 못하고 생활한 초겔은 거의 죽음에 처해 있었다. 그녀는 자신의 스승에게 기도하고, 마음 깊은 곳에서부터 울부짖으며, 다키니에게 끊임없이 제물을 바치는 것을 시각화(관상)했다.

> 그러자 벌거벗은 채 뼈 장식의 덮개조차 없는 붉은 여자가 내 입에 그녀의 성기를 들이밀었고, 나는 그녀의 엄청난 피를 깊이 마셨다. 그 후 나의 삶은 건강과 행복으로 가득 차 있었다. 나는 눈사자처럼 강인함을 느꼈고, 표현할 수 없는 진리가 깊이 흡수됨을 느꼈다.[91]

타라 보살과 금강승불교의 수행녀들: 두 여자 이담들

여성의 이미지와 금강승불교에서 발견되는 여성 원리는 여성 이담(금강승불교의 명상 수행에서 동일시하는 명상 여신)에 의해 가장 잘 전해진다. 인도와 티베트 금강승불교에서 여성의 역할과 이미지에 대한 이러한 논의는 티베트 불교의 모든 실천가에게 잘 알려진 온화하고 매력적인 여성 이담인 타라 보살 그리고 매우 복잡하고 사납고 강렬한 바스라요기니Vajrayogini나 바스라 바라히Vajravarahi에서 잘 알 수 있다.

여성 구원자인 타라 보살은 확실히 티베트의 가장 유명한 명상 여신 중 하나이다. 바이어Beyer에 따르면,[92] 티베트 성지들은 흔히 그녀의 아이콘으로 넘쳐나지만, 베일에 가려진 더 많은 이담으로 둘러 싸여있을 때도 있다. 그녀는 일상생활을 하는 많은 사람에게 기도의 대상이 되기도 하고, 그녀의 만트라mantra10는 가장 잘 알려지고 널리 사용되는 만트라 가운데 하나이다. 그녀의 수행방식을 실천하는 것은 누구나 언제든지 가능하며, 그 실천은 사실상 어느 누구에게나 권장된다.

타라 보살에 대한 유명한 이야기는 두 단계로 전해진다. 지금은 그녀를 뛰어난 보살이나 완전히 깨달은 붓다라고 말하지만, 한때는 모든 깨달은 존재와 마찬가지로 평범한 인간이었다. 그녀는 "깨달음에 대한 생각"(thought of enlightenment, bodhicitta, 깨달음을 향한, 혹은 이미 깨달은 마음)으로 오랜 세월 동안 다양한 분야에서 보살행을 실천했다. 대승불교에서 여성에 관해 토론할 때 그녀의 이야기가 종종 주제로 등장하는데, 티베트의 뛰어난 스승인 타라나타Taranatha는 1608년 타라 보살에 대한 표준적인 "역사"가 된 책을 썼다.

그의 이야기에 따르면, 지혜의 달이라는 이름의 공주가 아주 오랜 세월 동안 붓다와 그의 수행자에게 많은 제물을 바쳤다고 한다. 마침내 처음으로 그녀에게서 보리심이 생겨났다. 그때, 참석한 승려들이 말하기를 "당신의 행동이 가르침과 일치하도록 기도한다면 당신의 몸이 남자로 바뀔 것"이라고 제안했다. 오랜 논의 끝에 그녀는 다음과 같이 말한다. "다음 생에서는 '남성'과 '여성'이라는 구분이 없으므로 '남성'과 '여성'이라는 생각에 대한 애착은 쓸모가 없다. 세상 사람들은 항상 이것에 현혹된다." 그리고 그녀는 맹세한다. "사람의 몸으로 깨달음을 얻으려는 사람이 많지만, 여성의 몸으로 지각 있는 인간의 행복을 위해 깨닫기를 원하는 사람은 거의 없다. 그러므로 윤회를 다할 때까

---

10 신비하고 영적인 능력을 가진다고 생각되는 신성한 단어 혹은 구절.

지, 나는 여자의 몸으로 사람들의 행복을 위해 노력하겠다."93

그녀는 동아시아에서는 여성으로 알려진 관세음보살, 인도에서는 남성 보살인 아발로키테스바라Avalokitesvara의 눈물에서 유래했다고 한다. 아발로키테스바라는 아무리 많은 존재들을 구했어도 수많은 사람들이 여전히 윤회를 거듭하며 고통받는 것을 보고 눈물을 흘렸다고 한다. 그의 눈물 속에서 푸른 연꽃(타라가 잡고 있는 것)이 자라났고 타라는 그 연꽃 위에서 태어났다.94 산스크리트어와 티베트 시에서 자주 묘사되는 그녀의 외모와 중생 구제를 위한 노력은 많은 이들에게 널리 광범위하게 알려져 있다.95 가장 잘 알려진 형태의 타라Tara는 21명의 작은 인물들로 둘러싸인 전통적인 탱화로 "스물한 개의 존경"(Prime in Twenty-One Homits)을 뜻하며, 이는 그녀가 수행하는 모든 활동을 대표한다.

타라에 대한 이러한 일련의 찬양은 타라를 하나의 이담으로 삼고 명상하기 위해 작곡된 사다나들에서 발견되며 널리 알려졌다.96 나는 이러한 찬사들을 요약하거나 완벽하게 묘사하기보다는, 그녀를 위해 작곡된 많은 헌신적인 시들 가운데 두 구절을 인용하고자 한다. 이 묘사는 그녀의 가장 중요한 특징들을 포함하고 있으며, 이담의 형태나 외모에 대한 중요한 상징적 의미를 설명해준다. 이 인용문은 그녀를 통해 명상할 때 타라처럼 자신의 모습을 자기 시각화하는 데도 사용한다.

연꽃자리 위에,
공성에 대한 순수한 이해를 위해,
에메랄드색, 하나의 얼굴,
두 팔의 소녀,

녹색 타라 보살

젊음으로부터 활짝 피어나서 오른쪽 다리를 빼고,

그리며, 왼쪽을 그리며,

통합법과 지혜로움을 그대에게!

훌륭하고, 충만한 젖가슴, 순결한 축복의 보물,

보름달처럼 찬란한 미소를 띤 얼굴,

침착하고 넓고 인정 많은 눈을 가진 어머니,

카디라 포레스트토의 아름다움!

나는 고개를 숙인다.[97]

　　본문에 설명되지 않은 것은 타라 보살의 녹색이다. 다른 색깔의 타
라 보살도 있지만, 녹색 타라 보살이 가장 인기가 있다. 탄트라불교의

상징주의에서 녹색은 지혜가 뛰어난 특화된 붓다와 보살의 행동들을 상징하는데, 이 색은 타라가 중생을 구제하기 위한 끊임없는 활동과 일치한다. 따라서 녹색 타라 입문 과정에서 종종 그녀를 향한 기도는 주요 프로젝트가 진행 중이거나 활동 중인 사람들에게 권장되기도 한다.

타라 보살에게 바친 헌신적인 시의 대부분은 그녀의 다양한 활동들을 칭송하는 내용이다. 그녀가 실천한 활동의 표준 레퍼토리는 여덟 가지 위험으로부터 사람들을 구하는 것도 포함한다. 일부 목록에서는 타라 보살이 구해주는 다른 위험이나, 혹은 때로는 8개 이상의 위험도 있다. 여덟 가지 위험의 목록에는 불, 물, 감옥, 도적, 코끼리, 호랑이(또는 사자), 뱀, 악령 등이 포함된다. 이러한 것들은 고대 인도의 환경에서 누구나 걱정하는 일상적인 위험으로 사람들에게 인식되었을 것이다.[98] 타라 보살은 매우 쉽게 다가갈 수 있다. 그녀는 영적인 문제뿐만 아니라 이러한 일상적인 위험으로부터 사람들을 돕는다. 어떤 사람이 원하면 여덟 가지 위험 중 어떤 것이든 영적인 방법으로도 도울 수 있는데, 그것은 때때로 그녀를 찬양하는 매우 헌신적인 사람들에 의해서 행해지기도 했다.[99]

타라 보살이 도움을 요청하는 사람들을 어떻게 구했는지에 대한 많은 이야기 중에서, 나는 타라나타Taranatha가 서술한 두 가지가 특히 매력적이고 흥미롭다. 타라 보살은 다음과 같은 방법으로 도적에게서 한 사람을 구했다. 그녀는 상하미트라라는 사람의 꿈에 나타나 대승불교의 가르침을 공부하라고 했다. 그는 카슈미르로 가기 위해 출발했으나, 도중에 따뜻한 인간의 피를 바쳐 두르가(인기 있는 힌두교 여신)를 숭배해야 한다고 주장하는 도적들에게 붙잡혔다. 그들은 그를 "납골당 같은" 두르가 신전으로 데리고 갔다. 그는 타라에게 기도했고, 두르가 이미지는 자연스럽게 여러 조각으로 갈라졌다. 도적들은 겁을 먹고 그에게서 도망쳤다.

또한 타라 보살이 호랑이로부터 사람을 어떻게 구했는지에 대한 이야기도 매우 흥미롭다. 붓다께서는 호랑이굴이 많은 빈 마을을 여행했다. 그가 마을이 비어있는 이유를 물었을 때, 사람들은 호랑이들이 매일 사람을 잡아먹었다고 답했다. 그러자 그는 마을 사람들을 돕고자 하는 동정심이 크게 일어났다. 그는 호랑이들을 향해 걸어가서 타라 보살에게 기도하고 만트라를 읊은 후 물을 뿌렸다. 그러자 호랑이들은 평화로운 마음을 갖게 되었다. 그 후 그들은 살아 있는 생명체를 해치지 않고 사람을 잡아먹기를 멈추었다. 호랑이들은 운 좋게 채식주의자로 살 수 있는 존재로 다시 태어나면서 이야기는 행복하게 끝난다.[100] 평화로운 이담인 타라 보살의 온화함을 이보다 더 생생하게 표현할 수는 없다.

중생 구제를 위해 노력하는 바즈라요기니Vajrayogini[11]나 바즈라바라히Vajravarahi[12]의 수행을 제대로 이해하는 것은 쉽지 않다. 그녀는 분명히 아누타라 요가탄트라 중에서 가장 중요한 여성 이담으로, 대부분의 분류 체계에 따르면 탄트라 중에서 가장 높고 심오한 단계이다. 이 탄트라에서 그녀는 높은 수준에 있는 수행의 중심 이담으로, 카크라삼바라Cakrasamvara와 헤바즈라Hevajra와 같은 중요한 남성 이담의 배우자로도 칭송된다. 그녀에게 입문하기란 타라보다 훨씬 어렵고, 수행은 훨씬 더

---

11 바즈라요기니(금강유가모)는 탄트라불교에서 깨달음에 이르게 하는 인식능력의 여성적 형상화인데, 명상신으로 더 이상 윤회하지 않는 가장 높은 차원의 깨달음에 도달하기 위한 수행을 돕는다.

12 바즈라바라히(금강해모)는 여성신으로 초월적인 지혜를 상징하며, 붉은 다키니 형상을 한 즐거움의 화신이다.

제한적이다. 왜냐하면 그녀는 매우 분노한 이담으로서, 자신의 거칠고 길들여지지 않은 격렬한 에너지나 "엄청나게 강한 욕망"을 감당할 준비가 되지 않은 수행자를 압도할 수 있기 때문이다. 따라서 그녀에 대한 논평은 구술 전통에서도 더욱 제한적이다.

바즈라바라히의 탱화 그림이나 선 그림은 비교적 동일하게 나타난다.[101] 바즈라요기니로서 자신을 시각화하는 수행자가 젊음을 찾게 해달라는 등의 기도를 하는 것은 아니므로, 항상 그러하듯이 사다나 본문에는 그녀의 모습에 함축되어 있는 다양한 의미들을 일관성 있게 설명할 수 있다. 예를 들어, 그녀는 갓 절단된 듯한 51개 머리로 만들어진 화환을 걸치고 있는데, 이것은 움켜쥐고 고정하려는 습관적인 패턴에서 벗어나는 것을 의미한다. 또한 덫에 걸린 칼과 피 또는 암리타amrita[13]로 가득 채운 해골 컵을 옮긴다. 그녀는 팔짱을 끼고 인간을 발로 밟고서, 벌거벗은 채로 뼈 장식을 하고, 연꽃과 시체, 둥근 원반 위에서 춤을 춘다.[102]

또한 그녀는 그녀와 거의 유사한 생김새를 가진 네 다키니들에 둘러싸여 있는데, 그들을 구체화한 만다라의 동그라미에 맞는 색상(파란색, 노란색, 빨간색, 녹색)으로 되어 있다. 따라서 그녀의 수행은 밀교에서 매우 중요하며, 다섯 가지 기본 에너지가 모두 소용돌이치고 변환되는 완전한 우주를 포함하고 있다. 바즈라요기니를 이담으로 하고 수행하는 것은 비교적 진취적이고 위험한 것으로 여겨지는데, 그녀는 일반적으로 사람들의 이익을 위해 실천하는 구세주가 아니라 궁극적인 깨달음을 위해 수행하는 것으로 여겨진다. 그러므로 그녀는 종종 무시무시

---

[13] 탄트라 제례 예식에서 많이 사용되는 "죽지 않는" 암브로시아 액체.

한 방법으로 혼란과 집착을 극복하는 마음 상태를 만든다고 찬사를 받는다. 이러한 찬사들은 초감 트룽파Chogyam Trungpa에 의해 매우 훌륭한 글로 잘 번역되고 적절하게 설명하고 있다.[103]

그중 일부는 바즈라요기니의 매우 강렬하고, 아주 격앙된, 도발적인 모습을 충분히 보여준다. 또한 깨달음을 증진하기 위한 목적으로 그녀의 활동을 잘 전달하는데, 여기에는 그녀의 얼굴을 칭찬하는 말들도 있다.

> 당신의 얼굴은 잡다한 생각이 없음을 보여준다.
> 변하지 않는 담마까야(法身),
> 당신은 분노의 자비심으로 그들의 요구를 충족시키며
> 인간에게 혜택을 준다.
> 나는 아무런 생각도 않고
> 존재들에게 도움을 주는 당신에게 굴복한다.

그녀의 노여워하는 모습은 많은 찬사를 불러오기도 한다.

> 벌거벗고, 머리가 풀리고, 결점이 없고 무시무시한 형태로,
> 아첨꾼의 악행을 넘어서서,
> 지각 있는 존재들에게 도움을 준다.
> 자비의 갈고리로 여섯 영역[14]에서 존재들을 이끌며,
> 붓다의 가르침에 따라 수행하는 그대에게 굴복한다.

---

14 불교의 세계관인 지옥, 아귀, 축생, 아수라, 인간, 천상, 즉 모든 생명체가 살고 있는 세계를 의미한다.

마지막 찬사는 그녀를 모든 불상의 어머니인 프라즈나 파라미타 Prajnaparamita와 연결짓는 것이다. 이것은 확실히 그녀의 격렬한 모습과 행동이 지니는 의미와 목적을 요약하고 있다. 이는 수행자들의 본래 에너지를 불러오고, 수행자들이 그들과 친숙하도록 만들고, 길들이고, 또 그들의 에너지를 매우 빠르고 효과적으로 활용하기를 희망하는 것이다.

프라즈나 파라미타,
말로 표현할 수 없고,
생각으로도 설명할 수 없는,
끊임없는,
하늘 같은 본성을 가진,
분별력을 가진, 인식의 지혜로 경험할 수 있는,
세 번의 승리자의 어머니,
나는 당신을 칭송하고 엎드린다.

이 두 가지 의인화된 깨달음의 표현은 금강승불교의 핵심이다. 시각화할 수 있고 연관될 수 있는 인간의 모습을 표현한 것으로, 철학적이라기보다는 언제나 깨달음이 실현되기를 기다리는 정신의 본질을 잘 보여준다. 온화한 타라 보살의 미소가 사람을 혼란에서 깨달음으로 나아가게 만들지 못한다면, 아마도 바즈라요기니는 송곳니로 가득한 얼굴을 찡그릴 것이다. 그러나 분명히, 여성을 폄하하지 말라는 명령과 함께, 금강승불교의 전통은 이 멋진 여성 이담들이 자유분방한 형태로 자신의 마음의 본질을 탐색하는 이들에게 나타난다.

이 장에서의 연구는 현재 모든 형태의 불교에서 발견되는 여성의 역할과 이미지의 한계를 보여준다. 여성을 폄하하지 말라는 핵심적인 수행 명령과 금강승불교에서 뛰어난 여성 이담의 중심적 역할 사이에서, 남성뿐만 아니라 여성의 정신적 발달과 성숙에 이보다 더 유리한 종교를 상상하기 어렵다(성차별적 혹은 남성 중심적인 환경이라 할지라도 남성들도 곧 온화하고 성숙한 인간으로 발전할 것이다). 따라서 이처럼 역사적으로 엄청난 힘을 가진 여성들의 존재에도 불구하고, 금강승불교의 사회적 현실은 슬픔과 회한을 불러일으킨다.

7장
결론: 여성 영웅들과 표상적인 여성들

　불교 역사 전반에 걸친 여성의 역할과 이미지 관련 연구는 불교에 대한 대부분의 설명을 특징으로 하는 네 층위의 남성 중심주의를 넘어 정확하고 유용한 과거를 제시한다. 이제는 이 장을 요약하고, 평가를 마무리할 때다. 일부는 익숙한 것으로, 불교 역사의 각 시기에 증명되었다. 다른 부분들은 역사 전체가 가시화되기 전까지는 분명하지 않다. 불교사 전반에 걸쳐 여성의 역할과 이미지에 대한 정확한 기록은 크게 세 가지로 요약할 수 있다. 이들 중 가장 중요한 것은 이미 우리들이 잘 알고 있다. 불교사를 통해, 여성에 대한 올바른 이미지와 역할은 항상 이슈가 되어왔고, 여성에 대한 두 가지 주요한 태도가 항상 존재했다.

　불교의 어떤 주요 시기나 형태에서도, 우리는 여성에 대한 부정적인 주장과 텍스트를 찾을 수 있다. 그 첫 번째 일반화는 한편으로는 완전한 여성 혐오이고 또 다른 한편으로는 윤회를 통해 그러한 어려운 위치에 있는 여성에 대한 동정심이다. 여성이 남성과 동일한 정신적 능력이 있거나, 성별은 영적 탐구와 전혀 무관하다는 취지의 강력한 주장과 시연도 있고, 혹은 매우 동기부여가 된 사람은 여성성이 장점이라는 주장도 한다. 이 두 가지 태도는 서로 정반대이지만 그럼에도 불구하고, 거의 나란히 모든 시대와 모든 형태의 불교의 텍스트와 다른 증거들에서 발견된다.

불교의 오랜 역사를 통해 볼 때, 여성의 역할과 이미지에 관한 두 번째 일반화는 명백하다. 여성을 차별해서는 안 되며, 성性은 영적 생활에서 무관한 범주라는 관점은 후세의 불교 형태에서 더욱 확실해지고 규범화된다. 이 일반화가 정확한 한, 그것은 여성의 지위가 타락했다거나 안정되었다는 대부분 주요 세계 종교들과 흥미로운 대조를 이룬다. 우리가 살펴본 바와 같이, 여성의 역할과 이미지는 아마도 초기 불교사에서는 크게 문제가 되지 않았을 것이다. 비구니 승단은 역사적으로 실존 인물인 부처에게 매우 우선적인 문제는 아니었던 것으로 보이지만, 분명히 그의 생애 중에 그의 지휘 아래 설립되었다. 불교가 분열되기 시작하면서 여성에 대한 의견이 분화되기 시작했으며, 좌절과 성적 욕구의 개인적 분출과는 반대로 일부 여성혐오적 교리가 표출되었다.

그러나 일부는 여성혐오주의자가 된 것에 반해, 다른 이들은 "법은 남성도 여성도 아니며, 여성은 영적으로 매우 발전할 수 있다"고 어느 때보다 직접적으로 그리고 강력하게 주장했다. 동시에 불교에서는 긍정적인 여성 상징성이 발달하기 시작했다. 마지막으로, 금강승불교에서 규범적인 입장은 14번째 뿌리파괴, 즉 여성 폄하는 금강승불교 서약의 위반이라고 매우 분명하게 명시되어 있다. 여성을 폄훼하지 말라는 이 명령에는 전통의 최고 목표와 가치가 여성적 인간 형태로 묘사되는 상징체계가 수반된다.

세 번째 일반화는 여성에 대한 태도뿐만 아니라 주요 불교 개념을 정확하게 이해해야 한다는 것이다. 아마도 금강승불교를 비롯한 불교사 전반에 걸쳐 전생이 업이 많아서 여자로 태어난다는 등의 주장은 여성이 차별받지 않았다는 태도보다 훨씬 대중적이고 널리 퍼져 있었다. 그러나 항상 소수 의견이라고 할지라도, 성별은 깨달음의 실천과 깨달음의 추구와는 무관하다는 태도가 훨씬 더 규범적이고 적절하다. 우리가 볼 수 있듯이, 불교 발전의 각 주요 시기로부터 모든 주요 가르침은 그 결론과 양립할 수 있다. 다음 절에서 설명하겠지만, 만일 불교의 핵심 가르침을 이해한다면, 불교적 통찰에 충실하면서 성차별, 가부장제, 또는 남성 중심주의를 정당화하거나 묵과할 수도 없고, 불행을 피하거나 그들의 존재에 무관심할 수도 없다.

페미니스트 관점에서 역사 연구는 정확한 기록뿐만 아니라 사용할 수 있는 과거를 추구한다. 방대한 불교사 기록에서, 가장 유용한 과거는 불교 신자들이 항상 여성의 적절한 역할과 이미지에 대해 염려해 왔고, 불교 전통은 남성 특권에 대해 논쟁하는 오랜 전통이 있다는 사실이다. 불교 전통주의자는 단순히 페미니즘적인 관점이 불교에서 설 자리가 없다거나 불교 내에서 여성의 기회를 보호하고 업그레이드하려는 노력이 "현대" 혹은 "신체적인" 관심에서 비롯된 외부적인 것이며, 불교를 통해 가치를 인정받지 못한 것이라고 주장할 근거는 전혀 없다.

오래된 특정한 불교 해석과 관행을 비난하는 페미니스트들은 반민주의적인 "전통주의자들"보다 더 규범적으로 전통의 가치에 기초해서 설명하고 있다. 역사적으로 볼 때, 동시대의 언어를 적용하더라도 불교에는 항상 '페미니스트'적인 입장이 지속적으로 있었고, 덜 대중적인 견해였다고 할지라도 훨씬 더욱 규범적이었다고 분명하게 말할 수 있었다. 역설적이지만, 일부 "부정적"인 정보도 극히 유용하다. 어떤 불교 신자들은 불교의 가르침에도 불구하고 이러한 성차별적인 의견이 상당히 대중적이라는 사실이나 가부장적이라는 결론을 도출했다. 모든 시대와 형태를 포함해 사원이나 불교대학 같은 불교 기관들이 여성보다 남성을 선호해왔다는 사실을 아는 것이 유용하다.

이러한 사실들은 불교가 페미니즘의 목표에 적대적이지는 않지만, 불교가 성평등하고 건강하다는 증서를 가지고 있다며, 페미니즘으로부터 아무런 도움도 필요 없다고 주장하는 반여성주의자들에게는 경고해야 한다. 역사적으로 순진한 평론가들은 성평등에 대한 불교의 가르침이 너무 분명해서 불교에는 문제가 있을 수 없다고 믿는다. 하지만 우리가 보아온 것처럼, 그러한 결론은 불교계의 많은 곳에서 여전히 행해지고 있는 관행뿐만 아니라 엄청난 역사적 증거들을 무시한 것이다. 공공연한 성차별과 여성혐오증은 오늘날 불교계의 대부분 지역에서 남아 있다. 은밀한 형태로 전해오는 반여성주의는 사실 매우 큰 문제이며, 특히 무의식적인 남성 중심주의와 결합될 때는 더욱 심각하다.

나는 불교와 페미니즘에 대한 첫 번째 강연에 대한 반응들을 결코 잊을 수가 없다. 그것은 중요한 '세계 불교-기독교 대화 컨퍼런스'에서 논의된 첫 번째 주제였다. 아시아 불교 국가의 남성 대표들은 기독교에 대한 페미니스트적 비평에 다소 공감하지만, 불교에서 페미니스트 비평이 왜 필요한가에 대해서는 매우 당황스럽다고 나의 서양 남성 친구들에게 털어놓았다. 그들은 불교가 이미 이런 성차별 문제를 해결했다고 주장했다. 그들은 주장하기를, 불교 경전에 의하면 수행을 하는 뛰어난 여성들은 결국에는 남성으로 다시 태어나기 때문에, 여성에 대한 차별은 없다고 말하기도 한다. 여성들이 차별받고 있다는 사실조차 알아차리지 못하는 것은 평등한 개혁을 위한 노골적인 반대보다 더 파괴적이고 위험하다. 이러한 반대는 안일함을 조장하고 명백한 사실을 지적하는 사람들을 "너무 민감하다"라고 낙인찍기도 한다.

유용한 과거에서, 여성 영웅과 잠재적인 역할 모델에 대한 놀라운 이야기들이 많이 발견되었다. 불교사의 3대 주요 시기마다 우리는 불교를 완전히 실천하려고 노력했으며, 매우 성공적이었던 여성들에 대한 이야기, 더 많은 역사적 이야기와 신화적 이야기를 발견했다. 초기 불교 신자인 예세 초겔, 마칭 랍드론 그리고 다른 뛰어난 여성 수행자들은 모두 영감을 주는 모델들이다. 마찬가지로 성차별에 대하여 웅변적으로 가르치고, 여성은 열등하다는 고정관념이 잘못된 것임을 그들의 역량으로 입증한 3대 불교사적 이야기를 모두 찾아냈다. 특히 「법화경」, 「승만경」, 「유마경」의 익명의 여신에 관한 이야기가 떠오르지만, 초기 불교 비구니들과 금강승불교 여성 수행자도 이러한 주제와 관련된 좋은 예이다.

남성 중심주의자들에 의해 버려진 이와 같은 이야기들을 널리 알리고 또 기록으로 가져와야 한다. 그런데 이러한 이야기들은 매우 유용하지만, 반면에 그 효용 또한 제한적이다. 이 여성들은 영웅이지만, 그들은 또한 남성 중심적이고 가부장적인 과거의 토큰여성들[1]이라고 할 수 있다. 우리는 우리의 영웅과 역할 모델에 대해 정확하게 알고 축하할 필요는 있지만, 다른 한편으로는 이를 정당화시키거나 더 많은 것을 만들어 과잉보상을 하지 않는 것이 중요하다. 그것들은 또한 우리에게 불리하게 사용될 수 있다. 나는 보수적이고 반민주의적인 여성

---

[1] 토큰여성(tokens): 여성을 특정한 영역에 채용하거나 관리자로 승진시킬 때, 여성이라는 이유만으로 승진시킨 후에 그녀를 성평등의 '상징적' 존재로 의미를 부여하는 것을 말한다.

불교 신자들과의 대화로부터, 불교 전통에서 여성은 깨달음을 성취할 수 있는 존재로 인정받기 때문에 불교는 성차별주의나 가부장제가 아니며, 페미니즘은 불교와 무관하다는 주장을 자주 접했다.

불교의 모범으로 인정받는 여성이 극소수에 불과하므로 여성 자체가 비난받아야 한다는 것이 그들의 의견으로 보인다. 그러한 추리는 계속 이어진다: "몇 명의 여성이 그것을 해냈다고 한다면, 누구나 그것을 할 수 있다. 만약 여성이 성공을 열망하더라도 목표에 이르지 못한다면, 그것은 자신의 무능함 때문이지, 어떤 제도화된 성차별적 관행 때문은 아니다." 따라서 남성 위주의 제도에서 뛰어나고 성공한 여성은 특별하게 비범한 것이 아니라 지적, 영적 영역에서 성장하는 많은 일반 남성들과 유사한 환경에서 성공한 것이다. 그러므로 이러한 성공한 여성들은 다른 여성들을 격려하기보다는 낙담하게 만들고 폄하하는 일에 이용된다. 성공할 수 있는 유일한 여성은 뛰어난 남성의 일반적인 기준을 넘어서야 한다. 비록 그런 예외적인 여성들이 영웅이지만, 그들은 또한 토큰이다. 이 토큰들은 오직 토큰 영웅만을 배출하는 상황에 대한 페미니스트적 질문에 대해 답할 준비조차 하지 않는다.

불교 여성들은 그들이 "비정상적인" 혹은 "비전형적인" 여성으로, 전통적인 여성상에 반하는 이상하고 복잡한 상황에 처해 있다는 것을 발견하게 된다. 여성적 고정관념에 순응하지는 않지만 "더욱 영적"인 그러한 여성들은, 여성 수행자가 종래의 결혼을 강요당했던 많은 이야기에서 입증된 그들의 능력 그리고 심지어 결혼에 대한 적개심도 무시하게 될 수도 있다. 그러나 일단 그들이 "예외"로 자리매김하면, 그들은 여성에 대한 기존 고정관념의 정확성에 영향을 미치지 않는 예외로 간주 되면서, 많은 사람으로부터 존경받는다.

이러한 경우는 여성 수행자의 이야기뿐만 아니라 가부장제에서 토큰, "예외적인 여성"이라는 모호함에 대한 나의 개인적인 경험이 생각난다. 내가 인도에 처음 갔을 때, 내가 사는 집에 함께 있던 구루는 나에게 별점을 봐준다며 그의 개인 점성술사에게 데리고 갔다. 점성술사는 지적 창조성을 강조하는 독서를 했지만, 많은 중요한 영적 실천 가운데 수명을 중시하는 영적 능력에 주된 초점을 두고 있었다. 며칠 후, 재미 삼아 점성술을 배운 늙은 브라만이 나의 별자리를 봐주었다. 그는 차트를 그리며 설명을 해주었는데, 영성에 대해서는 아무 언급도 하지 않았다. 그가 내게 더 이상 질문이 없느냐고 여러 번 물어보았는데, 나는 그에게 조심스럽게 나의 영적 잠재력에 대해 물었다.

그는 다시 차트를 보더니 매우 흥분해서 구루에게 달려가 말했다. "보아라, 그녀는 믿을 수 없을 정도로 영적 잠재력을 가지고 있다!" 그리고는 내게 원을 돌리며 아주 진지하게 말했다. "나는 당신의 별점을 확인하지 않았다. 인도에서는 여자아이들이 영적이기를 기대하지 않는다." 그는 내가 예외라는 것에 흥분하고 기뻐했고, 그 후 나의 영적 능력을 키우기 위해 그가 할 수 있는 시도들을 하려고 했다. 하지만 그에게 나는 단지 운이 좋은 예외자였다.

얼마나 많은 여성들이 영성의 능력에 대해 질문을 받지 않는가? 티베트 불교의 환생 제도에서도 소녀들은 절대로 확인하지 않는데, 얼마나 많은 소녀 툴쿠[2]나 스승의 화신이 간과되고 있을까? 얼마나 많은 여성들이 그들의 사회화 과정에서 성별 고정관념에 세뇌된 상태로 그들 자신이 지닌 영적인 성향을 생각지도 못할까? 가부장제를 통해서 어떻

---

[2] 툴쿠란 티베트 불교에서 완전히 깨달은 붓다의 현신이거나 높은 성취를 이룬 명상가의 환생을 의미한다.

7장_ 결론: 여성 영웅들과 표상적인 여성들 | 233

게든 그들이 예외로 허용하는 것은 전체 시스템에 대한 근본적인 오판과 잘못된 선입견을 해결하는 데 아무런 도움이 되지 않는다.

이러한 이유로, 나는 불교 전통의 토큰 영웅들의 유용성에 대해 양면적으로 생각한다. 모든 가부장적 전통에서 몇 가지를 찾을 수 있다. 여성들은 인간의 일원으로서 믿을 수 없을 정도로 유능하기에 어떤 시스템도 그들의 전통적인 위치에 모든 것을 성공적으로 위치시킬 수 없다. 불교 전통에서 무척 소중하지만 흔치 않은 부분은, 비록 완전히 성공하지는 못했지만, 일관성 있게 남성 중심적인 가정과 제도를 비판하는 것이다. 불교사 전체를 관통하는 이 주제는 불교 전통이 여성에 대해 부정적이라고 해석하는 모든 시도에 대해 지속적으로 저항하거나, 혹은 만약 불교가 페미니즘을 진지하게 받아들인다면, 새롭고 다른 "불교"도 포함시켜 전통으로 만들도록 하는 모든 시도에 초점을 맞춰야 한다.

모든 것을 말하고 행할 때, 불교는 지금까지 역사에서 그 모습을 드러낸 것처럼 철저하고 완전하고 도덕적이다. 이렇게 분명한 일반화와 결론을 피할 수 없다. 모든 경우에 있어서, 남성적 원리와 여성적 원리를 가진 금강승불교는 예외더라도, 여성에 대한 문제가 논의될 때는 항상 남성적인 관점에서 주장된다. 그리고 남성들은 항상 인간의 표준으로 인식되는 반면, 여자들은 토론, 분석, 분류, 평가를 받는 대상이 된다. 이러한 인식과 개념화 방법은 이 문제에 대한 냉정한 인식과 개념화와는 매우 거리가 멀다. 문제는 여성이 아니다. 문제는 인간의 성차별이다. 남성성과 여성성이 동등한 인간으로 여겨질 때까지 불교 사상은 계속해서 남성 중심주의를 극복하기 위해 고민할 것이며, 이는 불교 페미니스트 역사가가 직면하고 있는 가장 심각한 사안이다.

이러한 모든 일반화를 염두에 둔다면, 정확하고 유용한 과거를 추구하는 불교 페미니스트 역사가는 복잡하고 모호한 결론에 도달한다. 분명히 불교는 유용한 과거를 가지고 있지만, 미래의 모범으로서 충분하지도 적절하지도 않다. 동시에, 과거를 알고 활용하는 것은 중요하지만 과거를 구속하지 않는 것이 중요하다. 불교 신자들은 때때로 이처럼 균형을 잡는 것을 "중도" 또는 "면도날 가장자리 타기"라고 부른다. 불교에 대한 주요 개념의 페미니스트적 분석과 불교에 대한 가부장제 이후 재건을 진행하기 전에, 이러한 결론과 도전에 대해 페미니스트와 불교라는 두 관점에서의 연구는 흥미로울 것이다.

이러한 결론과 중요한 페미니스트적 관점 사이에는 매우 강력한 일치점이 있다. 여성주의자들은 적절한 모델이 없는 세상 안에서 고통과 도전을 주제로 토론을 하는데, 이는 불교의 과거와 같다. 그러므로 오늘날 역사에서 여성이 인간으로 인정받는 과정에서, 다른 문화나 종교가 제공하지 않은 것을 똑같이 제공하지 않았다는 이유로 불교를 무시하거나 비난할 수는 없다. 일부 페미니스트들은 이 시점에서 우리가 과거 가부장제 이전의 여신숭배 종교, 성서 이전의 종교 그리고 불교 이전의 종교에 적절한 모델을 가지고 있다고 반박할 수도 있다. 나는 그러한 상황들이 가부장적 문화에서나 성서나 인도 종교에서 번성했던 것처럼 여성들이 폄하되지 않았던 종교와 문화의 예를 우리에게 제공한다고 대답하고 싶다.

그러나 그들은 우리에게 오늘날 우리가 완전히 채택할 수 있는 모델을 제공하지 않는다. 이러한 사회에서 성 역할은 여성에게 부정적이지 않았음에도 불구하고 현재의 모델로서 역할을 하기에는 너무 경직되어 있었다. 더욱 중요한 것은 여성성을 출산과 연결짓고, 여성의 생식 역할과 능력을 강조하는 것이 오늘날 성평등에 역효과를 주는 선택 사항이라는 점이다. 따라서 이러한 가부장제 이전의 여신숭배 사상은 몇 가지 중요한 단서를 제공하지만, 그것이 적절한 모델이 되지 못한다. 페미니스트로서, 우리는 과거의 적절한 모델이 없는 채로 남겨졌다. 우리의 경험, 반성, 지식에서 그들을 떠올리기가 더 어렵다.

우리는 불교사 연구를 통해 '불교는 상당히 도전적이다'라는 결론을 도출했다. 불교 신자들은 이에 대해 어떻게 반응할까? 물론 어떤 사람들은 그 문제들을 무시하고 부인할 것이다. 그러한 반응은 불행하게도 가부장제에서 발생하고 또 발전한 모든 종교에서 나타난다. 그러나, 방어적이지 않고 반성할 수 있는 불교신자들에게 도전은 그렇게 무모하지 않다. 불교는 모든 사물이나 현상은 반드시 변하는 게 본질이라고 가르친다. 가부장제는 사회적 조건들의 불완전한 집합으로 결국 다른 조건들로 인해 변화될 운명이라고 간주하는 것은 페미니스트들이 환영할만한 견해이다. 또한 남성의 지배와 남성의 특권을 변하지 않고 고정적인 것으로 상정하게 되면 이는 불교의 기본적인 가르침과 다르다. 모든 것이 불변한다면, 남성의 지배와 남성의 특권을 거부하기 위한 시도를 할 이유가 없다.

더욱이 불교에 있어서 역사는 성경에 근거를 둔 종교와 동일 규범성을 가지고 있지 않다. 불교사 전체에서 특정 사회적 조건이 비교적 일정했다는 사실이 이를 불변의 가르침으로 인정하지는 않는다. 역사적 선례와 모든 역사적 사건들은 궁극적으로는 의미 있거나 관련 있는 패턴이 아니다. 단지 현상들의 끊임없는 흥망성쇠의 일부일 뿐이다. 그러므로 변화와 싸우려고 하거나 전통적인 방법에 매달릴 이유가 없다. 불교의 역사적 전례보다 훨씬 더 규범적인 것은 불교의 중심적 가르침인 진리, 즉 법dharma이다. 법이 특정 관행을 철회해야 한다고 지시하면, 그와 반대되는 모든 역사적 선례는 무의미해진다.

　가부장적 제도와 관행이 가르침과 일치한다면, 2,500년의 불교 가부장제는 진리로서 가치가 없다. 불교의 관점에서, 역사적 선례나 일상적으로 행해진 방식에서 진리를 발견할 수는 없지만, 일부 불교도는 여성을 인도적으로 대하기를 꺼리기도 한다. 순수하지도 않고 규범적이지 않은 역사적 선례의 결과는 다음의 이야기로 가장 잘 요약할 수 있다. 티베트 전통에서 비구니가 된 서양 여성 중 한 명이, 가장 높은 지위에 있는 비구 스님들 가운데 한 분과 티베트 역사 전반에 걸친 비구니들의 열악한 환경에 관하여 토론을 하고 있었다. 그는 그녀가 티베트 승단에서 수행녀로 만족하기보다는 중국의 비구니 승단에서 여법하게 비구니계를 받을 것을 조언했다. 그는 여러 가지 형태의 불교에서 비구니들이 계를 받지 못하게 된 그 오랜 과정들과 불교의 과거부터 내내 대체로 비참했던 비구니들의 실태에 관해 "그건 역사야. 이제 자네에게 달렸네"라고 말한다.

　지혜의 검처럼 이 이야기는 두 가지를 동시에 잘라낸다. 한편으로는 전례에 어긋난다는 이유로 성별에 관한 불교 관습의 변화에 반대하는 사람들을 잘라낸다. 또 다른 한편으로는 과거 불교의 한계에 부담을 느끼고 갇힌 사람들, 도전할 비전도 용기도 없는 사람들 그리고 과거로부터 받은 패턴을 변화시킬 수 있는 사람들을 잘라낸다.

"담마는 여자도 남자도 아니다"
: 교리의 주요 개념에 대한 페미니스트적 분석

8장
불교 페미니즘을 위한
교리의 다양한 자원들

불교의 주요 개념에 대한 페미니스트적인 분석을 위해서, 또한 불교에 대한 페미니스트적 재구성을 위해서는 정확하고 유용한 과거를 제대로 아는 것이 필수적이다. 불교의 핵심 개념을 여성주의적 관점으로 주장할 때 그리고 불교의 제도와 개념을 재구성해야 한다는 필요성을 설명할 때, 불교사에 대한 정확한 지식을 갖는다는 것은 자신의 통찰력을 강화할 뿐만 아니라 자신의 주장에도 설득력이 따른다. 만약 비평가들이 여성과 불교에 대해 역사적인 지식이 부족하다면, 그 논의는 종종 일차원적으로 매우 범위가 좁아질 뿐만 아니라 어쩌면 일반적이지 않은 불교 신자들의 경험으로만 제한될 수도 있다.

그러나 종교의 전통에 대한 페미니스트적인 논의는 과거보다는 현재와 미래에 더 관심이 많다. 과거 전통에 대한 정보는 단지 페미니스트 분석과 전통의 재구성을 촉진하기 위해 사용될 뿐이다. 불교 페미니즘의 관점에서 불교사를 분석하고 이를 재구성하려는 것은 거의 미지의 영역이라고 할 수 있다. 이는 매우 고통스러울 뿐만 아니라 상당히 흥분되는 작업이다. 앞의 장에서 논의되었듯이, 불교인들은 불교 문헌에 담긴 논의를 제외하고는 불교 교리가 젠더 이슈에 미치는 영향에 대해서는 거의 관심을 기울이지 않았다. 또한 페미니즘적 관점에서 불교를 이해하기 위한 연구도 거의 없었다. 그나마 불교에서 여성의 역사에 대한 논의나 페미니스트 가치에 기초해서 불교를 재구성하고자 하는 제안들은 기존 문학에서 미약하나마 극소수로 찾아볼 수 있다.

페미니즘적인 인식을 위해 활용 가능한 불교 자원들

불교 페미니스트 분석과 재건에 관한 모험을 시작하기 위한 훌륭한 자원 중 하나는 페미니스트 사상이라는 거대한 움직임이다. 이는 지난 20년 동안 학문의 영역과 합의를 급진적으로 바꿔놓았다. 이 의식의 혁명은 학문적 방법이나 사회적 비전으로 제시된 페미니즘에 관한 방법론적 부록에서 자세히 논의되었으며, 학문적 진실성이나 전통적 진리에 영향을 받지 않았다. 경험에 대한 이해를 바탕으로, 페미니스트 분석과 불교 재구성을 위한 많은 부분이, 광대하고 심오한 두 영역, 즉 불교와 페미니즘의 연결성을 보여주었다.

이 모험은 기독교인과 페미니스트 간의 이해관계를 만들어가는 기독교 페미니스트 사상과 어느 정도 유사성을 지닐 것이다. 기독교 페미니스트 사상은 불교에 비하면 훨씬 앞서 있고 지지자가 많음에도 불구하고, 불교 페미니스트나 기독교 페미니스트가 직면하는 질문들은 대부분 각자가 채택하고 있는 전략과 유사하다. 이 두 영역 모두에 정통한 사람이라면, 이 둘 사이에 있는 엄청난 유사성을 알아차리고 놀랄 것이다.

그런 유사점들 때문에 무조건 따라 하는 것이라고 오인해서는 안 된다.

20년 전 기독교 페미니즘운동의 출발점에서 본질적인 첫 번째 질문이 제기되었다. 페미니스트 관점과 양립할 수 있는 비차별주의자의 핵심을 기독교 전통 안에서 찾을 수 있는가? 또는 여성은 존중받을 자격이 있으며, 진실하면서도 자기 결정권을 가진 귀중한 인간으로 생각하는 사람이 이 전통 안에서 일하는 것이 가능한가? 기독교 페미니스트 사상은 이러한 질문에 답하는 과정에서 대략 두 개의 진영으로 나누어졌다. 한편으로는 "전통을 재구성하는 것"에 전적으로 헌신하는 기독교 신자와 소수의 유대 여성주의자들이 있다.[1] 이러한 사상가들은 기독교 전통의 핵심 상징이 본질적으로 성차별주의자, 여성혐오주의자, 가부장제가 아니라 모든 인류를 위한 평등주의와 해방이라고 주장한다. 그러나 남성과 여성에 대한 오랜 문화적 관습과 편견은 이 핵심적인 진리를 심각하게 오염시켰다. 이러한 신학자들은 계속해서, 만약 오염된 전통이 평등을 가르치는 핵심들을 포함하고 있다면, 그 결과 전통에 대한 재건이 가능할 것이고 또한 기독교 페미니스트들은 이를 요구해야 한다고 주장한다.

다른 한편으로, 기독교 페미니스트 가운데는 소수의 '기독교 이후의' 또는 '유대교 이후의' 페미니스트를 주장하는 그룹이 있다. 기독교는 그 진리가 너무나도 오염되었기 때문에 성평등한 재건이 불가능하고, 유일한 실용적인 대안으로는 새로운 시작(때때로 기독교 이전의 상징과 의식이라고 주장하는) 그리고 "새로운 전통의 창조"[2]를 주장하며 전통에서 완전히 벗어나고자 한다. 왜 재건이 불가능한가에 대해 두 가지 이유를 설명한다. 첫 번째는 종교 체제의 상징이 너무 가부장적이어서 만약 가부장제를 종교 전통의 상징에서 벗겨낸다면 아무것도 남지 않

베트남의 한 비구니 사원에 걸린 비구니 스승들의 사진

을 것이라고 주장한다. 즉, 재구성할 것이 아무것도 없다는 것이다. 반론도 가능하겠지만, 어떻게 남성 유일신 사상의 종교적 상징 체제에 대해 그런 주장을 할 수 있었는지 쉽게 알 수 있다.[3]

두 번째는 상징체계의 재구성이 반드시 불가능하지는 않으나, 그 종교를 지배하는 높은 계층에 있는 권력자들이 여성의 고민에 매우 비협조적이기 때문에 결코 전통 재구축을 허용하지 않을 것이라고 주장한다. 이러한 상황에서는 우울감이나 비탄에 빠지는 것만이 그 종교 시스템 내에서 할 수 있는 유일한 행동이다. 살아남기 위해서는 다른 공동

체를 찾아 나서야 한다. "여성교회" 운동4과 같은 공동체들 가운데 일부
는 원래의 공동체로부터 그들 스스로 완전히 분리시키지 않고 그 전통
을 이용한다. 하지만 대부분 경우 그 종교의 전통적인 공식 권위를 가
진 사람들은 이 운동을 불법으로 간주하고 거부한다. '여성의 정신운
동'이나 '여성주의 위카wicca'5라는 이름으로 알려진 다른 공동체들은
그들의 지향과 이념에서 분명히 '기독교인 이후'와 '기독교인 이전'의
성격을 가진다. 그들은 권위적인 제도 체계가 파괴된 것이 아니라 유대
교와 기독교의 상징체계가 총체적으로 비현실적이라고 주장한다.

불교 페미니스트 분석과 재구성을 위해서는 위와 같은 범주와 유
사점들이 필요할 것이다. 분명히 우리는 불교페미니즘의 역사, 분석,
재구성의 중간 지점에 있으며, 불교에 대한 페미니스트적인 논의가 불
교를 재구성할 수 있다고 본다. 확실히 불교는 재구성될 수 있다. 왜냐
하면 본질적으로 불교의 근본적인 가르침과 상징이 평등주의를 지향
하고, 모든 존재와 동등하게 상호 연관되어 있으며, 모든 존재에게 적
용할 수 있기 때문이다.

이 책의 주요 장들은 체계적이고 세부적인 방법으로 그 과제들을
수행할 것이다. 그 과제들을 해결한 후에, 우리는 어떤 종류의 재구성
이 이루어져야 하는지, 할 수 있는지, 해야 하는지에 대한 기본적인 문
제에 직면할 것이다. 이 책의 마지막 부분에서 이와 관련된 내용을 다
룰 것이다. 그리고 현재 불교에서 권위를 가진 사람들이 그러한 재구
성을 위하여 통합할 용기와 의지가 있는지를 생각할 때, 우리는 쉽게
극복할 수 없는 문제에 직면할 수도 있을 것이다. 그 부분에서 우리는
불교와 관련된 재구축이 "여성교회"와 "여성 영성운동"과 유사하다는
점을 발견할 것이다.

페미니즘에서 불교는 어떻게 정의하는가?

불교와 페미니즘은 페미니즘운동에서 나타난 제삼의 페미니즘 물결을 통해 정의할 수 있다.[6] 불교적인 용어로 페미니즘을 정의한다면, 페미니즘은 "여성과 남성의 공동 인간성을 위한 근본적인 실천"이라고 할 수 있다. 나는 이 정의의 각 단어에 집중하고자 한다. "근본적인"의 의미는 중요한 실존적 문제에 대해 매우 불교적 해설인 "사물의 근원으로 나아간다"라는 뜻이다. 불교에서는 겉모습이나 관습적인 기준으로 사물을 이해하는 데 안주하지 않는다. 페미니즘은 불교가 가지고 있는 성 역할에 대한 전통적 고정관념과 대응 방식에 의문을 제기한다. 불교는 분명히 그들이 받아들이고 있는 전통적 성 역할 고정관념과 대응 방식에서 본질주의를 적용한 적이 없다.

페미니즘의 정의에서 "여성과 남성"이라는 용어가 등장함을 주목해야 한다. 불교는 언어적 표현을 궁극적인 진리를 포착할 수 있는 도구로 간주하지는 않지만, 불교 철학에서는 언어적으로 정확하고 정밀한 표현은 주요 관심사이며 또 이를 중시한다. 페미니즘과 관련해 언어와 의식 사이의 미묘한 연관성을 알 수 없는 사람들이 일반적인 대명사로 "그녀"를 사용하는 것에 반대한다. 모두가 그런 것은 아니지만, 이 경우에는 의도적으로 여성의 의식을 고무시키기 위하여 관습적인 표현인 '남성과 여성'이 아니라 '여성과 남성'으로 단어 순서를 바꾸었다.

그러나 그것과는 상관없이 여성과 남성의 공동 인간성에 대한 강조는 중요하다. 즉, 남성들 역시 완전히 통합된 인간이 될 수 있다. 페미니즘에서는 가부장, 성차별주의 그리고 여성 혐오주의를 극복하지 못하는 남성은 비현실적이고 본래 결함이 있는 존재로 여긴다. 이러한 남성들이 필연적으로 지구를 파괴하고 전쟁, 억압, 강간 등을 초래하고 있다고 주장한다.[7] 하지만 나는 남성들이 통합된 인간으로 발전할 수 있다는 믿음을 지니고 있기에, 이러한 페미니즘의 남성관에는 동의하지 않는다.

페미니즘을 '실천'으로 보는 것은 그 언어가 매우 불교적이라고 할 수 있다. 불교는 근본적

중생 구제를 위해 용을 타고 나타난 관세음보살 (베트남의 한 사찰에 걸린 그림)

으로는 영적 규율인 '실천'을 중시한다. 고요함, 통찰력, 해방이라는 목표를 달성하는 방법으로, 다양한 명상 기법은 불교 전통에서 핵심적이다. 불교에서 '이론', 즉 철학은 실천에서 벗어나 명상하는 사람에게 일종의 의욕과 믿음을 주지만, 그것은 전통에 대한 최상(여왕)이 아니라 최하(하녀)의 위치라고 할 수 있다. 여성주의자들은 서구적 이론의 실천에 더 익숙하므로 '페미니즘 이론'을 쉽게 이야기한다. 그러나 페미니즘은 이론이 아니라, 결실에 필요한 근본적인 정신과 마음의 방향 전환을 기반으로 실천이 수반되어야 한다.

페미니즘이 더욱 효과를 보기 위해서 누군가의 언어, 기대, 상태 등을 변화시키는 지속적인 실천이 따라야 한다. "딸깍"하는 바로 그 순간,

즉, 누군가가 "깨닫자마자" 곧바로 일어나는 즉각적인 인식처럼, 불교적 관점은 곧 페미니즘에서 말하는 여성과 남성의 공동 인간성과 근본적으로 상통하는 진실이 될 필요가 있다.

페미니즘의 중심은 양성적이고, 다양한 성으로 이루어진 인간성의 모델이다. 모든 존재를 여섯 유형[1]으로 나누고, 인간으로 태어나는 것이 얼마나 어려운지를 설명하는 핵심적인 불교 개념은 페미니스트적 이해와 연관성이 깊다. 이는 또한 불교의 핵심 개념과 페미니즘의 핵심 주장 사이에 상호 연관성이 강력히 작용하는지 보여주는 예시이기도 하다. 종종 공개적인 토론회 등에 외부인이나 초심자들은 "붓다의 가르침에서는 여성을 어떻게 보는가?"라고 묻는다. 불교 스승들, 특히 티베트 전통에서 온 사람들은 부처님의 가르침은 인간뿐만 아니라 지각하는 모든 존재들과 보편적으로 연관되어 있다고 보며, 그 가르침에는 여자도 있을 수 없고 남자도 있을 수 없다고 대답한다.

불교뿐만 아니라 힌두교 사상은 우주를 6개의 영역 중 하나에 위치하며, 광활하고 상호 의존적인 존재 체계로 본다. 육도六道는 심리학적 체험과 정신적 재탄생이라는 두 가지로 해석될 수 있다. 이를 높은 단계에서 낮은 단계로 나열하면, 천상에서 행복을 누리는 천신, 야심찬 반쪽만 신인 아수라, 인간, 축생, 집도 없이 배고픔에 떠돌아다니는 귀신, 여러 가지 끔찍한 지옥이라는 여섯 영역이 있다.[8] 여기에서 여성의 영역은 오직 인간의 영역뿐이라는 것을 주목해야 한다.

만약 말 그대로 여성에 대한 부정적인 견해와 불교 문헌들에서 종종 발견되는 것처럼 여성이 생물학적, 지적, 정신적으로 무능하다면,

---

[1] 인간은 현재 자신이 지은 행위로 인해 지옥, 아귀, 축생, 아수라, 인간, 천상의 여섯 가지 형태, 즉 육도(六道)를 윤회한다고 봄.

아마도 동물과 인간의 영역 사이에 여성들을 위한 일곱 번째 영역이 있어야 할 것이다. 그 일곱 번째 영역은 대중의 일반적인 고정관념과 관습 사이에서 불교 전통에 내재된 모순을 강조하는 것으로, 존재론적 가르침의 영역을 묘사하는 삶의 수레바퀴[9]일 것이다. 불교에서 인간으로 태어난다는 것이 얼마나 중요한지를 이해하면, 일곱 번째 영역을 거론하는 것이 얼마나 중요하지 않은지도 알 수 있다.

비록 가르침은 모든 지각 있는 존재들에게 동등하게 적용되지만, 인간 영역에서 태어난 사람들만이 가르침을 실천하고 결과적으로 그 결실을 이루는 기회가 있음을 알 수 있다. 이 점은 불교 문헌에서 몇 번이고 강조하며 반복되지만, 나에게 인상 깊은 것은 금강승에서 기초적인 네 가지 실천과 연결을 지어서 강조하고 있는, "마음을 담마(붓다의 가르침)에게 향하게 하는 네 가지 조언"의 의례이다(ngundro).[10] 그 첫 번째 조언은,

귀중한 인간의 몸,
자유롭고 잘생기고,
얻기가 어렵고,
쉽게 잃을 수 있기에
나는 무언가 쓸모 있는 일을 해야 한다

고 쓰여 있다.

이 조언의 전통적인 목적은 인간의 삶은 지극히 짧다는 것을 기억하고, 신중하게 살아갈 것을 격려하는 것이다. 그러나 불교 우주론에는 여성을 위한 별도의 영역이 없다. 귀중한 인간의 육체를 어느 한쪽

성별만이 소중하다고 말할 수 없기에, 이는 남녀 모두가 삶을 낭비하지 말라는 의미이다. 그런데 붓다의 가르침이 현실의 모든 존재에게 적용된다. 그러나 그 실천은 인간만이 할 수 있다. 이 주장에서 특히 성차별적으로 해설하자면, 비록 붓다의 가르침은 모든 인간에게 적용 가능하지만 일부 인간들(남성들)에 의해서 더 효과적으로 실천될 수 있다고 주장하는 것이다.

대부분의 불교 스승들도 동의하겠지만, 누가 가장 효과적으로 가르침을 실천할 수 있는가를 성별로 기준을 삼는 것은 명백한 편견이다. 이러한 편견을 주장하는 동기가 무엇인가에 대해 우리는 의문을 가져야 할 것이다. 성별을 기준으로 하는 것이 불교의 핵심적인 가르침을 얼마나 파괴하는지는 불교 스승들은 상상조차 할 수 없을 것이다. 이러한 기준을 사용하는 것이 관습이나 편견에 무조건 의존하거나, 통찰력이나 고요함과 같은 불교적 이상이나 무아無我, 공空, 불성佛性과 같은 불교적 가르침과 일치하지 않는다는 것을 불교인이라면 누구든지 알 수 있다.

불교는 페미니즘이다

불교와 페미니즘에 관련해서 일부 여성들은 단순히 "불교는 페미니즘이다"라고 간단히 말한다. 그들은 불교가 여성들과 관련해서 그 가르침에 충실할 때, 페미니즘과 동일한 비전을 드러낸다는 확신을 직관적으로 표현한 것이다. 불교가 페미니즘이라는 주장은 나에게 깊은 감명을 주지만, 페미니즘이 불교라는 반대 주장은 성립할 수 없다. 첫째로, 페미니즘은 여성의 권익을 향상하고자 하는 광범위한 사회운동이지만, 그렇다고 해서 모든 여성주의자를 어떤 영적 지향점으로 향하게 하려는 목적은 없다. 분명히 불교는 종교적 비전에 충실하기 위해 명시적으로 또는 맹목적으로 "여성주의자"여야 하지만, 페미니즘의 비전에 충실할 필요는 없다.

둘째로, 페미니즘의 일부 유형, 페미니즘의 투쟁적이거나 분리주의적인 입장은 불교와 화해하기가 어려운 측면일 것이다. 그러한 페미니즘의 유형이 페미니즘의 표준이나 일반적인 방식이 아니다. 불교가 페미니즘이라는 주장에 찬성하지 않는 사람도 성차별로 인한 고통을 겪고 있는 누군가를 동정하는 마음을 가질 수 있다. 불교가 페미니즘이라는 확신을 지니게 된다면, 이는 불교 페미니즘의 주요 자원이 된다.

불교의 근본적 지향과 페미니즘의 지향점 사이에는 최소한 네 가지의 깊은 유사점이 있다. 이는 불교가 페미니즘이라는 주장을 강력하게 뒷받침한다. 첫째, 대부분의 서양철학과 신학적 유산과 달리 불교와 페미니즘은 모두 경험에서 시작한다. 이 둘은 경험적 이해를 매우 강조하며 경험을 이론으로 옮기고 경험을 표현한다. 불교와 페미니즘 둘 다 경험이 실제로 이론을 입증하지 못한다면, 전통적인 견해와 도그마는 가치가 없다는 결론을 공유한다. 즉 세계에 대한 자신의 경험과 세상에 대해 다른 사람들로부터 배운 것 사이의 갈등 속에서, 페미니즘과 불교는 모두 경험을 부정하거나 억압할 수 없다는 데 동의한다.

불교와 페미니즘의 두 번째 주요 유사성은, 이론 이전에 경험에 대한 확실한 믿음이다. 목적을 이루기 위해서라면 어떤 대가라도 치를 수 있다는 의지와 용기가 이어지고, 아무리 대충 경험을 한다고 하더라도 진리에 대한 통찰력을 가지게 된다. 외적으로 불교는 신적인 존재로부터의 구원이 결여되어 있고(비-유신론), 고정불변의 영속적인 자아가 없으며(비-이원론), 고통이 만연한 현실의 삶 등의 핵심 교리를 가지고 있다. 그러므로 불교는 기성 종교들이 일반적으로 약속하는 결과를 약속하지 않는다. 그러나 불교신자들은 이러한 종교적 통찰력을 "희망과 공포를 넘어 자유를 얻기 위한 유일한 방법"으로 보고 있다.[11]

페미니즘도 이와 유사하다. 전통이나 관습을 거부하며, 많은 남성들로부터 인기가 없는 진실을 지속적으로 주장하면서 그들로부터 비웃음을 당하거나 경멸당한다. 혹은 그들이 "자연스러운 장소"로 지정하는 것을 순종하며 따르지 않기에, 균형을 파괴하는 히스테릭한 여성집단의 감정 분출로 오해받기도 한다. 페미니즘에 대한 역풍이 부는 시대에, 편집자의 칼럼에서 "페미니즘의 실패"를 선언하는 편지를 읽거나, 페미니즘이 경제적 쇠퇴, 약물 남용, 가정 폭력의 고통에 책임이 있다는 주장들이 더욱 흔하게 된다. 전통적인 성별 특권과 계급에 대한 페미니즘의 예언적인 선언을 무시하는 이러한 비합리적인 시도는, 페미니즘적 담론을 도입하려는 시도에 마치 전투에 지친 퇴역 군인들이 보여주는 억지 용기나 유머처럼 맥이 빠지는 일이다.

불교와 페미니즘의 세 번째 공통점은 관습과 이론을 넘어선, 경험에 대한 그들의 의지와 정신구조가 어떻게 해방을 막거나 이를 강화하는지 탐구하기 위해서 끈질긴 용기가 필요하다는 것이다. 불교에서 이 탐구는 관습적인 자아, 고통스러운 습관적인 경향 그리고 기본적인 무아無我 상태에서의 자유에 관한 연구와 연관이 있다. 페미니즘을 위해, 이 탐구는 성별 고정관념과 전통적인 성 역할을 생산하는 사회적 조건들이 남성과 여성 모두를 반인륜적으로 만들고, 상호 무능을 조장하고 지구를 파괴하겠다고 위협하는 방법들을 조사하는 것도 포함한다.

그러나 불교와 페미니즘은 이처럼 근본적인 유사성에도 불구하고

법고를 치는 베트남의 비구니 스님, 베트남

기본적인 차이가 있다. 이 부분은 다음 장에서 자세히 탐구할 것이다. 불교는 섹슈얼리티와 관련된 관습에 대해 고통으로 가득 찬 자아의 한 측면으로 간주하고, 이를 진지하고 깊이 있게 관심을 가져본 적이 없다. 반면에 즉각적인 개혁 욕구에 사로잡혀 있는 페미니즘은 자아를 넘어 깊은 평화를 전달하는 능력이 부족한 경우가 많다. 불교와 페미니즘이 중요한 차이점이 있음에도 불구하고, 그 기저에는 심오한 유사성, 즉 모든 사람의 습관적인 행동 패턴이 어떻게 자신들의 기본적인 행복을 차단하는지를 탐구한다.

불교와 페미니즘의 네 번째 공통점은 해방을 인간 존재의 핵심 목표로, 다시 말하면, 모든 존재가 해방되는 것을 목표로 한다는 것이다. 해방을 개념화하는 언어는 두 가지 관점에서 표면적으로 다르다. 불교에서 해방이라는 언어적 정의는 세상으로부터 자유로워지는 것이고, 페미니즘에서 해방은 명확히 성 역할과 성별 고정관념으로부터 자유를 말한다. 그러나 언어와 개념의 이러한 차이점에 초점을 맞추는 것은 핵심을 놓치는 것이다. 불교와 인간 정신의 다른 모든 비전과 마찬가지로, 페미니즘은 즉각적이고 설득력 있는 해결책을 넘어서 그 영역을 초월하는 근본적인 자유에 대한 관점으로 세상을 바라본다.

불교와 페미니즘의 상호 변혁

불교를 페미니즘이라고 말하는 것은 설득력 있고 정확하지만, 그 말은 완벽하지는 않다. 불교와 페미니즘 간 상호 작용을 할 수 있는 가능성은 불교 페미니즘에 중요한 자원을 제공한다. 유사성보다는 상호 변혁에 초점을 맞출 때, 두 관점이 얼마나 양립할 수 있는가부터 그들이 서로에게서 무엇을 배울 수 있는가도 강조점이 바뀐다. 신학자인 존 콥John Cobb은 그의 책『대화 너머Beyond Dialogue』에서, 불교와 기독교의 상호 변혁은 진정한 대화에서 비롯되기 때문에 대화를 넘어서는 "상호 변혁mutual transformation"이라는 문구를 사용한다. 이는 서로 다른 영적 관점들 간의 상호 작용과 변화를 위한 가장 적절한 방식을 묘사하고 있다.

진정한 대화와 그에 따른 상호 간의 변화는 위대한 영적인 공간에서 이념적 자기 합리화와 혼합된 공간 사이에 있는 길이라고 할 수 있다. 상호 변혁의 개념은 진정한 대화에 들어가면 하나가 바뀌는 경험을 바탕으로 한다. 진정한 대화는 가능한 한 토론, 논쟁, 점수 매기기 또는 주제 전환을 포기하고 타인과 진심으로 소통하려는 대화이다. 인간은 진정한 대화의 장에서 자기 자신을 설명하고 상대방을 이해하려고 노력한다. 만남의 시작에서 예측할 수 없는 방식으로 그 파트너를 변화시킨다. 그러므로 진정한 대화는 관념론자들에게는 본질적으로 위험하고 위협적이라고 할 수 있다.

대화 상대의 변화는 점진적이고 거의 감지할 수 없는 것으로, 상대방을 진정으로 이해하는 데서 비롯되는 내적 성장의 과정도 나타난다. 그 변화들은 의도적으로 추구되고 강요되는 것도 아니고, 자신을 정당화하는 것도 아니라 상호 유기적으로 일어난다. 그러므로 위대한 영적인 공간에서 변화를 거부하고 자기를 유지하려는 경직됨, 상대에 대한 무관심, 임기응변 등과 같은 일반적인 대안보다는 훨씬 더 진실한 것이다. 그러므로 상호 변화가 뒤따르는 진정한 대화는 필연적이면서도 유기적으로, 또 느리지만 심오하게 나타난다.

상호 변혁은 보통 서로 다른 영적 관점을 가진 두 파트너가 상호 작용을 할 때 발생한다. 불교와 페미니즘 사이의 대화와 그 결과로 나타날 수 있는 상호 변혁의 경우에, 그 과정은 대개 양쪽의 입장을 진지하게 받아들이는 사람의 내부 대화라고 할 수 있다. 내부 대화라고 해서 그 과정이 덜 현실적이거나 덜 변혁적인 것은 아니다. 나 자신의 경험으로 볼 때, 불교 수행에 참여하기 훨씬 전부터 나는 페미니스트였다. 더욱 솔직하게 말하면, 나는 불교적인 관습에 참여하기 전에 미리 페미니스트적인 기준으로 매우 주의 깊게 조사했다. 종교라는 또 다른 복잡한 여행에 관심이 없었기 때문에, 그 상징체계나 계층 구조로부터 피해를 볼 수 있다고 생각했다. 그래서 페미니즘과 불교는 내 인생에서 두 개의 분리된, 영원히 평행선을 달리는 트랙이 될 것이라고 보았다.

두 평행 선로가 합쳐지고 교차하기 시작하면, 초기에는 불안과 동요가 나타난다. 나의 경우에, 내가 믿던 페미니즘이 불교와 만나면서 처음에는 무척 많이 변형되었는데, 이러한 변형은 근거를 알 수 없는 심오한 경험이었다. 나는 불교 교리를 통해 일반적으로 구성되는 페미니즘을 비판할 수 있는 반면에, 또 다른 한편으로는 페미니즘에 관하여 불교 사상과 실천의 큰 기여 가능성을 분명히 믿고 있다. 이 주제에 대해서 나는 다른 맥락으로 글을 쓰기도 했다.[12] 그 내용은 불교 가르침이 페미니스트들의 분노를 담은 날카로운 비판을 유지하도록 돕는 동시에, 분노로 인해 상처를 입지 않도록 마음을 다루는 데 큰 도움을 줄 수 있다는 내용이다.[13]

종종 이데올로기적 경직성은 페미니스트들을 비효율적인 대변자로 만들기도 하는데, 불교의 명상 수행은 놀랍게도 이를 부드럽게 변화시키는 작용을 할 수 있다. 고통에 대한 불교의 가르침은, 페미니스트들이 인간의 기본적인 고통과 실존적 불안은 가부장제의 잘못이며, 가부장제 이후의 사회적 조건이 변한다고 해도 이러한 고통과 불안은 제거하기가 쉽지 않음을 기억하도록 돕는다.[14] 마지막으로, 불교 영성은 오랫동안 시험한 영적 학문으로, 종종 페미니스트적 영적 운동을 괴롭히는 삼위일체주의와 영적 유물론을 극복하는 데 많은 도움을 줄 수 있다.[15] 그러나 이 시점에서 나의 주된 관심사이자 이 책의 주제는 페미니즘에서 불교로의 전환이다. 이것은 페미니스트 역사, 분석 그리고 불교의 재건이지, "불교 실천의 관점에서 행한 페미니즘"에 대한 평가가 아니다.[16]

내가 페미니즘에서 불교로 전환한 것이 불교에서 예언자의 목소리를 대신하도록 허락받고 있는 듯하다. 그 정도로 불교와 페미니즘의 교류를 주창한 나의 역할에 대해 스스로 뿌듯하다고 생각하기 때문이다. 존 콥John Cobb은 내가 여성과 불교에 대해 말하고 있는 것 중 일부는 고전적인 불교 문헌이 출처가 아니라, 서양인으로서 내 영적인 유산의 일부였던 나의 가치체계의 한 측면으로부터 파생되었다고 말했다. 페미니즘, 특히 나에게 가장 친숙한 기독교와 기독교 이후의 페미니즘 사상은 대단히 교묘하게 성서적 예언과 직결되는 것을 볼 수 있다.

그리고 가장 중요한 것은 사회적 비판, 권력의 오용에 대한 항의, 정의와 형평성을 더 많이 표현하는 등 사회 질서에 대한 비전으로 볼 수 있다. 어떤 수단을 통하든지 적절하고 필요한 것을 얻고, 공정한 질서를 추구하기 위해 적극적으로 노력해야 한다. 특히 내가 가장 잘 알고 있는 기독교 페미니즘은 성경의 예언적인 목소리, 즉 사회적 비판의 진정한 의미와 젠더 권력의 오용에 대한 항의 그리고 성평등한 사회 질서에 대한 비전 등을 강조하고 있다. 어떤 수단을 쓰더라도 필요한 것을 쟁취하는 것이 아니라, 정의와 평등을 강조하고 공정한 질서를 추구하면서 무엇이 적절하고 필요한 것인가를 판단하는 적극적 의향을 중시한다.

　이 예언적인 목소리는 불교인들이 성별뿐만 아니라, 정치와 경제 문제 등 극도로 억압적인 사회 체제에서 잃어버렸던, 성평등과 관련된 이론적 이해와 연민에 대하여 매우 고상하고 세련된 가르침들을 쉽게 받아들일 수 있도록 도와준다. 여기에 불교의 중요한 원리가 있다. 불교는 일부에서 때때로 주장하듯이 사회적 윤리가 결여된 종교가 아니다. 불교는 도덕적 상호 작용을 위한 극도로 정교한 일련의 지침을 가지고 있다. 그러나 불교 신자들은 일반적으로 정치, 경제 또는 사회 조직의 현실에서 그 윤리의 실현을 위한 사회적 행동에 적극적으로 관여하지 않았다. 아마도 대부분의 불교 신자들은 개인의 변혁과 깨달음을 가장 우선적인 과제로 느꼈을 것이고, 사회적 문제는 너무나 난해하고 복잡해서 사회적 행동에 참여하는 자체가 오히려 에너지 낭비라고 느꼈을 수도 있다.

　어쨌든 길고 긴 불교 역사를 통해 보면, 대부분의 불교 형태에서는 개선을 꾀하는 것보다 정치, 경제, 사회의 현상유지를 받아들이는 경향이 분명히 더 많았다. '공모'는 사회 윤리의 불교 토론에서 쉽고 자연스럽게 나오는 말이다. 하지만 '독선'이라는 말은 그렇지 않다. 윤회의 바다에서 고통받는 자들에 대한 연민은, 그들에게 내재된 모든 고난을 겪으면서도 불교적 생활방식을 고수하는 데 주된 동기이자 이를 정당화하는 도구라고 할 수 있다. 계층을 아울러 모든 지각 있는 존재들의 이익을 위한 화합이 불교에서 개인이 도덕적으로 사는 것이다. 사회를 위한 정의심을 드러내는 것은 일반적인 행위에 비해 다소 수동적이다. 그러나 자애와 연민을 강조하는 것은 불교 사회에서 실제로 중생들을 위한 염려를 직접적으로 드러내는 것이다.

나는 대부분의 불교 세계에서 나타나는 성별gender 배열의 현실에 만족하지 않는다. 사실 불교계 대부분에 존재하는 차별적인 조건들로 인해, 만약 여성이라면 불교를 종교로 선택하기가 쉽지 않을 것이다. 나는 불교와 페미니즘의 상서로운 만남에 기초한 내적인 대화를 환영하는데, 왜냐하면 이는 상호 간의 변혁을 가져올 수 있기 때문이다. 그 예언적인 목소리는 일찍이 서양의 정신 교육에서 유래된 것으로, 여성에 대한 불교적 논의에서는 더욱 크고 분명하게 드러나고 있다. 게다가, 그 예언적인 목소리를 불교 담론에서 사용하는 것은 아마도 불교 페미니즘을 위해 가장 중요하고, 가장 필요하고, 가장 유용한 자원일 것이다.

동시에, 불교의 명상 수행을 통해 상호 변혁이 일어나고, 관대함을 강조하면서 예언적인 목소리를 드러낼 수 있으며, 때로는 진리와 통찰력을 표현하는 데 단호할 수 있다. 아마도 우리는 성 불평등, 특권 및 계층 구조와 같은 문제에 대해 부드럽고 적극적으로 접근하는 사회적 윤리를 통해 불교에서 강조하는 동정심과 정당성을 적용할 수도 있을 것이다.

9장
무대 만들기
: 불교적 세계관의 전제들

    불교의 3대 지성 발달사에서 교리의 중요한 개념들을 페미니스트적인 관점으로 분석하기에 앞서, 불교 세계관에 대한 몇 가지 전제를 살펴보아야 한다. 정확한 개념은 불교의 가르침을 더욱 분명하고 구체적으로 설명하기 때문이다. 그런데 불교에 대한 페미니스트적 분석이라는 중요한 의미에도 불구하고, 매우 까다로운 두 가지 개념에 대한 해설이 부족하거나 존재하지 않는다. 그 첫 번째는 전통 불교에서 젠더 위계와 특권적인 젠더 관행을 방어하기 위해 업karma, 카르마이라는 용어를 가장 많이 사용하는데, 우리는 이 개념을 철저하게 분석할 필요가 있다. 두 번째는 페미니스트 분석과 종교의 상징체계에 대해 비판을할 때 매우 중요하게 등장하는 '불교적 세계관은 이중적인가?'라는 질문이다. 이 장에서는 위의 두 개념을 불교 페미니스트의 관점에서 살펴보면서 성평등한 불교로의 재구축에 관하여 연구할 것이다.

여성에게 주어지는 부정적인 축복?
: 싸울 이유가 없는 전쟁

불교는 비-유신론적인 종교이다. 이 문장은 초등학교 교과서에서 불교와 타종교와의 가장 큰 차이점 중 하나로 가장 많이 인용되기도 하고, 비-유신론non-theism의 의미와 논의에 대한 근거로 제시되기도 한다. 간략히 말하자면, 불교의 비-유신론은 초자연적인 존재를 부인하지 않는다. 다만 그러한 존재들이 깨달음을 부여한다거나 윤회로부터 구해줄 수 있다는 것을 부인할 뿐이다. 따라서 불교의 비-유신론에 대한 가장 간단한 설명은 그 누구도 깨달음에 이르는 과정을 대신해줄 수 없으며, 외부에 존재하는 구원자는 없다는 것이다.[1]

결과적으로, 불교는 단순히 많은 다른 종교들의 관심과 에너지를 소비하는 범주, 예를 들면 절대자, 창조주, 하느님… 등 절대적인 존재가 없다. 이것은 페미니즘과 무슨 관련이 있을까? 불교는 비-유신론이기 때문에, 남성 일신론의 신성神性과 마찬가지로 인간 남성의 성을 중요시하면서 상징으로 사용되는 젠더화된 절대적 또는 최상의 존재가 없다. 모든 유일신 종교에서 절대적인 최고의 존재는 개인화되고 성별을 포함한 인간의 특성이 부여된다. 힌두교와 같은 종교에서 신들은 분명하게 두 성별로 나누어진 상징으로 나타난다. 그러한 신성불가침의 상징성은 모든 유일신 종교의 표준이다. 성부, 성자, 성신을 가진 유일신 종교는 일반적으로 남성 대명사와 이미지를 사용하여 최상의 존

---

[1] 서방정토에 사는 아미타불을 믿고 그의 이름만 불러도 모든 사람이 정토에 태어나 복을 누리며 산다고 한다. 하지만 그 극락정토에서조차 누군가를 대신해서 수행을 해주는 것은 가능하지 않다.

재를 지칭한다. 그들은 신이 완전히 성별을 초월한 존재라고 주장하지만, 대부분의 그 종교 지지자들은 신을 여성 대명사와 이미지로 말하고 듣는 것을 매우 끔찍하고 불쾌하게 생각한다.

　유대교와 기독교 페미니즘 신학에서는 이러한 문제에 관한 많은 연구가 이루어졌다.[1] 특히 페미니스트들이 기독교를 재구성할 때 현실적으로 가장 다루기 어려운 문제 중 하나이다. 이러한 맥락에서, 문제의 개요를 이해할 수 있다. 비록 보편적으로 합의되지는 않았지만, 이로 인해 유태인과 기독교 페미니스트들에게 매우 심각한 영향을 미치는 기본적인 세 가지는 다음과 같다. 첫째, 신성의 오만함과 사회에서의 남성 우위가 인간 세상에서 거울처럼 서로를 비추고 강화하며 서로 검증한다는 것이다. 아마도 이 결론에 대한 가장 유명한 짧은 진술을 메리 데일리Mary Daly의 글에서 알 수 있다.

　인간의 상상 속에서 태어나고 가부장제에 의해 그럴듯하게 유지된 아버지 하느님의 상징은, 여성 억압에 대한 메커니즘을 적절하고 적합하게 보이게 함으로써 이러한 유형의 사회에 서비스를 제공하게 되었다. 만약 하나님이 "그의" 천국에서 "그의" 사람들을 지배하는 아버지라면, 사회가 남성 중심인 것은 사물의 "본성"과 신의 계획과 우주의 질서에 따른 것이다.[2]

　둘째, 의미 있는 신화나 상징적인 여성상의 결여는 여성들에게 중요한 심리적, 정신적인 요소에 불리한 조건이라고 결론지을 수 있다. 신성한 여성의 존재가 여성의 정치적, 경제적 자유와 평등을 확보하지는 못하더라도, 적어도 여성의 신체와 형태는 힌두교에서처럼 일반적으로 강력하고 존경받는 여신들에 의해 반영되고 또한 검증된다. 그것조차도 남성 일신교에서는 지극히 부족한데, 이는 사회적, 경제적으로뿐만 아니라 심리적으로나 상징적으로도 뿌리 깊은 가부장적 사회이기 때문이다.[3]

셋째, 유대교나 기독교 전통에 머무르기를 원하는 여성주의자들은 전통적인 남성 신에 대한 이미지를 되돌리기 위하여, 남성 신을 대체할 다양한 이미지들을 찾아야 한다. 불행하게도, 실질적인 변화는 종종 신에 대한 어떤 특정한 언어 사용을 대신함으로써 문제를 회피하려고 한다. 예를 들어, "아버지" 대신에 "부모"를 사용하거나, 신에 대해 매우 추상적이거나 비인종적인 이미지만을 사용함으로써 언어가 무력화된다. 여성 대명사와 이미지를 사용하는 것은 문제를 너무 직접적이고 솔직하게 마주하는 것이므로 권장하지 않는다. 그럼에도 불구하고, 명백하게 여성 대명사와 남성 신神을 대체할 이미지가 부족하여 문제를 적절하게 다룰 수가 없다. 유신론적 종교에는 언제나 젠더화된 최고 절대자가 존재하고 있다. 이 때문에, 여성적인 상징과 이미지를 사용하는 것만이 성차별을 피할 수 있다.[4]

한때, 나는 유신론을 믿는 여성주의자들의 토론에 참석하여, 이 주제에 대해 다루면서 여러 생각이 떠올랐다. 불교도로서, 나는 이와 관련해 두 가지를 말하고 싶다. 첫째, 일부 유대인이나 기독교 페미니스트들이 처음에는 남성 중심적으로 보이는 붓다의 특정 태도들을 심각한 문제로 여긴다고 생각할지도 모르지만, 아무리 해석해도 불교는 유일신 신앙만큼 심각한 것은 아니라는 것이다. 역사적 존재로서 가부장적 시대에 살았던 붓다는, 예수처럼 사회적 요구와 특정한 인격 사이에 부조화를 보인다. 하지만 그 부조화가 본질적인 속성이 아니다.

둘째, 불교는 깨달음이라는 추상적이고 형이상학적인 개념을 가지고 있다. 대부분의 불교학파에 의하면 깨달음을 성취한 붓다는 세 가지 모습으로 나타난다고 한다. 즉, 법신불法身佛, Dharmakaya은 붓다께서 깨달은 영원불변의 진리 그 자체를 가리키는데, 이는 '비로자나불'로 나타난다. 보신불報身佛, Sambhogakaya은 오랜 수행을 거쳐 얻은 공덕을 말하는데, 아미타불. 노사나불, 약사여래불도 모두 보신불이라고 할 수 있다. 화신불化身佛, Nirmanakaya은 중생을 교화하기 위해 인간 싯달타의 모습으로 태어난 '석가모니불'을 가리킨다. 법신불은 법, 깨달음 등 비인격체이지만, 보신불이나 화신불은 형상을 가진 존재이다. 이때는 여성 형태와 남성 형태가 모두 나타난다.

불교에는 창조하고 구원하는 절대적인 존재가 없다. 하지만 신화와 상징적 영웅과 모델들로 이루어진 광대한 판테온이 있으며, 의례와 명상 수행과정에서 이들과 동일시하거나 교감할 수도 있다. 불교는 '신성한' 형상을 만들면서, 하늘 세계의 여성 보살과 남성 보살, 이담을 발전시켰다. 내 경험에 의하면, 그들의 존재는 유대교와 불교의 가장 큰 차이를 만들었다. 이전에 내가 썼던 논문들은 의도하지 않았지만 은밀한 자서전적 성격이 포함되어 있었다. 당시 나는 성별, 신화의 이미지, 심리적 평안 등에 대해 고군분투하고 있었다. 사실 박사학위 논문을 마친 첫 번째 글은 종교 역사가로서 해야 할 일과 아무 상관이 없었다.

"유대교 맥락에서 여성 하느님-언어"라는 제목으로 내가 쓴 글은 유명 저널인『여성영성 고양Woman Spirit Rising』에 실렸고, 많은 논평이 이어졌다. 고통, 소외, 좌절 속에서 유대인 신의 여성 대명사로 수용할 수 있는 것에 대한 신학적 논거와 유일신의 내용을 담고 있다. 가부장적 성

역대 비구 스승들의 사진을 모신 사찰, 베트남

차별주의와 남성 일신주의가 연관되어 있다는 확신은 이미 기술했지만, 그 당시 내가 상상한 것은 전통적인 일신교에서 나타나는 친숙한 신성과 '그'뿐만 아니라 '그녀'도 자연스럽게 드러내어 얻을 수 있는 치유였다. 하지만 나는 그때 아무런 행동도 할 수 없다고 고백하면서 끝을 맺었다. 신에 대한 여성적 이미지, '그녀'를 문학적인 언어로 표현하는 언어 혁명만이 내가 할 수 있는 전부였다.

몇 년 후, 힌두교 여신의 이미지를 일신교 사상의 자료로 활용하면서 그러한 주제에 관한 두 편의 글을 발표했다.5 전체적으로 내 제안은 훨씬 더 대담해지고 더욱 큰 힘을 느낄 수 있었다. 나는 당시 힌두교의 상징을 이용하여, 유일신 신화와 관련된 신학적 내용을 시각적으로 묘사하는, 6개의 여성적 신성에 관한 슬라이드 쇼를 만들었다. 그것은 널리 알려졌고 성공적으로 보였다. 하지만, 신에 대해 깊이 생각하는 동안, 나는 더욱 외로워졌다. 동료 유태인들과 다른 유일신을 믿는 사람들은 이에 대한 호기심이 많았지만 '그들' 신에 대한 여성적 이미지를 완전히 수용하지 못했다. 심지어 일부 사람들은 나를 '다신교적인 우상 숭배자'로 치부하기도 하면서, 그런 내용을 배우는 것마저도 관심이 없었다.

페미니즘과는 아무런 상관없이 나는 불교 명상수행을 시작했다. 다음 논문의 주제인 "고통받는 페미니즘과 여신의 이미지"[6]는 이미 불교로부터 영향을 받았고, 내 안에서 페미니즘과 불교의 상호 변혁 과정은 내가 생각했던 것보다 훨씬 더 진전되어 있었다. 그 논문에서 다시 힌두 여신 칼리Kali의 이미지와 함께 그녀에 관한 도상법[2]으로부터 중요한 아이디어를 얻어서 내면화하였다. 그러면서 페미니즘의 한계에 대한 비판적인 평가를 시작했다. 그 당시에 나는 내가 생각하는 것보다 더 외로웠다. 왜냐하면, 분명히, 나는 더 이상 초월적 존재인 신과 연결되지 않았기 때문이다. 많은 다른 페미니스트들은 신화-모델로의 전환이라는 주장을 했지만, 나는 아직 진정으로 신이 "그녀"로 통용되거나 초월적인 다른 신으로 대체되는 전통에 익숙하지 못했다.

5년 후, 나는 '미국 종교 아카데미의 의식 연구' 토론회의 '여성과 입문'[7]에 관한 세션에서 금강승불교의 사다나[3]실천에 대한 내 경험을 자료로 공개할 수 있을 만큼 안전하다고 느꼈다. 그 논문에서 나는 "나 자신과 세상에 금강승불교 수행자의 몸과 마음이 믿을 수 없을 정도로 강

---

[2] Iconography. 종교에서 조각이나 그림 등의 표현 형식에 나타난 상징성 의미나 교의상의 약속 등 종교적 내용을 밝히는 방법.

[3] sadhana, 산스크리트로 '성취'라는 뜻이 있는데, 티베트 불교의 기본적인 명상법 가운데 하나이다. 손가락 모양, 진언을 외는 음성, 만다라와 신의 모습을 머릿속에서 상상하는 수행 등이 모두 사다나에 속한다. 리타그로스는 티베트 불교 수행을 했는데, 이 글에서 사다나는 간단하게 수행법으로 번역할 것이다.

력한 16세의, 연꽃과 둥근 원반과 시체 위에서 벌거벗고, 춤을 추고 있는 붉은 여인으로 소개했다…"[8] 그 논문에서, 나는 여성신화 모델과 연관시켜 이 수행에서 경험한 인식 향상의 일부를 표현하려고 노력했다.

> 그녀는 매우 강하고 아름답고 힘이 있고
> 동정심이 많으므로 모든 것에 스며들고,
> 그녀는 내 몸과 마음입니다.[9]

이 영적 관행은 서양의 가부장적 종교 상징주의에 내재된 문제를 해결하기 위해 고안된 것은 아니다. 하지만 "가부장제도 아니고, 성차별주의자도 아닌, 의인화된 상징주의적 치유력" 때문에 나 자신을 위해 그렇게 했다.[10] 따라서 불교 비-유신론은 남성 유일신 절대자의 부재로부터 나타나는 결과보다 훨씬 더 중요한 것으로 드러났다. 유일신의 부재는 모든 형태의 불교에서, 불교 세계관의 강력한 전제라고 할 수 있다. 적어도 어떠한 불교 페미니스트라도, 종교의 상징체계에서 절대적으로 전지전능한 남성 존재를 재구성할 필요가 없다.

불교도들에게 예기치 않은 선물은 타라 보살, 관세음보살, 금강승 불교의 수행자와 같은 여성신화적인 모델들로, 이들은 그 모습 그대로 여성들에게 힘을 주고 위안을 준다. 유신론이나 남성 유일신이 첨가되지 않은 상징과 전례들도 그러하다. 이들에 담겨있는 영적 본성은 어떤 형태의 불교에서도 온전하게 찾을 수 있다. 이처럼 불교는 다양한 페미니즘 운동에서 행해지는, 뛰어난 여성성에 대해 '기억'하거나 발견할 필요가 없다는 장점이 매우 크다.

또한 대부분의 기성 종교에서는 페미니스트들이 재구성하기 매우 어렵고 복합적인 지점이 있다. 즉, 성적 행위를 포함한 일상생활을 규제하거나, 신성한 것으로 묘사하거나, 초월적으로 주어진 것으로 여기는 등, 섹슈얼리티와 연관된 복잡한 행동강령이 있다. 유대교와 이슬람교에서 신령스럽게 주어진, 세세한 일상의 생활 규범들은 신들이 그의 백성들에게 큰 관심이 있음을 보여준다. 힌두교와 유교는 개별 신에 대한 저서를 인용하면서 그들의 행동강령을 설명하는 것은 아니다. 그러나 이 두 종교는 공통적으로 엄격하게 제시된 일상적인 행동강령이 초월적인 현상과 조화롭게 공명해야 하고, 이러한 행동 규범에 어긋나는 것은 우주의 조화를 방해한다는 것을 핵심 개념으로 제시하고 있다. 이 두 관점의 행동 방식은 모두 인간이 구성하거나 전혀 쉽게 바꿀 수 있는 것이 아니며, 불변하고 영원하다고 여긴다.

이 두 종교는 알려진 법이나 우주 법칙을 통해서 남녀 성 역할을 확실하고 엄격하게 구분한다. 그들은 특정한 업무와 특권을 남성이나 다른 이들을 위한 것으로 규정하고, 이러한 성별 경계선을 넘는 것은 관련된 개인들뿐만 아니라 보다 큰 우주나 사회의 화합을 혼란스럽게 만들기에 극도로 파괴적이고 위험하다고 가르친다. 말할 필요도 없이, 기성의 4대 종교의 법령 또한 지극히 가부장적이다. 힌두교와 유교 가르침에 의하면, 여성은 결코 독립할 수 없다. 아버지든 남편이든 아들이든 항상 남성의 지배를 받아야 한다고 명시하고 있다. 유대교와 이슬람교는 남성들에게 공적이고 종교적인 힘과 권위를 종교법으로 부여한다. 사실 이 두 종교에서 여성은 전통보다 종교적 또는 정신적 영역에서 훨씬 더 엄격한 규칙들을 강요받는다. 심지어 그들은 이런 문제들에 여성들은 관심도 없다고 단정한다. 이러한 모든 특성을 가진 종교적 입장이 페미니스트적 가치에 일치하거나 재구성되기 어렵다는 것은 당연한 결론이다.

불교는 적어도 평신도들에게는 일상생활을 위한 엄격하고 세밀한 행동 규범이 없다는 점에서 큰 행운이다. 불교에서, 법과 관련된 금지 행위는 비교적 출가자인 비구와 비구니들을 규율하는 '계율vinaya'에서 그 정당한 이유가 제시되고 있다. 이와는 대조적으로, 평신도들에게 는 도덕적인 행위에 대한 일반적인 지침만 주어졌을 뿐, 성, 가족 관계, 식습관, 심지어 성 역할에 관한 세부적인 규범도 주어지지 않았다. 일 반적으로 평신도들은 그러한 문제들에 대해 불교 규범보다는 그들 사 회의 규범을 따랐다. 예를 들어, 불교도들은 성 역할을 위해 힌두교나 유교 규범에 의존하는 경우가 많았지만, 기독교나 유교에 하는 것과 같 은 우주적 의미를 갖지는 않았다.

이러한 이유로 불교 페미니스트들이 직면하고 있는 가장 큰 교단 법과 관련된 논쟁은 승단 내 비구니들의 수계나 그들의 지위 문제이다. 이 규칙들은 구체적으로 불교의 기원까지 거슬러 올라간다. 그러나 이 경우에도 규칙은 붓다의 계시나 우주적 균형을 이루기 위한 것은 아니 다. 승단 내 계율들은 그다지 무겁지 않고, 존경받을 만한 것도 아니다. 또한 그들은 본질적으로 남성의 영역과 여성의 영역을 따로 구분하지 않는다. 비구와 비구니들은 다르기보다 비슷한 점이 더 많다. 출가자 가 아닌 경우 상황은 훨씬 더 간단하다. 평신도 불교도들은 성 역할과 성별 상호 작용의 방식이 깨어진다고 해도, 이를 신성한 절대자의 명령 이나 우주의 질서가 깨어졌다고 생각하지 않는다. 단지 주어진 사회적 관습이 변화된 것으로 본다.

따라서 성별 특권을 유지하려는 불교 남성 평신도는 신 또는 우주 에 기도하면서 이를 유지시켜 달라고 요구할 수 없다. 분명한 것은, 남성들은 단순히 특권적 지위를 유지하려는 욕구 때문에 동기부여를 받는다. 이것은 그 사회에 뿌리내린 사회적 관습 때문이며, 심지어 서양 불교인들 사이에서도 쉽게 변하지 않을 것이다. 하지만 적어도 불교 페미니스트들은 신의 계시나 우주 질서에 대한 해석을 재구성할 필요는 없다.

전생의 나쁜 업 때문에 여자로 태어난다?
: 어떤 페미니스트의 논평

우리가 이미 보았듯이, 불교도들은 젠더 위계와 남성의 지배를 다른 방법으로 설명하고 정당화하려 한다. 그들은 업karma이라는 인도 특유의 개념, 인과관계의 법칙, 재탄생에 대한 믿음 등에 호소한다. 페미니스트 분석의 맥락에서 이 개념에 대한 논의를 진행하기 전에, 그 개념을 좀 더 완전하게 이해하는 것이 필요하다. 이른바 업의 법칙은 인과관계에 관한 것으로, 보상과 처벌의 이론이 아니다. 보상자도, 처벌자도 없고, 결과가 완전히 독립적이 아니라고 해서 보상과 처벌의 이론도 아니며, 또한 보상과 처벌이 항상 있지도 않다.

더욱 중요한 것은 업이 예언의 이론이 아님에도 불구하고 서구인들은 그 개념을 완전히 이해하지 못하기 때문에 종종 오해한다. 업은 결과를 유발하는 원인을 활성화하는 것을 제한하지 않는다. 개인의 습관적인 경향은, 영적으로 미성숙한 특정 조건에서 특정 원인을 활성화되도록 만든다. 그럼에도 불구하고, 명상과 같은 적절한 영적 수행을 통해 천천히 그 습관적 경향을 되돌릴 수 있고, 그리하여 원인과 결과

티벳의 한 사찰, 법회에 참여한 재가 여성들과 비구 스님

의 주기를 깨뜨릴 수 있다. 그러나 일단 움직이게 되면, 그 결과는 필연적으로 원인에 이어 나타난다. 개인적인 선택이나 결정은 심지어 신의 영역에서도 필연적인 결과를 변화시키거나 변경할 수 없다.

따라서 나의 현재의 대부분은 과거에 이미 행해졌던 일에 의해 결정되며, 그 누구도 이를 되돌릴 수 없거나 변경할 수 없다. 내가 어떻게 행동할 것인가는 나의 미래에 깊은 영향을 미치지만, 내가 현재 상황을 대처하는 방법은 미리 정해져 있지 않다. 전통적으로 이 원인과 결과의 법칙은 중생 구제에 대한 믿음과 연결되어 있다. 많은 전통적인 인도-티베트 불교도들은 중생 구제에 대한 믿음이 없으면 불교도가 아니라는 것을 안다. 그럼에도 불구하고, 대부분의 서양 불교도들은 불교에 대한 그들의 이해 또는 영적 수행을 하는 목적으로 중생에 대한 구제를 중요하게 생각하지 않는다.

우리에게 이러한 업의 개념은 부정적인 습관적 경향과 같은 구체적인 원인이 어떻게 구체적인 결과를 필연적으로 만들어내는지를 매우 잘 설명해 준다. 하지만 어떤 사람들은 태어나면서부터 고통에 빠지고, 또 어떤 사람들은 중독이 되어 스스로를 파괴하는 행동을 계속하는 이유에 대해 만족스럽게 설명하지 못한다. 비록 보편적인 틀로 업의 법칙을 설명하지 않더라도, 그것은 개인의 삶과 인간관계를 설명하는 데 있어 심리적으로나 치료적으로 매우 유용하다는 점을 부정할 수 없다.

이제 우리는 여성에 대한 전통적인 개념들의 적용에 대해 생각해 보아야 한다. 전통적으로, 여성들은 그들의 업, 즉 과거의 행동 때문에 현재의 어려운 상황에 놓여 있다고 말할 것이다. 여성은 가부장적 사회에서 열등한 지위를 가지고 있으며, 더욱이 성차별적 가치를 지닌 많은 사람은 생물학적으로나 지적으로, 또한 영적으로 여성이 열등하다고 보거나 부정적으로 생각할 수 있다. 그러나 그들은 단지 과거 업의 결과를 받을 뿐이다. 어떤 의미에서, 그들은 "자신이 받을 만한 것을 받은 것이다", "현재 고통은 과거의 부정적인 업을 소진하거나 고갈시키는 것이다", "현재 상황을 잘 대처하는 것은 미래의 상황을 이끌기 위한 긍정적인 업의 소위 '은행 계좌'를 만드는 것이다", "남성으로 다시 태어나는 것은 결국 약속된 긍정적인 결과이다" 등등 - 이것이 전통적으로 여성과 업에 관련된 주장들이었다.

우리는 이미 여성들이 어떻게 여자의 몸으로 다시 태어나는 것을 벗어날 수 있는지 그리고 무엇이 남성 또는 여성의 재탄생을 만드는지에 대한 문헌적 논의를 살펴보았다. 그러나 여성으로 태어나고 또 경험하는 고통이 업의 가르침이라는, 이러한 전통적인 설명에 대한 대안 분석이 부족했다. 따라서 여성들이 이러한 업의 개념을 매우 효과적으로 받아들이게 하고, 또 이를 강요해왔다. 여성들이 과거에 뿌린 것을 얻고 있을 뿐이라며 불평할 근거도 없다고 말한다. 또 여성 지위에 대한 가부장적 규범을 바꾸려고 전통에 반항하면, 이는 스스로 부정적인 업보를 만들어내는 것이라고도 가르친다.

이러한 전통적인 사고방식은 남성 지배하에 있는 여성 억압을 설명하면서 그 억압을 정당화한다. 나는 이러한 사고방식에는 중대한 문제가 있기에 부적절하다고 주장한다. 즉, 이러한 논리는 여성의 재생산 의무와 여성에 대한 가부장적 요구를 모두 정당화하는 전통적인 틀 안에서만 작동한다. 하지만 전통적인 관점도 여성을 열등하게 대하는 것을 정당화하는 이유로는 설득력이 없으며, 이는 서술적 진술과 규범적 진술 사이에서 근본적인 혼란을 가져온다. 기껏해야 업과 재탄생의 전통적인 개념들은 왜 여성들이 차별받았거나 차별받고 있는지를 설명할 수 있지만, 여성을 지속적으로 차별하는 것을 정당화하지 않는다.

이러한 주장을 페미니스트적 틀 속에서 면밀하게 검토해 보면, 전통적인 불교와 페미니스트 불교는 오직 한 가지에만 동의하고 거의 모든 분석에 대해 의견을 달리할 것이다. 즉, 페미니스트와 전통주의자 모두 현재의 가부장적인 조건에서 여성으로서 삶이 이상적이지 않다는 것에 동의한다. 전통적인 불교에서 이 문제를 해결하는 방법은 두 가지이다. 다음 생애에 여성으로 태어나지 않도록 노력하거나, 혹은 다가올 미래의 부처인 아미타부처의 정토Pure Land에는 모두 여자가 아닌 남자로만 태어나므로, 정토에서 태어난다는 완전히 극단적인 대안을 제시한다. 하지만 페미니스트들은 여성이 아니라 여성에게 무한 책임을 요구하는 조건들, 특히 남성 특권을 제거함으로써 이 문제를 해결하고자 한다. 그리고 여성은 단지 인간의 또 다른 하나의 성일 뿐 부족한 존재가 아님을 주장한다.

　만약 내가 정토를 만들 능력이 있다면, 그 사회는 가부장제의 소멸, 남성 중심의 부재, 여성과 남성의 상호관계성의 중시 등의 필수 조건들을 포함시킬 것이다. 여성은 태생적으로 결코 부족한 존재가 아니기 때문이다. 또한 페미니스트적 분석은 전생에 잘못을 저질러서 여성으로 태어났다는 주장보다는, 가부장제에서 여성으로 살아가는 것이 왜 이토록 어려운가에 대해 설득력 있는 설명을 해야 한다고 주장한다. 남성 중심사회에서 여성의 존재에 대한 부정은, 사물의 본질에서 주어지는 것이 아니라 가부장적 사회 체제에 의해 만들어지고 유지된다. 여성의 출산은 여성의 취약점이 아니다. 남성은 신체적 출산이 불가능하고 여성만이 이를 경험하기 때문에 문화적인 빛으로 해석해야 한다. 문화적이고 영적인 창의성이 여성에게 거의 완벽하게 차단되고 있는 상황에서, 여성이 남성보다 덜 지적이고 덜 영적인 존재로 취급받는 것은 잘못되었다.

　전통적으로 여성은 사회적으로 열등한 존재로 취급되며, 여성으로 다시 태어나는 것은 부정적인 업보의 결과라고 주장하기도 한다. 전근대적 조건 아래에서 여성들의 삶을 받아들이기 어려운 조건들은 분명히 존재했다. 여성의 안전하고 효율적인 출산 관리가 힘들고, 생식조절 능력이 거의 없고, 힘든 노동을 쉼 없이 해야 하며, 전근대적인 농업 조건의 특성들로 인해 수명이 짧은 이유도 있었다. 그러나 가부장적 사회 구성과 성 역할 고정관념의 주요 원인은 항상 습관적인 패턴과 자기 중심주의에 기인한다. 오늘날 전통적인 성 역할과 노동의 분업으로 볼 때 더욱 그러하다. 즉 가부장제에서 여성으로 태어나기를 원치 않는 것은 여성의 업 때문이 아니라, 현재 상태를 유지하려는 남성들의 자기중심적, 고정적, 습관적인 패턴 때문이다.

　　이기적이고 습관적인 남성의 의도를 숨기고 여성의 업을 탓하는 것은, 가부장제 아래 여성에게 흔히 사용하던 희생자를 탓하는 전술이다. 남성 지배체제에서 과거의 업이 아니라 현재의 자아-패턴과 자기-이익을 추구하는 구조에서 여성으로 태어난 비참함의 원인을 찾아야 한다는 이 주장은, 여성주의뿐만 아니라 철저하게 불교적인 분석 방식이라고 할 수 있다. 업 때문에 여성이 불행하고, 그것이 정당하다는 전통적인 분석을 따른다고 할지라도, 우리는 현재 여성들이 처한 상황에 대해 문제를 제기해야 한다. 비록 그 분석이 정확하다 할지라도 그 분석가가 다른 사람의 불행을 판단할 자격이 있는 것은 아니다. 고통받는 사람에게는 현실에서 벗어나도록 격려하기보다 합리화하게 만드는 결과를 낳는 것이다. 이는 인도 종교에서 업의 가르침이 현상유지와 특권에 대한 순응을 유도하는 것에서도 알 수 있다.

　　많은 부작용이 있었더라도 자신의 삶에 업의 개념을 통합하라는 요구는 그 부작용을 더욱 악화시키는 결과를 가져온다. 또한 젠더 위계, 가부장제 또는 경제적 착취와 같이 근본적으로 잔인하고 억압적인 제도나 상황을 수동적이거나 능동적으로 지원하려 하지 않을 것이다. 하지만 그러한 여성 억압적 제도나 기관들을 개혁하려는 사람들의 노력은 논리적으로 보면, 미래를 행복으로 이끌며 긍정적인 업을 만들어내려는 것이다. 이처럼 업의 교리에 대한 전통적인 해석은 사회 정책에 심각한 영향을 끼친다. 또한 불교 문헌을 보면, 불교 지도자들은 국가를 통치하는 왕들에게 친절하고 정의로울 것을 충고했다. 이는 업개념에 대한 해석이 개인적인 행위뿐만 아니라 사회 정책에 대한 의미를 강조한 것으로 볼 수 있지만, 불행하게도 전통적인 불교에서는 상대적으로 흔치 않았다.

　업과 여성성에 대한 전통적인 논쟁에서 페미니스트적 논의로 다시 돌아가면, 전통적인 불교 관점으로는 해석되지 않는 한 가지가 있다. 그것은 억압을 억압이라고 이름 지을 의지와 용기이다. 억압받는 사람이나 억압하는 사람 모두의 개인적인 사리사욕이나 습관적인 패턴에서 파생되는 억압을 억압이라고 부를 수 있는 의지와 용기가 필요하다. 아마도 전통적인 불교가 여성으로 다시 태어나는 것에서 완전히 벗어날 수 있는 길을 약속했던 이유 가운데 하나는, 사람들이 가부장제를 억압적이라고 생각하지 않았기 때문일 것이다. 그들은 젠더 관계에서 만들어지는 억압을 피하는 방법은 없다고 생각했다.

　사실 이것은 전통적인 불교는 물론, 모든 사회에서 나타나는 일반적인 경향으로 보인다. 바로 그 '억압'이라는 용어는 부분적인 기능만 의미하는 것은 아니다. 사람들은 자신의 재산, 불가침, 관용의 수용을 강조한다. '억압'이라는 용어는 예언적 전통에서의 사회적 항의나 사회적 행동주의라는 어휘와 훨씬 더 잘 어울린다. 따라서 페미니스트가 업에 대한 논의를 '억압'이라는 용어와 함께 사용하는 그 자체가 불교와 페미니즘이 서로 좋은 영향을 미치면서 상호 변화를 가져온다고 할 수 있다. 불교 내 예언적인 목소리를 사용할 때 이러한 '억압'이라는 용어는 사용 허가를 받지 못한 것이다. 업과 여성의 탄생에 대한 이러한 페미니스트적인 논의는, 아마도 불교적인 틀 안에서뿐만 아니라 다른 문제들과 연관된 사회적 행동주의를 이야기하는 법들을 제안할 수 있을 것이다.

　마지막으로, 완전히 다른 차원에서 논의하자면, 업에 대한 가르침은 평정심과 깊은 수준의 평화를 제공하는 데 도움을 줄 수 있다. 궁극적으로 일어나는 일들은 누군가의 신비롭고 자의적인 의지의 결과물이 아니다. 그것들은 인과로부터 나온 결과이다. 이는 우주에 내재된 깊은 조화와 온전함을 반영한다. 그러므로 우선 그것을 수동적으로 "단지 나의 업"이라고 받아들이지 말고, 변화시킬 수 있는 것들을 변화시키고자 행동을 해야 한다. 그다음에는, 업을 보상과 처벌의 문제가 아니라 불가사의한 적절성의 문제로 보고, 성공이든 실패든 어떤 결과든 업으로 생각함으로써 잠재적인 정서적 고갈과 나약함을 완화해야 한다.

이러한 사색은 필수적으로 강요된 억압을 유지하려는 시도를 중단시키고자 실천하는 사회적 행동주의에도 도움이 된다. 이는 마치 업으로 받아들이고 항복하는 것 그리고 최선을 다했음에도 불구하고 변하지 않는 것에 대한 분노와 좌절감으로 자신을 잃는 것 사이의 중간 지점이라고 할 수 있다. 이를 '면도칼의 가장자리'라고 부를 수 있다. 이러한 방식으로 생각한다면, 업의 가르침은 불교가 행복과 불행으로부터 평정심을 유지하기 위해 제공하는 수많은 해석 도구 중 하나로서 효과적으로 활용할 수 있을 것이다.

페미니스트의 필수 질문
: 불교는 이원론적이고 내세 중심적인가?

많은 문헌이 불교를 세상을 부정하거나 내세를 중시하는 종교로 설명하기도 한다. 확실히 불교 전통은 그렇게 해석할 여지가 있다. 그럼에도 불구하고 불교 전통을 아는 사람은 불교가 세상 속에서(현세 중심적인) 자유의 길이나 세상의 고통에서 벗어나는 길을 정확히 보여준다고 생각한다. 세상으로부터의(내세 중심적인) 자유라는 해석보다 세상에서 자유로 보는 것은 가부장제 이후의 불교 비전과 훨씬 더 잘 맞다. 세상으로부터의 자유로 해석하는 것은 페미니스트적 관점에서는 비판적인데, 이는 다른 많은 영적 페미니스트 학자들에 의해서 지난 20년 동안 철저히 분석되고 비판받아왔다.

보통 서구에서는 영성이 지닌 여성 혐오와 가부장적인 경향 때문에 영성의 유형을 매우 부정적으로 평가하는 경향이 있다. 가부장적 종교를 설명하고 비판하기 위해 가장 널리 사용되는 도구 중 하나는 로즈마리 류터Rosemary Ruether가 제시한 것처럼, 헬레니즘 세계 전체를 지배하며 기독교의 형성에 매우 중요한 이원론적 세계관과 또 다른 세계관에 대한 논의였다. 그녀는 기독교가 등장하기 전, 지중해 사람들은 우주나 자연 세계의 순환 과정과 리듬에 대한 믿음을 잃기 시작하면서 유한성과 죽음에서 벗어날 수 있는 구원의 세계를 자연 세계의 바깥이나 다른 곳에서 찾으려 했다고 주장한다. 또한 그들은 경험을 선과 악으로 이분화하고, 자연과 육체가 본질적으로 악하지는 않더라도 죽음 이후의 영적 구원을 강조하여 영혼의 우월성으로 사람들을 쉽게 유혹했다.

이 세계와 다른 세계, 정신과 육신, 자연적인 것과 가공의 것, 지성과 감정들을 남성적인 것과 여성적인 것이라는 성적sexual 양극성으로 강화하고 심화시키면서 이분법을 발전시켰다. 여성은 육체와 감정, 자연의 영역과 연관되었고, 이러한 것들은 영성의 구원을 보장받을 수 없기에 거부되고 통제를 받아야만 했다.[11] 류터와 다른 사람들이 고전적인 기독교 여성관과 여성혐오가 이 이원론적이고 현실과 다른 세계의 전망을 만드는 데 중요한 역할을 했다고 본다. 또한 페미니스트 학

티베트 사원의 화려한 입구 전경

자들은 종종 이원론적인 영성과 현재 우리를 괴롭히고 있는 가장 심각한 문제들 사이의 연관성을 폭력과 전쟁의 미화, 지구를 유한한 존재로 고려하지 않고 지구 생태계를 착취하는 것 사이에서 발견한다.

여성혐오와 가부장제는 종종 반세계적인 시각과 침략 또는 착취 사이의 중요한 연결 고리로 여겨진다. 최소한 불교는 아주 비슷하게, 혹은 더 격렬하게, 이원론적이면서도 현실이 아닌 다른 세상이 있는 것처럼 보일 수 있다. 내가 왜 이런 세계관으로 들어갔는지 많은 동료 페미니스트들은 의아해 했지만, 나는 이러한 전제는 모든 형태의 불교에 관해서 본질을 모르는 주장이라고 확신한다. 또한 이는 불교 자체보다는 서양 종교사상의 흐름에 더 익숙한 서구의 불교 번역자들 때문이라고 생각한다. 이 문제는 불교가 세상으로부터의 자유를 중시하는지, 아니면 세상 속에서의 자유를 중시하는지에 대해 분석함으로써 충분히 결론을 낼 수 있다.

불교 가르침의 핵심은 자유와 밀접한 연관이 있다. 비록 문자 그대로의 의미는 아니지만, 내가 자유라고 부르는 것은 고전 불교와 인도 사상에서 말하는 열반[4]이라는 개념과 거의 일치할 것이다. 비록 이 단어의 의미를 간단하고도 정확하게 설명하기는 쉽지 않지만,[12] 열반은 윤회samasra, 삼사라로부터의 자유를 의미한다고 어느 정도는 분명하게 말할 수 있다. 윤회는 쉽게 "순환적 존재"라고도 번역되는데, 이는 정의상 고통으로도 이해가 된다. 그러므로 불교적으로 말하면, 자유는 고통스럽고 순환적인 존재에서 벗어나는 것을 의미한다.

그러나 그러한 자유가 정확히 무엇을 수반하는지는 더 분석하고 연구할 필요가 있다. 만약 고통스러운 존재가 주기적으로 순환하는 것으로부터 자유로워진다면, 그것은 무엇을 위한 자유인가? 그 질문에 대한 답은 불교적 전통에서는 명확한 것은 아니지만, 항상 지각 있는 존재, 즉 모든 생명을 행복하게 살아갈 수 있도록 돕기 위해서 불교는 어떤 방식으로든 관여한다는 것이다. 자유를 '세상으로부터의(내세 중심적인) 자유'로 이해하든, 아니면 '세상 속의(현세 중심적인) 자유'로 이해하든 간에, 우선 불교의 핵심적인 개념인 네 가지 성스러운 진리사성제, Four Noble Truths를 알아야 한다.[5]

여성 혹은 남성이 깨달음을 얻기 위해서는 붓다가 실존적으로 발견한 이 네 가지 성스러운 진리를 실천하는 것에서부터 시작해야 한다.

---

4 열반(涅槃): 모든 번뇌가 사라진 적멸의 상태, 또는 깨달음을 완성한 상태를 의미함.

5 사성제(四聖諦)란 붓다께서 깨달은 핵심적인 네 가지 성스러운 진리를 말한다. 사성제는 생로병사 등 삶이 괴로움이라는 첫 번째 진리인 고성제(苦聖諦), 모든 괴로움에는 원인이 있다는 두 번째 진리인 집성제(集聖諦), 그 괴로움의 극복할 수 있는 방법이 있다는 세 번째 진리인 멸성제(滅聖諦), 괴로움을 멸하고 성스러운 깨달음에 이를 수 있다는 네 번째 진리인 도성제(道聖諦)가 있다.

자유는 멸성제, 즉 고통을 소멸시킨다는 진리에서부터 선언된다. 그렇다면 무엇이 중단되었는가? 고성제와 집성제에서 선언했던 고통의 원인이 소멸된다. 고성제에 의하면, 존재는 필연적으로 고통을 겪을 수밖에 없다. 집성제에 따르면, 그 고통은 전통적으로 존재를 특징짓는 욕망과 무지에서 비롯된다. 그러나 멸성제에 따르면, 그러한 욕망과 무지에서 벗어날 수 있으면 그들이 만들어내는 고통으로부터도 자유로울 수 있다. 도성제는 그러한 자유를 얻는 데 도움이 되는 생활방식을 말한다. 이때 고전적 목표인 지혜, 도덕적 계율, 사마디(집중함으로써 고요를 찾는 것)라는 세 가지를 추구해야 한다.

고통으로부터의 자유라는 의미가 가장 중요한 불교 가르침 가운데 하나인 이유는, 그러한 자유가 윤회로부터의 자유를 의미하기 때문이다. 세상에 태어난다는 것은 누구든지 어쩔 수 없이 "생·노·병·사"와 같은 피할 수 없는 고통이 동반된다. 모든 사람은 욕망과 무지에서 벗어날 수 없기에 태어남을 반복하게 된다. 이러한 불교적 해석은 현재의 삶이 아니라 다른 세상으로의 삶이나 세상과는 반대의 삶으로 관심이 이어질 수 있다. 환생은 바람직하지 않다. "생·노·병·사"의 영역에 사는 우리에게 주어진 삶, 이 영역에서 살아가는 사람들의 삶은 유한하고 변화하기 때문에 바람직하지 않다. 또한 이 삶과 다른 초월적인 존재 상태는 일반적인 인간의 존재 방식과 감정을 적절히 포기할 수 있는 사람들에 의해 달성될 수 있다. 더 이상 무지와 욕망을 경험하지 않는 이 사람들은 윤회, 즉 다시 태어나는 삶을 주기적으로 반복하는 윤회에서 벗어날 것이며, 갈등이나 열망 등을 초월해서 평온하게 살아갈 것이다.

분명히 윤회와 열반에 대한 이러한 고전적 해석은 존재 그 자체를 문제라고 본다. 존재로부터 해방되는 것을 존재로부터의 자유로 보며,

자유로워진 세상은 현재 세상과 다른 세계이자 세속적이 아닌 내세 중심적이다. 불교에 대한 이러한 이원론적이고 내세 중심적인 해석은 욕망과 무지로부터의 자유를 갈망하는 생활방식에 적합하고 더욱 강화될 수 있다. 잘 알려져 있듯이, 전통적인 불교 국가에서 선호하는 불교 생활방식은 항상 금욕을 추구해왔다. 이러한 방식의 생활을 선호하는 주된 동기 중 하나는 가족과 직업, 일반 사람들의 욕망, 부정적인 감정 그리고 무지에 매달리는 경향성 때문이다. 가족이나 직업적인 관심이 없는 사람들은 전통적인 걱정거리나 관습적인 삶 모든 측면에서 열반과 윤회를 중단할 가능성이 더욱 크다.

그리고 불교도는 분명히, 세상 속의 현세 중심적인 자유가 아니라 세상으로부터의 내세 중심적인 자유로 해석될 여지가 많다. 그러므로 올바른 해석을 위해서는 윤회와 열반 그리고 사성제에 대한 논의로 다시 돌아가야 한다. 자유는 본질적인 용어로 남아 있지만, 단지 관습적인 세상을 벗어나는 자유는 진정한 자유가 아닐 수도 있고 사실 불가능할 수도 있다. 오히려 스즈키 로시Suzuki Roshi가 통찰력을 가지고 주장했듯이, 우리가 불완전하다는 진리로부터 평정심을 찾는 것이 유일한 자유다.[13] 불완전한 것에 대한 불만족, 즉 불완전한 것 자체보다는 우리 존재의 필연적인 유한성에 대한 불만을 말하는 것이 근본적인 자유다.

사성제가 말하는 것처럼 우리는 욕망 때문에 고통을 받는데, 가장 기본적인 욕망은 인간이나 사물이 고정적이지 않고 변한다는 것이다. 전통적으로 우리의 가장 깊은 욕망은 영속성(불멸), 편안함, 행복 그리고 안전을 위한 것이지만, 이러한 욕망은 모든 종교가 약속할지라도 충족되지 않는다. 그러므로 불교가 다루는 진짜 문제는 우리가 어떻게든 초월하거나 탈출하는 불만족스러운 세계가 아니라 그 세계에 관한 부

마니차를 돌리는 한 여성, 티베트

적절하고 불만족스러운 욕망이다. 사성제의 멸성제에 의해 선언된, 고통의 제거와 관련된 자유는 불교의 핵심으로 남아 있다. 그리고 불교가 늘 선포하듯이 자유보다는 고통을 일으키는 욕망과 무지가 포기될 때 자유가 성취된다.

그러나 욕망의 중단은 진실로 '세상에 사는 것'이 아니라 '세상을 배반하는 것'인가? 욕망과 무지를 초월하기 위해서는 생활방식을 변화시켜서 기존에 반복되던 태도를 바꿀 필요가 있다. 우리가 살아가는 세계, 우리가 경험하는 존재는 문제가 되지 않으며, 고통의 근원도 아니고 자유의 장애물도 아니다. 오히려, 문제는 그 세계에 존재하지 않는 희망과 영구성, 용이성 그리고 안전과 관련된 비현실적인 갈망과 요구이다. 이러한 태도를 넘어설 때 인간은 진정으로 자유로워질 수 있다.

그렇지만 우리는 사실 세상 속에서 자유롭지 못하다. 우리는 여전히 필연적으로 "생·노·병·사"뿐만 아니라 불건전함, 안전의 결여 그리고 불충분한 편안함이나 쾌락을 갈구하는 존재이다. 간단히 말해서, 한계는 우리의 몫이고 그리고 앞으로도 그럴 것이다. 그러나 "불완전성에서 우리의 안락함을 찾는 것"은 우리가 사는 세상과 우리 존재의 조건에 의해 말 그대로 고통 없이 살고 죽는 것이다. 우리는 세상 안에서 자유를 추구하기 때문에 우리의 기본 가치와 방향이 다른 세계이거나 내세 중심적일 것 같지 않다. 우리는 불교에서 말하는 고전적인 표현처럼 "윤회에서 방황하거나 열반에 머물지 않는다."[14]

불교를 세상으로부터의 자유로 그리고 세상 속의 자유로 해석하는 두 가지 해석은 모두 정확하며 전통적이라고 할 수 있다. 불교사 전반에 걸쳐 서로 얽혀 있지만, 정확한 일반화는 불교에 대한 이원론적, 내세 중심적 해석이 초기 인도 불교에서 지배적인 것으로 본다. 반면, 불교에 대한 비이중적인 해석은 역사적 부처 이후 몇 세기 동안 더욱 중요해지지만, 결코 완전한 것은 아니다. 물론 더 일찍 강조된 곳이 있다. 따라서 불교의 일반적인 진화는 로버트 벨라Robert Bellah가 그의 고전 에세이에서 지적한 바와 같이, 이질적인 내세 중심적인 세상에서 현세 중심적인 방향으로 나아간다.15

오늘날 전 세계에 불교가 전파되어 있다. 서구 불교도들의 주된 강조점은 세계로부터의 자유로 불교를 이해하지만, 나는 불교가 세계로부터의 자유보다 세상 안에서 자유를 제공하는 것을 훨씬 더 의미 있게 생각한다. 이 때문에, 불교에 대한 페미니스트적 관점으로 보면 이원론적이고, 비현실적인 가부장적인 종교는 필연적으로 존재 의미도 사라질 것이다. 게다가, 나는 내세 중심적이고 이원론적인 영성은 반드시 여성혐오증을 불러일으킬 것이라는 일반적인 페미니스트적인 결론에 동의하지 않는다. 이원론적, 내세 중심적인 영적인 요소들은 거부되어야 하는데, 이는 역사적으로 서양에서 여성혐오증과 연관되어 있기 때문이 아니라 영적으로 불충분하기 때문이다.

만약 우리가 이 세상으로부터의 자유가 정말로 우리의 올바른 정신적 목표라고 확신한다면, 우리의 임무는 현실을 떠난 영성이 아닌, 반-가부장제와 반-여성혐오가 바탕이 되는 사회적 재건에 참여하는 것이 되어야 한다. 오늘날 내세 중심주의가 정말로 우리의 진정한 영적 목표라고 주장하는 사람은 거의 없을 것이다. 한때 내세 중심의 영성을 매력적으로 만들었던 것이 무엇이든 간에, 적어도 올바른 종교적이고 영적인 사고를 한다면 그러한 매력은 더 이상 존재하지 않는다.

오늘날 우리는 비-이원론적이면서 세상과 삶을 긍정하는 영성을 추구한다. 우리는 또한 가부장제 이후의 영성을 추구한다. 이 두 가지 목표는 양립할 수 있고, 논리적으로 서로 반대되는 것도 아니다. 이러한 복잡성을 인식하면 남성만이 종교적인 엘리트였기 때문에 내세 중심적인 영성을 발전시켰다거나, 여성은 현세의 영성만을 선호하고 창조했다는 식의 매우 단순한 결론들을 피할 수 있게 된다. 그러나 불교가 세상 속의 자유를 이해하고 페미니스트와 가부장제 이후의 여성들 (그리고 남성들)의 관심을 알게 된다면, '세상으로부터 자유'를 방해하는 가부장제나 남성이 창조한 불교에 대해 우려하면서 이로 인해 발생하는 문제들을 해결하기 위해 노력할 것이다.

10장
페미니스트의 관점으로
불교의 핵심 개념 분석하기

    어떤 종교든 페미니스트 사상의 주요 전략은 그 종교의 전통적인 핵심 개념이 페미니즘과 양립할 뿐만 아니라 구조나 해석에 있어서 가부장성이 아니라 페미니즘이 필요함을 증명하는 것이다. 즉 전통의 상징과 교리는 가부장제나 전통적인 관습과는 차이가 있으며, 페미니즘은 종교 내에서 어떠한 차별도 없는 평등을 더욱 확실하게 지지한다는 것이다.[1] 전통적인 불교에서도 업에 대한 가르침을 제외하면, 남성의 지배를 설명하거나 정당화하기 위해 영향을 미치는 중요한 가르침은 별로 없다.

    대부분 주요 종교들이 그렇듯이, 중요한 교제들은 성 중립적인 방식으로 핵심적인 가르침을 제시한다. 사람은 남녀 모두가 인간의 상태로 묘사되고, 여성과 남성을 똑같은 방식으로 적용한다. 많은 불교 교사가 암묵적으로 또는 명시적으로 그들의 교육 과정에서 가르침이 성 평등하다는 점을 강조한다. 그럼에도 불구하고, 불교 기관들은 남성 지배적인 원리로 가득 차 있다. 매우 당연한 일이지만, 우리는 종교적인 삶과 제도적인 남성 우월적인 사회와 관련해서 모든 인간에게 성 중립적인 가르침이 적합하다고 생각한다.

그러므로 불교에서 뭔가가 더 필요하다. 불교의 주요 교리에 내포된 젠더 문제에 대한 함의를 밝혀내고, 이러한 발견을 오늘날의 불교 관행과 젠더 관련 질문 모두에 적용하는 것은 분명히 필요한 일이다. 이 책의 주요 논점은 어떤 불교적 가르침도 성별 특권이나 젠더 위계적인 체계에 대한 근거를 제공하지 않는다는 것이다. 사실 이러한 교리는 성별 상호 연관성을 저하시키는 동시에 성평등을 등한시하게 만든다. 더욱이 이러한 주요 가르침들이 불교의 가부장적 표현보다는 페미니스트와 훨씬 더 양립할 수 있다는 것이 나의 논증이다. 즉, 불교의 비전에 충실하기 위해서는 남성 중심주의와 가부장제를 초월할 필요가 있다. 대부분의 지적인 불교 신자들은 이러한 내 의견에 동의할 것이다.

그럼에도 불구하고 많은 사람들은 아마도 불교에 관한 혹평 및 불교계에 만연해 있는 오랜 관습의 변화를 원치 않을 것이다. 더 나아가 어떤 사람들은 성별 특권이 붓다의 가르침을 완전히 거역하고 있으며 불교적 세계관을 반영하지 못하기 때문에 시급히 이를 재구축해야 한다는 내 주장에 찬성하지 않을 것이다. 불교 교리에 관한 성평등성을 증명하기 위해서, 나는 다시 불교의 발전 과정을 조사할 것이다. 그러나 이 조사는 외부 역사나 여성에 대한 태도에 초점을 맞추지 않고, 오늘날 티베트 불교, 특히 까규파와 닝마파의 주요 과정에서 가르치고 실천되고 강조되는 불교의 주요 가르침에 대해 살펴볼 것이다. 따라서 이 조사에서 모든 가르침은 그들의 역사적 기원이 무엇이든 간에 현대 불교인들에게 본질적이고 필수적이라는 점에서 "상관성"이 있다.

그러나 그 가르침들은 불교 사상의 발달 순서에 따라 나타나고, 행해지고, 또 서로 개념적으로 정의되었다.[2] 이 발달 순서는 불교 사상의

오래된 사원을 재건축중인 여성들, 티베트

시대적 흐름에 따라 방대한 불교 교리의 배열 순서나 개념상 이치에 맞게 설명하는 데 중요하다. 내가 성gender에 관련된 주요 불교 교리를 조사하기 위해 사용해야 할 핵심 개념은 "깨달음이라는 수레의 세 바퀴"이다.[3] 이 비유는 붓다께서 처음 자신의 깨달음을 가르치기 시작했을 때, 모든 중생은 윤회한다는 의미의 존재론적 수레바퀴를 뒤집고 법dharma으로 바퀴를 움직였다는 것에서부터 출발했다.

이 설명에 의하면, 처음 수레바퀴를 굴린 후에 두 번 더 굴리게 되는데, 이는 불교의 가르침이 두 번의 전환기를 겪으면서 발전했음을 상징한다. 아마도 수레바퀴는 다시 굴러갈 것이다. 서구 불교에서 여성에 대해 가장 도발적인 제목은 "수레바퀴 굴리기: 미국 여성들이 새로운 불교를 창조한다"이다.[4] 한편, 불교도들은 이러한 전환기나 단계들을 건설적인 관점에서 받아들이는 것도 중요하다. 수행자로서 세 번째 순서부터 시작해서 처음 두 번을 건너뛸 수 없다. 같은 방법으로, "새로운" 페미니스트 그리고 성평등한 불교는 이전의 전환기들을 통합할 것이다.

역사적으로 이러한 가르침은 오랜 기간에 걸쳐 순차적으로 발전했다. 그러나 여기서 강조점은 심리적이거나 정신적인 것이다. 이것들은 실천가들이 자유와 깨달음의 길을 거치는 발전의 단계들이다. 좀 더 구체적으로 말하자면, 우리는 또한 어떤 의미에서는 세 번의 굴림, 세 번이 전환기가 있었다고 말하는 것이 다소 자의적이라는 사실을 생각해야 한다. 레지날드 레이Reginald Ray가 지적했듯이, 상좌불교는 티베트 전통이 말하는 첫 번째 전환이 포함된 완전한 가르침을 보게 될 것이다. 또한 많은 동아시아의 불교 학파들은 다섯 단계를 거치는 동안 완전한 발전에 이른 불교 가르침에 대해 논의할 것이다.[5]

첫 번째 전환기의 가르침은 역사적인 부처에게 헌신하는 가르침이다. 티베트 불교도들로부터 높은 지지를 받는 "세 개의 야나yana", 즉 "세 번의 전환기"로 설명하면, 처음 등장한 전환기의 가르침은 "히나야나Hinayana, 소승불교"라고 부른다. 이 용어는 현대의 상좌불교를 경시하는 것과 아무 상관이 없다. 이 경우 "작은 차량"을 의미하는 것이 아니라 "기초적인 차량"을 의미한다. 모든 형태의 불교에 기본이 되는 이러한 가르침은 4개의 고귀한 진리(사성제), 8개의 길(팔정도), 3개의 표식(삼법인) 및 상호 의존적인 발생(연기)이다.

두 번째 전환기의 가르침은 특히 중관학파Madyamika school와 공성空性이나 공성에 관한 가르침과 연관되어 있다. 이 가르침은 깨달음을 성취한 후, 혹은 "깨달음에 대한 인식"을 불러일으키는 두 가지 진리와 보살의 길에 대한 개념이다. 그러나 후자의 개념은 일반적인 대승불교의 개념이지, 특별히 중관학파의 교리는 아니다.

　세 번째 전환기의 가르침은 다른 중요한 철학을 전공한 대승불교 학파의 주요 가르침인 유식학Yogacarad이다.6 레이Ray는 세 번째 전환기의 핵심을 공성空性의 발전으로 본다. "두 번째 전환기는 공성이 무엇인가를 알기 위해 노력하는 반면에, 세 번째 전환기는 공성이 아무것도 아니라는 점을 강조하기 위해 노력한다."7 따라서 세 번째 전환기의 주요 교리는 붓다의 본성tathagatagarbha과 "있는 그대로의 존재tathata, 眞如"라는 개념과 밀접한 관련이 있다. 가르침이 전환되는 시기가 겹쳐지면서, 두 번째와 세 번째 전환기 모두 대승불교에 포함된다. 비-이원론을 강조하고, 남성적 원리와 여성적인 원리를 중시하는 금강승불교는 세 번째 가르침으로 곧바로 나아가게 하고, 세 번째 전환기 안에서 강조된다.

　불교의 주요 개념에 대한 이러한 페미니스트적 분석을 위해, 나는 각 불교 교파의 전환이나 야나yana 중심의 철학 또는 심리학적 개념과 윤리적 가르침의 상관관계에 초점을 맞출 것이다. 이 분석에서 불교에 대한 철저한 조사를 시도하지는 않지만 가능한 한, 우리가 초점을 맞추고 있는 개념의 논의를 중심으로 각 교파의 순서나 야나yana의 다른 주요 개념들을 연결해서 살펴볼 것이다. 흥미롭게도, 각기 세 가지 전환기는 고전적인 불교적 원칙에서 성에 대해 극도로 자극적인 논의를 불러일으키는 주요 개념을 제공한다. 성별 문제에 대한 가르침의 함축은 오직 두 번째 전환과 함께 주목되어 왔음에도 불구하고 말이다. 그리고 순서대로 전환하면서, 우리는 점차 풍요롭고 충만한 불교 재건을 위한 기초들을 발견할 것이다.

11장
젠더와 무아
: 페미니스트의 관점에서 본 불교의 기본 가르침

불교 사상사의 첫 번째 전환기 가르침은 여러 가지로 정리되고 요약될 수 있다. 이 장에서는 불교에서 깨달음의 길로 나아갈 때 중요한 방법론인 팔정도八正道의 주요 3대 요소를 설명할 것이다. 이 여덟 가지 길은 반야 혹은 지혜, 계율 혹은 도덕 그리고 사마디 혹은 영적 규율이라는 세 가지로 다시 요약할 수 있다. 불교 사상사의 발달과정에서 이 세 요소는 각각 페미니스트적으로 중요한 함의가 있기에, 논의할 내용도 많다. 그러나 이 장에서는 상좌불교에서 가르치는 올바른 견해正見[^1] 또는 지혜에 대해 페미니스트적 관점에서의 논의를 중심으로 살펴볼 것이다.[^1]

---

[^1]: 팔정도는 깨달음과 열반으로 이끄는 여덟 가지의 올바른 실천 방법, 즉 정견[正見], 정어[正語], 정업[正業], 정명[正命], 정념[正念], 정정[正定], 정사유[正思惟], 정정진[正精進]을 말한다.

지혜, 젠더 그리고 자아

불교의 시작에서부터 오늘에 이르기까지, 불교의 근본적인 첫 번째 전환기의 가르침은 무아egolessness와 무아의 반대되는 개념으로 그 대척점에 있는 자아ego를 함축적으로 강조해 왔다. 많은 불교 신자들은 이러한 용어의 정확한 개념에 대해 의문을 품고 혼란스러워하기도 했다. 다른 주요 불교 교리들과 마찬가지로, 전체 불교 문헌에서 이 교리의 엄청난 의미를 충분히 탐구하는 것 자체가 광대한 작업이 될 것이다. 여기서 나는 이 개념들을 비교적 간단하고 직설적으로 설명하고, 다른 연관된 선구적 가르침들을 제시하려고 노력할 것이다. 그 후, 나는 자아와 무아에 대한 불교의 가르침을 페미니스트적인 관점에서 분석하여 불교 가부장제를 강력하게 비판하고, 불교가 페미니스트적 관점에서 어떻게 확실한 해석의 도구로 작동할 수 있는지에 대해 논할 것이다.

앞에서 '불교는 페미니즘'이라는 주장에대해 분석할 때2, 나는 두 가지 모두 "정신적 구조의 패턴이 어떻게 해방을 막거나 향상시키는가를 탐구한다"고 말했다. 불교와 페미니즘 모두에서, 전통적인 사고방식과 인식은 중대한 결함이 있으며 이는 큰 고통을 낳는다. 많은 사람이 이 두 시스템 사이에 그러한 일치를 기대하지 않지만, 이는 언뜻 중요한 유사점으로 보인다. 그럼에도 불구하고 불교는 자아의 한 측면으로서 젠더 구성과 젠더 정체성을 연구한 적이 없다. 앤 클라인Anne Klein3과 나는4 이전의 글에서 이러한 점을 주목했다. 20년 동안 페미니스트적인 성찰을 해오면서, 관습적인 자아의 습관적인 패턴을 알아차리고 반성하는 것을 매우 중시하는 전통이, 그처럼 중요한 자아의 한 측면을 완전히 간과했다는 것은 상상조차 할 수 없는 일이다.

페미니스트 사상은 세계에 대한 우리의 인식과 반응이 얼마나 광범위하게 성별, 계급, 인종, 민족에 의존하고 있는가를 절실히 깨닫게 한다. 또한 페미니스트 사상은 우리에게 성별이 사회적으로 어떻게 구성되는지를 알게 해주었다. 내가 생각하기에 이러한 관점은 여성으로 태어나는 것이 불행한 이유가 단지 생물학적인 이유로 믿어온 대부분의 이전 불교 해설자들에게는 충격이었을 것이다.

페미니스트 사상은 또한 내면화된 성 역할 고정 관념이 일반 사람들에게 상상할 수 없을 정도로, 얼마나 심각하게 그들의 성장 가능성을 막거나 제한하는지를 철저히 조사했다. 그리고 페미니즘은 가부장제 사회에서 구축된 남성과 여성의 자아 문제 관련 탐구에서, 가부장제 이후의 자아에 대한 건강한 의식이 무엇을 포함하는지 찾기 시작했다. 불교는 무아사상을 중시하며 이를 깊이 탐구하는 오랜 전통을 가지고 있으며, 이론적으로나 현실적으로 이 주제에 대해 매우 중시해왔다.

그러므로 자아와 관련된 문제에 대해서 불교와 페미니즘은 서로 할 말이 많다. 그런데 많은 페미니스트가 무아에 대한 불교 개념을 처음 들으면 자신들과는 관계가 없다고 생각할 수 있기 때문에, 불교에서 말하는 '자아'와 '무아'의 의미를 이해하기 위해 노력해야 한다. 서양 심리학자들은 대개 그 목표를 건강한 자아로 발전시키는 것으로 보고 있는 반면에, 불교학자들은 자아를 정신 질병을 유발하는 문제로 보기 때문에, 용어 해석에서 어려움에 직면한다. 두 전통이 근본적으로 다른 방식으로 동일 단어를 사용하고 있다는 것은 명백하다. 이 때문에 많은 전문 용어를 정확히 이해하기가 어렵다.

'무아'는 모든 지각 있는 존재들이 가지는 세 가지 기본 특성 중 하나이다. 그것은 고통과 무기력과 함께 인간의 상태에 대한 가장 기본적인 불교적 진단으로 볼 수 있다. 현실적으로 분석하면 예외 없이, 모든 존재가 이 같은 운명을 공유한다. 그들은 불안을 겪고, 끝이 없는 무상함을 경험하며, 영원불멸의 영혼이나 존재를 부정한다. 영원하지 않다는 것은 이 세 가지 요소의 핵심적인 특징이며, 최소한 겉으로는 이해하고 파악하기가 매우 쉽다. 분명히 모든 것이 변한다. 어느 정도 수준에서는 누구나 그 기본적인 사실을 알 수 있다.

그러나 사람들은 변화에 저항하는데, 그것은 필연적으로 고통과 정신적 고뇌를 불러일으킨다. 더욱이 모든 것이 끊임없이 변화하고 고정적이지 않다면, 우리의 자아, 에고, 정체성을 어떻게 하면 이 일반적인 규칙으로부터 극복할 수 있을까? 우리는 근본적으로 무아이지만, 그 존재 상태를 견디기는 어렵다. 따라서 끊임없이 자아나 자기의 스타일을 만들어냄으로써 종종 큰 문제를 일으킨다. 게다가 우리는 거의 끊임없이 우리 자신이 어딘가에 어떤 영구적인 핵심을 가지고 있어야 한다는 환상에 시달린다. 우리 자아의 베일은 너무 두꺼워져서, 그것 없이 존재한다는 것을 상상할 수 없다.

불교는 끊임없이 형이상학적 의미와 심리학적 의미 사이에서 '자아'와 '무아'라는 용어의 차이를 보인다. 불교 신자들에게 이 용어들이 무엇을 의미하는지 이해하는 것이 매우 중요한데, 철학적인 의미가 더욱 이해하기 쉽다. 철학적으로 '무아'에 대한 가르침은 '진짜 사람'이라고 할 수 있는 어떤 영구적이고, 현존하며, 변하지 않는 본질이 있음을 부인하는 것이다. 그 본질은 초기 불교의 철학에서 등장했던 힌두교의 아트만atman이든, 보다 친숙한 기독교의 개인적이고도 영원한 영혼과도 같다. 종종 무아는 비-유신론의 동반자로 보인다. "자기 보호와 자기보존"이라는 두 가지 사상이 심리적으로 인간에게 깊이 뿌리박고 있다. 인간은 자기 보호를 위해 신을 창조하고, 자기보존을 위해 영원히 사는 불멸의 영혼이나 아트만 사상을 만들었다.[5]

불교에서는 무아의 진리를 증명하는 두 가지 방법이 중요하다. 익숙한 방법은 전통적으로 주장하는, 자아를 신중하게 들여다보는 분석법이다. 자아는 그것을 이루고 있는 구성 요소로 분해할 수는 있지만, 그 구성 요소들 기저에 존재하는 진정한 본질은 발견되지 않는다.

그 움직임 뒤에 움직이지 않게 하는 작동하는 자는 없다.
그것은 단지 움직임일 뿐이다.[6]

모든 사물이 상호의존적이기 때문에 자아를 합성하는 방법은 단순히 관습적인 외형적인 수준에서가 아니라, 현실적으로 개인을 존재하도록 구성하는 본질적인 요소가 없다는 것을 보여준다. 원인과 결과를 설명하는 데 업karma이론보다 중요하고, 어쩌면 더 핵심적인 상호의존성, 즉 함께 발생한다연기, 緣起는 개념은, 이러한 행렬에서 하나만 독립해서 존재하는 것이 없음을 보여준다. 다만 원인과 결과의 상호의존에 의해서만 존재할 뿐이다. 그러므로 상호의존성과 관계성의 이 광대한 거미줄 속에서, 사건들의 특정한 순간적 구성을 위해 편리하고 유용하게 분리할 수 있는 자아는 있을 수 없다.

무아에 대한 심리적 체험은 매우 중요하다. 그러나 불교 신자들이 무아로의 직관적인 자각이 끊임없이 일어나고 있다고 말하지만, 그 구성 요소 가운데 하나라도 찾기란 쉽지 않다. 기본적으로 거기에는 단지 열린 공간, 우리가 실제로 사는 기본적인 대지가 있을 뿐이다. 자아가 생기기 전에 우리의 가장 근본적인 마음 상태에는 근본적으로 개방성, 자유, 넓은 공간이 존재한다. 현재도 그렇듯이 우리는 항상 그러한 개방성을 가지고 있었다. 예를 들어, 우리의 일상생활과 사고 패턴을 생각해보자. 우리가 물건을 볼 때, 첫 순간에 전혀 논리나 개념이 없이 갑작스런 인식만 있다.

생각에 잠긴 보살상, 중국 한 박물관

우리는 단지 탁 트인 지면에 있는 그 사물을 인지할 뿐이다.[7]

　　그러나 무아에 대한 일반적인 오해를 줄이기 위해서는 무엇이 아닌지를 진술하는 것이 중요하다. 무아는 존재와 반대로 허무적인 조건으로 빠지거나 존재하지 않음non-existence을 주장하는 것이 아니다. 그것은 지각하지도 않고non-perception 생각하지도 않는non-thinking 공허한 상태가 아니다. 그것은 자기 자신이나 다른 사람에게 무슨 일이 일어나든 상관하지 않는 무관심한 상태가 아니며, 구타를 당하고 희생되는 것과 같은 일이 일어나도 묵인하는 것과는 아무런 상관이 없다. 그것은 남을 밀어내는 무신경하고 무관심한 것은 결코 아니다. 무아인 사람은 좀비zombie와는 정반대다. 오히려 그녀는 자아의 부담을 내려놓기 때문에 명랑하고 침착하고 유머러스하며 인정이 넘치고 힘이 솟아난다. 그녀는 이 세상으로부터 자유롭고, 정신이 맑고, 건강하고 성숙한 방법을 발견한다. 그녀는 스즈키 로시Suzuki Roshi가 주장한 것처럼 "영원불멸이 아닌 상황에서 편안하게 (그녀의) 마음을 찾는" 방법을 발견한다.

그럼에도 불구하고 불교적 진단에서 유동적이고 개방적이고 고정되지 않은 존재 방식을 일반인들이 이해하기에는 무리가 있다. 위에서 인용한 무아에 대한 논의는 바로 자아를 구축하는 것에 대한 논의로 이동한다. "그리고 난 후 우리는 즉시 당황해서 그것에 어떤 것을 덧붙이려고 서두르는데, 그것 혹은 그 이름을 찾으려고 하거나 분류할 수 있는 비둘기 구멍2을 찾으려고 한다."8 그 당황스러움은 자신과 자신의 인식, 개념 그리고 '다른 것'으로부터 경험된 대상에 의존하는 의식 상태, 즉 정반대의 이중성을 초래한다.

그리고 우리는 점차, 습관적이고 친숙하며 관습적인 형태의 반응들을 구축하게 된다. 그것은 우리가 모든 방향에서 우리를 괴롭히는 자극이나 다른 것들로부터 어떤 식으로든 우리 자신을 보호하기 위해 대처할 수 있도록 해준다. 우리가 객관성이 아닌 주관성에 국한되어 고립된 실체라는 느낌, 우리가 어느 정도 건강하다고 평가하는 자아, 또는 자아를 갖게 된다는 느낌을 가진다. 하지만 이 의식은 종종 불만족스럽다. 마치 우리 스스로가 자신에게 항상 만족하지 못하듯이.

우리는 또한 우리에게 많은 고통을 주기 시작하는 그 자아를 보호하는 것과 관련해 많은 걱정을 한다. 바람직해 보이는 것에 집착하고, 원치 않는 것들을 공격적으로 뿌리치고 무시한다.9 도중에 우리는 이 막연한 "나라는 인식sense of me-ness"이 영원하고 또 영원할 가치가 있다고

---

2 누군가에게 편지나 메모를 남길 수 있는 벽의 프레임에 있는 부분 중 하나로, 여기서는 개별적인 특성을 고려하지 않고 범주화하고 분류하는 것을 의미한다.

느끼게 된다. 우리는 심리적인 자아의 경험에서 영혼에 대한 믿음으로 옮겨갔다. 이러한 심리적 또는 형이상학적 자아와 윤리적 딜레마 사이의 연관성은 매우 밀접하다.

> 붓다의 가르침에 따르면, 자아에 대한 상은 상응하는 실체가 없는 상상의, 잘못된 믿음이다. 만약 이러한 그릇된 견해를 믿게 되면, '나'와 '나의 것'에 대한 구분, 이기적인 욕망, 갈망, 애착, 증오, 악의, 자만, 자부심, 이기주의 그리고 다른 파괴와 불순물과 문제들을 낳게 된다. 그것은 개인적인 갈등에서부터 국가 간의 전쟁에 이르기까지 세계의 모든 문제의 근원이다. 요컨대 이러한 그릇된 견해는 세상의 모든 악을 낳는 원동력이다.[10]

불교에서 이해하는 자아와 무아에 대한 이 몇 가지 짧은 논평에서 보면, 첫 번째 전환기의 모든 주요 교리들이 연관되어 있다. 자아를 보호하는 것은 불교적 관점에서는 근본적인 문제를 야기하는 중독적인 집착의 주된 동기가 되며, 불교 가르침은 이 집착을 끊어야 한다고 가르친다. 그리고 무아는 불교 가르침의 '네 가지 성스러운 진리'(사성제) 가운데 세 번째 진리인 멸성제[3]에서 선포된 자유와 동의어다. 그러므로 우리는 다른 모든 기본적인 불교 가르침의 주요 단계들과 밀접한 연관성이 있는, 첫 번째 전환기의 핵심을 분명하게 인식하게 된다.

페미니즘은 자아나 무아에 대한 공감대가 결여되어 이러한 문제들에 대한 페미니즘적인 사고를 간결하게 요약하기가 어렵다. 그럼에도

---

3 '멸성제'는 인간은 누구나 고통에서 벗어나 자유를 얻을 수 있고, 그 결과 깨달음에 도달할 수 있다는 의미이다.

불구하고 자아가 젠더화되어 있음을 강조하는 페미니스트적인 논의에 이러한 불교 사상을 적용하게 되면, 그 결과가 두 제도 모두에 강력한 영향을 미친다. 불교가 젠더를 자아의 한 요소로 보지 않았다는 사실을 제외하면, 이 두 체계는 용어의 다소 뚜렷한 차이에도 불구하고 현저하게 유사하다. 젠더와 자아의 문제에 대해서는, 불교와 페미니즘은 잘못된 마음의 습관적 패턴이 얼마나 큰 고통을 야기하는지를 탐구한다는 점에서 매우 유사하며, 서양의 가부장적 사고방식보다 더 비슷하다.

그러므로 우리는 무엇보다 먼저, 이렇게 페미니스트가 자주 언급하는 불교 사상과 연관된 몇 가지 비판거리를 토론해 보아야 한다. 출처가 불분명하지만, 전해오는 이야기는 이렇다. 자아가 어떻게 인간이 가지는 모든 문제의 근원이며, 어떻게 자아를 해체함으로써 우리가 자유를 얻을 수 있는가에 대해, 페미니스트들은 이해하지 못한다. 그들은 이렇게 말한다. "불교는 남성들에게 유리한 종교인 것 같아!" 발레리 세이빙Valerie Saiving[11] 등이 분석한 바와 같이 불교적 상황은 기독교적 상황과 같다고 추측하는 사람도 있다. 그녀는 자아 과시적인 경향이 있는 남성들이, 이미 그러한 미덕을 내면화했기에 오히려 반대로 더 많은 자신감self-confidence이 필요한 여성 대중들에게, 자기 겸손self-effacement이 필요하다고 설교하는 것과 같다고 지적한다. 이 "자아self"에 대한 빈번한 언급은, 불교에서 사용되는 "자아"라는 용어의 의미를 오해한 결과로 볼 수 있다. 그리고 아마도 이 용어를 충분히 이해할 수 있도록 해설하지 못한 불교학자들의 잘못도 클 것이다.

일반적으로 서양에서도 누구나 자아가 있다고 주장한다. 자아가 없으면 인간 개인이 기능할 수 없다. 어떻게 보면 이때의 자아는 측정할 수 있거나 수량화할 수 있다. 예를 들면 어떤 사람은 '너무 강한 자아'를 가지고 있는 반면에, 어떤 사람은 '약한 자아'를 가지고 있다고 가정한다. 흔히 인간관계를 통해 자신을 규정하는 경향이 있는 여성은 남성보다 '약한 자아 경계'를 가지고 있다고 생각하는데, 이를 비난하는 사람도 있고 반대로 이를 칭찬하는 사람도 있다. 그러나 많은 여성이 "자의식이 더 필요하고, 더 강한 자아가 필요하고, 약한 자아는 더 이상 필요 없다"고 본다. 일부 페미니스트들은 이러한 이유로, 여성들에게 강력한 자아가 필요함을 강조한다. 그래서 자아와 무아라는 불교 개념이 여성보다 남성에게 더 적합할 것이라고 주장하는 경우가 많다.

불교적 관점에서 보면, 극도로 의존적인 사람이나 극도로 마초인 사람이나 똑같이 자아로부터 고통을 받는다. 자아는 우리가 보아온 바와 같이 인간의 기본적 본성의 명확성과 개방성에 구름을 드리우는, 어떤 습관적인 패턴과 스타일을 가진 반응을 한다. 자기-겸손은 자기-과시와는 다른 자아 형식이지만, 둘 다 똑같이 자기 자신이나 타인에게 고통을 안겨준다. "자아"는 직접적인 경험에 대처하고 회피하기 위해 습관적으로 사용하는 방어 메커니즘, 예측 그리고 다른 전술들을 사용한다. 모든 보통 사람들은 어떤 이기적인 스타일이나 하나의 방식에 집착하는 스타일을 가지고 있다. 자아의 양은 실제로 수량화할 수는 없다. 강압적인 사람은 수줍어하고 소극적인 사람보다 "자아"를 더 많이 가지고 있지는 않다.

여성주의자들은 여성들이 가부장제 안에서 발생하는 문제들에 대해 염려하면서도, 이러한 자아와 관련해 포괄적이고 일반적인 논의의 중요성을 간과할 수도 있다. 그러나 서구적인 용어로 "약한 자아"를 가진 사람들은, 그들의 자아를 강하게 만들기 위한 기본적인 과제에 착수하기 전과 깨달음을 위한 인간 본성의 개방성과 유동성을 키우는 것을 포기하기 전에, 서구적 용어로 "강한 자아"를 만들 필요가 없음을 분명히 하는 것이 도움이 된다. 또한 가부장제의 여성들은 그들의 자아스타일이 종종 지나치게 나약하다거나 상호 의존적이라고 비판을 받았다. 하지만 이러한 자아가 건강하지 못한 것이 아니다. 이는 오히려 건강한 무아의 상태로 곧바로 나아갈 수 있는 장점이 된다.

나는 위에서 무아에 대한 일반적인 오해를 해소하려고 노력했다. 하지만 자아가 지나치게 약하다거나 소심하다는, 즉 결핍된 자아 스타일이 "자아가 충분하지 않다"라는 말과 동일시되지 않는다. 불교에서 말하는 무아란, 우리가 어떤 정체성이나 자아의식을 가지고 있음을 부정하는 것이 결코 아니다. 단순히 자아정체성이 변화하는 것과 무아는 관련이 없다. 또한 불교에서는 우리가 많은 심리적 자료들을 가지고 적절한 명상과 사색을 통해 자신을 끊임없이 점검하지 않는 한, 우리의 자아 감각은 건강하지 못하며 다양한 문제를 일으킬 수 있다고 본다. 불교적인 관점에서 보면 기능을 건강하게 적절하게 수행하는 자아가 완벽하다고 할 수 있다. 하지만 자아가 해체된다고 할 때, 불교에서는 그것이 해체된다고 하지는 않는다.

사실 건강한 자아나 정체성에 대한 감각은 더 높은 단계의 영적 발전을 위해 필요하다. 또한 여러 가지 치료법에 익숙한 서양인들이 불교의 영적 규율에 더욱 관여하게 되면서, 극도의 기능 장애자부터 심각한 정서적 피해자가 불교의 영적 규율을 추구하기 위해서는 건강한 자아의식이 필요하다는 것은 분명하다. 사실 감정적 치유를 위해서는 그것만으로는 충분하지 못할 수도 있다. 건강한 자아 감각은 알아차림과 함께 생겨나며,[12] 고요함, 침착함, 에너지를 낳는다. 이것은 자신이나 누군가를 억압하지 않으며, 자아에 사로잡히지 않고 건강한 방법으로 감정을 자각하고 있는 상태와 같다. 무아인 사람은, 흔히 잘못 알려진 것처럼 감정을 억눌렀던 사람이 아니다. 반대로 모든 감정을 잘 수용할 수 있는 사람을 말한다.

페미니스트적 관점에서 불교의 자아와 무아를 분석함으로써 성별-고정gender-fixation도 자아의 일부분임을 확실하게 보여주었다. 그리고 이는 인간의 삶에 엄청난 손실을 줄 정도로 파괴적임을 증명한 것은 페미니즘의 공헌이 크다. 자아의 이러한 측면은 불교에 의해 완전히 간과되었지만, 자아를 이해하는 이 두 가지 방법을 결합하는 것은 매우 도발적이다. 페미니스트적 분석에서, 개인의 자아는 성별 정체성에 포함되고 조건화된다. 고전적인 페미니스트 분석에 따르면 가부장적 사회에서 남성은 여성을 포함한 자기 주변의 세계를 객관화하는 자율적 자아를 취한다. 그런 다음 그는 억압된 자아 특성을 여성들과 그가 "다른" 것으로 구별하는 다른 집단에게 투영한다. 여성은 어느 정도 자신에게 투사된 특징들, 직관성, 감정, 관련성에 대한 우려, 독립성의 결여 등의 자질들을 내면화한다.

사회에서 성 역할이 강화되고 경직될수록 자기중심주의는 성 역할 고정관념을 강화할 가능성이 높다. 그럼에도 불구하고, 여성들은 항상 자신들에게 투영되는 것에 대처하고 대항하는 몇 가지 방법을 찾는데,[13] 이는 그들의 자아가 전적으로 남성의 투사에 의해 결정되지 않는다는 것을 의미한다. 페미니스트 분석에 따르면, 가부장적 사회나 강한 성 역할을 규정하는 사회에서는 결코 여성을 적절하게 묘사할 수 없다. 왜냐하면 이 제도 하에서는 여성 경험의 구체적인 내용이 무시되기 때문이다. 개인의 성별 정체성만큼이나 경험의 어떤 측면들은, 자신의 자아를 확실하게 중심적이거나 조건화할 수 있는 요인이 된다. 가부장적 사회에서 그렇듯이 개인의 사회적, 경제적 선택권이 성별에 의해 완벽히 제한될 때는 더욱 그렇게 변한다. 그래서 불교 분석에서 집단적이고 중심적인 요소인 성별이 자아를 구성하고 창조하는 데 얼마나 중요한지를 간과하는 것은 다소 심각하다고 할 수 있다.

성별과 자아에 대한 페미니스트적 분석에는 두 가지 다소 독특한 경향이 있는데, 이 두 가지 모두 불교적으로 볼 때는 유사성이 있다. 초기 페미니스트적 사고에서 지배적인 경향은 가부장제에 의해 구축된 부정적이고 무능력한 여성성을 드러내는 것이었다. 남성들이 여성에게 하는 일, 그러한 조건 하에서 여성의 자아 감각이 얼마나 손상되는가, 여성이 가부장적 성 역할에 의해 자신의 잠재력을 어떻게 제한하고 이행하는가를 강조하였다.

또한 가부장제에 의해 만들어진 이러한 여성적 자아 논의에서 중요한 것은 여성들이 실제로 여성다움의 고정관념에 부합하지 않는다는 것과, 남성들이 실제로 남성다움의 고정관념에 부합하지 않는다는 것을 보여주는 것이었다. 이러한 분석들에 따르면, 남성성과 여성성을 극복한 이상적 상태나 고정관념의 그 이면에는, 실제 고정된 남성성이나 여성성이 존재하지 않는다는 점이다.

이러한 주장은 개성의 구성 요소 이면에는 구체화된 자아가 없다는 불교 분석적인 입증과 상당히 유사하다. 두 경우 모두 우리가 일정한 방법이라고 생각하지만, 자신을 분석할 때 어떤 것은 견고하고 확실한 뼈대처럼 보였다가 또 사라지기도 한다. 우리가 여성적이라고 생각하지만, 여성적이라는 것은 본질적으로 정의할 수 있는 어떤 특성을 의미하지 않는다. 우리가 실질적으로 여성적이거나 남성적으로 존재한다고 생각하지만, 개인 특성이 변화하는 요소들 이면에는 고정적이거나 변하지 않는 것은 없다.

자아에 대한 후기 페미니스트적 분석은 전형적인 여성적 자아와 남성적 자아 사이에서 중요한 차이를 발견하는 경향이 있다. 유의미한 사상가 그룹에 의하면,[14] 남성은 대체로 자율적 자아를 추구하고 중시하는 경향이 높은 반면, 여성은 인간관계 속에서 자신의 정체성을 정의하는 경향이 더 많다고 강조한다. 많은 페미니스트 분석가들은 이러한 자아 유형에서 나타나는 성별 차이를 가부장적 양육 관행과 연결지어, 여성들에게 양육과 돌봄에 대한 거의 모든 책임을 부여한다.[15]

그러나 무언가가 다르게 바뀌었다. 초기의 여성주의 분석은 여성성을 싫어했고 여성 자아를 가진 여성을 자유롭게 하고 싶었다. 하지만 새롭게 구축되고 있는 것은 여성성이 아니라, 자율적인 자아가 남성들에게 더 귀중하게 여겨질 가능성이 크다는 인상을 후기 페미니스트 문학들을 통해 받을 수 있다. 여성들에게 보이는 관련성과 상호 연관성을 건강하지 못한 공동 의존으로 해석할 수도 있다. 그러나 우리는 인간이라는 존재가 무엇인지, 그 진리에 대해 깊이 생각해야 한다.

우리는 개별적인 자아들이 아니다. 이는 모든 사물이 원인과 조건에 의존하여 발생하며, 다른 모든 것을 상호 조건화시키기 때문에, 자아가 실제로 구체적 실체로서는 존재하지 않는다는 불교 진리와 매우 유사하다. 두 경우 모두 관련된 자아, 즉 상호의존적인 자아가 전부이다. 자아 및 자아의 상호의존성과 관련된 불교의 이론과 자아에 대한 페미니스트적 분석은 더 많은 비교연구가 필요할 정도로 가치 있고 깊이 조명될 수 있다. 자아에 대한 불교와 페미니스트적인 논의는 또 다른 중요한 유사성을 가지고 있다. 앞에서 인용한 불교 분석에 의하면,

자아의 창조를 기본적 개방성과 공간성을 포괄하는 상반된 이중성의 창조라고도 말했다.

일단 인간 본성의 기본적인 개방성과 공간성을 잊어버리게 되면, 자아의 엄청난 자기반성self-referencing과 이중성이 모든 인식과 개념을 지배한다. 그 결과 자기와는 다른, 분리된 것이 된다. 그리고 자아와 다른 것이라는 이중성의 창조로 자아를 불교적으

아기를 안고 있는 보살상, 대만 국립박물관

로 논하는 것은, 가부장제의 여성들에게 남성들이 무엇을 하는가에 대한 페미니스트적인 논의와 거의 일치한다.[16] 언어, 문화, 사회를 창조하는 과정에서 남성들은 스스로 자아를 품위 있게 유지하고, 여성을 그들의 소유물처럼 취급할 수 있는 다른 사람으로 간주한다. 이는 "다름"을 참고로 하면서 자아가 어떻게 형성되는지를 보여주는 불교적 설명과 거의 일치한다.[17]

내가 보기에, 아마도 불교에서 여성들도 가부장적인 투영을 통해 종속적인 자아를 형성했다고 할지라도, 자아 형성에 있어서 불교적인 과정을 거치고 있다고 주장할 것이다. 그 과정은 인간의 정신을 갖는 것, 인간의 영역에 있는 것, 남성에게만 국한되기에는 너무 기본적인

것이다. 그러나 이런 상황에서 여성은 '다른'(타인)으로 여겨지는 덕택에 가부장적 사회에서 외부인이 된다. 이런 이유로 여성이 반대의 성격을 지닌 이중성을 자각하고, 이중성의 희생자가 아니라 남성보다 과거를 생각할 수 있는 더 나은 위치에 있게 된다.

그러므로 오늘날 다수 페미니스트는 반대되는 성에 의존하지 않기, 즉 남성적인 것에 의존하지 않는 지식과 존재의 방법을 말로 표현하려고 시도해왔다. 그런데 불교인들이 오래전부터 무아라는 개념을 설명해왔다. 무아 상태의 인식, 평온, 에너지 그리고 불교의 영적 규율에 의한 고양 방법에 대한 논의는 페미니스트들에게 상당히 유용할 수도 있다. 무아에 대한 불교적 비-이중적 이해가 여성주의자에게는 유용할 수 있기에, 여성주의에서의 젠더에 대한 이해는 불교인들에게 훨씬 더 이해가 쉽고 활용이 용이할 수도 있다. 여성주의자들의 성별 논의는 전통적인 불교에 대한 주요한 비판을 제공한다. 자아는 불교 신자들에게 종종 비둘기 구멍으로 여겨졌다. 그것은 현상을 객관화시키고 경험의 화려함, 탁월함, 생생함으로부터 자기 자신을 분리한다. 분명히 모든 것들 가운데 가장 널리 알려진 강력한 '비둘기를 잡는 장치' 가운데 하나는 젠더이다.

남자여, 나는 이런 행동하는 사람을 원해요.

남자답게 행동해야지요.

여자여, 여자는 이런 것들을 할 수 없다.

여자는 이러한 특징들을 보여줄 것이다. 그녀의 삶의 기능은 다음과 같다.

이런 의식적인 주장들은 끊이지 않는다. 그리고 불교 분석의 관점에서 보면, 윤회와 '자아'의 범주 말고는 젠더를 포함할 수 있는 곳이 없다. 세상에 계몽된 무아의 방식으로는 확실히 그것을 배치할 수 없다!

그럼에도 불구하고, 불교 제도적인 세계의 많은 부분은 젠더에 의존하는 자아의 패턴에 의해 형성된다. 남성 해부학 자체가 이러한 자질들과 싸우는 것처럼 보이지만, 남성들은 보다 "영적"이고 고요함과 평온함을 발전시킬 수 있다고 생각한다. 종교적이든 세속적이든 모든 영역에서 남성은, 비구니들을 비구들에게 예속시키는 여덟 가지 특별 규칙(팔경계)에 의해 증명되듯이, 여성에 대한 우선권과 지배권을 가지고 있다. 남성성에 대한 선호도는 심지어 다음 생애으로까지 이어진다. 성별 특권과 젠더 위계 체계의 이러한 모든 관행은 남성의 자아를 선호하도록 장려한다. 그들은 무아를 장려하지 않는다. 이상하게도, 그들은 이 상황에 의해 묵인되고 고무된 남성에게 달라붙고 집착하며, 다른 존재들을 경멸하는 아주 비불자적인 태도를 보인다. 따라서 불교 기관들은 자아의 가장 고통스럽고 만연한 징후 가운데 하나를, 최소한 말로밖에 할 수 없는 상황을 조장한다. 자아의 위험과 함정에 대해 그토록 예리하게 알고 있는 전통이, 젠더 특권 혹은 이것이 자아의 매우 파괴적인 요인 가운데 하나라는 인식을 하지 못하는 것은 참으로 이상한 일이다.

현대 불교에서는 비구니 승가에 관한 설명을 통해서 이 모든 태도가 함축적으로 드러나고 있음을 알 수 있다. 불교 비평가들은 여성은 생물학적 요인 때문에 남성보다 더 많은 고통을 받고, 여성이 겪는 더 많은 고통이 열등한 업보를 의미한다고 설명한다. 그리고 이어서, 비구니들의 규칙을 설명하기 시작한다. 그러나 이 논의를 시작하기 전에 다음과 같은 경고가 필요할지도 모르겠다.

지금까지 제시된 가르침과 비구니 승단의 성립에 대한 설명이 일부 여성에게 실망감을 안길 수도 있다. 그러나 진실은 항상 마음에 들고 즐거운 것만은 아니다. 불쾌감이나 분노가 발생할 경우, 왜 이런 감정이 일어나는지 그 징후를 분석해야 한다: 언제 발생하는가? 허영심인가? 자존심이 상했다고? 그렇다면 이것은 겸손이라는 가르침을 잊은 것이다. 가르침을 실천하지 못한 자만심이다.18

남성으로서의 자부심, 젠더 위계 구조에 대한 그의 확신, 여성에 대한 그의 잘난 체하는 태도 등을 이 비평가들을 통해 확인할 수 있는가? 그들은 사회적으로 구성된 남성 자아를 가지고 있으며, 윤회와 무아의 관점에 볼 때 깨어나지 못한 상황이다. 만약, 혹은 적어도 특권을 부여하기 위해 젠더를 사용하는 것이 자아의 뿌리 깊은 속임수 중 하나라면, 젠더와 무아를 어떻게 연관시킬 것인가? 젠더를 이용해서 세상을 분류하는 사람이 어떻게 무아를 이해할까? 그녀가 만나는 사람의 성별에 무관심할 수 있을까? 분명 의심스럽다!

그러나 페미니스트는 성별을 세계나 승단을 조직하기 위한 근거로 삼으려 하지 않는다. 성을 사람들의 기대를 제한하기 위해 사용하지 않고, 무엇보다도 성에 근거하여 자신을 제한하거나 분류하지 않는다. 만약 우리가 성별을 생물학적 특징으로 구별하고, 성에 근거한 자아로 무장하고 사회적 구성원을 성별로 구별한다면, 깨달은 사람이나 무아를 지닌 사람이라고 할 수 없다. 페미니즘의 분석적 범주들과 성별은 자아의 한 단면이라는 페미니스트적 이해로부터 탄생한 통찰력을 이용해서, 우리는 전통적인 불교적 습관과 고정관념을 강력하게 비판해야 한다.

젠더에 집착하거나 젠더 특권을 자아의 한 측면으로 보는 것은 가르침에 어긋난다. 그러므로 진정한 불교인이라면 불교의 가부장제를 용납할 수 없다. 젠더 관련 비판은 불교에서 훨씬 더 강력하게 주장되어야 한다. 왜냐하면 우리는 젠더 특권이 단지 페미니즘의 용어가 아니라 불교의 용어로 진정한 붓다의 가르침과는 양립할 수 없다는 것을 보았기 때문이다. 일부 불교인들은 페미니즘을 무시하기도 하고, 외면하기도 할 것이다. 하지만 가부장제는 불교적 가르침에 맞지 않는 것이며, 불교적 영적 관행에 의한 가장 기본적인 윤회의 함정을 조장한다. 불교인들은 무아보다 자아를 조장한다는 불교 페미니스트들의 주장에 보다 주의를 기울여야 한다.

젠더 그리고 비폭력의 윤리

팔정도의 두 번째 구성 요소인 '바른 말정어, 正語'은 규범과 윤리적 행위를 모두 포함하는 계율이다. 흔히 "부정적인 언어"(개발해야 할 것이 아니라 피해야 할 것이 있다는 말로 설명한다)를 피하라고 가르치는 바른 말, 바른 행동, 바른 생활 등은 불교 윤리적 행위의 고전적인 내용이다. 계율이 3-야나yana(세 가지 불교. 상좌불교의 관점에서는 꼭 그렇지는 않지만)에서 가르쳐지듯이, 그 핵심 내용은 명상을 통해 자기 수양을 하면서 누구에게도 해를 입히지 않는 것이다. 이 발달 단계에서는 잠시 뒤로 물러서는 것, 자기 자아에 빠져드는 것 그리고 정신을 똑바로 가지고, 건전한 습관 및 상호 작용을 할 수 있는 법을 개발하는 것이 중요하다. 이 초기 단계에서는 타인을 구할 능력이나 가능성은 없다. 자신을 돌보면

티베트 사원의 탕가 일부. 지혜의 상징 문수보살이 부인인 바즈라베탈리를 안고 있는 분노존(忿怒尊)

서, 습관적인 부정적인 패턴을 어느 정도 극복할 수 있도록 길들이는 것으로 충분하다.

만약 자신의 부정적인 패턴이 절제된다면, 그것은 자신뿐만 아니라 다른 사람들에게도 많은 도움이 될 것이다. 내 마음속에 항상 간직하고 있는 이 문장은, 우리 모두 자신과 다른 사람들에게 행하는 부정적이고 파괴적이며 해로운 모든 일들, 욕심으로 인한 공격성, 무지에서 비롯되는 부정적인 행동들을 멈출 수만 있다면 세상은 매우 살기 좋은 곳이 될 것을 암시한다. 그러나 우리가 부정적이고 습관적인 패턴을 정화하는 과정에서도 감정을 억제하지 않고 무관심하다면, 혹은 여전히 욕심, 공격성, 무지를 기초로 행동하면서도 세상을 구해야 한다고 고집한다면, 우리에게 상호 협력할 것은 별로 없고 이로움보다 해로움이 더 많아질 것이다.

따라서 첫 번째 전환기에서의 전반적인 윤리를 한마디로 말하면 '비폭력non-harming'이라고 할 수 있다. 첫 번째 가르침의 모든 윤리적 지침은 누군가의 부정적인 경향성을 억제하고 자신의 긍정적인 경향성을 개발하는 데 도움을 주어서 '비폭력'을 실천하는 것이다. 불교가 윤리적인 삶의 바탕으로 자기 계발, 자제, '비폭력'을 장려하는 동안, 때때로 "이기적"이라고 비난을 받기도 한다. 어떤 사람들은 불교가 세상에 대한 외적인 연민과 관심이 부족하다고 주장한다. 그러나 '세 가지 불교'(3-야나)의 관점에 의하면 이처럼 자기 자신에 집중하는 것은 단지 가르침을 실천하는 첫걸음일 뿐이다. 상좌불교의 결실은 적어도 부정적인 습관적 경향으로부터[19] 자유로워지는 "개인적 해방"을 가져오는 것이다. 그렇다면 그다음은 무엇이 올 것인가에 대해 불교 신자들의 의견이 엇갈린다.

초기 인도 불교와 대승불교 사이의 주요 논쟁은 개인의 해방만으로 충분한가, 아니면 중생을 위한 보살의 길로 나아가야 하는가였다. 그런데 개인의 해방으로 이어지는 자기 계발은 반드시 이 모든 것의 첫걸음이 되어야 한다는 데 이견은 없다. 불교적 관점에서, 자기 계발은 자기 자신의 혼란과 부정성을 극복하고 다른 사람들을 적극적으로 돕고자 하는 가장 동정적인 마음의 기초이다. 계율에 대한 이러한 해석은 페미니스트적 관심사와 잘 연결되어 젠더 문제에 함축되어 분석될 수 있으며, 그중 일부는 이 장에서, 다른 부분은 불교의 페미니스트 재구축의 일환으로 논의할 것이다.

불교의 윤리적 여정의 기본 단계로서 비폭력과 자기 계발을 강조하는 것은, 페미니스트들에게는 필요할 때 속도를 늦출 수 있는 근거와 현상에 대한 매우 강력한 두 가지 비판 지점을 제공한다. 일반적으로 여성들은 자기 자신을 중요한 존재로 우선시하지 않고 자신의 필요에 충족하기보다는 타인을 돌보는 것을 중시하며 사회화되었다. 하지만 여성들의 영적인 여정 중에 이러한 지침이 마련되면, 이는 여성들에게 매우 환영받을 만하고 또 타당하다. 멈추고, 숙고하고, 자신의 방향이 올바른지 확인하기 위한 허가증은 종종 여성에게는 주어지지 않았다. 자신의 비전과 만나는 보람 있는 일들을 찾아 자기 계발을 할 수 있는 허가증은 여성들에게는 더욱 주어지지 않았고, 일상적으로 거부되었다. 종종 그들이 내면의 목소리에 반응하고 명상하면서 자신을 발전시키기 위해 시간을 갖는 것은 이기적이라고 스스로 생각하도록 가르친다. 윤리적 발전을 위한 긴 여정에서 지도가 유용할 수 있듯이, 페미니스트나 열심히 사회운동에 참여하는 사람들에게 이러한 자기 계발은 현 상태와 대안적 질서에 대한 그들의 비전을 조직화하는 도구로도 활용될 수 있다.

많은 미국 불교 신자들은 60년대의 다양한 시위운동에 깊이 동참한 후에 불교 신자가 되었다. 불교의 영적 훈련에 몇 년 동안 진지하게 참여한 후, 그들은 종종 불교를 믿기 이전의 자신들의 사회 참여를 되돌아보며 그 운동에 있어 자신과 동료들의 자만과 분노를 많이 보았다. 그런 다음 그들은 자아를 해체하기 위해 명상을 하는 것이 사회운동에 관여하는 것보다 우월하다는 결론에 도달했다. 불교 신자가 되기 전에는 자만으로 가득 차 있었기 때문에, 그들이 사회적 행동에 참여하는 것은 불가피하게 자만을 키우고 함께 하는 사람들의 영성을 손상시킨다는 결론에 도달했다. 많은 불교 여성들은 그런 이유로 더 이상 페미니즘에 관여하고 싶지 않아 보였다.

종종 나는 "페미니즘을 극복하지 못한다"는 이유로 남녀 불교 신자들로부터 비난을 받아왔다. 불교인은 어떤 상황에는 관여하면 안 된다는 말을 듣는다. 그러나 객관적이어야 한다. 이러한 논쟁은 불교계에서 계속되는데, 사회변화에 대한 수동적인 개입과 사회 윤리의 결여에 대한 비판도 지속적으로 나타난다. 사회 활동에 개입하지 말 것을 주장하는 불교도들과 그 비판자들은, 누군가가 사회변혁 운동에 나서게 되면 그 사람의 행동은 영적 규율에 근거하기보다는 오히려 감정이 급진적으로 변화될 것임을 염려한다. 그러나 사회적 대의에 관여하는 것은 일부 불교 신자들이 주장하는 것처럼 영적 발전과 반대되는 것이 아니다.

그리고 일부 사회 운동가들의 주장과 달리 사회 개혁과 관련된 활동과 분리된 삶은 불교 교리와 맞지 않다. 오히려, 이 둘은 여성주의자나 불교 내에서 예언적인 목소리를 내는 사람들에게 매우 도움이 되는 방식으로 서로를 강화시킨다. 영적인 규율과 사회적 관심사가 결합하면 성공이나 실패라는 이분법적인 결과로부터는 훨씬 더 멀어지고,[20] 그 원인에 대한 자아의 개입은 훨씬 줄어들게 된다. 그러나 사회 문제에 관여한다고 해서 비-명상가인 사회운동가가 두려워하는 모든 고민이 사라지는 것은 아니다.

또한 일부 불교신자들이 생각하는 것처럼 관심을 가지지 않음으로써 사회 문제로부터 분리되는 것도 아니다. 오히려 지혜가 발전하면서 무엇을 해야 하는지, 어떻게 해야 하는지를 보다 명확하게 알 수 있다. 지혜와 분리detachment는 실제로 불교의 영적 규율을 실천하는 하나의 방법으로 함께 발전한다. 따라서 해야 할 일을 더 분명하게 아는 것과 동시에, 연구 과제에 대한 자아-개입도 감소한다. 분리와 자아-개입의 감소는 비탄과 탈진으로부터 자신을 보호하는 힘과 유머를 저장하는 저수지를 제공하고, 좌절에도 불구하고 오랜 기간 목적을 향해 끊임없이 나아갈 수 있는 능력을 보호하고 강화한다.

마지막으로 페미니즘적인 가치와 비전이 결합하면 비폭력과 자아개발의 이 윤리는 전통적인 불교 가부장제에 대한 강력한 페미니스트적 비판을 제공한다. 간단히 말해서 가부장제가 여성은 물론 남성에게도 얼마나 해로운지 알게 되면, 누군가는 비폭력의 윤리를 진지하게 받아들이고 결국 그러한 관습과 관행을 중단하게 된다. 모든 윤리적 행위에 대한 근거로서 비폭력을 강조하는 불교와 남성 우위에서 야기되는 해악에 대한 페미니스트들의 거부감을 볼 때, 그 주장은 분명히 맞다.

게다가, 나는 불교 신자들이 적어도 가부장제가 여성들에게 해롭다는 것을 이미 오래전 인정했다고 믿는다. 그 때문에 이 문제에 대한 유일한 해결책으로, 다음 생에는 여성으로 태어나지 않는 방법을 제시한 것이라고 본다. 고전적인 분석은 남성 우위가 남성에게도 그다지 유익하지 않다는 깨달음을 제공하지 않았다. 더욱 중요한 것은, 남성 지배와 가부장제에 대한 실행 가능한 대안이 있음을 초기 불교에서는 상상치 못했다는 것이다.

더군다나, 가부장제의 관습이 여성에게 해롭다는 것을 알고 있었지만, 고전적인 불교 자원은 사회 제도를 비난하거나, 바꾸거나, 개혁하는 전통과 근거가 부족했다. 반면 페미니즘은 덜 해로운 사회질서에 대한 비전과 비판의 목소리를 내고, 변화를 위해 실천하려는 의지를 모두 포함하고 있다. 분명히 비폭력의 윤리에 의하면, 불교의 전통적 가치는 불교 페미니즘과 더 일치한다.

사마디Samadhi(삼매)와 자아 개발

불교 명상훈련은 자기 계발과 자기 발전을 위해 매우 효율적인 방법이다. 처음 접하는 붓다의 가르침의 핵심 강조점은, 자아를 해체하고 고통을 유발하는 습관적 경향을 줄이기 위해서 현재의 명상과 사색 훈련이 필수라는 것이다. 단순하고 기본적인 사고방식인 마음 챙김과 의식 활동에서는 생각을 억압하거나 판단하거나 행동하는 대신에 스스로 체험하는 방법을 가르친다. 일반적으로 사람들은 곧바로 그것을 고치거나 바꾸기는 쉽지 않으며, 자신의 사고 패턴과 습관적인 경향에 훨씬 더 친숙하다는 것을 관찰하고 알아차리게 하고, 인식을 높이도록 가르친다. 명상훈련을 통한 그러한 자기 계발의 목적은 위에서 제시한 대로 개인의 해방이다.

다양한 치료법과 스스로 성취하려고 노력하는 데 익숙한 많은 서양 불교도들은, 개인의 해방을 자아를 잘 이해함으로써 결과적으로 자존감과 자부심이 천천히 성장하는 것으로 쉽게 해석한다. 서구 환경에 익숙한 많은 아시아 교사들은 이러한 해석을 장려한다. 가부장제 하에서 자아가 형성되어 자기 가치가 내재화되거나 그 가치가 심각하게 손상된 여성의 경우, 이 과정은 두 가지 수준에서 강력하게 치유될 수 있다. 가부장제 하에서 여성은 스스로 여성에 대한 혐오감을 가지는 자의식이 있는데, 이보다 더 자아를 왜곡시키는 요인은 없다. 만약 그 감정이 자기혐오가 아니라면, 여성이기 때문에 자신의 잠재력을 부정하는 좌절감이다. 이 같은 경우 여성은 여전히 자신이 옳지 못하다고 자책하는 경향이 있고, 자신이 하는 일에 스스로 엄청난 분노와 좌절감을 느끼기도 한다. 그런 감정은 중독되거나 독이 있는 삶으로 이어지지만, 가부장제 하에서는 이를 피하기 어렵다. 불교사 전반에 걸쳐 여성들이 지닌 비슷한 감정은 역사적 장에 있는 인용 자료에서도 명백히 드러난다.

나는 내가 여성이라는 실존적 조건이 나에게 아무런 문제가 없다는 것을 깨달았을 때 느꼈던 엄청난 안도감을 결코 잊을 수가 없다. 그러나 잘못된 것은 가부장제와 여성에 대한 부정이었다. 나의 경우, 그 전환적인 경험은 페미니즘이나 불교 어느 한쪽을 통해서 온 것은 아니었다. 왜냐하면 당시 나에게는 두 가지 모두 이용할 수 없었기 때문이다. 그러나 불교 명상과 관련된 학문은 헤아릴 수 없을 정도로 강력하게 나를 안심시켜주었다. 다시 한번 강조하지만, 불교와 페미니즘의 결합은 서로를 성장시키고 또 강화한다. 페미니스트로서, 나는 미래에 여성으로의 재탄생을 피하기 위한 불교 방법을 알고 싶지 않다. 오히려 개인의 해방과 자기 수용을 발전시키는 방법 그리고 물론 미래에도 그 싸움을 계속할 수 있는 용기와 방법을 원한다. 나는 결코 여성으로서 실망하지 않았다.

많은 페미니스트들과 마찬가지로 나는 내가 협상하지 않은 패키지 중의 일부, 즉 남성이 지배하는 학계와 종교를 볼 때, 마치 그들이 보호자처럼 보여서 매우 분노했다. 불교 용어로는 페미니스트적인 분노로 자아를 만들었고, 그것을 지키고 싶었다. 나는 진지하게 기본적인 사고방식-인식의 실천이 그 자아에 도전할 줄은 몰랐다. 그 단단한 자아가 조금 풀리기 시작했을 때, 내가 이전에 가졌던 분노보다 개인적으로 덜 만족감을 느꼈기 때문에 다소 혼란스러웠다. 한동안 나는 페미니스트로서 방향을 잃고 있다고 생각했다. 그러나 그때 나에게 다른 일이 일어나고 있다는 것을 깨닫기 시작했다. 흐릿하고 음침한 분노의 감정이 전해지기 시작했다. 여전히 그곳에 에너지가 있었고 여전히 같은 에너지였지만, 그것은 내가 의지해 온 격동적인 감정은 사라지고 훨씬 더 자주 분석적으로 명확하게 나 자신을 표현하고 있었다.[21]

처음에는 놀랐지만, 내가 조용히, 부드럽게, 분명하게 말할 때 훨씬 더 효과적인 페미니즘 대변자가 된 것은 그리 놀라운 일이 아니었다. 그 신념의 강도는 조금도 줄이지 않고 점점 더 자연스럽게 분명하게 다가왔다. 또한 페미니스트들의 지식과 존재를 어떻게 표현해야 하는지에 관한 개념적 퍼즐을 맞추어가면서, 나는 계속 더 많은 에너지가 필요했고 또 고군분투했다. 때로는 절망적으로 보이는 불교 기관들과 학계에서 계속 싸워야 하는 당위성도 가지고 있었다. 나는 불교의 명상이 강력한 동맹이며, 페미니스트에게 힘과 성장의 원천이라고 말하고 싶다. 불교 명상가인 어느 한 페미니스트는 결코 불교의 현실에 안주하지 않을 것이며, 여성의 출생을 바꾸기보다는 불교의 변화를 위해 더욱 열심히 나아갈 것이다!

12장
젠더와 공성
: 대승불교에 대한 페미니스트의 이해

가장 오래되고, 가장 잘 알려져 있으며, 또한 널리 퍼져 있는 대승불교의 가르침은 공성空性, sunyata과 보살의 길the Bodhisattva path이라는 철학적인 개념이다. 후대에 와서 이를 깨달음의 또 다른 수레바퀴를 굴리는 것, 즉 완전히 다른 혁명적인 진리의 전개로 인식하기 때문에 '제이의 전환기 가르침'이라 부른다. 신화적으로 보면, 붓다께서는 인도 라자그리하Rajagriha에 있는 영축산에서 여러 보살과 아라한과 신도들에게 직접 공성의 교리를 가르쳤다. 이는 반야바라밀[1] 문헌, 특히 대승불교에서 가장 유명하고 널리 암송되는 가르침을 간결하게 요약한 반야심경으로도 잘 드러난다.[1] 제이의 전환기는 특히 대승불교 철학의 중관中觀학파와 관련이 있는 반면에, 제삼의 전환기는 요가학파와 연관되어 있다. 그러나 공성과 보살도의 개념은 모든 대승불교인들에게 핵심적

---

[1] 반야(般若), 즉 지혜를 최고의 바라밀이자 열반으로 가는 최상의 길이라고 본다. 이 반야바라밀을 여성으로 의인화해서 모든 부처의 어머니(佛母)라고 부르기도 한다.

인 사상이다.

제이의 전환기는 특히 공성을 특별히 강조하고 그 해석을 중시한다. 이 장에서 논의될 공성의 해석은 "공한 것이 아닌 것"을 강조한다. 이 해석은 주요 불교 개념에 대한 페미니스트적 분석과 연결된 부분에서 "공성은 아무것도 아닌 것이다"[2]라는 것을 이해하는 기초가 된다. 더욱이 이 장의 맥락에서 보면, 철학적인 전망과 윤리적인 가르침은 서로 상호의존적이다: 공성이기 때문에, 보살의 길은 가능하다.

공성, 두 개의 진실 그리고 젠더: 고전 불교의 주장

무아라는 말보다 공성空性이라는 용어는 외부자와 내부자를 혼동하게 만든다. 불교 텍스트에서는 그 개념을 쉽게 오해할 수 있으며, 그러한 오해가 불러올 극히 심각한 결과를 경고하기도 한다. 다른 많은 불교 개념들처럼, 비불교도들은 지속적으로 이 개념을 잘못 이해하기도 했다. 이 개념은 서양인들에게는 흥미로우나 이해하기 어려운 것으로 여겨졌는데, 특히 불교를 서양사상의 어떤 난해한 측면을 다루는 데에 철학적이고 영적인 영감을 줄 수 있는 원천으로 보는 사람들에게는 더욱 그러하다.[3] 아마도 다른 어떤 불교 개념도 이와 비슷하게 영향을 미치거나 이처럼 구원자들의 관심을 끄는 개념도 없었을 것이다.

우리가 보아온 것처럼 공성의 개념은, 이미 불교도들에게는 젠더와 연관된 문제에서 직접적이고 명시적으로 연결되어 있다. 이는 고전 불교 문헌에서 성차별에 대한 불교 관행을 비판하기 위해 사용하는 유일한 불교 개념이다. 오래전부터 불교 신자들은 논리적으로 공성의 실

색깔 모래로 만다라를 만들고 있는 비구니 스님들. 고운 색의 모래로 호흡을 조절해가며 며칠 동안 우주 만물의 생성 이치를 만다라로 만든 후, 이를 한꺼번에 섞어서 지운다. 모든 존재는 생멸한다는 무상함을 일깨워주는 일종의 수행법이다.

체는 다른 모든 차별과 마찬가지로 성차별을 부적절하게 만든다고 보았다. 공성에 관한 논쟁과 분석은 믿을 수 없을 정도로 복잡해질 수 있고 혼란스러울 수 있지만, 기본으로 돌아가 생각하면 매우 간단한 개념으로 이해할 수 있다.

대승불교 관점에서 보면 공성은 무아와 상호의존성을 철저히 이해한 논리적 결과라고 보는 것이 가장 간단하다. 모든 것이 공하다고 할 때, 중요한 질문은 "무엇이 공한가?"이다. 정답은 그것이 본질적인 존재로서 "가진 것"이 없거나 "비어있다"는 것이다. 그것은 한 개인이 그 자체로 존재하는 것이 아니라, 원인과 조건에 따라 결과가 상대적으로 나타날 뿐임을 말한다. 대승불교에서 그러한 공함은 본질적이고 광범위하다. 그 어떤 것도 원인과 조건에 의하지 않고, 나름의 매트릭스와 무관하게 존재하기 위해 그 행렬을 벗어나지 못한다. 공성이 완벽하고 철저하게 특징지어지지 않는, 절대적인 존재든, 영원불멸한 영혼이든, 불교에서의 열반자이든, 그 누구라도 예외적으로 그들만의 특권은 주어지지 않는다.

대승불교주의자들은 언제나 공성은 철저한 무아일 뿐이라고 강조해왔다. 초기 불교 분석은 주로 구체화하는 첫 번째 대상, 즉 기존의 심리적 반응을 자아 또는 영혼에 절대적으로 의존하는 사람들에 의해 실제로 존재하고 실질적으로, 본질적으로 그리고 영원히 받아들여질 가능성이 가장 큰 것에 초점을 두었다. 이렇게 구체화가 실현된 자아를 조사하여 구성 요소로 분해했으며, 그 부분들을 하나로 묶을 수 있는 형이상학적인 접착제는 존재하지 않음을 밝혔다. 이는 고정된 자아가 존재하지 않음을 의미한다. 대승불교 분석은 자아 자체에만 초점을 맞추는 것이 아니라 기본적인 공간, 개방성, 완전한 무아, 공성 등으로 구성되는 자아의 구성 요소에 초점을 맞춘다.

대승불교주의자들은 초기 불교의 분석이 너무 빨리 중단되었다고 주장한다. 즉, 무아를 분명히 이해했지만, 자아의 구성 요소들을 통한 무아를 완전히 설명하지는 못했다는 것이다. 대신에 대승불교주의자들은 자아의 구성 요소를 파악하기 위한 분석에서도 "정신적인 구조를 제외한 영원한 실재"를 찾을 수 없다고 본다.[4] 사람들은 그 누구도 고정되고 변하지 않고 기준이 되는 특성을 찾을 수 없으며, 단지 공하고, 상호의존적이며, 현존하고, 비교적 변화 가능한 특성만을 발견하게 된다. 대승불교주의자들은 초기 불교의 중심 교리라고 할 수 있는 상호의존적 공성과 교리를 완전히 이해하게 되면, 완전한 공성의 결론에 이르게 된다고 주장한다.

의존적이라는 것은 '자기-본성'이나 '자신이 되는 것'이 없음을 의미한다. 자기 본성이 없는 것은 공성, 즉 비어있다는 것이다. 조건과 공성은 같은 개념이다.5

그러므로 나가르주나의 중관 사상에 관한 기본적인 텍스트에서 가장 유명한 대목은 "상호의존적인 것이 공성이다"(Pratityasamutpada is shunyata)라는 것이다.6 대승불교 분석에 의하면, 그 어떤 것도 이 주장에서 벗어나지 못한다. 그것은 단지 정신 구조로 그리고 조건화된 요소들과 연관해서만 존재한다. 조건화된 요소들과 연관이 되어야만 상상할 수 있거나 생각할 수 있으므로, 불변의 궁극적인 실재는 존재하지 않는다. 열반nirvana을 포함해서 무조건적인 요소들은 그 자체로는 존재할 수 없고, 조건화된 요소들과 관련해서만 존재할 수 있기에 의존적이다. 그러므로 이러한 무조건적인 요소는 확실히 무조건적인 상태로 존재할 수 없고, 공하고 조건화된 상호의존적인 요소로만 존재할 수 있다.

이것은 종종 불교를 배우는 학생들을 매우 당황스럽게 만들고, 초기 불교 옹호자들을 격분시켰던 주장이다. 즉, 윤회와 열반이 동일 개념이고 사성제는 절대적인 진리가 아니라는 주장의 배후 논리이다. 대승불교주의자들은 이 분석을 모든 불교적 노력에 있어서 영원주의와 허무주의 사이에서, 긍정과 부정 중 둘 사이에서 어느 쪽이든 궁극성을 부여할 때, 매우 중요한, 중도주의로 본다. 그러나 그들은 또한 이 중도를 '면도날 가장자리'로 보기도 하는데, 왜냐하면 이 가장자리에서 어느 한쪽의 극단으로 빠지기 쉽기 때문이다. 대승불교에서 극으로 치우치는 것은 언제나 더 위험한 함정으로 여겨졌다.

중도를 강조하기 위해 대승불교주의자들은 "공성의 독"을 경고했는데, 이는 잘못된 곳에 사로잡힌 뱀에 비유된다. 그것은 쉽게 사람을 치명적으로 다치게 할 수 있다. 아마도 공성의 독에 관한 가장 흔한 버전은, 모든 것이 궁극적이라기보다 상대적인 것이기에 실제로는 아무것도 중요치 않으며, 원하는 것 무엇이든 할 수 있다는 믿음일 것이다. 그러나 공성을 보는 것은 사물에 대한 고정적 애착을 가진 습관적인 경향을 중단하는 것이므로, 상대적인 개념을 가진 용어가 아니다. 어떤 것들은 여전히 다른 것들보다 다소 도움이 되거나 만족스럽지 못하며, 심지어 궁극성이 부족한 세상에서도 그렇다.

면도날 가장자리에서 물러나는 다른 방법은, 흔히 서양인들을 유혹하는 공성을 이해하는 방법이지만, 아마도 더 추상적이며 가능성이 많은 것은 아니다. 흔히 공성은 모든 것이 만들어지고, 사물의 겉모습을 덮고 있는 일종의 부정적인 것으로 가정한다. 그러한 가정은 때때로 불교와 기독교를 비교하면서 매우 인기 있는 신과 공성의 방정식을 뒷받침하기도 한다. 그러나 대승불교주의자들은 공성 그 자체가 구체적이면 안 된다는 점을 강조한다. 공성은 빈 공간을 포함한 모든 것에 자기의 본질적인 존재가 결여되어 있고, 그 속에서 세계관을 구축하기 위한 대안적인 개념이다. 그러므로 공성만이 아니라 공성의 공성을 깨닫는 것이 중요하다.

공성에 대한 이러한 이해는 대승불교의 모든 가르침을 뒷받침하는 기초이므로, 대승불교주의자들은 언어를 보다 효과적으로 사용하고 평가하기 위해 이미 초기 인도 불교에서부터 알려진 도구를 개발하기도 했다. 언어에는 두 가지 수준, 즉 절대적인 진리와 상대적 진리가 인정되었다. 사람과 사물에 대해 말하는 전통적인 방법이 비교적 편리하고 유용하다는 것은 불교 신자들이 항상 인정하는 것이다. 모든 것이

자기 고유의 특성이 없다고 해서 상대적인 존재와 상대적인 세상에서 활동할 필요가 없다는 것은 아니다. 주체적인 활동을 부정하는 것은 공성의 독에 빠지는 것이다.

또한 상대적인 진실의 영역 내에서, 어떤 분석은 다른 것보다 더 설득력 있고 어떤 행동은 다른 것보다 더 적절하다는 것을 인정해야 한다. 유혹은 고치고 수정해야 한다. 상대적 진리는 절대적이거나 궁극적인 것이 아니라 상대적 진리일 뿐임을 끊임없이 상기함으로써 그 유혹을 끊을 수 있다. 절대적 진리는 언어화나 개념화를 초월한다. 불교에 따르면, 그것에 대한 침묵은 이미 절대적 진리의 수준으로 돌아가는 것이다. 실재를 말하지 말라는 뜻이 아니라, 다만 자신의 말을 도구와 신호에 지나지 않는다고 보아야 함을 의미한다.

불교인들은 진실에 대해 말하거나 인식하기가 어렵다고 해도, 사물에 대해서 '사물을 있는 그대로'Things-As-They-Are, 眞如 경험할 수 있는 직관을 매우 강조한다. 이러한 개념들이 성별 문제에 어떤 영향을 미치는지는 고전 불교 문헌에서 찾아볼 수 있다. 그 주장들을 요약하면 다음과 같다. 적용은 매우 간단하다. "남성"과 "여성"은 다른 모든 명칭이나 표식처럼 비어있고 실질적으로 존재하는 현실성이 부족하다. 따라서 남녀를 구분하기 위해 경직되고 고정된 방법을 사용할 수 없다. 고전적인 대승불교문헌에서, 이 주장은 높은 수준의 영적 성취와 불교적 이해가 여성의 몸과 결합할 수 없다는 믿음을 고수하는 사람들, 즉 여성의 몸으로는 깨달음에 이를 수 없다고 주장하는 사람들에게 불리하게 사용된다. 왜냐하면 소녀들과 여성들이 높은 수준의 성취를 달성할 수 있다는 불교적 개념은 얼마든지 충분하게 제시할 수 있기 때문이다.

또한 많은 경전에서 성별을 남성으로 바꾸거나, 때로는 다시 여성으로 돌아오는 등, 성적 정체성이 얼마나 유동적인가를 보여준다. 이 모든 것은 남성성과 여성성이 고정적이고 본질적인 형태로서 존재하지 않고, 단지 편리한 명칭과 표식으로서만 존재하기 때문에 일어날 수 있다. 그리고 마지막으로, 젠더의 특성은 실제로 발견될 수 없음이 분명하다. 따라서 여성들은 자신의 지적 수준이 남성이 생각하는 것보다 뛰어남을 증명하기 위해, 자신의 몸을 남자로 바꾸면서까지 차별이나 억압을 용납하지 않는다.

「유마경」에 등장하는 여신은 많은 현대 자유주의자나 평등주의 페미니스트가 공감할 수 있는 말로 가장 잘 표현되고 있다(마치 성적인 기관이 추상적인 개념을 이해하는 데 도움이 된 것처럼). 공성에 대한 깊은 이해를 보이는 분명한 증거로 자신의 성을 바꾼 후, 그녀는 다음과 같이 말한다. "나는 12년 동안 여기 있으면서 여성이라는 성의 선천적인 특성을 찾아다녔지만, 그것들을 찾을 수 없었다.[7] 오늘날까지 많은 여성들은 여성의 성 역할에서 편안함이나 연관성을 찾을 수가 없었으며, 단지 신체적으로 여성이라는 이유만으로 모든 여성이 소유하고 있는 여성성의 본질적 특징을 열등하게 받아들였다.

여성성의 특징들은 현대 심리학의 계량화된 연구에서도 쉽게 찾아볼 수 없다. 게다가, 사람들은 성에 기초하여 인간을 제한하고 분류하려고 노력한다. 즉, 여성이 무언가를 할 수 없거나 남성이 어떤 방식으로 행동해야 한다고 말하는 것은, 상대적으로 비어있는 특성에 대해서 절대적인 무언가를 인정하는 것이고, 이는 차별이다. 성에 기초하여 분류하는 것은 여성이나 남성들에게 어떤 방법으로 행동해야 하는가에 대한 지침을 강요하는 것이며, 그런 판단은 관계성을 용납하지 않는다. 이는 대승불교의 핵심 가르침이라고 할 수 있는 공성의 가르침과 모순된다.

자신을 남자로 바꾸고 대화하는 상대였던 장로 비구를 여자로 바꾼 후, 여신은 그에게(여기서는 일시적으로 '그녀'가 된다) "당신이 정말 여자가 아니라 외모로만 여자로 보이는 것처럼, 모든 여자도 외형으로만 여자로 보일 뿐 실제 여자는 아니다. 붓다는 모든 사람이 본래 남자도 아니고 여자도 아니라고 가르치셨다."[8] 진리의 관점에서 볼 때 상대적 진리의 수준에서는 관습과 외모로 젠더 역할과 고정관념을 요구하지만, 절대적 진리의 수준에서는 "모든 사람은 본질적으로 남자 혹은 여자가 아니다." 절대적 진리의 말로 표현된 이 텍스트는 사람들이 정말로 남성성과 여성성을 넘어서야 한다고 말하고 있는데, 그럼에도 불구하고 그 여신은 실제 자신이 남성이 아니라 여성이라고 분명히 밝히고 있다.

불교 문헌에서 도출해야 할 이론적인 결론은 명백하지만, 그러한 결론이 현실에서 적용되거나 불교 기관들에서 일상생활에 통합된 적은 별로 없었다. 젠더에 근거하여 누가 "남자도 여자도 아닌 가르침"을 이해하고 실천할 수 있을지는 상상할 수 없다.[9] 성별에 근거하여 사람들의 성 역할을 미리 정해놓고 그에 맞는 행동을 강요하고, 그들의 선택권을 제한하는 모든 장치가 사용되어 왔다. 남성성과 여성성의 공성과 상대성은 중요하게 고려되지도 못했다. 공성에 근거한 "법(가르침)은 남자도 여자도 아니다." 그리고 "남성성과 여성성은 실제로 존재하지 않는다"라는 강력한 주장도, 아마도, 가부장적 관습을 약화시키기에는 충분하지 않았을 것이다.

이러한 주장은 확실히 유용하고 정확하다. 그러나 그들은 불교 사상에 만연해 있는 남성 중심주의에서 벗어나지 못했다. "법(가르침)은 남자도 여자도 아니다"라는 불교의 선언은 기독교에서는 "남성도 여성도 없다"라는 바울의 복음서와 매우 유사하다. 종종 인용되는 이 구절은 불교의 남성 지배를 없애지도 못했고 기독교에서 남성 지배가 확립되는 것을 막지도 못했다. 그 이유는 무엇일까?

두 경우 모두, 성별과 성 역할의 관련 없다는 설명인데, 이는 남성 중심적인 맥락에서 이루어진다. 그러한 맥락에서 볼 때, 이 진술들은 표면적으로 성 중립적이다. 사실, 그것은 항상 "당신이 여성일지라도 해낼 수 있다"라는 것을 의미한다. 그것은 결코 "남자가 되더라도 해낼 수 있다"라는 것을 의미하지 않는다. 흔히 성 중립적인 용어는 여성이 남성을 초월하여 '남자답게' 됨으로써 받아들여진다는 사실을 숨긴다. 그들은 인간의 규범과 일치하는 기회가 주어지지만, 인간의 규범은 남성의 이상에 맞춰진다. 공평하게 말하자면, 남성들이 문화에서의 마초적인 남성 버전을 초월할 것을 요구하지만, 여성이 동일 수준의 영적 성취도를 달성하기 위해 "여성적이지 않은" 사람, "비인간적"인 사람이 되라고 기대하지 않는다. '남자다운' 사람이 되라고 요구한다.

그러나 요점은 이상적인 "영적인 사람"이 불교와 기독교 두 종교에서도 유순하거나 중립적이지 않으며 확실히 여성적이지 않다는 것이다. 두 종교 모두 기준은 남성이다. 사람을 영적으로 만드는 자질은 사람을 남성으로 만드는 자질과 결부되어있는 반면, 여성으로의 탄생은 노골적으로 영적으로 기피된다.[10] 그러므로 남성 중심사회에서 성 중립이라는 개념은 결코 중립적이지 않으며, 오히려 여성보다 훨씬 더 남성 중심으로 치우쳐 있다. 그 결과 불교와 기독교는 모두 남성에 의해 정의된 성 중립, 즉 소수의 여성만이 성취할 수 있고 생물학적 남성을 전적으로 선호한다.

분명히, 여성의 선택지는 많지 않다. 우리가 세 번째 전환기에서 공성이 아무것도 아니라는 직관과 관련하여 심도 있게 논의할 때, 가부장제 이후의 불교에 대한 비전을 세울 다른 차원의 공성을 찾아야 할 것이다. 공성에 대한 통찰이 집착을 줄이는 방법임에도 불구하고, 사람들은 현상에 대한 비판에 공감하지 않는다. 오히려 공성에 근거하여 전통적인 성 역할에 대한 페미니즘의 반대를 거부하며 변화를 위한 페미니즘적 비전을 훼손하려고 시도한다.

불교에서 사회적 활동을 지향하는 어떤 종류의 움직임에 대해서도 이와 같은 반대와 주장이 제기된다. 때때로, 모든 정의롭지 못한 행동이 상대적인 차원에서만 일어난다고 주장된다. 상대적인 문제만 관계되기 때문에, 사태는 그렇게 급박하지 않고 "사실상 중요하지 않다"라고도 할 수 있다. "공성에는 불공평하고 부적절한 사회 제도가 실제로 존재하지 않기 때문에" 이를 바로 잡기보다는 상황을 유지하거나 그냥 그대로 둘 것을 주장하기도 한다. 불교 기관 내에서 성차별을 알고 있지만, 그 성차별을 다루는 데 실질적으로 관여하기를 원하지 않는 불교 여성들조차도 그렇게 생각하는 것이 매우 일반적이다.

그러나 이런 안일한 태도는 공성에 대한 대응이라기보다는 무^{noth-ingness}에 대한 충성으로 '공성의 독'이라고 말할 수 있다. 왜냐하면 절대적인 것뿐만 아니라 상대적인 것만으로도 사물을 연관성이 있게 하거나 존재하도록 만들기 때문이다. 어떤 사람들은 결국 상대적인 수준에서 남성과 여성 사이에 상대적인 차이가 있다고 주장한다. 성별 역할과 고정관념은 단지 그러한 차이를 다루는 편리한 지적이나 방법일 뿐이며, 그것이 사실이기 때문에 사람들은 그 적절성에 대해 심각하게 걱정할 필요가 없다고 주장하기도 한다. 그렇다면 그들은 왜 이러한 성 역할과 고정관념들이 단지 편리한 상대적 관습에 지나지 않는다고 보는지, 왜 그렇게 절대적인 것으로 매우 엄격하게 받아들이는지, 왜 그렇게 조심스럽게 사람들과 경계를 만드는지를 물어야 한다.

과연 그러한 젠더의 경직성이 단순히 편리함을 위한 것인가? 만약 성 역할 고정관념이 정말로 비문화적인 것이라면서 현상유지를 주장해야 한다면, 여성과 남성의 관습적인 규범과 한계에 대한 집착은 어떠한 위협도 하지 말아야 한다. 마지막으로, 가부장적 사회에서 성별과 같이 편리한 배열이 남녀 모두에게 결코 이롭지 않을 때, 우리는 비폭력의 기본적인 윤리를 기억해야 한다. 어떤 사람들에게는 "편안한" 것이 다른 사람들에게는 매우 억압적일 수 있다. 편리한 관습과 비폭력을 얼마나 결합할 수 있는지 실질적인 한계가 필요하다.

그러나 페미니즘, 즉 사회 개혁의 다른 움직임을 지향하는 관점에서의 비판은 진지하게 받아들여져야 한다. 페미니즘이나 다른 입장으로 자아를 설명할 수 있듯이, 페미니즘이나 다른 어떤 원인으로부터의 비판도 받아들일 수 있어야 한다. 그렇게 하는 것은 '면도날 가장자리'에서 부정의 극단이나 긍정의 극단보다 덜 위험한 것이며, 공성의 가르침에도 적합하다. 어떤 문제를 심각하게 받아들이는 것은 그것을 절대화하는 것과 마찬가지이다. 다만 잠재적 함정을 들먹임으로써 사회적 행동을 간단히 무시할 수는 없다. 그것은 다른 극단인 "공성의 독"에 빠지는 것이다. 그 대신 유머, 온화함, 감동 등을 유지하기 위해서는 끊임없는 영적 규율이 중요한데, 어떤 일에서나 심각함에 매몰되지 않아야 한다.

페미니스트 윤리와 보살의 길

　대승불교는 서로 병행하여 상호의존적으로 발전시켜야 할 두 가지 이상, 즉 지혜와 자비를 강조한다. 그 둘은 정신적인 성숙을 위해 필수적인 요소로 간주된다. 세 차례의 전환기의 불교 관점에 따르면, 이 둘은 이미 초기 불교에서부터 확립되어 기본 개념으로 성장했다. 제이차 전환기의 대승불교는 주로 공성에 대한 통찰력으로 지혜를 중시한다. 모든 대승불교 신자들에게 보리심bodhicitta²의 발견은 경험적으로는 "(이미) 깨달은 마음"으로 번역되었다. 그러나 전통적으로 "깨달음을 향한 생각"으로 해석되었고, 그에 따른 보살도의 실천 방법으로 자비를 주장한다.

　많은 유형의 대승불교에서는 보살의 훈련을 통한 자비심의 발달은 공성의 의미를 파악하는 것보다 실제로 가장 중요하고, 장기적으로는 흔히 오른손과 왼손에 비유될 정도로 상호의존적이다. 여성의 역할과 이미지에 관한 장에서 이미 논의된 것처럼, 대승불교에서 우리는 깨달음의 생각을 발견할 뿐만 아니라 이를 고양시키는 경험이 얼마나 중요한가를 알 수 있다. 일단 이 경험이 확고하게 자리 잡으면 완전한 깨달음으로 가는 길, 즉 보살의 길로 들어선다. 따라서 대승불교주의자들에게는, 대승불교 문헌에서 보여주는 것처럼 환희에 차서 경배를 받고 다양한 의례를 통해 강조되는 보리심의 발견보다 더 중요한 경험은 없다.

　이러한 경험을 통해서 우리는 존재의 중심에 있는 자발적인 자비

---

² 보리심은 일반적으로는 일체 중생이 깨달음에 이르기를 열망하는 대승불교에서 불교인이라면 마땅히 지녀야 하는 마음을 말한다. 모든 중생을 위한 보리심을 내는 것은 이미 보살이 되었다는 뜻이다. 보살은 일체 중생이 성불할 때까지 자신의 성불을 미루며 중생 구제를 위해 한없는 자비심을 실천한다.

심을 알 수 있다. 이 자비심은 의무도 아니고 공포심이나 필요성에 의해 생겨나는 것도 아니다. 그 누구도 강요하지 않고, 전략적이지도 않은, 완전히 순수한 마음이다. 진정한 자비심은 보상을 받겠다는 희망이나 보답에 바탕을 둔 것이 아니라, 인간 스스로 경험하는 끝없는 기쁨과 자유이다. 자비심을 베푼 사람은 자아에 대한 애착심으로 둘러싸여 숨겨져 있던 그 자신의 본성을 되찾았다고 느끼기도 한다. 이 경험은 너무나도 고무적이기 때문에, 단순히 자기 자신만을 위해서가 아니라 모든 존재가 깨달음을 얻을 수 있도록 실천할 수 있는 동기 부여가 된다. 이것이 바로 그 유명한, 모든 중생을 위하는 보살로 살아가겠다는 '보살 서약'의 본질이다. 흔히 '미래의 부처'로 이해되는 보살은 이타주의, 즉 타인에 대한 깊고 깊은 관심으로 더 이상 자신의 이익만을 위해 행동하지 않도록 삶을 발전시킨다. 자비심으로 자신의 온 마음을 가득 채운다.

세 차례의 전환기의 불교의 관점에서 보면, 이러한 각성은 비교적 자아ego와 부정적인 습관적 경향으로부터 자유로워지면서 건강하고 건전한 자의식을 발달시키는 결과를 낳는다. 이는 명상과 사색을 통해 얻는, 바람직한 자기 발전의 필연적인 결과라고 할 수 있다. 불교적 관점에서 보면 인간의 본성은 기본적으로 선하다.[11] 달리 말해서, 기본적으로 좋은 본성을 경험한다는 것은 본래 자신이 주관적이지 않고 근본적으로 볼 때 상호 관계적인 것으로, 깨달은 자아를 경험하는 것을 의미한다. 보살심을 경험하고 그 실천에 대한 염원이 '보살 서약'을 통해 표현될 때, 타인과의 연결은 필수적이고 또 확고해진다. 그것은 상호 의존적이 아니라 자비로운 삶의 기준점이 되며, 우리는 자신의 삶이 다른 모든 삶과 근본적으로 그리고 불가분의 관계로 연결된 것을 인식하게 된다.

사람들은 자신이 아닌 타인들을 걱정한다. 이러한 배려에서 감정은 억압하거나 참는 것이 아니라 개발되고 훈련된다. 적절하게 개발되고 단련된 감정은 잘 훈련된 교양있는 지성만큼이나 건전하다. 또한 건강한 사람에게는 기본적인 품성이 되는데, 이는 훈련이 가능할 뿐만 아니라 길들이기도 쉽다고 본다. 더욱이 이러한 행위로 칭찬받는 사람은 스스로 자신을 가치 있게 여기며 지속적으로 그렇게 행동한다. 이러한 상호 연관성을 받아들이고 소중히 여기면서, 삶의 관계적 매트릭스에 훌륭하고 현명하게 기여할 수 있는 감정을 끊임없이 생각하고 또 발전시킨다.[12] 이런 자질을 가지게 되면 성숙하고 발전된 사람으로 인정받는다. 그것이 영적 규율의 전부이다.

대승불교의 보살도 개념은 오늘날 페미니스트의 윤리적 사고와 매우 일치한다. 캐롤 길리건은 여성들이 삶을 근본적으로 관계적으로 보는 경향이 있고 그 결과 남성과는 다르게 윤리적으로 문제를 해결하는 경향이 있다는 주장으로 잘 알려져 있다.[13] 인간에게 존재하는 것과 앎에 있어서 감정의 역할은, 기존의 지적 전통을 비판해온 많은 페미니스트들에 의해 긍정적으로 평가되고 있다. 이러한 평가에 의해 발전한 여성들의 가능성은 페미니스트적 관점에서 지금까지 이룬 성과 가운데 가장 도발적이고 심오하면서도 가치 있는 것 가운데 하나이다. 분명히 페미니즘과 대승불교의 윤리는 지배적인 남성 중심 문화가 선호하는 개별 자율성과 자급자족의 윤리보다는 서로 공통점이 더 많다.

그렇다면 페미니스트와 대승불교 윤리의 유사점은 무엇일까? 나는 대승불교 윤리와 페미니즘의 가장 중요한 통찰력 사이에서 생기는 깊은 공감으로부터 위로와 영감을 받는다. 늘 그렇듯이 나의 비판은 불교의 이상과 불교가 세상에 나타나는 방식 사이의 괴리에 훨씬 더 초점을 맞추고 있다. 진정한 여성 영성에 대한 경험이 주는 중요성을 강조하면서 대승불교로부터 존재, 관계 그리고 보살핌의 방식으로 긍정적으로 받아들일 수 있고 또 그렇게 느껴야 한다. 페미니스트들은 그들의 결론을 확인하고 이러한 주제의 지속적인 발전을 위한 자원으로써 대승불교를 매우 잘 받아들일 수 있다. 다시 말하면, 불교가 사람들의 관계적이고 자비로운 자아 개발을 추구하는 수행을 하고, 또 이를 육성하기 위한 명상적인 기법들이 잘 발달해있다는 사실을 같은 목적을 가진 페미니스트들이 간과해서는 안 된다.

그러나 때때로 페미니스트들은 이 윤리를 여성들과 관련된 잠재적인 함정으로 보기도 한다. 그들은 자비의 중심 메시지가 여성들이 가부장적 문화에서 너무 자주 그리고 너무 잘 들어왔던 메시지라고 말한다. 이러한 윤리를 내면화하면, 여성은 다른 사람을 양육하는 대부분 책임을 보상도 없이 희생적으로 담당하게 된다. 스스로 성장할 가능성도 적은데, 그 역할을 떠맡게 된다. 비평가들은 여성들이 다른 모든 사람을 돌보라고 말하는 종교의 목소리를 듣는 것보다 여성 스스로 돌보는 법을 배우는 데 훨씬 더 많이 노력할 필요가 있다고 말한다.[14]

하지만 이 비판에 두 가지 반론을 제시할 수 있다. 많은 페미니스트가 스스로 가부장적 문화가 적절한 가치 관계에 도달함으로써 여성화될 필요가 있다는 주장에 반기를 드는 것이다. 여성도 남성처럼 자율적이고 고립되어 가는 것이 아니라, 남성과 문화 전체를 여성화함으로써 여성 문제를 해결할 수 있다. 여성성이 가부장적인 일상의 문화에서 보상되고 긍정적이지 않다고 해서, 그들의 존재와 그들이 아는 방식이 온전하지 못하거나 건강하지 않다고 말해서는 안 된다.

대자비심을 강조하는 수행관, 대만의 한 사찰

　더 중요한 점은 많은 여성이 현명하지 못하거나 건강하지 못한 방법으로 보살핌을 인식하게 된다는 것이다. 이는 여성들에게 깊이 관심을 가지고, 더 동정심을 가지라고 말하는 것 외에도 다른 어떤 권위나 보상이 필요하다는 의미이다. 하지만 이는 불교적인 메시지가 아니다. 우리가 보아온 바와 같이 불교에 있어서 자비심의 발전은 영적 발전에 있어서 첫 번째 메시지나 의제가 아니다. 첫 번째 단계는 비폭력으로, 너무 많이 사랑하거나[15] 현명하지 못한 방법으로 배려하는 것처럼 자기 파괴적인 자아 패턴을 극복하는 법을 아는 것이다. 양육만으로는 충분하지 않다. 사람들은 공정하면서도 모든 것을 아우르는 자비심을 키우는 법을 배워야 한다. 그러기 위해서는 우선 비폭력을 배우고 무아와 공성에 대한 이해력을 길러야 한다. 자기 계발에 대하여 적절한 준비 없이 그리고 명료함과 지혜가 동반되지 않는 양육은 종종 자아와 다른 것 모두를 파괴한다.

　"자비"라는 용어는 대승불교 윤리에 대한 전통적인 이해를 위해서는 절대적인 핵심 개념이다. 그러나 "관계"를 강조하는 것은 전통적인 불교에서 자비심을 이해하는 데 그렇게 중요한 것은 아닐지도 모른다. 나는 내 인생의 경험과 페미니스트적 사고를 통해 자비의 실천과 관계의 중요성이 얼마나 상호 연관되어 있는지를 훨씬 더 잘 알게 되었다. 그러나 나는 불교에 의해 자비심의 필수 구성 요소로서 관계성을 소중히 여기는 법을 배우지 못했다. 나는 불교 문헌에서 두 가지, 관계성과 자비가 불가분의 관계에 있다고 생각한다. 한때 나는 자비를 세상과 완전한 상호관계의 결실로 보기보다 내가 가지고 있는 일종의 개성으로 생각했다. 이러한 잘못된 생각은 불교 자료에 대한 나의 이해가 부족했던 것인지, 아니면 페미니스트적 사고로 자비심의 불교적 중요성을 경시한 것인지는 모르겠다. 아마도 후자가 더 맞는 것 같다.

　마지막으로, 나는 여성주의 윤리와 보살의 길을 불교가 미래에 더욱 발전할 가능성과 분명하게 연결 짓고 싶다. 심지어 비폭력의 윤리보다도, 모든 존재에 대한 자비심과 보편적인 관심을 강조하는 보살 윤리는, 사회적 실천과 미래 비전을 포함하는 사회 윤리의 발전을 나타낸다. 불교는 때때로 사회적 윤리가 없다는 비난을 받는다. 하지만 붓다의 초기 가르침이나 보살의 길 모두 인간의 상호 작용을 위한 많은 가이드라인을 제시하고 있기 때문에, 결코 사회적 관심이 없다고는 할 수 없다. 불교에서 부족했던 것은, 앞에서 말한 바와 같이 공동체에 대한 엄청난 에너지를 사회적 이슈와 재구성에 투입하려는 의지이다.

　그러나 '보살 서약'처럼 개인의 해방보다는 보편적인 해방을 선택할 때, 개인의 정직성을 넘어 공동의 노력으로 엄청난 사회변화에 영향을 미치는 시대가 올 것이다. 사회 조직과 권위의 지배적 형태 때문에 사람들이 해방되지 못하고, 정치와 경제는 물론 심리적이나 영적으로 얼마나 사람들에게 억압적인지를 깨닫게 될 때, 불교가 사회적 행동에 관여하지 않고 해방이나 보살의 길로 나아가는 것은 상상하기 어렵다. 불교에서는 그러한 예언적인 담론으로 가장 적절하고 강력한 보살의 윤리와 비전이 있다.

이러한 논평들을 좀 더 구체적으로 젠더 문제에 적용하기 위해, 가부장적인 종교 기관의 전통적인 관행과 성스럽고 진지한 보살의 길을 조화롭게 만들기란 쉽지 않다. 그러나 그것은 우리가 불교 역사에서 보았듯이 반복적으로 행해져 왔다. 비구니들은 비구에게 예속되었다. 비구니 승단은 세계의 여러 불교 국가에서 사라졌고, 여성들은 심오한 영적 성취를 얻는 것을 단념하도록 강요당했다. 여성들은 소중한 인간으로서의 몸을 열등하게 생각하는 법을 배웠다. 물론 그 어떤 종교도 그 비전에 따르면서 개인을 완전히 자유롭게 할 수 없었다.

나는 그동안 '보살 서약'을 성실하게 받아들인 불교 신자가 불교에서 성별 위계화와 남성 특권을 실천하고, 홍보하고, 정당화시키는 것을 보고 항상 놀라고 어리둥절했었다. 이들에게서 불교에 대한 비전과 실천 사이의 간극이 너무나도 컸다. '보살 서약'을 한 사람은 직접적인 행동으로든 수동적으로 현상을 받아들이든 성 불평등을 조장해서는 안 된다. 불자라면 당연한 진리이다.

13장
젠더와 불성
: 세 번째 전환기 금강승불교에 대한
페미니스트의 입장

불교 사상사의 발전 과정에서 나타나는 세 번째 전환기 특유의 가르침은 대승불교의 일부로 간주된다. 이 가르침 중 많은 내용이, 불교의 세 번째 전환기와 붓다가 될 수 있는 특성인 불성佛性과 같은, 일반적인 대승불교 개념 틀의 일부가 되었다. 그러나 중관학파Madyamika[1]의 철학적 대안인 이른바 유가행파Yogacara나 유식학파Vijnaptimatrata school[2]와 관련된 철학적 개념은 그렇게 널리 알려지지 않았다. 레이Ray에 따르면, 이 두 학파는 "철학적 공식에서는 똑같이 궁극적인 것으로 간주될 수

---

[1] 유식학파와 함께 인도 대승불교 철학의 양대 산맥 가운데 한 학파이다. 대표적인 사상가로 3세기 경에 등장한 용수(Nagarjuna)는 「중론」(Mulamadhyamaka-karika)에서 모든 사물은 상호의존적인 연기적 존재로, 사물의 자성(自性)이란 존재하지 않는 공(空)이라고 주장했다. 공은 무(無)가 아니라 조건적으로 생멸하므로, 중도를 강조한다.

[2] 중관학파와 함께 인도 대승불교의 대표적인 2대 학파로, 현상계의 존재가 어째서 공한가를 체계적 조직적으로 설명하고 있다. 그리고 깨달음과 불성의 관계를 밝히는 여래장 사상과 인식의 근원을 밝히는 유식론을 강조한다.

있지만, 숙어에서는 다르다"라고 한다.3

그러나 그는 구원론적으로 "긍정적인 언어가 널리 사용됨으로 인해 세 번째 전환기는 공성에 대해 수준 높고 균형 잡힌 이해를 보여준다"라고 주장한다.1 적어도 불교의 가르침을 세 개의 전환으로 분류하는 불교학파에 따르면, 세 번째 전환기의 해석은 두 번째 전환기보다 공성空性을 보다 풍부하고 종교적인 방법으로 적절하게 이해하도록 만들기 때문이다. 레이Ray에 따르면 두 번째 전환기는 용어와 개념들이 "영적" 가르침에서 발생한다고 하더라도, 이를 공성을 이해하도록 가르친다고 설명한다. 이러한 인식을 한 후에, "실제實際, 기본적인 성질는 힘과 의미기 새롭게 채워져서 다른 방식으로 나타나기 시작한다"는 것이다.

일부 문장은 차이점을 잘 요약하고 있다. 두 번째 전환기에서 공성은 우리에게 언어적이고 실재에 대한 개념적인 방식으로 설명하는 반면에, 세 번째 전환기에서 공성은 주로 붓다의 지혜와 연민의 충만함으로 명시적으로 제시된다. 말과 개념에 바탕을 둔 이원론적인 삶을 넘어서면, 인간은 공허함, 심연, 무無에 빠지지 않는다. 인간은 결국 그렇다는 것을 마주하게 된다.2 요가학파와 유식학파의 이 난해한 구원론에 동의하거나 동의하지 않건, 그들의 다소 다른 표현 방식을 이해해야 한다. 그들의 역사적 질서나 영적 길에서 발달 순서가 뒤바뀔 수 있다는 것도 상상하기 어렵다. 공성을 아무것도 아닌 것으로 발견했을 뿐이다. 아무것도 아닌 공성은 진여眞如, tathata(궁극적인 진리)의 의미로, "있는 그대로", 실제實際, Suchness(기본적인 성질), 그러함Thusness 등 어색하지만

---

3 유가행파는 중관학파를 관념적인 공(空)개념으로 '있지 않음'을 강조하는 극단론자로 비판하면서, 불교사에서 유명한 공과 식(識)에 대한 교리 논쟁을 벌이게 된다.

영어로 이렇게 번역한다. 하나는 "빈 것"이고 다른 하나는 "충분하다"라는 뜻이다. 그렇다면 공성과 진여의 차이점은 무엇인가?

동전의 양면이지만, 양면을 꼼꼼히 살펴보는 것이 중요하다. 두 번째 전환기를 통해, 우리는 "형태는 공허함"을 배우지만, 세 번째 전환기부터 "빈 것은 형태"[4]라는 것을 배우게 된다. 대승불교의 가르침을 체계화하는 이 방법을 이용하는 사람들은, 공성을 넘어서는 충만함과 풍요를 영적 생활의 기초로 삼는다. 그러므로 세 번째 전환기의 내용을 본질적인 것으로 간주한다. 직관적인 공함을 통해 개념적 절대 세계를 해체한 후에는, 비-절대적인 세계를 능숙하게 재구성할 수 있어야 한다. 이것이 바로 금강승불교가 떠맡은 과제인데, 이 불교는 세 번째 전환기에서 더욱 발전하면서 이와 밀접한 관련성을 지닌다.

붓다와 임신: 여래장의 여성적 상징성

세 번째 전환기가 두 번째 전환기보다 훨씬 더 진전된 중요한 통찰력을 보여준다는 주장은, 젠더 문제를 설명할 때 더욱 명확하게 드러난다. 공 사상의 두 번째 전환기에서는 본질적인 여성적 또는 남성적 특성이 존재하지 않음을 보여줌으로써 젠더 편견을 약하게 만들었다. 하지만 세 번째의 전환기에 오면, 공성을 넘어서는 여래장에 대한 가르침으로 불교의 젠더 관행에 대한 페미니스트적 비판과 불교에 대한 페미

---

[4] 대승불교의 유명한 경전인 「반야심경」에는, '色不異空 空不異色 色卽是空空卽是色'으로 나온다. 이는 "색이 공과 다르지 않고 공이 색과 다르지 않으며, 색이 곧 공이요 공이 곧 색이다"로 번역되는 「반야심경」의 가장 중요한 내용이다.

니스트 해석에 획기적인 전환점이 온다.

여래장如來藏, tathagatagarbha[3]이라는 용어는 흔히 붓다의 본성으로 번역하는데, 이는 정확하게 번역된 것이 아니다. 이 단어를 문자 그대로 번역하게 되면 "여래-자궁tathagata –womb" 또는 "여래-태아tathagata-embryo"가 된다. 타타가타tathagata는 붓다의 칭호이고 "garbha"는 "자궁"과 "태아"를 모두 내포하고 있는 용어이다. 따라서 이 용어는 부처가 될 수 있는 배아나 붓다를 품은 자궁이라는 뜻이다. 이처럼 강렬한 여성적 상징성에도 불구하고 왜 학자들이 단조롭고 중성적인 '부처 본성'이라는 용어를 선택했는지는 알 수 없다. 이 용어에서 분명히 긍정적으로 드러나는 자궁 및 여성적 상징성을 간과해서는 안 된다. 이 용어는 모든 지각할 수 있는 존재라면 누구에게나 깨달음을 얻을 수 있는, 내재적인 잠재력이 있음을 나타낸다. 또한 어떤 해석에서는 물리적 우주를 포함한 모든 존재에 대해서 언급할 때에도 사용된다.

이 부처-태아에 대해 우리는 몇 가지를 이해해야 한다. 부처-본성에 대해 사용된 긍정적인 "충분한" 언어 스타일에도 불구하고, 이 언어를 제안하는 사람들에 따르면 그것은 자아도 영혼도 아니다. 두 번째 전환기의 가르침을 가장 높은 진리로 설명하는 사람들은 종종 '부처-태아'라는 해석의 일부에 대해 이런 비판을 해왔다.[4] 자아, 영혼, 혹은 본질이라기보다는, 공성을 철저하게 아는 것은 무아의 경험을 통해서 발견하는 것이다. 직관의 이러한 가르침에 따르면, 비록 지혜가 베일로 가려져서 잘 보이지는 않지만, 사람은 그 자신이 원래 부처이고 또 부처임을 결국에는 알게 된다는 것이다.

베일과 껍질을 제거하면, 남아 있는 것은 본질적이고, 내재적이며, 타고난 부처라는 것이다. 그러나 베일을 벗기 전에는, 부처는 여전히 씨앗으로 남아 있다. 배아, 자궁 등 모든 은유는 성장 잠재력과 그 용기에 가려져 있거나 숨겨져 있는 무언가를 모두 흡수하지만, 그럼에도 불구하고 완전히 손상되지는 않았다. 그래서 부처-태아, 즉 부처를 담고 있는 자궁은 문자 그대로의 번역이 '부처-본성'보다 훨씬 더 잘 이해가 된다. 또한, 이 용어는 특히 여성의 경험인 임신과 임신 과정 중 불교 전통에서 깨달은 자질을 발달시키는 과정을 대입해서 명시적으로 비교했음을 인정하고 있다.

현대적인 용어를 빌리자면 이 특성은 "깨달은 유전자"라고도 할 수 있는데, 이는 어떤 사람을 만드는 데 필요한 고유의, 본질적인 요소를 말한다. 우연히 추가된 것이 아니라는 것이다. 특히, 자신을 만들어가는 다양한 것 중에 이 하나의 "유전자"를 알게 된다. 이 깨달은 유전자는 이미 그곳에 존재하고 있다. 단지 태어나지 않았을 뿐 끝나지 않았고, 그 누구에게도 존재하고, 원인과 조건의 대상이 될 수도 없다. 그러므로 사람은 누구든지 완전히 깨달은 자, 부처가 될 수 있다. 만약 그것이 없다면 아무리 노력해도 결코 부처가 될 수 없을 것이다.

그리고 마지막으로, 부처-태아는 개인적이 아니라 일반적이고 포괄적이다. 그것은 어떤 식으로든 개인적 정체성과 결부되는 것도 아니고, 개성도 아니다. 확실히 그것은 성별이 어떠하든 누구든 가지고 있으며, 남자든 여자든 동일하다. 이러한 설명을 어떤 사람들은 이해할 수 없을 것이다. 사실, 반대의 주장도 항상 가능하다. 비록 어떤 존재가 악행과 부정적인 업보를 통해 극도로 낮은 수준의 존재로 추락한다고 할지라도, 부처 본성은 계속해서 그 존재에 내재된 기본 본성을 가지고 있다.

불교에 대한 페미니스트적 해석과 비판에서, 여래장 이론은 언제나 매우 확실하면서도 강력한 근거를 제공한다. 아마 대승불교적 여성관에 관한 장에서 만난 승만 여왕이 스승으로서 능력을 증명하기 위해 여자 성별을 바꾸지 않은 것은 우연이 아닐 것이다. 그러므로 우리는 무엇보다도 먼저, 이 이론이 젠더 문제와 관련되었을 때 명백하고 확실한 의미를 지니게 된다는 점을 인식해야 한다. 용어의 실제 의미를 고려할 때, 임신과 임신의 생물학적 과정은 내재적인 불성의 존재와 영향에 대해 가장 적절한 비유로 평가된다. 인간들 사이에서 이러한 사실들을 축소하고 폄훼하는 행위는 자기모순이다.[5]

여래장 이론은 모든 존재가 근본적으로 부처-본성으로 특징지어지기 때문에, 여성과 남성은 똑같이 본래 부처임을 주장한다. 이 교리에 의한다면 젠더 위계를 정당화하려는 어떤 시도도 용납하기 어려울 것이다. 젠더 문제에 관한 한 여래장 이론은 성 중립적이고 몰성적gender-blind이라는 것이 분명한 결론이다. 모든 존재는 깨달음에 이를 수 있는 유전자를 가지고 있다. 그것은 남성에게 더 강하거나 더 활기차고 지배적인 것이 아니며, 여성에게 더 약하고 열등하게 나타나는 것이 아니다. 모든 지각 있는 존재들, 분명히 모든 남녀에게는 똑같이 깨달음에 대한 내재적인 잠재력이 있다. 이는 현존하는 성차별적인 불교 기관들에게 매우 강력한 비판을 제공한다.

여성과 남성이 동등하게 갖춘 기본적 자질과 깨달음의 잠재력 그리고 불교사를 통해 기록된 여성들의 엄청난 성취에도 불구하고, 남성들이 더 높은 수준의 통찰과 깨달음을 성취할 수 있도록 촉진하고, 장려하고, 기대하는 제도들로 인해 여성들은 차별받아왔음을 알 수 있다. 어떤 사람들은 자신을 차별하는 종교적인 기관들과 함께 살아가는 것이 여성의 업이라고 주장함으로써 현 상태를 정당화하려고 할지도 모른다. 그것은 그녀의 고유한 부처-태아가 남성 몸에서 자라나는 것으로 생각한다고도 할 수 있다. 그 설명은, 단지 부적절한 기관들의 또 다른 표현일 뿐이고, 여성의 불행한 업을 거론하며 여성들의 역할을 제한하며, 그들에 대한 기대치를 낮춘 것이다.

이러한 '해설'은 그 자체가 교리와 동떨어진 제도를 진지하게 설명한 것이 아니라, 계속 이어지는 여성 억압을 정당화하려는 자기 집착적인 의도이다. 이는 사회적으로 만들어진 가부장제 속에서의 하나의 건물일 뿐이다. 또한 두 번째와 세 번째 전환기의 가르침들이 서로 연계하며, 젠더 위계를 부정하고 긍정적인 성평등한 젠더 배열을 위해 서로 협력하는 방식도 중요하다. 한편으로 모든 현상은 공허하고 본질적인 존재가 결여되기 때문에, 본질적인 남성성과 여성성은 찾아볼 수 없다.

따라서 여성과 남성은 성별 특성에 의해 정의되거나 성 역할과 고정 관념에 의해 제한되어서는 안 된다. 달리 말하면, 모든 사람은 성별과 상관없이 부처가 될 수 있는 잠재력이 있다. 따라서 형식적인 종속, 낮은 기대감, 또는 교리 연구와 실천에 유입되는 과정에서의 좌절과 같은 제도적 장애물을 어느 한쪽 성에 배치하는 것은 적절하지 않다. 불행하게도 불교 문헌들은 이러한 주요 대승불교 개념들이 어떻게 젠더에 관한 현재의 불교 규범과 관행을 약화시키는지를 연구하지 않았고, 심지어 이에 대해 주목조차 하지도 않았다. 공성과 불성Buddha-nature의 개념은 불교도들에게 있어 선택적 지위보다는 성평등이 규범적이라고 주장할 수 있는 매우 확고한 근거를 제공함에도 불구하고 성차별을 하고 있는 것이 현실이다.

만약 성평등이 규범적이라면, 젠더 위계와 특권을 극복하기 위한 적극적인 노력은 모든 불교 신자들에게 필요한 윤리적 규범이다. 단지

소수의 페미니스트들만 제안해야 할 것은 아니다. 진정한 보살은 성
불평등을 영구화시켜서는 안 된다는 것뿐만 아니라, 그들의 보살 활동
의 일부로서 성별 특권과 성적 억압을 거부하는 불교계의 비전을 제시
하는 데 앞장서야 한다.

'있는 그대로' 받아들이기 그리고 우리가 해야 할 일들
: 본질과 사회

제3의 전환기 가르침에서 특정한 위치에도 불구하고, 대부분의 대
승불교 형태에서 불성Buddha-nature의 개념이 공통으로 강조되었다. 그러
나 알라야식, 즉 저장 의식에 관한 복잡한 이론과 '오직 마음'이라는 교
리는,6 세 번째 전환기에 유심학파Cittamatra나 요가학파Yogacara의 핵심으
로 남아 있다. 나는 이러한 복잡한 개념들을 깊이 설명하지 않겠지만,
단지 성별 문제와 관련된 이 이론들의 몇 가지 중요한 의미를 살펴볼
것이다.

아주 일반적인 용어로, 유심학파Cittamatra school5에 의하면, 우리가 함께
일해야 할 것은 마음과 그 인식인데, 깨닫지 못한 사람들은 번뇌klesa에 의
해 그 마음이 더럽혀진 것이다. 이러한 인식들이 영적인 발달 수준에 따
라 깨달은 사람들 속에서 정화되는데, 대부분 사람들에게도 어느 정도

---

5 유심학파는 대승불교에서 인간 존재에 대한 근본적인 통찰의 결과 오직 마음뿐
  이라는 결론에 이른다고 주장한다. 이는 마음의 본성은 본래 맑은 것이라는 초
  기 불교의 심성본정설(心性本淨說)이 발전하여 대승불교에서는 근본적인 교설
  로 발전하였다. 세계의 모든 것이 결국 마음으로 환원 가능하다는 입장으로, 마
  음을 실체로 인정하는데, 이는 유물론과 정반대 입장이다.

이 두 가지는 혼합되어 있다. 이러한 인식과는 별개로 객관적 현실을 말하는 것은 의미가 없다고 본다. 그래서 이 학파를 흔히 '오직 마음mind-only' 학파라고 부른다. 이때 인식의 근거는 알라야식alaya-consciousness이며, 개인의 업보, 일반 업보, 여래장 등 알라야에 저장되어있는 내용뿐만 아니라 더럽혀진 마음을 초래하는 다른 차원의 의식이다.7

　　이 모든 것이 어떻게 작동하는지 설명하기 위해, 유심학파는 세 가지 수준의 "진실" 또는 사물들로 설명한다. 즉, 상상된 수준, 상대적인 수준 그리고 완벽한 수준을 말하는데, 이는 '세 가지 측면'이라고도 부른다.8 첫 번째 수준인 상상하거나 구성하거나 개념화한, 상상된 수준은 이원론적 의식 수준이다. 이는 별도로 존재하는 의식에 의해 인식되고 객관적으로 존재하는 대상을 거짓으로 가정한 것이다. 이것은 일상적이고, 깨닫지 못한 의식에 의해 경험되는 종류의 인식이다.6 "주체-객체의 이중적인 영역에서 사물이 우리에게 어떻게 나타나는가, 이런 것들은 실제로 전혀 존재하지 않고, 실제로 그렇지도 않다."9 두 번째 수준인 상대적 또는 종속적 수준은 상호의존적이며 동시 발생적으로 사물을 지각한다. "첫 번째 수준인 개념화된 수준이 보이는 방식과 반대로 나타나는 것이 두 번째 수준이다."10 세 번째는 완벽한 수준이 있다.

　　이는 명상을 통해 발견되는 사물의 진정한 속성인 "본질Suchness"이나 "진여tathata"이다. 우리는 명상을 통해 우리의 인식 흐름과 경험의 흐름이 정말로 우리가 그것으로부터 만들어낸, 고정되고 영속적인 주체와 대상이

---

6 눈에 보이고 손으로 만질 수 있고 입으로 맛볼 수 있고 코로 냄새를 맡고 귀로 소리를 들을 수 있는 모든 것들은 실체가 없다. 밖으로 드러나는 현상들은 모두 마음의 작용일 뿐이다. 마음먹기에 따라서는 고통도 기쁨과 행복이 될 수 있다.

부족하다는 것을 알게 된다. 경험의 흐름만 있을 뿐이다. 따라서 세 번째 수준인 완벽한 수준은 비-이중적이라는 사실 그리고 주어도 목적도 없고 단지 하나의 흐름만 있다는 것이다.[11]

만약 우리가 이 세 가지 수준을 성별을 인식하는 방법에 적용한다면, 몇 가지 흥미로운 제안들이 나올 것이다. 사람들이 성 역할 고정관념에 순응해야 한다고 가정하는 정신적 경직성, 자신들에 의해 제한되어야 한다고 요구하고, 순응하지 않는 사람들을 처벌하는 것은 첫 번째 수준인 상상되고, 개념화되고, 구성된 인식이다. 그러나 "사물은 실제로 그렇지 않다."[12] 두 번째인 상대적인 수준은, 어떤 사람들은 남자고 어떤 사람들은 여자라는 것을 판단하는 기초가 될 것이다. 그러나 세 번째 수준은 상상된 측면 이면에 전통적으로 작용하고 정신을 특징짓는, 비교적 정확한 인식에 대한 고정된 결론이 없다는 완벽한 측면을 보게 될 것이다.

이 제안은 첫 번째 가르침인 무아와 관련된 설명도 가능하다. 무아를 이해하는 사람은 "성별을 알고 있으면서도 성별을 초월했기 때문에, 성별에 의존할 필요가 없을 것이다."[13] 그리고, "사물의 본성"을 보는 완벽한 수준을 통해 지각한다. 사람은 특별히 사람이나 남자, 여자들을 보지 않고 부처 본성으로 보아야 한다. 부처 본성을 보는 것은 무아를 보거나 공성을 완벽하게 이해하는 것이다. 그러나 세 번째 전환기의 언어로 여성 혹은 남성이 부처라는 것을 본질적으로 알게 된다면, 성별을 조건으로 장벽과 한계를 만드는 것은 교리로는 매우 부적절하다.

전통적인 불교관, 제도적 설정 그리고 젠더를 다루는 방법은 성별에 대한 주제가 발생할 때마다, 실제 사람들을 상상하거나 구성하거나

(베트남의 한 사원에 있는) 생로병사에 대한 그림

개념화한 첫 번째 수준에 갇히도록 만든다. 반면에 세 번째인 완벽한
수준의 사람들은 사물을 '있는 그대로' 본다. 이러함thusness, 혹은 본질

suchness, 진여tathata 등으로 번역되는 이 단어의 일차적인 의미는 우리가 위에서 살펴본 바와 같이 사물을 비이중적인 태도로 본다는 것이다. 즉, 대상에 주체와 객체라는 이분법을 부과하지 않으며, 구체화하지도 않고, 끊임없이 흘러가는 사건의 흐름을 보는 것이다. 아마도 그러한 방법이 바로 부처가 보는 방법이라고 말할 수 있을 것이다.

이러한 견해는 또한 일반적인 예상과 선입견이 아니라, 무엇이 있는가를 정확하게 봄을 의미하기도 한다. 사람 또는 성별보다는 여래장tathagagarbha을 보라는 것이다. 물론 이를 실천하기 전이라도, 실제 사물을 '있는 그대로' 보려고 노력하려는 경향이 중요하다. 모든 사람이 여래장을 소유하고 있다는 개념에 기초한다면, 현실의 사회 제도는 영적인 변화나 그것을 실제로 실현하는 데 훨씬 더 큰 도움이 될 것이다. 상상으로라도 사람들이 그 수준의 인식을 유지하도록 해야 한다.

마지막으로, 사물과 자아를 보존하기 위해서는 만들어진 것들과 사물을 혼동하지 말아야 한다. 이를 혼돈해서 사회적 관습을 만들거나, 그 결과 "있는 그대로眞如", "이러함thusness" 혹은 "본질suchness"을 경멸하지 않아야 한다. 불교는 때때로 기존 질서에 대한 페미니즘적 비판을 피하고자 그런 태도를 지닐 때도 있다. 나의 경험을 예로 들면, 일본에서 내가 불교와 페미니즘에 대해 강연했을 때이다. 청중 가운데 한 여성이 나에게 질문하기를, 서구인으로서 현 상황에 대해 그렇게 저항하는 것이 실현 가능할지도 모르겠지만, 아시아인들은 사물을 있는 그대로 받아들이고 주어진 조건에 적용하는 것을 중요하게 생각한다고 말했다. 그것은 물론 흠잡을 데 없는 충고다.

가질 수 없는 조건을 갈망하면서 희망만 갈구하는 것은 결코 좋은 일이 아니다. 그 말은 우리가 완전한 안전, 영속성 그리고 축복 등 가질 수 없는 것을 원하기 때문에 고통 받고 있음을 말한다. 우리는 고통, 불건전함 그리고 무아 그리고 공성처럼 그런 것들도 '있는 그대로' 받아들여야 한다. 하지만 여기에는 자아, 고정된 마음, 계획, 상상으로부터 개념화된 인식으로 만들어진 전쟁, 빈곤, 억압, 성차별, 가부장제 상황은 포함되지 않는다. 때때로 사람들은 그러한 상황을 피하기 위해서, 기쁨과 불성의 씨앗을 잃지 않고 품위 있게 살아가는 방식을 배워야 한다. 그러나 그러한 조건들을 '있는 그대로' 보는 것은 쉽지 않다.

이러한 혼란은 여러 가지 다른 맥락에서 지적되어 왔다. 그것은 절대적이고 상대적인 진리의 혼돈과 비슷하다. 상대적 진리의 절대화 경향과도 비슷하기에 문제가 될 수 있다. 그것은 또한 여성의 어려움은 전통적인 성차별로 이익을 얻고 만족하는 가부장제의 이기심이 아니라 그들의 업보 때문이라는 주장과도 어느 정도 유사하다. 이러한 주장을 수용하는 것은 사회적으로 만들어진 억압적인 조건에 대한 비판이 부족한 전통적인 불교에서 더 쉽게 나타난다. 다시 한 번 말하지만, 미래를 위한 예언적인 목소리를 현명하게 전할 수 있다면 불교가 페미니즘에 기여할 수 있다는 것이 확실하다. 그러나 그 문제는 일방적인 것이 아니다.

전통 불교가 강조하는 적응이나 수용에도 필요한 메시지가 담겨 있다. 명상을 통해 얻을 수 있는 평온함에 관한 나의 논문에서, 나는 불교와 페미니즘과의 매우 의미있는 차이는 인간 상태에 내재된 고통과 가부장적 왜곡 그 사이에 있을 것이라고 주장했다.[14] 불교 페미니스트가 이 두 가지를 이해시키지 못한다면, 이는 그 누구에게도 도움이 되지 않는다. 면도날의 가운데는 자리가 좁다.

본질과 성스러운 관점
: 세 번째 전환기와 금강승불교로

불교의 가르침을 세 가지 전환기로 분류하는 것을 옹호하는 사람들의 주요 주장 가운데 하나는, 일단 두 번째 전환기에서 공성이 확고히 자리 잡게 되면 이와 동시에 종교 생활도 풍부하고 풍요롭게 변할 것이라고 믿는다는 것이다. 앞에서 강조했듯이 공성은, 제대로 이해한다면 아무것도 아니다. 현상을 수정하지 않고 있는 그대로 현상을 인식하게 하는 기초이다. 현상은 더 이상 집착과 애착으로 해로운 반응을 일으키는 유혹적인 요소가 아니라, 기본적으로 순수하고 생생하며 비이중적인 본질로 보인다. 그러므로 어떤 현상에 대해 사람들은 피할 필요가 없고, 감사하고, 축하하며, 또 해방될 수 있다.

일반적으로 경이적인 존재의 모든 요소는 이러한 신성한 방식으로 볼 수 있는데, 이것은 모든 것이 영적인 규율에 포함될 수 있음을 의미한다. "성스러운 관점의 개발"이라고 불리는 이 태도는 모든 존재를 부처로, 모든 소리는 만트라로, 모든 현상을 행복과 공성의 결합으로 설명하는 금강승불교의 기법을 설명한다.[15] 그러므로 이전에는 심각한 영적 관행과는 상당히 반대되는 것으로 여겨졌던 인간의 신체, 감정, 성욕은 신성한 전망과 영적 규율 안에서 통합될 수 있다. 왜냐하면 그것들은 일상생활과 의식, 의례 그리고 상징에서 모두 영적 변혁의 수단으로 활용될 수 있기 때문이다.

본질suchness에 대한 가르침의 독특한 점은, 다른 종교적이고 영적인 삶에도 똑같이 중요하다는 것이다. 공성을 인정하는 언어, 문체, 교리적 직관은 단순히 공성을 강조하기보다는 불교에 대한 금강승불교 방식의 의례, 시각화, 헌신 그리고 다른 의식적인 측면들을 가능하게 한다. 많은 현상이 깨달을 수 있는, 순수하고도 신성한 공성에서 발생한다. 그들 존재는 상징과 신화로 구성되어 있고, 의례, 시각화, 의식을 통해 그 존재가 드러나고, 이 공성을 가진 빛나는 존재와 수행자의 동일시를 통해 깨달음을 돕는 신과 같은 존재들을 불러오기도 한다. 이러한 가능성은 진여와 불성에 대한 가르침에 포함된 가장 중요한 함의이다.

빈 우주는 불확실한 충만으로 가득 차 있으며, 그것은 불릴 수도 있고 어느 것이 연관될 수도 있다. 진여의 개념은 모든 대승불교와 금강승불교 신자들에게 친숙하며, 믿을 수 없을 정도로 풍부하고, 신화적이고 상징적 우주를 낳는다. 그 신화적 세계에서 의식, 찬양, 헌신, 탄원 등과 관계된 다른 유형의 2인칭 언어는 상당히 흔하다. 그러나 2인칭 언어 사용의 친숙함 때문에, 지식이 풍부한 수행자들이 독립적으로 존재하는 신과 같은 존재가 문제 해결을 위해 응답한다고 가정하지는 않는다. 그 효과는 신적인 존재라기보다는 오히려 수행자에게 매우 강력하게 나타날 수 있다.

이러한 세 번째 전환기 가르침의 두 가지 특징은 금강승불교의 등장과 경이로운 세계에 대한 접근, 즉 신화적, 예배적, 의례적 세계를 형성하는 것이다. 이는 금강승불교를 정확하게 이해하는 데 매우 중요하다. 따라서 그들은 젠더 문제에 특히 중요한 의미인 금강승불교 경험을 선택하는, 다음의 사상들을 구축하는 데 토대가 된다.

본질 그리고 기본적인 경험들
: 몸, 섹슈얼리티, 감정들

금강승불교에서는 영적인 길에서 종종 장애물로 간주되거나, 흔히 남성 중심적 사고의 시스템에서 여성과 부정적으로 연결되는 원시적 체험이 다르게 평가되고 활용된다. 몸, 섹슈얼리티, 감정이 반드시 부정되어야 하고 포기되어야 하는 이원론적 장애물은 아니다. 적절하게, 즉 공성과 본질의 렌즈를 통해 그들은 원초적으로 순수하고 중립적으로 나타난다. 이기적이고 이원론적으로 이해하거나 고정 관념을 가지고 접근하면 매우 위험한 함정이 된다. 비이원론적인 관점으로 접근하면 그들은 긍정적이거나 부정적이라기보다는 진여의, 강력하지만 중립적인 매트릭스의 일부가 된다. 이러한 원초적 체험은 영적 학문에서는 너무나 자주 부정적으로 평가된다. 특히 여성과 연결되거나 여성에 의해 자극되는 경험으로 투영되었기 때문에, 금강승불교에서 이러한 대안들을 발견하는 것이 중요하다.

이러한 원초적 경험에 대한 금강승불교의 평가와 접근은 이미 금강승불교에서 여성의 역할과 이미지에 대한 장에서 논의되었다. 그러나 기본 개념에 대한 논의는 간략했고 개념에 대한 페미니스트적 평가는 미미했다. 어찌 되었든 이러한 개념들은 익숙한 물질들과는 너무나 다르므로 약간만 반복해도 그것들을 이해하는 데 도움이 될 것이다. 금강승불교는 물론 일반적인 모든 유형의 불교는 몸을 깨달음을 얻는 매개체로 여긴다. "인간으로의 귀중한 탄생"은 깨달음에 가장 도움이 되는 것이며, 불교에서는 인간이 되는 것을 깨달음과 별개로는 생각할 수 없다. 몸은 언어와 마음과 함께 경이로운 세계에 대한 '세 가지 문' 가운데 하나이다.

이처럼 몸은 세상과 의사소통을 하는 주요방법 중 하나로 세상에 발현되는 것이다. 비록 몸은 인격의 다른 모든 요소와 마찬가지로 규율되어야 하지만, 특히 불교에서는 영적 발전을 위한 길의 초기 단계에서 나타나는 반-신체적 태도와 제도, 또는 몸-정신의 이원론은 매우 이질적이다. 게다가, 금강승불교에서는, 신체는 정교하고 비밀스러운 "난해한 생리학"16을 바탕으로 만들어진다. 한 사람은 그 몸 안에서 이 미묘한 몸을 시각화하고, 결국 경험하게 된다. 그 분명한 본체가 없다면, 그러한 시각화와 경험은 불가능하지는 않더라도 어려울 것이다.

그러나 그러한 몸에 대한 공정한 가치 설정은 일반적으로 남성 중심적으로 남성의 몸에만 가치를 부여할 수 있었다. 반면에 여성의 몸은 두려움이나 증오와 결합하는 것이 일반적이었다. 적어도 금강승불교의 상징과 의식의 관점에서 이러한 현상은 일어나지 않는다. 여성의 신체는 매우 확실하게 존경받는다. 왜냐하면 여성 이담7과 다키니8는 금강승불교의 신화와 상징의 중심이기 때문이다. 이들에 대한 우상화가 매우 두드러지면서, 신성한 예술과 의식에서 여성 신체를 시각적으로 표현하는 일이 빈번하게 일어난다. 이 여성들은 남성과 마찬가지로 벌거벗거나 반나체로 나타나며, 여성의 특성을 최소화하거나 숨기지 않는다. 어떤 의례에서는, 이 여성들은 사람들로부터 존경받거나 잘 보이기 위해 노력하는 대상이 된다.

---

7 이담(yidam)은 탄트라불교나 금강승불교와 관련된 신(神)의 유형인데, 여성 이담의 예로는 바즈라요기니가 있다.

8 다키니(dakini)는 힌두교에서 말하는 허공을 날아다니는 신령한 존재들로, 문법적으로 여성형이다.

그러나 중요한 수행에서 이들은 여성 인간의 형태를 가지고 있는데, 아마도 우리는 이를 깨달음의 표현이라고 말해야 할 것이다. 사람들은 자기 자신을 여성 이담으로 시각화하는 명상 중에 그녀와 동일시한다. 남성과 여성 모두 깨달음을 얻은 여성과 자신을 시각화하는 이러한 명상을 한다. 그렇게 함으로써, 그들은 구체적으로 여성의 젖가슴과 자궁을 포함한 세부적인 그녀의 몸 형태를 관찰한다. 그토록 여성을 성적 대상으로만 취급하거나 여성의 몸, 특히 신체 부분을 부정적으로 간주해 왔지만, 종교적인 제도에서 이 여성들은 명상을 하거나 치유하는 주체가 된다. 이러한 명상은 남성성이 자신을 더욱 가치 있게 만든다고 믿도록 사회화된 남성들을 여성에 대해 겸손하게 만들고, 그들이 여성을 차별하는 태도를 바꾸도록 영향을 미친다.

종교적이고 영적인 섹슈얼리티에 대한 이해는 종종 몸에 대한 태도와 밀접하게 연관되어 있다. 은둔적인 독신주의를 강력하게 강조했음에도 불구하고, 불교는 섹스를 본질적으로 부정하다고 보거나 반-영적인 행위로 간주한 적이 없다. 오히려 금강승불교에서 섹슈얼리티는 생생하고도 분명하게 긍정적인 종교적 상징으로 사용되고 있다. 이런 형태의 불교에서는 성적인 경험 자체가 인간의 정신 발달에 도움이 될 수 있다는 암시를 보여준다. 상징으로서 섹슈얼리티는 반-이원론이나 일체화를 초월하는 민감한 상태를 가장 강력하게 표현하는 것으로, 불교적 실현에 매우 중요하다. 성적 상징에 대한 완전한 논의는 이 장의 다음 절에서 더 설명할 것이다.

영적인 발달 방법으로 성적인 경험에 대한 많은 이야기는 이미 금강승불교에서 여성의 역할과 이미지에 관한 장에서 논의되었다. 여성들에게 있어서, 그들이 성적 유혹에 압도당했다는 말을 듣곤 했지만,

그러한 이야기와 상징들은 여성들을 안심시킨다. 성을 수치스럽고 창피한 것으로 여기는 사람이라면, 성적 상징을 통해 전달되는 심오한 종교적 진실을 보는 것이 매우 어려운 일일 것이다. 성에 대해 부정적인 사람들도 종종 여성 혐오적이기 때문에, 그러한 상징성은 여성 혐오에 대항하는 메시지로 부호화할 수 있다.

감정은 육체나 섹슈얼리티보다 더 기본적이며, 깨달음에 통합되기가 더 어렵다. 그들은 매우 강력하고 파괴적인 결과를 초래할 수 있으므로, 불교 내 일부 요소를 포함한 많은 전통이 감정을 주로 길들이고 초월해야 할 것으로 간주한다. 금강승불교는 감정과 관련해서 훨씬 더 세련된 위치에 있다. 감정은 그 자체가 강력하고 중립적인 에너지에서 생기는 것이다. 그것은 에너지가 경험되는 통찰력의 정도에 따라 파괴적이거나 계몽적인 방법으로 나타날 수 있다. 그러나 감정 그 자체는 비록 그 지혜가 착각에 빠진 상대방에 의해 흐려지거나 가려지더라도 항상 엄청난 지혜를 담고 있다.[17]

그러므로 감정을 부정하거나 타당성을 간과하거나 없애버리기보다는 지혜로 이끌어야 한다. 이것은 금강승불교에서 전환 과정을 통해 이루어진다.[18] 감정 에너지가 거부되기보다는 환영받고 그 에너지가 함께 작용하여 그 지혜를 풀어준다. '너무 감정적'이라고 비난하고, 남녀를 소외시키면서 성 역할 기능 장애를 불러일으키는 가부장제에서는 무시하고자 하는 이러한 방식의 접근은, 분명 여성들이 환영할 만한 자원이다. 감정을 흔들리지 않게 유지하면서 다양한 감정의 부정적인 면을 어떻게 길들이느냐는 '5개의 깨달은 지혜'와 관련된 풍부하고도 실용적인 정보가 특히 중요하고 유용하다.

그러나 이러한 원초적 경험에 대한 전통적인 금강승불교의 논평은, 이 경험을 어떻게 성과 관련된 전통적으로 부정적인 태도와 관행에 대항하기 위한 도구로 사용할 수 있을 것인지는 언급하지 않았다. 이 것은 아마도, 이전에 극소수의 불교 신자들만이 젠더에 관한 전통적인 태도와 관습이 얼마나 해로운지를 깨달았기 때문일 것이다.

남성 원리와 여성 원리, 이원론적 관점 극복하기

불교에서 비-이원론은 완벽한 경지의 핵심적인 경험 혹은 인식 수준으로 강조되어왔고, 결과적으로 본질을 경험하는 기본이 된다. "비-이원론"은 대상의 이중성을 극복하는 것을 의미한다. 이는 자아가 독립적으로 존재하는 대상을 긍정적으로 받아들여 이 이중성을 극복하는 것이다. 이때는 이중적인 덮개가 없고, 경험의 연속성과 유동성만 있을 뿐이다. 이러한 맥락에서 주로 이원론적 인식과 고정관념을 극복하는 방안으로 비이중성이 논의된다. 그러나 대다수는 다양성과 이중성 뒤에 있는 실재를 찾기가 쉽지 않기 때문에, 이를 위해 사용하는 방법인 일원론과 비-이원론을 대조하며 이해하는 것도 중요하다.

일원론은 근본적이고 비현실적이며 보이지 않는 "실제"를 인정하지 때문에, 현상의 다양성을 하위 계층으로 붕괴시킨다: 다양한 현상들을 환상의 영역으로 밀려난다. 일신교를 주장하는 사람들은 이것이 다양한 현상을 넘어서는, 진실하고 가치 있는, 저변에 깔린 공통적 실재에까지 도달한다고 주장한다. 그 결과 일원론은 다양성의 특성보다는 기본적이고 본질적인 것을 더 중요하게 여긴다. 예를 들어, 성별, 인종, 계급의 다양성 아래에 있는 "공통의 인간성"을 강조할 수도 있다.

하지만 비-이원론의 접근은 이와는 미묘하게 다르다. 현상들은 단지 그들의 이중적인 존재 자체를 거부하고 초월한다고 해서 근본적인 통합으로 나아가는 것은 아니다. 현상들은 날카롭고, 맑고, 생생하고, 구체적이고, 세밀하므로 그 속성은 그대로 남아 있다. 더 정확하게 말하자면, 그것들은 날카롭고, 생동감 있고, 분명하고, 세밀하고, 상세해서, 보인다고 말할 수 있을 것이다. 그러나 특수성은 더 이상 현상을 제한하고, 나누고, 분류하는 데 역할을 두지 않는다. 더 이상 아무것도 그들에게 강요하는 것은 없다.

순식간에, 전체 그림이 직관적으로 그려진다. 생생하고 구체적인 현상들은 기본적인 원시 공간에서 춤을 춘다. 생생한 현상과 전체 환경이 동시에 인식된다. 현상들은 둘 다 그 특이성에 있어서 생생하면서도 전체 공간 내에 통합되어 있다. 비-이원론에서, 특수성은 이원론적으로 통일된 독립 존재를 따르지 않으며, 또한 그것은 실제의 단일한 원칙 아래에서도 사라지지 않는다. 따라서 비-이원론은 이원론과 일원론의 양극단 사이의 중간 경로이다. 이런 식으로 실재와 비-이원론은 서로 얽히게 된다.

비-이원론의 이러한 이해를 젠더에 적용하게 되면 매우 급진적이면서도 페미니즘의 전망을 밝게 만든다. 그것은 이 책의 마지막 부분에서 주장하는, 가부장제 이후와 불교 부흥의 많은 부분에서 설명될 것이다. 이제, 나는 남성적이고 여성적인 원리를 은유적으로, 금강승불교가 성에 대해 접근하는 방식인 비-이원론을 적용해서 탐구할 것이다. 이 논의에서 사용될 가이드라인은 경이로운 세계에서 여성적이고 남성적인 원리의 균형을 추구하고 찾는 것이다. 그 가이드라인은 '균형'과 '현실의 세계'라는 용어가 핵심이다.

그러한 균형은 대부분 여성적이고 남성적인 원리를 둘러싼 상징성에서 발견된다. 상징주의, 의례 및 도상 연구에서, 그들의 공간 내에 있는 분명한 특수성과 상호관계는 강조되고 동시에 평가된다. 구체성과 이원성은 모두 명상과 예배 의식을 통해 개념적으로, 상징적으로 그리고 의례를 통해 광범위하고도 정교하게 기술되어 있다. 그러나 이미 금강승불교에서 여성의 역할과 이미지에 관한 장에서 강조했듯이, 이러

(부탄의 한 사찰에 있는) 얍-윰, 남녀교합상

한 상징들을 사회 현실에서 지속적으로 적용하는 일은 거의 없었다. 그럼에도 불구하고, 그 상징들은 불교의 페미니스트적인 재평가들을 위해 현재의 불교에서 가장 유용한 자원이 될 것이다.

사람들이 일반적으로 어떤 현상을 토론하고 묘사를 할 때는 먼저 철학적으로 접근을 하는데, 여성적이고 남성적인 원리와 관련된 우상화와 의례를 다룰 때는 몇 가지 어려운 질문을 한다. 남성적이고 여성적인 원리는 이분법과 연관되어 있다. 사실, 경험의 세계는 지속적으로 관련된 한 쌍으로 분류된다. 왜 이 특정한 상징적인 방법이 선택되는가? 그런 이분법이 이중성과 어떻게

다른가? 마지막으로, 세계를 이분화하는 것이 심리적으로나 상징적으로 유용하다고 해도, 왜 소위 남성적인 원리에 어떤 자질을 부여하고, 또 다른 자질을 여성적인 원리에 부여하는가?

금강승불교의 여성적이고 남성적인 원리는 불교인들에게 친숙하고 중요하며 기본적인 대승불교의 한 쌍, 즉 지혜와 자비를 의인화한 것이다. 이 두 가지는 모두 보살의 실천 덕목이고 또한 보살에 의해 완성된다. 지혜는 대승불교에서 이미 여성과 결부되어 있다. 일부에서는 프라즈나prajna라는 단어가 산스크리트어(혹은 빠알리어)에서 여성형 단어이기 때문이라고 말하기도 하고, 또 다른 쪽에서는 그러한 지혜가 부처가 태어날 수 있도록 하는 "어머니", 즉 근원이기 때문이라고 주장하기도 한다. 대승불교에서 꼭 필요한 지혜의 파트너는 자비인데, 나는 그것이 남성적인 원리와 결부되었기에 잘못되었다고 본다.

하지만 왜 경험을 이분화하는 것일까? 왜 세 가지나 여섯 가지가 아니라 두 가지 원칙으로 사물을 분석하는가? 이 질문들은 두 가지 차원에서 논의될 수 있다. 첫째, 세계적으로 사색을 중시하는 전통은, 간단하고 간략한 목록으로 경험에 대해서 심사숙고할 것을 장려한다. 이 목록에서는 매일 일어나는 변화무쌍한 사건들에 대한 무수한 세부사항들이 축적될 수 있다. 불교에서는 남성적이고 여성적인 원리의 이중성뿐만 아니라, 남성적이고 여성적인 원리와 마찬가지로 다섯 부처[9]로 사물을 분류한다. 이는 금강승불교에서도 매우 중요한 기본적인 분류 체계이며, 이 모든 카테고리는 자기 계발에 매우 실질적인 도움을 주는 숙련된 방법이자 방편이다.

---

[9] 오방불(五方佛)은 동, 남, 서, 북 사방과 중앙의 다섯 분 부처님을 일컫는데, 그 다양한 형태들이 인도와 중국을 통해 우리나라에 전해졌다.

올바르게 분류하고 선택한 자신의 경험을 심사숙고하는 훈련은 영적 개발을 위한 이해를 돕는 데 매우 용이한 기법이다. 그런데 왜 두 개의 한 쌍에 집중하는가? 한 쌍의 경험은 인간의 모든 경험 중 가장 기본적인 것 중 하나이다. 왜냐하면 첫째는 자아와 타인에 대한 경험의 기본적인 심리적 사실로, 그것은 너무나 기본적이고 종종 문제가 되기 때문이다. 둘째는 언어와 사고는 비이원론을 완전히 파악할 수 없기에 분화와 이분법을 통해 작용한다. 셋째는 이원성이 부부 또는 부모와 자녀의 상호관계에서 가장 확실하게 초월될 수 있기 때문이다. 어떤 사람들은 그러한 이분법이 이원론적 인식을 강화하지 않는가에 대해 의문을 가질 수 있다.

그러나 남성적이고 여성적인 이 두 가지는 서로가 반대되는 이중성이 아니다. 그들은 비이중적인 한 쌍, 즉 이원적 통일이다. 이 둘은 비이원적인 행렬에서 발생하는 구체적이고 생생한 현상이다. 이중적인 사고처럼 한 사람은 그들 중 한 사람과 동일시하지 않는다. 오히려 한 사람은 이 둘을 일률적인 통합으로 보며, 전체를 상호의존적이고 상호보완적인 측면으로 인식하며 서로를 붕괴시키는 것이 아니라고 본다. 더욱이, 다른 경험의 요소를 개발하고 쌍을 이루고 있는 두 요소를 식별하고 발전시킨다. 단지 두 가지 요소가 존재한다고 해서 항상 이중적이고 계층적인 사고의 증거가 되는 것은 아니다. 두 사람은 이원적du-alistically이라기보다는 비-이원적으로 체험될 수 있는데, 이것이 바로 금강승불교에서 이 상징의 목적과 의도이다.

경험을 이분화하는 것이 유용하거나 심지어 필요할지는 모르겠지만, 두 가지 원칙을 성적인 이분법으로 혼동하는 것은 분명히 도움이 되지 않는다. 일반적으로 성별 이분화를 주장하는 이유는, 필연적으로 여성은 여성 원리뿐만 아니라 남성 원리와도 연관되어 남성과 여성 모두에게 장기적인 피해를 줄 것이라는 두려움 때문이다. 단순히 "A" 원칙과 "Z" 원칙이라고 부르는 것이 더 낫다고 일부 사람들은 주장한다. 모든 것이 아니더라도 문화적으로 친숙한 남녀 상징 원리의 예들은 대부분 남성이 남성다움의 대표자, 여성다움의 대표자가 될 것으로 기대한다는 점을 감안하면, 그러한 두려움의 근거는 명백히 존재한다.

그러나 금강승불교에서는 더 비밀스러운 수행을 하는 남녀 모두가 이 두 가지 원칙을 발전시키기 위해 노력한다. 이는 정확히 그들이 이원론적 대립이 아니라 비이원론적인 행렬 안에서 특유의 보완물이 되기 때문이다. 문제는 이러한 관행이 명상 수행을 하는 사람들에게 어떻게 가르쳐지는가가 아니라, 역사적으로 금강승불교가 융성했던 사회에서 통용되었던 것처럼 여성을 가까이하지 못하도록 강요하는 사회적 관습에 있다. 게다가 종교적인 상징체계에서는 한 쌍의 극을 여성성과 연관시키고 다른 극을 남성성으로 연관시키는 데 현실적으로 성별 분리를 강조될 수 있으므로 장점이 되었다. 추상적인 철학적 개념만을 다루고 있다면 단순히 'A'와 'Z' 원칙이라고 부르는 것이 적당할 것이다.

그러나 상징성, 특히 의인화된 상징성은 추상적인 철학적 언어보다 훨씬 더 효과적으로 종교적 통찰력을 전달해주는데, 이것이 바로 종교적 상징체계에서 그토록 상징이 만연해 있는 이유다. 기호를 통해 이분법적 원칙이 표현될 때 거의 필연적으로 성적인 상징성을 불러일으킨다. 친숙한 성적 한 쌍을 보여주는 금강승불교는 그러한 담론에서 섹슈얼리티의 원초적 체험과 함께 작동하고 그것을 영적으로 안정시키는 장점이 더 크다. 의인화된 성적 커플의 상징만큼 비이중성을 생생하고 강력하게 전달하는 것은 없다. 그들은 둘도 하나도 아니고, 이원적으로 완전히 분리되거나, 완전히 융합된 것도 아니다. 오히려 그것들은 비-이원적이고, 둘이 하나가 되는 결합이고, 뚜렷하고 생생하게 그려지며, 전체 매트릭스 내에서는 상호 보완적인 요소들이다.

그들의 성적 상호보완성은 또한 추가적인 의미를 내포하고 있다. 그들의 열정은 남성과 여성, 여성과 남성 사이의 이원성을 암시한다. 근본적으로 비-이원론은 '지혜'와 '자비' 사이에서, 각각 여성적이고 남성적인 것과 연관되어 이미 대승불교에서 중요한 의미가 된다. 금강승불교에서 이 가장 기본적인 두 가지는 '공성'과 '형태' 사이에서, 공간에서 일어나는 또 다른 추상적인 의미를 지닌다. 가장 기본적인 이차원적 통일은 공간과 활동 사이, 공간에서 발생하고 적응하는 것 사이, 공성과 형태 사이의 통일성이다. 남성적인 원리의 반대는 연민만이 아니다. "방법"과 "기술적인 수단"을 포함해서 많은 의미를 내포한 용어인 방편과도 연관된다. 그것은 지혜에서 비롯되는 활동으로, 성취해야할 것을 성취하기 위해서 그리고 상황에 효과적으로 대처하기 위해서 적절한 행동을 하도록 돕는다.

상징성이 더욱 추상화됨에 따라, 또한 더욱 만연해져서, 일상적 경험과 영적 규율의 많은 요소가 남성적이거나 여성적인 원리 및 그 둘의 이분법적인 결합을 암시한다. 태양과 달, 모음과 자음, 빨간색과 흰색, 왼쪽과 오른쪽, 의식 종과 의식용 상징(금강저, vajra 또는 삼지창), 술과 고기, 각각 여성적이고 남성적인 것을 암시한다. 각각의 경우에, 그들은 서로 협조해서 전체적인 현상을 만든다. 도상학과 의식에서는 많은 쌍이 동시에 사용되기 때문에(예를 들어 왼손은 종을 잡고 오른쪽은 상징을 잡고), 전체 기호 체계는 밀도가 매우 높을 뿐만 아니라 매우 다양하게 나타난다.

　그러나 이러한 일련의 상징들이 진정으로 상호 보완적이고, 유사하게 영향을 미치며, 비-위계적이며, 정밀하게 균형을 이루지 않는다면, 그것은 성 불평등을 강화하는 강력한 도구가 될 것이다. 불균형은 두 가지 면에서 가장 명백하게 나타날 수 있다. 첫째, 남성적인 원리나 여성적인 원리가 미묘하게 지배적일 수 있는 반면에, 다른 하나는 단지 그것의 연장일 뿐, 그것의 동반자로서만 기능할 수 있다. 둘째로, 어느 정도 수준에서는 인간이 남성적인 원리나 여성적인 원리와 관련된 상징성에 의해 제한될 수 있다. 예를 들어, 이 경우, 규범적으로 남성은 더 적극적이어야 하고 여성은 더 수용해야 한다는 미묘한 편견이 있을 수 있는가? 그러한 상징체계의 다른 예들은 대부분 한 가지 혹은 두 가지 면에서 불균형적이다. 따라서 나는 그러한 계획들이 항상 여성들에게 불리하게 작용한다고 비판하는 페미니스트들의 입장에 공감한다.

　나 자신의 경우를 예로 들면, 남성성과 여성성에 대한 개념과 상징에서 반복적으로 얻은 부정적인 경험 때문에, 그러한 시스템을 주제로 비판하기를 망설였다. 여성성은, 내가 사회적 관습에서도 경험했듯이, 나의 지성과 순수성을 부정하는 요구일 뿐이었다. 나는 여성적인 특징이나 상징에 대해 아무 행동도 하고 싶지 않았고, "인간성"이 "여성성"보다 훨씬 더 편리하고 이상적이라고 생각했었다. 시간이 많이 흐른 후에야 내가 반항하고 있는 문제는, 여성적인 원리의 존재에 대한 회의가 아니라 남성적인 원리 및 여성적인 원리에서 균형의 결여에 대해 문제를 제기했어야 한다는 것이었다. 이미 '여성성'은 계층적 이원론에서 패자였고, 남성성은 권위와 가치, 선함의 영역으로 자리 잡았다.

　전통적인 서구 일신론은 나에게 여성적이고 남성적인 원리의 불균형을 맞닥뜨린 첫 번째 무대였다. 그러한 주장은 이상하게 보일 수 있다. 왜냐하면 대개 일신교는 여성적인 원리가 결여된 것이 특징이며, 충성을 맹세하는 고대 이스라엘의 경쟁자들과는 달리, 유일한 힘을 가진 배우자가 없으며, 성별을 완전히 초월하는 것이 특징이기 때문이다. 그럼에도 불구하고, 일신교에게 있어서, "그"와 그의 모든 변형이 기준점이 되었고 반면에 여성 종교지도자를 포함한 "그녀"의 모든 변형은 혐오스러운 것이 되었다. 젠더의 초월은 결코 젠더를 초월한 것이 아니라, 여성성을 악마로 희생시키면서 남성성을 신성시하는 이분법을 강화한 것이었다.

일신교는 신성의 유일성과 특이성을 강조하기 때문에 이중성이라는 부분을 줄이려고 시도하고, 이중성의 일부를 제거하려고 시도함으로써 그 목적을 성취한다. 따라서 서양의 종교 신화에서는 공식적으로 여성적인 원리가 없다. 그럼에도 불구하고 여성성은 그림자, 악마 같은 상대, 또는 유혹자로 자주 나타나며, 그나마 훨씬 덜 난해하거나 신비한 종교에서는 긍정적인 요소로 나타나기도 한다. 완전히 여성적인 원리를 제거하는 것이 불가능하지는 않더라도 어려운 문제이다. 그러나 그것을 제거하려는 과정에서 쉽게 여성성은 사소한 것으로 취급되거나 악마화되거나 삭제된다.

더욱이 일신교는 기독교에서 제시된 신의 전지전능한 속성에서 알 수 있듯이, 삼위일체 교리를 통해 통합을 추구하고 다양성, 차별성, 독특성을 제거하고자 했다. 하지만 이러한 시도는 성공하지 못한다. 이 실패는 무엇보다도 종교적인 상징체계에서 남성적이고 여성적인 원리의 성적 양극성을 포함하며, 이중성, 차별성 그리고 독특성을 공개적으로 취하는 것이 중요하다고 생각하도록 만든다. 그러나 경험상 여성적인 극단을 인정하는 것만으로는 불충분하다. 어떤 여성적 요소를 그 자체로 중성적인 심리학에 통합하려고 하는 것은 서구 학문 방법에서 생각할 수 있는데, 이는 여전히 성별 균형 감각이 심각하게 결여될 수밖에 없음을 뜻한다.

페미니즘의 발달 과정에서 페미니즘적인 비판과 재구성을 시도하기 위해 융심리학이 도입되었다.[19] 하지만 융의 논리는 여성적인 "무의식"에 대한 재평가 요구에도 불구하고, 남성적이고 여성적인 원칙의 균형을 유지하는 데 매우 미흡하다. 그의 이론에서 빛과 선함이 연관된 의식은 남성의 특성인 반면에, 적절한 관계를 형성하기가 매우 어려운 무섭고 어두운 무의식은 여성의 특성이다. 더욱이 남성들은 가능성이 더 크며, 그들은 항상 남성의 의식 영역에서는 편안하지 못하고 어두운 여성 의식에서 더 편안함을 느낀다.[20] 기성 종교의 편협함과 경직성을 넘어설 것을 추구하는 서양식의 영성 고양 기법에 대한 융심리학의 중요성을 감안할 때, 남성적인 원리와 여성적인 원리에서 균형의 결여는 실망스러운 일이다.

서구의 종교 유산에서 이처럼 여성을 악마화하거나 여성 원리의 감소로 좌절된 많은 여성주의자들은, 강력하고 역동적이며 긍정적인 여성 원리의 예를 찾기 위해 여성주의 영성운동의 개척으로 눈을 돌렸다.[21] 여성 원리를 맹목적으로 공개적으로 강조한 유일한 서구 종교인 페미니스트 영성운동은 여성 원칙을 재평가하는 자기주도적인 임무에 있어서 충분히 역할을 다했다. 그러나 현재 그것은 여성적이고 남성적인 원칙의 균형점을 제시하지 못하고 있다. 서구 가부장제 여성의 상황을 고려할 때, 여성 영성의 페미니스트적 구성과 여성 원리에 관여하는 많은 여성이 남성적인 원리를 무시하거나 경시하는 것은 충분히 이해할 수 있다. 또 다른 사람들은 남성성을 문제 있다고 생각하기도 하는데, 이들은 남성성이 선천적으로 실행이 불가능하고 심지어는 악하다고 여긴다.[22] 그러한 사상가들은 분명히, 경이로운 세계에서 남성적이고 여성적인 원리의 균형을 추구하는 나의 주장에 대해서 잘못 이해하며 절망하거나 순진하다고 여길 수도 있을 것이다.

남성적이고 여성적인 원리에 대한 문화적으로 친숙한 주요 예들에 대해, 사람들은 금강승불교의 예들이 만족스러울 수 있는지 궁금할 것이다. 어느 한 가지 원칙을 최소화하지 않는 것이 계층적, 혹은 비계층적인 것일까? 특정 개인이 자신의 성별을 이해하는 원칙을 거울로 비추듯이 충분히 인식하고 명시할 필요가 있는가? 후자의 질문에 대해, 나는 긍정적인 대답을 꽤 확신한다. 여성과 남성 모두 지혜와 자비, 수용과 활동을 동시에 발전시키기 위해 노력한다. 깨달음을 얻은 존재는 두 가지 자질을 모두 포함할 것이고, 깨달음은 남자나 여자에게서 다르지 않다.

그러므로 깨달음의 성취에서 여성이 더 넓은 소양을 가지고 있고, 남성들이 더 활동적일 것이라고 주장하는 것은 터무니없는 일이다. 수행 과정에서 남성과 여성 모두 시각화를 포함한 수행을 하게 되는데, 이러한 수행은 여성적인 원리와 남성적인 원리가 동시에 동일시된다. 이러한 수행이 아니더라도, 금강승불교는 남성이 더 적극적이고 동정심이 많기를 기대하는 반면, 여성은 더 수용적이고 현명할 것이라고 기대하는 것이 올바르지 않다고 생각한다. 개인은 단순히 여성적이거나 남성적인 원리의 특성들과 그토록 분명하고도 밀접하게 연관되어 있을 수가 없다. 오히려 수준 높은 깨달음에 이르기 전부터 이미 어느 정도 그리고 그 두 가지를 모두 완전하게 구체화하는 방법을 모색한다.

남성적인 원리와 여성적인 원리의 위계질서에 대한 질문은 더 어렵고 미묘하다. 나이 어린 여성의 존재는 남성적인 것과 여성적인 것 사이에서 남성 중심적인 위계를 극복하기에 더욱 충분하지 않다. 사실, 성관계에 대한 남성 중심적인 묘사에서 여성의 존재는 해로울 수도 있고, 또 일부 사람들은 평등주의적인 이중성이 표현된다고 믿기도 한다. 이것은 남성과 남성 동료들이 지배하는 문화적으로 친숙한 상황에서 자주 일어난다. 정치가와 그의 아내, 아니 목사와 그의 아내는 아마도 그러한 관행의 가장 흔한 예일 것이다.

이러한 전제들이 우리 사회에서 얼마나 미묘하고 무의식적인가를 보여주는 가장 놀라운 예가 있다. 우리 지구에서 만들어진 마리니 10호와 11호가 다른 은하계의 문명으로 보내기 위해 우주선에 놓여 있는, 금속으로 만들어진 축하 카드가 있다. 지구에 대한 기본적인 정보를 제공하기 위해 만들어진 카드에는 간단한 선으로 표현된, 나란히 서 있는 한 누드 커플의 그림이 포함되어 있다. 전체적인 형태에 있어서 남성이 중심에 위치하고 있기 때문에 사람의 시선은 먼저 그에게 쏠린다. 그는 마치 인사하듯 한 팔을 치켜든 채 쳐다보는 사람을 향해 똑바로 앞을 바라보고 있다. 그의 옆에 서 있는 그녀는 옆으로 약간 돌아서서, 그 남자를 향해 서 있다.[23] 어떤 세상이든 이 카드를 보게 된다면, 그 메시지는 우리 사회의 남녀 관계에 대해 알아차릴 수 있을 것이다. 디자인에 감탄했던 몇몇 친구들은 내가 이런 문제를 지적하자 나에게 화를 냈다.

금강승불교와 관련된 남녀의 공간과 활동은 어떠한가? 그들은 더욱 균형을 이루고 있는가? 상호 작용의 경험을 설명하자면 그들은 매우 균형을 이루고 있다. 그러나 그 원칙들이 성적 커플로 상징화되어

춤추는 남녀 한 쌍의 비천, 중국 사천박물관. 남성성과 여성성의 합일은 특히 금강승불교가 중시하는 수행의 궁극적인 목표이다.

묘사되거나, 또는 의식적인 텍스트에서 언어로 묘사될 때는 때때로 남성 중심주의가 나타난다.[24] 이러한 도상학과 언어적 감시는 비-이원론적 현실을 보여주는 상징이다. 두 원리가 기본적으로 균형을 갖추며, 불균형이 일어날 때는 멈출 수 있으므로 상대적으로 쉽게 교정될 수 있다. 그러나 현재까지 불균형을 시정하려는 관리 감독에 대한 인식과 시정을 위한 시도는 여태까지 없었다.

여성적이고 남성적인 원칙이 정말로 상호 보완적이고 비위계적이라는 것을 증명하기 위해, 우리는 우선 이 상징체계에서 확장spaciousness이나 수용accommodation의 의미와 함께 능숙한 활동과의 관계에 대해 살펴보아야 한다. 명상에 익숙하지 않은 페미니스트라면 여성 원리가 수동적이며, 남성 원리를 보다 중요하게 여긴다는 결론에 문제를 제기할 수 있다. 그러나 불교 명상에서 이해하는 공간space은 수동적이지 않으며, 수용은 서양적 의미의 수동성과는 완전히 다르다. 공간은 모든 것에 절대적으로 필요로 하는 활기찬 매트릭스다. 훈련받지 않은 사람들은 그것을 무시한다. 하지만 현명한 사람이라면 일단 기본 공간의 에너지에 익숙하고 편안해지면 무엇이든지 가능하지만, 그 전에는 정말로 아무것도 가능하지 않다는 것을 깨닫는다.

더욱이 공간을 인식하는 방법을 배우는 것, 아무것도 하지 않고 알아차리는 것, 지혜prajna를 키워나가는 것은 영적 수련에서 어려운 부분이다. 일단 관습이나 산만함 등으로 방해받지 않는 공간이 만들어지면, 적절하게 숙련된 자비로운 활동들이 자발적으로 행복감을 만들게 된다. 반면, 그러한 비전이 개발되기 전의 활동은 대체로 의미 없고 잘못된 방향으로 나아갈 수 있다. 따라서 지혜는 자비가 능숙한 활동을 할 수 있도록 토대를 마련해 주는데, 이 두 요소가 일치감을 통해 완성되는 것이다. 자비가 없으면 지혜는 너무 차갑고 딱딱하고 심지어는 파괴적이다. 하지만 몸의 오른쪽과 왼쪽과 같이 그들은 해야 할 일을 해내기 위해 협력한다.

그러나 왜 공간과 지혜는 남성적인 원리와 자비로운 활동과 연관되어야 하는가? 되돌릴 수 있지 않을까? 나는 「역경」易經, I Ching에서 끊어진 선이 여성이고 끊어지지 않은 선이 남성인 것과 같은 이유로, 여성 신체가 그들의 성적 파트너와 태아 모두를 수용하는 공간을 가지고 있다는 사실에서 그 연관성이 생긴다고 믿는다. 여성적인 원리는 파트너와 어머니다. 지혜와 자비가 함께 깨달은 존재를 구성하듯이, 남성적이고 여성적인 것은 상호 평가적이고 상호 보완적이다. 그러나 어머니로서 여성적인 원리가 우선이다. 어머니와 아이는 상호 평가와 상호 보완이 될 수 없다. 공간이란 형태가 생겨나는 것이지 그 반대가 아니며, 지혜는 인정 많고 능숙한 활동을 낳는다. 이러한 이유로 공간과 지혜는 남성적인 원리보다는 여성적인 것과 연관되어 있다.

그러나 남성과 여성은 같은 방식으로 제한되지 않는다. 영적으로 여자나 남자가 성숙할수록 그녀는 두 가지 모두를 드러낼 것이다. 여성 원리와 남성 원리의 이러한 상징적이고 개념적인 균형을 고려할 때, 때때로 도상학과 의례에 사용되는 텍스트가 남성상을 더욱 중시한다는 인상을 받게 만드는 것은 불행한 일이다. 이미 지적한 바와 같이 때로는 2차원적인 탱화 그림에서 남성과 여성을 분리하기도 어렵다. 시각화된 성적 부부를 묘사하는 일부 문자 역시, 구술 논평에서 추가 지시를 하지만 명상하는 사람은 자신을 그 둘 모두로 시각화하려고 한다. 한쪽의 동반자가 된다고 해서 상대 동반자의 의식을 실행하는 데 초점을 맞추는 것은 아니다. 분명히, 남녀 조각상의 묘사는 연관된 예술가나 작가의 입장에서는 남성 중심주의를 반영한다. 다른 상징이나 문헌에서는 이러한 문제가 발생하지 않는다. 내가 어떤 예술가를 후원할 것인지 그리고 내가 탱화에 무엇을 명시할 것인지에 따라 나는 비용을 지불할 뿐이다. 특정 예배의 문헌적 표현을 바꾸는 것이 궁극적인 문제 해결은 아니다. 의미나 말만을 바꾸는 것도 본질적인 문제 해결은 아닐 것이다.

불교에 관한 이 마지막 장은, 중요한 여성 이담 또는 깨달음과 여성 원리의 인간 형태로 표현되는 금강승불교와 관련된 명상 수행에 대한 성찰로 마무리하고자 한다. 나는 여성 이담의 만다라에 입문하는 동안 그녀에게 나를 정식으로 소개하고, 그녀의 수행을 시작하면서 기운을 얻고 힘을 부여받았다. 그러면서 여러 해 동안 내가 해왔던 수행이 기껏해야 절제된 표현 정도임을 알게 되었다.[25] 그 경험의 어느 정도는 내가 강력하고 긍정적인 종교적 여성 상징과 영적 모델이 없는 문화 속에서 여성으로 성장했기 때문인가? 그것을 확인할 수 있을까? 그것이 중요한가? 남성이 아닌 여성이 비슷한 심리적, 영적 경험을 할 수 있을 정도로 전통 불교문화도 가부장적이지 않은가? 여성 이담을 통해 동일한 방식으로 자기-시각화self- visualization를 하며 수행하고 있는 남성은 어떻게 생각할까?

아마도 언젠가는, 누군가가 학문의 영역에서 여성 이담을 통해 수행하는 남녀 수행자들 사이에서의 영적 변화는 어떠한가에 대해 설문지를 작성해가면서 연구할 수도 있을 것이다. 아직은 단지 나의 인상과 추측만 있을 뿐이다. 여자들은 여성 이담으로부터 확인받고 위로를 얻지만, 남자들은 종종 여성 이담이 도전적이라고 생각할 수 있다. 어쨌든, 적어도 일부 티베트 불교 종파에서 야심찬 사람을 위한 첫 번째 주요 이담이 여성 이담이라는 것은 참으로 이상한 일이다. 아시아든 서양이든 여성이라면 일단 거부하는 남성 지배적 문화에서 자란 수행자에게, 심리적으로 이보다 더 적절하고 강력한 교정 도구나 치료제는 상상할 수 없다. 물론 그것이 수행자에게 주어지는 규칙에 대한 전통적인 관례는 아니지만, 그 효과를 되돌리지는 못한다.

나에게는, 나를 여성 이담과 연결된 명상 예배로 시작하게 만드는 이 능숙한 방법은 방편이 되었다. 다른 어떤 것도 가질 수 없는 방식으로, 남성적이고 여성적인 원리의 균형을 회복시켜 주었다. 그것은 이중적인 합일성에서 여성성을 회복시켰을 뿐만 아니라 남성성도 회복시켰다. 일반적으로 종교적인 환경은 과도하게 지나친 남성성이 존재하므로, 나는 불교 의례에서도 다양한 남성 대명사들과 이미지가 견디기 힘들었다. 적어도 이전에 다른 종교에서 배웠듯이 박탈감과 좌절감 때문에, 나는 그것들을 단지 견뎌야만 했다. 이제 균형이 회복되면서, 나는 남자 이담과 관련된 예배에 꽤 편안해져서 다행스럽다. 그러한 명상 의례는 지혜와 동정심을 발전시키는 전반적인 프로그램에서도 중요하다.

남녀 동반자와 함께 이러한 여성 이담들을 환기시키는 명상-의례, 축제, 불꽃놀이 등에 관여하는 것 역시 행운이다. 나에게 상황은 그러한 청렴함과 주체성을 찾기 위해 분리주의 공동체를 주장하는 상황보다 훨씬 더 운이 좋고, 온전한 정신을 가지고 균형을 잡을 수 있는 건 사실이다. 그리고 이러한 영적 실천은 예전부터 잘 검증되어, 매우 오랫동안 영적 혈통의 맥락에서도 존재한다. 영적으로 수레바퀴를 재발견하는 것은 어렵고 위험하며, 언제 피할 수 있을지 모르겠지만 내가 간절히 떠맡고자 한 일은 아니었다.[26] 그러나 내가 경험할 수 있었던 것은 참으로 다행이다. 서구 페미니스트 여성으로서 나는 불교 사상과 명상에 대해 가능한 한 매우 철저하게 훈련받았다.

"담마는 여자이고 또 남자이다"

: 성평등한 불교의 재구축을 위하여

14장
판결과 심판
: 뒤를 돌아보기 그리고 앞을 바라보기

　불교에 대한 페미니스트 재평가에서 두 가지 중요한 과제가 완료되었다. 불교사를 통해서, 불교에서 여성의 역할, 이미지 및 삶의 경험에 대해 앞에서 분석했고, 젠더 문제에 대한 불교의 핵심적인 가르침도 살펴보았다. 이제 우리의 연구 결과를 요약하고 가부장제 이후의 미래를 바라볼 때이다. 우리는 역사적 기록이 전개되는 것을 보았고 세 차례의 주요 가르침의 전환기를 분석하며, 인간의 성적 차별을 극복할 수 있는, 적절하면서도 붓다의 가르침에 맞는 방법에 대해서도 알아보았다.

　그렇다면 젠더에 대한 불교의 태도에 대해서는 어떤 판결을 낼 수 있을까? 왜 기록이 그러했는지 우리는 설명할 수 있는가? 불교 가르침에서 우리가 분석하고 도출한 의미와 다양한 방식에서의 기록들은 왜 모순이 되는가? 불교의 미래에는 바람직한 재건이 이루어질 수 있다고 상상하거나 희망할만한 근거는 무엇인가? 불교에 대한 페미니스트적 비판에서 시작된 재건은 어떤 주요 지침이 적용되어야 하는가?

판결하기: 교리와 실천 사이, 그 참을 수 없는 모순들

전반적으로 불교의 관점은 세 가지 전환기의 주요한 가르침에서 나타난 바와 같이 "가르침은 여자도, 남자도 아니다"라는 것이다.[1] 이러한 관점은 두 번째 전환기에서 공성의 가르침을 제시하는 문헌에 명시적으로 포함되어 있으며, 무아와 불성에 관한 제3의 전환기 가르침에도 내포되어 있다. 불교의 주요 가르침 중 그 어느 것도 성 불평등이나 성별 위계화를 지지하지 않는다. 이러한 핵심 가르침을 인간의 성차별에 대해 어떻게 생각해야 하고 또 대처해야 하는지의 질문과 연결한다면, 불교 세계관과 윤리는 성 불평등보다 고정되어 있지 않고 변화 가능한 젠더 고유의 규범과 행동을 가진 성평등과 훨씬 더 일치한다. 성 역할 고정관념에 관해 유연하고도 열린 가르침을 가지고 있다는 결론에 도달할 수도 있다. 그러므로 적어도 불교적 세계관과 주요 가르침의 관점에서는 성적 편견이 없다고 확신할 수 있다.

만약 삶이 오직 관점, 이론 그리고 이론의 함축으로만 이루어진다면, 아마도 불교는 성평등과 관련하여 가장 이상적인 그 무엇을 보여줄 것이다. 불교 페미니스트 해설자는 실제로 전통적인 핵심 기록은 성별 편향 없이 존재하며, 성차별적 관행은 본질적인 핵심 가르침과 모순된다고 강력하게 주장할 수 있다. 사실 나는 불교도들이 다른 전통에 있는 페미니스트들과는 달리 어떤 핵심적인 가르침을 해체할 필요가 없기 때문에, 더욱 자신 있고 완벽하게 그러한 주장을 할 수 있다고 본다.

그러나 불교 전통 자체는 공성에 대한 가르침을 제외하면 주요 교리의 가르침과 그것이 젠더를 옹호하거나 묵인하는 관행 사이에 긍정적이거나 부정적인 어떠한 입장도 취하지 않았다. 대신 불교인들이 자신의 성과 관련된 행위를 설명하고 정당화하려고 할 때, 그들은 불교가 발생하기 이전에 인도 사회의 업_業설과 관련된 사상에 의존하면서, 여성의 힘든 현실이 부정적인 업보나 이전의 악행으로 인한 결과라며 원인과 결과로 해석해왔다. 따라서 그들은 불교 기관에서 남성의 지배를 정당화하기 위해 특별히 불교적인 가르침을 요구할 필요가 없었다. 이러한 가르침들은 가부장제와 남성 중심 사상을 정당화하기 위한 논쟁에서 그대로 적용되어 전해지고 있다.

반면 불교 신자들은 가부장적 문화로부터 물려받은 젠더 관련 기관들에 대해 주요 교리를 적용해서 자기 비판적으로 해석할 수도 있었다. 그러나 공성이라는 개념을 제외하고는 비판을 외면함으로써 이 문화를 유지해왔다. 불교의 역사적 기록은 불교의 가르침에 내재된 가능성과 잘 맞지 않는다. 불교의 핵심 가르침 속에는 성평등에 대한 확고한 근거가 있음에도 불구하고, 성평등에 대한 불교의 기록은 다른 어떤 종교보다 나은 것도 아니었다. 젠더에 관한 핵심적 가르침이 있었지만, 불교사에 존재했던 모든 시대와 학파에서 불교인들은 여성을 매우 열등한 존재로 보고 제한을 두었다.

불교사에서 널리 퍼진 여성관은 항상 모호하고 모순적이어서, 규범적인 예시들을 보면 여성들은 남성들만큼 깨달음을 성취할 충분한 능력이 있다기보다 열등한 여성관이 훨씬 광범위하게 알려져 있었다. 심지어 금강승불교는 "지혜와 공성의 상징인 여성을 무시하지 말아야 한다"는 여성에 대한 명백하고도 엄격한 수행 규칙도 있다.[2] 그럼에도 불구하고, 여성의 불행한 현실에 대해서는 외면하거나 동조했다. 티베트어로 여자는 문자 그대로 "낮은 출생"을 의미한다는 것에서도 이를 확인할 수 있다.[3]

여성들을 대하는 방식을 볼 때, 그러한 신념은 현상에 대한 자기 합리화의 오래된 원형처럼 꽤 실증적이고 합리적으로 보였을 수도 있고, 그러한 전제에서 여성은 그렇게 되어야 함을 증명하기도 한다. 일반적으로 말해서 여성은 열등한 업보를 가지기 때문에 큰 성과를 거두지 못한다고 주장하는데, 이것은 여성들을 심각하게 억압하는 제도들을 정당화한다. 불교는 여러 전환기를 거쳐 오면서, 이렇게 반복된 악순환은 여성의 정신적 능력을 제한했다. 여성에게 알맞은 영역은 출산 및 가사 노동이라고 믿도록 여성들을 사회화함으로써 남성 중심의 이데올로기가 정착되고 오늘에까지 이르고 있다.

여성들은 초기 불교부터 오늘날까지 그 사회의 주류에 편입되는 것을 꿈도 꾸지 못했다. 여성들을 위해 존재하는 큰 사찰과 교육 기관들은 수적으로도 매우 제한적이었고, 대부분은 재정과 인력이 부족했다. 이는 여성들을 위한 교육 기회가 특히 제한되었음을 의미한다. 불교는 지적 전통에 대한 철저한 교육 없이는 여성이 지도자가 되거나 불교 발전에 어떤 영향을 미치기가 쉽지 않다. 여성에 대한 낮은 기대는 물론 활용 가능한 자원이 거의 없어서 자신의 상황에 대해 비판적인 시각을 가질 수 있는 능력조차도 한계가 있었다. 비록 여성이 높은 수준의 깨달음을 성취한 수행자라 할지라도 그녀를 따르는 제자의 수는 남성보다 적고, 남학생의 수가 적은 것은 당연하며, 그녀의 성취 또한 비슷한 조건의 남성보다 영향을 미치지 못했을 확률이 높다.

따라서 젠더 문제에 대한 불교 교리의 핵심적 함의를 분석하고 젠더를 둘러싼 불교적 태도와 관행의 역사를 고찰한 결과, 불교는 교리와 실천 사이에 거대하고 해소될 수 없는 갈등이 존재한다는 것을 알 수 있다. 그 참을 수 없는 모순을 해결하려면 무언가가 바뀌어야 한다. 최소한의 경우, 잘못된 관행을 바꾸어야 한다. 그렇게 할 때, 교리에 대한 관점은 풍부해질 것이고, 잘못된 관행을 벗어나는 것이 가능해질 것이다.

뒤돌아보기: 불교 가부장제에 대한 이해

가르침에 대한 확고한 믿음에도 불구하고, 불교 신자들은 신에 의해서 밝혀진 어떤 명시적 기준을 실행하고 있다고 주장하거나, 신화적 모델을 사회적으로 반영하고 있다고 주장하는 다른 종교들보다도 남성 중심주의와 남성 지배에 대한 변명이 적다. 그럼에도 불구하고, 우리는 왜 불교 신자들이 역사적으로 그들의 성차별적인 제도와 입장들을, 마치 이전부터 그래왔던 것처럼 아무런 비판 없이 구성하고 현실에 적용했는지 설명해야 한다. 불교 남성들의 단순한 편견, 악의, 사심인가의 여부를 알아야 한다. 이러한 요인들이 현재까지 남성 지배를 계속하고 싶다는 욕망을 설명할 수도 있지만, 이것이 과거부터 이어지고 있는 성차별적인 태도와 제도의 기원을 충분히 설명하지는 못한다.

불교가 생겨난 후, 성평등에 동의하지 않거나 성차별에 도움이 되지 않는 지적, 사회적, 경제적, 문화적 환경들이 존재해 왔다. 불교가 역사에 등장할 무렵은 아마도 가부장제가 인간 생물학에 깊이 뿌리내려서 그 이전의 사회나 종교는 사람들의 기억 속에서 사라졌을 것이다. 불교는 그러한 의문에 대한 제기나 반대보다는 그 환경에 적응했다. 불교의 남성 지배에 대한 이 설명에서 가장 중요한 요소는, 특히 일반적인 반-페미니스트 문학4과 사회 생물학5에서 많은 보수 논객들이 주장한 것과 같다. 즉, 가부장제는 불변의 사실인 인간 생물학이 아니라

아이들과 함께 있는 보살상, 중국의 한 박물관

어떤 원인과 조건에 의해 나타나는 역사적 현상이라는 것이다. 가부장제를 어떤 조건이 되면 생겨나고, 그 조건이 없을 때 사라지는 역사적 현상으로 보는 것은 불교의 기본적인 가르침과 잘 맞다. 상호 의존적인 공동 발생이라는 불교의 가르침에서, 우리 경험 분야의 모든 것은 절대적으로 그리고 영원히 존재하는 것이 아니라 원인과 조건에 의존하는 것으로 본다. 이것은 페미니스트 역사가 가부장적 사회 및 종교적 형태에 대해 비판하던 지점과 일치한다.

그런데 불교 신자들이 페미니스트 개혁에 반대하는 이유는 무엇일까? 이러한 개혁이 관습이나 오랜 전통, 심지어 역사적으로 생존했던 붓다에 의해 제시된 경우들까지 포함하고 있기 때문이라고 본다. 이러한 형태는 존재 혹은 부재함에 따라 원인과 조건이 달라지는 것에 그치지 않는다. 게다가, 우리 경험의 다른 모든 것들과 마찬가지로, 모든 것은 변할 수밖에 없는 비영구적인 대상임을 이해해야 한다. 특히 다른 모든 것들과 마찬가지로, 존재 자체가 끊임없이 변화한다고 주장하는 것이 자신이 믿는 종교에 대한 불순함이 아니다. 오히려 이것이 불교 가르침에 합당한 것이다. 전통이나 관습을 유지하기 위해 현실에서 드러난 문제 해결을 거부하거나 재구축의 정당성을 외면한다면, 이는 불교 가르침과도 맞지 않다.

불교에서 남성 우월을 초래하는 정확한 원인과 이러한 조건을 고치는 것은 더 논란이 될 수 있다. 무엇이 차탈 훼이크[1], 구 유럽 그리고 다른 가부장제 이전 사회에서[2] 여성이 존중받고 모성이 우위였던 사회의 균형과 조화를 역전시켰는가?[6] 무엇이 그들의 죽음을 초래했는지 정확히 아는 것보다 그러한 사회들이 존재했다는 것을 아는 것이 더 중요하다. 단지 그들이 비교적 오래 선사시대에 존재했음을 아는 것만으로도, 비교적 늦게 출현한 가부장제가 모든 인간 사회의 형태가 아님을 단언하기에 충분하다. 일부 원시 모습을 보존한 사회들이 훨씬 덜 가부장적이고, 어쩌면 가모장 형태를 오늘날까지 보존하고 있음을 아는 것도 도움이 될 것이다.[7]

그 원인과 조건을 하나의 요소에서 찾아내기보다는 경제적, 기술적, 사회적, 지적 요소가 복잡하게 뒤섞인 상태에서 가부장제의 원인과 조건을 찾아내는 것이 더 적절하다. 중요한 사건으로 등장하는 전쟁도 남성 지배자가 등장한 요인 중 하나인데, 인간은 전쟁을 통해 남성 신의 숭배와 남성 우위가 더욱 확대됨을 알 수 있다.[8] 즉, 전쟁이 더욱 중시되고 그 중요성이 인정됨에 따라 전사의 지위가 높아지고, 동시

---

[1] 터키 남부 차탈 훼이크에서 기원전 6500년경의 도시 유적이 발견되었는데, 그당시 고대 여신상 등이 출토되었다. 이는 고대사회가 가모장 사회였음을 보여주는 증거라고 할 수 있다.

[2] 예를 들면 동서양의 고대 문화에서는 여성이 대지의 풍요로움과 생명 보존의 상징으로 경배되고, 여성의 생식력으로 인해 지모신으로 추앙받았던 모계중심 사회의 흔적들이 다수 있다.

에 도시 밀집 및 공예 전문화로 인해 사회 계층화와 종속화가 더욱 일반화되었다. 또한 대규모 초식 동물의 가축화, 쟁기 등 농기구의 발달, 복잡한 관개 시스템 및 노동 집약적 농작물 경작 등 새로운 기술의 발달은 결과적으로 농업 노동에 종사하던 여성들이 경제를 통제하지 못하도록 만들었다.

마지막으로, 먹거리가 풍부해지면서 사람들은 더 많은 아이를 갖기를 원하게 되고, 이러한 변화된 조건들이 여성을 점점 더 무거운 출산 책임으로 내몰리게 했을 가능성이 크다. 임신, 수유 그리고 다수의 아이를 출산, 양육하는 것은 수준 낮은 의료 기술로 인해 높은 유아 및 모성 사망률로 이어졌다. 짧은 인간 수명으로 인해, 여성의 생명 에너지는 점점 더 여기에 많이 소비되었다. 이러한 변화들로 인한 남성 우월감과 지배력의 이데올로기를 동반하는 것은 당연한 일이었다. 그 결과 강력한 독립 여신들이 중요한 역할을 했던 판테온(만신전)이 남성신의 지배로 바뀌고, 남성 신들에 대한 숭배는 종교적이고 신화적으로 바뀌었다.[9] 이들은 여신까지 완전히 제압했으며, 여신의 기억을 제거하기 위해 노력했고, 동시에 여성들은 사회적으로나 경제적으로 완전히 남성에 의존하게 되었다. 그 결과 여성들은 종교의 주요 영역에서 부차적인 존재가 되어갔다.

불교가 발달한 기원전 6세기 무렵에는 가부장제 이전 사회, 즉 가모장제의 기억이 지워져 있던 사회였다. 전쟁이 잦고, 농업 집약적이고, 강력한 사회적, 경제적 위계질서가 있는 고도로 계층화된 사회였으며, 사회적으로나 종교적으로 남성의 지배가 당시의 사회 규범으로 확립되었다. 불교가 실제로 그러한 사회의 건설에 참여하지는 않았지만, 그 사회에 대한 비판과 개혁도 추구하지 않았다. 대신, 그 사회의 엘리트들은 수행 위주의 승단으로 출가했지만, 사실상 군대를 포함한 다른 모든 관습과 규범을 그들은 거부하지 않았다. 남성 지배에 관해 동일 가치와 규범을 받아들임으로써, 그들의 대안적 사회를 구성했다. 즉, 군사주의, 농업 노동, 사회적 카스트의 계층화 등 일반적인 세상의 거의 모든 제도를 거부하며, 경제적으로 자급자족하는 큰 규모의 승단이 만들어졌다.

불교는 힌두교와 유교의 사회 규범에 의존했으며, 여성과 남성이 동등하게 중요하지는 않으나 상호 보완적인 존재라는 확고한 성 역할 규범을 제정했다. 이미 인도와 동아시아의 불교 이전 문화에 뿌리내리고 있었던, 사회적 규범에 분명히 정의된 "여성의 장소"가 포함되어 있었다. 그 '장소'는 아버지든 남편이든 아들이든 남자들에게 형식적으로 종속되는 곳이었고, 또한 그 "장소"는 무엇보다도 가족생활, 결혼, 출산을 반드시 포함하는 것으로 정의되었다. 일반적인 불교 신자들은 여성들이 그 "장소"에 머물면서, 사원 생활인 승단으로 피신하는 것을 선호하지는 않은 것 같다.

왜 불교는 특히 젠더 위계가 관련하여, 아무런 문제 제기도 없이 사회적 환경에 그렇게 잘 적응했을까? 당시 널리 퍼진, 일반 사회뿐만 아니라 반문화적으로 통용되는 관습들을 받아들였으며, 성차별을 결코 인정할 수 없는 위대한 가르침이 있음에도 불구하고 이러한 성차별적인 규범을 받아들였다. 이것은 가부장제의 출현 그 자체보다 더 어려운, 극도로 어려운 퍼즐이다. 그러나 나는 이 문제에 대한 불교적 관습과 보수주의를 설명할 수 있는 두 가지 요소가 있다고 믿는다. 첫째는 남성의 우위가 이미 당시 성적 규범으로서 그 사회에 굳건하게 존재했다는 사실이고, 둘째는 불교가 거대한 사회적 문제 해결보다 은둔을 중시했기 때문에 사회를 재건하거나 개혁하려고 하지 않았다는 것이다. 불교가 가부장적 사회가 아니라 평등한 사회에서 등장했더라도 그 상황에 기꺼이 적응했을 것이다.

그러나 불교인들, 특히 초기 인도 불교에서 불교인들이 추구한 해방은 정의나 이념이 아니라 사려 깊음, 의식, 분리, 평온이었기 때문에, 세상에서 가장 좋은 사회를 건설하는 것은 그들의 과업으로 받아들이지 않았다. 앞서 논의했듯이, 불교는 단순히 사회의 예언적인 목소리가 부족했다. 불교인들에게 해방이란 단순히 사회적 형태가 아니라 욕구에 대한 포기로 길러지는 것이라고 생각했다. 좋든 나쁘든 간에 사회 문제는 불교 신자들에게는 별로 중요하지 않았기 때문에, 그들은 전쟁을 비난하지도 않았다. 단지 승려들에게 전쟁을 허락하지 않았는데, 그 이유는 군인은 해방을 가져올 수 있는 정신 상태를 유지할 수 없기 때문이었다. 경제적 착취도 비난받지 않았다. 경제 활동에는 탐욕과 애착이 동반될 가능성이 매우 컸다. 수행자들은 단지 경제적 자급자족을 포기했을 뿐이다.

성별 위계화는 전쟁이나 탐욕이 영적으로 해롭고 해방에 도움이 되지 않는 것으로 여겨지듯, 같은 방식으로 그것을 실천하는 사람들에게 영적으로 해로운 것으로 보았다. 엄밀히 말하자면 성별 위계나 계층이 존재하지만, 그렇다고 해서 여성들이 영적 해방이라는 불교적 목표를 달성하는 것을 금지하지 않았다. 전통적인 성차별적인 구조가 강화되고 여성 스승이 너무 적었다. 그래서 불교의 손실은 단순히 불교관이 잘못되었다는 것이 아니라, 일종의 사회적 자기 검열과 자기비판이 부족했다는 것이다. 어찌 되었건 사회개혁은 불교에서 추구하는 해방과는 거리가 멀었고, 남성 중심의 지배적인 성 규범은, 비록 불쾌해도, 영적으로 해롭다고 생각하지는 않았다. 그러므로 불교도들은 젠더에 관한 그들의 입장과 관행을 재배치하거나 수정할 필요성을 거의 느끼지 못했다.

앞을 바라보기: 상서로운 동시성

만약 불교가 2,500년 동안 이러한 상황에 머물러 있었다면, 이 시점에서 성평등한 사회로의 변화가 가능할 것인가에 대해 의문이 들 것이다. 젠더 위계에 대한 불교적 관습의 변화는 가능하지만, 불교 내에서 자발적으로 변화가 일어나지는 않을 것이다. 불교에서 권력과 권위를 가진 사람들은 그들 스스로 그렇게 오랫동안 널리 퍼져온 견해들과 실천 사이의 엄청난, 참을 수 없는 모순을 갑자기 알아차리고 그 관행을 올바른 견해로 수정하기 위해 서두르지 않을 것 같다. 오히려 역사적 경향과 추세는 모든 전통적인 종교에 어느 정도 영향을 미치면서, 불교도 그러한 도전에 직면하면 개혁을 생각해 볼 수 있을 것이다.

불교 내 권위를 가진 계층은 그렇지 못한 사람들을 오랜 세월 동안 소외시켜왔다. 하지만 불교인들은 그 도전에 부응할 수 있는 내부 자원과 그렇게 실천할 수 있는 비전이 있다고 주장할 것이다. 이 상황에서 흥미로운 위기가 일어날 것이다. 불교 기관의 대규모 변화를 가져올 전통적인 권한을 가진 사람들은 무슨 일을 할 것인가? 변화의 폭풍이 불기를 바랄 것인가, 아니면 잠잠해지기를 기다릴 것인가? 아마도 기독교와 마찬가지로 이러한 질문에 대한 반응이 엇갈릴 것이다. 어떤 교파들은 다른 교파들보다 더 적극적으로 반응할 것이다. 이쯤 되면

관세음보살상(중국): 인도 불교의 관세음보살(아발로키테스바라)은 남성의 형상이지만, 중국 불교에서는 여성스러운 모습으로 나타난다.

불교 페미니스트들은 불교를 재건하는 데 있어 제2의 난관에 봉착하게 된다.

이미 불교 세계관이 실행할 수 있고, 개혁할 수 있다고 판단한 우리는, 그때 불교계의 권력자들과 함께 개혁을 추진하는 것이 가능한지를 생각해 보아야 한다. 많은 페미니스트들은 결국 남성 중심적인 종교의 상징체계와 세계관에 대한 문제 때문이 아니라, 그 제도적 구조 안에서 변화를 불러일으키려고 노력하는 것이 얼마나 엄청난 피로감, 분노, 좌절 그리고 외로움을 가져다주는지 알기 때문에, 전통을 개혁하려는 시도를 중도에서 포기하기도 한다.

두 개의 주요한 현대사적 힘은 성별에 관한 불교적 견해와 관습에 큰 영향을 미칠 수 있다. 그들은 함께 중요한 도전과 약속을 제시한다. 첫째, 가부장제를 그럴듯하고 견딜 수 있는 정도로 지속시켰던 원인과 조건이 마침내 스스로 끝나가고 있다는 것이다. 둘째, 불교는 더 이상 지적, 정신적 고립 상태에 머물지 않고, 서구 종교와 페미니즘의 예언적 목소리와 만남을 통해 상호 변혁을 겪고 있다는 것이다. 특히 후자와의 만남은 새 생명의 출산을 돕는 산파처럼, 깨달음을 얻을 수 있는 마법처럼, 적절하고 심오하게 변화된 만남을 하고 있는데, 이는 상서로운 우연의 일치로 볼 수 있다. 적어도 세계의 일부 지역에서는 그렇게 오랫동안 가부장제를 유지했던 원인과 조건이 사라지고 있다. 그들이 어디에서나 쇠퇴하고 있지 않을지도 모른다는 것이 걱정의 원인이지만, 적어도 이런 형태의 사회 조직과 가치 체계는 더 이상 모든 곳에서 유일한 가능성으로 당연시되지 않는다.

여성의 인간성을 부정하고, 심리적, 정신적 해악을 주는 가부장제가 여성과 남성 모두에게 끼친 영향을 페미니스트 사상은 웅변적으로 상세히 설명해 주었다. 그러나 나는 가부장제를 포기하기에 충분한 양심과 동정심의 변화, 심경과 태도의 변화가 어느 날 갑작스럽게 남성들 내부에서 일어날 것이라고는 기대하지는 않는다. 그것은 항상 심리적으로나 영적으로 해로운 제도였지만, 그 해악은 쉽게 눈에 띄지 않았다. 생산과 생식의 기술에서 특정한 주요 변화는 가부장적인 성 역할을 쓸모없는 기능 장애로 만들었다는 것이다. 일반적인 사회에서 이러한 실질적 책임은 정의와 이성의 주장보다는 가부장제가 훨씬 더 강력하다.

가부장제하의 성 역할은 경제적 생산과 인간 재생산을 모두 구성하는 특정한 방법을 포함하고 있다. 집중적인 대규모 농업경작 제도 아래에서, 여성들은 경제적 생산에 대한 통제로부터 점점 더 분리되어 갔다. 그러나 대부분 경우, 그들의 노동은 여전히 그 과정의 어느 시점에 필수로 요구되었다. 그들은 점점 더 전문화되어 그 역할이 출산으로만 한정해서 인정되었는데, 이는 정치와 종교 영역에서 여성들의 개입도 줄어들었다는 것을 의미했다. 여성들이 영향력을 미칠 수 있는 영역은 소위 사적 생활 영역인 가정과 대가족 안에 있었다. 반면에 남자들은 소위 공공 영역인 군사, 경제, 종교, 정치 문제를 전문적으로 다루었다. 결과적으로 여성들은 점점 더 공적 영역과 단절되었다.

이처럼 이중적인 성 역할이 기반이 되는 문화는 산업화 이후 적어도 환상과 이상이 아닌 현실의 영역에서 더욱 그 역할이 확대되었다. 여성에게는 소비자의 역할이 주어진 대신, 여성의 생식 책임은 생산적인 경제 활동에 참여하는 것이 거의 불가능하도록 구조화되었다. 역사상 어느 시점보다 여성은 경제적으로 취약하고 의존적으로 변해갔다. 가내 수공업이 공장과 사무실로 옮겨감에 따라, 여성들은 더 이상 그들의 생식 노동과 동시에 그들이 어느 정도 수렵, 원예, 농업 경제에서 참여했던 것처럼 경제적이고 생산적인 일에 일부분이라도 참여하거나 결합할 수 없게 되었다. 따라서 경제 영역에서 기대치의 목표 달성을 위한 남성의 전문화와, 가내 수공업과 소비에 대한 여성의 제한은 극에 달하게 되었다.

아마도 이 상황이 전개된 바로 그 극단을 보면 무엇인가 반전을 일으켰을 것이다. 그러한 남성의 지배에 대한 강한 비판, 도덕적 거부는 거의 이 제도가 지배적이 되는 순간부터 시작되었다.[10] 그러나, 이 가부장적 극단은 생산적 현실과 생식적 현실 모두에서 중요한 변화에 직면하게 되었다. 사람들은 가부장적인 노동 분열을 남성들의 평균 체력이 더 좋다는 관점에서 정당화하곤 했는데, 이것이 농업 노동과 산업 노동이 중심일 때의 주장이다. 그러나 노동의 질이 크게 변하면서 오늘날 군대에서조차 체력이 아닌 훈련, 기술 그리고 성별로 구체화할 수 없는 지적인 활동들이 요구되고 있다. 성별 신체적 능력을 기반으로 하는 직장은 거의 없어졌다. 생산적인 영역에서 성 역할은 인간의 역사에서보다 각 성의 생물학적 역량에 덜 얽매이게 되고 기능이 더 유용해졌다.

수렵, 채취 등 농업 사회에서 발견되는 경제 전문화의 종류는 생물학으로 볼 때 모든 남성과 여성의 참여가 가능했다. 기술의 발전이 급격하게 이루어지고 있는 오늘날, 여성이 출산과 양육을 전문적으로 담당해야 하는 의무감 때문에 전문적으로 경제 활동을 할 수 없다. 하지만 남성의 뒷자리에 있어야 한다고 주장하는 것은 생물학적, 기술적, 심리적인 측면에서도 전혀 타당하지 않다. 따라서 어떤 반대자들이 아무리 피해망상과 향수를 떠올리더라도, 전통적인 성 역할을 유지하는 것은 거의 불가능하게 되었다. 동시에 생식 영역에서도 같은 변화가 나타나고 있다. 이전에 불교 신자들은 물론 대다수가 임신과 출산을 여성이라면 감내해야 할 불행으로 여겼지만, 이제는 조건이 많이 바뀌었다.

가장 기본적인 것은, 여성이 무책임하다거나 세계적으로 인구 과잉으로 걱정하지 않더라도, 또한 여성이 '전통적'이 되려고 해도 더 이상 여성은 출산에만 몰두할 수 없게 되었다. 그러기에는 수명이 너무 길어, 비록 일생의 어느 기간 동안 육아에 전념한다고 할지라도 전체 삶에서는 짧은 부분에 불과하다. 산아제한, 낮은 유아 및 모성 사망률 그리고 매우 증가한 수명은 그들의 사회가 계속해서 시대에 뒤떨어진 모델을 이상화한다고 해도 여성들이 평생을 생식에 집중할 수 없다는 것을 의미한다. 여성은 총명하고 창조적인 인간이다. 그러므로 이런 상황에서 정치, 종교, 경제에서 적극적인 역할과, 심지어 지도자의 위치까지 오르는 것은 놀랄 일이 아니다. 이러한 활동들은 남성 해부학을 성공적으로 추구할 필요가 없기 때문에, 또 다른 수준에서 오래된 성 역할이 기능 장애임을 증명한다.

이러한 가부장제의 소멸 원인과 조건은 아시아의 불교 본고장보다 서구 사회에서 더 분명하다. 불교는 다른 모든 주요 종교와 마찬가지로 더 이상 지적으로나 정신적으로 고립되어 있지 않기 때문에, 서구로부터의 영향도 무시할 수 없게 되었다. 전지구적으로 지적, 정신적 발달에 불교가 점점 더 관여하게 되는 것은, 이러한 기술적 원인과 조건이 아닌 방법으로 그것에 영향을 미친다. 불교는 종교가 사회를 비판하고 형성할 수도 있고, 단지 있는 그대로 받아들이거나, 혹은 그들로부터 철수할 수도 있다는 예언적인 목소리에 대해 그 어느 때보다도 영향을 받고 있다. 불교가 현실 세계로의 참여가 적극적이든 수동적이든, 상호 의존적 공동 발생이라는 불교의 핵심 가르침에 대한 보다 적극적인 해석은 사회적 판단, 비판, 책임에 대한 예언적 요구와 쉽게 연결된다. 따라서 불교도들은 일찍이 상상할 수 없었던 정도로 사회 재건, 평화 운동, 동물권리 운동, 환경운동 등에 관여하고 있다.

페미니스트 재건은 그 예언에 일련의 우려를 가지고 있다. 불교인들은 처음으로 가부장적 젠더 위계가 여성들에게만 해로운 것이 아니라, 가해자와 피해자인 남녀 모두에게 영적으로 해롭다는 말을 듣고 있다. 불교 엘리트들은 성차별 개선을 위한 행동에 대한 참여는 전쟁이나 착취적인 경제활동 참여와 마찬가지로 부정적인 영향을 미친다고 본다. 하지만 전통적인 젠더 위계는 인간 생물학의 필연이 아니라 인간 차별로 논의되고 있다. '억압'이라는 단어가 들어오면서 여성의 부정적인 업보라는 주장은 설득력이 떨어지고 있다. 한 개인은 사회적 존재로서 세상과 상호의존적 매트릭스로부터 벗어나서 완전히 해방될 수 없다는 대승불교의 가르침은 이제 단순히 영적 행복에만 적용되는 것이 아니다. 불교에서는 여성의 위치처럼 사회 문제에도 적용되고 있다.

불교에서 이러한 모든 새로운 흐름은 불교가 세계적 네트워크를 통해 사상적으로 영향을 받는 덕분이다. 불교 페미니스트적인 관심은 특히 서구 페미니즘에 의존하고 있으며, 서구 불교도들에 의해 가장 심각하게 받아들여지고 있다. 가부장제 이후의 불교를 재건하는 가장 강력한 요인은 서양 페미니즘과 불교의 '상서로운 동시성auspicious coincidence'[3]이다. 서구의 불교 신자들이 이 문제에 대해 빨리 앞장서야 한다는 것은, 불교 미래를 위한 두 흐름의 '상서로운' 일치 때문이다. '상서로운 동시성'은 특히 티베트 불교에서 여러 가지 맥락에서 사용되는 불교 용어다. 이 용어는 아시아 전통에서 흔히 이해되는 인과관계의 법칙인 업에 대한 미묘한 가르침과 연결되어 있다. 이러한 가르침에 따르면, 사건들은 결코 무작위적인 것이 아니라, 그 발생에 필요한 요소들을 움직이는, 그 이전에 발생했던 원인과 조건들 때문에 일어난다.

그러나 모든 사건들이 '상서로운 동시성'을 가져오는 것은 아니다. '악의적인' 인연이라고 할지라도 두 개의 인과관계가 어떤 식으로든 만나는 것은 '합리적'이기 때문에 '상서롭다'라는 식으로 묘사한다. 흔히 영적 스승과 제자의 만남을 묘사할 때 쓰이는 이 구절은, 우연히 만나는 것이 무작위적이거나 설명할 수 없는 흔한 대중적 감각이 아니라, 문자 그대로 '동시에 발생함'에 관한 것이다. "충분한 시간에" 발생하는 그 우연의 일치는 두 가지 원인과 결과를 가져오며, 그 상호 작용은 매우 격렬하거나, 직접적이고, 생산적인 것으로 나타날 수 있다.

서양에서 불교와 페미니즘의 '동시성'은 중요한 결과를 낼 수 있는 그런 '상스러운 동시성'일 것이다. 무엇이 일치했는지를 먼저 생각해 보라. 서구 불교는 매우 최근의 현상이다. 많은 유럽계 미국인들이 지

---

[3] auspicious, '길조의', '경사스러운' 등의 의미인데, 이 글에서는 상서롭다는 말로 번역하였다. 이 단어의 사전적 의미는 "복되고 길한 일이 일어날 조짐이 있다"는 뜻이다.

난 40년에서 50년 사이에 불교에 많은 관심을 가지기 시작했다. 불교는 서양인 학생들과 기꺼이 함께 일하고자 했던 아시아 불교 스승들이 도착한 후에야, 학문적 취미나 난해한 마음을 진정시키려는 서양인들에게 정신적인 기능을 할 수 있었다. 그들은 60년대 후반과 70년대 초반까지 별로 관심이 없었다.[11] 당시 문화운동은 서구인들이 그러한 영향을 받아서 훨씬 더 개방적이라는 것을 의미했다.

그러나 명상을 시작한 서양인들은 전통적인 성 역할을 따르지 않았다. 이 시기는 어느 정도 중요한 문화운동으로 자리 잡았던 페미니즘에 모두 영향을 받고 변화된 상태였다. 만약 불교의 성차별적 관습이 여성들에게 유익했다면, 서양인들은 그것을 받아들였을 것이다. 아시아 불교와 서구 불교 사이의 유일한 차이점은, 불교 관습의 모든 면에서 여성의 적극적이고 동등한 참여가 있다는 것이다. 서구 불교에서 아시아의 성 역할 모델은 완전히 무시되었다. 이보다 더 중요한 타이밍은 없었다. 스승들이 10년 더 일찍 도착했다면 아마도 여자들은 법당의 기금을 마련하기 위해 모든 육아와 빵 판매를 하는 반면, 남자들은 명상을 하고 공부를 했을지도 모르겠다. 그것은 결국 아시아 모델이었고, 전후 미국 모델이었다.

그러나 불교에 매력을 느낀 서양인들 역시 적어도 페미니즘의 목표에 상당히 공감하고 있었기 때문에, 처음에는 성에 관한 완전히 새로운 불교적 실천 모델이 어떤 의도나 이론도 없이 자연스럽게 존재하게 되었다. 아시아 교사들은 아마도 그들이 참여하고 있는 페미니즘의 혁명을 완전히 이해하지 못한 채, 여성 제자와 남성 제자를 같은 방식으로 가르쳤다. 여성들이 그들의 성 역할을 수행함과 동시에, 더 나은 업을 만들 수 있도록 여성들을 설득하기 위해서였다. 이 상황에서 새롭게 무엇인가 생겨났다. 서구 불교 신자들은 똑같이 가부장적 기준을 가진 문화에서 성장했지만, 다른 문화의 강력한 가부장성을 접하고서는 어떤 형태의 가부장제에도 충실하지 않았다. 서구 가부장제의 종교적 기반도 불교인들에게는 더 이상 어떤 식으로든 관련이 없었다.

그러므로 불교인들은 서양과 모든 아시아 문화권의 가부장적 제도로부터 자유로웠다. 이러한 자유는 부분적으로 불교 스승들이 문화적 습관과 가르침을 조심스럽게 구분하였기 때문이기도 했다. 그들은 자신들의 서양 제자들이 티베트인이나 일본인이 되는 것이 아니라 불교 신자가 되기를 원했으며. 대부분의 여성에 대한 차별은 불교 교육이 아니라 문화적 편견이라는 데 동의했다. '상서로운 동시 발생'에 참여는 단지 행운과 행복의 문제만은 아니다. 행운과 행복은 신뢰와 책임감을 가져온다. 마법적인 만남이 끝나면 과제가 남는다. 서양의 불교 신자들은 마침내 일상적 현실에서 불교의 가르침이 그토록 오랫동안 명백하고 암묵적으로 말한 것을 드러낼 기회, 이성적인 젠더 배열을 모델화하고 이론화해야 하는 과제를 안게 되었다.

그러나 상황을 너무 무시하거나 안일하게 보게 되면, 이 상서로운 인연은 쉽게 파괴될 수 있다. 2세대 서양 불교에서 현재 눈에 보이는 여성의 존재는 희미한 기억이 될 수 있으며, 역사적으로 유사한 상황은 우리들에게 불길한 모델을 제시한다. 서구불교는 새로운 종교 운동의 1세대에서, 여성들은 종종 전통적인 성 역할이 아니라 남성과 평등하며, 조직 내 리더의 위치로 시작한다. 다음 세대에서는 이러한 상황이 자신을 변화시키고 스스로 성별 계층과 남성 우위의 오래된 패턴을 재배열한다. 학자들은 세계 3대 주요 종교인 불교, 기독교, 이슬람교뿐만 아니라 이들 종교와 다른 종교들 내의 많은 새로운 움직임에 대해 동일한 주장을 해왔다. 미국에서 이 신자들은 "개척자" 역할을 하였는데, 여성들은 성평등한 권리가 헌법 개정을 통해 투표권을 얻었다는 사실까지도 주목하게 만든다.

비교적 곧바로 철회되기는 했지만, 기독교의 경우, 페미니스트 학자들은 초기 기독교가 새로운 존엄성과 평등성을 실제로 확립했다고 확실히 믿었다. 불교 또한 유사한데, 새로운 상황에서 여성에게 새로운 기회를 부여하는 방식이 시간이 지나감에 따라 가부장적 관습으로 환원되는 것은, 불교사에서도 여러 차례 일어났던 일이다. 가부장제와 역사를 무시하거나, 지나치게 안일하게 여기거나, 서양 불교 여성들의 사회 참여를 당연시하는 서구불교는 불교와 페미니즘의 상스러운 인연의 결과라기보다는 단지 그 낡은 패턴을 드러내는 또 다른 예라고 할 수 있다.

판결하기: 불교에서 성평등한 관점이란…

불교사적 유형에 대한 고찰과 불교의 핵심 개념에 관한 분석을 통해 드러난 판결을 살펴보면, 현재의 관점과 실천 사이에 참을 수 없는 모순이 있다. 그 모순을 극복하기 위한 재건의 첫 번째 접근은 성을 둘러싼 불교 관행을 개혁하는 것이다. 그러한 재건을 위한 지침은 매우 간단하다. 성평등을 의무화하고 제도화하고, 불교 생활과 제도의 바로 그 틀에 완전히, 철저한 방법으로 건설하는 것이 중요하다. 성평등을 의무화하는 것이 가장 중요하므로, 모든 불교 신자들이 이를 규범적인 의무로 여기게 해야 한다. 그것은 다른 모든 윤리적, 관계적 규범과 피해야 할 행동의 목록을 포함하는, 올바른 행동 범주에 따른 여덟 가지 경로에 포함할 수 있다. 그것은 심지어 모든 존재에게 해를 끼치지 않는 최초의 가장 중요한 교훈이다.

일단 성차별이 가해자와 피해자 모두에게 얼마나 심각한 해를 끼치고, 그것이 얼마나 인간의 선량함을 파괴하는지 깨닫기만 한다면, 그러한 의무화는 전혀 이상하지 않다. 성평등을 제도화한다는 것은 지역사회에서 생활과 조직의 세부 사항뿐만 아니라 지역사회의 다양한 집단에 이 메시지를 전달하는 것을 의미한다. 교장 선생님은 모두 남자인가? 여자들은 남자들만큼 자주 구호를 외치나? 누가 조직의 상부에 앉아 있는가? 아기는 누가 키우는가? 여자 스승은 있는가? 비구니 스님들도 비구 스님만큼 잘 지원받고 있는가? 비구니 스님의 지위가 제한적이거나 차별적인 행동 규칙을 적용받고 있는가? 모두가 수행이나 교육과정에서 동일한 기회를 제공받고 있는가? 아니면 한 성이 일상적으로 그런 교육이나 명상 훈련 등 위계적인 젠더 관련 업무를 맡고 있는가?

만약 성평등이 전통에 대한 기본적인 윤리적 지침으로 의무화된다면, 고의적이든 우발적이든 어떤 제도적 불이행도 시정하는 것이 중요할 것이다. 이 지침들은 특히 성차별과 계급제도의 관행을 바로잡기 위함이다. 불교적 견해, 즉 불교적 가르침의 언어적, 철학적 공식은 성평등을 의무화하고 제도화함으로써 직접적으로 현실에 도전하거나 이를 강요하지 않는다. 그러나 불교 가르침은 여성에게도 평등하게 적용해야 하고, 남성에게는 불교사 전반에 걸쳐 널리 퍼져있던 것과는 다른 방식이 필요하다. 젠더 문제에 대한 이 해결책은 여성으로 태어나는 것이 고통이므로, 아예 여성을 없애는 것과는 완전히 다르다. 미래의 정토에서는, 여성과 남성이 함께 살아가는 건강하고 순결한 땅이 될 것이며, 이 순결한 땅에서는 불교사 전반에 걸쳐 널리 퍼진 남성 중심적인 견해나 현실들이 존재하지 않을 것이다.

여성과 남성 모두가 평등하고 안락하게 거주하는 순수한 땅, 정토가 된다면 어떤 변화가 있을까? 남녀가 평등한 정토에 대한 비전은 남성 중심적 가치관에서 성평등한 의식으로, 미묘하지만 심오한 변화로부터 시작하고 성장한다. 이러한 변형이 일어날 때, 우리는 남성으로 구성된 세계관에 의해 분류되고, 라벨링되고, 제한되는 대상으로 여성을 보는 것이 아니라, 남성과 동등한 인간으로 받아들일 수 있다. 성평등을 의무화하고 제도화하기 위한 이러한 의식의 변화는 정도는 다르지만 어느 정도 이미 경험했을 것이다. 성 차별적인 의식은 불교 역사를 통해 널리 퍼진 핵심 가르침과 양립할 수 없다. 그러한 전통적인 견해는 남성 중심적인 사회의 사고방식에 의해 형성되었다. 그러므로 불교에서 발견되는 차별적인 견해는 의심할 여지 없이 불완전하며, 우리가 새롭게 구성되는 불교 기관들과 함께 한다면 친숙하고도 성평등한 관점이 증강되고 확장되는 것을 발견할 것이다.

'성평등'이라는 용어가 애매하고 여러 가지 의미와 함께 사용할 수 있기 때문에 그 의미를 좀 더 신중하게 정의하는 것이 중요하다.[4] 페미니즘에 관한 방법론적 부록에서 말한 바와 같이, 이 책에서 사용되고 있는 용어로서 "성평등"의 의미는 "남성, 여성 그리고 모든 인간"을 포

---

4 이 책이 출판된 1993년 당시에는 페미니즘에서 양성(both male and female) 평등을 구호로 내걸었고, 리타 그로스도 이 책에서 양성성(androgyny)이라는 용어를 사용했다. 하지만 오늘날 페미니즘은 남성, 여성이라는 양성만이 있는 것이 아니라 성소수자를 포함한 다양한 성이 존재함을 인정하기 때문에, 양성평등이 아니라 성평등(gender equality)을 주장한다. 이 글은 이러한 시대적인 흐름을 반영하여 성평등으로 표기할 것이다.

괄하는 의미이다. 학구적인 방법, 인간성의 모델, 의식의 방식으로서 '남성 중심주의'나 남성 중심의 의식과 대조적이다. 그러나 그것은 또한 성 중립적 모델이나 이상과 현저하게 대조되는데, 이 모델에 의하면 어떤 것은 "남자도 여자도 아니다"라는 의미가 되기도 한다.

성평등은 그 분류가 무엇을 포함하든 간에 남성과 여성 모두를 긍정하는 반면, 성 중립 모델은 그들 둘을 부정한다. 언어와 사상의 양식은 모두 다른 맥락에서 유용하고 적절하다. 그러나 이미 살펴본 바와 같이, 성 중립적인 모델과 성 중립주의를 극복하고 되돌리기에 충분하지 않다. "담마는 남자도 아니고 여자도 아니다"라고 고전적으로 말하는데, "담마는 남자이고 여자이다"라고 두 성만 거론하는 것은 아니기 때문에, 이러한 주장들은 철자의 사용도 신중하게 할 필요가 있다.

우리는 우선 불교에서 인류의 의식 방식에 대한 보편적인 모델이 되어온 현실로부터 출발해야 한다. 다음으로 우리는 페미니스트 이론에서 묘사된 바와 같이 그 방식과 모델의 불충분함, 부정확성 및 불완전성을 인정해야 한다. 그 후에 우리는 무엇이 가장 적절하고 대체 가능하며 어떻게 사회적 지배를 극복하는지에 대해 물어야 한다. 대부분의 현대 페미니스트 이론은 의식이나 사회 형태의 성 중립적, 몰성적 sex-blind 형태로는 성공적으로 나아갈 수 없다고 주장한다. 그렇게 하려는 시도는 매우 미묘한 형태의 중도주의를 초래할 뿐이다. 대신, 현재의 남성 중심 종교와 사회에서는 성 역할이 매우 만연해 있고, 그 안에서 사람들이 철저하게 영향을 미치고 사회화되었다는 사실을 진지하게 받아들여야 한다. 이처럼 분리된 문화를 진지하게 받아들인다는 것은, 우선 여성의 문화에서 무엇이 문제인지를 알아야 남자도 여자도 아닌 '공통적인 인간성'을 말할 수 있다는 것을 의미한다.

그러나 많은 측면에서 "여성의 현실"[12]을 구체적이고 분명하게 탐구하기 위해 시간과 에너지를 소비하는 데 문제가 있다. 그것을 인류의 규범으로서, 이상으로서, 일반 문화나 남성 문화에서는 찾아볼 수 없는 귀중한 지혜를 담고 있는 견해로서 진지하게 받아들이는 것에 대한 저항은 더욱 크다. 사람들은 종종 불건전한 이상보다 중성적인 것에 더 익숙하다. 이것은 아주 쉽게 증명될 수 있다. 일부 일신론에서는 남성 대명사와 이미지만 가지고 신을 지칭하는 관습성을 우회하기 위한 언어적 개혁이 상당히 일반적이다. 두 가지 선택이 가능하다. 누군가를 중립화시킬 수도 있고, 누군가가 신성을 중립화시킬 수 있다. "하느님"은 "어머니와 아버지"가 될 수도 있고, "부모님"이 될 수도 있고, 심지어 "간호하는 사람"이 될 수도 있다. "아버지-어머니 하느님"은 가장 선택하지 않는 용어이다.

나는 오랫동안 '아버지'에서 '부모'로의 모든 변화가 남성 중심주의를 더욱 미묘하게 강화하는 반면에, '어머니-아버지'는 여성이 존엄하고 가치 있는 인간이라는 인식을 강요한다고 주장해왔다. 가부장제에서는 여성이 되는 것이 수치스러운 상태여서 많은 사람들이 가부장제를 혐오할지언정 여성성을 선택하는 것이 쉽지 않다고 생각한다. 그들은 차라리 추상적인 공통의 인간성으로 대체할 것을 요구한다. 그러나 정확하게 여성성이 그렇게 퇴화되었기 때문에, 진정한 가부장제 이후의 의식과 사회의 형태를 창조하기 위해서는 이를 탐구하고 가치 있는 존재로 인식시켜야 한다.

고전적인 불교 문헌들은 오랫동안 "가르침은 남자도 여자도 아니다"라고 주장해왔다. 이것은 여성을 차별하고 그들의 비열한 능력을 폄하하는 사람들에게 사용되었던 슬로건이다. 불교에는 명시적으로 남성 중심적인 교리가 없기 때문에 불교 가르침에 이 슬로건을 포함할 수 있다. 이 모든 것이 불교가 심각한 제도적 가부장제를 벗어나지 못하게 했기 때문이다. 불교 교리가 지금까지 여성을 여성으로 인정하지 않고 일반적인 인간으로만 인정하고, 남성은 남성과 일반적인 인간으로 인정했기 때문에 이런 결과가 나타났다. 불교 사상은 남성 중심주의와 성 중립의 이상 사이에서 흔들렸다. 불교에서는 진정으로 성평등한 비전이 거의 없었다.

그러나 일부 불교 텍스트들에는 성평등을 쉽게 접할 수 있는 자원이 다양하게 들어 있다. 세 번째 전환기의 비-이원론적인 본질에 대한 가르침과, 여성적이고 남성적인 원리가 밀접하게 연관되어 있는 금강승불교의 개념은 완전하고 적절한 성평등적 사고를 쉽게 수용하도록 만드는 원천이 된다. 경이로운 경험의 다원성과 다양성은 이원론이나 일원론에 빠지지 않고 높이 평가된다. 위계는 다양성에 강요되지 않으며 남성적이고 여성적인 원칙은 남성이나 여성들과 융합되지 않는다. 우리가 부족한 것은 상징을 사회 현실로 직접 번역하는 것이다. 그래서 여성이나 남성이 성 역할을 제한하는 것에만 국한되지 않고 양성을 포함한 다양성을 받아들일 수 있어야 한다.

여성과 남성을 모두 현저히 제한하는 강력한 성 역할 고정관념은 현실에서 출발하여, 남성들의 경험을 심각하게 받아들인 후, 성평등한 세상을 향한 건설에 이를 활용할 수 있어야 한다. 또한 이상과 규범을 세울 때, 전통적으로 여성과 관련된 우려와 제한점 등을 남성과 동등한 기준으로 만들어야 한다. 즉, 성평등한 사고는 여성을 남성과 매우 비슷한가, 아니면 그들과 매우 다른가 하는 문제에 대한 언급이 아니다. 여성을 완전히 그리고 완벽하게 인간으로 받아들이는 것이다. 남성은 더 이상 인간의 규범으로 받아들일 수 없다. 또한 더 이상 남성의 규범을 기준으로 해서 여성이 여기에 얼마나 가까운가로 측정하며 안 된다.

여성과 남성의 이러한 경험, 관심 그리고 세계화 속에서 우리는 완전히 인간적이고 온전한 세상을 만들 수 있다. 순결한 땅 정토에 사는 사람들, 그 속에서 여성과 남성 모두 그들의 특성을 인정하고 또 인정받는 성평등한 세상에 살고 있을 것이다.

15장
성평등한 기관들
: 재가자, 사원과 요가 수행자들

　불교의 여성주의적 재건은 두 가지 이유로 일상적인 관습과 제도적 형태에 관한 제안에서 시작된다. 첫째는 불교 이론에서 섹슈어리티와 관련된 내용이 매우 부족하다는 것이다. 둘째는 그러한 명백한 문제들은 남성 중심주의에서 비롯되는 불교 교리에 대한 미묘한 생략보다 더 쉽게 눈에 띄기 때문이다. 그러므로 불교 교리를 성평등하게 재해석하거나 추가하는 것은 다양한 제도적인 형식들이 변화한 이후에, 혹은 그와 관련해서 제안할 것이다.

　일반적으로 보면, 사회적 또는 의례적인 영역에서의 남성 지배는 지적 혹은 교리적으로 드러나는 것보다 훨씬 더 분명하게 가시화되고 거부감도 많이 생기게 된다. 그러므로 제도적인 문제들은 매우 쉽게 드러나고 또한 비판을 통해 재구성할 가능성이 훨씬 크다. 이러한 방식은 기독교 페미니즘에서도 유사하다. 오늘날 남성 신-언어가 문제의 원인이 되고 이것이 남성 신권에 영향을 미치기는 하지만, 여성 신-언어를 주장하는 것보다 여성 안수 문제를 통한 성차별성이 훨씬 더 눈에 잘 띈다. 이처럼 교리보다는 제도적 문제를 통해서 훨씬 더 젠더 위계를 이해하기 쉽고, 또한 재구성할 가능성이 크다. 이 때문에 사람들은 교리의 개선보다는 여성안수 문제를 먼저 제기하면서, 이를 고치기 위한 실천으로 옮긴다.

얼핏 보면 불교 기관의 재건 문제는 간단해 보인다. 여성들은 경기에서 제외되었고 치어리더의 역할만 하며 방관자로 취급받아 왔다. 그러니 여자들도 게임에 참가하도록 하자. 명상센터, 교실, 사원을 여성에게 동등하게 개방하자. 여성이 인간이 되기 위해, 남성이 항상 해왔던 것과 동등한 권리가 그들에게 필요하고 또 그들은 이를 원한다. 현시점에서 일반적으로 경기규칙이 여성들에게도 적절하다고 가정하고 있으나 여성이 경기 자체를 할 수 없다는 것이 문제이다. 이러한 자유주의, 즉 동등한 권리를 요구하는 페미니즘은 가부장제에 대해 처음으로 문제를 제기했다. 하지만 동등한 권리에 대한 반대 논리는 대개 여성들은 남성들과 본질적으로 다르므로 실제로 같은 규칙에 따라 행동할 수 없다는 것이다.

남성들의 게임 법칙 속에서 성공한 여성들은 종종 실제로 남성들과는 다른 방식으로 일을 하므로 이는 믿을 수 없다는 반응과 함께 반여성적인 믿음을 공유한다. 그러나 여성들은 침실과 주방으로 돌아가기를 강요하면서 교실, 회의실, 명상실의 공적 영역에서 물러나야 한다는 결론을 수용하기를 거부한다. 공공 영역에서 행해지는 게임의 불평등한 규칙을 비판하고 다시 쓰기를 요구하는 것이다. 남성들에 의해 정해진 이 게임 규칙은 가부장적이고 성 역할 고정관념에 사로잡힌 남성들의 가치를 반영하는 남성들만의 전유물이다. 남성들이 서 있는 그 자리가 반드시 완전하다거나 인간적이라거나 이성적인 것은 아니다.

규칙을 다시 쓰는 것은 게임의 공식적인 지침을 바꾸는 것도 포함하고 있다. 사람들이 왜 게임을 하는지, 어떻게 게임 계획을 세울 것인지 그리고 게임의 요지나 목적이 무엇인지에 대해서도 재구성해야 한다. 이보다 급진적인 페미니스트적 비평과 재건은 단순히 여성들이 항상 해왔던 일을 하면서 남성과 똑같이 되게 만드는 요구보다 훨씬 더 창의적이고 광범위한 내용을 주장한다. 평등한 권리를 주장하는 페미니즘은 여전히 남성 중심적인 게임 틀 속에서의 변화를 추구하는 반면, 급진적이거나 변형적인 페미니즘은 게임의 규칙은 물론 게임을 하는 모든 플레이어에게도 성평등을 요구한다.

불교 내부의 비교적 온건한 관점에서 규칙을 다시 쓰는 것은, 우선 불교와 관련된 다양한 선택과 방식을 다시 생각해 보기를 요구한다. 페미니스트적인 관점에 의하면, 현재 불교인의 세 영역인 출가자, 재가자, 수행자들의 생활방식은 모두 심각하게 성평등성이 부족하다. 불교 공동체에서 가장 높은 위치에 있는 구성원들은 출가자들로, 그들은 불교 수행의 모든 영역을 이끌어간다. 하지만 비구니들은 비구들에 비하면 교단 내에서 분명히 보조적인 위치에 있다. 재가자들은 주로 경제적 지원을 하는데, 이들은 일상생활에서의 남성 우위의 성 역할 고정관념을 따르기 때문에 비구니를 상대적으로 비구보다 낮은 위치로 인식한다. 탄트라불교에서, 출가자도 아니고 재가신자도 아닌, 요기남성수행자-요기니여성수행자의 생활방식도 중요하다. 이 불교 방식은 현대의 불교 페미니스트들에게 매력적이지만, 수행에만 집중하는 전통적인 방식이 아니라는 이유로 이들을 무시하는 경향이 있다.

남녀 상호 간의 무능함 극복하기
: 성평등한 재가자 불교를 위하여

재가자 불교의 성평등한 재건을 위해서는 다소 다른 두 가지 문제를 고려해야 한다. 첫째, 불교가 재가자의 불교적 생활방식에는 매우 약한 모델임을 인정하고, 페미니즘에 의해 제기된 질문과 문제를 온전히 받아들이지는 않더라도 서구와 현대 세계에서 새로운 길을 개척해야 한다. 두 번째는 가부장적 성 역할에 의해 길러진 남녀는 서로에게 도움을 주지 못하는 상호 무능함을 극복하고, 여성주의적인 성평등한 비전과 일치하는 재가자의 생활 스타일을 개발해야 한다.

고전적인 불교는 출가해서 수행하는 승려 엘리트들을 위한 가르침과 생활방식을 중시했다. 그들은 불교라는 단순한 윤리 규범을 지켰을 뿐만 아니라 깨달음을 얻는 데 필수적인 것으로 여겨지는 철학과 명상 수행에 전념했다. 이와는 대조적으로, 재가자들에게는 명상과 철학을 진지하게 추구하는 시간이나 관심, 의지는 기대하지 않았다. 이러한 불교의 평범한 전통은 오늘날 심각한 구조적 문제에 직면해 있다. 신에 대한 경건한 헌신과 그러한 가치의 인정, 교리에 대한 의심 없는 추종, 효과적인 해방 수단으로 의례를 충실하게 따르는 것 등은 불교에는 존재하지 않는다. 오랜 시간의 명상과 수행에 의한 수준 높은 개인적 변화를 유일한 목표로 삼는 불교 전통에서, 현실과 타협하지 않는 주인공에게 불교는 무엇을 준수하기를 요구하는가?

고전적인 불교는 재가자들과 승려들 사이의 밀접한 공생 관계를 중시하고, 재가자들이 궁극적인 깨달음을 향해 나아갈 수 있는 질문에 대한 해답을 도출해냈다. "두 개의 축적"이라고 불리는 이 해결책은 영적 깨달음을 성취하는 매우 긴 시간의 전체 과정 동안, 서로 다른 단계에서 나타난다고 생각했다. 출가자들은 수행을 통해 관대함을 얻고, 연구와 명상을 통해 얻은 자유로 지혜가 축적될 수 있는 삶으로 이끌었다. 재가자들은 이처럼 지혜를 쌓는데 모든 시간을 쏟는 사람들(출가자)에 대해 무한한 존경과 관대함을 표했다. 재가자들은 불교 전통의 지속과정에 의미 있게 참여할 수 있고, 동시에 그들의 미래에 있을 영적 행복을 키울 수 있었다.

이러한 제도 아래에서 재가 여성들은 재가 남성과 비교하면 조금도 불리하지 않았다. 불교 문학에서는 남편보다 불교에 더 헌신했던 비샤카와[1] 같이 대단히 존경받는 뛰어난 여성들의 이야기가 있다. 음식이나 재물 등 가정에서 물적 자원을 관리하며 가정생활에 전념하는 재가 여성들은 날마다 승려들의 탁발 그릇에 음식을 보시하는 실질적인 기증자였다. 남편이나 아버지가 승려들을 못마땅하게 여기지 않으면 아낌없이 승려들에게 보시했다. 재가 여성들의 보시와 관련된 이야기는 불교문학에서도 종종 드러나는데, 예를 들면 난사 오붐Nangsa Obum[1]의 이야기에서도 두드러진다.[2]

그러나 이 제도는 또한 재정적 자원이 있고, 불교 연구나 수행에 참여하고자 하는 많은 불교인들이 있을 때 가능하다. 서구 불교에서 이러한 방식은 가능성이 거의 없다. 부유한 서구인들이 불교도가 되는

---

[1] 11세기 티베트에서 출생했으며, 왕의 아들과 결혼했으나 음모에 의해 사망하였다. 하지만 그녀의 아름다운 품성 때문에 보살이 다시 살려주었고, 그녀는 보답으로 포교를 열심히 했지만 결국 아들이 사망했다. 그러자 결국 스스로 수행을 통해 뛰어난 수행자가 되었는데, 수행을 반대한 남편이 그녀의 수도원을 파괴하려고 하자 신비한 힘으로 이를 막아내었다. 탄트라불교 108명의 수행녀 가운데 한 사람이다.

연꽃 방석에 앉아 명상에 잠긴 여성, 중국 사천박물관

것은 아니다. 더욱이 불교를 자신의 종교로 선택한 대부분의 사람들은, 비록 그들 대부분이 진지한 불교 공부와 실천에 전념하는 과정에서 비구나 비구니가 되고 싶지 않지만, 그들 자신을 위한 학문, 수행, 윤리 등의 영역에서 적용하는 규율로서 불교에 관심을 가진다. 만약 그들이 사원의 실무를 지원해야 한다면 그렇게 할 수는 있지만, 사원을 운영할 수 있도록 자원을 보시할 수 있는 사람은 거의 없다. 사실상 모든 사람이 명상센터를 이용하고 또 유지하는 데 노력하지만, 그들의 재정지원의 상당 부분은 프로그램에 참여하기 위해 지불하는 금액 정도이다.

따라서 서양 불교도들 사이에는 기존의 불교와는 매우 다른 유형의 모델이 만들어지고 있다. 즉 재가자들이 불교에 관여하는 중요한 방식은 명상의 실천과 불교 교리 연구에 대한 헌신이다. 그들은 비구나 비구니처럼 전적으로 수행에만 전념하지 않지만, 종종 혹은 간헐적으로, 집중적인 수행을 한다. 불교 공동체의 중심에 재가자 명상가들이 있는 이러한 방식은 서구 불교도들의 요구로 인해 생겨났지만, 오늘날 현대인에게는 고전적인 불교 모델보다 훨씬 더 적합할 수도 있다. 왜냐하면, 관대함이 불교적 가치의 중요한 요소이지만, 그것이 완전한 깨달음을 위한 충분조건이라고 주장하는 사람은 아무도 없을 것이기 때문이다.

동아시아 정토불교를 제외한 모든 불교 형식에서도 연구와 실천 수행이 요구된다. 재가 명상수행가 중심의 이 모델은 일반적으로 현대인들의 요구와 일치하기 때문에 몇몇 아시아 국가들의 불교 재건에도 매우 중요한 역할을 할 수 있다.[3] 특히 재가 여성들에게, 재가신도 중심의 불교적 생활 모델은 매우 잘 받아들여질 수 있다. 다수의 서양 불교 여성들이 세속적인 삶의 양식과 진지한 불교 수행을 결합하는 이 방법을 이용하여 아시아적 맥락에서의 비구니들보다 더욱 진보된 명상법과 철학적 연구를 추구할 수 있었다.

그러나 이러한 재가자의 생활방식은 페미니스트적인 관점에서는 중요한 우려를 불러일으키기도 한다. 60년대와 70년대에 불교에 처음 끌린 젊은이들은 대부분 자녀가 없고 정규적으로 고용된 상태가 아니었다. 10년 후 그들은 아이와 직업, 두 가지 모두를 가지고 있다. 아마도 불교 역사상 처음으로, 명상센터에 참석하는 부모들을 위한 아이 돌봄 서비스가 등장하고 있다. 서양 여성들은 불교 남성의 추종자가 아니라 불교 신자가 되었다. 이 여성들은 남성들과 동등하게 불교를 이해하고 실천하고, 가정과 직장생활을 하면서도 명상과 불교 공부를 한다. 타인에게 기부하는 것만이 중요한 것이 아니라, 자기 스스로 수행하고 공부를 해야 한다고 주장하는 등 엄청난 변화가 나타나고 있다. 다행스럽게도 페미니스트들은 이미 이와 관련된 문제에 대해 아주 깊이 고민하고 있다.

실천적인 페미니스트 대부분은 가부장적인 성 역할에 대한 재평가는 물론, 공정하고도 인간적인 대안을 고민하고 있다. 비판과 함께 제시된 대안 모두, 남녀 상호 간의 무능함을 피하는 방안을 강조한다. 모든 가부장적 종교와 사회에서 전형적인 성 역할의 이분화, 즉 생산 및 경제활동을 남성에게, 여성에게는 출산 및 보살핌의 노동이 적합하다고 보는 관점은 남녀 모두가 무능한 삶을 살도록 촉진했다. 극도로 강하고, 경직되고, 고정된 성 역할은 항상 정서적으로 위축되고 자신의 삶에서 스스로 의식주를 해결하지도 못하는 반쪽＊ 인간과 같은 존재를 낳았다. 그 대안으로 모든 사람이 다방면에서 전문성을 가져야 한다고 주장하는 것은 아니다. 왜냐하면 사람들은 개인마다 남들과는 다른 특별한 능력을 지니고 있기 때문이다.

모든 영역에서 남성과 여성의 심리 특성에 관한 실험 결과가 남녀 성 역할을 일반화하지는 않는다. 평균적으로 남성은 특정 영역에서 더 높은 점수를 받을 수 있고 여성은 다른 영역에서 더 높은 점수를 받을 수 있다. 하지만 이러한 사실은 결과에 대한 성별 평균치를 정당화하여 성별 고정관념을 믿는 사람들에 의해서 무시된다. 그 결과 여성이나 남성은 일반적인 성 역할이 적용되지 않는 영역에서는 모두 무능한 존재가 된다. 경직된 성 역할 고정관념에 의해 길러지는 여성과 남성 모두의 무능함을 피하기 위해서는, 성별 기준에 따라 역할을 배정하는 것이 아니라 모든 인간에게 몇 가지 기본적인 역량을 기대할 수 있어야 한다.

모든 사람들이 개인적 권리를 주장하는 것처럼, 타인에게 완전히 의존하는 것이 아니라 독립적으로 자신의 생계에 대해서 어느 정도 책임질 수 있어야 한다. 그리고 "상호 관계성"은 자신은 물론 타인을 정서적으로나 심리적으로 지지하고 육성할 수 있는 권리로 사용해야 한다. 더욱이, 상호 무능함을 극복하려는 이러한 기대는 완전한 인간이 되고

자 하는 것이다. 경제적 능력도 있고 양육도 할 수 있는 타고난 잠재력을 실현하기 위해서, '소중한 인간으로의 탄생'은 이 기대에 부응하는 유일한 길이다.[4] 보다 분명하게, 여성들이 생계에 대한 부담을 기꺼이 함께 나누고, 집안일과 육아에 대한 부담을 남성이 함께 나누어야 한다는 페미니스트적인 제안은 남녀 간의 상호 무능함을 넘어서 성평등으로 나아가기 위한 전제이다.

이미 논의한 바와 같이 생산과 출산을 성별과 연결 짓는 지배적인 가부장적 방법은 이미 쓸모없고 그 기능에서 장애가 드러나고 있다. 상호 무능에서 성평등으로 옮겨갈 때 여성들은 남성보다 훨씬 더 많은 발전을 이룰 수 있으며, 남녀 모두 고정적인 성 역할을 벗어버릴 때 더욱 열심히 편안하게 자신의 역할을 해낼 수 있다. 실제로 여성은 남성이 가사노동과 육아, 돌봄과 감정노동 등을 맡는 것보다 훨씬 더 오랫동안 생계나 자급자족에 대한 책임을 떠맡아 왔다. 가부장적 문화에서 여성성과 관련된 수치심은 남성들이 소위 여성 역할을 하도록 격려하는 것도 꺼리게 만든다.

비록 사소하지만 아주 시사적인 한 가지 예를 들자면, 나는 한때 일본이나 미국 불교 신도들에게 불교와 페미니즘에 대한 강의를 한 적이 있다. 강의 중에 성평등을 매우 지지하게 된 남자들이 모든 의회 대표를 여성으로 한다는 규칙을 만들자며 열심히 토론했다. 그때 우리는 여자들이 사찰 부엌에서 만들어 준 맛있는 음식으로 식사를 하고 있었다. 나는 남성들의 주장이 아주 좋은 의견이라고 찬성하면서, 그것은 남자들이 사원의 부엌 노동에도 동참할 수 있어야 한다는 전제 조건도 받아들이고 균형을 맞출 필요가 있다고 말했다. 나는 여성들이 실제로 가사나 육아에서 과로하지 않고 의장석에 앉을 수 있도록 해야 한다고 제안했는데, 그때 남성들은 매우 심각하게 그리고 빠른 속도로 고개를 아래로 떨구었다.

일반적인 불교 관행에서, 가사노동과 양육에 대한 책임 등 전형적인 여성 역할의 강조는 불교적 관습을 재구성하고 새롭게 육성하는 방식으로 변해야 한다. 재가자의 장점들을 축적하는 것뿐만 아니라 지혜의 축적을 위해서, 그 우선순위가 직업과 가사노동을 양립하는 것이 아님을 의미한다. 여성이 직장 생활과 가사노동이라는 두 가지를 모두 잘해야 한다는 전통적인 방법에 대한 페미니스트적 비판은, 성별 무능력함을 극복해야 한다는 불교적 교리와도 잘 맞는다. 올바른 불교를 실천하는 데 참여함으로써, 남녀 모두가 일·가정 양립을 위한 균형을 맞추어야 한다. 직업에 대한 일차적인 페미니스트적 접근법은 모든 고용 단계에서 동등한 기회를 제공하고, 여성들이 남성에게 경제적으로 의존하기보다는 독립해서 유능함을 발휘할 수 있어야 한다. 사실, 이것은 중요한 걱정거리인데, 전자는 정의를 촉진하는 데 비해 후자는 인간의 완전성과 심리적인 행복을 증가시키는 데 도움이 된다.

여성이 직장에서 차별받게 되면 경제적으로나 심리적으로 취약해지고, 그 결과 가정이라는 둥지로 돌아가거나 소외감을 느끼며 자아 성장에 방해를 받기도 한다. 페미니즘적인 관점에서 볼 때, 성평등한 직장생활은 결과적으로 남성의 경제적 지원에만 의존하며 남성에게만 부여되는 불공평하고 불합리한 기대로부터 남성도 해방될 수 있다. 그러나 그것은 생계나 직장 등에 대한 페미니스트적 논의의 첫 번째 의제일 뿐이다. 여성들이 궁극적으로 원하는 요구는, 단지 남성들만의 게임 규칙을 적용해 남성들의 게임을 하는 것이 아니다. 작업 환경의 개선 및 더 나은 인간적이고 건전한 규칙을 만드는 것이다. 여성을 덜 소외시키며 인간 중심적인 작업 환경에 대한 이러한 욕구는 많은 어려움이 있지만, 특히 불교 여성신자들에게 가장 힘든 것은 시간의 사용 방식이다.

직장에서 보내는 시간과 자녀와 보내고 싶은 시간의 균형을 맞추려는 워킹맘들의 어려움은 누구에게나 공통적이다. 일·가정 양립 과정에서 공개적으로 논의될 수 있는 문제는 빙산의 일각에 불과하다. 여성에게 직장은 자기 계발, 심리적 성장, 장기적 행복과는 점차 거리가 멀어지고, 원치 않는 방식으로 계획되고 구조화된다. 부모들이 아이들과 더 많은 시간을 보내고 싶지만, 그것이 어렵다는 것을 경험하게 되고 사람들은 현실 상황에 매몰된다. 일하는 시간이 길어질 때, 친구, 가족, 취미, 운동 등은 물론, 영적 훈련을 통한 완전한 인간으로 성장하는 기회도 줄어든다. 이것은 두 배로 힘든 상황이다. 경력을 가진 사람들은 완전한 인간성을 개발하는 것을 방해받고 있고, 일반 사람들은 그들의 잠재력을 충분히 활용하지 못하는 작업 상황으로 내몰리게 되며, 또 어떤 사람들은 실직 상태가 되기도 한다. 재가자인 명상가에게 이러한 상황은 심각한 장애가 된다.

전통적으로, 재가자들이 명상 수행을 매우 진지하게 하지 않을 것이라고 짐작되었던 이유 중 하나는 그들이 일과 가정생활을 위해 엄청난 시간을 쏟아야 한다는 것 때문이다. 재가자가 명상 수행자가 된다는 것은 의심의 여지 없이 대부분의 다른 종교 평신도들보다 훨씬 더 많은 시간과 노력이 필요하다. 서양과 아시아 불교에서 널리 퍼져있는 재가자의 명상 수행자모델은 정신적 수행을 위한 충분한 시간을 가질 수 있는 승려가 되는 전통적인 선택과, 수련할 시간이 적지만 세속에서 일상생활을 하는 평신도 사이의 중간 길을 찾는 것이다. 현대 사회에 만연해 있는 일 중독자도 이 새로운 모델의 발전에 매우 부정적인 요인

임이 분명하다. 이런 상황에 대처하기 위해서는 '바른 생활'을 지도해야 할 새로운 차원을 상상해 볼 수 있다. 올바른 생계는 사회적으로 유용한 직업을 통해 자신을 부양할 뿐만 아니라, 일을 자신의 삶에 통합시키고, 일중독을 피하는 균형감과 효율성이 필요하다는 것도 이해해야 한다.

일반 불교 명상 수행자들에게는 남성만이 생계 책임을 지는 것보다 남녀의 공동 책임에 대해 관심을 확산시키는 것도 중요하다. 생계로 이어지는 직업은 그 긍정적인 차원, 자아실현에 대한 만족도와 가정경제라는 재가 신자의 생활에 중요한 자원이다. 직업에 만족하면서 개인적인 수행을 해나갈 때, 여성뿐만 아니라 남성 명상 수행가들이 생계에 대해 긍정적으로 받아들일 수 있다. 직업이 모든 에너지를 소모하고 부담스러워진다면 수행도 힘들어지기 때문에, 성인 남녀가 생계의 책임을 서로 분담하는 것은 매우 중요하다. 일자리 나누기 또는 최소한의 생계를 위한 수입을 얻는 과제를 해결하면서, 직업으로부터 떨어져 있는 시간을 가질 수 있는 합리적인 해결책이다.

페미니스트들은 종종 그러한 방식의 조정을 옹호하지만, 많은 고용주가 그다지 열의를 보이지 않는다. 영적 규율에 상당한 시간을 할애할 수 있기를 원하는 불교 신자들에게 그러한 선택은 호소력이 있을 것이다. 그렇지 않으면 생계 책임을 지는 사람은 자기 계발과 영적 규율을 위한 시간이 부족하지만, 반대로 집에 머무는 파트너는 영적 규율을 일상에 혼합하는 것이 훨씬 수월하게 여겨서 서로의 관계가 불편해질 수도 있다.

젠더 역할이 명확하게 구분되면서, 한편으로는 중요한 명상 수행을 병행하기에는 너무 산만하고, 상대적으로 많은 시간을 요구한다고 여기는 또 다른 주요한 인간 활동 영역은 가정, 양육, 출산의 책임이다. 여성들은 출산 역할에 의해 규정되어 왔지만, 그 역할로 인해 활동하는 데 제한받아 왔다. 오늘날 여성들은 가정 경제를 위해서 맞벌이와 동시에 육아를 병행해야 한다. 하지만 일과 육아를 동시에 해내기란 쉽지 않기 때문에 여성들은 직업을 포기하는 경우가 매우 많다. 그러므로 '엄마 되기'와 모성에 대한 불교와 페미니스트적 관점을 연구하는 것이 필요한데, 우리는 남녀 상호 간의 무능함과 여성의 과도한 육아 및 가사부담을 불교적 관행으로 여기는 인식을 재구성하도록 제안해야 한다.

어머니에 대한 불교적 태도(고전 텍스트의 맥락에 의하면 육아는 거의 전적으로 여성의 책임)는 복잡하고 문맥에 따라 다르다. 문자 그대로의 어머니는 영적으로 가치 있는 역할 모델이 아니라, 오히려 영적인 발전이 부족한 사람으로 간주된다. 일부 종교 전통에서처럼 불교에서는 모성을 이상화하지 않는데, 이는 모성에 수반되는 고통으로 인해 여성의 재탄생을 바람직하지 않게 여기기 때문이다.

하지만 반야바라밀Prajanparamita의 논의에서처럼 '모든 부처의 어머니'로, 금강승 수행녀를 '모든 이의 어머니'로 보았듯이, 상징으로서의 모성은 더욱 높이 평가되고 있다. 모성에 대한 이러한 모호성을 모성의 남성 중심적인 평가라고 단정할 수는 없다. 적어도 불교인들은 자기희생적이고 과도한 짐을 지고 희생하는 어머니를 모든 여성의 모범, 혹은 진정한 잠재력을 충족시키는 여성으로 인정하지 않는다. 또한 모든 아들과 남편들은 남성의 특권적 권리를 가지고 어머니 자격을 주는 것으로 보고 이상화하지 않는다.

일반적으로 불교에서 모성은 필연적으로 애착을 가져오는 것이므로 항상 그 뒤에 슬픔이 따라오며, 끝없는 윤회를 반복하게 만드는 감정으로 본다. 어머니는 자녀와 애착을 끊기 힘들고, 애착은 기쁨과 평정심을 방해하므로 부정적이고 비생산적이며 고통으로 가득 찬 감정으로 본다. 뛰어난 비구니들의 깨달음을 노래한 시집인 「테리가타」에서 어머니는 종종 아이들의 죽음으로 슬픔에 빠진 후 비구니가 되는 이야기들이 있다. 그들은 깊은 수행의 결과 애착에서 분리로, 모성에서 영적 삶으로, 고통에서 기쁨과 평정심으로 성숙해가는 것을 알 수 있다.

애착의 본질은 모성의 부정적인 측면이지 모성에 관계된 다른 사람에 대한 배려와 관심이 아니다. 특히 대승불교에서 애착이 아닌 분리를 매우 중시한다. 모성에 대한 이러한 우려에 대해 다이아나 폴Diana Paul은 그 차이를 다음과 같이 매우 명확하게 묘사했다.

> 비슷한 방식으로 보살은, 어머니가 자신의 아이를 동일시하는 것처럼 모든 살아 있는 존재를 매우 강력하고 격렬하게 동일시한다. 그러나 보살은 어머니와는 달리 공성의 지혜를 통해 살아 있는 존재들로부터 자유롭고 분리되어 있다. 반면에 어머니는 세상을 공하다고 생각하지 않으며, 끝없는 애착의 순환 속에 놓여 있다. 어머니 역할과 영적으로 자유롭게 분리된 개인 간의 갈등은 보살이라는 존재로 해결된다.[5]

그녀는 모성에 관한 장에서 과거의 삶을 기억하는 젊은 승려에 관한 내용을 분석했다. 전생을 거슬러 올라가서, 네 번 동안 전생의 삶 모두에서 그는 매우 어려서 죽었다. 그는 현재 생에서 어머니가 겪었던 강렬한 슬픔을 기억하고는 수행자의 삶을 살기 위해 출가를 결심한다. 이 슬픔을 해결하기 위한 그의 해결책은 보살 서약을 지키는 것이다.

"이제, 나는 고통에서 해방이 되었다. 그리고 전생을 거치면서 나 때문에 고통을 겪은 다섯 명의 어머니를 기억한다. 그들이 모두 결국에는 슬픔을 끝낼 수 있도록 보살행을 할 것이라고 나는 맹세한다."[6]

이러한 전통적인 맥락에서 보면, 가정생활은 출가자들에게는 상대적으로 중요치 않은 가치이며 부모도 거의 기쁨을 느끼지 못한다. 어떤 고전적인 텍스트들에서도 마음가짐, 명상, 영적인 규율의 실천에 바탕을 둔, 자녀와 확실하게 분리될 수 있는 부모 되기가 가능한가에 대해서 중요한 문제로 논의되지 않았다. 그러나 이러한 가능성은 가부장제 이후 불교에서는 매우 중요하다. 다른 맥락에서 보면, 어머니는 자신에게 온전히 모든 것을 의존하는 아기를 전적으로 돌보는 책임자이기 때문에, 자신의 어머니가 자신을 키우며 겪었을 어려움을 생각하며 스스로 자신을 긍정적으로 받아들이도록 요구한다. 대승불교의 명상에서 중요한 것은 "가져와서 보내는 것"[7], 즉 "자신과 타인의 입장을 바꾸어 보는 것"이 중요한데, 이는 타인에게 친절한 감정과 남에게 베풀 수 있는 능력을 우선으로 장려하기 때문이다.

그래서 누구보다도 자신에게 친절하고 관대하게 돌봐주었던 어머니에 대한 기억을 먼저 떠올림으로써 친절과 관대함을 연습한다. 스승들은 아이를 양육하는 과정에서 어머니가 잘못했거나 난폭했다고 할지라도 어머니를 존경해야 한다고 말하는데, 왜냐하면 "당신이 한없이 무력한 존재였을 때 어머니는 당신을 돌봐주었다"라고 가르친다. 전통적인 종교에서는 부모를 무조건 존경하고 따르기를 요구하는 경향이 있다. 어떤 불교 스승들은 부모가 자신에게 어떻게 대했든 간에 귀중한 생명을 주신 분이므로, 분노나 비판이 아니라 반드시 존경해야 한다고 가르친다.

흥미롭게도, 인간 어머니에 대한 이러한 다양한 관점에도 불구하고, 타인의 복지를 위해 동정심을 발휘하거나 헌신하는 본보기로 그리지는 않는다. 오히려 명상가는 자녀에 대한 애착으로 인해 고통을 겪는 어머니를 안타깝게 보거나, 그녀의 연민과 너그러움을 통해 타인에게 그 감정을 가장 쉽고 자연스럽게 옮길 수 있는 대상으로 여긴다. 그녀가 느끼는 연민을 더욱 강화시키거나 보살과 같은 존재로 모든 존재에 대한 연민을 확대시키는 윤활유로 간주한다. 다양한 형태의 대승불교 맥락에서 보면, 어떤 한 사람은 자신의 어머니, 모든 고통 그리고 그녀의 짐을 덜어주려는 열정에서부터 연민을 불러일으킨다. 그리고 난 후에, 끊임없이 윤회하는 존재로 거듭나는 삶 속에서 모든 존재가 어느 생의 한 번쯤은 어머니로 태어났거나, 어머니로 태어나서 자식을 위하느라 고통받았음을 보여준다. '지각 있는 존재인 어머니'는 대승불교의 인식 속에서 연민의 모델이 아니라, 연민을 받는 수혜자의 모델로 지속적으로 존재한다.

고전적인 불교에서 어머니는 불성을 가진 생명을 낳는 지혜의 여성적 원리를 구현할 때만 모범이 된다. 이 가치관은 '양날의 검'이라고 할 수 있다. 한편으로는 생명의 근간으로서 출산과 육아를 최고의 가치로 인정한다. 종교적 상징체계에서 긍정적인 모성 기호를 갖는 것은 부모로서의 가치를 높이고 인간에 대한 이상형을 제공하는 데 도움이 될 수 있다. 예를 들어, 개인은 모두 어머니가 될 필요는 없다. 아마도 문자 그대로 부모들은 불성을 가진 생명을 낳는 평온한 지혜의 원리에 따라 스스로 자신을 본보기로 삼을 수 있을 것이며, 부모로서 애착을 기반으로 윤회하는 모델은 덜 원할 수도 있을 것이다. 반면 여성적 지혜의 구현은 명상 수행을 방해하고 더러운 기저귀를 만들며 인내심을 시험하는 육아에서가 아니라, 불성을 가진 생명을 만드는 것에서 나타난다. 일반적으로 불교 명상적 맥락에서 보면, 출산의 결과에 대해서는 별로 언급되지 않고 있다!

모성에 대한 페미니스트적 관점은 불교적 평가와는 상당히 다르다. 특히 초기 페미니즘의 주장으로는, 슐라미스 파이어스톤Shulamith Firestone의 인공 자궁[8]의 개발로 출산에서 여성이 자유로워져야 한다는 주장에서부터, 난해하고 다양한 인간 문제를 해결하는 모델로서 임신을 가장 숭고한 인간 활동으로 인정하는 것까지, 임신에 대한 관점은 매우 다양하다.[9] 이 중 낸시 초도로Nancy Chodorow와 도로시 디너스타인Dorothy Dinnerstein의 주장은[10] 여성들이 아동 양육에 대한 유일한 책임이 주어질 때 일어나는 역동을 설명하는 것으로, 재가 여성 명상가들을 위한 성평등한 부모 역할을 재구축하기 위해 매우 중요한 연관성을 보여준다.

위 두 사람의 말에 따르면, "남녀가 개인(그리고 우리 사회)으로서 매우 잘못된 것은… 여성들에게만 모든 양육의 책임을 떠맡긴다는 사실이다."[11] 위 두 사람은 "여성에 대한 억압은 돌봄을 여성에게만 강요하는 것에서부터 비롯된다"[12]며, 남녀가 함께 돌봄에 참여하는 것이 여성의 억압을 종식하는 방법일 뿐만 아니라 젠더 역할의 장애에 사로잡히지 않는 이성적인 사람들을 키우는 방법으로 본다.

조기 육아에서 여성만의 돌봄과 양육이 어떻게 부정적인 효과를 낳는지 그리고 부모 양쪽에 의한 양육이 이러한 상황을 어떻게 완화시키는지, 육아 과정에서 기쁨을 부모가 함께 나누는 공평함과 모성애라는 부담의 측면에서가 아니라 오직 여성에 의해서만 유아가 양육될 때 어떤 결과가 나타나는지를 설명한다. 여성만의 양육 관행은 유아가 남자아이든, 여자아이든 성별을 떠나 아이에게 여성에 대한 평생 부정적인 태도를 가져온다. 디너스타인의 분석은 불교와 더 직접적인 관련이 있는데, 그녀의 주장에 따르면, 이 아기는 보호자를 "… 신뢰할 수 없고 예측할 수 없는 세계"로 돌보는 사람이라고 경험한다고 한다.

> 어머니에게 유아는 육체적인 욕구나 심리적인 욕구가 충족되었는지 곧 바로 확신할 수 없어서 기쁨과 고통의 원천이 된다. 그 결과, 유아는 어머니 형상(여성)들과 그들이 나타내는 것(물질/물리적 우주)에 대해 매우 양면적인 감정을 느끼며 자란다.13

남자는 어른이 되면 다른 사람에 대한 완전한 의존을 다시 경험하고 싶지 않으며 여성과 자연을 모두 통제하려고 한다. 여성은 성장하면 남성에게 지배받으려 하고, 자신의 모성 성향을 억제하려고 한다. 이 상황은 너무나 기능적이지 않고 상호 파괴적인 전통적인 젠더 배치로 이어진다. 그러나 특히 불교인들에게 가장 중요한 것은, 여성의 자녀 양육 통제는 "인간으로 살아가면서 잘못된 모든 것이 어머니/여성을 탓하는 지속적인 경향성, 특히 우리는 결국에는 실패하고 죽을 운명에 놓인 한계를 가진 운명적 존재라는 사실"에 책임이 있다.14

디너스테인Dinnerstein은 이러한 상황에 대해 부모 공동 육아로 해결할 수 있다고 주장한다. 남성들이 유아를 양육하고 인간이라는 제한적인 존재로 인해 겪어야 하는 과제를 똑같이 분담하기 때문에, 여성 혼자 희생양이 될 필요가 없다. 공동 육아의 주된 이유는 여성들이 문화에 더 완전하게 참여할 수 있도록 하거나 남성들이 부모로서 만족을 경험할 수 있도록 하기 위해서가 아니다. 이런 것들이 매우 유용하지만 부수적인 결과이다. 공동육아에 의해 제공되는 결정적인 필요성은 다음 세대를 완전한 인간애뿐만 아니라, 무의식적이고 오디푸스적인 여성에 대한 증오와 두려움으로부터 해방하도록 도와준다는 것이다.

가부장제 이후 불교에서 부모 되기는 전통적인 사회이건, 불교인이건 비불교인이건 간에, 전혀 다른 방식으로 건설될 필요가 있을 것이다. 재가 신도가 명상 훈련을 하면서 부모의 역할을 하는 것은 이전보다 훨씬 더 섬세하고, 사려 깊고, 진지하게 임해야 함을 의미한다. 그러면 부모들이 적어도 그들의 자녀와의 애착에서 어느 정도 거리 두기를 할 수 있다. 디너스타인이 설명한 바와 같이 확장된 의미에서의 공동 육아를 선택하고, 불교 명상센터는 일상적으로 명상 수행과 연계하여 보육을 제공할 수 있다.

재가 신도들이 명상 수행을 통해 지혜를 축적하고 불교 정체성의 핵심 표현으로 받아들이기 위해서는 재생산의 구조를 매우 극적으로 변화시켜야 한다. 첫째, 가장 중요한 것은 아이를 갖는 것이 우연의 산물이 아니라 신중한 선택이 되어야 한다는 것이다. 정신적, 영적 기본 훈련이 마음 챙김과 알아차림을 진전시키는 사람들은 출산 계획을 미리 세우는 것이 좋다. 그렇게 하면 성적으로 잘못된 행위를 피할 수도 있고, 자신에게 일어날 행동을 미리 알고 그 상황을 대비할 수도 있기에 일반 불교 수행자들의 일상적인 관행이 되어야 한다.

또한 몇 가지 중요한 불교 교리, 즉 진정한 무아egoless와 육아 과정에서의 분리 개념을 도입하는 것은 부모와 아이 모두의 경험을 좋게 만들 것이다. 주로 부모가 아이를 자신의 분신으로 생각하고 출산을 하고 또 그렇게 양육된 아이들에게 행해지는 정서적 학대는 놀라울 정도이다. 무아 개념을 익힌 부모들은 사회적 압력에 습관적으로 반응하면서 임신을 하지는 않을 것이며, 자신의 아이들을 부모의 필요와 기대를 충족시키기 위한 목적으로 생각하지도 않을 것이며, 아이들을 자기 자아의 연장으로 여기지도 않을 것이다. 아이를 원하는 결과물이나 소유물, 혹은 물건으로 인식하지 않고, 자녀와 부모를 일시적으로 밀접한 관계를 맺는 독립적인 존재로 인정하는 능력은, 부모와 자식 간의 애착이 가져다주는 고통의 일부를 제거해 줄 것이다.

비록 남녀 모두에게 어느 정도 거리감을 두고 무아無我적인 양육 방식을 요구하지만, 부모와 자식 사이의 관계도 가부장제에 의해 구성되기 때문에, 여성다움을 가장 매력적이지 않은 것으로 여기고 과소평가할 것이라고 짐작할 수 있다. 여성들은 많은 사람이 믿고 있는 쪽으로 혹은 그들의 삶과 관련이 있는 무언가를 찾기 위해 출산으로 도피할 수도 있다. 남성들은 자기들의 삶의 의미와 연관성을 아이라는 생물학적 해결책으로 받아들이기도 하고, 여성들은 개인적인 삶의 의미를 자식을 통해 찾으면서 강렬한 애착을 형성하기도 한다. 부모의 자아가 아이들에게로 연결될 때 아이들이 느끼는 부담은 엄청나며, 이를 극복하기 위해 수년간의 영적 훈련이 필요할 수도 있다. 그러한 부담이 고전적인 불교문화에서도 전해져 오는데, 결혼이나 가계 존속보다는 자신의 종교적인 삶을 선택하려는 자녀와 이를 반대하는 부모들의 이야기는 불교 전기문학에서 주요 주제로 등장하고 있다.

그러나 그러한 부모들이 의심할 여지 없이 현대의 불교적 방식으로 발전된 완전히 새로운 재가자 중심의 불교 모델을 개발하는 데 유리한 것은 아니다. 부모의 무아사상은 다른 몇몇 문제들에 매우 긍정적인 영향을 미친다. 무아사상과 보살의 서약은, 아이들과 관련해서는 다양한 공적인 영역에서 개인적인 욕심을 앞세우는 부모가 아니라, 아이들이 즐겁게 생활하면서 누려야 하는 삶의 질에 관심을 가져야 한다.

입양은 자신의 아이를 임신할 수 있든 없든 간에 무아사상을 실천하는 부부들이 선호하는 선택이어야 하며, 특히 임신이 어려운 부부에게는 의학적인 방법을 대신하는 대안이어야 한다.

세상에는 이미 인구가 너무 많은 까닭에, 사려 깊은 부모들은 인구 억제정책에도 찬성해야 한다. 출산 결정은 단지 한 아이를 위한 욕구나 아이를 부양하는 개인적인 능력에 근거하여 이루어지는 것이 아니다. 자신의 출산 횟수를 제한하며 이미 태어난 아이들을 안전하고 적절하게 돌보는 것은, 타인에게 해를 주지 않고 이웃 사랑을 실천하는 가장 기본적인 가르침의 일부로 여겨질 수 있다. 인구 밀집, 영양부족, 가난, 부모로부터 충분한 관심을 받지 못하는 아이들 그리고 육아에 너무 빠져 감정적으로나 영적으로 자신을 돌보기 힘든 부모들은 불행하기 그지없다. 일반적으로 불교 명상가 부모들은 자녀 양육이 자신의 명상과 공부를 위한 규율과 상충하지 않도록 아이들의 양육을 구조화할 필요가 있다. 공동육아, 확대육아, 공동육아 네트워크가 필수이며, 불교계의 공식 기관들은 이 확대된 육아에 참여해야 한다.

1세대 서양 불자들은 불교를 어떻게 가르칠 것인가, 불교를 어떻게 포교할 것인가에 대해 고민하면서 노력하는데, 이는 개별 가족 단위로 해결할 수 있는 문제가 아니다. 영적 규율에 전념하는 장소인 "사원"이 적어도 재가자들이 자주 찾는 명상센터의 일부가 되면서, 보육과 아동교육은 아마 이전에는 없었던 방식으로 불교 센터가 관심을 가져야 한다. 불교의 재가자 부모들은 대개 그들이 어린 자녀를 둔 몇 년 동안은 전적으로 그들의 정신적 규율을 깨뜨리기를 원치 않는다. 여성이 육아에서 벗어나 자유롭게 불교 의례나 명상모임 등에 참여할 수 있을 때는 이미 나이가 많이 들었을 때이며, 그때까지 여성들에게 아이 돌봄을 맡기는 것은 페미니스트적 관점에서는 적절하지 않은 낡은 해결책이다. 여성은 하인이 아니라 '고귀한 인간으로 태어남'에 따르는 특권과 책임을 부여받아야 한다. 그러므로 서양의 불교 기관들은 현재 자녀가 있는 일반 불교 명상가들의 필요를 충족시키는 최선의 방법을 실험하고 있다.[15]

일상적인 육아와 관련하여, 비불교도인이라고 할지라도, 공동보육과 다양한 방식의 연장 보육을 포함하는 구조 조정도 필요하다. 가부장적 사회에서 한 여성을 가정 경제나 기타 활동을 위해 자녀와 격리하는 것은 불합리하다. 대가족, 아이 돌봐주는 사람 그리고 이웃 네트워크 구성원들과 함께 하는 일종의 공동 육아 돌봄은 종종 나타난다. 일부 확대된 보육은 자녀와 오랜 시간 계속되는 접촉에서 벗어나고, 다른 성인과 상호작용을 하며, 다양한 경제 및 문화 활동에 참여할 수 있는 메커니즘을 제공한다. 이 문화 간 정보는 우리 사회에 만연한 육아에 대한 과도한 집착을 다시 설정하는 데도 중요한 요인이 될 것이다.

공동 육아는 보통 아버지들도 조기 육아를 위한 일차적인 책임을 져야 한다는 것을 의미한다. 그러나 그러한 제안은 아버지와 어머니가 있다는, 즉 한 부모가 아니라 아버지와 어머니 모두가 있음을 전제로 한다. 이러한 기준은 많은 여성과 아이들에게는 적용되지 않을 수도 있다. 한 부모 어머니들은 남편이 있는 가정의 여성들보다 아마도 더 많이, 주요 돌봄 역할자가 되기도 한다. 아이들의 생모와 함께 살지 않는 아빠들도 1차 육아 돌봄에 관여할 필요가 있고, 아버지와 함께 살지 않는 아이들도 여전히 남성의 돌봄이 필요하다. 만약 디너스타인이 지적하는 종류의 문제들을 피하려면 말이다. 이것은 가족에 대한 전통적인 개념의 붕괴와 특히 한부모들 사이에서 나타나는 공동 생활방식을 포함한 확장된 공동육아 네트워크가 매우 유용함을 시사한다.

육아에 대한 아빠의 참여를 포함하는 육아 관련 확장된 네트워크는 두 가지 수준에서 논의될 수 있다. 첫째, 남녀가 상대의 성 역할에 대한 무능함을 극복하고, 공정하고 전체적인 인간으로의 성장을 장려하는 것이다. 보육은 다소 시간 집약적이고 몰입해야 하므로, 부모들은 일상에서 명상 수행이나 공부 등을 하면서 육아를 함께 하는 것이 힘들다고 말한다. 불교 명상을 하는 재가 여성 어머니들은 영적 수련을 위한 시간이 필요하지만, 전통적인 여성의 가사와 육아 담당이라는 성 역할로 인해 수행할 시간을 내기가 쉽지 않다. 최근에는 여성들의 경제 활동 유입 인구가 급격하게 증가하면서 일과 가정을 병행해야 하는 여성이 증가하고 있다. 이 때문에 남편과 공동 육아를 하는 것은 당연한 일이다. 반면, 육아야말로 너무나 보람 있고 만족스러워서 여성이 다른 일을 하는 것은 어리석은 일이라고 주장하는 사람들이 있다면, 그토록 보람 있는 경험에 남성들도 동참하라고 강력하게 요구해야 한다. 그것은 불교의 교리와 사회에서의 역할 배치로 인해 지속적으로 정체성이 훼손되는, 또 다른 형태의 젠더 위계를 극복하는 일이 될 것이다.

마지막으로 프로이드 이후의 정신분석학적 페미니즘 분석, 즉 도로시 디너슈타인의 주장은 불교적 맥락과 매우 연관성이 깊다. 그녀에 의하면, 특히 유아는 자신의 의사를 표현할 수 없으므로 그에 따른 한계 및 좌절감과 같은 힘든 경험들이 많은데, 그로 인해 원망의 감정이 오래 지속되기도 한다. 불교 용어로는 유아나 어린이도 필연적으로 인간 존재로서 겪어야 하는 희로애락을 경험하는데, 비록 부모가 아무리 잘 보살펴준다고 할지라도, 아무리 아이들이 부모를 사랑한다고 할지라도, 부모나 자식 모두 완전히 만족할 수는 없다.

이러한 기본적인 사실을 바꿀 수는 없으며, 이것은 부모와 자식 모두에게 기본적으로 불안을 경험하게 한다. 고타마 싯다르타의 아버지처럼 자식이 고통을 겪거나 나쁜 경험을 하지 못하도록 애쓰는 부모들도 있는데, 그 부모들은 자식에게 끝없는 사랑을 쏟고 엄청난 재물을 제공하면 자녀들이 행복할 수 있다고 믿는 것 같다. 일부 성장한 자녀들은 그들의 부모가 일방적으로 애정을 쏟았기 때문에 얼마나 심각한 어려움을 겪었는지를 호소하는데, 실제로 그들이 겪는 좌절과 불만이 폭력적으로 나타나기도 한다.

또한 자녀 양육의 과정에서 나타나는 비난과 죄책감의 대상이 아버지보다 어머니에게 더 많은 것을 볼 수 있다. 디너스타인이 주장하듯이, 여성들에게만 육아에 대한 일차적인 책임을 부여하는 문화에서 자녀들의 좌절과 분노를 경험하는 대상이 무의식적으로 어머니에게로 향하는 것이 필연적이다. 이 비난은 여성을 본질적으로 악하다고 보거나, 여성이 순수함과 행복을 가져오는 존재가 아니라고 비난하는 종교적 상징과 신화에서도 알 수 있다. 불교는 많은 다른 종교들보다 덜 지배적이고 덜 규범적이지만, 그럼에도 불구하고 불교에서 여성은 남성이 결코 경험하지 못하는 방식에서 두려움과 분노를 경험한다. 이는 불행히도 여성이 돌봄의 주요 담당자였기 때문에 원망과 두려움의 대상이 된 것과 연관이 있을 수 있다.

그러나 불교에서는 디너스타인과 달리 윤회만이 우리가 배우는 진리가 아니다. 사성제 진리 중 처음 두 가지(고성제, 집성제)만이 윤회에 대해서 그리고 마지막 두 가지(멸성제, 도성제)는 해방, 자유 그리고 영적인 규율을 이야기한다. 그러나 그러한 학문과 열반의 가능성을 우리에게 가르치는 구루나 종교 스승들은 거의 항상 남자들이다. 이러한 성별 역할은 여성의 현실을 이해하지 못하기도 하고 또한 성별 균형에도 맞지 않는다. 여성은 비공식적으로, 그러나 오히려 체계적으로 종교 지도자와 불교 지도자의 위치에서 배제되고 있지만, 그들은 자식들에게 윤회적 존재라는 것을 가르쳐야 하는 과제를 안고 있다.

한편, 남자들은 스스로 열반을 추구함과 동시에 다른 남성들에게 자유를 증진시키는 방법을 가르친다. 둘 다 자유를 추구하는 데 반해, 여성들은 제한적이고 부정적인 윤회적 존재라는 전통적인 여성관으로 인해 가르치는 역할이 제외되었을 것이다. 이 불쾌하고 잔인한 악순환!

불교에 있어서 이 악순환을 끊는 데는 많은 것이 필요하다. 아마도 이 연관성이 끊어질 수 있는 지점은 불교 수행에 여성 재가자들이 대규모로 진지하게 참여하고, 비구니들을 위한 철학적, 명상적 훈련을 시행하는 대대적인 개혁이 일어날 때일 것이다.

그 시점부터 재구성은 두 방향으로 일어날 수 있다. 여성들은 권위를 인정받으면서 불교에서 가르치는 역할을 하게 될 것이며, 영적인 규율과 열반을 성취하는 과정에서 남성들이 거의 독점하고 있는 부분을 깨뜨리게 될 것이다. 그리고 어떤 남자들은, 여러 가지 이유로 공동 육아에 동참할 것이고, 따라서 윤회에 대한 인식과 여성만 육아를 담당하는 규칙을 극복하게 될 것이다. 여성이 돌봄의 중심이고 남성이 불교 스승인 이 두 가지 독점을 깨는 것은, 이로 인한 모든 불필요한 부정과 고통을 제자리로 되돌리는 것이다.

가부장제 이후의 사원 중심제도
: 전통적인 불교 중심부의 재건을 위하여

전통적인 불교는 현재 남성 우월적인 사원 중심제도에 크게 의존하고 있으며, 이는 불교가 가부장적인 종교라는 인상을 준다. 전통적인 불교의 중심부에는 모든 종교적 페미니즘에 의해 매우 자주 나타나는 친숙한 개념인 남성 우위가 있는데, 이는 거의 남성 독점이라고도 할 수 있기에 이로 인한 여성의 고통을 보여준다. 가장 최근에, 나는 살아 있는 불교라는 아름다운 삽화가 그려진 책을 보았는데,[16] "여성의 사진은 확실히 많지 않다"라고 평한 내 친구의 말을 들으며 다시 한번 분노하면서도 슬픔을 느꼈다.

성평등한 사원 제도의 재건은 가부장제 이후의 불교를 위한 여성주의적인 이슈 가운데 가장 중요하거나 혁명적인 부분이라고 할 수 있다. 이 개혁은 어떠한 편견이나 차별 없이 여성들을 전통적인 불교, 사원 그리고 교육 기관들의 중심부로 완전하게 재배치할 수 있다. 일반적으로 이러한 분야들은 주로 불교를 보존하거나 전파하는 역할이기 때문에 보수적인 권력을 가진 세력들은 이미 시행되고 있는 제도라는 이유로 중요하지 않게 생각하기도 한다. 하지만 개혁가들은 이를 현대적으로 재조정해서 적용한 역사적 사례도 있다. 불교 발전을 위해서 필요한 개혁은 중단되지 않았을 뿐만 아니라 전통적인 불교도 일정 부분 유지한다.

하지만 개혁에 반대하는 일부 불교 지도자들이나 모든 불교 종파에 속한 남성들의 느린 변화 속도는 개혁을 원하는 입장에서는 매우 실망스럽다. 만약 교단에서 달라이라마 존자 정도의 권위를 가진 분이 비구니들을 대하는 불교 방식이 부적절하므로 불교를 개혁해야 한다고 선언한다면 그리고 성차별적인 상황을 바로잡기 위해 직접적인 조치를 취하라고 명령한다면, 이는 긍정적인 변화에 엄청난 영향을 미칠 것이다.[17] 상황을 더욱 정확하게 조사할 필요성이 있을 때, 단순히 지지와 격려를 보내는 것만으로는 변화에 별로 도움이 되지 않는다. 조사할 것이 무엇인지 분명하게 알아야 한다!

그런데 이러한 문제 등으로 교단에서 주요 문제로 제기하기보다는, 불교 기관들이 해결할 의지를 보여야 한다. 비구니 승단을 재정립하고 비구니들을 적절하고 동등하게 교육하고 지원할 것을 요구하게 되면, 변화에 대해 적극적으로 지지하는 남성들조차도 이 문제에 대해서는 답을 회피하기도 한다. 그리고 비구니가 정신적 조언자로서 능력이나 문제 해결 능력이 부족하다는 등의 대답을 하기도 한다. 만약 그들이 비구니 승단을 회복하거나 비구니들을 공평하게 대하는 것조차도 할 수 없다고 한다면, 특별한 상징이나 관습이 여성들에게 영향을 미치는지와 같은 훨씬 더 복잡하고 미묘한 질문들에 대해 어떻게 이해할 수 있겠는가. 안타깝게도 어쩌면 매우 실망스러울 수도 있는 남성들의 이러한 반응을 맹목적이고 완전하게 신뢰를 하기에는 회의적일 수도 있다. 금강승불교에서는 구루에게 반드시 헌신하고 복종해야 한다는 것으로 어느 정도 참고 견딜 수도 있겠지만, 이런 인내도 어느 시점에 가면 한계에 도달할 것이다.

일부 페미니스트들은 왜 사원들을 재건하는 것이 불교 여성들에게 중요해야 하는지 의아하다고 생각할 것이다. 불교의 다양성이든 기독교의 다양성이든, 솔직하게 말하면, 비구나나 수녀는 현대 페미니스트들 사이에서 가장 관심이 있는 여성 문제라거나 가장 광범위하게 알려진 이슈는 아니다. 페미니스트들은 종종 이 문제를 독신 중심이라는 사원의 규율 때문에 매우 가부장적이고 다소 억압적인 것으로 간주하기도 한다. 현재 불교 사원주의가 남성 중심인 것은 사실이지만, 가부장제 이후의 불교에서는 변화할 것이다. 불교 사원주의에서 독신은 목적이라기보다는 수단이다.

특히 가부장제 이후의 불교에서 비구니들의 생활양식은 더욱 매력적일 수도 있다. 가부장제 사회에서, 2600여 년 전 인도처럼, 비구니가 되어 사원으로 들어가는 것은 종종 학대받고 힘든 가정생활로부터 여성들의 최고의 피난처였다. 비구니라는 신분이 제한점이 많을 것이라는 외부인의 생각과는 달리, 많은 비구니가 출가라는 생활방식에 내재되어 있는 자유를 선택했다. 차별받고 갈등이 이어지는 가족 관계로부터 완벽하게 자신만의 발전에 집중할 수 있고, 이를 위한 서비스와 자원들을 필요한 만큼 자유롭게 이용할 수 있다. 비구니가 된다는 것은 혈연관계의 가족 및 친근한 주변 사람들과의 관계를 잃는 것이 아니라, 훨씬 더 건강하고 갈등을 줄일 수 있는 매우 포괄적이고 광범위한 관계망을 형성하는 것이다.

게다가 비구니들은 선한 마음을 가진 동료들이 지지하고 격려하는 공동체에서 살 수 있다. 이러한 공동체는 소외와 외로움이 만연된 사회에서 살아가는 사람들에게 훨씬 더 매력적일 수도 있다. 비구니들은 붓다의 가르침을 연구하고 명상 수행을 하면서 영적인 규율에 맞는 생활방식을 영위하는데, 그러한 삶을 추구하는 것은 그들에게는 거의 유토피아적인 환경이라고도 볼 수 있다(물론 어떤 부분은 현대적인 관점에서 보면 평균 이하라고 할 수 있지만). 마지막으로, 특히 서구 불교에서 비구니는 후원 공동체의 지원을 받으면서 예술, 공예 및 기타 분야에서 그들의 능력을 개발하고 완성할 수도 있을 것이다.

불교 여성들에게 비구니가 얼마나 중요한가 하는 문제는 현대와 미래의 불교에서 사원이 통합적으로 해야 할 역할과도 연결된다. 어떤 사람들은 불교의 역사가 사원 중심에서 점차 사원의 중요성이 줄어드는 것이라고 주장하는 반면, 또 어떤 사람들은 사원은 수행자들의 매우 핵심적인 공간으로 불교 존속을 위해 필수적이며 앞으로도 사원 중심이 되어야 한다고 주장한다. 사원주의는 동남아시아, 티베트, 중국의 불교 형태에 매우 많이 나타나는데, 이러한 불교에서는 사원주의를 벗어나는 어떠한 급격한 변화도 상상하기가 어렵다. 서양 불교에서 사원의 역할에 대한 질문은 많은 관찰자의 호기심을 자극한다.

대부분의 서구 불교 신자들은 사원 생활과 관련된 계율에 대해서 서약을 하지 않았고 또 불교인들도 그것을 기대하지 않는다. 그러나 사원과 유사한 명상센터는 서구 불교에 절대적으로 중요하다. 대부분은 장기간의 사원 생활과 관련된 서약을 하지 않을 수도 있지만, 일반 불교 명상가들에게는 수행 장소로서 사원은 필수적인 공간이다. 대부분의 젊은 사람들(모든 남성)이 일시적으로 사원에 들어가서 승려로서 경험하는 오늘날의 상좌불교와 어느 정도 유사하다고 할 수 있다. 그러나 이처럼 사원에서 생활하는 시기가 젊은이들을 위한 통과 의례가 아니라, 삶의 어느 때라도, 남성뿐만 아니라 여성도, 이용이 가능하다면 사원은 불교인들에게 매우 유용할 것이다.

가부장제 이후의 사원주의는 현재의 사원 생활 관행에서 약간의 수정을 필요로 한다. 이러한 변화들 중 일부는 잃어버린 것을 복원하는 것에 불과하다. 또 어떤 사람들은 남성 지배적이고 여성들에게 불리한 오랜 불교 관행에 대해 비판할 것이다. 그러나 그들 중 어느 누구도 사원 생활의 기본 구조와 스타일에 대한 대대적인 개조를 원하지 않는다. 아주 분명하게 필요한 개혁은 첫째, 상좌불교와 티베트 불교에서 비구니 승가를 복원하는 것이다. 비구니 승단이 사라진 후 천 년이 넘도록 비구니들은 수계를 받지 못했다. 비구니 승단을 복원하지 못하는 경우, 티베트 수행녀들이 공식적인 비구니가 되기 위한 계를 받지 못한다면, 비구와는 다른 색상의 수행자 복장을 한 "사미니"의 지위에 머물 수밖에 없다.

비록 비구니 수계2가 한동안 끊어진 것은 사실이지만, 붓다께서 설립한 비구니 승단을 특정 국가의 교단에서 반대하는 것은 이해할 수 없다. 설령 불교 국가 어디에도 비구니 승단이 존재하지 않는다고 할지라도, 교단 내 권위를 가진 사람들이 여성의 수행과 깨달음에 관심을 가진다면, 승단을 재구성하는 것이 가능할 것이다. 수계와 관련된 의례와 집전을 포함하는 완전한 비구니 승단은 중국과 한국의 불교에서 잘 보존되어 오늘날까지 이르고 있다. 전 지구화 시대에, 이미 존재하고 있는 비구니 승단의 도움을 받고 상좌불교 국가의 비구 승단의 지원을 받는다면 완전한 이부승 수계3가 이루어질 수 있다. 상좌불교이건 대승불교이건 붓다의 가르침을 따르는 공동체인데, 비구니 승단을 복원하기 위해 대승불교 비구니 승가의 도움을 받는 것이 어찌 계율을 위반하는 것이겠는가?

실제로 1988년 북아메리카의 한 중국 사원은 다양한 불교 국가에서

---

2 수계(受戒): 출가자나 재가자가 지켜야 하는 계율(戒律)에 따를 것을 맹세하는 의식을 말한다.
3 비구 승단과 비구니 승단 두 승단으로부터 계율을 받는 것을 이부승수계라고 한다. 비구니는 비구 승단과 비구니 승단 두 승단으로부터 수계를 받아야 한다.

온 여성들에게 비구니 수계를 해주었다. 그런데 이러한 비구니 수계에 대한 반응은 다양했다. 티베트 불교 수행을 따르는 서양 여성들, 주로 서양인들은 이러한 수계에 참여하는 것에 반대하지 않고 남성들로부터 약간의 격려도 받았다. 그러나 정식 비구니가 된 그들은 정작 자신이 속한 나라의 교단에서 공식적으로 비구니로 인정받지 못하거나, 혹은 수계를 하는 곳으로 여행할 돈이 부족해서 수계를 받지 못하는 인도, 네팔, 티베트 사원의 수행녀들도 많이 있다. 즉, 수계를 받을 수 있는 티베트 여성은 그나마도 극소수인 것이다.

비구니 수계에 대한 이들 불교 교단의 공식적인 언급은, 수계를 제공하는 승단이 티베트 불교 당국이 받아들일 수 있는 계통의 승단인지를 결정하기 위해 조사를 하고 있다고 한다. 사안의 시급성을 감안할 때 이런 반응이나 정책은 매우 소심하고 불필요한 것으로 보인다. 또한 이 조사는 어떤 매우 중요한 종교적 문제가 아니라 여성이 사원 생활을 할 수 있는 능력과 권리가 있는지에 대한 조사라고 한다. 이는 여성 폄하와 여성 소외가 아닌지 그 의도가 의심스럽다. 만약 비구니에게 매우 중요한 어떤 문제가 있는지 신중하게 조사해야 한다고 한다면, 왜 이토록 오랜 세월이 걸리는 지도 이해할 수 없다. 사실 불교사 전반을 통해 보면, 비구승의 수계도 여러 불교 국가에서 수차례 분실되었지만, 수계제도에 대한 이처럼 장황한 조사 없이 계맥을 이어왔다.

만약 비구 승가에서 수계에 필요한 법맥이 끊겼다면 비구들은 어떻게 대응할 것인지도 매우 궁금하다. 초기 인도 불교에서의 역사적 설립에도 불구하고, 앞으로도 언제까지 기다려야 하는지, 이렇게 가다가는 여성들이 완전한 비구니로써 지위를 영구적으로 거부당하게 되는 것은 아닐까? 상좌불교 국가들의 상황은 더욱 극명하다. 대승불교 수계 전통이 역사적으로 대부분의 상좌불교 교단의 수계 계통과 같은 근원에서 유래했음에도 불구하고, 대승불교권에서 비구니 수계를 받는 것을 분명히 반대하고 있다. 반대 이유로 내세운 것 중 하나는, 일부 상좌불교 신자들이 그러한 방식을 타당하다고 받아들이지 않기 때문에 그들의 교단이 분열할 수 있다는 것이다.[18] 이는 영국 교회의 일부 구성원들이 여성 서품을 반대하는 것과 매우 유사하다. 이 두 경우 모두가 여성의 소외와 비인간화를 너무 극적으로 보여주고 있는데, 권력을 가진 남성들이 미래에도 권력을 유지하기 위해 끊임없이 여성의 열등감을 거론하면서 여성을 희생시키려는 것이 아닌가를 의심하게 만든다.

사람들은 항상 무엇이 중요한 우선순위인가를 생각해야 한다! 사원 당국이 금지함에도 불구하고 해외로 나가서 수계를 받고 오는 일부 상좌불교 국가의 비구니들은, 자기 나라로 돌아가면 그 나라의 승복을 입는 것조차 국가로부터 금지당한다.[19] 설사 비구니들의 수계를 복원한다고 해도 그것이 완전히 사원주의의 재건으로 나아가지는 못할 것이다. 현존하는 사원 제도는 공식적으로나 비공식적으로 매우 남성 중심적이다. 공식적인 계율은 여덟 조항의 특별 규칙(팔경계)으로 표현되는 반면, 비공식적인 계율은 비구니들이 비구보다 훨씬 더 많다는 것으로도 입증된다[4]. 이 두 가지는 서로 연결된 형태의 남성 지배로, 역사적으로 비구니 승단에도 큰 불이익을 안겨 주었고, 아마도 비구니 승단이 사라지는 데도 큰 영향을 미친 것으로 여겨진다.

불교 사원주의에 내재된 비공식적인 남성 우월적인 문화는 남성 중심 가부장적 사회의 전형적인 성 역할 고정관념에서 비롯되며, 부분

---

[4] 현재 한국 불교 최대 종단이라고 할 수 있는 조계종단에서 비구가 지켜야 할 계율은 250계, 비구니가 지켜야 할 계율은 348계이다.

적으로는 사원 제도에 뿌리내리고 있는 불교의 가부장성에 기인한다. 따라서 남성 중심의 사원주의를 극복하는 것은 가부장제 이후 재가신자 중심의 불교를 창조하는 것과 매우 밀접한 관계가 있다. 이 상황에 대한 변화를 위해서는 가부장적 문화에서 기본적으로 연상되는, 비구니 스스로 여성이라서 느끼는 당혹감인 수치심, 열등감 등과 같은 감정을 극복하는 것이 필요하다.

이러한 당혹감은 비구니 승단을 재건하기 위한 메커니즘에서도 드러난다. 종종 나이 많은 장로들의 세계에서도, 비구에게 승단은 결혼을 거절하기 위한 장소가 아니다. 하지만 여성들에게 승단은 남성 중심적인 결혼 시장에서 가치를 인정받지 못하는 과부들, 노파들 그리고 유족들의 피난처 역할을 하는 장소가 되기도 한다. (적어도 티베트 불교의 경우, 가족 유산이 너무 커서 사원이 결혼 생활을 영위하는 아들들을 위한 선택적 장소가 될 수 있다는 점을 유념해야 한다.) 반대로, 예셰 초겔처럼, 사원 생활을 진실한 직업으로 선택하고자 하는 여성들은, 남성 중심적인 결혼 시장에서 바람직한 신부로 인정받아 비싼 가격이 매겨지게 되면 출가하고자 하는 그들의 소망은 가족들에 의해 차단되기도 한다. 두 경우를 보면, 남성들이 사원에 들어갈 때는 가족의 명예가 향상되지만, 여성이 사원에 들어갈 때는 그렇지 않음을 알 수 있다. 이러한 당혹감은 또 역사적으로는 비구니들에게 제공되었던 수준 낮은 경제적 지원에서 그리고 현대 불교 내의 많은 집단에서도 드러난다.

마지막으로, 비구니들을 위한 학문적, 명상적 수행 시설 또한 종종 비구들을 위한 시설보다 열악하기 때문에,[20] 그 결과 악순환은 반복된다. 빈약한 지원을 받는 비구니들은 교육을 제대로 받지 못해 유명한 영적 지도자가 되지 못하지만, 유명한 비구 지도자들은 그를 따르는 수

많은 추종자와 더불어 엄청난 경제적 지원을 끌어들이는 수완가로서 역할을 하기도 한다. 비구니들의 낮은 지위와 수행 공동체로부터의 낮은 지원 수준을 고려할 때, 부모들은 그들의 딸들이 선택하고자 하는 비구니의 삶을 이상적인 선택으로 보지 않을 수도 있다는 것을 명심해야 한다.

이러한 반복적인 순환에서 벗어날 수 있는 길은 여성들이 학문적으로건 높은 수준의 명상 프로그램에서건, 성차별 없이 교육을 받는 사원 공동체의 구축과 함께 훈련을 마치고 자격이 되면 교사가 될 수 있도록 하는 것이다. 망명 중인 티베트인들 사이에 그러한 센터들이 몇 개 존재하거나 계획되고 있다.[21] 매우 용감한 몇몇 상좌불교의 여성들도 스리랑카와 태국에 그러한 센터를 설립했다.[22] 북아메리카에서는 다양한 종파의 불교 여성들도 이러한 센터나 유사한 프로젝트에 참여하고 있다.[23] 비구에 대한 비구니들의 형식적인 종속도 전통적인 사원 조직의 일부이며, 여덟 가지 특별 규정(팔경계)은 고대 인도 불교에서의 젠더 서열체계에 대한 수용이라고 할 수 있다. 팔경계의 유일한 기능은 모든 비구니를 비구에게 종속시키는 것이기 때문에 그것은 분명히 가부장제 이후 성평등한 불교와는 관련성이 없다.

팔경계는 비구니들이 종교 당국과 교단으로부터 스승으로 역할을 하지 못하도록 막는 역할을 하기 때문에, 이는 강제적인 성별 서열체계를 만든다.[24] 가부장제 이후의 불교에서 필요한 합리적인 서열 방식은 단지 누가 먼저 출가했는가에 대한 시기에 근거해야 하며, 더 나아가서는 성별이 아니라 성취 정도와 능력에 기초해야 한다. 붓다 재세 시에 비구들은 나이와 성취 정도에 따라서 비구니 장로들에게 경의를 표했는데, 왜냐하면 붓다께서는 이단적인 종파라 할지라도 무조건 여자들

만 남자들에게 절을 하는 것을 허용하지 않았기 때문이다.25

불교 신자들은 관습과 다른 모든 이의 주장에 대해 적어도 교리에서는 한 번도 염려하지 않았고, 만약 그것이 "조직에 반대되는 것"이라고 할지라도 진실을 선언하는 것에 대해 자부심을 가졌다. 그럼에도 불구하고 성차별이라는 유독 이 한 가지 문제에 대해서 불교 신자들이 관습적이라는 것은 무척 받아들이기 힘들다. 이제, 불교 인구의 절반인 여성들의 인간성을 무시하는 이러한 차별은 불교 교단이 앞장서서 조직적으로 거부할 때가 되었다. 비구니들과 비구들의 상호작용에 있어서 중요하게 생각해 보아야 할 이슈들이 있다. 일상 활동, 공부, 수행 등을 위해 비구/비구니 승단은 얼마나 분리되어야 하는가? 그리고 두 승단이 얼마나 많이 공동생활을 할 수 있는가?

율장의 규칙은 비구니들과 비구들이 일상 활동을 포함한 많은 영역에서 규칙적으로 교류할 수 있는 범위를 매우 엄격하게 제한한다. 이러한 규칙이 만들어진 이유는 비구와 비구니들이 불교 의례를 핑계로 만나서 성적인 행위를 했던 사례가 있었기 때문이다. 붓다께서는 그러한 의혹을 불러일으킬 수 있는 조건들을 제거하기 위해 여러 번 성과 관련된 계율을 다시 제정해야만 했다.26

그런데, 가부장제 이후 불교를 재건하기 위해서는, 그러한 격리는 바람직하지 않다. 그 대신 비구니들과 비구들 사이에 어떤 상호작용이 두 사람의 정신적, 지적 발전을 가장 잘 촉진할 것인가에 대해 고민해야 한다. 이 문제에 대해, 페미니스트 논쟁에서 친숙한 주장들이 등장할 수 있다. 즉, 여성들 스스로 결정을 내리고 지도하는 것을 배우고, 자신의 일을 관리하는 그들만의 모임이 필요하다는 것이다.

때때로 꽤 설득력 있게, 여성들은 남성들에게 양보하라는 무언의 압력을 받지 않을 것이며, 만약 비구니 승단이 남성 중심적인 계율과 팔경계에 의거하지 않고 진정으로 자율적으로 운영될 수 있다면 이는 필연적으로 효율적인 결과를 가져올 것이다. 이 입장에 반대하는 것은 페미니즘적 관점에서 볼 때, 학술 기관들에서 종종 발생하는 것처럼 완전히 분리되고 격리된 그룹이 더 쉽게 소외되고 가난하게 된다는 주장이다. 이 여성 기관들이 실질적인 권력을 갖지 않는 한, 그들은 불교 역사 전반에 걸쳐 비구니들에게 일어났던 것처럼 비구와 달리 상대적으로 "적은 돈"과 남은 음식으로 재원을 마련해야만 할 것이다.

또한 "분리되지만 동등한" 시설들이 현실적으로 이루어질 수 있는지 가능성을 물어야 한다. 이 아이디어는 특히 역사적으로 보면, 유사한 기관들이 두 개의 그룹에 봉사할 때 그중 하나는 다른 하나를 지배해 왔던 좋지 않은 기록을 가지고 있다. 훌륭한 시설들이 이미 비구들만을 위해 존재하는데, 비구니들의 불충분한 교육과 명상 수행 시설의 문제를 해결하기 위해서 비구와 완전히 유사한 일련의 시설들과 기관들을 건설해야만 하는가? 비구니 스님들이 단순히 같은 교실이나 수행 공간에서 비구 스님들과 함께 수행한다면 훨씬 더 빠르고 적은 비용으로 이 문제들을 해결할 수 있을 것이다. 2류 시민으로 그러한 공간의 뒷면만을 차지하는 것이 아니라, 완전히 동등한 사원의 일원으로서 말이다.

"분리"와 동시에 필요한 것은 "함께"라는 대답일 것이다. 다른 수많은 문제처럼, 권장되는 것은 "어느 쪽이든"이 아니라 "둘 다"라는 대답이다. 비구와 비구니가 같은 수행 공간을 사용하는 것 등으로 많은 문제를 해결할 수도 있지만, 또 다른 한편으로는 비구니들 간의 공간도 중요하다. 왜냐하면 동성 간의 만남은 치유와 휴식이 될 수 있다. 그것은 특히 개인적인 문제를 집중적으로 드러내고 의례를 이끄는 등 새로운 일에 대한 자신감을 얻는 데 유용하다. 그러므로 성별을 분리한 집회를 계속 가질 이유가 충분히 있다. 그러나 동성 간의 조합은, 통상적으로 보면, 대체로 권력, 명성 그리고 수행 과정에서 엄청난 불평등이 나타나는데, 특히 서로 중복될 때는 더욱 그러하다.

동성 간의 모임이 타당성을 가지기 위해서 그리고 서로에게 도움이 되기 위해서는, 수행 활동과 관계있는 성차별에 대해서 실질적인 근거를 제시할 수 있어야 한다. 만약 성별로 분리된 모임을 가지는 유일한 이유가 이성 간의 성적 매력을 억제하기 위해서라고 가정한다면, 일반적으로 그 기관은 여성들에게 불리하게 될 것이다. 각 사원에는 훌륭한 스승들이 아주 많이 있는데, 그 스승이 비구 스님들에게 강의를 하고 나서는 남녀를 따로 떼어놓기 위한 다른 곳에 가서 비구니들에게 같은 강의를 해야 한다면 아마도 비구니들에게 하는 강의는 오래가지 못하고 중단될 것이다.

비구와 비구니 사이에서 확실한 성적 매력의 문제는 불교뿐만 아니라 다른 종교에서도, 성차별적이고 남성 중심적인 종교 기관을 유지하기 위한 이유로 심각한 영향을 미쳤다.[27] 성을 분리하는 것보다 훨씬 간단하고 덜 극단적인 방법도 있다. 나는 상좌불교 스님이 명상 수행을 하는 동안 무심코 자신의 속옷을 노출한 여성 명상가 때문에, 평신도들만을 위한 명상 공간이 필요하다며 평신도들 사이에서 논쟁을 벌였던 것을 기억한다. 이런 문제들에 대처하기 위해 별도의 명상 시설을 짓는 것은 지나치다. 남녀 모두에게 현명한 복장 규정을 세우거나, 더운 명상 홀에서 반바지나 부적절하게 옷을 입은 남성들에게도 조심할 것을 요구하면 된다.

흥미롭게도, 이러한 이야기는 여성들이 성적 매력이 있거나 남성의 깨달음에 방해가 되는 존재라는, 남성 중심적인 맥락에서 논의되는 것을 보여준다. 남자들도 자기표현을 억제하는 법을 배울 필요가 있다. 일반적으로 여성들과는 달리, 남성들은 비록 자신의 옷차림이 여성들에게 성적으로 자극을 주거나 주의를 산만하게 할 수 있다고 할지라도, 얌전한 옷보다는 편안한 옷을 입는 것이 허용된다. 다시 한 번, 우리는 자신의 성에 대해 책임지지 않는 남성 중심적인 논평가들이 어떻게 성적 요소를 여성들에게 투사하는지를 알 수 있다.

남성들이 성차별적인 사원을 선호하는 그 이면에는 여성에게 남성의 성적 충동을 투영하는 것이며, 어떤 대가를 치르더라도 남성들의 독신주의를 보호받으려는 의도가 있음을 알 수 있다. 내가 보기에 남성 독신주의는 여성의 종교적인 삶을 희생시키면서 얻어지는 것 같다. 왜냐하면 여성들에게 진정으로 평등하게 격리된 시설을 보장해 주는 것은 아무것도 없기 때문이다. 그 대가는 너무 크다. 비용-효용 분석의 관점에서 보면, 전체 불교사에서 비구니 수계의 불가로 상징되는 사원의 성차별로 인해 여성이 입은 손실은 남성이 얻을 수 있는 모든 것보다 훨씬 크다.

비구와 비구니들이 일상적인 활동이나 공부, 수행을 위해 더 많은 일상적 접촉을 했다면 아마도 독신 규칙을 위반하는 사례는 더 많았을 것이다. 하지만 그것은 현재 상황보다 덜 문제가 될 수도 있다. 반면 비구와 비구니들이 함께 공부하고 수행을 한다면, 그것이 두 사람의 훈련을 위한 가장 현실적인 해결책이라면, 독신주의의 질은 더욱 향상되고 진실한 것이 될 수 있을 것이다. 그것은 개인적인 수행의 과정이라기보다는 인위적인 분리에 기초하는 것이며, 성차별에 의해서만 지켜질 수 있는 순결이라면 그 수준은 매우 얕다고 할 수 있다.

여성성과 남성성을 동시에 보여주는 관세음보살(중국)

　이러한 과도한 성차별의 또 다른 희생자는 거의 언급되지 않았다. '이웃하는 성들'[28]의 인간은 의미 있고 상호 도움이 되는 우정을 나눌 수 있다. 이러한 우정은 여성이 주로 성적인 존재로 인식되거나 성적인 대상으로 이해되는 남성 중심적인 사고에서는 완전히 무시된다. 성차별은 이처럼 남녀가 우정을 나눌 수 없는 사고방식을 더욱 심화시킨다. 남녀가 마주하는 유일한 목적이 성적인 것이라면, 남녀가 동료로서 교류할 수 없는 것은 당연하다. 하지만 만약 그들이 단순히 성적인 존재가 아니라 똑같은 인격을 가진 인간이자 동료 학자, 수행자로 대하는 것을 배운다면, 그러한 부작용은 오히려 줄어들 것이다.

　남녀를 분리하는 것은 남성들이 그들의 독신 서약을 깨는 유혹을 당하지 않도록 여성들을 멀리 떼어놓아야 한다는 것과 같다. 여자와 남자 사이에 진실하고 성평등한 우정이 끊기면서 그에 따른 손해는 매우 크다. 인간은 두 성이 존재하는 것이 진리인데 이를 거부하고, 오직 한 성끼리만 접촉하며 사는 것은 자연스럽지 못하며 인위적이다. 마치 같은 성별만 모여 사는 것을 영적인 삶을 사는 것으로 여기는 것은 건강하지도 않고 잘못된 것이다. 그것은 성격이 괴팍하고 신경질적인 사람들을 만드는 원인이 되기도 한다.

아시아 사원보다는 서구의 공간들이 이러한 혁신을 위한 사례로 제시되기도 한다. 그러한 장소 중 하나는 노바스코샤에 있는 감포 애비Gampo Abby이다. 이곳은 비구니와 비구가 엄격한 규율하에 함께 수행하고, 그들의 시설을 개선하기 위해 함께 노동한다. 대부분의 사원 대표는 티베트 수행승이지만, 봉사 기간이나 권위를 인정받는 측면에서 보자면 가르치는 기술로 널리 존경을 받는 이들은 미국의 원로 비구니들이다.[29]

개척자들 그리고 예언자들
: 여성 요가 수행자들과 가부장제 이후의 불교

인도와 티베트 불교에서 요기(남성 요가수행자)와 요기니(여성 요가수행자)는 사원 생활도 아니고 재가자도 아닌 생활방식으로 살았다. 그들은 보통 재가자들보다 영적 규율과 자기 계발에 더 헌신적이었고, 사회의 관습, 특히 사회적인 위계라거나 금욕적인 행동 규범을 혐오했다. 그들은 영적인 규율과 깨달음을 위해 일생을 바쳤지만, 사원의 규범을 엄격하게 지키는 것은 아니다. 그들은 사원보다 동굴을 선호했으며, 사원법에서는 금지하고 있는 다양한 활동에도 참여했다. 그들 중 많은 이가 영적 탐구를 위한 일생 동안 그 여정을 함께한 파트너가 있었다. 종종 그들의 영적 수행들은 관습에 얽매이지 않았고, 동시대의

승려들에 의해 알려지지도 않았고 또 승인이 되지도 않았다.[30]

승려도, 재가자도 아닌 이 수행 실천가 모델은 종교로서 불교를 받아들이는 동시에, 선택과 필요에 의해 새로운 불교의 모델을 창조해왔다. 이 방식은 현대 서구 불교인들에게 매우 적합하고 또 매력적으로 받아들여졌다. 또한 시대에 맞는 적절한 방식으로 불교 발전을 위해서 구체적인 사항에서 매우 개방적인 불교 모델을 제공하며, 영적으로 영웅적인 헌신성을 보여주기도 한다. 문학은 이들을 남성 중심적인 방식으로 기록하지만, 여성들이 최고의 깨달음을 추구하는 불교 방식이기도 하다.[31]

현대 불교계, 특히 서구 불교에서는 요기니와 재가 명상가가 가끔 하나의 모델로 보일 수도 있다. 실제로 현대 사회에서 재가 명상가에게 영감을 준 몇 가지 중 하나는 요가 전통으로, 요가 수행을 하는 다양한 계층의 사람들 가운데 일부는 직장과 가정생활을 하면서도 동시에 장기적이고도 집중적인 명상 수행을 하기도 한다. 현대의 요기니가 일반 명상가와 다른 점은, 그녀가 매우 열정적으로 수행을 하면서도 어떤 행위의 결과에 대해서는 관습에 사로잡히지 않는다는 특징이 있다. 두 가지 점에서, 요기니는 다른 수행자들이나 비구니들과 차이가 있을 수 있다. 그들은 더욱 천천히, 조심스럽게 그리고 합리적으로 수행을 해 나간다. 그녀는 전통의 경계와 그녀 자신의 한계 그리고 그녀 자신의 관점을 더욱 적극적으로 시험할 수 있다. 그녀들은 아마도 자신들에게 주어진 형식에 대해 의문을 품지 않을 것이다. 그녀는 자신들의 숨겨진 구석들을 잘 탐구하면서, 그 속에서 남성 중심주의와 가부장제의 용납할 수 없는 증거를 찾아낼 것이다. 그녀는 지역사회에서 혁신적인 리더이자 교사로서 책임지고 그 역할을 수행할 것이다.

가부장제 이후 불교로 이어질 대부분의 혁신과 재구축의 과제들은 현대 요기니의 계급에서 나올 수 있다고 나는 기대한다. 그들은 가부장제에서도 미지의 존재와 금기시되는 우주를 창조할 용기와 힘을 가진 비전투적인 선각자들이다. 그녀들은 어떤 방식으로든 가부장적 사고방식에 의해 고립된 "현실을 이름짓기name reality"[32]를 위한 상상력을 펼칠 수 있는 선구자들이다. 또한 그녀들은 어떠한 행동으로 핍박을 받고 거부당하더라도 억압적인 관습의 편안함과 편리함에 안주할 수 없는 예언자들이다. 그녀들은 영적인 완전함과 깊이를 갈망하는 쉼 없는 탐구자들이며, 무엇이 금을 함유하고 있는지를 찾기 위해 모든 형태를 시험하고 시도하며, 가부장제 이후의 황야에서 새로운 금광을 발견하기 위하여 끝까지 노력할 것이다.

이 요기니들은 종종 매우 힘든 시간을 보낸다. 심지어 종교적인 전통조차도 "결과에 반대하며"라며 추종자, 특히 여성들이 자신이 배치한 패턴을 고수하기를 원한다. 과거의 요기와 요기니를 미화하더라도 현재는 그렇지 않다. 아마도 그것은 지역과 함께 할 것이고 어쩔 수 없을 것이다. 어쨌든, 가부장제 이후 요기니에 대한 반발은 아마도 불교보다 가부장제에서 더 많이 나올 것이고, 이는 현시점에서 분리될 수 있는 것은 아니다. 이러한 요기니는 강력하고 열정적일 뿐만 아니라 과거의 가부장제를 조금씩 파괴한다. 하지만 그들은 자신의 용기와 정직함에 대해 대가를 치른다. 여성사학자인 거다 러너Gerda Lerner는 『가부장제의 창조The Creation of Patriarchy』에서 이를 가장 간결하고 가장 훌륭하게 표현했다.

이미 우리 자신을 페미니스트 사상가로 규정하고 전통적인 사상체계를 비판하는 사람들조차도 우리의 정신세계 속에 깊이 내재된, 인정받지 못한 정체성에 의해 위축되고 있다. 새롭게 등장한 여성은 그 자신의 자아에 대해 새롭게 정의를 내리고자 한다. 어떻게 여성이 대담하게도 이름도 밝히지 않은 채 모든 권위에 대항하며 "실존적 무existential nothingness"에 대한 질문들을 던질 수 있을까? 어떻게 그런 생각이 여자로서의 그녀의 삶과 공존할 수 있을까?

가부장적 사고의 굴레에서 벗어나면서, 그녀는 메리 데일리의 표현대로, "실존적 무"에 직면한다. 그리고 그녀는 그녀 인생의 남자(또는 남자들)와의 의사소통, 승인 그리고 사랑을 상실할 수 있다는 위협을 두려워한다. 사랑을 철회하거나 이성적으로 사고하는 여성을 "일탈적인" 것으로 간주하는 것은 역사적으로 여성의 지적 활동을 방해하는 수단이 되어 왔다. 그 어떤 남성도 자기 자신에 대해서 생각하고 정의를 내리고 생활 속에서 사랑을 실천하는데 이성적으로 판단했다고 해서 위협을 받은 적이 없다.[33]

오늘날의 많은 페미니스트 사상가들이 그렇듯이, 가부장제를 넘어 현실에 대한 새로운 지평을 열기 위한 공동체 중심의 분별력을 가진 인간관계를 탐구할 때 그 사랑의 숭고함은 극에 달한다. 거다 러너는 많은 똑똑한 여고생이 발견한 것이나 러너의 동년배들이 발견한 사실이 동일하다는, 즉 남자들은 똑똑한 여자를 좋아하지 않는다는 것을 알아차리고 세련된 방식으로 이를 숨긴다고 말한다. 결과적으로, 그들 중 많은 여성이 자신들의 탁월함을 감추는 법을 배우거나, 몇몇은 아예 배우지도 않거나 숨기려고 하지도 않을 것이다. 러너는 교묘한 방식으로 가부장적 사회에서 문화적으로 교차하는 고정관념, 즉 여성은 "결혼해야" 하고 남성은 "결혼하고 싶다"라는 말을 되풀이하고 있을 뿐이라고 설명한다.

일반적으로, 남자는 여자보다 키가 더 크고 더 많은 돈을 벌어야 한다. 그렇지 않으면 남자는 자존심이 상한다고 생각할 것이다. 여자가 너무 밝고, 명랑하면 남자는 겁을 먹을 것이다. 남자는 더 나은 교육을 받고 더 잘 알려질 것으로 생각된다. 사람들은 유명한 여자의 남편을 불쌍히 여기지만, 유명한 남자가 뛰어나지 못한 아내를 갖는 것이 정상이라고 생각한다. 만약 그들이 나이 차이가 있다면, 남자의 나이가 많은 것이 훨씬 더 받아들이기 쉽다. 사람들은 나이 많은 여자와 결혼한 젊은 남자에 대해 뒤에서 수군거린다. 남성들이 최소한 어떤 기준에서 볼 때, "결혼"하는 것은 가부장제를 유지하는 것이 된다. 또한 매우 총명하고 능력 있고, 자격이 있는 여성들이 가부장제 하에서는 더 많이 거부당하게 될 것이라는 점은 분명하다.

그것 역시 거다 러너가 예리하게 지적했듯이 가부장제의 힘이다. 마거릿 미드Margaret Mead와 그레고리 베이트슨Gregory Bateson의 예를 생각해 보자. 남자는 자기보다 똑똑한 아내를 따라잡을 수 없다고 생각했기 때문에 그녀와 이혼했다. 여자는 남은 생애 동안 그를 애도하며 병실에서 그의 사진을 간직하고 슬퍼하면서 세상을 떠났다.[34] 지구의 또 다른 한 편에서, 특이한 흰옷을 입고 몇 년 동안을 이름도 없이 재가 수행녀로 살았던 한 젊은 태국 여성이 있다. 비록 비구니로 살지는 못했지만, 그녀는 불교 교리를 공부하고 계율을 지키는 데 있어서는 그 어떤 비구들보다도 더 진지하다. 하지만 그녀는 동료들이나 장로들로부터 존경보다는 멸시를 받는다.[35]

페미니스트인 요기니와 함께 있는 남성은 종종 의사소통, 승인 그리고 다양한 형태의 사랑을 잃는다. 이 남성들 가운데는 교사나 다른 존경 받는 권위자들도 있다. 그들은 여성이 특정한 기준을 넘어서게 되면 지지하거나 승인하는 것을 거부한다. 일터에서 그들은 초기에는 그녀들을 동료로 대우한다. 하지만 학술, 종교, 경제, 전문 기관의 남성 동료들은 종종 같이 일하는 가장 진보적인 페미니스트 여성들에게 잔인하다. 그리고 매우 종종, 그들은 원하는 친구나 연인을 선택할 때 전통적인 여성들을 선호한다. 그런 상황에서 살아남는 페미니스트 요기니는 자신이 속한 공동체로부터 소외되거나, 혹은 그것을 극복하게 되면 그 누구보다도 집중적이며 수준 높은 통찰력을 갖게 된다.

현재 불교 교단의 한계 내에서, 혹은 그 너머에서 일하는 이러한 페미니스트 요기니는, 비록 인정받지는 못하지만 이미 불교에 깊은 영향을 끼쳤다. 미래에 그들은 가부장제 이후 불교를 보다 잘 전개하면서 더욱 성장할 것이다. 그들의 에너지와 통찰력 때문에 서양에서 불교와 페미니즘의 상서로운 결합이 일어나고 있다. 그들이 없다면 현재 재가 여성 명상가들과 비구니들의 수행에서 개혁은 시작되지도 못했을 것이다. 재가 여성이나 비구니들의 교육과 훈련 그리고 페미니스트 요기니의 지속적인 노력으로 이루어낸 이러한 기본적인 개혁들을 생각할 때, 가부장제 이후 불교 발전의 중요한 다음 단계가 나타날 수 있다. 일상생활과 제도 속에서 불교 방식의 성평등주의는 그동안 불교계에서 항상 부족했던 여성 지도자, 즉 철저하게 훈련되고, 잘 실천하고, 잘 표현하는 여성 재가신도, 불교 스승, 비구니 그리고 요가 수행자들을 길러낼 것이다.

불교에 대한 커다란 도전은 그러한 여성을 배척하기보다는 적극적으로 지지하며 환영해야 한다는 것이다. 많은 기독교 페미니스트 요기니들은 교사가 되거나 글을 쓰더라도 교회의 위계질서에 의해 크게 지지를 받지 못할 뿐만 아니라 남성들은 이를 무시하고 폄하한다. 하지만 불교계에서는 이러한 상황이 일어나지 않기를 바란다. 이상적으로 볼 때, 페미니스트 요기니들이 영적으로 발전했을 때는 구루스승로 인식되어야 하며, 가부장제 이후 불교의 완전한 실천 방식에 대해 중요한 책임을 맡아야 한다. 현재, 가부장제 이후 성평등한 불교에서 여전히 빠져 있는 주요 조각인 여성 구루의 존재는 가장 진보적인 불교 발전에 기여할 것이다. 이전에 여성 구루는 매우 드물었으며, 그들이 성평등한 의식을 갖지 못하도록 했기 때문에, 남성들에 의해서만 여성 구루를 확인할 수 있었다.

다수의 여성 구루들이 존재한다는 것은 단순히 여성에 대한 긍정적인 행동과 동등한 기회 문제를 훨씬 뛰어넘는 방식으로 불교를 급진적으로 변화시킬 것이라고 본다. 사실 불교에서 여성 구루들은 현재 남성 일신교에서 신에 대한 여성적인 언어를 발굴하고 신에 대한 여성적인 이미지를 개발하는 것만큼이나 불교에도 혁신을 불러올 것이다. 불교에서 구루나 영적 책임자는 혼란과 고통에서 벗어날 수 있는 길을 밝혀줄 수 있는 등불이자 고통에서 벗어나게 하는 피난처이다. 이들은 현실적으로 붓다나 가르침, 승가보다 훨씬 더 중요할 수도 있다. 적어도 신화적으로 보면, 석가모니 붓다로 거슬러 올라가는 구루들의 혈통 그리고 그 혈통을 가진 구루를 자신의 스승으로 받아들인 후에 자신에게로 연결되었다는 신념은 금강승불교나[36] 선불교에서 매우 중요한 깨달음을 위한 도구가 된다.

이처럼 중요한 역할을 하는 구루를 배려하는 것은 당연한 것으로, 이들은 불교 명상 의례와 종교 예술에서도 중요하게 인정받는다. 매일하는 염불 의례에는 자신의 구루에서부터 시작해서 그 종파의 창시자 그리고 붓다에 이르기까지 구루들의 법맥法脈, the refuge tree을 읊는다. 구루는 이담이나 부처와 마찬가지로 불교 예술의 소재가 되는 경우도 많다. 법맥은 때때로 나무 모양의 법맥도로 그려지기도 하는데, 그 가지에는 부처, 보드바, 이담, 보호자들에 둘러싸인 그 법맥의 모든 구루들이 함께 있는 위대한 나무이다. 또한 그 나무의 지원을 받는 신성한 책들도 그려져 있는데, 이 법맥도가 법의 피난처라고 할 수 있는 스승들을 모두 담고 있기 때문에 그 앞에 엎드려 경배를 한다. 배우는 학생의 영적인 삶에 있어서 구루의 중요성을 인정하고 구루를 매우 높이 평가한다. 스스로 발전하기 위해 헌신적으로 노력하는 수행자들의 입장으로 보면, 구루는 비-일신론적이지만, 신을 믿는 종교에서 신에 해당하는 존재로 보는 것이 정확하다.

그러한 구루와 교사들이 거의 항상 남성이라는 것은 일신론에서 신에 대한 남성의 이미지 독점과 같은 방식으로, 여성을 완전히 무력화시키고 남성 중심성을 드러내는 것이다. 혈통서, 법맥도37 그리고 살아 있는 교사들이 가르치는 왕좌에 여성이 부족한 것은 가부장제 하에서 여성에게 열등감을 강화시키고 여성을 단지 보조적인 존재로만 여기게 만든다. 불교 기관이 남성 내부에 존재하는 불성을 키우는 것과 같은 방법으로 여성 내부의 불성을 존중하고 성장시키지 않는다는 것이 바로 그 증거이다. 그러므로 여성 구루와 교사의 의도적인 육성은 진정으로 가부장제 이후 불교를 완성하기 위한 매우 중요한 조건이다. 불교 전통에서 스승은 언제나 대대로 중심적인 존재였는데, 정식으로 구루를 숭배하지 않는 불교 방식에서도 이는 동일했다.

여성 구루의 존재는 대승불교 이론을 강력하게 변형시키는 방식으로 완성될 것이다. 이전의 불교 학파들보다 훨씬 더 포괄적인 용어로 불상을 본 대승불교주의자들은 불상을 설명하기 위해 삼신불三身佛, tri-kaya 개념을 개발했다. 이 가르침에 따르면, 부처는 세 가지 형태로 나타나는데, 이는 문자 그대로 번역하면 "붓다의 세 개의 몸"이다. '법신불dharmakaya'은 사람의 몸을 지니지 않고 법으로서 세상에 널리 분포되어 있으며, 공성과 같은 가르침을 모두 담아내는 또 다른 방법이다. 이는 널리 알려진 부처-씨앗(불성)으로도 표현되어 오늘에 이르고 있다.

'보신불Sambogakaya', 즉 "영광스러운 몸"은 인체의 형태이지만 고도의 수준에 이른 명상가에게만 보인다. 그러나 그것은 의례가 시작할 때나 시각화 기법을 통해 다소 평범한 수행자들도 볼 수 있도록 만들었는데, 금강승불교의 다양한 그림이나 조각에서는 이담으로 '보신불'을 묘사한다. '화신불nirmanakaya', 혹은 보이는 몸은 완전한 인간을 말하는데, 붓다는 깨달은 존재로의 삶과 가르침을 주는 것으로 표현된다. '삼신불' 이론에 따르면, 고타마 싯다르타는 역사적으로 생존했던, 우리에게 가장 잘 알려진 화신불이다. 사실 붓다를 진정으로 성숙시킨 존재는 화신불이기 때문에, 구루는 '살아 있는 부처'로 인식되는 것이다. 불교 이론에 따르면, 우리가 이미 보았듯이 보신불은 성별에 대한 언급 없이 모든 인간에게 존재한다.

'화신불'의 여성적 발현들은 금강불교 요기니와 다른 여성 원리를 가진 인간의 형태적 표현에서도 발견된다. '화신불'은 여성이나 남성 형태 모두에서 일상적으로 나타나기 때문에, 성평등은 너무나도 자연스럽고 당연한 것이 된다. 그러나 불교사를 볼 때, 여성 '화신불'은 남성 화신불과 동일하게 인정받지 못했으며, 설령 인정받았을지라도 일반적으로 남성들을 가르칠 수 있는 권한은 주어지지 않았다. 단지 예셰 초겔[38]만이 정기적으로 법맥도 염불에서도 불리며 일부 티베트 불교의 법맥도에서도 중요한 존재로 그려진다. 이러한 '화신불'에서 나타나는 성별 불균형이 지속적으로 만연해 있는 이유는 남성 중심주의와 가부장제로서만 설명할 수 있다.

여성 '화신불'의 존재와 여성의 가르치는 권한을 인정함으로써 대승불교 부처를 완성하는 것은, 가부장적 문화에서 여성 열등감을 종식하며, 그 어떤 행위나 상징보다 윤회하는 존재로서 여성들을 희생양으로 취급해왔던 과오를 되돌리는 데 강력한 영향을 미칠 것이다. 구루의 왕좌에 앉아서 축복을 주는 여성 구루를 보는 것은 남녀 수행자 모두에게 성평등에 대한 강력한 자극이 될 것이다. 남성의 경우, 여성 전문가에 대한 존경과 비-유일신이지만 뛰어난 전문가로부터 배운 경험을 통해, 어린 시절 가부장적인 양육 관행으로부터 학습된 부정적인 성역할 고정관념이 만들어낸 습관적인 패턴을 버릴 수 있다. 열등한 여성관이나 여성 희생양에 대한 잘못된 인식 또한 바꿀 수 있다.

여기 한 여성이 그녀의 가르침을 통해 한 남성을 윤회의 고통에서 벗어나게 해준다면, 여성들에게 이러한 존재는 다른 어떤 것도 해낼 수 없는 방식으로 긍정적이고, 힘을 북돋우고, 격려된다. 마침내 불교 여성들은 불교 남성들이 항상 가지고 있던 것과 같은 역할 모델을 갖게 될 것이다! 이 지구상에 남성과 여성이 존재하는 데, 여성이 된다는 것은 어떠한 수치심도 없다는 점이 명백히 분명하게 증명될 것이다. 가부장제 이후에 불교 이론을 완성하는 것은 여성 구루의 존재와 함께 오는 축복이다. 때때로 불교 교단에서 여성들이 스승이 되어 가르칠 수 있다면 성평등은 완성될 것이라고 상상하기도 한다. 여성 스승들은 여성의 모습으로 남자 스승들이 항상 제시해 온 것과 동일한 메시지를 계속해서 전달할 것이다.

　그러나 그들이 같은 메시지만 제시할 것 같지는 않다. 가부장적 문화에서 남성들이 여성 해방에 대해 모든 것을 할 수 없다. 여성들이 마침내 교단에서 목소리를 내더라도, 모든 남성이 다 함께 여성 해방을 위한 불교인의 지혜를 보태지는 않을 것이다. 분명한 것은 페미니스트적인 분석이 불교보다 훨씬 더 발전된 기독교의 예를 보더라도, 성평등한 목소리가 등장하게 되면 평소에 하던 말을 단지 더하는 것만이 아니라 그것을 더욱 증폭시키는 역할을 하는 것을 확실하게 보여준다. 그리고 교단이 붓다의 지혜로 인정하건 인정하지 않건, 여성의 성평등한 목소리는 잘 드러날 것이다.

16장
성평등한 세상을 위하여
: 젠더화된 언어 극복하기

　불교 전통에 대해서 이미 말한 주제를 또다시 설명하는 이유는, 불교 성평등을 위한 재개념화를 실천하는 데 핵심적인 주제를 제시하기 위해서다. 현재까지 이러한 재개념화가 시도된 경우는 거의 없다. 그러므로 시작은 반드시 일반적이고, 점진적이며, 다소 생소할 수 있는데, 제일 먼저, 페미니스트 수행녀(요기니)의 주장이 이미 존재하는 불교적인 가르침에 더해져야 하는 이유를 불교적 용어로 설명할 수 있어야 한다. 불교 문헌은 종종 깨달음을 얻은 상태가 성별을 초월하기 때문에 남성이나 여성 몸이라고 말할 수 없다고 주장한다. 만약 그것이 사실이라면, 여성들은 그것을 말하거나 이해할 수 있을까?

　붓다의 가르침은 성별을 넘어설 뿐만 아니라, 이를 단순하게 말로 표현해도 그러하다. 말과 교리, 불교에 있어서 "고정불변의 진리 그 자체보다는 진리에 대한 효용성을 보아야 한다. 왜냐하면 그 진리를 믿는 사람들에게 미치는 매우 영향이 크기 때문이다."1 불교에서 교리란 단순히 지혜나 직관, 혹은 종종 비언어적인 지혜만 말하는 것이 아니라 방편, 또는 능숙한 일부 수단을 의미한다. 이 사실은 불교 문헌에서 거듭 강조되어 왔으나, 교리의 가치에 대해 평가하는 것이 익숙한 서구적인 사고방식과는 매우 달라서 종종 이 사실을 잊어버리기도 한다. 모든 교리에 사용된 언어가 절대적이 아니라 상대적인 영역에 있다는 사실은, 페미니스트 수행녀들의 설명이 깨달음을 향한 지혜로 추가될 수 있음을 보여준다.

지금 우리가 사용하는 가르침의 언어는 남성의 언어이다. 강력한 성 역할 고정관념을 기초로 구성되고, 남성만이 종교적 경험과 깨달음에 대한 비전을 명확히 제시할 수 있는 사회에서, 종교적인 주장은 남성의 경험을 통해서 나타날 것이다. 성 역할이 더 엄격할수록, 한 성이 두 성으로 구성된 인간 전체의 경험에 대해 적절하게 말하는 것은 더욱 불가능해진다. 분명히 이런 조건들이 불교에서 우세했다.

불교 가르침의 교서를 작성한 남성들은 가부장적이고 남성 우월적인 사회에서 살았고, 여성의 경험에 대해서는 거의 알 수 없는 사람들이었다. 따라서 그들의 말이 아무리 정확하다고 할지라도 불완전할 가능성이 크다. 정확하지만 불완전한 말의 집합은, 지혜와 연민의 균형을 맞추고 그 부족함을 피하고자 끊임없이 노력하는 불교적 분석으로 볼 때는 매우 위험한 것이다.

한편, 적어도 불교는 그 불완전함에도 불구하고 페미니스트적 관점을 첨가한다면 정확하다는 말로 시작할 수 있다. 불교에서 성평등과 관련된 주장은, 남성 중심적인 교리를 새롭게 개념화해서 재구축하는 것보다 선행될 필요는 없다. 불교의 성평등한 재구성을 위한 초기 시도는 세 가지 관심 분야에 초점을 맞출 수 있는데, 이 모든 것들은 "영성"과 "일반적인" 공동체 생활 또는 가정생활 사이의 연관성에 초점을 맞춘다는 점에서 상호 연관성이 있다. 불교의 많은 고전적인 가르침에 의하면, 공동체 생활과 가정생활은 영성과 밀접한 관련이 없거나 심지어 신성함과는 반대되는 것으로도 나타난다.

이 문제와 관련해서 재개념화를 할 때 가장 쉽게 이해하기 위해서는 '삼귀의' 개념을 다시 한번 살펴봐야 한다. 불교 기본 교리에는 불교 신자가 믿고 따라야 하는 세 가지 피난처, 붓다, 가르침, 승가가 있다. 이 세 가지에 귀의歸依하는 것을 '삼귀의'라고 한다[1]. 이 삼귀의에서 '승가'라는 개념에 대해 깊이 이해해야 한다. 이는 최근 페미니즘에서도 개별화와 분리라는 두 개념이 관계라는 정체성을 형성하는 데 매우 중요한 주제로 강조되는 것과 유사하다.

승가의 중요성을 연구하다 보면, 두 가지 궁금증이 생길 수 있다. 공식적인 불교 사상에서 그다지 주목받지 못한 평범한 일상적 가정생활은 단순한 세속적인 문제나 평범한 문제로 치부되어 왔는데, 왜 일상생활을 이렇게 중요하지 않은 불교 문제로 다루는 것에 대해서 의문을 제기할 수 있다. 또한 페미니스트적인 관점에서의 성평등에 대한 분석, 비판 그리고 불교의 재건을 위한 영성의 기본적 본질과 영적 규율의 목적에 대해 몇 가지 의문을 제기할 것이다.

---

[1] 불교적 관점에서 인간 세상은 인간이 태어나는 순간부터 생로병사 등 고통으로 가득 차 있는 바다 즉, 고해(苦海)라고도 표현한다. 이런 곳에서, 잠시 쉬어가거나 의지할 수 있는 곳을 피난처라고 표현하는데, 경전에서는 힘들 때 의지할 수 있는 의지처, 혹은 어둠 속에 불을 밝히는 등불, 급류가 흐르는 곳에서 쉴 수 있는 섬 등으로도 표현한다.

"나는 승가를 피난처로 삼는다": 관계성과 깨우침

나의 삶에서 불교와 페미니즘의 상호작용은, 불교 신자이건 아니건 주변 사람들이 생각하는 것보다 훨씬 더 중요하다. 고통으로부터 해방이라는 불교 고유의 목표를 달성하기 위해서는 관계성과 공동체가 매우 중요하다. 지금까지 모든 중요한 불교 교육은 상호 의존과 관계성이 우리 삶의 현실이고, 개인의 자율성은 허구의 속임수라는 견해를 스스로 깨달아야 한다고 배웠다. 관계와 깨달음에 대한 이 논의는 세 가지 불교의 주요 가르침과도 연결될 수 있다. 불교에서는 승가를 피난처로 삼는 것을 가장 기본적인 가르침으로 생각하기 때문에, 나는 승가와 피난처를 연결해서 생각하고자 한다. 승가에 대해 무엇을 이해하고 있는지 확인하려면 승가에 대한 전통적인 정의와 인식에 대해서 어느 정도 알고 있어야 한다.

불교에서 가장 기본적인 피난처는, 붓다, 가르침 그리고 승가로 알려진 세 가지이다. 그것들은 너무 중요하기 때문에 불교인이 되기 위해서는 이 세 가지 귀의처를 "세 가지 보물에 귀의한다"(三歸依)라고 서약을 해야 한다. 삼귀의는 너무나 기본적이고 광범위하며 모든 형태의 불교에서도 공통으로 나타나는데, 특히 "피난처로 간다"는 이 말은 달리 말하면 불교가 신을 따르는 종교가 아님을 정확하게 보여준다. 많은 종교가 보이지 않지만 강력한 절대자로부터 도움과 위로를 약속받는다. 불교는 일반적으로 외부의 구세주가 없으며, 깨달음을 대신해 주는 대리인이 있을 수 없다고 선언한다.

반면에 불교도는 이 3개의 피난처를 가이드이자 모델로 제시하며, 이로부터 영감을 얻는 것을 중시한다. 이 세 피난처의 의미를 살펴보면 일반적으로 부처佛는 인간의 잠재력을 가장 높은 단계로 실현한 모델이며, 가르침法은 깨달은 자가 되고자 하는 사람들이 신뢰할 만한 가르침이며, 승가僧는 자유로 가는 길에 있는 동료 여행자들의 우정과 교류라고 말한다. 따라서 불교는 적어도 잘 살기 위해서 그리고 깨달음을 달성하기 위해서는 공동체가 중요하다는 것을 인정하고 있다.

그럼에도 불구하고 일반적인 불교 해석에서는 승단을 세 가지 보물 가운데 하나로 제시하면서, 붓다와 가르침에 대한 묘사에 훨씬 더 많은 에너지를 쏟는다. 불교 텍스트에는 불교의 다양한 학파가 자세히 설명되어 있지만, 불교 윤리는 거의 언급되지 않고 있으며 불교 공동체 생활에 대한 설명도 거의 없다. 이는 학문적인 종교 연구가 아니라 신앙과 신념에 관한 문제로 강조되고 있다. 불교인들은 종종 다른 두 개의 피난처와는 방식을 달리해 승가를 대하는 것으로 보인다. 모든 불교 국가에서 화려한 불교미술은 다양한 불상을 통해 붓다가 중심임을 증명하며, 거대한 문학은 가르침에 대한 철학적 배경들을 셀 수 없을 정도로 많이 탐구하고, 수백만 시간을 명상 수행으로 소요한다. 이러한 현실은 대중들의 일반적인 관심이 어디에 있는가를 알게 한다.

모든 사람이 승가를 피난처로 삼고자 하지만, 이 피난처의 의미를 탐구하는 데는 거의 관심이 없다. 또한 승가를 불교 문제, 특히 자유를 성취하는 데 필요한 매트릭스로 해석하는 설명은 거의 없다. 반면에 불교의 설립부터 오늘에 이르기까지, 혼자 수행하고 또 깨달음을 얻는 사람들을 찾아내고자 한다. 초기 불교의 "코뿔소 담론Rhinoceros Discourse"은 42개의 각 구절을 반복하도록 권장한다. "코뿔소처럼 혼자서 가라"는 이 가르침은 가족, 사회, 친구 그리고 주변에 아무도 없음과 아무도 없이 혼자서 실천함으로써 얻는 장점에 대해 언급한다.[2] 예상치 못했지만, 티베트의 수행자이자 시인인 밀라 레파Mila Repa도 그의 고독을 찬양한다.

> 나는 고독에 대한
> 자유를 얻기 위해
> 군중들에 대한
> 관심을 잃어버렸다.[3]

최근의 불교신문에서 본 가장 유명한 티베트 불교 명상스승 가운데
한 명인 딜고 키엔테스Dilgo Khyentse 린포체도 이와 비슷한 조언을 한다.

> 우리는 산악 동굴과 독방과 같은 주거지에 만족해야 한다…. 담마에 대
> 한 생각은 독방 생활로 이끈다…. 가능한 한 우리 자신은 이러한 마음의
> 틀을 가져야 한다.[4]

그와 같이 혼자 사는 자들의 목적은 분리를 촉진하는 것이다. 그러
나 결혼하지 않고 혼자 사는 독신주의와 마찬가지로, 혼자만의 삶에 의
존하는 분리는 사소한 성취일 수도 있다. 정신적으로 발달하고 또 성숙
한 상태에 도달하는 것은 분리와 관련이 있을 수도 있지만, 단순히 습관
적인 외향성이라거나 정서적 무감각함은 지양되어야 한다. 사람과의
만남을 거부하는 것은 그 결과가 긍정적이라기보다는 비생산적인 정
서적 괴로움일 수도 있고, 혼자 있기를 격려하는 것은 승단이라는 공동
체를 피신처로 삼는 기본적인 불교 관습과도 매우 맞지 않을 수 있다.
승단에서는 동반자가 되기를 기원함과 동시에, 가르침에 합당한
분리와 상호 교류를 찾을 수 있어야 한다. 그렇지 않으면 승단이 어떻

비구니 승가대학, 베트남

게 붓다와 가르침이 제공한 것과 같은 피난처가 될 수 있겠는가? 이 상황은 신학자들에게 친숙하다. 전통적인 카테고리의 중요한 의미는 과격한 해설자들에 의해 무시당하거나, 과소평가되거나, 중요하지 않은 것으로 받아들여졌다. 승단은 왜 세 곳의 피난처 가운데 하나인가? 확실히 가르침을 이해하고 부처를 본받으려고 추구하면서, 왜 승가는 당연하게 받아들여지지 않고 개인 중심의 독립에 유리하도록 무시되는가? 승단은 부처와 가르침의 필수적인 매트릭스모체이며, 만약 승단을 불건전하게 받아들이거나 지지하지 않는다면 극소수의 사람들만이 붓다를 본받거나 가르침을 이해하게 될 것이다.

그러므로 승단은 "세 번째인, 별로 중요하지 않은" 지위가 아니다. 어떻게 하면 승단의 동반자가 될 수 있을 것인가에 대해 상세하게 설명하고 강조하면서 명확한 지침을 가져야 한다. 또한 수행자들은 동료 수행자들에게 동반자가 될 수 있도록 스스로 노력해야 한다. 그러나 이러한 것들은 그동안 교단에서 그다지 강조되지 않았는데, 페미니스트적 분석은 이 기이한 누락에 대해 쉽게 설명할 수 있고 또 누락된 요소들을 채울 수 있을 것이다. 고독과 외로움을 넘어서 우정과 동반자 의식을 평가하는 데 가장 잘 이해할 수 있는 불교 문헌은 대승경전의 맥락에서 나타난다. 감뽀빠Gampopa의 수행 훈련 매뉴얼인 「해방의 보석 장식The Jewel Ornament of Liberation」은 이런 점에서 중요하면서도 또한 실망스러운 자원이기도 하다.

보살의 규율과 수행의 중심인 첫 번째 바라밀에 대한 논의에서, 그는 사람들에게 필요한 가장 기본적인 것 세 가지와 일반적인 행복한 삶을 원하는 사람들이 얻기를 원하는 세 가지를 연구한다. 그것은 '물질적 재화', '두려움 없음'(정신적 안락으로도 번역됨), '가르침'이다. 이 목록은 가르침을 듣고 배울 수 있는 의도나 용기가 있어야 하고, 신체적이고 심리적 욕구도 안정되어야 하며, 정당한 육체적, 감정적 욕구가 나타날 때 이를 통제할 수 있는 요소들이기 때문에 매우 중요하게 보인다.

좀 더 구체적으로 살펴보면, '물적 자산'은 음식, 음료, 의복 및 차량과 함께 아내와 자녀가 허용되고 때로는 적절한 선물을 받는 것이 포함되지만,5 점차 물질의 불안전성에 대한 의혹이 발생하기 시작한다. '두려움 없음'에 대한 논의는 상당히 실망스럽다. '두려움 없음'은 하나의 문장으로 매우 짧게 설명하지만, '물적 자산'과 '가르침'에 대한 논의는 길고 자세하다. 심리적 위안을 주는 것은 "강도, 질병, 야생동물, 홍수로 위협받는 사람들에게 피난처를 주는 것"을 포함한다.6 '두려움 없음'을 누군가가 우울증, 불안, 외로움, 또는 희생이 없다는 것이 아니라, 이러한 심리적 트라우마에 대처할 수 있도록 하고 물질적 욕구를 채워주는 것으로 느끼게 한다. 그러나 '두려움 없음'과 같은 감정들은 강도, 질병, 야생동물, 홍수 등 현실 생활에서 다양한 장애물로도 등장하고, 훨씬 더 흔하고 널리 퍼져 있다.

흥미롭게도, 관대함을 실천하여 얻을 수 있는 이 세 가지 선물과 관련해 현대의 논평들은 부정적이다. 심리적 편안함을 가져다줄 수 있는가에 대해서도 거의 설득력이 없고 단순히 겉핥기식으로 형식적이라는 것이다. '누군가를 도움', 혹은 '두려움 없음'에 대한 대부분의 논의는 외적, 육체적, 물질적 욕구 수준에 머무르기 때문에, 당혹스러울 정도로 소극적이거나 심리적 편안함을 무시하고 있다. 영성을 개발하기 위한 적절한 환경을 조성하거나 그 성격을 논하는 것은 심리적 편안함을 가져다주는 가정과 매우 밀접한 관계가 있는데, 이를 설명하기는 매우 어렵다. 더군다나, 여전히 대부분 공공장소에서 논의의 주도권을 쥐고 있는 남성들은 취약함이나 감정을 드러내는 것에 대해 부정적인 편견을 가지고 있으므로, 심리적 편안함의 필요성을 거론하는 것에 대해 불편함을 느낀다. 그래서 이 주제는 깜뽀빠의 본문에서처럼 종종 얼버무리고 넘어간다.

나의 재개념화 요구에 관심이 없는 불교인들은 승단이 실제로 외로움이나 동료와 같은 이슈와 무관한, 이를 포기하는 삶을 살고자 하는 사람들의 사원이므로 관계 맺음에 대해 반대할 수도 있다. 승단의 목적은 안전하고 지지를 받는 공동체를 제공하는 것이 아니라, 세상으로부터의 자유를 촉진시키는 것이다. 따라서 승단에 대한 올바른 태도는 공동 복지에 관한 관심보다는 세속을 벗어난 자들에 대한 경외심이다. 재가불자들은 사원 공동체를 개척하고 경제적으로 지원하는 주요 기능을 가진 보조 회원으로 간주되는데, 승가의 정서적 안녕을 위하는 것이 불교의 관심사는 아니라고 주장한다.

이러한 논평자들은 또한 (남성) 사원 공동체를 의미하는 승단이 이미 중요하고 충분한 관심을 받고 있다고 주장할 수 있다. 승려에게는 교단 곳곳에서 특권이 주어진다. 이는 승단에 대한 충분하고 적절하며 규범적인 불교적 태도라고 주장할 것이다. 이에 대한 응답은 "실제 승단"을 사원 승가로만 제한하는 것은 초기 인도 또는 상좌불교에 근거한 것이라고 할 수 있다. 이렇게 승가라고 했을 때 재가자는 앞서 말했듯이 보조 회원이 되는데, 이처럼 재가자를 무시하는 것은 영적으로도 부족할 뿐만 아니라 부정확하다. 게다가, 심리적 위안, 공동체, 정서적 충만감에 대한 문제가 부적절하다거나 비불교적이라고 선언하는 것은 남성중심적 주장의 일부일 뿐이다.

또 승가를 깨달음을 위한 심리적 매트릭스로 강조하는 것은 어떻게든 위험하고 오해의 소지가 있다는 두려움을 표현하기도 했다. 심지어 불교에 대한 나의 페미니스트적 논의의 특정한 관점에 동조해 온 몇몇 사람들조차, 이처럼 재구성을 제안하는 것에 대해 매우 불편하게 생각한다. 만약 불교 신자들이 진정으로 사람들을 행복하게 살아갈 수 있도록 심리적 위안을 주는 지지적인 공동체로 승가를 만들기 위해 노력한다면, 모든 고통의 고귀한 첫 번째 진실(고성제)을 피하는 것이 더욱 수월할 것이다. 나는 지혜가 증장되면서 더욱 강화되는, 존재의 구성 요소라고 할 수 있는 고통과 매우 불필요한 고통은 구별되어야 한다는 것을 다시 한번 제안하고 싶다. 적절하지 않은 상호 지원 체계에서 나타나는 고통은 후자의 것이고, 그것은 전자의 고통에 적절히 대처하는 것이 어려울 정도로 한 사람의 정신적 발달을 심각하게 손상시킨다.

아마도 내가 제안하는 심리적 편안함의 정의를 좀 더 자세히 살펴보면 그 필요성을 더욱 분명하게 알 수 있을 것이다. 심리적인 편안함의 본질은, 내 경험으로 볼 때, 직접적으로, 솔직하고, 개방적이고, 강력하며, 규칙적이고 지속적인 의사소통이다. 이러한 의사소통에는 정서적 관계뿐만 아니라 의사소통을 하려는 의지를 포함하고 있으며 이와 관련된 관심도 요구한다. 사람들과의 관계에서 느끼는 따뜻함은 두려움 없이 심리적 위안을 얻을 수 있는 가장 중요한 요인이며, 신체적인 접촉은 언어적인 것뿐만 아니라 종종 그러한 의사소통에서도 중요하다.

의사소통이 안정적으로 진행될 때, 심리적 트라우마와 방향 감각의 상실 등과 같은 정신적 상처의 치유에 긍정적인 영향을 미칠 수 있다. 그것이 없다면 위기가 장기화되고 격화될 수 있고 또한 일상적인 외로움은 효율성이나 통찰력이 있는 사람이 되는 것을 가로막는다. 그러한 의사소통은 고통, 불안, 우울증을 사라지게 하는 어떤 마법의 약으로 혼동해서는 안 되며, 행복으로 대체될 수 있는 것임을 인정하는 것이 중요하다. 궁극적인 고독의 달콤한 가장자리는 잘라낼 수 없다. 하지만 의사소통은 피할 수 없는 스트레스와 정신적 충격을 견딜 수 있게 하고, 이에 계속 효율적으로 대처할 수 있도록 한다. 상호 교류의 필요성은, 궁극적으로는 혼자임에도 불구하고 불교에서 더욱 친근한 주제와 비교될 수 있다.

첫 번째 고귀한 진리(고성제)는 삶이 고통으로 가득 차 있다고 말한다. 그러나 이러한 진리는 불교 신자들이 일부러 고통을 추구하거나, 다른 이들을 위해 고통을 제공할 필요가 있다고 느끼게 하는 것은 아니다. 오히려 항상 고통을 덜어주려고 노력한다. 소외와 고독에 관한 유사한 관습은 불교 신자들에게 훨씬 더 명백하고 중요해질 필요가 있다. 엄청난 고통에는 엄청난 고독이 함께 따라오는 것처럼, 불자들이 다른 사람들의 고통을 증가시키기보다는 완화하고자 애쓰는 것처럼, 그들은 다른 사람들의 외로움이 누그러질 수 있도록 노력해야 한다. 부적절한 외로움과 심층적인 의사소통의 부족은 모든 형태의 고통 중에서 가장 파괴적이고 부정적인 것이다.

이 결론에 이르는 나만의 길은 한참 멀다. 우선 내 안에서 가능한 한 철저하게 자신을 반추할 필요가 있고, 또는 그것이 가르침을 참고로 하고 있다는 것을 알 수 있다. 붓다, 가르침, 승가로 피신한다는 이야기부터 '외로운 여행'에 대해서 불교에 전해오는 많은 이야기를 들었다.

> 부처님에게 피신한다는 것은 불교인들에게는 구세주가 없다는 것을 선언하는 것이다···. 정말, 아주 기본적으로, 우리는 100% 혼자다. 이것이 붓다의 깨달음이다. "우리는 승가로 피신한다"는 것은 혼자라는 최후의 선언이다. 승가로 피신한다는 것은 어느 누구도 다른 사람에게 의지하지 않는다는 것을 의미한다. 붓다, 가르침, 승가. 한 사람의 외로운 여행에 그것이 더해진다.[7]

당시 나는 외로움을 낭만화하여 내 인생의 대부분을 완전히 혼자 지내는 것에 익숙해졌기 때문에, 그 해석은 나에게 잘 어울렸다. 이러한 외톨이의 낭만화는 이제 과도하게 남성화된 문화와 매우 소외된 문화에서 탈출하고자 하는 무의식적인 전략이지만 공통적인 것이라고 나는 믿는다.

나는 붓다의 살아있는 모범이라고 할 수 있는 훌륭한 스승들의 말을 경청하고, 많은 것을 공부하며 모범적인 방법으로 명상했는데, 이것이 존재의 수수께끼에 대처하도록 권장하는 불교적 방법이라고 생각했다. 때로는 외롭다고 하소연하기도 했지만, 불교 친구들은 비신앙의 성격을 가진 불교적 방식은 다 그런 것이라고 말해 주었다. 몇 년

이 지난 지금, 뒤돌아보면 불교 스승들이 전해주었지만, 우리 대부분이 놓쳤던 또 다른 메시지가 있었다. 그것은 남성 중심주의자나 개인주의 문화의 가치와 맞지 않는 방식으로, 사람들을 소외시키는 방법이었다. 우리는 또한 다음과 같은 말을 듣고 있었다: 우리는 친한 벗으로서 승가로 피신한다. 그것은 우리에게 많은 친구, 동료들이 있다는 것을 의미하고, 승가도 우리와 같은 지침을 따르고 있음을 의미한다…. 그들은 피드백을 제공하고, 당신에게 되돌려준다. 승가에 있는 당신 친구들은 지속적인 학습 과정을 통해서 우리가 편안할 수 있는 참고 문헌을 제공한다.

> 승가 내부에서 교우 관계는 기대도 요구도 없으나 성취감을 주는 일종의 순수한 우정이 바탕이 된다. 승가는 영적인 친구나 스승처럼 수행의 발전을 위해 기본이 되는 역할을 한다…. 그 승가가 없으면 우리는 이러한 기본이 없는 상태에서 커다란 윤회의 바다에 다시 던져지게 되고, 우리가 누구인지 혹은 우리가 무엇인지 전혀 알아차리지 못하게 된다. 우리는 길을 잃는 것이다.[8]

한동안, 나는 그 분명한 메시지를 알아차리지 못했고, 내 주위의 누구도 그러한 메시지를 강조하거나 표명하지 않았다. 그 대신, 나는 고독이 인간의 경험과 영적 발달에 필수적이지만, 또 다른 한편으로는 지나치게 고독하게 되면 문제가 될 수 있다는 것을 강하게 경험하기 시작했다. 그리고 외로움에 너무 많이 노출되면 개인적으로도 비효율적일 뿐만 아니라, 적절한 공동체 의식, 관계적 존재, 진정한 우정과 친밀감, 진정한 교단 경험으로부터 얻을 수 있는 기쁨이 사라지는 것을 더욱 확실하게 알게 되었다.

이러한 것을 알고 나니, 효과적으로 공부하거나 명상을 하는 것이 훨씬 더 수월했다! 나는 명시적으로 배우지 않았던 것을 실존적으로 발견하고 있었다. 세 가지 보물은 완전히 상호 의존적이며, 승가가 없으면 부처도 없고 가르침도 없다. 공동체로서의 승가는 심리적 위안을 주는 원천으로, 영적 존재를 위한 필수불가결한 매트릭스다. 스스로 깨달아야 한다는 자강론과 비-유신론에 중점을 두는 동안, 세 번째 보물은 무시되고 있었다. 동시에, 나는 최근 페미니스트 사상에 대한 두 가지 기본적인 입장에 동의하기 시작했다. 나는 남성과 여성 문화 사이에는 실제적이고 깊은 차이가 있음을 분명히 인정하며, 이러한 차이를 피할 수 없는 차이라거나 생물학적인 차이로만 간주하지 않는다.

사실 생물학에만 기초해서 본다면, 성평등한 인간의 미래에 대해 낙관할 수가 없다. 내 친구 캐롤 길리건은 여성과 남성 사이의 문화 차이를 간결하게 단 한 문장으로 표현했는데, 즉, "남자는 분리를 통해, 여자는 관계를 통해 정체성을 달성하는데, 이것은 많은 지옥을 만들어 낸다"라고 말했다.[9] 이 지옥은 소외, 외로움, 공동체의 부족 등으로 위험한 수준에 이르렀지만, 여전히 폭력과 분리라는 남성성이 양육과 관계라는 여성성보다 더 많은 지지와 승인을 받는 사회인 초-남성 중심 사회에서 살고 있음을 부인할 수 없다. 가부장적 사고에서는 남성과 여성의 차이는 차별로 인식되며 이 또한 긍정적으로 여겨진다. 이런 맥락에서 여성에 대해서 부정적인 느낌으로 해석되며, 매우 제한적이고 사적인 역할로 여성의 특성들에 한계를 부여하는 데 사용된다. 상대적으로 덜 가부장적인 기준으로 평가하자면, 이러한 전형적인 여성의 가치와 관심은 종족의 안녕과 생존에 필수적이며, 항상 필수였음은 분명해진다.

여성적 특성들은 매우 건강하고 규범적이기 때문에, 우리 시대의 가장 큰 요구 중 하나는 이러한 가치들이 개별화되고 최소화되기보다는 공적 담론의 영역으로 들어가야 한다는 것이다. 전형적인 "여성적 가치"는 공공 생활과 공동체의 기본이 되어야 한다. 그렇지 않으면 급속하게 망각될 것이다. 거시적 차원이나 미시적 차원 모두에서 사회에 잘못된 것은 분명히 너무 많은 분리의 결과이며, 충분한 관계 맺음이 결여되었기 때문이다. 이러한 상황에서 여성 문화의 가치는 훨씬 더 규범적이고 보편적으로 바뀔 필요가 있다. 그들은 너무나 심오하게 인간적이고, 인도적이며, 치유되고, 깨닫는다. 다양한 입장과 맥락에서 그들은 고립과 고독이라는 남성적 가치보다도 훨씬 더 가치 있고 도움이 된다.

내가 제안하는 승가에 대한 재구성이란, 단순히 신중하고 절제된 범위 내에서 "승가"를 공동체, 양육, 소통, 관계, 우정의 페미니스트적 가치로 채우자는 것이다. 이러한 가치들을 강조하는 것은 붓다를 뒤따르고 담마의 명상적 또는 철학적 추구를 위한 매트릭스모체와 저장소로 해왔던 그들의 역할을 비판적으로 인식하자는 것이다. 사실 승가가 붓다나 가르침보다 덜 중요하다는 일반적인 인식도 있다. 또한, 비록 그 중요성을 대부분은 충분히 인식하지는 못했지만, 심리적인 지지의 매트릭스로서 승가의 역할이 항상 중요했음을 이해할 수 있다. 전통적인 불교 교단의 남성 중심 문화에서 말하는 남성들은 대부분의 불교 텍스트를 기록해왔고 훨씬 더 많은 수가 스승의 역할을 해왔다.

그래서 그들은 철학, 명상 수행 또는 헌신 등에 대한 것보다 승가에 대해 상대적으로 적은 비중으로 설명했으며, 심지어 승가에 관해 말할 때도 그들은 관계보다 외로움을 강조하는 경향이 있었다. 남성 중심의 불교 문화 속에서 성장한 미국 불자가 관계와 고립 사이에서의 적절한 상관성을 고민할 때 승가에 대한 기존의 이러한 고정관념의 틀에 갇힌 편견을 갖게 된다. 이러한 편견은 관계의 중요성보다 분리를 중시해왔던 일상의 경험 때문인데, 이에 대한 문제 제기는 여성적 가치와 여성 문화에 대해 긍정적인 페미니스트적인 평가를 할 때 비로소 가능해진다. 그런데 남성 중심 문화에서 자란 남자들은 왜 관계와 공동체의 가치를 인정하는 것을 배제하고 혼자라는 기쁨, 자립과 분리의 가치를 강조했을까? 비록 그 해답에 대한 합의는 없지만, 페미니스트 이론은 다시 그 답을 찾고자 한다. 이에 대한 정확한 답을 찾는다면, 실제로 가부장제 이후 성 역할로부터 자유로워질 수 있고, 그 결과 역할 조정을 통해 가사와 양육 활동이 중요하게 재구성될 수 있을 것이다.

대부분 남성은 '남성 되기'라는 과정의 어려움, 예를 들어 어머니와 동일시하기보다는 분리하는 과정에서 어려움을 겪는다거나, 성장 후 남성들 간의 강한 유대감을 가지고 여성에게 의존하기를 꺼린다는 등 다양한 맥락에서 많은 글이 그 해답을 찾고 있다. 남성성을 얻기 위해서 분리는 필수불가결이라는 주장과 관련해서도 다양한 맥락의 텍스트들이 있다.[10] 그 결과 관계성보다는 자율성으로 더욱 잘 알려진 것이 남성의 성격 구조이다. 남성들이 오랫동안 성별 권력 상부의 위치에 있었기 때문에, 소위 남성적 특성이라고 할 수 있는 '자립'을 미화하고, 양육 활동이나 인격적인 특성을 중시하거나 보상하지 않는 사회가 되었다. 이러한 가치체계가 끊임없이 전쟁과 생태 파괴를 가져오고, 이는 결과적으로 인류를 재앙으로 몰고 간다는 지적도 많다.

프로이드 학파의 페미니스트 심리학자들에 따르면, 그러한 역학

관계와 결과는 특히 유아와 어린이들의 양육이 거의 전적으로 여성의 책임이라고 가정하는 가부장적 관행에서 비롯된 것이다. 가부장적이지 않고 부모가 함께 육아를 담당하는 기회가 늘어날수록, 자립심을 고양시켜야 할 과장된 필요성과 외로움이 사라질 수 있다. 한편, 오늘날까지 불교 전통을 공식화한 남성들이 불교 명상과 철학을 위한 심리적 건강을 위해서 승가 생활를 강조한 것은 아니겠지만, 그럼에도 불구하고 승가는 그들을 위해 기능을 해왔음을 강조할 필요가 있다. 적절한 지원이 없었다면, 이 사람들은 수도승과 은둔자라는 긍정적이고 가치 있는 역할을 하기 위해 관습적인 삶을 포기하지 않았을 것이다. 그들은 소시오패스, 즉 파괴적인 사회적 일탈자가 되기 위해 관습적인 세계를 포기한 것은 아닐 것이다. 더 중요한 것은 같은 생각을 하는 승가 내 동료들의 지지, 지원, 격려, 인정을 받지 못하고 축하받지도 않는다는 것이다.[11]

붓다는 교단의 승려들이 완벽한 개인의 영적 성취를 얻기 위해 홀로 살기를 요구한 것은 결코 아니다. 그는 승려들을 위한 대안 공동체를 설립했고, 간헐적으로, 기술적으로, 혼자 수행하는 것을 제안했다. 붓다는 은둔자의 승가라기보다는 사적이고 공동체적인 질서를 확립했다는 것이 매우 중요하고, 영적인 길에서 벗으로서의 승가가 필요하다고 생각했음을 우리는 알고 있다. 페미니즘, 또는 성평등에 대한 재개념화는 상호 간의 인간관계가 매우 만족스럽고, 상호 지지적이거나 위로해 줄 수 없다면 인간은 무엇이든 잘 해낼 수 없다는 단순한 사실을 깨닫게 만든다. 그것은 피할 수 없는 인간의 고독이 불친절, 소외, 고의적인 고립에 대한 변명이 아니라는 것을 말한다.

이 개념화에 따른 최고의 설명, 승가에 대한 가장 뛰어난 정의는 페미니즘의 일부를 포함하여 서구 사상에도 매우 익숙한 위대한 오늘날의 불교 스승들의 저술에서도 나온다.

> 당신은 한 무리의 외로움과 함께 기꺼이 살아간다.
> 승가는 수천 명이 혼자 함께 외로움을 가지고 살아가고 있다.[12]

"혼자 함께"라는 문구는 위기에 처한 현실을 정확하고도 생생하게 포착한다. 이 둘은 모두 우리 경험의 기본이다. 두 가지를 모두 인정하고 영적인 길을 함께 가야 한다. 보편적인 남성 문화의 중심적인 가치는 독창성을 과도하게 강조하는 것이다. 페미니스트의 구조 조정은 상호 의존도 아주 위험한 상황에서만 무시해야 하는, 인간의 기본적인 진실이라는 것을 인식하게 될 것이다. 승가가 근본적으로 혼자가 아니라 "혼자 함께" 여행을 가는 사람들의 역할이 실제로 기능할 때, 사람들은 불교를 훨씬 더 효과적으로 연구하고 실천할 수 있다.

　이러한 논평은 추가적인 인식으로 이어져야 한다. 비록 "승가 의식" 즉, 의사소통적이고 지지적인 승가의 구성원이 되는 것이 중요하지만, 그것은 남성 중심적인 문화에서 훈련된 사람들에게는 결코 "자연적"이 아니다. 그러므로 가르침을 이해하고 의식과 자유의 정신을 계발하기 위해 훈련을 하는 것처럼, 승가 의식을 고양시키기 위해서는 확실하게 훈련을 해야 한다. 불교는 승가 구성원에게 해당하는 규율을 만들고, 진지하게 받아들이도록 하며, 명상과 철학의 규율을 강조해야 한다. 승가로 피신하는 것은 의사소통과 교제의 중요성에 민감한 사람들의 공동체 참여를 의미한다.

　그리고 승가로 피난하고자 하는 자는 동반자들과 친구가 되기를 열망해야 한다. 불교가 비-유일신이라는 점을 감안할 때, 승가에 대한 이러한 이해는 훨씬 중요하다. 때로는 불교도들에게도 호소력이 있는 불교의 신앙적인 매력은, 인간적인 동료들에 대한 믿음에서 언제나 관계가 가능하고, 항상 충실할 수 있는, 배려심이 많은 궁극적인 타인들이 함께 있다는 믿음이다. 불교 신자들에게는 그런 가설은 아무리 매력적이라고 해도 비현실적으로 보인다. 그러나 이러한 장점에 대한 불교적인 사색은 일종의 함축적인 의미를 지녀야 한다. 사람들은 관계를 맺고 보살핌을 받아야 하고 비-유신론자는 궁극적인 절대자와의 관계를 상상할 수 없었기 때문에, 그것을 할 수 있는 사람은 우리 자신, 서로, 즉 승가밖에 남지 않는다. 결국에 비-유신론에 의하면, 아무도 우리를 구하지 못하고, 우리 스스로 우리를 구할 수밖에 없다. 이전에는 개인의 깨달음을 추구하는 과정에서 기본 교육을 중시했다. 이제 스스로 구원하기 위해서는 우정과 관계성이 가장 영적으로 중요한 범주로 받아들여지는 사회의 공동체 및 동반자적인 매트릭스를 만들어야 한다.

나는 이것을 고전 불교의 여러 가지 핵심적이고 기본적인 개념과 연결하여 이 재개념화를 결론짓고 싶다. 불교만큼 오래된 핵심 개념인 상호의존적인 연기pratityasamutpada는 모든 것이 다른 것들과 연결되어 있는 인과관계의 깊이 있고 완전히 상호 연결된 거미줄로 설명한다. 종종 윤회의 경험은 어떻게 필연적으로 또 다른 윤회적 경험을 하게 되는지를 설명하는 데 사용되므로, 고립이라는 것은 불교에서는 불가능한 것이다. 그들은 단지 미래에 자신에게 부정적인 업까르마으로 영향을 미치는 것은 아니고, 현재의 말과 행동으로 이후에 스스로 혹은 타인에게 상처를 입거나 돕는 작용을 한다. 상대적으로 말하면, 우리 모두 서로를 어떻게 대하느냐에 달려 있다. 왜냐하면 우리는 고립된 궁극적인 실재가 아니라 상호 의존적인 존재이기 때문이다.

승가가 심리적 위안의 매트릭스로 나타나는지, 아니면 외로움으로 인한 소외를 미화시키는 것으로 나타나는지에 대한 여부가 큰 차이를 만들어낸다. 그러한 깨달음은 친절, 부드러움, 연민과 같이 대승불교에서 강조하는 모든 장점을 매우 즉각적으로 알 수 있도록 하고, 나에 대한 요구뿐만 아니라, 내가 깨어날 수 있도록 동료들로부터도 영향을 받게 된다. 이러한 재개념화는 불교의 일부 학파에서 발견되는 기본 목록 중에서 하나를 수정함으로써 적절하게 요약되고 또 결론지을 수 있다. 이 개정의 중요성을 이해하기 위해, 대부분의 고대 불교에서의 구전 전통과 암기에 의존하던 교육 시스템과 문화에서의 그러한 목록들은 많은 정보뿐만 아니라 근본적인 가치도 내포하고 있다는 것을 기억해야 한다.

이러한 목록 중의 하나는 "가르침을 촉진하는 세 개의 수레바퀴" 즉, 공부, 실천, 생계로 설명된다. 이 목록의 개념은 일방적인 방식이 아니라 균형 잡힌 생활방식으로 불교를 실천하는 데 필요한 모든 기본 개념을 포함하자는 것이다. 예를 들면, 생계는 불교적 생활방식에 적절한 경제 기반이 필요하므로 가르침의 바퀴로 포함한다. 경제적 기반이 결여된 가르침을 연구하거나 명상을 할 수는 없다. 이처럼 일상과 연결된 인식들은 현실적이고 설득력이 있다. 어쨌든 이 세 바퀴가 관계, 생계 그리고 연구 및 실천이라는 것은 분명한 것 같다.

연구와 실천은 실제로 둘이 아닌 하나의 추구이며, 이 둘이 함께 영적인 수행을 해나가게 만든다. 그리고 그들을 위한 심리적 기초는 적어도 전통적으로 인정된 경제적 근거만큼이나 중요하다. 업무나 영적 규율에서와 같은 정도로 우정에 에너지와 열정을 투자하는 것은 자연스럽고 당연한 일이다. 그 에너지의 상호성을 기대하는 것도 정상이다. 문제가 있는 승가나 사회만이 관계성과 우정의 가치를 무시하거나 최소화하면서 일과 영적 규율만을 중시한다.

성스러운 삶 그리고 일상의 삶

영성과 소위 "일상적인 존재" 또는 "일상생활"과의 관계는 많은 종교적 전통에 있어서 복잡하고 어려운 문제다. 이 두 영역을 무너뜨리고 섞거나 서로 대립시키거나 이에 대한 해결책을 다양한 종교적 전통에서도 찾을 수 있는데, 이는 불교 내에서도 복잡하고 다양하다. 우리가 보아온 것처럼, 불교에서 이 둘은 종종 서로 반대되는 것으로 여겨지기도 하고, 가정과 생계 문제에 관련된 가정생활 방식이나 평범한 삶으로 보이는 "일반적인" 삶에 거의 관심을 보이지 않기도 한다. 그러나 가부장제 이후의 불교에서는 페미니스트적 가치와 성평등한 제도에 따라서, 전통적인 일상적인 삶에 대한 평가가 불가피할 것이라고 본다.

가치를 평가하는 것은 매우 기본적인 것이다. 생계를 해결해야 하는 환경과 가족을 돌보는 것과 같은 일상적인 활동은 사원주의보다 열등한 생활방식이 아니라 그 대안으로 평가되어야 한다. 집에 머무는 사람이 마음 챙김과 분리라는 기본적인 수행 자세를 연습할 수도 있으므로, 이러한 삶의 방식은 재평가되어야 한다. 결과적으로, 재평가가 정확하기 위해서는 이 두 가지 생활방식이 서로에 대한 대안이 될 수 있겠지만, 한 사람의 삶 속에서 번갈아 일어나는 단계로도 볼 필요가 있다. 그렇게 되면 평범한 일상생활은 단순히 세속적인 문제나 평신도 문제라기보다는 불교인에게는 훨씬 더 중요하고 직접적으로 보일 것이다. 우리는 이처럼 가치 평가를 새롭게 해서 실질적인 변화를 가져오는 제도들을 이미 살펴보았다. 이러한 실질적인 변화에는 개념적 변화도 수반된다.

일부 종교들, 특히 자본주의적 전통이 없는 종교들은 일상생활에서 영적인 의미를 주입하는 방식도 심도 있게 탐구해 왔다. 이러한 맥락에서, 일상적인 생활방식을 포기하는 것은 영적 깊이를 얻기 위해 권장하는 법이 아니다. 그 대신 평범하면서도 경이로운 세계의 깊은 곳을 사색적으로 들여다보면서 그 신성함을 체험한다. 이러한 경이로운 형태는 실재로부터 한 사람을 멀어지게 하기보다는, 한 사람을 바로 그 존재로 인도한다. 이 평가는 몇몇 불교적 상징들과 너무나 반대되는 것이고, 평범한 삶에 대한 우려나 동경심을 페미니스트적 관점으로 재평가하기가 매우 유용하기 때문에, 우리는 이러한 영성의 몇 가지 예를 더 자세히 살펴볼 것이다.

고전적인 불교적 접근법은 적어도 표면적으로는 거의 정반대인 것 같다. 불교 문헌은 평범한 가정생활이 영적으로 비생산적이라고 선언할 가능성이 더 크다: "가정생활은 속박이 많고 먼지가 많은 길이다. 집을 나와서 방랑하는 것은 공기마저 자유롭다." 고전적 유대주의에서는 일상생활을 위한 세밀하고 친밀한 규범을 가지고 있으며, 일상 행동을 신성화하는 사례들을 보여준다. 매일 일어나고 옷을 입는 것, 음식을 조리하고 제대로 먹는 것, 적절한 시간에 기도하는 것, 새로운 옷이나 이상한 날씨를 알아차리기, 밤에 다시 휴식하는 것까지도 노력이 계속되어야 한다. 매일의 경험과 활동에 신성한 인식을 불어 넣고 생명을 유지하도록 도와주는 영적 세력과 직접 연결한다. 이 의식은 7일마다 안식일[13]로 점검하지만, 일시적 또는 영구적으로 은퇴할 수 있는 퇴직센터나 수도원은 없다.

영적인 인식을 경험하기 위해 일상생활에서 벗어날 필요는 없지만, 영적 차원에 대한 더 많은 인식을 일상 활동으로 가져올 필요가 있다. 유대인의 명상 규율은 종종 유대인과 비유대인 모두에 의해 오인되는 경우가 많다. 하지만 엄격하고 정확한 법률 규정들은 규율을 지키려는 사람에게, 각각의 정확하게 묘사된 행위들이 왜 지금 행해져야 하는지를 상기시켜주는 의도가 있다. 의도가 기억되거나 이해되지 않는다면 그 행위는 공허한 형식주의가 되지만, 제시된 행위가 의미하는 바를 숙고함으로써, 이 일상적인 과제는 신성한 의식과 영적 에너지를 지탱하는 생명과 연결하는 역할을 한다. 그 결과 이 행동은 영적인 인식과 함께 신성하게 행해진다.

미국의 일부 원주민 단체들은 그들의 활동을 결정하는 신성한 법령에 의존하지 않고, 일상적 사건과 일상적인 활동을 통해 영적 의미로 나아가는 인식을 키운다. 끓고 있는 국물 냄비에 대한 라임 디어의 설명은 타의 추종을 불허한다. 그는 백인 아웃사이더에게 이 솥은 아마도 다음과 같은 메시지를 말하고 있을 것이라고 설명한다.

하지만 난 인도인이야. 나는 이 냄비처럼 평범하고 흔한 것들에 대해 생각한다. 부글부글 끓는 물은 비구름에서 나온다. 그것은 하늘을 나타낸다. 불은 우리 모두를 따뜻하게 해주는 태양으로부터 온다. 고기는 우리가 살도록 자신을 바친 네 발 달린 우리 동물 형제를 의미한다. 증기가 살아 숨 쉬고 있다. 그것은 물이었다. 이제 그것은 하늘로 올라가고, 다시 구름이 된다. 이것들은 신성하다. 우리 수족은 매일 매일의 일들을 생각하며 많은 시간을 보내는데, 이 일들은 우리의 마음속에 영적인 것과 뒤섞여 있다. 우리는 주변의 세계에서 삶의 의미를 가르쳐주는 많은 상징을 본다.[14]

　분명히 이 경우에는 서로가 적대적이기보다는 평범하면서도 영적인 부분도 상호 침투되어 있다. 고전적인 불교적 접근법은 적어도 표면적으로는 거의 정반대인 것 같다. 불교 문헌은 평범한 가정생활이 비생산적이라고 선언할 가능성이 더 크다: "가정생활은 답답한 먼지 투성이의 길이며, 바깥으로 떠돌아다니는 것은 야외활동이다: 세속의 삶이 완벽하게 순수하게 하거나, 마치 진주를 박은 것처럼 윤이 나도록 성취하기란 쉽지 않아. 그러니 머리카락과 수염을 깎고, 노란 승복을 입고, 집에서 나가 노숙을 하면서 돌아 다닐거야."[15]

　역사적으로 볼 때 불교의 제도적 구조는 출가자와 재가자라는 이분법을 강조했다. 이 형식은 불교에 특별한 장점을 제공했다. 완벽하게 헌신적인 수행자 중심으로 그 전통은 매우 견고하게 널리 유지되었다. 승려들은 비-사원적인 종교보다 문화적인 경계를 넘어서 불교를 더 쉽게 전할 수 있었다. 그러나 다른 측면에서 보면, 종교의 참된 전달자이기도 한 사원 승가에 초점을 맞추는 것이 가장 큰 약점이었다. 그것은 재가자들에 대해 상대적으로 관심이 부족한 결과를 낳았다. 이는 만약 불교가 박해를 받거나 미움을 받는다면 살아남지 못한다는 것을 의미하는데, 그 이유는 재가자들은 대체로 그들의 영적인 욕구 중 일부를 충족시키기 위해 이미 다른 곳으로 돌아설 수 있기 때문이다.

　중요한 고전적인 패턴이 티베트와 일본 불교에서 대안으로 나타나고 있다. 재가자 중심의 불교에서는 승려들이 사찰 의례와 서비스를 수행하는 대신에 재가자는 승가에 경제적인 지원을 제공한다. 하지만 재가자는 철학 연구와 명상 수행에 진지하게 참여할 시간을 내기가 쉽지 않거나 일반적으로 그것을 기대하기도 어렵다. 북아메리카뿐만 아니라 아시아에서도 현대 불교의 이러한 모형은 재가자가 수행과 교리 연구에 참여하는 움직임을 통해 도전받고 있다. 많은 변화가 나타나고 있는데, 이를테면 흔한 방식으로는, 짧지만 절제된 정기적인 연구와 수행을 하는 방식과 정상적인 가정생활을 잠시 미뤄두고 정규적인 연구와 수행을 위해 "은둔" 기간을 가지는 방식 등이 있다.

이러한 발전은 잠재적으로 보면 엄청난 불교 변혁을 수반하는 반면, 사원의 수행자들을 더 이상 불교의 최고 또는 유일하고도 진지한 실천자로 간주하지 않는다. 대다수의 불교도가 수행자이며 가족 및 직업을 가진 평신도가 중심인 서구 불교는 이러한 발전의 가장 활발한 토대가 되고 있다. 흥미롭게도, 서구 불교는 또한 중요한 페미니스트적 영향을 받는 유일한 불교 형태로서 가부장제 이후 불교의 가장 유력한 형태이다. 서구 불교 1세대는 여전히 아시아인 교사가 대부분인데, 이들은 대다수 재가자들에게 출가자가 되도록 격려하기보다는 제대로 자격을 갖춘 직업적인 불교 수행자가 되도록 격려하고 있다. 사원에서의 생활은 종종 매우 복잡한 연구와 수행이 이루어지는 일시적인 은둔으로 간주되기도 하지만, 이 사원 생활은 일상생활을 위한 훈련으로도 여겨진다.

이 발전이 무엇을 가져오는가에 대한 명확한 분석은 중요하다. 가정과 관련된 문제의 가족적, 경제적, 정신적 가치에 대한 전통적인 불교 회의론은 여전히 남아있을 수 있다. 불교적 관행이 매우 발달했다고 해서 과거에 낮게 평가되었던 활동들에 대해 반드시 새로운 가치가 부여되는 것은 아니다. 이것은 재가자들이 이전의 불교에서 승가에 의해서만 이루어지던 관행에 대해서 재가신도가 시간을 내고 노력하고 지원하고 장려하게 되었다는 것을 의미한다. 그러나 재가신도들이 그러한 활동에 오랫동안 열정적으로 진지하게 참여하고, 특히 그 재가신도의 상당수가 여성이라면 그러한 변화는 불가피하다.

직업과 가족이라는 일상생활을 영위하는 이러한 수행자들 내에서이는 광범위한 가치의 변혁이 아니라 불교적 수행으로 여겨질 것이다. 불교에 대한 이 거대한 변화와 확산은 단순히 재가자들이 광범위한 연구와 실천에 참여하도록 장려하는 것보다 훨씬 급진적이다. 영성과 일상생활, 세속에 머무르는 삶과 세속을 벗어나 출가하는 삶 사이에서 전통적인 위계질서가 지워지고, 그 둘 사이의 경계도 불분명해지고 있다. 가사 대 명상, 사업 대 교리 공부, 육아 대 은둔, 결혼 대 독신, 한때는 그렇게 분명해 보였던 모든 이분법과 계층 구조들은 사라지고 있다. 이러한 재평가는 불교적 관심사를 매우 확장하며, 또한 새로운 긴장 상태도 나타난다.

이러한 가치관의 전환을 더 탐구하기 전에, 전통적인 유대교나 라임 디어Lame Deer가 세운 모델을 따르는 불교계의 일부 주장을 살펴보자. 불교적 두려움은 유대교에서 권장하는 의식이나 라임 디어가 권하는 상징적 의미에 대한 사색 같은 것을 실천하는 사람이, 바로 신성한 의식의 중심이 되는 것이다. 일상생활에서 지속적으로 더욱 애착을 가질 수 있다는 것이다. 애착이 있는 한 진정한 자유는 없다. 더욱이, 분리, 통찰 및 해방 등에 대한 의식적 또는 종교적 경험에 수반되는 영적 최고 수준을 쉽게 착각할 수 있다. 일상생활은 너무 유혹적이어서 불교도는 반응을 보일지도 모른다. 애착이 생길 수 있는 고리를 거의 남기지 않는 파격적인 생활방식을 위해 평범한 삶과의 관계를 끊는 것이 더 안전하고, 확실하며, 진정한 자유를 생산할 가능성은 더욱 무궁무진하다. 성스러운 인식을 더욱 증진시키는 것 대신에 애착이 생길 수 있다.

불교에 따르면 사물과 애착의 고리는 극히 미묘하다. 불행하게도, 어떻게 이 연결고리를 끊어야 하는지에 대한 명확한 보장은 없다. 사람들은 사원 생활이건 일상생활이건 거의 모든 것에 애착을 가질 수 있다. 이 고리들을 끊을 때, 분명히, 애착은 극복되는 것이다. 사물 그 자체는 잘못이 없다. 어떤 특정한 것보다는 그것이 문제라는 이유로 애착을 포기한다. 불교학에서 추구하는 기본적 변화는 태도의 변화, 마음과 마음의 변화인데, 왜냐하면 조건이나 사물이 아닌 근본적 태도가 고통의 원인이기 때문이다. 기초적인 실천은 애착을 극복하는 것이다; 그 거대한 생활방식은 그 목적을 위한 방편일 뿐, 그 목적과 별개로 본질적인 가치와 의미를 지니는 것은 아니다. 부처님의 '뗏목' 가르침처럼[16] 일을 마치면 해안에 그대로 두고 가야 한다.

불교의 영적 훈련의 요점은 애착을 줄이고, 성찰하며, 자유를 증진시키는 것이다. 장기적으로, 불교의 영적 훈련의 요점은 또한 본성tathata에 대한 인식을 높이는 것이다. 최소한 세 차례의 가르침에 따르면, 애착을 줄이고 공성을 직감하고, 투사 없는 현상의 생생하고 찬란한 세계, 즉 사물의 경이로운 "있는 그대로"의 세계를 만난다. 그러면 더 이상 무언가를 포기하거나 특별한 생활양식을 키울 필요가 없다. 모든 것이 인정될 수 있다. 모든 것이 명확함과 분리라는 매트릭스로 경험할 수 있다. 이런 이유로, 금강승불교는 사람들이 세상을 신성하게 생각하도록 격려하고 "성스러운 전망"을 키워나갈 것을 장려한다.[17] 라임 디어의 수프 냄비는 애착을 넘어 "성스러운 전망"으로 세상을 보는 완벽한 예이다. 수프 냄비를 볼 수 있다면 생계, 진공청소기, 정원 또는 자식들은 보이지 않는가?

따라서 불교 그 자체는 평범한 세상, 평범한 것들 그리고 일상적인 경험들이 마음 챙김, 인식 그리고 분리로는 이해할 수 없다는 관점을 넘어서기 위한 개념적 자원을 지니고 있다. 실제로, 다양한 형태의 불교에서 금강승불교와 선불교는 이 빛나는 일상적 인식 상태를 영적 규율의 정점으로 간주한다.[18] 전통적인 문학에서 덜 분명한 것은 이 의식이 얼마나 자주 오래된 사원 경력을 가진, 출가자가 아닌 다른 사람들에 의해 경험된다고 생각하느냐 하는 점이다.

그러나 진지한 재가자 중심의 불교 관행의 형태와 그에 수반되는 가치를 평가하자면, 불교 승려들이 이 수준의 영적 발전에 대한 독점권을 가지고 있지 않다는 것은 분명하다. 생계와 가정생활을 둘러싼 일상 활동도 만약 마음 챙김과 인식의 규범과 연계된다면 이 정도의 발전 수준을 촉진할 수 있을 것이다.

위대한 비구니들의 깨달음을 노래한 시들을 모은 책인 「테리가타」는 일상생활 속에서 침착하게 명료함을 추구하는 것을 보여주는 교단 성립 초창기의 가장 좋은 모델이다. 알려지지 않은 비구니인 첫 번째 구절의 저자의 일대기를 다룬 해설에 의하면 그녀가 처음에는 여성 재가자가 되었다고 서술하고 있다. 파자파티Prajapati의 말을 듣고 그녀는 출가를 원했으나 남편이 허락하지 않았기에, 자신의 의무를 다하면서 교리를 배우고 통찰력을 키우는 영적인 삶을 계속해 나갔다.

그러던 어느 날 부엌에서 카레 요리를 하는 동안 거센 불똥이 튀어서 음식을 모두 태워버렸는데, 그녀는 그것을 보면서 모든 사물로부터의 완전한 무관심에 대하여 적극적으로 명상하기 시작했고, 이것은 그녀의 수행 기초가 되었다. 이로써 그녀는 다시 인간 세상에 인간의 몸으로 태어나 지 않는 불환자不還者, anāgāmī의 경지에 오르게 되었다.19

이러한 경험을 한 후 그녀는 보석으로 몸을 치장하는 것을 중단했고, 마침내 남편은 그녀를 이해하고 비구니가 될 수 있도록 출가를 허락했다. 이처럼 그녀의 이야기는 가정생활에서 명상을 실천할 수 있다는 가능성을 보여주지만, 전체적인 삶을 페미니스트적으로 재구성하는 데 필요한 가치관의 전환을 보여준 것은 아니다. 비록 그녀는 가정주부로서 생활하면서 높은 수준의 발전을 이루었지만, 결국 출가해서 비구니가 되었다. 초기 인도 불교의 가치체계에서 접하기 어려운 사례였다. 일반적인 불교 수행의 맥락에서, 그녀의 삶의 단계들은 이대로 나타나지 않을 수도 있다.

재가자들은 사원의 생활양식과 사회에서의 생활양식의 가치를 연계시키려는 시도로, 가정생활의 의무와 혼란을 유발하기 전에 집중 훈련을 받을 수도 있을 것이다. 이것은 그들이 완전한 애착과 완벽하게 윤회하는 의식에 굴복하지 않고, 각각의 양식에서의 유혹을 훨씬 더 잘 다룰 준비가 되었다는 것을 의미한다. 이러한 방식의 생활 계획은 불교계의 여성들에게 널리 보급된 적이 거의 없다.

여성들은 세계 각지의 가부장 사회에서도 그렇듯이 임신과 양육이 가능한 나이가 되자 곧바로 결혼했다. 반면에 일부 불교 국가의 남성들은 결혼이나 직업 경력을 쌓기 위해 정착하기 전에, 일상적으로 사원에 들어가서 훈련을 받았다. 그러나 일반적으로 그 사원 생활의 목적은 조상에게 빚을 갚거나 남성으로의 성숙을 완성하는 것이지, 사원의 가치를 가정생활로 되돌리는 것이 아니다.

또한 재가자의 수행자모델에서 집중적인 수행 기간은 젊은이들에게만 국한되지 않는다. 전 생애에 걸쳐, 직장과 가족의 책임을 맡는 기간에도 더욱 집중적으로 수행을 하고 다시 일상으로 돌아오기도 한다. 페미니스트적 관점에서 성평등한 가치와 관련된 평가는 사람들이 사원 생활과 가정생활 양식을 결합하려고 할 때 발생하는 갈등에서 비롯된다. 한 사람이 말했듯이, "우리는 종종 수행과 일상생활에 대해 상반되는 이야기를 한다. 우리는 좌선앉아서 하는 선 수행이 '순수한' 수행이라고 보는 반면, 직장이나 일상생활은 '응용 연습'이라고 느낀다. 그리고 영적, 과학적인 분야 모두에서 '순수한' 활동은 그것이 적용되는 것보다 더 권위적으로 느껴진다."[20]

이러한 갈등은 아마도 대부분 여성에게서 가장 두드러지게 나타나는데, 그들은 육아를 책임지는 부모가 되기 전에는 공식적인 불교 명상 수행에 진지하게 참여했다. 전통적인 불교 명상 수행 과정에서 그들은 규율을 잘 준수하였고, 수행하려면 언제든지 할 수 있었다. 하지만, 결혼과 육아의 책임을 감당하면서부터 그들은 공식적인 불교 명상 수행의 까다로운 규율을 지키기 위한 시간도 부족할 뿐만 아니라 그러한 시도를 해도 자꾸만 중단될 수밖에 없었다. 그 결과 여성들은 종종 깊은 갈등을 느끼기도 한다. 비록 육아 활동이 영적으로 중요하고 수행의 일부라고 느낄 수도 있지만, 전통적인 불교 텍스트에서는 그에 대한 타당성을 거의 발견하지 못했다. 위에서 인용한 내용을 계속하자면,

내가 아는 가장 강인한 스승은 내 아들 조슈아라는 것을 인정한다. 그가 태어난 지 얼마 안 되었을 때, 그는 수행의 의미에 내 눈을 뜨게 해주었

다. 그가 울면 기저귀를 갈아주고, 이것저것을 정리하고, 나는 매 순간 선물을 받았다. "이건 수행자의 마음이야." 나는 혼잣말을 했다. 스즈키 로시가 무슨 말을 하고 있었는지 처음으로 이해했다….

나는 아들이 태어나기 전에 7년 동안 좌선을 했다. 그가 태어나기 전 한 해 동안에는 거의 좌선을 하지 않았지만, 그 이전 해에는 타사하라 Tassajara,샌프란시스코 젠 센터의 사원에서 수행을 하면서 보냈다. 그런데 육아를 하는 몇 년 동안 느꼈던 모성애가 타사하라에서 한 해 동안 경험했던 느 낌과 매우 비슷한 것을 알고 큰 충격을 받았다. 나는 젠 센터가 실제로 수행이 이루어진 곳이라고 생각했다. 아이와 함께 하는 일이 수행 같다 는 생각은 분명히 내가 오해한 것이라고 여겼다. 나의 의심과 혼란은 점 점 커졌다.[21]

이러한 상황에 놓인 사람들은 종종 "수행을 하지 않는다"거나 "불교 에 대해 진지하지 않다"라는 죄책감을 느낀다. 이 예는 육아를 하는 과 정에서 특히 그러한데, 중요한 것은 장기적으로 보면, 다수의 여성과 남성이 "일상적인" 일-가정과 연관된 갈등이 발생할 수 있다. 이러한 상 황은 명백히 페미니스트적인 의식화를 불러일으키지만, 그 일은 보기 보다는 훨씬 더 까다롭고 예민한 일이다. 모든 남성이 만든 남성 지배 적인 종교와 마찬가지로 불교가 여성의 생애주기, 몸, 또는, 출산과 육 아와 관련된 경험이나 이해, 조언이 거의 없다는 일반적인 페미니스트 의 관찰과 비판은 맞는 말이다.

이 주제들은 고전적인 문헌들에서는 거의 논의되지 않았다. 만약 그랬다면, 그것은 현실과 동떨어져 있거나 직접 그러한 경험이 없는 사 람에게서 나온 것이 분명하다. 그 주제들이 긍정적이거나 영적이므로 의미가 있다고 평가되는 경우는 드물 뿐만 아니라, 그러한 주제에 대한 관심이 부족하기 때문에 많은 사람이 전통적인 교단에 이와 관련된 가르침을 요청하는 것이 쓸모없다고 느낀다. 만약 아이를 키우는 어머니라면 차라리 이러한 경험이 있는 할머니에게 묻거나 자기 자신을 신뢰하는 것이 더 나을 수 있다. "나는 개인적으로 이 문제에 대해 가부장적인 충고를 받는 것을 원치 않는다. 한 번도 결혼한 적도 없고, 한 번도 재가신도가 된 적도 없고, 한 번도 아이를 가져본 적도 없는 도겐 젠지Dogen Zenji[2]가 정말로 이러한 삶의 여정에서의 선택과 그로 인한 어려움에 대해 이해하는 '직업'을 가지고 있다고 할 수 있을까?"[22]

전통적인 불교 규율을 생계와 육아라는 가정 내의 일과 연결하고자 질문을 할 때, 사람들은 이러한 경험들을 재평가해서 개인의 존엄성과 영적 잠재력을 강조해야 한다. 어머니는 가정에서 가장 희생적이지만 동시에 또 가장 소외감을 느껴왔는데, 이 문제는 대개 양육의 관점에서 언급된다. 사원 생활과 모성애를 모두 경험한 불교신자는 그녀의 갈망과 좌절을 다음과 같이 표현했다.

여성은 수행을 위해 생애 과정에서 벗어날 필요가 없는 영적인 길을 가져야 한다고 주장할 수도 있다. 나는 이론적으로 동의하고, 긍정적인 방식으로 관계와 육아를 다루는 데 실제로 도움이 되는 더 많은 가르침을 원한다… 가능성은 끝이 없지만, 남성 스승이 이러한 가능성을 언급하는 것 자체를 들어 본 적이 없다. 이러한 경험은 일반적으로 남성에게 해

---

[2] 도겐 젠지(Dogen Zenzi) 스님은 13세기 중국에서 조동종(曹洞宗, Caodong)을 공부한 후 일본으로 전파했는데, 이후 오늘날 일본에서 가장 큰 불교 종파로 미국과 유럽까지 빠른 속도로 퍼져나가고 있다.

당하지 않기 때문에 관심이 없는 것은 자연스러운 일이겠지만, 나는 그들의 삶과 가르침을 연결하는 것이 영적으로 깨어있는 여성의 의무라고 생각한다.23

비록 나는 이런 주제에 대해 적절한 말을 할 수 있는 남자 스승들이 많지 않다고 생각하지만, 지침도 없는 상태에서 여성 스스로 그것을 알아내야 한다는 결론은 대체로 정확한 것 같다. 여성과 모성애에만 국한된 것은 아니다. 가부장제 이후의 불교에서는 육아를 재평가하여 영적 규율의 영역에 포함하는 것만큼 여성이 유일한 육아 담당자가 되지 않는 것도 중요하다. 나아가 육아뿐만 아니라 국내와 경제 전반의 활동도 이러한 가치관의 전환에 포함시켜야 한다. 이러한 재평가에는 육아뿐만 아니라 대개 "진지한 불교도들"도 과제로 받아들여야 하며, 심지어 교리공부와 수행만을 "진정한" 불교 활동으로 보는 일부 재가자들이 평가 절하를 하는 가정과 세속적인 활동 전체도 포함되어야 한다.
그럼에도 불구하고, 육아 문제는 여전히 중요한 문제이다. 부모의 입장으로 보면, 이 문제가 불교의 가르침에 대한 논의와 체계적이고 진지하게 결합된 적은 없었다. 일부 대승불교의 자애 명상에서 중요한 역할을 하는 부모 자식 관계는, 아이의 입장으로 볼 때 모든 지각 있는 존재들을 보살피고자 하는 방식으로 어머니를 극도로 자비의 존재로서만 인식하기도 한다. 그러나 부모의 입장으로 보면, 그러한 일련의 인식들은 양육을 영적 규율과는 달리 가치 있는 일로 여기지 않고 있음을 알 수 있다. 이러한 재평가 작업은 불교 스승이기도 하고 1차 돌봄을 제공하는 부모로서 경험을 가진 사람들만이 수행할 수 있다.
양육의 책임자, 특히 이들 중 대부분인 여성들은 이제 불교 개념을 페미니즘적인 관점으로 해석하는 방법을 반드시 배워야 한다는 그들의 경험과 반성을 드러내기 시작했다. 이 육아는 부모의 관점에서 불교 용어로 다시 재해석된 적이 없었으며, 수년 동안 많은 전형적인 남성 활동에 일어난 일과 비교할 때 이는 다소 창피한 일이다. 선불교에서 일상적인 육체노동은 명상 훈련의 중요한 부분이 되었다. 요리, 청소, 정원 가꾸기, 수도원 건축 및 유지 관리는 모두 신중하게 이루어지며 전반적인 수행의 중심으로 간주된다. 선불교는 심지어 전사를 훈련시키는 기술을 사용하여 일본의 전쟁 훈련에도 기술을 전수해주었다. 티베트 수도원에는 경우에 따라 군사적 구성 요소도 있다.

율장에서조차 엄격히 금지하고 있던 전형적인 남성 중심의 두 가지 활동인 농업과 군사주의는 재평가될 수 있었는데, 왜 육아는 그렇게 되지 않았을까? 그 정답은 육아 담당자(어머니)는 완전한 수행이나 불교 스승이 될 기회가 거의 없었기 때문이다. 물론 그 육아가 재평가되지 않은 것은 남성 중심의 역할만 인정받았을 뿐이다. 또한, 초기 인도 불교에서는 깨달음에 도움이 되지 않는 것으로 보았던 성적인 활동들이 금강승불교에서는 상징과 경험으로 재평가되었다는 것을 알게 되면 매우 당황스럽다. 전통적으로 여성의 삶에 중심이었던 경험들은 제외되어왔는데, 이는 가부장제 이후의 불교에서 포함되기를 기다려야만 했다.

"현실"의 실천과 일상생활의 과제에 대한 이러한 혼란 속에서, 또하나의 관찰이 중요하다. 고전적으로 불교는 수행자의 생활과 재가자의 생활 사이의 차이점을 강조해 왔다. 하지만 아마도 그들은 그렇게 다르지 않을 것이다. 사원 생활에서 수행자들은 결코 모든 시간을 공부와 명상으로만 사용하지 않는다. 숙소를 청소하고 설거지를 하며,

승복을 빨고 수선하고, 기록을 남기고, 밥을 먹고, 잠을 잔다. 어떤 사원에서 승려들은 요리하고, 땅과 정원에서 일하며, 다른 사원에서 승려들은 끝없는 가사노동을 하고, 사원을 청소하고, 필요한 모든 제물을 만들고, 가마[24]나 모래 그림과 같이 다양하고 복잡한 일시적인 의례 준비들을 한다. 요컨대, 그들은 모든 종류의 일상적인 활동에 참여한다. 사원의 경우, 이러한 활동은 모두 마음 챙김과 인식의 기초가 되고, 재가자에게 가사노동은 무의미함과 산만함으로 인식되어 왔다. 또는 그래서 그것은 전통적으로 간주되기도 했다.

그러나 가정생활과 사원 생활을 잠재적으로 영적 규율과 성스러운 전망이 있는 영역으로 여기는 가치에 대한 평가는 이러한 가정을 지지하지 않는다. 프랜 트라이브Fran Tribe는 다음과 같이 썼다. "우리는 사원 정원에서 일하는 승려가 수행하고 있다고 생각하지만, 자신의 정원을 돌보는 일반인들도 수행하고 있다고 생각하지는 않는다. 진정한 수행은 어떤 기관에서만 하는 것이 아니다. 그것은 우리 각자의 생활 깊숙한 곳에서도 적용할 수 있다."[25]사원이나 명상실, 공식적인 명상 실습, 혹은 사무실이나 탁아소 등에서 "규정된" 명상 실습을 하던, 아니면 자기 나름대로의 방식으로 하던 아무런 상관이 없다. 문제는 명상과 관련된 어떤 인식과 그 구체성이 자신의 활동과 어느 정도로 체화되어 있느냐 하는 것이다.

명상실에서 행하든 소위 "평범한 세상 속"에서 행하든, "진실한 실천"을 위한 수행 방법은 다양하고 섬세하게 변형된, 기본적인 불교 수행방법인 '마음챙김' 수행이다.[26] 이것은 자신의 정원이든 사원 정원이든 어디서든지 궁극적으로 의식을 유지한 채 할 수 있는 훈련이다. 명상의 기본 형태는 트랜스 상태와 경이로운 세계에서 다른 의식 상태로 퇴

여성 불자들, 일과 수행 일치하기

보하지 않기 때문에(이러한 명상은 불교에서도 시행되지만), 가부장제 이후의 불교는 사람들에게 '수행'과 '일상생활'이라는 이분법을 극복하고 이 둘을 제대로 연결 지을 수 있어야 한다. 진정한 실천은, "단지 이것"과 "함께"[27] 직장생활 속에서든 명상 홀에서든, 경각심을 가지고 여기에 온전히 존재하는 것이다.

그러나 두 종류의 진정한 관행을 유지하는 것은 복잡 미묘하므로, 균형이 필요하다. 페미니스트는 이러한 영적 규율과 성취에 대한 접근 방식 속 일상적인 활동의 잠재적인 가치를 높이 평가한다. 불교는 진정한 마음가짐과 주의집중이 애착과 산만함을 극복하기 위해 매우 중요하다고 가르치는데, 대부분 사람이 계속하는 공식적인 명상연습과 주기적이고 집중적인 출가 생활이 아니어도 그러한 마음의 상태를 유지하는 것이 바람직하다고 주장한다.

페미니스트적인 재개념화는 "일상적인" 활동을 중요한 영적 활동으로 여길 것을 요구한다. 이러한 요구는 특히 불교를 비롯한 기성의 종교, 즉 영적인 훈련을 일상과는 다른 세계 혹은 세속과는 다른 일로 여기는 전통적인 종교의 오랜 전통에 대한 중요한 도전으로, 세상으로부터의 자유를 촉진하는 것으로 보고 있다. 페미니스트적 요구는 세상, 가정 내 고민, 감정, 섹슈얼리티, 부모 그리고 직업 속에서 자유를 찾는 것 못지않게 중요하다. 이 요구는 단순히 가사노동자들이 그들의 삶에서 전통적인 공부와 수행을 위한 시간을 갖도록 장려하는 것보다 훨씬 중요한 것이다.

이러한 페미니스트적 재구성은 큰 장점이 있으므로 확실히 설득력이 있지만, 이를 지지할 때는 약간의 주의가 필요하다. 불교는 전통적으로 평범한, 관습적인, 세속적인 생활을 의심해 왔다. 종종 그리고 쉽게, 그것은 자질구레하고, 하찮고, 산만하고, 효율적이지 않은 것으로 여겨왔다. 세속적인 일상에서 살면서도 사색적이고 내면적인 삶을 살기 위해 노력하는 사람들조차도, 자신이 너무 산만해져서 사소한 혹은 엄격하지 않은 반응을 하거나 이러한 태도를 추구하게 되어 버렸다고 느끼는 경우가 많다; 자기 성찰에 엄격하지 않은 평범한 삶이 얼마나 쉽게 옹졸해지고 매력이 없고 바람직하지 않은 생활로 전락하는가?

요점은 일상적인 활동을 반드시 신성시해야 한다는 것이 아니다. 적절한 정신적, 영적 태도로 행해졌을 때 비로소 신성하게 여길 수 있다는 것이다. 마찬가지로 똑같이 중요한 점은 명확성, 깨어있음, 마음챙김에서 마음이 쉽게 느슨해진다는 것이다. 불교가 세상 속에서 자유를 추구하는 비전은 사원에서뿐만 아니라 사무실이나 간호실에서도 자유로울 수 있다는 것이다.

간호실이나 사무실에서 자유를 잃고, 자질구레하고 사소한 일에 무관심하고 불분명해지면, 일상적인 활동에서 신성함을 경험하는 것이 아니라 그저 윤회의 애착과 애틋함을 경험하고 있을 뿐이다. 평범한 일상생활에서 신성함을 경험하는 것이 매력적으로 들리지만, 지저분한 기저귀를 씻거나 바쁜 직장생활에서도 실제로 그렇게 할 수 있기란 쉽지 않다. 누구든지 마냥 산만해지고 옹졸해지곤 한다. 사실, 그러한 능력은 종종 정신적인 성취, 진정한 자유의 극치라고 주장하기도 한다. 그러나 단지 그것으로부터의 만족을 선언하는 것만으로 하룻밤 사이에 뭔가 이루어질 수 없으며, 영적인 실천도 없이 의미 있는 결과가 얻어지지 않는다.

불교의 관심이 확대되고 재평가되는 것과 관련해서 다음과 같이 불가피한 긴장이 있다. 한편으로, 인간의 경험을 중요한 영적 관심사와 중요하지 않은 세상의 관심사로 이분화하는 것이 아니라 인생의 이 두 구역을 서로 관통하고 구별할 수 없는 것으로 보는 것이 훨씬 설득력이 있다. 다른 한편으로, 자신의 삶에서 이 두 가지를 통일하려고 시도하는 동안, 복잡한 세속적인 태도에 빠지기 쉽다. 외부인에게 두 가지 질문이 떠오를 수도 있다. 왜 정확성을 유지하는 것이 중요한가? 기본적인 불교 원칙으로 돌아가라. 명료함과 통찰력이 없으면 애착과 무지에 빠지므로, 그것은 필연적으로 그들을 고통스럽게 한다.

가정환경보다 사원에서 알아차림과 객관성을 유지하기가 더 쉬운가? 그 대답은, 집중적인 연구와 명상을 위해 준-사원적인 환경에서 수차례 생활을 해 본 나의 경험을 바탕으로 보면, "그렇다"이다. 모든 분야에 걸친 훈련, 엄격한 일정표, 방해받지 않음, 명상 수행 중심 등은 모두 정확성, 통찰력 그리고 인식을 향상시킨다. 그러나 세상에서의 자유를 추구하는 영성에 관심이 있는 불교와 페미니스트는 제한적이고 인공적으로 보호된 환경 속으로 계속 은둔하는 삶을 사는 것이 아니다. 이는 앞서 언급한 세 바퀴 원칙에서 추구하는 균형을 위반하는 것이다.

인생을 영적으로 중요한 일상과 영적으로 중요하지 않은 일상으로 분류하는 것도 마찬가지로 매력적이지 않다. 단순히 전통적인 세상으로 변질되지 않으면서도 모든 부분에 걸쳐 정신적인 행복이 중요시되는, 전체적으로 균형 잡힌 생활방식이 훨씬 이상적이다. 이 생활방식에는 실제로 모델이 없다. 그러한 모델을 창조하는 것은 세상 속에서 자유를 누릴 수 있다고 여겨지는 가부장제 이후의 불교 과제 중 하나이다. 따라서 나는 영적 수행의 삶에 대한 '면도날의 가장자리'라는 친숙한 불교적 은유처럼 균형을 맞추기를 제안한다.

일반 가정주부들의 신성한 잠재력을 확인하면서도, 관습적인 태도와 이러한 접근에 대한 불교의 불만도 견뎌내야 한다. 이러한 균형을 유지하기 위해서는, 일상적인 활동을 하면서 잠재적인 신성함을 유지하고, 페미니스트적 감각, 분리와 평등에 대한 불교적 요구를 모두 유지하려면 때로는 공식적으로 집중적인, 때로는 비공식적으로 지속적인 명상 훈련이 필요하다. 그 계속되는 알아차림의 태도는 우리가 균형을 유지하고 극단적인 행동에서 벗어나는 데 필요한 보호책이 될 것이다. 극단적인 행동이 "세상 속 생활"에서 벗어나서 계속 은둔해야 하는 형태가 될 것인지, 아니면 일에 매몰되거나, 아니면 많은 아이를 낳아서 직업이나 가족에 과도하게 몰입할 것인지 자신에게 묻는다.

영적인 훈련: 새로운 세상으로 나아가기 위하여

가장 어려운 문제가 남아 있다. 가부장제 이후의 성평등한 불교는 영적 훈련을 통한 영적 발전을 위해 계속 노력할 것이다. 그러나 그들은 이전과 같은 영적 훈련이 가능할 것인가? 이전의 방식이 현대에도 적당하고 도움이 되는 영적 변화를 통한 영적 규율의 성과와 결과는 그대로 유지될 것인가? 아니면 이러한 현대의 학문적 성과와 페미니스트적인 경험을 통해 시험을 받고, 사나운 마초로 대변되는 남성 중심적인 결과로 드러날 것인가? 현재 적절한 영적 훈련이라고 정의된 관행과 목표는 불교 공동체 전체가 아니라 남성들로부터만 온 것임을 감안하면, 아무런 보장할 것이 없다. 영적인 훈련은 매우 미묘하고 자기기만이 너무 쉬우므로, 이러한 질문은 어느 쪽이든 자극을 준다. 자기기만은 항상 위협적이기 때문에 페미니즘적인 비판과 재건은 그다지 중요하지 않을 수 있다. 가부장제 이후 불교의 재건과 관련된 의문은 더 압도적이다.

고전적인 불교의 지침은 신뢰할 수 있고 다른 권장 사항에 대한 시험의 대상이 될 수 있다고 생각한다. 그 지침은 생활방식과 가치의 균형과 완전성의 중간 길을 찾는 것이다. 중간 경로를 찾는다는 것은 극단적으로 빠지는 것을 피하는 것을 의미한다. 대신, 둘 다 영적인 의미를 제공할 경우 두 가지 옵션을 섞어서, 혹은 그들이 제공하는 것들이 반만 진실인 경우, 두 옵션을 모두 거부하는 방법을 찾아야 한다.

그러나 영적 훈련과 관련하여 어떤 극단을 피하고 어떤 것을 섞어야 하는가? 이런 재구성을 위해, 이 책의 앞부분에서, 우리는 집중적으로 분석했다. 성 역할 고정관념을 굳건하게 믿고 있는 사람들에 의해 조성된 남녀 양쪽의 상호 무능함은, 분리되기 이전의 성 역할들을 조화롭고 성스러운 생활방식으로 혼합함으로써 균형과 완전성을 찾는 것을 거부해왔다. 종교적인 생활방식과 관련하여, 우리는 경제적 지원을 하는 재가자나 지혜를 축적하여 깨달음을 추구하는 승려들 양쪽의 역할을 이분법적으로 완전히 분리했다. 하지만 진지한 영적 실천을 위한 시간과 공간은 평범한 불교 명상의 생활방식으로 고려되어야 하고, 여성과 남성 모두에게 적절한 사원 생활방식과 유사한 대안이 제공될 수 있어야 한다.

　이제 우리는 재가자와 출가자에게 똑같이 영적 규율과 관련된 질문을 하고 동일한 균형을 찾아야 한다. 영적인 규율은 언제 지각과 통찰력을 날카롭게 하는 기능을 하며, 언제까지 남성 중심적 환경에서 참아내야 하는가? 언제 그것이 경험에 대한 완충제로 작용하는가? 그리고 언제 그것이 경험을 명확히 하고 중시하는가? 어떤 종류의 영적인 규율이 온화하고 온전한 정신을 촉진시키고, 어떤 사람이 감정적인 현실에 대해 평정심을 유지하도록 만드는 가능성을 가지고 있는가? 그 문제에 대해, 왜 정신적 규율을 추구하는가? 의식과 존재의 또 다른 영역으로 탈출하기 위해서, 또는 현재 상황의 복잡성과 모호성을 완전하고 생생하게 경험하기 위해서? 명상이 가장 가치 있는 유일한 인간 활동인가? 전통적인 불교 문헌이 종종 주장하는 것처럼 "사물을 있는 그대로" 분명히 보는 데 도움이 되는 유일한 영적 훈련인가? 다양한 종류의 명상 중에서 어떤 것이 인간의 완전성과 통합성에 도움이 되는가?

　때때로 나는 전통에서 제시된 모델과 영웅 가운데 일부가 남자라서가 아니라, 매우 극단적으로 보이기 때문에 다소 마음이 불편해지기도 한다. 내가 정말 이 사람들을 본받고 싶은가? 나의 회의론은 페미니스트적 관점에서의 비평과 관계가 있는 것일까, 아니면 단순히 게으름과 남성에 대한 저항 때문일까? 비록 나에게 분명한 관점보다 더 중요한 것은 없지만, 전통적인 불교 용어로, 나는 그 목표를 달성했다는 찬사를 받는 몇몇 사람들이 이용하는 방법 중 일부를 감상하기가 어렵다는 것을 알게 되었다. 티베트 불교는 오랜 시간 유지되어 온 고립된 생활은 일상적이며, 선승들은 상상하기 어려울 정도로 오랜 기간 계속 인내력을 발휘한다. 밀라 레파Mila Repa가 동굴에서 홀로 고립된 생활을 하면서 녹색 야채로 된 식단이 쐐기풀로 바뀐 것이[28] 깨달음과 무슨 관련이 있을까?

나로파Naropa는 자신처럼 붓다를 따르고자 하는 아내인 니구마Niguma가 결혼생활을 끝내고 출가하고자 할 때, 부모님께 이를 어떻게 설득할 것인가를 고민했다. 그리고 그는 아내에게 조언하기를, 가정생활을 포기하려는 것이 아니라 여성으로서 치명적인 결함이 있어서 헤어지겠다고 부모에게 이야기하도록 했다.[29] 또 아내와 새로 태어난 아이를 버리고 출가한 고타마 싯다르타는 어떤가? 티베트의 스승들과 함께 공부하는 현대 서구 여성들의 이야기를 읽을 때도 흥미를 느끼기가 쉽지 않다. 그중 한 명은 티베트 동굴에서 오랜 시간 혼자서 명상을 하는데 눈 속에 갇혀서 일 년 내내 아무 데도 갈 수 없는 상황이었고, 또 다른 사람은 12년 동안 뉴욕주의 오두막에 은둔하고 있었다. 그러한 관행이 필요한가? 그들은 누구에게 도움이 되는가? 그들이 종종 칭찬하고 존경하는 이유는 무엇인가? 왜 그렇게 많은 이가 타고난 계몽적인 인간성을 실현하기 위해서 그런 반인륜적 규율이 도움이 된다고 생각하는 것인가? 겉으로 보기에도 덜 극단적인 조치들은 없는가? 짧은 은둔 수행이나 중요한 기간 중 집중적인 명상 수행에 드는 시간과 비용은 어떻게 부담하는가?

티베트 금강승불교에 널리 퍼져 있는 이 모든 집중적인 명상 수행의 핵심이 죽음에 대한 준비라는 것을 어떻게 받아들여야 하는가? 전체 삶의 여정을 끝내는 준비를 위해서, 현재의 삶에 대한 매력을 제거하려는 영적인 규율을 실천하는 것이 이해가 되는가? 죽음은 어떤 대가를 치르더라도 대비해야 하는 인생의 중요한 사건인가? 동굴에서 12년을 보낸 걸 포함해서? 인간관계의 원초적 본성을 부정하는 것을 포함해서, 사소한 것과 관습적인 것을 초월하여 사물을 분명하게 꿰뚫어 보려고 갈망하는 사람들까지도 "있는 그대로" 보는 것인가? 인생이 아무리 힘들더라도 자신의 에너지를 역방향으로 흐르도록 그토록 엄격하게 몸부림을 쳐야 하는 것일까? 죽음이란 한평생의 에너지를 쓰지 않으면 안 될 정도로 그토록 난해한 것일까?

특히 페미니스트적인 회의론과 결합할 경우, 이러한 질문들은 매우 기분을 심란하게 한다. 왜냐하면 가부장들은 너무나 많은 것에서 틀리고 그들의 성차별로서 너무나도 당연하게 필사적으로 매달리기 때문이다. 심지어 비구니들의 승단을 회복하는 것과 같이 가장 공평하고 정당한 개혁에도 저항하는 그들이 말하는 어떤 것이든 회의감이 생긴다. 단순히 지도자들이라고 해서 모든 것을 옳다고 여기고, 그들이 우리를 위해 선하고 건강한 모델을 선택했고, 완전한 인간이 되라고 권하는 극단의 길을 가야 한다고 무조건 믿을 수는 없다. 가부장적 종교는 그들의 가부장적 지위를 스스로 제거하지 않을 것이기 때문에, 그 전통 안에 남기를 원하는 페미니스트는 믿음에 맹목적으로 빠지지 않고 모든 것을 시험해야 한다.

궁극적으로, 이것은 명상과 영적 규율에 중점을 두는 불교 생활을 사랑하는 마음이 포함되어 있는데, 이것은 때때로 극단적이고 일방적인 것처럼 보이기도 한다. 어떤 순간에는 까다로운 명상이 실제로 사람이 잘 살고 정직하게 사는 데 도움이 되는지, 아니면 방해가 되는지에 대해 의문을 품게 된다. 어쩌면 그들은 단순히 삶을 통제하고 다른 사람들과 거리를 두기 위해 그것들을 이용하는 가부장들의 창조물일 수도 있다! 그래서인지 불교는 때때로 고독을 미화하지만, 관계를 중시하는 데 부족함이 있는 것 같다. 분명 그러한 반성은 불교에 깊이 매료된 사람에게는 두려운 일이다. 이 당황스러운 질문들의 정확한 내용은 무엇인가?

나는 명상이 때로는 평화롭고 때로는 상쾌하고 때로는 유익한, 매우 이롭고도 유쾌하다는 것에는 의문의 여지가 없다. 사실, 다양한 명상은 사물이나 사람을 신중하게 인식하는 데 매우 도움이 되고, 집중 명상을 한 후에 때때로 "이것은 실제 세계이다!"라고 말하고 싶은 유혹도 받는다. 전통적인 많은 뛰어난 스승들이 했던 것처럼 명상 동굴에서 대부분 시간을 보내는 사람들이, 사물을 있는 그대로 볼 수 있는 유일한 존재라고 믿을 수 있다. 그러나 만약 그것만이 사실이라면, "영적인 것"과 "일상적인 것" 사이에서의 우려를 모두 만족할 수 있는 균형 잡힌 생활 스타일을 만들기 위한 모든 시도는 분명히 불가능한 시간 낭비일 것이다.

이 결론은 내가 원치는 않았지만, 명상의 핵심이 무엇인가에 대한 또 다른 질문들을 반복하게 만든다. 그러나 분명히, 그 전통에 대한 두 가지 공통된 주장은 매우 의심스럽다. 나는 그것이 때때로 주장되는 것처럼 불가피하다는 것을 의심한다. 명상이 사람들에게 도움이 될 수 있다. 하지만 더 중요한 것은, 전통 속 많은 영웅이 했던 것처럼 다른 방식들을 배제하고 단지 명상만을 추구해야 한다는 점에서는 의심이 된다. 이러한 의문들은 모든 종교적 전통과 종교와 페미니즘 사이의 깊은 긴장감을 반영한다. 모든 종교는, 세계를 부정하는 전통을 가졌든 세계를 인정하는 전통을 가졌든, 인간의 상태를 정제되지 않고 제대로 작동하지 않은 상태임을 종교적 훈련, 계획, 또는 고백 등으로 선언하고 싶은 충동이 크다.

어떤 종교는 고통스럽거나 난해한 지식이 부족하거나 심지어 성기의 모양이 제대로 생긴 것으로도 인간이 원죄로 가득 차 있다고 주장한다. 시간이 많이 요구되고, 비싼 대가를 치러야 하고, 고통스럽고, 겉으로는 부자연스러워 보이는 종교적인 규율의 개입이 없다면, 우리 인간은 매우 절망적이다. 그러나 종교가 이에 대응하는

티베트의 한 사원에 있는 커다란 만트라

방법을 제공할 수 있고, 원죄를 씻을 수 있고, 고통을 넘어선 길을 보여줄 수 있고, 적당한 지식을 채우거나, 신체를 적절하게 교정할 수도 있다. 이러한 목표를 달성하기 위해 고안된 영적인 규율들은 많다.

페미니스트들은 그런 주장을 매우 의심하는 경향이 있다. 이러한 의심은 대부분 종교에서 여성이 남성보다 훨씬 더 가난하고, 부정적인 조건들을 가지고 있으며, 종교적인 규율을 통해 교정될 능력이 부족하며, 때로는 인간을 교정하는 종교적인 규율에 접근하는 것조차 금지되어야 한다고 평가받기 때문이다. 기성 종교들에서 흔히 볼 수 있는 이러한 강력한 반여성적인 주장을 페미니즘은 분명하게 거부한다. 더 중요한 것은 페미니즘이 반여성적인 가르침과 관행을 거부하는 것은, 기성 종교들에 공통되는 다른 부정적인 평가를 의심하게 만드는 경향이 있다는 점이다.

종종 페미니스트들은 종교가 인생을 매우 불만족스럽게 생각하는

이유가 가부장적 가치관 때문이라고 말한다. 정확한 페미니스트적인 평가는 그 어두운 면과 한계를 포함하여 즐겁고 만족스러운 인생을 찾는 것이어야 한다. 예를 들어, 페미니스트 위카Wicca의 유명한 대변인인 스타호크는 다음과 같이 분명하게 쓰고 있는데, 특히 불교와 위카를 대비해서 설명한다.

마법은 불교의 제일 진리처럼 "모든 생명이 고통 받고 있다"라고 말하지 않는다. 반대로 인생은 놀라운 일이다. 부처는 늙음과 병듦과 죽음을 맞이한 후에 이런 통찰력을 얻었다고 한다. 마법에서 노년은 인생의 순환기에서 가장 자연스럽고 가치 있는 부분, 즉 가장 큰 지혜와 이해력을 가진 시기이다. 물론 질병은 고통을 유발하지만, 반드시 고통을 겪는 일은 아니다. 마법의 실천은 항상 약초와 산파와 함께 치유 예술과 연결되어 있다.

죽음은 두려운 것이 아니다. 그것은 단순히 정신을 통해 새로운 삶을 준비할 수 있게 만드는 육체적인 형태의 해체일 뿐이다. 고통은 확실히 삶에 존재한다. 그것은 학습의 일부분이다. 그러나 하라 키리hara kiri가 생리통에 가장 좋은 치료법이 아닌 것처럼, 생사의 수레바퀴로부터 탈출하는 것만이 최적의 치료법은 아니다. 고통이 사회질서나 정의롭지 못한 인간사의 결과일 때, 마법은 그것을 완화하기 위해 적극적으로 활동하기를 장려한다. 고통이 생사 주기의 자연스러운 부분이라면 이를 이해하고 수용하면서, 기꺼이 빛과 어둠 모두에게 차례로 넘겨줌으로써 안도하게 된다.[30]

스타호크Starhawk가 주장하는 불교와 페미니스트의 차이점 중 일부는, 세상으로부터의 자유를 추구하는 것으로 해석되는 불교와 세상 안에서의 자유를 추구하는 것으로 해석되는 불교 사이에서 대조적이지만 마찬가지로 똑같이 읽을 수 있다.[31] 페미니스트들이 이원론적이고 영적 행위에 대한 불신을 감안할 때, 불교 페미니스트의 입장은 스타호크가 마법의 입장이라고 말하는 것과 비슷할 것이다. 이러한 입장으로 불교를 해석하게 되면, 영적인 규율은 우리를 삶의 "어두운" 면으로부터 해방되도록 돕는 것이 아니라, 그 속에서 우리의 안락함을 찾을 수 있도록 돕는다.

따라서 특정한 수준에서 페미니즘은 단지 대안적인 태도를 제시하고, 또한 보다 수용적인 입장에서 대부분 종교로부터 지지받는다고 주장될 수 있다. 삶이 만족스럽지 못한 것에 대한 미사여구를 집중적으로 퍼부으면서 종종 그 의미가 상실되곤 하지만, 이 대체적인 평가는 특히 불교에서 사실 더 깊고, 더 규범적인 태도라고 할 수 있다. 불교에 따르면 너무 많은 고통을 초래하는 모든 혼란과 오염은 우리의 진정한 본성이 아니다. 본성은 베일에 덮여져 있기에, 영적 규율은 인간의 선함과 잠재력을 개발할 수 있는데 필요한 것이다. 삶은 기본적으로 적당하게 만족스러울 수 있지만, 우리는 그 본성의 상태를 보기가 쉽지 않다. 그래서 영적 규율은 우리 자신이 완전한 인간이 되도록 할 수 있도록 돕는 것이다.

하지만 몇 년 동안 홀로 지내온 수행이 어떻게 그 목표에 영향을 미칠 수 있을까? 불교 학문의 핵심이 세상 속의 자유라는 것을 인정한다면, 전통적인 불교 명상 프로그램은 그 목표를 향해 나아가고 있는가 아니면 그 목표를 벗어났는가? 우리는 원래의 질문으로 돌아왔다. 영적인 규율은 겉으로 보기에 상반되는 두 가지 관점을 지지한다. 우리는 우리 원래의 본성이 근본적으로 선하거나 본질적으로 계몽되어 있지만, 동시에 그 선함과 깨달음에 완전히 접하지 못하고 있다. 이 극단으로 보이는 두 관점 때문에 항상 도전하게 된다. 만약 둘 다 없으면 '사랑과 빛'의 사소한 피상적인 영적 물질주의에 빠져들거나, 아니면 경직되고 우울한 이원론적인 다른 세계에 빠질 수 있다. 나는 영적 변화에 대해서는 이 두 가지 자세를 모두 유지하는 것이 필수적인 과제라고 믿는다.

이러한 자세는 또한 초월성과 내재성으로 대조될 수 있다. 하늘과 빛에 대한 지향성 대 지구와 어둠에 대한 지향성으로, 이 두 영성 사이에서 경쟁과 반목을 부채질할 것이다. 이것은 또한 종종 갈망, 불만, 추구, 초월 등 세상을 부정하는 가부장적 영성과, 다른 한편으로는 수용, 기쁨, 공동체, 순환의 페미니스트적 영성 사이의 갈등에 대한 대본으로도 읽힌다.[32] 어느 쪽이든 극단적으로 향하면 장기적으로 불균형과 편견이 생긴다. 불교와 관련이 있는 대부분 서구인들은 성숙한 고전적인 불교와 환경이 세대에서 세대로 기존의 똑같은 존재를 반복하는 것보다, 충동심의 초월, 정화와 재생을 갈망하는 영적 욕구, 살아있어야 할 이유가 더 있음을 선언하는 영적 체험 등을 강조한다.

이것이 바로 나처럼 가난에 찌든 농촌 소녀에게 집을 떠나도록 강요하고, 삶을 도전하라고 하고, 발전하라고 하고, 내 성별과 계급 때문에 나에게 주어진 관습이 불충분하다는 것을 거부하도록 한 영성이다. 불꽃에 이끌리는 나방처럼, 어떤 사람들은 시대의 패턴을 끊임없이 반복하면서 전통적인 존재로 살아가는 것을 참기가 어렵다. 여성의 성 역할에 의해 좌우되는 삶 그리고 그보다 덜 억압적이지만 남성 성 역할에 의해 좌우되는 삶은 그러한 삶에 몰두하는 사람들이 조용히 절망적인 삶을 살도록 만든다. 그러한 삶을 떠나고자 하는 영적인 충동에는 고통에 근거한 환상과 무지가 얽혀 있다고 나는 믿는다.

이러한 휘발성의 결합은 사람들을 천국-중심의 초월성을 추구하는 관습을 포기하게 할 뿐만 아니라 은둔, 고독, 자기만족을 미화하며, 지구-중심의 내재성에 대해 깊이 관심을 가지는 것에서 멀어지도록 만든다. 페미니스트 영성은 특별히 성취해야 할 것이 있다는 것에 대한 회의감을 상쇄할 만한 무게, 즉, 불교도들이 수년간의 영적 훈련의 궁극적 목표와 결실로 논의한 평온함과 수용함을 제공한다. 페미니스트 영성은 또한 그 메시지가 더 명확하게, 더 빨리 들을 수 있는 길을 제공한다. 그러나 이것만으로는 이 메시지가 사람들에게 비전이나 불만을 충분히 불러일으키지 않기 때문에 일방적이라고 생각한다.

오늘날 영적인 과제는, 사람들이 항상 그래왔던 것처럼, 우리가 사물에 만족하는 것을 멈추고 현실 그대로의 것을 찾도록 노력하는 것이 필요하다. 우리가 있는 그대로의 것을 찾을 때, 우리는 하늘에 대한 갈망이 섞인 지구의 온전함과 깊은 평화를 찾을 것이다. 이러한 페미니스트적 첫인상을 긍정할 때 비로소 인간의 삶은 근본적으로 좋은 것이며, 이는 이중적이고 반세계적인 영적 가치에 의해 거부되어서는 안 된다. 그런데 이는 문제의 절반만 해결된 것이다. 여기에서 어떤 종류의 영적 훈련이 영적 가치를 조화롭고 균형 있게 만드는 가장 효과적이고 이로운 방법인가 의문이 남는다.

처음에는 어떤 종류의 영적인 훈련이든 역효과가 나거나 지루하거나 관계가 없어 보인다. 그러나 결국, 근본적인 선함 속에서 우리가 돌아가서 쉴 수 있게 하기 위해서는, "자기 성격에 맞지 않는" 일종의 어려운 훈련의 필요성은 분명해진다. 그러한 훈련이 없다면, 사소하고 전통적이며 반복적인 방식의 불만을 초월해서 깊은 평화를 찾는 사람들은 거의 없을 것이다. 문제는 '훈련'이 아니라 '어떤 훈련'이다. 가부장적 한계 때문에 많은 부분이 과도하게 분류되어서, 분명하고 균형 잡힌 접근을 하기가 쉽지 않을 것이다. 이것은 가부장제 이후의 또 다른 불교가 해야 할 중요한 과제가 될 것이다.

일반적으로, 가부장제 이후의 다른 분야에서 추구하는 것과 같은 종류의 균형이 여기에 있을 수 있다. 일생 동안, 규칙적인 영적 훈련은 분명히 중요하지만, 그것이 인생에서 "필요한 단 한 가지"라는 유일한 가치로 여겨지면 안 되고, 자신의 영적 훈련 때문에 다른 차원의 전체적이고 완전한 생활방식들을 무력화시켜서는 안 된다. 불교 명상의 핵심인 마음 챙김과 인식에 대해 수년간 규칙적으로 연습을 하는 것, 그 어떤 것도 장기적인 훈련과 과정을 대신할 수 없다. 한편, 때로는 형식적인 명상연습, 특히 시각화를 강조하고 당면한 경험세계에 시각화된 현실을 투영하는 다양성은 현재의 경험에 완전히 관여하는 것에서 멀어질 수 있다. 그들에게 의지할 수 있는 것은 현재에서의 참여라기보다는 탈출이나 극복의 방법이다.

이 장을 쓰는 지금, 내가 그토록 오랫동안 고군분투해 온 질문들이 나에게 더욱 분명해지고 있다. 이 원고를 쓰는 중에, 이 어려운 작업 동안 나를 응원해 주었던 내 마음의 동반자가 사망했다. 아주 갑자기, 예고도 없이, 그는 우리 집에서 세상을 떠났다. 비록 우리가 3년밖에 함께하지 못했지만, 그가 내 삶에 들어오기 전에 이 책의 앞부분에 쓴 관계와 깨달음에 관한 장의 진실을 확인시켜 주었다. 그는 나보다 스물두 살이나 위였기 때문에 나는 그의 경험들을 들을 수 있었다. 일반적으로 사람들이 이상적으로 여기는 나이와 성향을 지닌 젊은 남성 불교 친구들은 내가 불교 수행에 너무 빠져버렸다고 불안해했다. 나는 말했다. "이젠 이게 내 실천이야. 이게 내 삶이야."

그 경험은 나를 불교적 관행만큼이나 변화시켰지만, 불교적 실천이 없었다면 이러한 기회를 어떻게 이용하고 또 받아들여야 할지 몰랐을 것이다. 그가 죽었을 때 불교 신자들은 그 경험을 다루기 위해 정식으로 수행을 하라고 내게 압력을 가했다. 하지만 나는 느꼈고, 내 감정에 충실했고, 그 순간, 나는 완전히 나 자신으로 존재했다. 그리고 어떤 형식적인 연습이든 마음가짐이든 시각화든 당장 일어나고 있는 일과는 거리감이 생길 것이라는 생각이 강하게 들었다, 그것이 바로 나의 수행이었다. 나는 한 번도 내 경험에 대해 더 자각하고 살아있음을 느껴본 적이 없는데, 그것은 뚫어지는 듯한 홀가분함과 공허함, 그러나 충만함이었다.

나는 또한 수년간 공식적 불교 수행이 없었다면 결코 그렇게 잘 견뎌낼 수 없었을 것이고, 어떻게든 내 마음을 닫아버렸을 것이라고 확신한다. 어느 때인가, 죽음과 연관된 공식적인 불교 수행을 할 때였다. 참여자들도 그 경험을 헤쳐 나가기 위한 절박함만이 아니라 수행의 충만함을 통해 강렬하고도 즉각적으로 알아차림과 생생한 현실감을 높였다. 그 경험으로부터, 나는 몇 가지 원칙을 추론할 수 있었다고 믿는다. 첫째는 명상에 있어서 형식을 갖춘 수행 연습을 대신할 만한 것이 없다는 것인데, 이는 흔히 '자연스럽지 않다'라거나 '결실이 없는'이라고 느낄 수도 있다. 그러한 연습들이 단지 지루하고 힘들다는 이유만으로, 남성주의나 영성의 이원론적 형식의 산물로서 거부될 수는 없다.

사람들을 보다 더 현재적이고 완전하게 경험하게 하는 명상 수행연습, 즉 기만하거나 과장하거나, 또는 축복을 약속하지 못하는 명상 수행은, 여기에 참여한 페미니스트 여성이 엄청난 스트레스를 받거나 그런 감정을 느끼는 누군가와 마주할 수밖에 없다. 이러한 마음가짐과 인식에 기초한 실천들은 한 개인의 현재 생활에 쉽게 통합될 수 있고, 어떤 집중적인 경험을 하고 난 후에 그들은 형식적인 실천을 넘어 자신의 삶을 쉽게 이해할 수 있다. 금강승불교와 관련된 보다 난해한 수행연습들은 매우 긴 시간이 걸리고 대체로 현실을 시각화하는 특징이 있는데, 이는 의식이 매우 확장되는 상태를 만든다. 그러나 그들을 심각하게 만드는 다른 고민거리들은 제쳐둘 필요가 있다. 나는 그들이 어느 정도까지, 균형과 전체성을 추구하는 가부장제 이후의 불교에 통합될지는 알 수 없다.

마지막으로, 영적 규율의 실천에서 중요한 부분은 명상 수행을 감옥이라기보다는 도구로 능숙하게 사용할 수 있어야 한다는 것이다. 강박적으로 명상을 하지 않기 때문에, 때로는 자신의 삶을 그리워할 수도 있어야 한다. 영적인 훈련이 순간적인 생동감으로부터 멀어지거나 현실과 거리를 두는 데 사용되어서는 안 된다. 영적 규율에 관한 마지막 중요한 가부장제 이후의 질문은 "어떤 목적으로?"라고 묻는다. 우리는 영적 규율의 실천에서 어떤 결과가 나오기를 바라는가? 어떤 변화를 가져올까? 윤회로부터의 자유라거나, 현재 사람들이 종종 원하는 보이지 않는 존재들과의 의사소통과 같은 것은 관련이 없어 보인다.

사실 죽음에 대비하기 위해 영적인 훈련을 하는 것은 아마도 가부장제 이후의 불교에서는 유지되지 못할 것이다. 영적인 훈련이 일체성과 균형, 평온과 깊은 평화를 증진시킨다면 그것으로 충분할 것이다. 그리고 동료들과 의사소통을 할 수 있다면, 그것으로도 충분할 것이다. 영적인 훈련이 다른 영역의 존재를 인식할 수 있다면 그것은 추가적인 보너스가 되겠지만, 어떤 한 사람이 사람들과 의사소통을 하고 위로할 수 있는 충분한 감수성을 기르고자 하는 욕구를 막지는 않을 것이다. 또한 평온하면서도 행복한 의식 상태나 난해한 지식과 이해의 관련성에 대해서도 의문을 가질 수 있다. 그것들은 흥분될 수도 있고, 적절하게 사용될 수도 있다.

그런데 이는 한 사람의 삶과 세계에 대한 인식을 깊게 만들 수도 있지만, 우리가 사는 지구나 동료와 연결하기보다는 그것만을 추구하게 되면 역효과가 나타난다. 오히려 그러한 훈련의 핵심은 기본적인 심리적인 안정, 매우 온전한 상태 그리고 우리 자신의 평화이다. 그중에서 영적 통찰력과 행복한 삶을 위해 매우 중요한, 공동체와 상호 인간관계에서 배려심이 성장해야 한다. 또한, 지구에 대해 우리가 민감하게 생각하고, 고맙게 생각하고, 지구를 돌보고자 하는 욕구가 생길 것이다. 영적인 훈련은 더 이상 우리가 더 나은 세상을 위해 지구를 배제한다거나, 시각화된 또 다른 세계를 과대 포장하도록 부추기지 않을 것이다. 영적 훈련을 통해 신(이담들)이 되어 신들의 궁전에서 사는 것을 목표로 하지는 않을 것이다.

영적인 훈련이 제대로 되면, 우리 자신과 서로를 소중히 여기며 귀하고 신성한 존재로 보게 될 것이다. 신들의 궁전을 보기 위해 세속을 떠나지 않고도, 창밖을 보면 신들의 궁전을 볼 수 있을 것이다. 우리가 서로를 위로할 때, 비로소 우리는 신들과 대화를 하는 것이다. 온전한 정신이 되기 위해, 우리가 함께 지구와 공동체에서 살기 위해, 페미니즘과 (가부장제 이후의) 불교의 공동 목표는 세상 속에서 자유를 경험하는 것이다.

방법론적 부록

여기, 내가 서 있다
: 학문적 방법과 사회적 비전으로서의 페미니즘

불교에 관한 다른 책들과 비교했을 때, 이 책의 특성은 페미니즘과 여성학 모두를 연구 방법으로 활용한다는 것이다. 불교사에 관한 많은 책들은 도서관에 있다. 하지만 그 어떤 책도 여성의 역사 참여에 대한 체계적이고 구체적인 논의는 포함하고 있지 않다. 많은 책들이 불교의 철학적 세계관을 토론하고 분석하지만, 젠더와 관련된 활동과 역할에 대한 세계관의 의미를 분석하는 책은 드물다. 아주 소수의 책들만이 현대 사회에서 새롭게 나타난 일부 내용만을 불교가 재구성하거나, 그것과 관련이 있을 때만 전통적인 불교의 일부분을 재구성하면서 오늘날의 현실에 불교적 관점을 적용하기도 한다.[1]

놀랍게도, 여성과 불교라는 주제에 특별히 관심을 가지는 몇 권을 제외하면,[2] 불교와 현대사회에 관한 책은 젠더 관련 이슈에 관해서는 거의 연구가 없다. 여성과 젠더 관련 주제에 이처럼 무관심한 것은 교차 문화 및 비교연구에서도 흔히 나타난다. 그러므로 이 책이 설득력을 가지는 이유는 종교나 불교사에 관한 또 다른 연구가 아니라, 여성 연구와 페미니즘에 철저히 기반을 두고 종교와 불교사를 연구한, 보기 드문 연구서라는 것이다. 이 책에는 불교사의 논의와 불교적 가치와 제도의 재구축이 모두 포함되어 있기 때문에, 여성학적 관점과 사회적 비전인 학문적 방법, 즉 페미니즘 철학의 관점 모두가 포함되어 있다고 할 수 있다. 여성학적 관점은 역사적 논의와 더 관련이 있는 반면, 페미니스트 철학의 관점은 불교 이후의 재건과 더 관련이 있다.

불교와 여성학이라는 이 두 가지 관점의 가치와 통찰은 서로 얽히고 밀접하게 연결되어 있지만, 동일하지는 않다. 인간 여성을 논하고 있다고 주장하려면(인간 남성이 아니라) 학자들이 여성을 데이터베이스에 포함시켜야 한다고 주장하면서도 그 관점은 급진적이지 않다. 페미니스트 철학은 다양한 종류의 종교와 사회를 여성들에게 보다 공정하고 공평하게 적용시키기 위해, 남성들에게도 여성 연구 관점의 재구성을 제안한다.

학문적 방법으로서의 페미니즘: 여성 연구의 관점

1967년, 종교에서 여성에 관한 논문을 쓰기로 결심했을 때, 나는 이러한 글이 나의 학문적, 개인적인 삶의 대부분을 차지할 것이라고는 전혀 생각하지 못했다. 또한 종교에서뿐만 아니라 모든 인문사회과학 분야에서 가장 심각한, 현대 학문의 사각지대를 찾아냈다는 것도 깨닫지 못했다. 현재 서양 종교에 깊숙이 관여하고 있는 여성학자로서 이 영역이 너무 답답하고 막혀 있었기에, 단지 "어느 정도로 상황이 나쁜지"를 알고 싶어서 이 논문 주제를 정한 것뿐이었다. 대학원 과정에서는 원시 종교에 관한 연구를 위해 호주와 멜라네시아 종교에서 여성의 역할에 관한 논문을 쓰기로 했다.

그 논문을 쓰는 것은 힘든 작업이었지만 매우 흥미로웠다. 데이터는 거의 찾을 수 없었고, 대부분의 학자들은 이러한 종교에서 여성은 불경하고 부정하며 의미있는 신앙생활을 하지 않는 반면, 남성은 신성하다고 말했다.[3] 표면적으로는 "어디서나 그 정도의(또는 더 나쁜) 일들이었다"고 결론지었어야 했다. 그럼에도 불구하고, 나는 호주와 멜라네시아 종교는 실제로 여성들이 원래 권력을 가지고 있었고, 남성들에게 모든 종교 의식을 가르쳤다는 것을 신화를 통해 알 수 있었다. 이러한 신화에 따르면, 남성들은 여성들로부터 권력과 지식을 훔쳤다. 또한 실제 자료들에 의하면, 여성이 그러한 의식에 참여하지 못하도록 했음에도 불구하고, 남성들이 여성의 생리적 현상들을 모방하는 수많은 의례들을 따라하고 있었다. 뭔가 앞뒤가 맞지 않는 것 같았다.

사실 여성들은 종교적인 삶을 살았고, 그들은 남성들의 분리된 종교의 상징체계에서 중요했음을 나는 알게 되었다. 연구한 자료들을 통해서, 여성이 불경스러운 반면 남성들은 신성하다고 주장하는 전통적인 학자적 가설은 어쩐지 불충분하다는 결론을 내렸다. 오히려 여자는 남자와는 다르지만 분명히 영적이라는 평가를 받는다.[4] 그 논문의 내용은 내가 처음에 의도했던 것보다 훨씬 더 많이 바뀌었으며, 그 영향은 노골적인 페미니스트학자이자 신학자로서의 내 정체성에 여전히 매우 중요했다. 만약 "무언의 세계: 여성의 종교생활"이라는 논문이 없었다면, 나는 의심했을 것이다.[5] 그리고 아마 훨씬 더 쉽게 대학원을 마쳤을 것이다.

미르체아 엘리아데Mircea Eliade가 나의 석사논문을 본 후, 박사과정에서 이러한 탐구를 계속할 것을 강력히 권했다. 너무나 생생하게 기억하는 그의 주장의 이론적 근거는 "당신은 여성으로서 사물들을 보고 있지만, 아마 나는, 남자이기 때문에 볼 수 없을 것입니다." 하지만 나는 즉각적으로 대답했다. "아니요, 나는 중요한 주제에 대해서 논문을 쓰고 싶어요." 그러나 내 연구에서 알 수 있듯이, 여성관련 주제에 대해 그동안 연구된 것들이 거의 없었고, 따라서 그 주제로 논문을 쓰면 더 많은 학자들에게 도움이 될 것이라고 그는 격려했다. 결국 나는 박사학위를 위해 여성과 종교에 관한 무언가를 계속 공부하기로 결심했다. 그당시 여성들이 이러한 분야에서 집중적으로 공부하는 것이 쉽지 않았고, 여성과 종교에 관한 범주는 극히 모호했다. 따라서 누군가는 여성과 종교와 관련된 비정형적이고 잘못 정의된 무언가를 공부하고 있을 수도 있었다.

시카고대학에서 박사학위 논문을 준비하면서, 나의 첫 번째 논문은 종교 방법론의 전통 역사에 대한 비평으로 바뀌었다. 그 시도들은 나의 논문 지도교수들과의 관계를 어렵게 만들었고, 신학교에서도 거의 퇴학당할 뻔 했으며, 페미니스트 학자로서의 나의 경력에까지 부정적인 영향을 미쳤다. 이러한 사건들은 모두 "여성과 종교"를 계속 공부하기로 한 나의 결정에서 비롯된 것이 아니었다. 페미니스트적 방법론에 대한 질문 때문이었다: 왜 여성과 종교는 이전에 다양하게 또는 제대로 연구되지 않았는가? 그 의문 때문에 나는 더 많은 방법론적 고려를 하게 되었고, 종교의 역사는 '종교적인 사람[남성]homo religiosus'에는 상당히 관심이 있는 반면에, '종교적인 여성femina religiosa'에는 별로 관심이 없는 것 같다는 주장을 하기에 이르렀다. 비록 그때까지는 전통적인 학문에 대한 본질적인 페미니스트적 비판을 명확하게 주장하지는 못했지만, 지적인 대학원생이었던 나는 남성성과 여성성을 함께 포함시켜야 한다고 강력하게 믿고 있었기 때문에, 여성의 종교 생활에 대한 어떤 특정한 관심을 기울일 필요는 없었다. 심각한 반대가 없지는 않았지만, 나는 결국 어떤 중요한 대학원에서라도 통과될 수 있는, 종교 분야의 여성학 첫 논문으로 박사학위를 받았다.[6] 이런 이야기를 다시 하는 이유는 당시 여성과 종교 연구에서 중요한 이슈와 주제 연구의 현황에 대해 너무 잘 보여주고 있기 때문이다.

전형적으로 여성학에서는 학문이 "객관적이어야 한다"는 편견에도 불구하고 경험과 학문의 연관성이 공공연히 인정된다. 소위 서술적 학문과 규범적 학문의 구별이 있는데, 규범적 학문은 모호하다. 페미니스트 학문은 종종 고의적으로 합성된다. 마지막으로 이런 학문은 위험이 따른다. 특히 우리가 대학원생이나 젊은 학자였을 때, 페미니스트 학문의 목소리를 처음 밝힌 사람들은 엄청난 위험을 무릅써야만 했다. 비록 많은 사람들에게 인정받고 있었음에도 불구하고, 우리는 여전히 일상에서 취약하게 노출되었다고 느꼈다.

나 자신의 종교적인 유산에 대한 소외감과 좌절감은 나를 더 광범위한 관점에서 종교를 탐구하게 했다. 그때 나는 왠지 전통적인 학문이 여성을 정확하고 적절하게 받아들이지 못한다는 강력한 그리고 이해할 수 없는 느낌을 받았다. 나 자신의 종교와 종교에 대한 학문으로 좌절했던 이러한 경험들은 결국 내 인식의 기본적인 패러다임에 변화를 가져왔다. 결국, 나는 내가 여성과 종교에 대한 학문으로 인해 너무 좌절했고, 그러한 학문은 학자들의 마음속에 있는 인간성과 남성 중심적인 모델에서 비롯되었기 때문에 너무 부적절해 보인다는 것을 깨달았다. 내가 여성이 아닌 중요한 것에 대해 논문을 쓰고 싶다고 대답했을 때,

나 역시 남성 중심의 인간성 모델을 활용하고 있었음이 분명해졌다.

여러 달, 어쩌면 몇 년을 정확한 개념에 대해 혼자서 고민하다가, 결국 근본적인 패러다임의 전환이 요구된다는 것을 명백하게 깨닫게 되었다. 더 유익하고, 더 정확하고, 완전한 인간 모델이 모든 학자들에게 절실히 필요했다. 우리의 의식에서 인간성의 남성 중심 모델을 떨쳐버리고 그것을 완전히, 완벽하게, 모두 한꺼번에, 인간성의 성평등한 모델로 교체할 필요가 있었다. 나는 여성학적 관점의 중요한 도전과 함께, 그 패러다임의 변화를, 여성과 종교 연구에서 가장 본질적인 문제로 생각하기 시작했다. 이러한 도전과 열정은 종교학뿐만 아니라 모든 인문사회과학 분야에도 심오한 영향을 미친다. 다른 분야에서와 마찬가지로, 종교에서 여성 연구의 근본적인 도전은 남성 중심적인 묘사와 그에 대한 비판에서 시작한다.

남성 중심성에 대한 기본적인 무의식적 선입견을 드러내고, 그것의 부적절함을 입증하며, 보다 적절한 대안을 제공하는 임무는 종교 연구와 비교종교 분야에 대한 여성학적 관점의 가장 중요하고 핵심적인 공헌이다. 이것은 또한 대부분의 다른 학문 영역에서 페미니즘이 가지는 의미이다. 학문의 패러다임 전환을 유도하기 위한 여성 연구라는 본질적인 약속과, 여성학자들이 종교에서 손실되거나 억압된 데이터를 연구해야 하는 이유는 대부분 학자들이 가지고 있었던 통념의 결과라고 할 수 있다. 그 사고방식은 인간을 대상으로 연구하는 일에 하나의 성one-sex 모델, 남성 중심의 사고방식을 활용한 것이다. 하지만 여성과 종교운동은 이러한 인류의 모델이 부적절하다고 비판하고, 하나의 성 대신에 두 가지 성two-sex 모델을 제시한다. 그리고 모든 용어는 다시 정의되어야 한다.

남성 중심주의의 정의는 쉽게 예를 들 수 있다. 예를 들면, "이집트인들은 여성들에게… 허용하는가(하지 않는가)"라는 문장의 구조는 너무나 평범해서 오늘날에도 많은 학생들이 그 말에 어떤 문제가 있는지 전혀 알지 못한다. 그러한 말을 듣는 사람들 모두 "이집트인"은 남성을 의미한다는 것에 의문을 갖지 않는다. 이집트인에는 이집트 여성들도 포함되지만, 이집트 여성들은 "이집트인"에 속하지 않는 것이다. 이 오래 지속되어온 습관적인 언어 패턴 뒤에, 좀 더 분석적인 용어로 보면, 무엇이 있는가? 인류의 남성 중심적 모델은 세 가지 중심적 특징을 가지고 있는데, 직설적으로 언급될 때는 남성 중심과 여성 배제라는 본질을 모두 보여주기에 충분하다.

먼저, 남성 중심 사상에서 남성의 규범과 인간의 규범은 동일하다. 남성이 곧 인간인 것이다. 남성의 경험은 모든 인간 경험의 한 측면에 불과하다는 인식은 아주 최소한이거나 존재하지조차 않았다. 드 보부아르de Beauvoir는 다음과 같이 말한다:

추상적인 토론 중에 한 남자가 "너는 여자니까 그렇게 생각해"라고 하는 말을 들으면 화가 난다. 나의 유일한 방어는 "내가 그렇게 생각하는 이유는, 내가 여자라서가 아니라 그것이 사실이기 때문이다"라고 대답한다. 이러한 논쟁에서 주관적인 생각을 고집하지 않는데, 그 이유는 논쟁하는 것이 중요한 것은 아니기 때문이다. 또한 남자라는 존재가 여자와는 다른, 특별한 존재라고 생각하지 않기 때문에, "네가 남자이기 때문에 그렇게 생각한다"라고 말하는 것은 쉽지 않다. 남자들에게는 남자가 옳고, 여자는 잘못된 것이다. 그것은 여기에 해당한다: 고대인들에게 수평을 정의할 때 완벽한 수직을 제시하였는데, 완벽한 수직, 완벽한 인간형, 이는 남성형이다. 여성은 난소, 자궁을 가지고 있는데, 이러한 특성은 보편적이 아닌 특수한 것으로 간주하고 여성에게는 인간이라는 범위를 제한한다. 그녀는 종종 분비선으로 생각된다고 한다. 인간은 해부학에서 고환에도 분비선이 포함되어 있으며, 호르몬을 분비한다는 사실을 무시한다. 그는 자신의 몸을 객관적으로 보는 세상과의 직접적이고 정상적인 연결고리로 생각하고 있는 반면, 여자의 몸을 특유의 것들에 의해 짓눌려 있는 장애물, 감옥으로 간주한다.[7]

그러므로 남성 중심적인 사고방식은 정상이다. 표준이다. 남성성과 인간성의 구별에 대한 인식은 흐려지고 여성성은 표준에서 예외적인 존재로 간주된다.

남성 중심성의 두 번째 주요 특성은 첫 번째와 직접적으로 이어진다. 남성의 규범과 인간의 규범이 동일하다면 사상, 언어, 연구의 일반적인 남성적 습관이 가장 적절한 것으로 가정할 것이다. 그래서 남성 중심적 인간성의 모델에 의존하는 학문은 일반적으로 남성적 언어를 사용한다고 말할 수 있다. 그 결과 우리 자신의 종교적 상황에 대한 연구뿐만 아니라 다른 시대와 장소의 종교에 대한 연구도 주로 남성의 삶과 사고를 다루고 있다. 여성의 종교생활에 대한 몇 가지 빗나간 논평만을 각주나 책의 끝에 짧은 장으로 포함시키는 것은 문제가 되지 않는다.

언어, 사상, 연구의 일반적인 남성적 습관은 사전에 미리 반영하는 것이고, 이는 매우 강력하다. 그렇기 때문에 많은 학자들이 한 성의 학자만을 대상으로 인간의 종교적 삶과 인식을 연구한 것은 종교적인 상황의 일부만 연구했음을 정말로 모르고 있다. 여성과 종교에 대한 모든 설명을 남성과 종교의 설명에 완전히 통합해야 할 필요성을 인식하지도 못했다. 내가 처음 "인간 종교"에 대한 오늘날의 이해가 완전한 것인가에 대해 의문을 품었을 때 나의 멘토들로부터 들은 것처럼, 그 일반적인 남성성은 여성성을 덮어버리고 있다.

물론 문제는, 정말 그렇지 않다는 것인데, 그것은 세 번째 문제, 아마도 가장 문제가 되는 부분인 남성 중심성을 떠올리게 한다. 그리고 핵심적인 세 번째 구성 요소는, 남성과 여성이 모든 문화에서 다르도록 교육받았기 때문에, 일반적인 남성성은 단순히 여성들을 포함시키지 않는다. 그러므로 일반적인 남성성은 노골적이든 암묵적이든 성 역할이 없는 종교-문화적 상황에서만 작동할 수 있다. 물론 그 상황은 현대 기독교나 유대교에서도 존재하지 않으며, 다른 시대와 장소의 종교 문화적인 상황에 대해서는 아무 말도 하지 않는다. 그러므로 종교에 관한 설명에서 때때로 여성이라는 존재 "그 자체"가 언급될 수 있어야 한다.

이 시점에서, 남성 중심적 모델의 추종자들은 논리적으로 난국에 도달한다. 이러한 난국에 대한 그들의 해결책은 남성 중심적 전망에서 가장 파괴적인 요소다. 남성(아마도 인간) 규범과는 다르기 때문에 여성은 최소한 피상적인 방식으로 언급한다. 그들은 여성 "그 자체"를 언급할 때 이러한 규범에서 벗어나기 때문에 그리고 중심적 사고는 여성을 "인간"의 외부에 존재하는 대상으로만 다루기 때문에, 어딘가에 비교해서 설명하거나 적응할 필요가 있다. 그러므로 여성은 나무, 유니콘, 신, 등의 개념을 만들 때와 동일한 방식인 대상으로서의 인식론적, 존재론적인 지위를 가지게 된다. 따라서 기성 종교 대부분에서 남성은 종교적인 주체이자 현실의 명명자로 제시되는 반면, 여성은 남성에 의해서 연구되고 남성에 의해서 명명되는 대상으로만 제시된다. 단지 남성에 의해서 연구되는 대상으로만 존재한다.

그러므로 이러한 상황에 대한 시정이 필요하다. 학자적인 인식에 대한 기본적인 방향의 재정립이 요구된다. 우리는 중심-남성, 가장자리-여성을 인식하는 인간성 모델로부터, 중심에 존재하는 여성과 남성 모두를 지각해야 한다. 남성성의 본질을 "여성성-남성성"을 반영하는 방식으로 연구 및 사고의 기본적인 패러다임의 변화가 필요하다. 그것은 인간성의 "하나의 성" 모델과 반대로 인간성의 "두 가지의 성" 모델이 될 것이다.

내가 "양성적인 방법론" 또는 "양성적인 인류의 모델"이라고 부르는 가장 중요한 측면은 "두 가지-성" 또는 "양성" 모델이라는 특성이다. 이 개념은 설명이 필요하다. 내가 남성형 모델 또는 방법에 대해 말할 때 염두에 두어야 할 것은, 남성 중심 "인류"의 기존 개념과 현재 일반적으로 사용되고 있는 양성성 및 성중립적 의미와는 다르다. 즉, 양성성이 인류의 두 성을 가진 모델이라는 것과 왜 그런 인간 모델이 의무적인지, 이미 언급된 것에서 분명히 밝혀져야 한다. 우선적으로, 그 문제를 구어적이고 비공식적으로 제시하기 위해, 우리는 "이집트인들은 여성을… 허용한다"라고 말하는 것의 대안을 볼 수 있을 것이다.

인간의 성을 연구하는 데 남성 중심적 모델이 적절하지 않다고 생각하거나 보다 정확하게 두 성별의 인간을 진정으로 이해하는 학자는 이집트 사회에서 남자는 "X"라고 하고 여자는 "Y"라고 쓸 것이다. 경우에 따라서는 "… 이집트 남성들은 이집트 여성들에게 … 할 수 있도록 허용한다"라고 쓰고, 이집트 남성들은 사회에 대한 가부장적 지배권을 가지고 있지만 그럼에도 불구하고 이집트 여성도 인간이며 이집트인이라는 양쪽 모두를 인정해야 할 것이다. 따라서 학자로서 매우 간단하게 우리는 두 가지 기본적인 사실을 정확하게 반영하는 인간성의 모델이 필요하다. 첫째, 생물학적으로, 대부분의 경우 인간은 가장 명백하게, 거의 겹치지 않는, 하나의 성과 또 다른 성이 있다. 둘째, 더욱 중요한 것은 인간의 두 성별은 문화, 사회, 종교에 의해 그 차이가 최소화되기보다는 보다 확대되고 고도화된다. 그리하여 오늘날 모든 문화에서 기본적인 성별 생물학이 요구하는 행동보다 더 많은 영향을 준다.

그 결과, 남성과 여성의 삶은 생물학적으로 알려진 특성보다 더 분리되어 있고 서로 다르다. 현재의 여성학이라는 학문이 등장하기 전에 어떤 학문도, 모든 종교문화에서 그러한 성 역할이 분리된 존재라는 사실에 적절히 대처하지를 못했다. 이것이 이전의 모든 학문과 신학에서 여성과 종교를 이해하는 데 실패했던 주요한 이유였다. 분명히, 한 성을 중심에 놓고 다른 성을 주변에 두는 것을 금지하는 동시에, 두 성이 모두 인간이라는 것을 인식하도록 하는 인간성 모델이 필요하다. 양성성은 인간성의 두 성의 모델로서, 인간이 여성인 동시에 남성이라는 개념으로서, 그러한 요구 조건을 충족시키는 반면, 전통적인 남성 중심주의와 성 중립적 인간 모델은 모두 완전히 실패했다(성 중립적 인간 모델은 남성성과 여성성의 차이를 최소화하려고 하지만, 이 두 성이 중립적이 될 수 없기 때문에 '공동의 인간성'을 추구할 수 없다. 미래를 위한 처방전과 같은 인류 모델의 유용성에 대해 토론할 수는 있지만, 그것은 분명히 과거나 현재에 대한 설명을 위한 안내서로는 분명히 쓸모없는 것이다).

이러한 인간성의 모델과 이러한 방법론적 지침이 인문사회과학의 거의 모든 과목에 적용될 때, 학문의 결과에 큰 변화가 일어난다. 무엇을 연구하고, 어떻게 연구하고, 문제에서 찾은 결과, 타당한 분석 그리고 세상의 모든 변화를 이해할 수 있는 좋은 기본 도구로 받아들일 수 있는 가장 중요한 이론이 우리가 연구해야 하는 학문이다. 이 인간성의 모델을 내면화하면 자신의 학문만이 아니라 언어와 인식의 일상 습관도 변할 정도로 심오한 의식의 변혁을 초래한다고 해도 과언이 아니다. 그러한 기본적인 변화에 직면하여 많은 사람들이 느끼는 불안감은 아마도, 왜 페미니스트들의 관점이 보편적으로 채택되지 않았는지, 왜 사람들은 그것을 관련성과 상식이 부족하다고 비난하였는지를 설명해 줄 것이다. 일단 한 사람이 남성 중심적인 모델에서 양성적인 인간성 모델로 바뀌면, 여성을 인간이 아닌 것으로 객관화하는 학구적 관점을 취하는 것은 상상할 수도 없다.

페미니즘적 관점의 최소 요건은 학문이 항상 여성을 철저하게, 비판적으로 그리고 남성처럼 공감적으로 연구해야 하는 인간으로 생각해야 한다는 것이다. 이러한 학문적인 페미니즘은 학문적 방법으로서 페미니즘에 불과하다는 것을 인식하는 것이 중요하다. 학문적 방법으로서 페미니즘은 사회에서 여성의 위치가 어떠해야 하는지에 대해 선천적으로 규정하는 어떤 사회철학도 따르지 않는다. 그것은 단지 여성을 철저하게 완전히 연구해야 한다는 요건만 따를 뿐이다. 따라서 학자는 남성 우위 혹은 심지어 여성 혐오에 대한 개인적인 철학을 유지하면서도 모범적이고 성실한 학문을 해나갈 가능성이 있다. 그러한 학자들의 예는 드물거나 존재하지 않을 수도 있지만, 그 구분이 중요하다. 사회에 대한 페미니스트적 비전을 세우는 것은 성평등한 페미니스트적 학문을 하는 것과는 다른 일이다.

사회적 비전으로서의 페미니즘: 페미니스트 철학의 관점

불교 연구에서 나는 단지 불교에 대한 젠더-균형적인 역사적 기록을 제시하는 것뿐만 아니라, 사회 비전으로서 페미니즘과 일치하는 불교인 가부장제 이후의 불교 비전을 세우기를 추구하기 때문에 사회 비전으로서의 페미니즘도 중요하다. 이 페미니스트 철학은 종교뿐 아니라 역사, 사회, 심리학 분야의 페미니스트 학문 결과에 바탕을 두고 있다. 페미니스트 학문이 이전 학문에서의 기본적인 문제로 '가부장제'를 비판하듯이, 페미니스트 사회철학은 근본적인 문제로 '가부장제'에 치중해 왔다. "가부장제"는 지난 수천 년 동안 사회와 종교의 상당 부분에 재료를 제공하면서 인간성의 남성 중심적 모델을 수용했을 뿐만 아니라, 개념적 대안도 없이 지배 이데올로기로 작동함으로써 환영받지 못한 페미니스트의 용어가 되었다.

20년 이상을 페미니스트들은 가부장제의 창조, 개요, 부족한 점에 대해 격렬하게 그리고 활기차게 토론해왔다. 한층 더 활발해진 그들은 가부장제 이후의 세계 비전에 대해서도 토론했다. 이러한 논의는 상당히 널리 알려졌기 때문에, 여기에서 나는 오직 가부장제 이후의 인간의 삶과 사회에 대한 비전에 가장 중요한 결론만을 요약하겠다. 여성학의 가장 중요하고 고무적인 결론은 가부장제가 인류 역사상 어떤 시기의 문화적 창조라는 것이지, 인간 생물학에서 필연적으로 나타나는 결과물은 아니라는 것이다.[8] 이 주장의 핵심은 만들어진 것은 무엇이든지, 불교에서 흔히 가르치는, 부서지고 해체된다는 것이다. 이런 깨달음과 함께 가부장제에서 할 수 있는 일은 매우 많지만, "너는 그런 일은 아무것도 하면 안 된다"는 말을 듣고 자란 반항적인 딸 세대들에게 이런 충고는 더 이상 필요가 없다.

페미니스트들은 가부장제가 인류 역사에서 비교적 늦게 등장했다는 역사적 사실에 대해 확신을 갖기 전부터, 가부장제에 대해서는 비판을 해왔다. 페미니즘의 초기 문헌은 고통의 외침 그 자체였다. 사람들은 확실히 가부장제에 대해 뭔가를 하고 싶었다. 수년간의 분석을 거친 후에는 가부장제가 "사회적 가치를 실천하지 않고" 인류 역사상 가장 파괴적인 힘과 확실하게 연결되어 있으며, 여성들만큼 직접적이거나 극도의 피해를 입는 것은 아니지만, 남성을 포함한 모든 사람에게도 해를 끼친다는 점을 비판했다. 가부장제는 무엇 때문에 비평가들에게 그런 공격을 받는 시스템을 만드는가? 대부분의 페미니스트들은 비슷한 방식으로 이 문제를 설명한다.

가부장제는 "아버지의 통치"라는 이름의 문자적 의미로 많은 파급 효과를 가지는데, 특히 두 가지 요소가 토론을 지배한다. 가부장제는 한편으로는 통치권, 권력 장악이 매우 핵심적인 시스템이며, 다른 한편으로는 남성이 여성을 지배한다는 점이다. 여성에 대한 남성 권력의 다양성과 억압은 이 복합적인 체제의 첫 번째 요소로 철저하게 인식되고 설명되고 있다. 남성들은 사회가 가치를 인정하고 보상을 하는 모든 역할과 지향점을 독점하거나 지배하는 특혜를 받음으로써, 불평등은 최초의 가부장적 가치 가운데 하나가 되었다. 더욱이, 남성은 말 그대로 여성을 다스리며 그들이 운영할 것으로 예상되는 규칙과 한계를 결정했다. 이에 순응하지 않은 많은 여성들은 또 다른 형태의 남성 지배적인 신체적 강요를 받아야만 했다.

여성보다 남성에게 주는 가장 정교하고 영향력 있는 추상적 표현으로는 드 보부아르de Beauvoir의 '여성의 객관화'[9] 개념과 '이름 짓는 권리power of naming가 어떻게 여성으로부터 도용했는가?'에 대한 메리 데일리Mary Daly의 주장이 있다.[10] 가부장제에 대한 심층 분석으로 많은 사람들이 남자가 여자에 대한 권력을 문제로 삼는 방식뿐만 아니라, 가부장

사회에서 다른 사람들에 대해 권력을 갖는 방식에 초점을 맞추었다. 가부장 사회에서 여성에 대한 권력 행사는, 다른 사람들에 대해 권력을 행사하는 방식 가운데 가장 핵심적인 것이었다.

　많은 사람들은 여성에 대한 남성 권력을 모든 형태의 사회 계층 구조와 억압의 기본 모델로 보고 있다. 이러한 결론에서 많은 분석가들은 가부장제를 군국주의와 생태학적으로 위험한 환경 사용과 연계시킨다. 이 결론은 이 모든 정책들이 불가피하고 적절하며, 남성 권력을 미화하며 승인하는 태도를 공유하고 있다는 것이다. 이러한 가부장제에 대한 친숙한 분석은 설득력 있고 타당하지만, 나는 그들이 현대 페미니즘의 근본적인 열망을 충분하면서도 분명하게 드러내지 못한다고 생각한다. 현대 페미니스트 운동의 가장 기본적인 비전은 비록 이러한 목표가 한 측면이기는 하지만, 평등이나 완전한 위계를 극복하는 것만을 요구하는 것은 아니다.

　훨씬 더 근본적인 것은 성 역할로부터의 자유를 획득하는 것이다. 이러한 비전은 다양한 페미니스트 프로그램에 포함되어 있다. 불행히도 많은 페미니스트적 분석은 현재의 젠더 배치에서 고통의 근원이 무엇이며, 그 고통을 극복하기 위한 프로그램에서 가장 필수적인 것이 무엇인지를 이해하는, 간단하고도 기초적인 수준에 도달하지 못하고 있다. 만약 사람들의 신체적인 성별을 기초로 해서 그들의 사회적 위치를 맞추도록 강요받는다면, 그것이 무엇을 의미하든지 간에 "성평등"적 관점에서는 고통과 불의가 있을 수밖에 없을 것이다.

　성 역할의 자유와 성평등, 이 두 개념의 차이는 심오하다. 성평등의 개념은 젠더 역할이 계속 존재하고 그러한 조건에서 암시되는 것을 전제로 한다. 초기 자유주의에서 급진적 페미니즘과는 달리 평등은 일반적으로 여성이 남성이 한 일을 할 수 있어야 하고, 때로는 남성도 여성이 항상 해오던 역할을 할 수 있도록 해야 한다는 것을 의미했다. 이 의미는 남성의 역할(남성이 아니라)이 여성의 역할보다 선호된다는 전제가 있다. "평등"의 대안으로 자주 인용되는 의미는 여성이 하는 일은 "남자가 하는 것과 같은 가치"로 간주되어야 하며, 이는 가부장제에 대한 보수적인 대안으로 자주 주장되는 것이다.

어느 쪽도 성 역할의 감옥을 벗어나지 못한다. 여성의 역할이 독특하지만 열등한 가치보다는 동등하다고 주장하는 것은, 여성만이 여성 역할을 수행할 수 있다고 가정하기 때문에, 그 감옥을 탈출하려는 시도조차 하지 않게 된다. 종종 남성들을 여성의 역할에도 참여시키려는 노력은 남성들의 역할에 여성들이 쉽게 접근할 수 있도록 하는 것으로, 성 역할이 극복해야 할 문제라는 기본적인 진리를 개념화하는 데 도움이 된다. 그럼에도 불구하고 성 정체성과 사회적 역할은 여전히 개념적으로 무너지고 있다. 때로는 남성들이 여성 역할을 채우는 것이 바람직하고 반대의 경우도 바람직할 것이다. 즉, 특정한 상황에서는 성적 정체성과 사회적 역할 사이의 교차점이 바람직할 수도 있다.

그러나 성 정체성과 사회적 역할이 결합될 때마다, 심지어 미묘하게까지 그 결과는 일종의 '해부학은 운명이다'라는 해부학적 사고가 등장한다. 그러나 만약 해부학이 운명이라면, 성 역할의 감옥 밖에서는 가부장제 이후의 삶에 대한 희망이 없을지도 모른다. 한편, 그 비전이 단순히 자신의 성 정체성과 사회적 역할(일반적으로 성별sex이 연계된 것으로 생각함) 사이의 교차점을 허용하거나 장려하는 것이 아니라, 성 정체성과 사회적 역할 사이의 연결고리를 확실하게 끊는 것임을 분명히 한다면, 가부장제를 넘어서는 사회적 질서는 불가피하다.

마지막 분석에서, 가부장제는 고정된 성 역할에 달려 있다. 어떤 성 역할도 그녀의 신체적인 성별 때문에 어떤 역할을 수행할 수 있다거나 다른 역할을 해야 한다는 것은 아니다. 본질적인 문제를 성 역할로 보고 본질적인 비전을 가부장제에 대한 집단 페미니스트적 비판으로부터의 자유로 보는 것은, 또 다른 관점에서는 "권력"으로 간주한다. 권력 남용은 확실히 인간의 주요 문제이며, 가부장제는 권력 남용과 관련이 있다. 그러나 가부장적 권력에 의한 가장 큰 학대 가운데 하나는 단지 여성이라는 이유로 학대를 받거나, 응당 받을만한 자격이 있음에도 권력을 받지 못하거나, 남성이라고 해서 자동으로 받는 권력이다.

권력 남용을 경계하고 싶어도 그 누구보다 영향력이나 권위, 심지어 부를 갖지 못하면 완전한 평등사회는 불가능해 보인다. 문제는 불가능한 계층을 없애는 것이 아니라, 제대로 된 계층을 확립하는 것이다. 이것은 복잡하고 어려운 주제인데, 이 맥락에서는 충분히 설명할 수 없지만, 적절한 계급제도는 가부장적 권력 사용에 대한 비판에서 페미니스트들이 말하는 "지배"나 "권력"과 같은 것이 아니라는 점을 명시하는 것이 중요하다. 그것은 페미니스트 사상에서 별로 탐구되지 않은 주제인, 제대로 권력을 사용하는 것을 내포하고 있다. 그러나 가부장제 이후 비전의 본질이 성 역할 고정관념으로부터의 자유라면, 남성들이 단순히 성 때문에 자동적으로 어떤 힘, 위신, 영향력 또는 지위를 받을 가능성은 없어야 한다. 비록 이 지침을 따른다고 해서 그 자체로 적절한 위계질서가 보장되는 것은 아니지만, 가부장적 권력에 있어서 나타날 수 있는 최악의 폐해는 사라질 것이다.

가부장제의 본질적인 문제를 남녀 성 역할 고정관념으로 보고, 가부장제 이후를 성 역할로부터의 자유로 보는 것은 급진적이고 이상적이다. 어떤 사람들은 성 역할이 없는 세상이 지배와 복종 관계가 없는 세상보다 훨씬 더 이상적이라고 느낄지도 모른다. 어떤 사람들은 그 목표가 좀 더 공평하고 정의로운 성 역할을 찾아내고 제도화하는 것이라고 느낄 수도 있다. 그러나 가부장제에 대한 사실상 모든 페미니스트적 비평과 미래에 대한 모든 페미니스트적 의제들은 성이 역할이나 가치를 부여하는 데 관련된 기준이 아니라는 전제로부터 시작한다는 것이 분명하다. 게다가, 성 역할의 어떤 무대도 그것에 잘 맞지 않는 몇몇 사람들에게는 감옥이 될 것이다. 그녀의 인생에서 가장 큰 고통의 원천 중 하나가 성 역할의 감옥이었다고 느끼는 사람으로서, 나는 가부장제 이후의 미래에서 그들을 위한 어떤 위치도 상정하는 것을 꺼린다.

그럼에도 불구하고, 성 역할에 관한 보편성은 거의 없지만, 동서양 대부분의 문화권에서도 성 역할이 있다(성 역할의 견고함은 문화마다 크게 다르다). 이러한 현실은 특히 성 역할로부터의 자유라는 가부장제 이후의 비전을 어둡게 한다. 성적인 구분이 너무나 뚜렷하기 때문에 사회를 구성하는 기본적인 방법이 될 수밖에 없다는 결론을 내릴 수도 있을 것이다. 그러나 우리가 그 점을 인정하기 전에, 현재 사회에서 적용되는 성 역할 고정관념에서, 성차가 어떻게 적용되었는지 분석하는 것이 중요하다. 이 분석 후에, 우리는 과거의 기술 수준은 성 역할을 피할 수 없었을지 모르겠지만, 현재 과학기술의 수준에서 고정적인 성 역할은 제대로 기능하지 못할 수 있다고 결론을 지을 수 있다.

성 역할은 본질적으로 자녀 재생산과, 또 다른 측면에서는 생산을 조직하기 위한 전략이다. 재생산과 생산이 조직되는 방식은 사회의 생계보장 요구와 출산 요구에 크게 의존한다. 재생산이 반드시 대량의 인간 에너지(짧은 수명, 높은 영아 사망률, 높은 모성 사망률 및 출생 통제력 부족)를 소비하는 조건 하에서, 여성과 남성 모두에게 많은 것은 미리 결정되어 있다. 또한, 생존을 위한 경제적 필수품을 생산하는 데 사용할 수 있는 기술은 각 성별의 육체적 및 재생산 능력과 일치했다.

그 결과 일부 사람들이 영원한 필수품으로 여기는 것이 성 역할이었다. 그러나 이러한 성 역할은 실제로 특정한 기술, 생산방식, 생식 수요에 적응하는 것이다. 예를 들어, 가부장제와 세계 거대 종교가 공존하는 문화를 포함하여, 역사적으로 대부분의 인류에게 농업은 지배적인 생존 방식이었다. 집약적인 농업에 적응하는 성 역할은 높은 출산율과 생산에 종사하는 남성 그리고 재생산 역할을 맡고 있는 여성에게 적응되어 있었다. 여성들은 이미 출산에 깊이 관여하고 있었을 뿐만 아니라, 임신과 수유는 농업 생산에 적합한 신체적 조건은 아니었다. 이것은 우리 사회의 많은 사람들이 당연하게 여기는 성 역할의 패턴이지만, 인류 역사상에서 훨씬 더 긴 기간이었던 농업 이전의 사회에서는 나타나지 않았던 것이다.

농경 사회의 성 역할을 적응하게 만든 조건은 오늘날에는 더 이상 적용되지 않는다. 인간의 생식이 과거처럼 미래에도 계속되어서, 동일한 비율로 인간이 태어나 에너지를 소비하는 것은 이 행성과 그 모든 거주자들에게 헤아릴 수 없는 비극을 초래할 것이다. 현대 산업과 후기 산업 경제는 전통적인 농업과 같은 강력한 물리적 힘을 요구하지 않는다. 현대 생산의 극히 일부 측면만이 남성 해부학적 힘을 요구하거나 그 힘에 의존하였다. 이 변화된 조건에서 전통적인 성 역할은 전혀 관계가 없어진다. 왜냐하면 여성은 주로 생식에만, 남성은 생산에만 국한되어야 한다는 전통적인 가정에 대한 근거가 없기 때문이다.

새로운 성 역할에 대한 적절한 조건들은 쉽게 드러나지 않지만, 성 역할이 없는 가부장제 이후의 사회와는 아직은 거리가 멀다. 성 역할에 근거한 고전적인 성 역할 기대와 전통적인 교육, 고용, 양육 정책은 아직은 어느 정도 사람들에게 영향을 주고 있다. 성 역할에서 자유로운 삶은 어떤 것일까? 어떤 면에서는 사람의 성이 중요하지만, 다른 측면에서는 전혀 그렇지 않다. 어떤 면에서는 적어도 단기적으로는 남성성과 여성성에 대한 전통적인 개념에 의존할 필요가 있지만, 다른 면에서는 이미 무관하다. 나는 나 자신의 삶을 가부장제 이후의 존재 방식에 참여하는 것으로 생각한다. 나는 여성이다. 나는 여성의 성 역할이나 남성의 성 역할을 따르지 않는다. 나는 내 의식과 생활양식이 전통적으로 여성적이면서도 또한 남성적이라고 생각한다.

따라서 나 자신의 경험은 성 역할로부터 자유로운 가부장제 이후의 미래에 대한 몇 가지 지침을 제공한다. 나의 성적 정체성은 여전히 분명하다. 성차별은 너무나 명백하고 기본적이어서 자신의 성을 무시하거나 부정하는 것은 불가능해 보인다. 그러나 한 사람의 성은 자신의 재생산과 관련된 결정, 경제적 사회적 역할, 혹은 심지어 기본적인 심리적 특성과 경향에 대해 어떠한 불가피한 것도 내포하고 있지 않다.

그럼에도 불구하고, 우리가 관습적으로 "남성성"과 "여성성"이라고 불리는 특징과 자질에 대한 고정관념을 물려받았기 때문에, 대부분의 사려 깊은 사람들은 아마도 그러한 특징들을 성 중립적인 성격과 생활양식으로 결합시키고, 또한 좀 더 이성적인 사회를 만들기 위해 노력하기를 원할 것이다. 성 역할이 자유로운 사람과 사회를 "양성성"이라고 부르는 것은 혼란스럽게 보일지도 모른다. 양성성은 남성성과 여성성의 결합을 내포하고 있기 때문이다. 그러나 "남성성"과 "여성성"의 개념은 그 자체가 문제가 되거나 갇힌 개념은 아니다. 즉, 갇혀 있다는 의미는 여성이 여성적이어야 하고 남성은 남성적이어야 한다는 기대감이다. 사실 "여성성"과 "남성성"의 상징은 우리 모두가 경험하는 다양한 이원론적인 분리 속에서 양극을 명시하는 데 여전히 유용하게 남아 있을 것이다.

하지만 성 역할에서 자유로운 사회는 현재의 가부장적 사회보다 훨씬 '여성적'이 될 것이다. 왜일까? 왜냐하면 가부장제 하에서 여성은 여성적이고 침묵하는 반면('이름 짓는 권리power of naming'는 남성이 여성으로부터 빼앗은 것이다), 남성은 남성적이고 분명하게 표현하기 때문이다. 따라서 가부장제에서는 대부분의 공공정책과 가장 종교적인 사상들이 '남성성' 중심이며, 그 결과 나타난 불완전성 때문에 매우 완벽하지 않고 심지어 파괴적이기도 하다. 여성의 여성성에 대한 경험이 공공의 담론과 공공정책의 일부가 되도록 여성들이 보다 더 명확하게 표현할수록 사회는 더욱 여성적이면서 더 양성적이 될 것이다. 그 시점에서 개인은 여성이나 남성의 개별적인 성 역할에 갇힌 "반쪽 인간"이 아니라 두 성을 보다 쉽게 포용하는 전체적인 사람이 될 것이다.

결론적으로, 페미니스트 사상의 이 두 영역이 어떤 연관성을 가지고 있는지 주목하는 것이 중요하다. 학문적인 방법으로서 페미니즘은 남성 중심적인 사고방식에 비판적이다. 사회 비전으로서 페미니즘은 가부장적 문화에 비판적이다. 남성 중심주의와 가부장제는 여성에 대해 동일한 태도를 가지고 있다. 두 경우 모두 여성은 인간이 아닌 것으로 객관화되며, 마치 대상인 것처럼 말하고, 타인에 의해 조작된다. 두 경우 모두, 최종 결과는 여성에 대한, 여성의 침묵이다. 학문은 마치 여성이 존재하지 않는 것처럼 전개되거나, 그들의 존재에 주목하는 경우 그들은 대상으로만 취급된다. 그들은 언어와 문화를 창조하거나, "현실 이름"을 짓도록 권장되지 않는다. 그들이 살아가는 현실을 듣지도 않고 기록하지도 않는다. 비-일체성의 현실 구성은 여성들을 인간 주체로 보지 않는 사람들과 그들을 지배하는 사람들에 의해 무시된다.

두 가지 종류의 페미니즘이 모두 남성 중심적 학문과 가부장적 사회에 대한 평론을 공유하듯이, 그들은 수정을 요구한다. 침묵의 거대한 음모는 풀릴 것이다. 학자들은 그들의 인간성 모델을 수정하고, 그들의 데이터를 새롭게 수집하며, 필요한 경우 그들의 학문과 이론을 재고할 것이다. 여성의 현실 명칭이 들리고, 더 중요한 것은 대부분의 세계관, 종교관, 이론체계가 처음으로 표현될 것이다.

방법론적 부록 2

종교의 역사, 종교적인 경험 그리고 종교를 연구한다는 것

　　페미니스트로서 불교 자료를 연구하는 나의 방법은, 현대 사회에서 종교를 공부하고 또 종교를 경험하는 것이 무엇을 의미하는지에 대한 맥락을 더 깊이 이해하는 것에서 출발했다. 사실, 나는 페미니즘의 관점에서 불교를 재구축하는 데 참여하는 것이 중요하다고 생각하는데, 달리 말하자면, 이 재평가란 종교와 관련 있는 역사라고 부를 수 있는 일종의 학문의 예에 불과하다. 내가 관여하고 있는 것은 확실히 전통적인 불교학이나 전통적인 종교사가 아니다. 그것은 불교 사상이나 서양의 학문에 있어서, 아마도 서양 신학을 제외하고는, 실제로 본받을만한 모델이 없는 과제라고 할 수 있다.

　　그러나 정확하게 말하면, 서양의 근거들만으로 연구하는 것이 아니고, 어떤 지도나 모델도 없이 이 영역에서 연구를 하고 있다. 나는 이미 사람들에게 잘 알려져 있는 방법론적 경로를 따르지 않기 때문에, 내 연구를 추진하는 방법론적인 전망을 분명히 설명하고 싶다. 그 방법은 아마도 신학과 종교사의 동시적, 또는 둘로 나눌 수 없는 불가분의 실천 방법으로 가장 잘 요약할 수 있을 것이다. 대부분의 현대 종교 연구자들이 사용하는 방법은 아니지만, 이것이 나의 연구에 가장 적합하고 또한 유일한 방법이다. 나는 이러한 연구 방법이 다른 어떤 것보다 종교에 대해 더욱 풍부하고 완전한 이해를 제공한다고 믿는다.

오늘날, 어떤 종교 연구자들이나 종교인이 직면하고 있는 가장 중요한 사실은, 종교에 대한 교차문화적인 연구가 제공하는 지식이 엄청나게 발전했다는 것이다. 인류의 종교 유산에 대한 진지한 성찰 가능성은 지난 세기, 특히 지난 30년 동안 혁명적이었다. 모든 시대와 장소의 종교 데이터에 대한 지식의 엄청난 증가와 함께, 고도로 발전한 사회과학이 이 비약적인 발전의 원인이 되고 있다. 이러한 지식 혁명은 단과대학과 종합대학에서 종교학과의 수를 크게 증가시키기도 했다.

종교에 대한 진지한 성찰은 신학교와 남성 신학대학생들이 그 구성원들에게 자신들의 종교를 전파하기 위해 준비하는 것에만 국한되는 것이 아니다. 학부생들은 종교적인 열정이나 교육 주제에 밀접한 관련이 없어도 잘 훈련된 학자들이 가르치는 종교학 과정에 자주 등록한다. 놀랄 것도 없이, 이 새로운 규율, 즉 종교에 대한 학문적 연구를 하는 학생과 교사 모두 더 이상 남성이 아니다. 종교는 결국, 인간에 대한 진지한 질문과 추구를 보여준다.

그러나 단지 종교에 대한 자료가 많아지기를 원하는 것뿐만 아니라, 종교에 대한 진지한 성찰이 더욱 요구되고 있다. 종교에 대한 연구는 인간의 역사와 문화에서 발견되는 모든 종교적 관점에 대한 교차 문화적, 혹은 비교연구로 이해되어야 한다. 그러한 연구의 목적은 과업으로서 종교와 인간의 역사를 통해 실천되어 온 다양한 종교들을 모두 이해하고, 인간의 삶, 즉 과거, 현재 그리고 미래를 위한 종교의 목적과 효과에 대한 정보에 입각해서 정확하게 공감하는 태도로 논평할 수 있도록 하는 것이다. 이러한 논평, 평가, 시험은 하나의 문화적 맥락 안에서 종교를 연구하는 학문이라기보다는, 종교에 대한 교차 문화적 연구가 종교 연구의 필수적인 측면이라고 할 수 있다.

그러나 종교 연구에 대한 이러한 이해가 그 분야에서 표준으로 적용되는 상황은 아니다. 대부분의 학자들은 종교에 대한 역사적·서술적 연구나 건설적·신학적·표준적 관심에만 자신의 연구를 제한한다. 많은 종교학자들은 종교에 대해 폭넓은 평가를 내리지만 해당 종교가 가진 무수한 맥락과 다양성에 대해서는 폭넓게 연구하지 못한다. 심지어 많은 사람들은 종교의 목적과 효과에 대한 견해도 명확하게 표현하지 못한다. 비록 그것이 전통에 대해 엄청난 정보를 가진 진정한 금광이라고 할지라도 말이다. 즉, 대부분의 학자들은 신학과 종교사의 동시적, 또는 상호적인 실천을 선택하기보다는 신학과 종교사에 대해 "어느 쪽이든" 한 쪽의 입장을 취한다.

이처럼 제한된 방법론으로는 불교에 대한 페미니스트적 재평가 작업이 수행될 수가 없었다. 또한 장기적으로는 종교 현상에 대해 어느 한 가지, 또는 다른 접근으로 연구 방식을 제한한다면 결코 올바른 결론을 내릴 수는 없다. 그러므로 나는 종교 담론에 대한 이 두 가지 접근법에 대해 "분리할 수 없는 방법"을 옹호하게 되었다. 종교학에 대한 나의 입장은, 특히 그들 스스로가 종교사학자라고 부르는 사람들 사이에서, 분명히 소수라는 것을 잘 알고 있다. 이 입장은 종교학 분야의 폭넓은 주제에 대한 수년간의 훈련, 연구, 성찰, 가르침의 결과물이다. 그것은 또한 내가 불교에 대한 페미니스트적 역사, 분석, 재건을 위해 세운 이론들을 주장할 뿐만 아니라, 그렇게 할 수 있도록 기초가 되었던 입장이기도 하다. 이 간단한 부록은 그러한 방법론적 문제에 대한 문헌 조사로 의도된 것은 아니며, 이 입장을 충분히 논증하고자 하는 것도 아니다. 그것은 내가 어떤 방법론으로 이 연구를 진행했는가에 대한 입장을 보여주는 글로 보아야 한다.

오늘날의 종교 연구 실태

이 분야에서 연구를 하면서 내가 사용했던 훈련 방법은, 종교 연구에 대해 "어느 쪽이든" 하나의 입장에 기초했다. 철학 분야에 관심이 많았던 나는, 당시 철학에서 유행했던 대안들이 매우 빈약하고 제한적으로 보였기 때문에 그 분야의 대학원 교육을 중단했다. 철학자들은 그들의 관심사에 감정적인 삶을 포함시키거나 의미와 지향점의 문제를 "핵심적인 질문"과 함께 연구하기를 꺼렸다. 비록 내가 젊은 나이였지만, 종교에 대한 학문적 연구는 삶에 있어서 "무엇이 정말 중요한가?"에 대해 공부하고 이해하고 가르치려는, 진정 헌신적인 마음을 가지고 있었다.

또한 나는 학부생일 때도 이미 종교적, 문화적 전통에 대해서만 묻고 대답하는 그러한 연구들은 의미 없고 피상적이라고 느껴졌다. 그런 상황에서 나는 시카고대학의 종교사 프로그램에 등록했는데, 지나고 나서 보니 이 프로그램은 내가 선택 가능한 프로그램 중에 최고였다. 분명히, 나의 목표는 지역 전문가가 되기보다는 종교를 가능한 한 광범위하게 공부하는 것이었다. 또한 순수하다고 할 정도로 서술적인 학문 수준을 피상적이거나 믿을 수 있는 수준으로 유지하는 것보다는, 종교의 본질과 의미에 대한 근본적인 질문들에 답을 찾고 싶었다. 미르체아 엘리아데Mircea Eliade 휘하의 시카고대학교에서 종교사를 연구하는 것은 그러한 질문을 할 수 있도록 해주었고, 대부분의 다른 멘토들로부터는 결코 얻기 힘들 정도의 다양한 관심사를 충족시킬 수 있었다. 사실 우리가 연구할 수 있도록 허용된 서클들도 많이 있었는데, 그 덕분에 참으로 다양한 연구 방법론들이 존재한다는 것을 알 수 있었다.

종교사에서 학생이 된다는 것은 정의상 어떤 "비-서양non-Western" 종교 전통을 배우는 학생이 된다는 의미이기도 했다. 비록 종교 방법론의 역사는 동일한 방식을 가진 소위 서양종교에 적용되는 것처럼 보였지만, 이슬람교를 제외한 소수의 사람들은 이 관계를 "외국인" 서양종교로 만들었다. 오늘날, 어떤 상징체계의 비-절대적, 역사적, 상대적 성격에 관한 종교의 역사와 이론의 급진적 함의가 유대교와 기독교에 적용하기에는 "과도하다"고 느꼈던 것이 분명하다. 이처럼 무언의 영토 분할은 이러한 종교들을 신학자, 성서학자, 교회사학자들의 영역으로 남겨두었는데, 그들은 그들의 자료를 연구하기 위해 매우 다른, 훨씬 덜 급진적인 방법을 사용했다.

그러나 주제에 관한 이 분업화된 연구 방식은 보다 심각한 한계가 있었다. 종교 역사가로서, 우리는 인류의 종교에서 종교의 의미를 자유롭게 연구할 수 있었지만, 아주 분명한 사실은 우리가 유사한 종교인이 되어서는 안 된다는 것이다. 수년 동안, 심지어는 오늘날에도 많은 경우에, 전문적으로 연구하는 종교에 대한 개인적 관심이나 이에 관여하려는 마음은 "진지한" 종교 역사가에게는 죽음의 키스일 가능성이 크다. 심지어는 연구하고 있는 자료들에 대한 어떤 종류의 평가나 건설적인 활용조차도 의심을 불러일으킨다.

우리는 지속적으로 연구한 현상학적인 "괄호bracketing"(우리의 예상)에 대한 실천을 높이 평가하면서, 힌두교인이나 타민족들의 눈을 통해 그들의 종교적 경험에 대해 말할 수 있게 되었다. 우리는 그들의 관점에서 종교가 그들에게 무엇을 의미하는지 연구하고자 했다. 그러나 우리 중 한 사람에게 종교가 무엇을 의미하는지 토론하거나, 지구촌 시민으로서 우리 자신에게 종교가 무엇을 의미하는지 등의 맥락을 가지고 토론하는 것은 금지되어 있었다. 그러한 의문을 제기하는 것은(그리고 아직도 많은 경우에서) "비밀 신학자crypto-theologian"로 불리는데, 분명히 "잘못 인도된" 혹은 "의지가 박약한"이라는 의미보다 더 수준 낮게 평가를 했다.

그러나 한편으로는, 종교에 대한 학문적 연구에서 매우 반대편에 있는 사람들은 그들의 훈련도 똑같이 제한되었다. 비록 그들이 전문적으로 공부했던 종교에 대해 개인적으로 관심을 갖도록 허용하고 종교의 의미나 관련성에 대한 주장을 할 수는 있었지만, 그들은 대개 그들의 주장을 흥미롭고 광범위하게 적용할 수 있거나 일반적으로 유용한 교차 문화, 비교연구에서 엄격하고 철저한 훈련을 받을 수는 없었다. 인간의 부분적인 경험을 통해 나타나는 철학적 혹은 신학적 주장들은 기발하다거나 적용할 수 있는 범위가 매우 제한적이기 때문에, 주장을 관철시킬 수 있는 힘이나 관심이 부족하다. 게다가, 사회과학에 철저히 근거하지 않은 종교적이고 구조적인 주장은 단지 전해 내려온 전통에 기초한 변명과 유사한 주장일 뿐이다. 그러나 전문 신학자들과 윤리학자들은 종교의 역사보다 서양의 사회과학을 훨씬 더 중시했다.

최근 몇 년 동안, 오늘날 대부분의 저명한 신학자들과 윤리학자들은 그들 자신의 종교가 아닌 타종교에 대해서도 어느 정도 인지하고 있거나, 적어도 어떤 문화 간의 지식이 필요하다는 것을 인정할 정도로 세계 주요 종교에 대한 관심이 크게 증가했음을 보여준다. 그들의 관심은 종종 종교 간 대화에 참여하는 형태를 취한다.[1] 그런 맥락에서, 그들이 대화하고 있는 전통에 대해 배우고자 하는 의지를 보여준다. 그러나 이러한 대화에 참여하는 것은 종교사를 통해 소수의, 전문적으로 철저히 훈련받은 종교 역사가들에게만 가능하다.[2] 그러므로 대화에 관여하는 대부분의 신학자들은 종교 역사가들보다 신학과 종교의 역사에 대한 근본적인 공동 연구를 전혀 실천할 수 없었다.

따라서 현재 종교에 대한 학문적 연구는 통일되고 일관성 있는 규율이라기보다는, 서로 진지하게 관계하지 않는 두 개의 하위 학문으로 절망적으로 나뉘어져 있다. 이 상황은 관련된 모든 사람들에게 매우 중대한 손실을 불러온다. 종교 또는 특정 종교 사상에 대해 기꺼이 의견을 제시하고 평가하고자 하는 학자들은 친숙한 문화적 경계 안에 있는 청중에 대해 이야기한다. 교차 문화적이고 비교연구를 통해 심도 있게 교육받거나, 낯선 문화적 상황에서 깊이 있는 교육을 받은 종교 학자들은 대개 그들이 부지런히 연구해 온 자료들에 대해서 어떠한 언급도 하지 않으려고 한다.

이러한 방식의 분업은 내가 대학원생으로 그 분야에 들어갔을 때 원했던, 일종의 종교에 대한 토론 연구는 결코 하지 못할 것이다. 그러므로 나는 종교학 안에서 이러한 분열은 원치 않으며, 한 쪽에만 충성하는 것은 포기했다. 대신 나는 종교 연구에 대한 이 두 가지 접근법을 혼동하지 않고 결합할 것을 제안한다.

신학과 종교학, 동시적이고 통합적인 종교 연구가 되어야…

　자신의 영역을 세계 건설, 종교에 대한 규범적 논평, 또는 신학으로 간주하는 사람들에게 종교에 대한 교차 문화적인 비교연구의 출현은 종교 연구가 시작된 이래 가장 중요한 사건이다. 이러한 주장은 종교의 역사가 우리가 종교에 대해 알고 있는 것을 돌이킬 수 없을 정도로 확실하게 변화시켰기 때문이다. 이제 우리는 종교가 겪는 역사적 과정에 대해 많은 것을 알고 있다. 우리는 모든 시간과 장소에서 모든 종교에 대해 어느 정도 잘 적용할 수 있는 기본적인 모델이 있다는 것을 안다. 우리는 종교 신화와 상징이 어떻게 발생하는지 안다.

　각 종교가 고립되어 있을 때는 종교에 대한 역사적, 비교적, 현상학적, 사회학적, 심리적 설명이 불분명했던 것을 밝히고, 원인과 결과의 법칙이 종교에 어떻게 적용되는지에 대해 드러내며, 종교 그 자체가 역사에 대한 초월적인 개입으로 인해 나타난 독창적인 결과로 간주했다. 왜 주로 종교 내에서 신학자로서 말하는 사람은, 종교에 대한 교차 문화적, 사회과학적 연구 결과를 그의 연구에 포함시켜야 할까? 왜냐하면, 최소한, 그것들이 거기에 있고, 지적 추구에 대한 강렬한 욕구가 없다면 무시될 수 있기 때문이다. 그들을 진지하게 받아들이는 것은 종교적인 세계관이 근본적으로 비-절대화하는, 신적인 존재를 부정하는 효과를 가져오는데, 아마도 이는 그토록 많은 종교 지도자들이 그러한 자료를 자기들의 세계 건설에 활용하지 않는 이유일 것이다.

　그러나 세계관의 비절대화를 부정적인 발견으로 간주하는 것은 현대 상황에 대해 다소 제한적으로 보거나 영적으로 미숙한 대응이다. 과학적으로나 역사적으로 사실일 뿐 아니라 보편적으로도 관련성이

있다는 난감한 부담에서 벗어나는, 문화적으로 조건화된 행렬_{matrices}에
서 상징과 신화가 더 귀중하게 빛날 수 있다. 구체적이고 상호 연관된
맥락을 가진 상징으로서의 주장과 요구를 듣는 것을 배울 때, 우리가
진실로 신화로 인식하는 법을 배울 때, 우리의 상징과 신화가 다시 우
리에게 말을 할 수 있다. 하지만 우리가 그것을 단지 관념화된 것으로
만 받아들인다면 우리를 위로할 수 있는 방법은 없다.

종교사의 방법과 결과를 통합하는 입장은, 종교적 입장에서 이러
한 차원의 지식을 무시할 때보다도 훨씬 더 만족스럽다. 게다가, 종교
에 대한 교차 문화적이고 비교연구적, 사회과학적 연구에 숙달한 종교
대변인들은 그들 자신의 전통에서 불충분하게 다뤄질 수 있는 문제들
에 대한 자원을 아주 많이 가지고 있다. 신학자 그리고 종교 연구에 대
한 세계 건설적 접근에 관여하는 사람들에게, 오늘날 책임감을 가진 종
교가 되는 유일한 방법은 교차 문화 연구의 방법과 결과를 종교에 통합
하는 것이라고 나는 주장한다.

종교사에 대해 합리적이고 평판이 좋은 지식은, 특정한 종교에 적
합한 개혁을 주장하거나 제안할 수 있는 유일한 믿음직한 틀이다. 더
욱이 전통적인 종교 개념이나 실천이 변화를 가져올 수 있는 지적인 격
렬함이 없이 중요한 정보나 가치와 충돌할 때 종교는 바뀌거나 버려야
한다. 정보를 얻지 못하거나 비윤리적인 "전통"에 적응하는 것보다 지
식이 풍부한 계층이 주도하는 변화에 대해 정보를 얻는 것이 훨씬 낫
다. 큰 분열이 나타나는 또 다른 측면에서 보면, 종교문화 간 비교연구
에 의해 신학이 향상되는 것처럼, 종교사에 대한 현재의 실천을 특징짓
는 것과 유사한 심각한 문제들은 신학의 등장으로 크게 줄어들 수 있
다. 신학자들은 스펙트럼의 반대편 끝에서, 많은 종교 역사가들과 지

역 전문가들이 연구하는 자료에 전혀 무관심하다는 듯한 인상을 주기 위해 노력한다. 그들은 적절한 연구 방법에 대한 토론하거나 데이터에 대한 분석 및 결론에 열정을 쏟는다.

그 결과, 그들의 글은 종종 유일한 관심사가 승리하는 것처럼 강렬한 전투 톤이나 게임과 같은 수준을 보인다. 논의 중인 자료에 대한 관심이나 어떤 계획에서 자신의 위치에 대한 궁금함, 심지어 사물의 계획에 대한 호기심조차도, 매우 숨기고 있는 것처럼 보인다. 개인적인 평가는, 그 학자가 자신의 글이 가치가 없다는 인상을 주는 것을 우려하거나, 아마도 종종 그렇게 믿고 싶어 하기 때문에 회피한다. 요컨대 그 작업은 매우 전문적이고 유능하지만, 종종 지루할 뿐만 아니라 의문의 여지가 있다. 종교사에서 문제가 되는 사건에 대한 비난의 대부분은 중립성과 객관성을 추구하기 때문이라고 할 수 있는데, 많은 사람들은 어떤 개방적인 가치관도 금지한다고 생각하는 것 같다. 종교사학자의 중립성과 객관성이 중요하지만, 그렇게 자주 해석되어서는 안 된다.

종교적, 상징적 또는 가치 체계에 대한 비의존성으로 중립성과 객관성을 유지하지 못하는데, 왜냐하면 그런 가치판단으로부터 자유로운 입장은 불가능하기 때문이다. 오히려 그들은 종교학자로서 특정한 평가적 입장을 탐구하고, 스스로 의식적으로 공개 선언함으로써 보호받는다. 학문이 항상 규범적 지위, 세계관 그리고 일련의 가치관을 숨기거나 포함하고 있다고 나는 생각한다. 대학원생부터 나의 학문 경력 전체를 통틀어, 거의 모든 학문 분야는 중심적인 가부장적인 규범, 세계관, 가치관에 기초한다는 것이 나의 생각이다. 아직 확인되지 않거나 혹은 알려지지 않은 가치와 관점들은 학자들의 연구 결과뿐만 아니라, 분석할 자료에 어떤 관점의 데이터가 포함되어 있는지에 대해서도 분석해야 한다.

또 나는 그러한 남성 중심적 가치와 세계관에 의존하지 않고, 나의 주제, 관심 그리고 분석에 대해 어느 정도 나의 선택이 영향을 미친다는 것을 잘 알고 있다. 내가 최초의 페미니스트 종교학자가 되기로 결정한 것은 객관적이고 중립적인 종교사 연구가 불가능한 것에 대한 매우 과감한 도전이었다. 지극히 남성 중심적인 학자들의 적대감과 조롱, 위협을 받거나 중립적인 경험을 통해서, 종교를 연구하는 가장 발전적인 방법을 많이 배웠다. 종교사 연구에서 가치에 관한 나의 제안들 대부분은 그러한 경험에 근거하고 있다.

그러나 페미니즘이나 남성 중심주의는 어떤 학자가 자신의 연구에서 계획한 유일한 방법론적인 입장이라거나 가치 시스템은 아니다. 어떤 학자들에게는 불가지론[3]이나 다른 철학적, 또는 종교적 견해가 전적으로 그들의 학문과 연관되어 있다. 그들의 학문적 계보와 진영은 모든 학자들의 연구에 영향을 미친다. 모든 방법론적 입장은 가치를 포함한다. 나는 오랫동안 공개적으로, 객관성과 중립성의 믿을 수 있는 유일한 형태로서, 그러한 성향과 이익을 선언할 것을 촉구해 왔다.

우리 모두가 자신이 선택한 연구 분야에 대해 어느 정도 입장을 가지거나 투자를 하고 있다는 것을 인정하기 때문에, 그러한 선언이 당연하게 받아들여질 때 우리는 훨씬 더 중요한 주제로 넘어갈 수 있다. 우리는 종교사학자의 윤리적 책임에 대해, 종교에 대한 문화적 비교연구에서 "연구하는 학자"가 되는 것에 대해 이야기를 시작할 것이다. 우리는 완전히 부정하거나 잊을 수 없는 어떤 의지 때문에, 우리 자신의 문화적 테두리 안에서가 아니라 종교를 넓고 깊게 연구하는 이 이상한 일에 종사하고 있으며, 그 비전에 대한 연구 결과는 책임을 수반한다. 가장 진부한 방법론적 관점조차도 평가적 입장을 포함하고 있다는 것을 생각한다면, 우리는 우리의 지식을 지구촌이나 우리 공동체를 보다 이롭게 만드는 데 사용해야 하는 책임이 있음을 알아야 한다.

결국, 종교사의 연구 방법에서 권하는 것은 보다 정확한 지식을 제공하는 것뿐만 아니라, 다원적 세계에서 살기 위해 "다른 것"에 대해서도 정확한 지식을 가진 사람들이 더 많아져야 한다는 것이다. 예를 들어, 주립대학이 학부생들에게 힌두 신화에 대해 가르치기 위해 종교사 학자들을 고용할 필요까지는 없다. 또한 내가 종교사를 공부하고 가르치는 데 일생을 보내는 주요한 이유는 오로지 정확한 지식을 위해서가 아니라, 자기 자신과 다른 사람들 모두 다원주의적 세계에서 공감과 존중심을 높이기 위해서라고 말할 수 있다. 이렇게 된다면 한 걸음 더 앞으로 나아갈 수 있을 것이다. 나는 종종 다른 많은 문화와 종교에 대해 매우 많이 알고 있는 종교역사가들은, 그들이 알고 있는 것에 대해 평가하고 논평할 의무가 있다고 생각한다.

그러한 작업은 서술적인 연구에서부터 세계 건설에 이르기까지, 경계선을 넘어서는 것이 분명하다. 종교사학자로서 다른 사람들의 세계 건설을 연구하는 것이 나의 직업이지만, 그 세계 건설 작업이 제한적이지 않다는 것을 나는 배웠다. 그러나 그러한 입장이나 분업화된 연구는 소박한 것이다. 우리는 특정한 세계 건설만으로 훈련을 추구할 수 있다. 종교에 대한 교차문화적인 비교연구 방법의 존재는 가치 있는 선택이며, 종교에 대한 이전의 접근법을 거부하게 만든다.

그리고 우리 모두는 이것이 우리의 종교연구 방법이 만들어지던 시기에 저항했던 문화적이고 또한 종종 제국주의적인 방법보다 훨씬 더 탁월한 이론이자 접근 방식이라고 확신한다. 어떤 사람들은 그 우월성이 종교나 세계 건설에 대한 개인의 관여를 엄격하게 금지하는 데 있다고 주장할 수도 있다. 그러나 그러한 주장은 자멸적이다. 우리는 종교, 특히 입문 과정을 개설하거나 어떤 현상에 대해 기사를 쓸 때마다 세계를 건설한다. 그래서 우리는 일부러, 무의식적으로 그리고 공공연하게 우리의 세계 건설에 참여하는 것이 나을 수도 있다.

다시 한 번 말하지만, 페미니스트 경험은 내가 이러한 위치에 존재하기까지 매우 중요한 역할을 했다. 페미니스트가 된다는 것은 이 사회가 건설해 놓은 세상에 무조건 동의하지 않고 다른 세상을 건설하고자 시도하는 것이다. 페미니스트로서, 나는 내 주제에 대해 건설적이고 윤리적으로 생각하면서, 다른 세계를 건설하기 위한 이해관계를 인정하게 만든다. 나는 내가 살아가는 사회 안에서, 페미니즘적인 문제에만 구조적인 반성을 요구하는 것이 부적절하다는 것을 안다. 이는 지적, 정신적 정신분열증을 조장하는 것 외에도, 비판적이고 성찰적인 일과 교차 문화적 학문을 인위적으로 분리함으로써 책임을 아예 포기하는 것이 될 것이다.

이전에는 분리되어 있던 종교와 신학의 역사에 대한 학문을 동시에 연구하지만 혼동하지 않는 학자 겸 사상가는 그녀의 학문에서 특정한 중요한 지적 및 영적 입장을 드러내고 구현할 것이다. 이런 종류의 학문은 종교의 교차문화적인 비교연구에 적합한 방법론에 대해 현재 널리 퍼져 있는 많은 논쟁들을 해결하는 데에도 중요한 다음과 같은 기여를 할 수 있다. 첫째, 그러한 학자는 실제로 객관적이다. 이미 논의된 바와 같이, 객관성은 학자가 자신의 주제에 관심이 없거나 관여하지는 않지만, 방법론과 관심을 분명하게 선언하는 것을 의미한다. 또한 학자의 객관성은 그가 어떤 식으로든 하나의 입장에 대해서만 옹호자로 역할하지 않는 것이 확실하다. 불필요한 변명을 하지 않는 것은 종교의 객관성을 유지하고자 하는 역사가에게 매우 중요한 본질이라고 할 수 있다. 자신의 종교 단체를 널리 알리기 위해 학문을 하는 것은 가치가 없다. 학자는 분명한 관점을 가지고 있지만, 그녀는 자신의 평가적 또는 고백적 입장에 관한 긍정적인 정보를 강조하지 않아야 한다.

그녀는 내가 "방법론 법칙의 통일성"이라고 부르는 방법을 일관되게 적용한다. 이 규칙에 따르면, 그것을 우리 취향에 맞는 것으로 찾든지 찾지 못하든지 간에, 모든 입장과 관점을 해석하고 기술하는 데 동일한 표준이 사용된다. 우리는 종교의 계층적 평가나 순위에 관여하지 않고, "우리"에 대해 말할 때나 "그들"에 대해 말할 때 한 가지 기준만을 사용하지 않는다. 우리는 어떤 특정한 종교나 관점을 홍보하는 것보다 정확성에 더 관심이 있고, 어떤 특정한 종교나 철학보다 정직을 훨씬 중시한다. 그러기 때문에, 객관성의 수준을 확인시켜주는 "객관적 그림"을 제시할 수 있는 척하지 않는다. "분파적 변명에 충실하지 않고, 우리는 이렇게 말한다. "이것이 바로 내가 일하는 관점이다. 이는 종교학자로서 나의 핵심적인 가치이며, 이런 방법으로 나는 분석하고 결론을 도출한다."

둘째, 올바른 객관성을 개발하고 보호하고 또 증진시키는 것은 종교적 공감을 가진 모든 학생에게 필요한, 가장 중심적이고 중요한 가치이다. 종교에 대한 교차 문화적인 비교연구가 어떤 상징체계를 비-절대화하는 노력과 함께, 어떤 상징체계에 대한 공감이 발달하면 이해력을 높이기 위한 강력한 도구를 만들어낸다. 나의 첫 수업에서 사용하는 정의를 인용하자면, 공감은 "사람이나 사물의 마음속 깊이 영적으로 들어가서, 그 현상에 대한 이해를 높이는 것"이다. 종교를 잘 아는 학자라면 다양한 목소리로 말하거나 다양한 견해와 상징으로 해석할 수 있는 능력을 발전시켜야 한다. 그러한 방식으로 설득력 있게 말할 수 있어야 하며, 쉽게 상호 전환할 수도 있어야 한다.

그녀는 또한 다른 목소리나 입장들 사이에서 옮겨갈 수 있어야 한다. 그리고 이러한 모든 발성법에서 그녀 자신의 목소리는 깊이 숨길 수 있어야 한다. 비사교적인 종교역사가라도 그녀가 개인적으로 매력적이지 않다고 생각하는 것에서도 공감할 수 있다. 종교학에서 좋은 일을 하기 위해서는 현상학적으로 분류하는 기술뿐만 아니라, 공감 능력이 발달해야 한다는 것은 아무리 강조해도 지나치지 않는 필수조건이다. 또한 그렇게 하는 데 실패를 하더라도 계속 시도해야 한다. 공감의 부족은 아마도 대부분의 종교 토론 현장이나 대부분의 교수법에서 가장 심각하게 자주 나타나는 실패 경험일 것이다.

학계에서 변증법과 공감은 종교학을 전공하는 학생과 참여자들에게 널리 인정되는 가치이며, 대다수 교육 실무자들은 어느 정도 그것에 관심을 기울인다. 그러나 나는 그것이 종교학을 연구하는 학생들을 위해 만족스러운 오리엔테이션으로 보기보다는, 현대적 상황에 중요한, 종교 연구에서 추가적인 가치를 가져오기 위해 필요한 기초라고 말하고 싶다. 종교학에서 가장 흥미로운 학생들은 비종교적이고 공감하는 기술을 가지고 있을 뿐만 아니라, 방대한 지식 창고를 활용하여 세계 건설과 관련된 특정한 작업을 할 수 있고, 또한 그들의 직업적인 가치와 방향을 제시할 수 있는 사람들이다. 이미 논의된 바와 같이, 대다수 종교 역사가들은 세계 건설에 공개적으로 참여하기를 꺼려했기 때문에, 이 과제는 종교의 교차 문화와 비교연구에서는 새로운 것이다.

이 세상의 건설적인 차원에서 진정한 다원주의를 찾고, 촉진하고,

육성하는 것보다 더 중요한 과제는 없다. 이 과제에 대해 비판적이고 건설적으로 생각하고 행동하는 것은 종교 역사가들에게 세 번째 주요 가치이다. 우리가 경쟁하고 갈등하며 여러 종교적 상징체계의 세계에 살고 있다는 것은 어떤 종교의 역사가에게도 뉴스가 아니다. 종교 역사가는 그러한 상황에 대해 건설적이고 윤리적으로 생각해야 할 책임이 있다. 그러나 문화 간 연구에서 시간, 자원 및 에너지 소비를 정당화하는 것은 무엇인가? 다양성과 다원주의적인 생활에 대해 지적하고 도움이 되는 말을 할 수 있는 다른 사람은 누구인가? 이것이 종교에 윤리적이고 책임감을 가지고 관여하면서, 세계사 건설을 위한 종교적 다원주의 철학을 발전시키려는 맥락은 아니다. "진정한 다원론"을 정의하고, 모든 상징체계에 수반되는 비-절대주의를 주의 깊게 설명하고, 그 결과 자신의 특수성에 대한 감상을 표현하기 위해서 다른 책으로 너무 멀리 갈 수도 있다.[4] 그러나 성별에 대한 불교적 태도의 역사, 분석 및 재구성은 그 의제와 일치한다.

  마지막으로 네 번째 주요 가치는, 종교에 관계하는 역사가의 중요한 가치에 대한 이 짧은 논평을 마무리하기 위해, 나는 전통적인 종교사의 일반적인 의제를 훨씬 넘는 제안을 하고자 한다. 종교사학자의 진보적인 과제는 하나의 연구를 통해서도 일부 상징체계에서 신봉하는 부분적 가치에 반대하여 비판적 입장을 취하는 것이 가능해야 한다. 비교학자에 의해 연구된 몇몇 전통적인 가치들은 많은 종교에 공통되는 가부장적 가치들이 그렇듯이, 그 종교의 일부 구성원들의 존엄성을 훼손할 수 있다. 비교론자에 의해 연구된 종교의 전통적인 가치들은 "다른 사람들"에 대한 호전성이나 적개심을 조장함으로써 지구촌의 진정한 다원주의라는 비전에 정면으로 모순될 수 있다. 분명히, 그러한 평가를 하는 이 어려운 비판적 임무를 수행할 때 민족주의와 식민주의를 피하는 것이 중요하다. 여기서 다시, "방법론 법칙의 통일성" 규칙은 매우 유용하다.

다시 한번, 페미니스트가 된다는 것은 나에게 종교에 대한 교차문화적 비교연구를 위한 시야를 넓히는 방법을 가르쳐 주었음을 밝힌다. 가부장제의 세계관의 본질을 명확하게 설명하는 것은 필수 과제이다. 가부장제를 연장, 영속, 합법화, 또는 정당화하는 학문은 용납될 수 없다. 이 두 가지 과제를 수행하기 위해서는 가부장제, 군사주의, 근본주의, 또는 기타 깊이 뿌리내리고 있는 파괴적인 전통적 종교적 가치를 분석할 뿐만 아니라 폭로해야 한다. 설명할 수 있고 이해할 수 있는 관점들이라고 해서 모두 살아남을 자격이 있는 것은 아니다. 상징체계에서 일부 가치가 부정적인 영향을 미치고 있음을 설명하기 위한 연구는 종교 역사가의 필수적인 임무이다.

내가 주창해 온 네 가지 가치는 매끄럽고 조화로운 거미줄과 같다는 것을 종교학을 하는 사람과 관련된 가치로 언급하는 것이 중요하다. 특히 객관성과 공감의 관행은 후자의 두 가지 가치와 모순되기보다는 진정한 다원주의를 장려하고 종교에서 발견되는 기능장애적인 전통적 가치관을 비판할 수 있도록 만든다. 객관성은 다원주의를 인정하고 이를 촉진하는 가치가 옹호되어야 한다는 것을 알게 한다. 공감을 실천하면 처음 이해한 것을 비판할 수 있다. 매우 염려되고 위험한 일은, 많은 사람들이 객관적이고 공감적인 교차문화적 연구에 먼저 참여하지도 않고 중요한 세계 건설에 참여할 수 있는 권한을 부여받는 것이다. 비판적 세계 건설에서 그러한 연구에 지속적으로 참여하는 사람들을 좌절시키거나 낙담하게 해서는 이 문제를 해결할 수 없다. 세상은 그들이 없다면 매우 미완성이고 불완전할 것이다.

연구 방법론의 문제 그리고 마지막 이야기

나는 이 오리엔테이션을 종교 역사가들에 의해 많이 연구되고 있는 두 가지 다른 방법론적 문제에 대한 간략한 토론으로 마무리하고자 한다. 이런 맥락에서 나의 결론에 대한 주장을 할 수는 없지만, 이 문제에 대한 해결책은 내가 페미니즘 역사, 분석 및 불교 재건을 수행하는 방식에 매우 중요하다. 종교에 관한 학문적 연구에서 가장 오래된 논쟁 중 하나는, 종교가 고유한 용어로 연구되고 자신의 징계 틀을 가질 가치가 있는, 인간 삶을 위한 비환원적인 독특한sui generis 문제에 관한 것이다. 종교를 역사, 경제, 사회, 또는 심리학의 인식 현상으로 이해하는 데 있어 중요한 관점은, 인간의 삶에서 독립된 변수라기보다는 종속적인 것으로 사회과학의 틀 안에서 가장 잘 연구되었다. 후자의 관점에 찬성하는 가장 강력한 주장 가운데 하나는 문화적, 현세적 경계를 넘어서 쉽게 설명할 수 있는 종교의 "본질"을 찾는 것이 어렵다는 것이다.

이러한 어려움에도 불구하고 그리고 사회과학에서 파생된 방법을 사용하는 것뿐만 아니라 종교를 정확하게 연구할 수 없다는 사실에도 불구하고, 나는 종교가 그 본체matrix에 세심한 주의를 기울여서, 종교 연구를 할 때는 그 종교의 문화적 본체를 축소할 수 없는 것으로 인정하는 것을 선호한다. 사회과학에서도 더 이상 축소할 수 없는 "종교의 본질"이 있음을 주장한다. 종교에서 발견되는 지적, 정신적, 행동적 공통점에서가 아니라, 종교의 구조와 인간의 삶에서 종교 기능을 축소할 수 없는, 종교 본질의 위상을 찾아낼 수 있다는 것이 내게는 매우 분명해 보인다.

간단히 말해서, 모든 종교는 혼란스러운 세상에서 의미와 방향을 제공하려는 시도로, 인간이 만든 문화적 창조물들 중에서 독특할 정도로 공유된다. 그러므로 나는 이러한 세계에 살고 있는 사람들에게 큰 의미를 지닌 세계 건설을 향한 열정을 가지고 종교의 본질을 찾아야 한다고 주장한다. 세상을 새롭게 건설하려는 의욕을 거부하고, 개인의 삶의 의미와 방향만을 찾고자 하는 것은, 종교가 궁극적으로 해결해야 할 문제가 아니다.

종교에 대한 비교연구에서 더 최근의 논쟁은 "내부인"과 "외부인" 사이의 역동적이고 적대적인 상호작용에 관한 것이다. 어떤 접근법이 종교 연구에 가장 유리하며, 어떤 방법이 가장 정확한 이해를 제공하느냐 하는 문제는 내가 보기에 거짓 이분법을 제기하는 것과 같다. 종교에 대한 정확하고 흥미로운 설명은 한 가지 접근법을 독점적으로 사용하거나 다른 접근법을 반대하는 것이 아니다. 외부인의 도구와 통찰력은 종교 연구에 절대적으로 필요한 많은 것을 제공하는데, 만약 이들의 폭넓은 지식이 없다면, 종교의 현대적 이해에 매우 중요한 비교 문화적 차원 전체가 실종될 수도 있다.

반사경comparative mirror[5]은 부족하고, 종교에 대한 이해는 비-절대적이고, 상대적인 지식 없이는 훨씬 더 나빠질 것이다. 외부인의 관점은 학생들에게 종교의 비전과 폭을 첨가한다. 동시에 이 관점은 그 자체로 불완전하다. 내부자의 관점은, 외부인이 접근할 수 없는 현상들에 대한 직접적인 경험, 깊이 있는 따뜻함과 다양한 친밀함, 즉 달리 설명할 수 없는 이해를 제공한다. 이러한 논평은 내부인이자 학자의 자격을 인정하는 방식이지만, 이는 카드를 소지해야만 회원 자격을 주는 것으로 종교 연구에서 너무 제한적이다. 또한 대부분 종교에서의 광신자들은, 아마도 외부인이 합리적인 도구와 효율적인 연구 방법을 충분히 사용하더라도 이를 받아들이지 않으려고 할 것이다.

그러나 종교적 열의에 대한 자비심과 일부 종교 활동 참가자의 심층적인 경험에 대한 동정심이 없다면, 자신의 연구를 기술적으로 정확한 것이라고 하기보다는 단지 강렬한 호기심으로 자신의 연구를 유용하고 흥미롭게 만들고자 하는 마음과 열정이 부족할 가능성이 있다.

따라서 구성되고 있는 종교의 역사, 즉 교차문화적 비교연구는 이 페미니스트적 불교 재평가가 행해지는 가장 크고 포괄적인 방향 설정을 위한 틀이다. 내부인 및 외부인 접근방식의 조합과 이 부록에서 요구하는 서술적, 규범적 그리고 세계 건설적 과제들의 조합은 이 책 전반에 걸쳐 나의 과제와 연구 방법론에서 필수적인 요소들이다. 만일 이 시점에서 누군가가 종교를 공부하는 것과 종교적인 관점을 취하는 것의 구별이 혼란스럽다고 격앙된 목소리로 외친다면, 나는 전혀 그렇지 않다고 대답하고 싶다. 오히려, 나는 어느 것이 언제 행해지고 있는지를 분명히 알면서, 두 가지를 다 할 수 있고, 또 해야 한다고 믿는다.

그렇지 않다면, 우리는 혼란스러운 세상에서 살면서 책임감을 가지고 일하는, 참여적인 학자로는 역할을 할 수 없다. 나는 신학과 종교사에 대해 그와 같은 동시 작업을 옹호한다. 또한 종교에 대해 고려할 때 항상 적절한 방식뿐만 아니라 부적절한 방식도 나타나므로, 우리는 그것을 공개적으로 그리고 철저하게 연구해야 한다. 종교에 대한 적극적인 연구는, 냉철한 이해와 정의롭고 인간적인 가치에 대한 열정적이며 실존적인 헌신의 결합으로, 종교를 볼 수 있는 가장 강력한 하나의 렌즈이다.

주

1장. 불교 페미니스트의 재평가 전략

1. Carol P. Christ, *Laughter of Aphrodite: Reflections on a Journey to the Goddess* (San Francisco: Harper and Row, 1987); and Christine Downing, *The Goddess: Mythological Images of the Feminine* (New York: Crossroad, 1981).
2. 불교의 유용한 역사적 조사를 위한 연구는 다음을 참고하기 바란다. Eleanor McLaughlin, "The Christian Past: Does It Hold a Future for Women?," Carol P. Christ and Judith Plaskow, *Womanspirit Rising: A Feminist Reader in Religion* (San Francisco: Harper and Row, 1979), 93-106.
3. 이러한 여성들의 토론에 대한 내용은 다음을 참고하기 바란다. Rita M. Gross, "The Study of Religion as Religious Experience," *Buddhist-Christian Studies* XI (1991), 254-258.
4. Rita M. Gross, "Studying Women and Religion: Conclusions after Twenty Years," *Women and World Religions: Contemporary Situations*, ed. Arvind Sharma and Katherine Young (Albany: SUNY Press, forthcoming).

2장. 불교에 대한 이해: 접근 방식, 기본 교리 그리고 개괄적인 설명

1. Walpola Rahula, *What the Buddha Taught* (New York: Grove, 1974); Joseph Goldstein, *The Experience of Insight: A Natural Unfolding* (Santa Cruz: Unity Press, 1976); Chogyam Trungpa, *Cutting through Spiritual Materialism* (Boulder: Shambhala, 1978); Osel Tendzin, *Buddha in the Palm of Your Hand* (Boulder: Shambhala, 1982).
2. Richard H. Robinson and Willard L. Johnson, *The Buddhist Religion: An Historical Introduction* (Belmont, CA: Wadsworth, 3rd print 1982) for a good historical survey of Buddhism.
3. Sandy Boucher, *Turning the Wheel: American Women Creating the New Buddhism* (San Francisco: Harper and Row, 1988) for a thorough discussion of these women.

3장. 왜 과거를 알아야 하는가: 정확하고 유용한 과거는 무엇을 위해 필요한가

1. 예를 들어, 케른(H. Kern)은 *Manual of Indian Buddhism* (Dehli: Motilal Barnasidass, 1974, 초판 1896년)에서, 붓다께서는 "여성이 승단에 들어오도록 허용하면 그 결과로 나타날 수 있는 위험성에 대해 완전히 알고 있었다"고 주장하며 비구니 승단의 설립 과정을 부정적으로 이야기한다. 그는 비구니들이 부정한 행동을 했기 때문에 자신의 주장이 옳다고 주장하지만, 깨달음을 성취했던 뛰어난 여성들에 대해서는 언급하지 않았다.
2. Nancy Schuster Barnes, "Buddhism," *Women and World Religions*, ed. by Arvind Sharma

(Albany, NY. SUNY Press, 1987), 105-133.

3. Eleanor McLaughlin, "The Christian Past: Does It Hold Future for Women?," *Womanspirit Rising: A Feminist Reader in Religion*, ed. Carol, P. Christ and Judith Plaskow (San Francisco: Harper and Row, 1979), 94-95.

4. 위의 책.

5. 위의 책.

6. Chogyam Trungpa, "Sacred Outlook: The Vajrayogini Shrine and Practice," *The Silk Route and the Diamond Path: Esoteric Buddhist Art on the Trans-Himalayan Trade Routes*, ed. Deborah E. Klimberg-Salter (Los Angeles: UCLA Arts Council, 1982), 231-233.

4장. 샤카디타, 붓다의 딸들: 초기 인도 불교의 여성 역할과 이미지

1. K. R. Norman이 번역한 Therigatha, 336번 시. Sakyadhita, 즉 "붓다의 딸들"이라는 용어는 이 장에서 매우 중요한 고대 여성 장로들의 혈통에서 현대 불교의 여성들이 따온 말이다. 비구니들이 수행을 통해 깨달음을 얻은, 해방의 기쁨을 노래한 시에서 따온 이 구절은 많은 현대의 불교 여성들이 수행을 하도록 자극하고 있다.

2. Mrs. C.A.F. Rhys-Davids & K.R. Norman (tr.), *Poems of Early Buddhist Nuns (Therigatha)* (Oxford: Pali Text Society, 1989).

3. 이 설명은 다음의 책에서 인용되었다. I.B. Horner (tr.), *The Book of Discipline (Vinaya-Pitaka)*, Volume V (Cullavagga) (London: Routledge & Kegan Paul, 1975), Book X: 1.12.2, 352-357. 또 다음의 책을 참고하기 바란다. I. B. Horner, *Women under Primitive Buddhism: Laywomen and Almswomen* (New York: E.P. Dutton and Co., 1930), 102-104.

4. Horner, pp. 271; Nancy Auer Falk, "An Image of Woman in Old Buddhist Literature: the Daughters of Mara," *Women and Religion*, eds. Judith Plaskow and Joan Arnold Romero (Missoula, MT: Scholars' Press, ²1974), 105.

5. Falk, "Daughters of Mara," 105-106.

6. 위의 책, 106.

7. Kajiyama Yuichi, "Women in Buddhism," *The Eastern Buddhist,* New Series 15/2 (1982), 53-70.

8. Horner, *Women under Primitive Buddhism*, 105-107.

9. *위의 책*, 105.

10. Horner, 124, 130, *Cullavagga*, x: 6.13, 360-361.

11. Horner, 154-155.

12. Horner, 119-120, and Karen Christina Lang, "Lord Death's Snare: Gender-Related Imagery in the Theragatha and Therigatha," *Journal of Feminist Studies in Religion* II/2 (1986), 65. 이 책의 순서는 빠알리 율장에서 발견된 것이다. 산스크리트 율장의 순서는 다음의 책을 참고하기 바란다.

Diana Paul, *Women in Buddhism: Images of the Feminine in Mahayana Buddhism* (Berkeley: Asian Humanities Press, 1979), 103.

13. Nancy Auer Falk, "The Case of the Vanishing Nuns: The Fruits of Ambivalence in Ancient Indian Buddhism," *Unspoken Worlds: Women's Religious Lives*, ed. by Nancy Auer Falk and Rita M. Gross (Belmont, CA: Wadsworth, 1989), 159.

14. Falk, "The Case of the Vanishing Nuns," 157-160.

15. Paul, *Women in Buddhism*, 359.

16. Rhys-Davids and Norman, *Therigatha*, 19 (verses 23, 24).

17. *Aguttaranikaya* iv. 8, 10, 이는 다음의 책에서 인용이 되었다. Cornelia Dimmitt Church, "Temptress, Wife, Nun: Woman's Role in Early Buddhism," *Anima: An Experiential Journal* 1/2 (Spring 1975), 55.

18. E. J. Thomas, *The Life of the Buddha as Legend and History* (London: Routledge and Kegan Paul, 1949), 166; Horner, *Women under Primitive Buddhism*, 300.

19. Yuichi, "Women in Buddhism," 53-70.

20. '여인오장설'(女人五障說)에 의하면, 여자는 제석천(帝釋天), 범천(梵天), 마왕(魔王), 전륜성왕(轉輪聖王), 부처가 될 수 없다. '여인삼종설'에 의하면 여성은 어릴 때 아버지, 결혼했을 때 남편, 늙었을 때 아들에 의존해야 한다. Yuichi, "Women in Buddhism," 54-56.

21. Cornelia Dimmitt Church, "Temptress, Housewife, Nun," 55. 그녀는 또한 Anguttaranikaya(앙굿다라니까야) I.15에서도 인용했다.

22. Horner, *Women under Primitive Buddhism*, 30; Falk, "The Daughters of Mara," 106.

23. Yuichi는 "Women in Buddhism," 66-67에서 「에코타라가마」(Ekottarragama)의 중국 번역본의 38장을 인용하고 있다. 유이치는 붓다의 전생담에 관한 이야기 책인 「자타카」 가운데 하나의 이야기를 소개한다. 무니라는 이름의 공주는 어떤 스님이 라트나카라 부처님을 숭배하는 것을 열심히 지원했다. 라트나카라 부처님은 그 스님이 미래에 디팡카라 부처가 될 것이라고 예언했다. 공주는 수행을 하면 자신도 붓다가 될 수 있다는 약속을 요구했으나, 여성은 부처가 될 수 없다는 답을 들었다. 그리고 만약 정말 원한다면 디팡카라 부처님께 물어보라고 했다. 그 스님은 나중에 디팡카라 부처님이 되었고, 그녀는 그 부처를 돕고 따르는 브라만이 되었다. 그리하여 결국에는 그가 석가모니 부처가 될 것이라고 예언을 들었다.

24. Caroline A.F. Rhys-Davids, trs. & ed., *Stories of the Buddha: Being Selections from the Jataka* (New York: Dover, 1929), 125-127, 136-142.

25. Edward Conze, *Buddhist Scriptures* (Baltimore: Penguin Classics, 1959), 23, 31; Horner, *Women under Primitive Buddhism*, 28, 48.

26. Yuichi, "Women in Buddhism," 61-62.

27. Rhys-Davids and Norman, *Therigatha*, 90(시 214-217).

28. Falk, "Daughters of Mara," 107-109.

29. Paul, *Women in Buddhism*, 359; Lang, "Lord Death's Snare," 67-73.

30. Barnes, "Buddhism," 108.

31. Dighanikaya, xvi.5.9. Church, "Temptress, Housewife, Nun," 53도 인용했다.

32. Lang, "Lord Death's Snare," 67.

33. Folk, "Daughter of Mara," 106, *Anguttaranikaya* IV. 8, 80 인용. 또 붓다께서 여성보다 더 매력적이고 유혹적인 것은 없고, 파괴적이며, 평화를 얻는 데 방해가 된다고 말하는 「앙굿다라니카야」 V.6.5에서 "여성은 완전히 마라의 올가미이다"를 인용한 Church, "Temptress, Housewife, Nun," 55도 참고하기 바란다.

34. I.B. Horner, *Women under Primitive Buddhism*, 155.

35. Rhys-Davids and Norman, *Therigatha*, 67-68 (시 139-142).

36. Church, "Temptress, Housewife, Nun," 55. Anguttaranikaya, V.6.5에서도 인용했다.

37. 위의 책, 55. Anguttaranikaya I i.1에서도 인용했다.

38. Horner, *Women under Primitive Buddhism*, 182.

39. Barnes, "Buddhism," 108.

40. Rhys-Davids and Norman, *Therigatha*, 127-133 (시 366-399).

41. Miriam Levering의 구두 오리엔테이션.

42. Henry Clarke Warren, *Buddhism in Translation* (New York: Atheneum, 1968), 77-81.

43. Falk, "Daughters of Mara," 110.

44. Samyuttanikaya, iii.2.6, Falk, "Daughters of Mara," 105; Horner, *Women Under Primitive Buddhism*, 110에서도 인용했다.

45. Church, "Temptress, Housewife, Nun," 56, Udana, ii. 10에서도 인용했다.

46. Horner, *Women under Primitive Buddhism*, 104; 또한 Yuichi, "Women in Buddhism," 59.

47. Falk, "The Case of the Vanishing Nuns," 162-163.

48. Henry, Clark Warren, *Buddhism in Translation* (New York: Atheneum, 1968), 77-81.

49. Horner, *Women under Primitive Buddhism*, 352-353.

50. 위의 책, 137.

51. Warren, *Buddhism in Translation*, 451-481: 또한 Horner, *Women under Primitive Buddhism*, 345-357.

52. Falk, "The Case of Vanishing Nuns," 164.

53. 테리가타에 대한 두 가지 영어 번역이 있다. Mrs. Rhys-Davids (tr.), *Psalms of the Early Buddhists: I. Psalms of the Sisters* (London: Pali Text Society, 1909); K.R. Norman (tr.), *The Elders' Verses: II Therigatha* (London: Pali Text Society, 1971). 이 두 번역본은 빠알리성전협회에서 어떤 소개나 주석이 없이 초기 불교 비구니의 시들(테리가타, Therigatha)로 인쇄되었다.

54. Barbara, Stoler Miller, "Ballads of Early Buddhist Nuns," *Zero* 5 (1981), 69.

55. Rhys-Davids and Norman, *Therigatha*, 155-156.

56. 위의 글, 첫 번째 인쇄본, 67.

57. 위의 글, 88-89.

58. 위의 글, 90 (시 215-217).

59. 위의 글, 39 (시 66). 그리고 Rhys-Davids (tr.), *Psalms of the Early Buddhists II: Psalms of the Brethren* (London: Pali Text Society, 1951), 359-361.

5장. 타고난 여성의 특성과 성향이 있는가: 인도 대승불교의 여성 역할과 이미지

1. Paul, *Women in Buddhism,* 230에서 인용했다. 이 인용문이 이 장의 대부분에서 나타나는 주장을 포함하고 있다.

2. Paul Williams, *Mahayana Buddhism: The Doctrinal Foundations* (London: Routledge, 1989), 16.

3. Williams, 5; David Snellgrove, *Indo-Tibetan Buddhism: Indian Buddhists and Their Tibetan Successors* (Boston: Shambhala, 1987), 65-66.

4. 위의 책.

5. Falk, "The Case of the Vanishing Nuns," 157.

6. 위의 책.

7. Paul, *Women in Buddhism,* 82.

8. Janice D. Willis, "Nuns and Benefactresses: The Role of Women in the Development of Buddhism," *Women, Religion, and Social Change,* eds. Yvonne Haddad and Ellison Banks Findley (Albany, NY: SUNY Press, 1985), 75.

9. Har Dayal, *The Bodhisattva Doctrine in Sanskrit Literature* (Dehli: Motilal Barnasidass, 1932, reprint 1970), 224.

10. Nancy Schuster, "Striking a Balance: Women and Images of Women in Early Chinese Buddhism," *Women, Religion, and Social Change,* 87-111.

11. 위의 책.

12. Karma Lekshe Tsomo (ed.), *Sakyadhita: Daughters of the Buddha* (Ithaca, NY: Snow Lion, 1988), 106.

13. Paul, *Women in Buddhism,* 98-102.

14. Paula Richman, "The Portray Tamil Buddhist Text," *Gender and Religion: On*

the Complexity of Symbols, ed. Caroline Bynum, Steven Harrell, and Paula Richman (Boston: Beacon Press, 1985), 143-165.

15. 위의 책, 163, fn. 3.

16. Willis, "Nuns and Benefactresses," 69. 매우 여성혐오적인 참고서적은 Dayal, The Bodhisattva Doctrine in Sanskrit Literature, 224.

17. Paul, Women in Buddhism, 189. 이 토론 내용에 대한 목록이나 날짜 그리고 대체할 수 있는 번역서를 보다 자세하게 보려면 Yuichi, Women in Buddhism 을 참고로 하기 바란다.

18. Yuichi, "Women in Buddhism," 65.

19. Schuster, "Changing the Female Body: Wise Women and the Bodhisattva Career in some Maharatnakuta Sutras," Journal of the International Association of Buddhist Studies 4 (1981), 28. 그녀는 금강경의 주장을 비교하며 설명하고 있다.

20. 성 역할 고정관념으로부터 전환하는 환상들은 페미니스트적 해석에서 의식 을 고양하는 효과적인 기술로 자주 이용된다. 이러한 역할 전환의 환상들에 서는 보통 여성에게 행해지는 일을 남성에게는 부여하게 되는데, 대개 성 역 할이 고정되어 있다고 생각하는 사람들은 이에 대해 극도로 불편한 감정을 느낀다. 종교 문서를 자세히 보면, 성 역할의 전환을 이용한 해석은 붓다가 표피에 쌓인 성기를 가져야 한다는 주장처럼, 문자 그대로 해석하게 되면 매 우 우스꽝스러운 결론에 도달할 수 있음을 쉽게 보여준다.

21. Paul, Women in Buddhism, 308.

22. Schuster, "Maharatnakuta Sutras," 37.

23. Paul, Women in Buddhism, 176.

24. Steven Beyer (ed.), The Buddhist Experience: Sources and Interpretation (Belmont, CA: Dickenson, 1974), 53.

25. Williams, Mahayana Buddhism, 245.

26. Paul, Women in Buddhism, 169-170.

27. Paul, Women in Buddhism, 109. 화엄경(Avatamsaka Sutra)에서 등장하는 영 적 친구들에 관한 매우 중요한 자료를 요약하고 있다.

28. Paul, Women in Buddhism, 107-165. "전통적인" 좋은 친구들에 대한 조언이 있다. 승만부인에 대한 토론은 281-302쪽을 참고하기 바란다.

29. Anguttaranikaya(앙굿다라니까야) 그리고 Women under Primitive Buddhism, 291에서 인용했다.

30. Majjhimanikaya(맛지마니까야), III, 65-66. Horner, Women under Primitive Buddhism, 291에서 인용한 글이다.

31. 샤르마(Arvind Shama, "Can There Be a Female Buddha in Theravada Buddhism?," Bucknell Review. Women, Literature, Criticism 24/1 [Spring 1978],

76)가 인용한 붓다고사(Buddhaghosa)를 보라. 또 유이치(Yuichi Kaji- yama, "Women in Buddhism," *The Eastern Buddhist* 15/2 [Autumn 1982], 53-70)가 논한 「자타카」(jataka)도 보라. 그것에 의하면, 고타마가 전생에 여자였을 때 그 자신은 붓다가 될 수 없다는 말을 들었다고 한다. 다음 생에 남자로 다시 태어난 후에, 붓다가 되기 위해 노력해야 한다는 말을 들었다는 것이다.

32. Paul, *Women in Buddhism,* 18990. 이전의 요약과 짧은 인용문은 Schuster, "Changing the Female Body," 42-43; 그리고 Paul, *Women in Buddhism,* 187-190에서 발췌한 것이다.

33. 석가모니 부처님보다 전생에 계시던 부처님 역시 그의 예언을 받아 부처가 되겠다는 결심을 굳혔다. 그 이야기는 파울(Diana Y. Paul)이 쓴 *Women in Buddhism: Images of the Feminine in the Mahayana Tradition* (Los Angeles: Univ. of California Press, 1985), 18-24를 참고하라.

34. Miriam Levering, "The Dragon-Girl and the Abbess of Mo-Shan: Gender and Status in the Ch-an Buddhist Tradition," *Journal of the International Association of Buddhist Studies* 5/1 (1982), 24-30.

35. Paul, *Women in Buddhism,* 208-209; Schuster, "Changing the Female Body," 52-54.

36. Barnes, "Buddhism," Sharma (ed.), *Women in World Religions,* 259, note 10.

37. Williams, *Mahayana Buddhism,* 21.

38. Levering, "The Dragon Girl and the Abbess of Mo-Shan," 27-30.

39. Paul, *Women in Buddhism,* 230.

40. 위의 책, 236.

41. 위의 책, 292-301.

42. 위의 책, 280-289.

43. 위의 책, 284-285.

44. Refuge Tree는 이 글에서는 법맥도로 번역한다. Refuge Tree는 금강승불교의 열렬한 초기 수행과 관련하여 활용되는 중요한 법맥도의 시각화이다. 명상가는 명상을 하고 있는 티베트 불교종파의 법맥 혈통 등 구루를 포함하여 모든 뛰어난 대상을 떠받치고 있는 커다란 나무 앞에 서 있는 자신을 상상하며 시각화한다.

45. Paul, *Women in Buddhism,* 259, 253. 또한 Paul, "Kuan Yin: Saviour and Savioures in Chinese Pure Land Buddhism," *Book of the Goddess: Past and Present,* ed. Carl Olsen (New York: Crossroad, 1983), 161-175; C. N. Tay, "Kuan-Yin: The Cult of Half Asia," *History of Religions* 16 (November 1976), 147-177; John Chamberlayne, "The Development of Kuan Yin: Chinese Goddess of Mercy," *Numen* 9 (January 1962), 45-52.

46. Paul, *Women in Buddhism,* 258.

47. Joanna Rogers Macy, "Perfection of Wisdom: Mother of all Buddhas," *Beyond Androcentrism: New Essays on Women and Religion,* Rita M. Gross편집 (Missoula, MT: Scholars' Press, 1977), 320. 또한 Edward Conze, "The Iconography of Prajnaparamita," *Thirty Years of Buddhist Studies: Selected Essays of Edward Conze* (Columbia, SC: University of South Carolina Press, 1968), 243-260.

48. Macy, 315.

49. 위의 책, 319.

50. *Perfection of Wisdom in 8000 Lines,* 위의 책, 318에서도 인용하였다.

51. 위의 책, 319-320.

52. 위의 책, 319.

53. Paul, *Women in Buddhism,* 236.

6장. 여성적 원리: 인도와 티베트 금강승불교의 여성 역할과 이미지

1. 파드마삼바바(Padmasambhava)에서 예세 초겔(Yeshe Tsogyel)까지를 이 장의 주요 주제로 살펴볼 것이다.

2. David Snellgrove, *Indo-Tibetan Buddhism: Indian Buddhists and Their Tibetan Successors,* 2 vols.(Boston: Shambhala, 1987). 이 책은 위의 주제에 대한 철저한 조사를 포함하고 있다.

3. 지혜와 방법의 상보성에 주목하라. 주요 주제는 금강승불교이다.

4. Barbara Aziz, "Moving Toward a Sociology of Tibet," *Feminine Ground: Essays on Women and Tibet,* ed. Janice D. Willis (Ithaca, NY: Snow Lion, 1987), 79.

5. 위의 책, 81.

6. 위의 책.

7. 위의 책.

8. Karma Lekshe Tsomo, "Tibetan Nuns and Nunneries," *Feminine Ground,* 123.7.

9. Chogyam Trungpa, *Shambhala: The Sacred Path of the Warrior* (Boston: Shambhala, 1988), 94.

10. Snellgrove, Indo-Tibetan Buddhism, 113, quoting Ratnagotravibhaga.

11. Gampopa, *The Jewel Ornament of Liberation,* tr. Herbert V. Guenther (Berkeley: Shambhala, 1971), 65.

12. 위의 책, 92-93.

13. Tsultrim Allione, *Women of Wisdom* (London: Routledge and Kegan Paul, 1984), 76-77.

14. Reginald A. Ray, "Accomplished Women in Tantric Buddhism of Medieval India and Tibet," *Unspoken Worlds,* 192-193.

15. Keith Dowman (tr.), *Sky Dancer: The Secret Life and Songs of the Lady Yeshe*

Tsogyel (London: Routledge and Kegan Paul, 1984), 16.

16. Keith Dowman (tr.), *Masters of Mahamudra: Songs and Histories of the Eighty-four Buddhist Siddhas* (Albany, NY: SUNY Press, 1985), 373.

17. Allione, *Women of Wisdom*, 80-126.

18. 위의 책, 114-115.

19. 위의 책, 225.

20. Anne Klein, "Primordial Purity and Everyday Life: Exalted Female Symbols and the Women of Tibet," *Immaculate and Powerful*, ed. Clarissa W. Atkinson, Constance Buchanan, and Margaret R. Miles (Boston: Beacon, 1985), 133-134; Beatrice D. Miller, "Views of Women's Roles in Buddhist Tibet," *Studies in the History of Buddhism*, ed. A.K. Narain (Dehli: B.R. Publishing Co., 1980), 155-161.

21. Allione, *Women of Wisdom*, xixxxXV, presents the distinctions. 티베트 비구니에 대한 훌륭한 토론은 Hanna Havnevik, *Tibetan Buddhist Nuns* (London: Norwegian University Press, n.d.).

22. Klein, *Immaculate and Powerful*, 120.

23. Tsomo, "Tibetan Nuns and Nunneries," *Feminine Ground: Essays on Women and Tibet*, ed. Janice D. Willis (Ithaca, NY: Snow Lion, 1989), 124-134.

24. 위의 책, 122.

25. 위의 책,

26. 위의 책, 119.

27. Willis, "Tibetan Ani-s: The Nun's Life in Tibet," *Feminine Ground: Essays on Women and Tibet*, 101.

28. 위의 책, 105-109.

29. Allione, *Women of Wisdom*, 236-257.

30. 위의 책, 236-257. Klein, "Primordial Purity," 115-118.

31. Allione, *Women of Wisdom*, 255.

32. K. Dhondup and Tashi Tsering, "Samdhing Dorjee PhagmoTibet's Only Female Incarnation," *Tibetan Review* 14/8 (1979), 11-17.

33. 초드(Chod)는 티베트 여성인 마칭 라프드론(Machig Lapdron)이 처음 소개한, 어려운 수행법이다. 종종 고독하고 무서운 곳에서 연습을 해야 하는 명상 수행은 자아와 기존의 현실에 대한 애착 관계를 끊기 위한 목적이라고 한다.

34. Allione, *Women of Wisdom*, 64.

35. Willis, "Tibetan Ani-s," 109.

36. Levering, "The Dragon Girl and the Abbess of Mo-Shan," 28.

37. 두 종류의 번역이 있다: Dowman, *Masters of Mahamudra'* 그리고 James Robinson, *Buddha's Lions: The Lives of the Eighty-Four Siddhas* (Berkeley:

Dharma Publishing, 1979).

38. Ray, "Accomplished Women," 195-198.

39. 나는 낸시 포크와 여성의 종교 생활에 관한 책을 썼는데, 우리는 그 책의 제목을 "무언의 세계"로 정했다. 그런데 이 제목이 우리가 시도하는 작업에 얼마나 시의적절하고 필요한 것인지 그 당시는 완전히 깨닫지 못했다. 남성 중심적인 사고방식을 가진 학자들은 종종 여성들만의 종교적 경험은 존재하지 않는다고 생각한다. 하지만 그것이 존재하지 않는 것이 아니라, 수 세기에 걸친 남성 중심적인 기록 전승과 가부장적인 사회 규범 때문에 여성들이 침묵할 수밖에 없었음을 우리는 알게 되었다.

40. Dowman, *Masters of Mahamudra*, 68-69.

41. 두 종류의 번역이 있다: Dowman, *Sky Dancer*; 그리고 Tarthang Tulku, *Mother of Knowledge: The Enlightenment of Yeshe Tsogyel* (Berkeley: Dharma Publishing, 1983).

42. Glenn Mullin, Dalai Lama 존자님의 말씀을 요약한 *The Tantric Yogas of Sister Niguma*, 24 그리고 Snellgrove, *Indo-Tibetan Buddhism*, 500은 니구마 (Niguma)의 여섯 요가의 전승 이야기를 담고 있다.

43. Herbert V. Guenther (tr.), *The Life and Teaching of Naropa* (London: Oxford University Press, 1963), 18.

44. Chogyam Trungpa and Nalanda Translation Committee, *The Life of Marpa the Translator* (Boulder: Prajna Press, 1982).

45. Rita M. Gross, "Yeshe Tsogyel: Enlightened Consort, Great Teacher, Female Role Model," *Feminine Ground*, 11-32.

46. Tarthang Tulku, *Mother of Knowledge*, xixii.

47. Tulku, *Mother of Knowledge*, 5; Dowman, *Sky Dancer*, 3.

48. Tulku, *Mother of Knowledge*, 13.

49. '다키니'(dakini)는 문자 그대로 해석하면 "하늘을 나는 사람"이라는 뜻으로 다양한 의미로 사용된다. 윌리스(Willis)의 "다키니: 자연과 의미에 대한 몇 가지 논평," *Feminine Ground*, 57-75를 참조. 여기에서는 여성 계몽의 원리를 암시하는 데 사용된다.

50. Dowman, *Sky Dancer*, 10.

51. 위의 책, 16.

52. 만다라(Mandala)는 중앙 주위에 4개의 사분면을 강조하는 도표다. 이 도표는 우주적 현실과 심리적 현실의 "지도"이다. "만다라 의례"는 수행자가 상징적이든 실제적이든 간에 구루에게 우주를 제공하는 초기 관행(ngundro) 중에 행해지는 의식이다.

53. 위의 책, 44.

54. 위의 책, 78.

55. 위의 책, 125.

56. 위의 책, 135.

57. 위의 책, 146.

58. 명상의 실천에서 티베트 불교는 세 가지 유형의 불교를 모두 실천하는 것이 대승불교 수행의 중요한 측면이다.

59. 위의 책, 150.

60. 위의 책, 186.

61. 위의 책, 147.

62. 위의 책, 150.

63. Allione, *Women of Wisdom*, 143-187. 하지만 Ray, "Accomplished Women," 194. 그리고 Snellgrove, *Indo-Tibetan Buddhism*, 468-469의 참고서적은 짧지만 그녀의 성취보다는 고통과 어려움의 시기에 거의 집중해서 설명하고 있다.

64. Allione, *Women of Wisdom*, 186.

65. *Snow Lion Newsletter* 카탈로그 3/1 (Spring 1988), 12.

66. Tarthang Tulku, *Mother of Knowledge*, 105.

67. 예세 초겔은 "다키니 코드"(dakini code)로 쓴 많은 용어들을 만든 장본인으로, 때가 되면 그러한 활동에 능숙한 교사가 그 교재를 "발견"하고 판독한다고 예언했다. 티베트 불교에서는 그러한 속성이 중요하다.

68. 위의 책, 102.

69. Judith Hanson (tr.), *The Torch of Certainty* (Boulder: Shambhala, 1977), 41.

70. Janice Dean Willis, *The Diamond Light: An Introduction to Tibetan Buddhist Meditations* (New York: Simon and Schuster, 1972), 103.

71. Marina Warner, *Alone of All Her Sex: The Myth and Cult of the Virgin Mary* (New York: Alfred A. Knopf, 1976), xvii.

72. Anne C. Klein, "Non-Dualism and the Great Bliss Queen: A Study in Tibetan Buddhist Ontology and Symbolism," *Journal of Feminist Studies in Religion* 1 (Spring 1985), 73-76.

73. Allione, *Women of Wisdom*, 29; Chogyam Trungpa, "Sacred Outlook: The Vajrayogini Shrine and Practice," *The Silk Route and the Diamond Path: Esoteric Buddhist Art on the Trans-Himalayan Trade Routes*, ed. Deborah E. Klimberg-Salter (Los Angeles: UCLA Art Council, 1982), 236.

74. 금강승불교 명상의식에서 사용되는 중요한 의식 도구는 좌우 손에 들고 있는데, 이는 여성적이고 남성적인 원리인 지혜와 방편, 공성과 연민을 상징한다.

75. Hanson (tr.), *Torch of Certainty*, 30-33.

76. 탄트라불교의 기원은 대략 8세기 후반 인도에서 발전한 것으로 보며, 밀교(密教)라고도 한다. 주로 관상(觀想), 의례 절차, 상징들의 구체적인 묘사 등을 활용한 다양한 수행법이 있는데, 주로 티베트 지방에서 널리 행해지고 있는 밀교 수

행법이라고 할 수 있다.

77. "반야심경"에서 나온 이 구절(색즉시공 공즉시색)은 대승불교와 금강승불교 전체를 요약하고 있다. 해설은 Chögyam Trungpa, *Cutting Through Spiritual Mater- ialism* (Beriod: Shambhala, 1973), 187-199를 참조. 자세한 내용은 Donald S. Lopez, Jr., *The Heart Sutra Explained: Indian and Tibetan Commentaries* (Albany: State University of New York, 1988)을 참조하기 바란다.

78. Trungpa, *Cutting through Spiritual Materialism*, 220-230.

79. Snellgrove, *Indo-Tibetan Buddhism*, 268.

80. 여성인 '음'은 중국의 우주론적 사고의 남성 요소인 '양'과 평등해야 한다. 많은 경우에, 이 두 가지는 각자의 성질이 있지만, 사물의 계획에서 똑같이 필요한 것으로 간주된다. 그러나 어떤 맥락에서 '음'은 '악'과 연관되어 피하는 것이 되고, '양'은 '선'과 연관 지어 선호하는 것이 되기도 한다.

81. 위의 책, 271-272.

82. 위의 책, 261.

83. 위의 책, 287-288.

84. Trungpa and Nalanda Translation Committee, *The Rain of Wisdom* (Boulder: Shambhala, 1980), 145.

85. Snellgrove, *Indo-Tibetan Buddhism*, 167-168.

86. Allione, *Women of Wisdom*, 35-36.

87. Willis, "Dakini: Some Comments on its Nature and Meaning," *Feminine Ground*, 57-75.

88. Guenther, *The Life and Teaching of Naropa*, ix, 24, 48.

89. Allione, *Women of Wisdom*, 17.

90. Dowman, *Sky-Dancer*, 71.

91. Beyer, *The Cult of Tara: Magic and Ritual in Tibet* (Berkeley: University of California Press, 1978), 55.

92. David Templeman (tr.), T*he Origin of Tara Tantra* (Dharamsala, India: Library of Tibetan Works and Archives, 1981), 11-12.

93. Martin Willson, *In Praise of Tara: Songs to the Saviouress* (London: Wisdom Publications, 1986), 125.

94. 위의 책.

95. 위의 책, 105-106.

96. 위의 책, 301.

97. 위의 책, 190-193.

98. 위의 책, 305-306.

99. 위의 책, 191-193.

100. Allione, *Women of Wisdom*, 30; Trungpa, "Sacred Outlook," 234.

101. Allione, 31-34. 그녀의 도구와 포즈가 함축하고 있는 의미에 대한 토론이 포함되어 있다. 또한 Trungpa, "Sacred Outlook," 238-240. 카그라삼바라(Cakrasamvara)의 배우자의 역할에서 그녀와 그녀가 가지고 있는 도구의 의미에 대한 또 다른 설명이 Kazi Dawa-Samdup, *Sri Cakrasam- vara-Tantra: A Buddhist Tantra* (New Dehli: Ditya Prakashan, 1987, original 1919), 20-21 에 있다.

102. Trungpa, "Sacred Outlook," 238-240. 이 페이지에는 추가적인 칭찬과 그 의미에 대한 광범위한 논평이 있으며, 이는 참고 설명이 없으면 이해하기 매우 어렵다.

8장. 불교 페미니즘을 위한 교리의 다양한 자원들

1. 기독교 페미니스트인 메리 데일리(Mary Daly)는 자신의 저서인 『아버지 신을 넘어서』(*Beyond God the Father*)를 통해서 남성 유일신 사상이 비건설적이라는 주장을 가장 먼저 지지한 사람이 되었다. 반면에 로즈마리 류터(Rosemary Ruether)의 많은 책은 유일신 사상의 상징을 재구성하는 데 초점을 맞추고 있다.

2. Christ and Plaskow, *Womanspirit Rising*, 131-192.

3. 위의 책, 193-287.

4. Rosemary Ruether, *Women-Church: Theology and Practice* (San Francisco: Harper and Row, 1986).

5. Margot Adler, *Drawing Down the Moon: Witches, Druids, Goddess-Worshippers and Other Pagans in America Today* (Boston: Beacon, 1979); and Starhawk, *The Spiral Dance: A Rebirth of the Ancient Religion of the Great Goddess* (San Francisco: Harper and Row, 1979).

6. 페미니즘에 대한 처음 두 정의는 학문적 방법과 사회적 비전으로서 "나는 여기에 서 있다: 학문적 방법과 사회적 비전으로서의 페미니즘"이라는 부록에서 자세히 논의되었다.

7. Mary Daly, *Gyn/Ecology: The Metaethics of Radical Feminism* (Boston: Beacon Press, 1978), 252-255. 여성 에너지와 함께 남성 에너지가 본질적으로 신피질 중심적이라고 주장하는 것과 대조되는 주장을 하고 있다. Charlene Spretnak (ed.), *The Politics of Women's Spirituality: Essays by Founding Mothers of the Movement* (Garden City, NY: Doubleday, 1982), 565-573은 문화적 조건화보다는 생리학에서 이러한 차이를 발견한다. 나는 메리 데일리, 샤를린 스프레트낙 그리고 남성우월주의 문화와 가치가 본질적으로 건강하지 못하며 지구를 파괴하고 있다고 주장하는 다른 사람들의 의견에 동의하지만, 남자들이 남성우월주의 가치체계에 그대로 남아 있을 운명이라고 생각하지 않는다.

8. Robinson, *The Buddhist Religion*, 18-20. 그리고 Trungpa, *Cutting through Spiritual Materialism*, 131-143.

9. 그 출처는 모든 티베트 사원 입구에 있는, 불교의 가르침을 요약한 것으로 많은 사람들에게 인기 있는 삶의 수레바퀴에 관한 것이다. 도표는 Robinson, *The Buddhist Religion*

(Belmont: Wadsworth, 1982), 18을 참조하라.

10. Hanson 번역, *Torch of Certainty*, 29-35.

11. Gross, "Feminism from the Perspective of Buddhist Practice," *Buddhist Christian Studies* I (1980), 73-82; 그리고 Gross, "Buddhism and Feminism: Toward Their Mutual Transformation," *Eastern Buddhist*, New Series, XIX, nos. 1 and 2 (Spring, Autumn, 1986), 44-58, 62-74.

12. Gross, "Suffering, Feminist Theory, and Images of the Goddess," *Anima: An Experiential Journal* 13 (Fall Equinox 1896), 39-46.

13. Gross, "Feminism from the Perspective of Buddhist Practice," *Buddhist Christian Studies*, I (1980). 금강승불교에서 변화(transmutation)로 알려진, 분노와 같은 부정적인 에너지를 영적인 과정에서 활용하는 것은 중요한 영적인 규율이다. Trungpa, *Cutting through Spiritual Materialism*, 223-234를 보라.

14. Gross, "Buddhism and Feminism," 56-58.

15. Gross, "Feminism from the Perspective of Buddhist Practice."

9장. 무대 만들기: 불교적 세계관의 전제들

1. 가장 중요한 책의 일부는 R. Ruether, *Sexism and God-Talk: Toward a Feminist Theology* (Boston: Beacon Press, 1983); M. Daly, *Beyond God the Father: Toward a Philosophy of Women's Liberation* (Boston: Beacon Press, 1973); Judith Plaskow, *Standing Again at Sinai: Judaism from a Feminist Perspective* (San Francisco: Harper and Row, 1990); Sallie McFague, *Models of God: Theology for an Ecological Nuclear Age* (Philadelphia: Fortress Press, 1987); *Metaphorical Theology: Models of God in Religious Language* (Philadelphia: Fortress Press, 1982); 그리고 Carol P. Christ, *Laughter of Aphrodite: Reflections on a Journey to the Goddess* (San Francisco: Harper and Row, 1987)가 있다.

2. Daly, *Beyond God the Father*, 13.

3. Carol P. Christ, "Why Women Need the Goddess: Phenomonological, Psychological and Political Reflections," *Womenspirit Rising*, 273-287.

4. Gross, "Female God-Language in a Jewish Context," *Womanspirit Rising*, 167-173.

5. Gross, "Hindu Female Deities as a Resource in the Contemporary Rediscovery of the Goddess," *Journal of the American Academy of Religion* XLVII (September 1978), 269-291; and "Steps toward Feminine Imagery of Deity in Jewish Theology," *Judaism* 30/2 (Spring 1981), 183-193.

6. Anima: *An Experiential Journal* 13 (Fall 1986), 39-46.

7. "I will Never Forget to Visualize that Vajrayogini is my Body and Mind," *Journal of Feminist Studies in Religion* 3 (Spring 1987), 77-89.

8. 위의 책, 79.

9. 위의 책, 87.

10. 위의 책.

11. 영적인 성숙을 얻기 위해서는 공포뿐만 아니라 희망마저도 초월해야 한다는 불교의 통찰은, 오랫동안 희망이 위대한 덕목이자 구원자 역할을 한다는 가르침을 받아온 기독교인들을 어리둥절하게 만들었다. 불교에서 개인의 영적 자유란, 현재 자신에게 일어나고 있는 일에 대해 스스로가 알아차리고 있을 때에 비로소 얻을 수 있는 것이라고 주장하며, 상황이 달라질 수 있기를 바라기만 한다면 우리는 희망의 노예가 되고 그것들이 실현되지 않을지도 모른다는 두려움에 사로잡힐 수 있다. 따라서 희망과 두려움은 상호의존적이고 서로 바꿀 수 있는 것이라고 할 수 있다.

12. Rosemary Ruether, "MotherEarth and the Megamachine," *Womanspirit Rising*, 43-52.

13. Guy Welbon, *The Buddhist Nirvana and its Western Interpreters* (Chicago: University of Chicago Press, 1968); Th. Tscherbatsky, *The Conception of Buddhist Nirvana* (London: Mouton and Co., 1965).

14. 전통 티베트어 불교 의례인 금강승불교의 수행에서 나온 문구.

15. Shinryu Suzuki, *Zen Mind, Beginner's Mind* (New York: Tuttle, 1974), 102-103.

16. Robert Bellah, "Religious Evolution," ed. Lessa and Vogt, *Reader in Comparative Religion*, 3rd edition (New York. Harper and Row, 1972).

10장. 페미니스트의 관점으로 불교의 핵심 개념 분석하기

1. Leonard Grob, Riffat Hassan, and Haim Gordon, *Women's and Men's Liberation: Testimonies of Spirit* (New York: Greenwood, 1991).

2. Gross, "The Three-Yana Journey in Tibetan Vajrayana Buddhism," *Buddhist- Christian Studies* VII (1987), 87-104.

3. Snellgrove, *Indo-Tibetan Buddhism*, 79-116; 그리고 Reginald A. Ray, "Response to John Cobb," *BuddhistChristian Studies* VIII (1988), 83-101.

4. Sandy Boucher, *Turning the Wheel: American Women Creating the New Buddhism* (San Francisco: Harper and Row, 1988).

5. Ray, "Response to John Cobb," 86.

6. Snellgrove, *Indo-Tibetan Buddhism*, 94-116.

7. Ray, 87.

11장. 젠더와 무아: 페미니스트의 관점에서 본 불교의 기본 가르침

1. 정견(正見)은 팔정도(八正道) 가운데 첫 번째 요소이다.

2. Snellgrove, *Indo-Tibetan Buddhism*, 130-132.

3. Anne Klein, "Finding a Self," *Shaping New Vision: Gender Values in American Culture*, eds. Clarissa W. Atkinson, Constance H. Buchanan, and Margaret Miles (Ann Arbor:

UMI Research Press, 1987), 195.

4. Gross, "Buddhism and Feminism," *Eastern Buddhist*, New Series, XIX (Spring 1986), 49-50.

5. Rahula Walpola, *What the Buddha Taught* (New York: Grove Press, 1974), 51; 위의 책, 26.

6. Chogyam Trungpa, *Cutting through Spiritual Materialism* (Berkeley: Shambhala, 1973), 122.

7. 위의 책, 122.

8. Rahula, 51.

9. 이것들은 티베트 불교미술에서 매우 빈번하게 나타나는 "존재하고자 하는 수레바퀴"(wheel of becoming)의 중심에서 발견되는 "세 가지의 독"(three poisons, 탐욕, 어리석음, 분노)이다.

10. Valerie Saiving, "The Human Situation: A Feminine Perspective," *Womanspirit Rising*, 25-42.

11. 여성이 가부장적 투사에 대처하는 방법에 대한 확장된 다양한 예는 *Unspoken Worlds: Women's Religious Lives*, eds. Nancy Auer Falk and Rita M. Gross (Belmont, Ca: Wadsworth, 1989)의 2장과 3장을 참고하기 바란다.

12. Anne Klein, "Finding a Self," 196-199. 불교신자들이 정의한 '알아차림'의 역할에 대한 매우 유용한 토론을 알기 위해서는 건강하고 기능적인 자아를 참고하십시오.

13. Carol Gilligan, *In a Different Voice: Psychological Theory and Women's Development* (Cambridge: Harvard University Press, 1982); 그리고 Catherine Keller, *From a Broken Web: Separation, Sexism, and Self* (Boston: Beacon, 1986).

14. Nancy Chodorow, *The Reproduction of Mothering: Psychoanalysis and the Sociology of Gender* (Berkeley: University of California Press, 1978); 그리고 Dorothy Dinnerstein, *The Mermaid and the Minotaur: Sexual Arrangements and Human Malaise* (New York: Harper, 1977).

15. 이 과정의 보다 명쾌한 토론은 Chogyam Trungpa, *Cutting through Spiritual Materialism*, 126을 참고하기 바란다.

16. 이 의견은 시몬 드 보부아르(Simone de Beauvoir)의 여성에 대한 고전적 논의를 남성 지배적 사고방식에서 "다른"(other)으로 언급하며, 이 책의 페미니스트 방법론 부록에 많이 사용되며 자주 인용된다.

17. Bhikkhu Khantipalo, *Banner of the Arhants: Buddhist Monks and Nuns from the Buddha's Time Till Now* (Kandy, Sri Lanka: Buddhist Publication Society, 1979), 132.

18. Gross, "The Three-Yana Journey," 91.

19. 이 딜레마는 유명한 힌두 경전인 바가드바드 기타(Bhagadvad Gita)가 제기

한 문제로, 자기 행위의 결과와 분리된 행동, 즉 결과에 연연하지 않는 행동이 가장 적절한 과정임을 시사한다.

20. 모든 불교명상 시스템은 개인적인 실습을 권장하지만, 다음과 같은 여러 출처에서 기본적인 불교 명상법에 대한 정확한 정보를 제공한다. Chogyam Trungpa, *Shambhala: The Sacred Path of the Warrior* (Boston: Shambhala, 1988), 35-41; Osel Tendzin, *Buddha in the Palm of Your Hand* (Boulder: Shambhala, 1982), 32-36; Rahula Walpola, *What the Buddha Taught*, 67-75; Joseph Goldstein, T*he Experience of Insight: A Natural Unfolding* (Santa Cruz: Unity Press, 1976), 16; Philip Kapleau, *Three Pillars of Zen* (Boston: Beacon Press, 1967), 30-38.

21. 이 의견은 분노가 "거울과 같은 지혜"로 바뀌는 과정을 설명한다. 금강승불교에서 분노는 다섯 가지 뿌리 번뇌 가운데 하나이며, 그 변화되고 발전된 발현은 거울과 같은 지혜이다. 일반적인 변혁과 이 특별한 변혁에 대한 명확한 설명은 Chögyam Trungpa, *Cutting through the Spiritual Materialism* (Shambhala Publications, 1973), 224-230을 참조하기 바란다. 개인적인 논의는 Rita Gross, "Feminism from the Perspective of Buddhist Practice," *Buddhist-Christian Studies* I (1981), 73-82를 참고하기 바란다.

12장. 젠더와 공성: 대승불교에 대한 페미니스트의 이해

1. 금강경은 여러 번 번역이 되었다. 두 가지 번역본은 다음과 같다. Edward Conze, *Buddhist Scriptures* (Middlesex, England: Penguin Books, 1959), 162-164; 그리고 Dwight Goddard, *A Buddhist Bible* (Boston: Beacon Press, 1970), 85-86. 금강경 해석에 관한 토론은 Donald Lopez, Jr., *The Heart Sutra Explained: Indian and Tibetan Commentaries* (Albany, NY: SUNY Press, 1988).

2. Ray, "Response to Cobb," 87을 참고하기 바란다.

3. Gordon Kaufman, "God and Emptiness: An Experimental Study," *Buddhist -Christian Studies* IX (1989), 175-187; 그리고 John Cobb, "Ultimate Reality: A Christian View," *Buddhist-Christian Studies* VII (1988), 51-64.

4. Bhikshu Sangharakshita, *A Survey of Buddhism* (Boulder: Shambhala, 1980), 258.

5. 위의 책.

6. David J. Kalupahana (tr.), *Nagarjuna: The Philosophy of the Middle Way* (Albany, NY: SUNY Press, 1986), 339: "우리는 의존적 기원, 공성을 말합니다."

7. Paul, *Women in Buddhism*, 230.

8. 위의 책, 230.

9. 위의 책, 236.

10. 로즈마리 류터는 기독교에서 이런 사고가 흔하다는 것을 증명했다. "Miso- gynism and virginal feminism in the fathers of the church," Rosemary R. Ruether (ed.), *Religion and*

Sexism: Images of Woman in the Jewish and Christian Traditions (New York: Simon and Schuster, 1974), 150-183. 대중문화의 수준에서는 옛날 여성주의자의 찬사만을 기억할 필요가 있다: "너는 남자처럼 생각하는구나!"

11. Chogyam Trungpa, Shambhala: The Sacred Path of the Warrior, 29-34.

12. 이러한 주제를 중심으로 한 매우 인기 있는 자조(self-help) 문학이 유행했으며, 가장 인기 있는 책은 Robin Norwood, Women Who Love Too Much (문수경 역, 『너무 사랑하는 여자들: 사랑에 상처 입은 사람을 위한 마음 처방전』[북로드, 2011])이다.

13. Ann Klein, "Gain or Drain? Buddhist and Feminist Views on Compassion," Women and Buddhism: A Special Issue of the Spring Wind Buddhist Cultural Forum VI, nos. 13 (1986), 105-116.

14. Carol Gilligan, In a Different Voice.

15. Ann Klein, "Gain or Drain?," 108-115.

13장. 젠더와 불성: 세 번째 전환기 금강승불교에 대한 페미니스트의 입장

1. Ray, "Response to John Cobb," 86.

2. 위의 책, 87.

3. 이 개념에 관한 두 권의 새로운 책이 있다. Sallie B. King, Buddha Nature (Albany, NY: SUNY Press, 1991); and S. K. Hookham, The Buddha Within: Tathagatagarbha Doctrine according to the Shentong Interpretation of the Ratnagotravibhaga (Albany, NY: SUNY Press, 1991).

4. 이 책, Williams, Mahayana Buddhism: The Doctrinal Foundations, 99-109은 양측의 논쟁에 대한 유용한 요약을 볼 수 있다.

5. 매우 모순적임에도 불구하고, 세계 종교에서 출산의 상징적 가치가 여성에 대한 사회적 폄하와 결합해 나타나는 것은 드문 일이 아니다. 다양한 종교적인 맥락에서 볼 때, 귀중한 탄생은 여성의 몸에서 태어남을 부정하는 두 번째 출생, 즉 의례적인 재탄생으로 이어진다. 이는 부정한 여성 신체로부터 태어남을 거부하는 것으로도 볼 수 있다. 때때로 상징적인 탄생은 신체적인 탄생과 너무 분리되어서, 많은 사람들은 윤회하고 있다는 것을 깨닫지 못하기도 한다.

6. Williams, Mahayana Buddhism, 7795; and Sangharakshita, A Survey of Buddhism, 353-368.

7. 이런 이유 때문에, alaya는 가끔 융 심리학의 집단무의식과 비교된다.

8. Snellgrove, Indo-Tibetan Buddhism, 95; Williams, Mahayana Buddhism, 82-85.

9. Williams, Mahayana Buddhism, 83.

10. 위의 책, 83.

11. Williams, 84-85.

12. 위의 책, 83.

13. See above, 166.

14. Gross, "Suffering, Feminist Theory, and Images of Goddess."

15. John Blofeld, *The Tantric Mysticism of Tibet* (New York: Dutton, 1970), 76-78.

16. 미묘한 몸이라는 불교인들의 물질주의에 관한 논의는 매우 난해하고, 구두로 전해오는 전통적인 해설에 국한되기도 한다. 이 둘 사이의 정확한 출판 근거는 거의 없다. 불교인들에 의해 남아 있는 일부 의견들을 이해하기도 쉽지 않다. 이에 관해서는 David Snellgrove, *Indo-Tibetan Buddhism: Indian Buddhists and their Tibetan successors* (London: Serindia, 1987), 288-294 참고.

17. 금강승불교에서 그러한 지혜는 5개의 뿌리 번뇌, 5개의 깨달은 지혜에 관해 설명된다. 적절한 주파수를 맞춘 번뇌는 동일 에너지를 무시하지 않고 깨달음을 위한 방식으로 활용하여 그에 맞는 지혜로 변형된다. Chögyam Trungpa, *Cutting Through Spiritual Materialism*, 224-230; *Journey Without Goal: The Tantric Wisdom of the Buddha* (Boulder: Prajna Press, 1981), 77-87.

18. 위의 책.

19. Naomi Goldenberg, "Archetypal Symbolism and the Separation of Mind and BodyReason Enough to Return to Freud?" *Journal of Feminist Studies in Religion* I/1 (1985), 55-72; *Changir Feminism and the End of Traditional Religion* (Boston: Beacon Press, 1979), 54-64.

20. Erich Neumann, *The Origins and History of Consciousness* (New York: Pantheon Books, 1954), 5-143.

21. Christ, *Laughter of Aphrodite; Downing, The Goddess; Starhawk, The Spiral Dance; A Rebirth of the Ancient Religion of the Great Goddess* (San Francisco: Harper and Row, 1979); Goldenberg, *The Changing of the Gods; Margot Adler, Drawing Down the Moon; Witches, Druids, Goddess- Worshippers, and Other Pagans in America Today* (Boston: Beacon, 1979.)

22. Mary Daly, *Gyn/Ecology: The Metaethics of Radical Feminism* (Boston: Beacon Press, 1978), 252-255; Charlene Spretnek (ed.), *The Politics of Women's Spirituality: Essays on the Rise of Spiritual Power within the Feminist Movement* (Garden City, NY: Anchor Books, 1982), Xvxxi and 565-573.

23. Smithsonian, 1978, no. 9, 41에서 카드 한 장이 들어 있다.

24. 위의 책, 10-58.

25. Gross, "I Will Never Forget to Visualize that Vajrayogini is my Body and Mind"에는 보다 자세한 설명과 더욱 완전한 반성이 포함되어 있다.

26. 이러한 논평들은 페미니스트 영성운동의 모범으로 공식화되었다. 나는 그 운동에 감탄하고 친근감을 느끼는 것과 동시에, 단일한 한 성의 공동체를 세우는 것이 불행하다는 것을 발견했다. 대부분의 불교 역사에 걸쳐 아시아 불교 여성들에게 "기억되거나, 혹은 실패한" 많은 관습에 대해 의문을 제기했다. 대부분 경우에 그들은 여전히 차별받고 있다. 단지 그들이 여자라는 이

유만으로, 내가 그 사례들을 이용할 수 있게 된 것이다. 오늘날 여성적이고 남성적인 원리의 균형에 대해 올바른 생각을 가지는 것은 모든 종교적인 전통에서 가능하지 않다. 그러한 생각을 사회적 현실로 바꾸기 위해서는 또 다른 전망이 필요하다.

14장. 판결과 심판: 뒤를 돌아보기 그리고 앞을 바라보기

1. Paul, *Women in Buddhism*, 236.
2. Williams, *The Diamond Light*, 103.
3. Aziz, "Moving Toward a Sociology of Tibet," 79.
4. 예를 들면, Lionel Tiger, *Men in Groups* (New York: Vintage Books, 1970).
5. 토론을 시작한 책은 E. O. Wilson, *Sociobiology: The New Synthesis* (Cambridge: Harvard University Press, 1975). 페미니스트 토론에 대한 참고 자료는 Marion Lowe, "Sociobiology and Sex Differences," *Signs: Journal of Women and Culture* IV (Autumn 1978), 118-125.
6. Ann Barstow, "The Prehistoric Goddess," Carl Olsen (ed.), *The Book of the Goddess* (New York: Crossroad, 1983), 715; Marija Gimbutas, "Women and Culture in Goddess Oriented Old Europe," ed. Charlene Spretna, *The Politics of Women's Spirituality* (Garden City, NY: Anchor Books, 1982), 22-31; Elinor W. Gadon, *The Once and Future Goddess* (San Francisco: Harper and Row, 1989), 1-107.
7. 여성에 대한 교차 문화 연구에서 드러난 결과에 의하면, 주로 수렵이나 채집, 농사 중심인 사회에서는 성별 위계가 나타나지 않는 것으로 드러났다.
8. Gimbutas, "Women and Culture in Goddes Oriented Old Europe," 29-31. 자콥슨 톨킬드(Thorkild Jacobsen)는 메소포타미아에 대한 그녀의 최고 업적으로 이와 비슷한 결론에 도달했다. 하지만 그는 잦은 전쟁의 발발과 남성 지배력의 상승 사이에 아무런 연관성이 없다고 주장한다. Thorkild Jacobsen, *The Treasures of Darkness: A History of Mesopotamian Religion* (New Haven: Yale University Press, 1976), 77-78.
9. Gadon, 108-188.
10. 18세기 말에 "페미니스트" 문학이 처음 등장했다. 예를 들면 대표적인 페미니스트인 메리 울스턴크래프트(Mary Wollstonecraft)의 여성권리선언문인 "여성 권리에 대한 옹호"(A Vindication of the Rights of Women)는 1792년에 처음 출판되었다.
11. Rick Fields, *How the Swans Came to the Lake: A Narrative History of Buddhism in America*(Boulder: Shambhala, 1981).
12. Ann Wilson Schaef, *Women's Reality* (Minneapolis: Winston Press, 1981).

15장. 성평등한 기관들: 재가자, 사원과 요가 수행자들

1. p. 49-51.
2. P. 845.

3. George D. Bond, *The Buddhist Revival in Sri Lanka: Religious Tradition, Reinterpretation, and Response* (Columbia: SC: University of South Carolina Press, 1988), 130-298.

4. p. 194.

5. Paul, *Women in Buddhism*, 66.

6. 위의 책, 70.

7. Gampopa, *Jewel Ornament of Liberation*, 92-94.

8. Shulamith Firestone, *The Dialectic of Sex: The Case for Feminist Revolution* (New York: Bantam Books, 1970).

9. Sara Ruddick, *Maternal Thinking: Toward a Politics of Peace* (New York: Ballantine Books, 1989).

10. Rosemarie Tong, *Feminist Thought: A Comprehensive Introduction* (Boulder: Westview, 1989), 149-161에서 간단하게 요약한 것을 볼 수 있다.

11. 위의 책, 149.

12. 위의 책, 156.

13. 위의 책, 150.

14. 위의 책, 152.

15. For a fuller account, see Boucher, *Turning The Wheel*, 326-377.

16. Andrew Powell and Graham Harrison, *Living Buddhism* (New York: Harmony Books, 1989).

17. Karma Lekshe Tsomo (ed.), *Sakyadhita: Daughters of the Buddha* (Ithaca, NY: Snow Lion, 1988), 267-276에 의하면, 그녀는 달라이 라마와 이 문제에 대해 인터뷰를 했다고 한다. 달라이라마는 개인적으로는 비구니들의 수계를 티베트 불교에 다시 도입하는 것에 대해 동정적이라는 인상을 받았지만, 교단 내의 다양한 입장들 때문에 이 문제에 대해서는 매우 신중하게 대답하였다고 한다.

18. Khantipalo, *Banner of the Arahants*, 153.

19. Stephanie Kaza, "Thai Buddhist Women: An Interview with Dr. Chatsumarn Kabilsingh," *Buddhist Peace Fellowship Newsletter* (Summer, 1990), 24-25.

20. 망명 중인 티베트 사원에 대해서 Hanna Havnevik, *Tibetan Buddhist Nuns* (Oslo: Norwegian University Press, n.d.)이 도움이 된다.

21. 이 사업에서 티베트 불교식으로 수행하는 미국인 태생인 카르마 렉시 소모 비구니만큼 공로를 인정받을 만한 사람은 없다.

22. 아야 케마(Ayya Khema)는 독일에서 태어나 미국에서 성인 시절을 보냈으며 상좌불교 전통을 실천하며 스리랑카에 비구니 사원을 설립했다. 태국 여성인 보라마이 카빌싱흐(Voramai Kabilsingh)는 중국에서 대승불교 비구니 수계를 받은 최초의 상좌불교 비구니였다. 그녀는 나콘파탐과 태국에서 유일

한 여성 사원을 설립하였다. 참고. Chatsu-marn Kabilsingh, *Thai Women in Buddhism* (Berkeley, Parallax Press, 1991).

23. Boucher, *Turning the Wheel*, 87-147.

24. Falk, "The Case of the Vanishing Nuns," 158-160.

25. 위의 책, 37.

26. *Cullavagga* x.9.4. Horner, *Women under Primitive Buddhism*, 130-133.

27. 이같은 주장은 정통 유대교에서 수 세기 동안 여성은 반드시 발코니에서만 기도하도록 하거나 남성 뒤에, 혹은 커튼 뒤에 좌석을 배치해서 그곳에서만 기도하도록 한 규정에서도 알 수 있다. 이는 여성 때문에 남성들이 산만해지지 않도록 좌석을 배치한 것이다. 따라서 사원 종교만이 여성들을 격리하고자 논쟁을 한 것은 아니다.

28. Dorothy Sayers, "The Human-Not-Quite-Human," *Are Women Human?* (Grand Rapids, MI: Eerdmans, 1971), 37.

29. Boucher, *Turning the Wheel*, 93-99.

30. 위의 책, 87, 90. 또한 Ray, "Accomplished Women"; *Dowman, Masters of Mahamudra; and Allione, Women of Wisdom*의 설명도 도움이 된다.

31. 위의 책, 91-92.

32. 이 구절은 페미니스트 철학의 비전을 설명하는 구호가 되었다. 이는 또한 가부장제 하에서 여성들이 이름 짓기를 하는 힘을 도둑맞았다고 말한 메리 데일리(Mary Daly)에서 유래한다.

33. Gerda Lerner, *The Creation of Patriarchy* (Oxford: Oxford University Press, 1986), 226-227.

34. Jane Howard, "Margaret Mead, 'Self-Appointed Materfamilias to the World,'" *Smithsonian* XV (September, 1984), 122, 126-132.

35. Penny van Esterik, "Laywomen in Theravada Buddhism," *Women of Southeast Asia*, ed. Penny van Esterik (De Kalb, IL: Northern Illinois University Press, 1982), 65-68.

36. Trungpa, *Cutting through Spiritual Materialism*, 31-50.

37. 예세 초겔(Yeshe Tsogyel)은 닝마파(Nyingma) 법맥도에서 발견된다. 그녀를 칭송하는 법맥 염불도 있는데, 그녀는 일반적으로 널리 알려진 유일한 여성 구루의 사례라고 할 수 있다.

38. 위의 책, 938.

16장. 성평등한 세상을 위하여: 젠더화된 언어 극복하기

1. Paul Griffiths, *Christianity through Non-Christian Eyes* (Maryknoll, NY. Orbis, 1990), 136.

2. Lucien Stryk (ed.), *World of the Buddha: A Reader From the Three Baskets to Modern*

Zen (Garden City, NY: Anchor Books, 1969), 219-223

3. Stephen Beyer (ed.), *The Buddhist Experience: Sources and Interpretations* (Encino, CA: Dickenson, 1974), 76.

4. Dilgo Khyentse, Rinpoche, "The Wish-Fulfilling Jewel," *The Vajradhatu Sun* 12, no. 5 (June July 1990), 3에서 발췌함

5. Gampopa, *Jewel Ornament of Liberation*, 155.

6. 위의 책, 157.

7. Tape recording, *Refuge Vow Ceremony, Karma Dzong, Boulder, Colo,* August 13, 1977.

8. Trungpa, "Taking Refuge," *Garuda V: Transcending Hesitation* (Boulder: Vajradhatu, 1977), 25

9. Carol Gilligan, *In a Different Voice: Psychological Theory and Women's Development* (Cambridge: Harvard University Press, 1982).

10. 위에서 인용한 Dinnerstein, Chodorow, and Keller의 책.

11. 기독교의 수도원 생활에서 우정의 중요성에 대한 연구는 Brian Patrick McGuire, *Friendship and Community: The Monastic Experience 350-1250* (Kalamazoo, MI: Cistercian Publications, 1988).

12. Trungpa, "Taking Refuge," 25.

13. Abhraham Joshua Heschel, *The Sabbath* (New York: Shocken, 1951).

14. John Lame Deer and Richard Erdoes, *Lame Deer: Seeker of Visions* (New York: Simon and Schuster, 1972), 108-109.

15. Beyer (ed.), *The Buddhist Experience*, 82.

16. Rahula, *What the Buddha Taught*, p. 11. 이 본문은 "오, 비구들이여, 심지어 이러한 견해는 매우 순수하고 분명하다. 가르침은 뗏목과 같은 것인데도 만약 당신이 그것을 고집하고, 애지중지하고, 소중히 여기면서 버리지 않는다면, 당신은 그 뗏목이 건너가기 위한 것도 아니고 붙잡기 위한 것도 아니라는 것을 이해하지 못한 것이다"라고 적혀 있다. 즉, 강을 건너면 뗏목을 버려야 하듯이, 깨달음을 얻으면 가르침에 얽매이지 말아야 한다는 뜻이다.

17. Trungpa, *Journey without Goal*, 25-54. 이 견해는 금강승불교에 대한 구두 논평의 일부이며, 그 구두 논평에서 제시된 다양한 개인적인 의견들은 매우 발전되었음을 알 수 있다.

18. 금강승불교는 이 단계를 "늙은 개"라고 말하는데, 이는 어떤 것도 포기하거나 추구할 필요가 없다는 것을 충분히 이해할 때 달성된다. 트룽파(Trungpa), *Cutting through Spiritual Materialism*, 243. 선불교에서도 영적 여정을 묘사하는 심우도(Ten Oxherding Pictures)와 같은 열 장면의 그림을 통해 이와 같은 통찰을 설명하고 있다. 마지막으로 탐색자는 맨 처음부터 모든 사물이 본질적인 순결 속에 존재한다는 것을 깨닫는다. Kapleau, *Three Pillars of Zen*, 310-311.

19. Rhys-Davids and Norman (tr.), *Poems of the Early Buddhist Nuns*, 67.

20. Fran Tribe, "Ordinary Practice," *Kahawai* V, no. 1 (Winter 1983), 4.

21. 위의 책, 56.

22. 편집자에게 보낸 편지, Hathaway Barry, *Kahawai* IX, no. 1(Winter-Spring 1987), 9.

23. Allione, *Women of Wisdom*, 19.

24. 토마(torma)는 볶은 보리 가루와 버터로 만든 이담(yidam)을 버터 바퀴와 페인트로 장식한 것이다. 그 모양을 정확하게 설명하기에는 시간이 오래 걸리고 어렵다.

25. Kahawai 1, 4.

26. 위의 책, 332, fn. 16.

27. 프란시스 쿡(Francis Cook)은 1986년 콥-아베 불교-기독교 신학적 만남의 세션에서 그의 고양이가 "단지 이것"이기 때문에 불교인에게 궁극적인 현실을 나타낸다고 주장했다. 그의 주장은 많은 사람을 어리둥절하게 만들고 이해하기 어려워했다. Cook, "Just This: Buddhist Ultimate Reality," 127-142.

28. Nalanda Translation Committee and Chogyam Trungpa (tr.), *The Rain of Wisdom* (Boulder: Shambhala, 1981), 186.

29. 위의 책, 92-93.

30. Starhawk, *The Spiral Dance*, 27-28.

31. 위의 책, 9장, "Setting the Stage: Presuppositions of the Buddhist Worldview."

32. Ruether, "Mother-Earth and Megamachine," 47-52.

〈방법론적 부록 1〉 여기, 내가 서 있다: 학문적 방법과 사회적 비전으로서의 페미니즘

1. 예를 들면, Fred Eppsteiner (ed.), *The Path of Compassion: Writings on Socially Engaged Buddhism* (Berkeley: Parallax Press, 1988); 그리고 Ken Jones, *The Social Face of Buddhism: An Approach to Political and Social Activism* (London: Wisdom Publications, 1989).

2. Sandy Boucher, *Turning the Wheel: American Women Creating the New Buddhism* (San Francisco: Harper and Row, 1988).

3. 그 문헌과 그 반박에 대한 요약은 Gross, "Tribal Religions: Aboriginal Austra- lia," *Women in World Religions*, ed. Arvind Sharma (Albany, NY. SUNY Press, 1987), 41-42.

4. Gross, "Menstruation and Childbirth as Ritual and Religious Experience Among Native Australians," *Unspoken Worlds: Women's Religious Lives*, ed. Nancy Auer Falk and Rita M. Gross (Belmont CA: Wadsworth Press, 1989), 257-266 그리고 Rita M. Gross, "Tribal Religions: Aboriginal Australia," *Women in World Religions*, ed. Arvind Sharma (Albany, NY: SUNY Press, 1987), 37-58.

5. Nancy Auer Falk and Rita M. Gross, *Unspoken Worlds: Religious Lives* (Belmont CA:

Wadsworth 1989).

6. Gross, "Exclusion and Participation: The Role of Women in Australian Aboriginal Religion," Ph.D. Diss., University of Chicago, 1975.

7. de Beauvoir, *The Second Sex* (New York: Bantam Books, 1961), xv.

8. Lerner, *The Creation of Patriarchy* (New York: Oxford University Press, 1986).

9. de Beauvoir, *The Second Sex* (New York: Bantam Books, 1961).

10. Daly, B*eyond God the Father: Toward a Philosophy of Women's Liberation* (Boston: Beacon Press, 1973), 8.

〈방법론적 부록 2〉 종교의 역사, 종교적인 경험 그리고 종교를 연구한다는 것

1. 이 집단들 중 가장 두드러진 것은 콥-아베 그룹(Cobb-Abe group)으로 잘 알려진 불교와 기독교의 신학적 만남이다. 그 과정에 대한 기록은 Society for Buddhist-Christian Studies에서 펴내는 학술지 *Buddhist-Christian Studies*에 게재되어 있다.

2. Gross, "The Study of Religion as Religious Experience," *Buddhist-Christian Studies* IX (1991), 254-258.

3. 사물의 본질이나 실재의 참모습은 사람의 경험으로는 결코 인식할 수 없다는 주장.

4. Gross, "Religious Diversity: Some Implications for Monotheism," *Wisconsin Dialogue* 11 (1991), 35-49.

5. William E. Paden, *Religious Worlds: The Comparative Study of Religion* (Boston: Beacon Press, 1988), 164-168.

참고문헌

Abhayadatta. *Buddha's Lions: The Lives of the Eighty-Four Siddhas*, trs. by James B. Robinson. Berkeley: Dharma Publishing, 1979.

Adler, Margot. *Drawing Down the Moon: Witches, Druids, Goddess-Worshippers and Other Pagans in America Today*. Boston: Beacon Press, 1979.

Allione, Tsultrim. *Women of Wisdom*. London: Routledge and Kegan Paul, 1984.

AmaraSingham, Lorna Rhodes. "The Misery of the Embodied: Representations of Women in Sinhalese Myth." In *Women in Ritual and Symbolic Roles*. Ed. by Judith Hoch-Smith and Anita Spring. New York: Plenum Press, 1978, pp. 101-125.

Arguelles, Mirian and Jose. *The Feminine: Spacious as the Sky*. Boulder, CO: Shambhala, 1977.

Aryasurya. *Jatakamala* (Once the Buddha was a Monkey), trs. by Khoroche, Peter. Chicago: University of Chicago Press, 1989.

Aziz, Barbara. "Moving Toward a Sociology of Tibet." In *Feminine Ground: Essays on Women and Tibet*. Ed.by Janice Dean Willis. Ithaca, NY: Snow Lion 1987, pp. 76-95.

Barnes, Nancy Schuster. "Buddhism." In *Women in World Religions*. Ed. by Arvind Sharma. Albany: State University of New York Press, 1987, pp. 105-133.

Barstow, Ann. "The Prehistoric Goddess." In *The Book of the Goddess*. Ed. by Carl Olson. New York: Crossroad, 1983, pp. 715.

Barry, Hathaway. "Letter to the Editor." *Kahawaii IX*, no. 1 (1987), p. 9.

Bechert, Heinz, and Gombrich, Richard. *The World of Buddhism: Buddhist Monks and Nuns in Society and Culture*. New York: Facts on File Publications, 1984.

Beck, Charlotte Joko. *Everyday Zen: Love and Work*. San Francisco: Harper and Row, 1989.

Belenky, Mary Field, Clinchy, Blythe McVicker, Goldberger, Nancy Rule, and Tarule, Jill Mattuck. *Women's Ways of Knowing: The Development of Self, Voice, and Mind*. New York: Basic Books, Inc., 1986.

Bell, Sir Charles. *The Religion of Tibet*. Oxford: Clarendon Press, 1968.

Bellah, Robert. "Religious Evolution." In Reader in *Comparative Religion*, 3rd Edition. Ed. by William A. Lessa and Evan Z. Vogt. New York: Harper and Row, 1972, pp. 36-50.

Bernbaum, Edwin. *The Way to Shambhala: A Search for the Mythical Kingdom beyond the Himalayas*. Garden City, NY: Anchor Books, 1980.

Beyer, Stephen, ed. *The Buddhist Experience: Sources and Interpretations*. Encino, CA: Dickenson Publishing, 1974.

_____. ed. *The Cult of Tara: Magic and Ritual in Tibet*. Berkeley: University of California

Press, 1978.

Bharati, Agehananda. *The Tantric Tradition*. London: Rider and Company, 1965.

Bhattacharya, N.N. *History of the Tantric Religion*. Dehli: Manohar, 1982.

Bianchi, Ugo. *The History of Religions*. Leiden: E.J. Brill, 1975.

Blofeld, John. *Bodhisattva of Compassion: The Mystical Tradition of Kuan Yin*. Boulder, CO: Shambhala, 1978.

_____. *The Tantric Mysticism of Tibet*. New York: E.P. Dutton and Co., 1970.

Bode, Mabel. "Women Leaders of the Buddhist Reformation." Journal of *the Royal Asiatic Society of Great Britian and Ireland* 1893, pp. 517-566 and 763-798.

Bond, George D. *The Buddhist Revival in Sri Lanka: Religious Tradition, Reinterpretation, and Response*. Columbia, SC: University of South Carolina Press, 1988.

Boucher, Sandy. *Turning the Wheel: American Women Creating the New Buddhism*. San Francisco: Harper and Row, 1988.

Carter, John Ross. *The Threefold Refuge in Theravada Buddhist Tradition*. Chambersburg, PA: Wilson Books, 1982.

Chamberlayne, John H. "The Development of Kuan-Yin: Chinese Goddess of Mercy." *Numen IX* (January 1962), pp. 45-62.

Chang, Garma C.C., trs. *The Hundred Thousand Songs of Milarepa*, 2 vols. Boulder, CO: Shambhala, 1977.

Chodorow, Nancy. *The Reproduction of Mothering: Psychoanalysis and the Sociology of Gender*. Berkeley: University of California Press, 1978.

Christ, C.P. *Laughter of Aphrodite: Reflections on a Journey to the Goddess*. San Francisco: Harper and Row, 1987.

_____. "Why Women Need the Goddess: Phenomenological, Psychological and Political Reflections." In *Womanspirit Rising*. Ed. By Carol P. Christ and Judith Plaskow. San Francisco: Harper and Row, 1979.

_____ and Plaskow, Judith, eds. *Womanspirit Rising: A Feminist Reader in Religion*. San Francisco: Harper and Row, 1979.

Church, Cornelia Dimmitt. "Temptress, Housewife, Nun: Women's Role in Early Buddhism." *Anima: An Experiental Journal* I:2 (Spring 1975), pp. 53-58.

Cobb, John B, Jr. *Beyond Dialogue: Toward a Mutual Transformation of Buddhism and Christianity*. Philadelphia: Fortress Press, 1982.

_____. Jr. "Ultimate Reality: A Christian View." *Buddhist-Christian Studies VII* (1988), pp. 51-64.

Conze, Edward. *Buddhist Thought in India*. Ann Arbor, MI: University of Michigan Press, 1967.

_____. *The Prajnaparamita Literature*. The Hague, The Netherlands: Mouton, 1960.

_____. "The Iconography of Prajnaparamita." In *Thirty Years of Buddhist Studies: Selected Essays by Edward Conze.* Columbia, SC: University of South Carolina Press, 1968.

_____ ed. *Buddhist Scriptures.* Middlesex, England: Penguin Books, 1959.

_____. *Buddhism: Its Essence and Development.* New York: Harper and Row, 1959.

_____., Horner, I. B., Snellgrove, David, and Waley, Arthur, eds. *Buddhist Texts through the Ages.* New York: Harper and Row, 1964.

Cook, Francis. "Just This: Buddhist Ultimate Reality." *Buddhist-Christian Studies IX* (1989), pp. 127-142.

Coomaraswamy, Ananda K. *Buddha and the Gospel of Buddhism.* New York. Harper and Row, 1964.

Corless, Roger. *The Vision of Buddhism: The Space under the Tree.* New York: Paragon, 1989.

Cowell, E.B., ed. *Buddhist Mahayana Texts.* New York: Dover Publications, 1969.

Daly, Mary. *Beyond God the Father: Toward a Philosophy of Women's Liberation.* Boston: Beacon Press, 1973.

_____. *Gyn/Ecology: The Metaethics of Radical Feminism.* Boston: Beacon Press, 1978.

Dasgupta, Shashi Bhushan. *An Introduction to Tantric Buddhism.* Berkeley: Shambhala, 1974.

Davis, Winston. "Wherein There Is No Ecstacy." *Studies in Religion XIII:* 4 (1984), pp.393-400.

Dawa-Samdup, Kazi, ed. *Sri-Cakrasamvara-Tantra: A Buddhist Tantra.* Dehli: Aditya Prakashan, 1987.

Dawson, Lorne. "Neither Nerve Nor Ecstacy: Comment on the Wiebe-Davis Exchange." *Studies in Religion XV:* 2 (1986), pp. 145-151.

Dayal, Har. *The Bodhisattva Doctrine in Buddhist Sanskrit Literature.* Delhi: Motilal Barnasidass, 1970.

de Bary, William Theodore, ed. *The Buddhist Tradition in India, China, and Japan.* New York: Vintage, 1972.

de Beauvoir, Simone. *The Second Sex.* New York: Bantam Books, 1961.

de Jong, J.W. "Notes on the Bhiksuni-Vinaya of the Mahasamghikas," in *Buddhist Studies in Honor* of I.B. Horner. Ed. by L. Cousins, A. Kunst, and K.R. Norman. Boston: D. Reidel Publishing Co., 1974.

Dhondup, K. and Tsering Tashi. "Samdhing Dorjee PhagmoTibet's Only Female Incarnation." *Tibetan Review XIV:* 8 (1979), pp. 11-17.

Dinnerstein, Dorothy. *The Mermaid and the Minotaur: Sexual Arrangements and Human Malaise.* New York: Harper and Row, 1977.

Dowman, Keith, tr. *Masters of Mahamudra: Songs and Histories of the Eightyfour Buddhist*

Mahasiddhas. Albany, NY: State University of New York Press, 1985.

_____. tr. *Sky Dancer: The Secret Life and Songs of the Lady Yeshe Tsogyel*. London: Routledge and Kegan Paul, 1984.

Downing, Christine. *The Goddess: Mythological Images of the Feminine*. New York: Crossroad, 1981.

Duley, Margot I. and Edwards, Mary I. *The Cross-Cultural Study of Women: A Comprehensive Guide*. New York: The Feminist Press, 1986.

Ekvall, Robert B. *Religious Observances in Tibet*. Chicago: University of Chicago Press, 1964.

Eliade, Mircea. *Yoga: Immortality and Freedom*. New York: Pantheon Books, 1958.

Eppsteiner, Fred, ed. *The Path of Compassion: Writings on Socially Engaged Buddhism*. Berkeley, CA: Parallax Press, 1988.

Falk, Nancy Auer. "The Case of the Vanishing Nuns: The Fruits of Ambivalance in Ancient Indian Buddhism." In *Unspoken Worlds: Women's Religious Lives*. Ed. by Nancy Auer Falk and Rita M. Gross. Belmont, CA: Wadsworth, 1989.

_____. "An Image of Women in Old Buddhist literature," In *Women and Religion*: Revised Edition. Ed. by Judith Plaskow and Joan Arnold Romero. Missoula, MT: Scholars Press, 1974.

_____ and Gross, Rita M. *Unspoken Worlds: Women's Religious Lives*. Belmont, CA: Wadsworth 1989.

Fields, Rick. *How the Swans Came to the Lake: A Narrative History of Buddhism in America*. Boulder, CO: Shambhala, 1981.

Firestone, Shulamith. *The Dialectic of Sex: The Case for Feminist Revolution*. New York: Bantam Books, 1970.

Friedman, Lenore. *Meetings with Remarkable Women: Buddhist Teachers in America*. Boston: Shambhala, 1987.

Furer-Haimendorf, Christoph von. "A Nunnery in Nepal." *Kailash* III:2 (1976), pp. 121-154.

Gadon, Elinor W. *The Once and Future Goddess*. San Francisco: Harper and Row, 1989.

Gampopa. *The Jewel Ornament of Liberation*, trs. by Herbert V. Guenther. Berkeley: Shambhala, 1977.

Getty, Alice. *The Gods of Northern Buddhism*. Rutland, VT: Charles E. Tuttle Co., 1962.

Gilligan, Carol. I*n A Different Voice: Psychological Theory and Women's Development*. Cambridge: Harvard University Press, 1982.

Gimbutas, Marija. "Woman and Culture in Goddess Oriented Old Europe." In *The Politics of Women's Spirituality*. Ed. by Charlene Spretnak. Garden City, NY: Anchor Books, 1982, pp. 22-31.

Goddard, Dwight, ed. *A Buddhist Bible*. Boston: Beacon Press, 1938.

Goldenberg, Naomi. "Archetypal Symbolism and the Separation of Mind and Body Reason Enough to Return to Freud?" *Journal of Feminist Studies in Religion* I: 1(1985), pp. 55-72.

_____. *Changing of the Gods: Feminism and the End of Traditional Religion.* Boston: Beacon Press, 1979.

Goldstein, Joseph. *The Experience of Insight: A Natural Unfolding.* Santa Cruz: Unity Press, 1976.

Govinda, Lama Anagarika. *The Way of the White Clouds: A Buddhist Pilgrim in Tibet.* Berkeley: Shambhala, 1970.

Griffiths, Paul. *Christianity Through Non-Christian Eyes.* Maryknoll, NY: Orbis, 1990.

Grob, Leonard, Hassan, Riffat, and Gordon, Haim, eds. *Women's and Men's Liberation: Testimonies of Spirit.* New York: Greenwood, 1991.

Gross, Rita M. "Buddhism After Patriarchy." In *After Patriarchy: Feminist Reconstructions of the World Religions.* Ed. by Paula Cooey, Bill Eakin, and Jay McDaniel. Maryknoll, NY: Orbis, 1991, pp. 65-86.

_____. "Buddhism and Feminism: Toward Their Mutual Transformation." *Eastern Buddhist* (New Series) XIX: 1 & 2 (1986), pp. 44-58 and 62-74.

_____. "'The Dharma is Neither Male nor Female': Buddhism on Gender and Liberation." In *Women's and Men's Liberation: Testimonies of Spirit.* Ed. by Leonard Grob, Riffat Hassan, and Haim Gordon. New York: Greenwood Press, 1991.

_____. "Female God Language in a Jewish Context." In *Womanspirit Rising.* Ed. by Carol P. Christ and Judith Plaskow. San Francico: Harper and Row, 1979, pp. 167-173.

_____.. "The Feminine Principle in Tibetan Vajrayaya Buddhism: Reflections of a Buddhist Feminist." *Journal of Transpersonal Psychology* XVI: 2 (1984), pp. 179-192.

_____. "Feminism From the Perspective of Buddhist Practice," *Buddhist-Christian Studies* I (1980), pp. 73-82.

_____. "Hindu Female Deities as a Resource in the Contemporary Rediscovery of the Goddess." *Journal of the American Academy of Religion* XLVII:3 (1978), pp. 269-291.

_____. "I Will Never Forget to Visualize the Vajrayogini is My Body and Mind." *Journal of Feminist Studies in Religion* III:1 (1987), pp. 77-89.

_____. "Menstruation and Childbirth as Ritual and Religious Experience among Native Australians." In *Unspoken Worlds: Women's Religious Lives.* Ed. by Nancy Auer Falk and Rita M. Gross. Belmont, CA: Wadsworth, 1989, pp. 257-266.

_____. "Religious Diversity: Some Implications for Monotheism." Wisconsin *Dialogue* XI (1991), pp. 35-49.

_____. "Steps Toward Feminine Imagery of Deity in Jewish Theology." *Judaism* XXX:2 (1981), pp. 183-193.

_____. "Studying Women and Religion: Conclusions after Twenty Years." In *Women and World Religions*: Contemporary Issues. Edited by Arvind S harma. Albany, NY: State University of New York Press, forthcoming.

_____. "The Study of Religion as Religious Experience." *Buddhist-Christian Studies* XI (1991), pp. 254-258.

_____. "Suffering, Feminist Theory and Images of Goddess." *Anima: An Experiental Journal* XIII:1 (1986), pp. 39-46.

_____. "The Three-Yana Journey in Tibetan Vajrayana Buddhism." *Buddhist-Christian Studies* VII (1987), pp. 87-104.

_____. "Tribal Religions: Aboriginal Australia." In *Women in World Religions*. Ed. by Arvind Sharma. Albany, NY: State University of New York Press, 1987, pp. 37-58.

_____. "Yeshe Tsogyel: Enlightened Consort, Great Teacher, Female Role Model." In *Feminine Ground: Essays on Women and Tibet*. Ed. by Janice Dean Willis. Ithaca, NY: Snow Lion, 1987, pp. 11-32.

Guenther, Herbert V., trs. *The Life and Teaching of Naropa*. London: Oxford University Press, 1963.

Hamilton, Clarence, ed. *Buddhism: A Religion of Infinite Compassion*. Indianapolis: Bobbs-Merrill, 1952.

Havnevik, Hanna. *Tibetan Buddhist Nuns*. Oslo, Norway: Norwegian Univerity Press, n.d.Heschel, Abraham Joshua. The Sabbath. Cleveland and New York: Meridian Books and the Jewish Publication Society, 1951.

Hirakawa, Akira, trs. *Monastic Discipline for the Buddhist Nuns: An English Translation of the Chinese Text of the Mahasamghika-Bhishuni-Vinaya*. Patna, India: Kashi Prasad Jayaswal Research Institute, 1982.

Hoffmann, Helmut. *The Religions of Tibet*. London: George Allen & Unwin Ltd., 1961.

Hookham, S. K. *The Buddha Within*. Albany: State University of New York Press, 1991.

Hopkinson, Deborah. *Not Mixing Up Buddhism: Essays on Women and Buddhist Practice*. Fredonia, New York: White Pine Press, 1986.

Horner, I.B., trs. *The Book of Discipline (Vinaya Pitaka)*: Volume V: (Cullavagga). London: The Pali Text Society and Routledge and Kegan Paul, 1975.

_____. trs. *The Book of Discipline (Vinaya-Pitaka)*: Volume VI: (Parivara). London: The Pali Text Society and Routledge & Kegan Paul, 1986.

_____. *Women under Primitive Buddhism: Laywomen and Almswomen*. New York: E.P. Dutton, 1930.

Howard, Jane. "Margaret Mead, 'Self-Appointed Materfamilias to the World.'" *Smithsonian* XV: 6 (September 1984), pp. 122-132.

Humphries, Christmas, ed. *The Wisdom of Buddhism*. New York: Harper and Row, 1960.

Hunt, Mary E. Fierce Tenderness: *A Feminist Theology of Friendship*. New York: Crossroad, 1991.

Hurvitz, Leon, tr. *Scripture of the Lotus Blossom of the Fine Dharma* (The Lotus Sutra). New York: Columbia University Press, 1976.

Jacobsen, Thorkild. *The Treasures of Darkness: A History of Mesopotamian Religion*. New Haven: Yale University Press, 1976.

Jiyu-Kennett, Roshi. *The Wild White Goose*, 2 vols. Mount Shasta, CA: Shasta Abbey, 1977.

Jones, Ken. T*he Social Face of Buddhism*. London: Wisdom, 1989.

Kabilsingh, Chatsumarn, trs. *The Bhikkuni Patimokkha of the Six Schools*. Bangkok: Chatsumarn Kabilsingh, 1991.

———. *A Comparative Study of Bhikkuni Patimokkha*. Varanasi: Chaukhambha Orientalia, 1984.

———. "The Future of the Bhikkuni Samgha in Thailand." In *Speaking of Faith: Global Perspectives on Women, Religion, and Social Change*. Ed. by Diana L. Eck and Devaki Jain. Philadelphia: New Society Publishers, 1987.

Kajiyama, Yuichi. "Stupas, the Mother of Buddhas, and Dharma Body." In *New Paths in Buddhist Research*. Ed. by A. K. Warder. Durham, NC: The Acorn Press, 1985.

———. "Women in Buddhism." *Eastern Buddhist* (New Series) XV:2 (1982), pp. 53-70.

Kalff, Martin M. "Dakinis in the Cakrasamvara Tradition." In *Tibetan Studies*. Ed. by Martin Brauen and Per Kvaerne. Zurich: Volkerkundemuseum der Universitat Zurich, 1978, pp. 149-162.

Kalupahana, David J. *Buddhist Philosophy: A Historical Analysis*. Honolulu: University of Hawaii Press, 1976.

———. *The Principles of Buddhist Psychology*. Albany, NY: State University of New York Press, 1987.

Kapleau, Philip. *Three Pllars of Zen*. Boston: Beacon Press, 1967.

Katz, Nathan. "Anima and mKha-'gro-ma: A Critical Comparative Study of Jung and Tibetan Buddhism." *The Tibet Journal* II: 3 (Autumn 1977), pp. 13-43.

Kaufman, Gordon. "God and Emptiness: An Experimental Essay." *Buddhist-Christian Studies* IX (1989), pp. 175-187.

Keller, Catherine. *From a Broken Web: Separation, Sexism, and Self*. Boston: Beacon Press, 1986.

Kern, H. *Manual of Indian Buddhism*. Dehli: Motilal Barnasidass, 1974.

———, tr. *Saddharma-Pundarika or The Lotus of the True Law*. New York: Dover Publications, 1963.

Keyes, Charles F. "Mother or Mistress but Never a Monk: Buddhist Notions of Female Gender in Rural Thailand." *American Ethnologist* XI:2 (1984), pp. 223-241.

Khantipalo, Bhikku. *Banner of the Arahants: Buddhist Monks and Nuns from the Buddha's Time Till Now.* Kandy, Sri Lanka: Buddhist Publication Society, 1979.

King, Sallie B. *Buddha Nature.* Albany, NY: State University of New York Press, 1991.

King, Winston L. *A Thousand Lives Away: Buddhism in Contemporary Burma.* Oxford: Bruno Cassirer, 1964.

Kitagawa, Joseph M., ed. *The History of Religions: Retrospect and Prospect.* New York: MacMillan, 1985.

Klein, Anne. "The Birthless Birthgiver: Reflections of the Liturgy of Yeshe Tsogyel, the Great Bliss Queen." *The Tibet Journal* XII:4 (1987), pp. 19-37.

_____. "Finding a Self: Buddhist and Feminist Perspectives." In *Shaping New Vision: Gender and Values in American Culture.* Ed. by Clarissa W. Atkinson, Constance H. Buchanan, and Margaret R. Miles. Ann Arbor, MI: UMI Reserach Press, 1987.

_____. "Gain or Drain?: Buddhist and Feminist Views of Compassion." In *Spring Wind. Women and Buddhism: A Special Issue of the Spring Wind Buddhist Cultural Forum.* VI: 13 (1986), pp. 105-116.

_____. "Nondualism and the Great Bliss Queen: A Study in Tibetan Buddhist Ontology and Symbolism." *Journal of Feminist Studies in Religion* I: 1 (Spring 1985), pp. 73-98.

_____. "Primordial Purity and Everyday Life: Exalted Female Symbols and the Women of Tibet." In *Immaculate and Powerful: The Female in Sacred Image and Social Reality.* Ed. by Clarrissa W. Atkinson, Constance Buchanan, and Margaret R. Miles. Boston: Beacon, 1985.

Kongtrul, Jamgon. *The Torch of Certainty, trs. by Judith Hanson.* Boulder, CO: Shambhala, 1977.

Kunsang, Erik Pema. *Dakini Teachings: Padmasambhava's Oral Instructions to Lady Tsogyal.* Boston: Shambhala, 1990.

LaFleur, William R. *Buddhism: A Cultural Perspective.* Englewood Cliffs, NJ: Prentice-Hall, 1988.

Lame Deer, John, and Erdoes, Richard. *Lame Deer: Seeker of Visions.* New York: Simon and Schuster, 1972.

Lang, Karen Christina. "Lord Death's Snare: Gender-Related Imagery in the Theragatha and Therigatha." *Journal of Feminist Studies in Religion* II: 2 (Fall 1986), pp. 63-79.

Law, Bimala Churn. *Women in Buddhist Literature.* Varanasi, India: Indological Book House, 1981.

_____. "Lay Women in Early Buddhism." *Journal of the Asiatic Society of Bombay* (New Series) XXXI & XXXII (1956 & 1957), pp. 121-141.

Lerner, Gerda. *The Creation of Patriarchy.* New York: Oxford University Press, 1986.

Lester, Robert C. *Buddhism: The Path to Nirvana.* San Francisco: Harper and Row, 1987.

Levering, Miriam L. "The Dragon-Girl and the Abbess of Mo-Shan: Gender and Status in Ch'an Buddhist Tradition." *Journal of the International Association of Buddhist Studies* V: 1 (1982), pp. 19-35.

Lhalungpa, Lobsang P., trs. *The Life of Milarepa*. New York: E.P. Dutton, 1977.

Li, Jung-hsi, trs. *Biographies of Buddhist Nuns: Pao-Chang's Pi-chiu-ni-chuan*. Osaka, Japan: Tohokai, Inc., 1981.

Lopez, Donald S. *The Heart Sutra Explained: Indian and Tibetan Commentaries*. Albany, NY: State University of New York Press, 1988.

Lowe, Marion. "Sociobiology and Sex Differences." *Signs: Journal of Women and Culture* IV:1 (1978), pp. 118-125.

Macy, Joanna. *Mutual Causality is Buddhism and General Systems Theory*. Albany, NY: State University of New York Press, 1991.

―――. "Perfection of Wisdom: Mother of all Buddhas." In *Beyond Androcentrism: New Essays on Women and Religion*. Ed. by Rita M. Gross. Missoula, MT: Scholars Press, 1978, pp. 315-333.

Marshall, George N. *Buddha: The Quest for Serenity*. Boston: Beacon, 1978.

McFague, Sallie. *Metaphorical Theolgoy: Models of God in Religious Language*. Philadelphia: Fortress Press, 1982.

―――. *Models of God: Theology for a Nuclear Age*. Philadelphia: Fortress Press, 1987.

McGuire, Brian Patrick. *Friendship and Community: The Monastic Experience, 350-1250*. Kalamazoo, MI: Cistercian Publications, 1988.

McLaughlin, Eleanor. "The Christian Past: Does It Hold a Future for Women?" In *Womanspirit Rising*. Ed. by Carol P. Christ and Judith Plaskow. San Francisco: Harper and Row, 1979, pp. 93-106.

Miller, Barbara Stoler. "Ballads of the Early Buddhist Nuns." *Zero* V (1981), pp. 68-77.

Miller, Beatrice D. "Views of Women's Roles in Buddhist Tibet." In *Studies in History of Buddhism*. Ed. by A.K. Narain. Dehli: B.R. Publishing Corporation, 1980, pp. 155-166.

Mullin, Glenn H., trs. & ed. *Selected Works of the Dalai Lama II: The Tantric Yogas of Sister Niguma*. Ithaca, NY: Snow Lion, 1985.

Murti, T.R.V. *The Central Philosophy of Buddhism*. London: George, Allen and Unwin, 1974.

Neumann, Erich. *The Origins and History of Consciousness*. New York: Pantheon Books, 1954.

Ortner, Sherry B. "The Founding of the First Sherpa Nunnery, and the Problem of 'Women' as an Analytic Category." In *Feminist Re-Visions: What Has Been and What Might Be*. Ed. by Vivian Paraka and Louise A Tilly. Ann Arbor, MI: The University of Michigan Press, 1983.

Nagarjuna. *The Philosophy of the Middle Way*, trs. by Kalupahana, David J. Albany NY: State University of New York Press, 1986.

Nalanda Translation Committee, trs. *The Life of Marpa the Translator*. Boulder, CO: Prajna Press, 1982.

―――――. "Lay Women in Early Buddhism." *Journal of the Asiatic Society of Bombay* (New Series) XXXI & XXXII (1956 & 1957), pp. 121-141.trs. *The Rain of Wisdom*. Boulder, CO: Shambhala, 1980.

Nagao, Gadjin. *The Foundational Standpoint of Madhyamika Philosophy*. Albany, NY: State University of New York Press, 1989.

Nakamura, Kyoko, trs. *Miraculous Stories form the Japanese Buddhist Tradition: The Nihon Ryoiki of the Monk Kyokai*. Cambridge: Harvard University Press, 1973.

Norbu, Thinley. *Magic Dance: The Display of the Self-Nature of the Five Wisdom Dakinis*. n.p.: 1981.

Norbu, Thubten Jigme Norbu, and Turnbull, Colin M. *Tibet*. New York: Simon and Schuster, 1968.

Norman, K. R., trs. *The Elders' Verses I: Theragatha*. London: Pali Text Society and Luzac and Company, Ltd., 1969.

―――――. *The Elders' Verses II: Therigatha*. London: Pali Text Society and Luzac and Company Ltd., 1971.

Paden, William E. *Religious Worlds: The Comparative Study of Religion*. Boston, Beacon Press, 1988.

Paul, Diana Mary. *The Buddhist Feminine Ideal: Queen Srimala and the Tathagatagarbha*. Missoula, MT: Scholars Press, 1980.

Paul, Diana Y. "Kuan-Yin: Saviour and Saviouress in Chinese Pure Land Buddhism." In *The Book of the Goddess*. Ed. by Carl Olson. New York: Crossroad, 1983, pp. 161-175.

―――――. *Women in Buddhism: Images of the Feminine in Mahayana Tradition*. Berkeley: Asian Humanities Press, 1979.

Plaskow, Judith. *Standing Again at Sinai: Judaism from a Feminist Perspective*. San Francisco: Harper and Row, 1990.

Powell, Andrew. *Living Buddhism*. New York: Harmony Books, 1989.

Prebish, Charles S. *Buddhist Monastic Discipline*. University Park, PA: Pennsylvania State University Press, 1975.

Rahula, Walpola. *What the Buddha Taught*. New York: Grove Press, 1974.

Ray, Reginald A. "Accomplished Women in Tantric Buddhism of Medieval India and Tibet." In *Unspoken Worlds: Women's Religious Lives*. Ed. by Nancy Auer Falk and Rita M. Gross. Belmont, CA: Wadsworth, 1989.

―――――. "Response to John Cobb." *Buddhist-Christian Studies* VII (1988), pp. 83-101.

Reis, Ria. "Reproduction or Retreat: The Position of Buddhist Women in Ladakh." In *Recent Research on Ladakh: History, Culture, Sociology, Ecology*. Ed. by Detlef Kantowsky and Reinhard Sander. Munich: Weltforum Verlag, 1983.

Rhys-Davids, C.A.F. and Norman, K.R., trs. *Poems of the Early Buddhist Nuns: (Therigatha)*. Oxford: The Pali Text Society, 1989.

Rhys-Davids, Mrs. *Psalms of the Early Buddhists I: Psalms of the Sisters*. London: The Pali Text Society and Oxford University Press, 1948.

_____. *Psalms of the Early Buddhists II: Psalms of the Brethren*. London: The Pali Text Society and Luzac & Company, Ltd., 1951.

Rhys-Davids, C.A.F. trs. and ed. *Stories of the Buddha: Being Selections from the Jataka*. New York: Dover Publications, 1989.

Rhys-Davids, T.W., tr. *Buddhist Suttas*. New York: Dover Pulications, 1969.

Richman, Paula. "The Portrayal of a Female Renouncer in a Tamil Buddhist Text." In *Gender and Religion: On the Complexity of Symbols*. Ed. by Caroline Walker Bynum, Steven Harrell, and Paula Richman. Boston: Beacon Press, 1986, pp. 143-165.

Robinson, Richard H. and Johnson, Willard L. *The Buddhist Religion: A Historical Introduction*, Third Edition. Belmont, CA: Wadsworth, 1982.

Ruether, Rosemary Radford. "Motherearth and the Megamachine." In *Womanspirit Rising*. Ed. by Carol P. Christ and Judith Plaskow. San Francisco: Harper and Row, 1979, pp. 43-52.

_____. "Misogyny and Virginal Feminism in the Fathers of the Church." In *Religion and Sexism: Images of Women in Jewish and Christian Traditions*. Ed. by Rosemary Ruether. New York: Simon and Schuster, 1974, pp. 150-183.

_____. *Sexism and God-Talk: Toward a Feminist Theology*. Boston: Beacon, 1983.

_____. *Women-Church: Theology and Practice*. San Francisco: Harper and Row, 1986.

Ruddick, Sara. *Maternal Thinking: Toward a Politics of Peace*. New York: Ballantine Books, 1989.

Saiving, Valerie. "The Human Situation: A Feminine Perspective." In *Womanspirit Rising*. Ed. by Carol P. Christ and Judith Plaskow. San Francisco: Harper and Row, 1978, pp.25-42.

Sakya, Jamyang, and Emery, Julie. *Princess in the Land of Snows: The Life of Jamyang Sakya in Tibet*. Boston: Shambhala, 1988.

Sangharakshita, Bhikshu. *A Survey of Buddhism*. Boulder, CO: Shambhala, 1980.

_____. *The Three Jewels: An Introduction to Modern Buddhism*. Garden City, NY: Anchor Books, 1970.

Saunders, E. Dale. "A Note on Shakti and Dhyanibuddha." *History of Religions* I: 2 (1962), pp. 300-306.

Sayers, Dorothy. *Are Women Human?* Grand Rapids, MI: Eerdmans, 1971.

Schaef, Ann Wilson. *Women's Reality.* Minneapolis: Winston Press, 1981.

Schuster, Nancy. "Changing the Female Body: Wise Women and the Bodhisattva Career in Some Maharatnakutasutras." Journal of *the International Association of Buddhist Studies* IV: 1 (1981), pp. 24-69.

_____. "Striking a Balance: Women and Images of Women in Early Chinese Buddhism." In *Women, Religion, and Social Change.* Ed. by Yvonne Yazbeck Hadda and Ellison Banks Findly. Albany, NY: State University of New York Press, 1985.

_____. "Yoga Master Dharmamitra and Clerical Misogyny in Fifth Century Buddhism." *The Tibet Journal* IX: 4 (1984), pp. 33-46.

Seneviratne, Maureen. *Some Women of the Mahavamsa and Culavamsa.* Colombo, Sri Lanka: H.W. Cave & Co., 1969.

Shantideva. *A Guide to the Bodhisattva's Way of Life*, trs. by Stephen Batchelor. Dharamsala: Library of Tibetan Works and Archives, 1979.

Sharma, Arvind. "Can There Be a Female Buddha in Theravada Buddhism?" In *Bucknell Review: Women, Literature, Criticism.* XXIV:1 (Spring 1978), pp. 72-79.

_____. "How and Why Did the Women in Ancient India Become Buddhist Nuns?" *Sociological Analysis* XXXVIII:3 (1977), 239-251.

Sidor, Ellen S. *A Gathering of Spirit: Women Teaching in American Buddhism.* n.p.: Primary Point Press, 1985.

Snellgrove, David. *Himalayan Pilgrimage.* Boulder, CO: Prajna Press, 1981.

_____. *Indo-Tibetan Buddhism: Indian Buddhists and their Tibetan Successors,.* 2 vols. Boston: Shambhala, 1987.

_____ and Richardson, Hugh. *A Cultural History of Tibet.* Boulder, CO: Prajna Press, 1980.

Spretnak, Charlene. "Feminist Politics and the Nature of Mind." In *The Politics of Women's Spirituality: Essays on the Rise of Spiritual Power within the Feminist Movement.* Ed. by Charlene Spretnak. Garden City, NY: Doubleday, 1982, pp. 565-573.

Speyer, J.S., trs. *The Jatakamala: or Garland of Birth Stories of Aryasurya.* Dehli: Motilal Banarsidass, 1982.

Spring Wind, Buddhist Cultural Forum. *Women and Buddhism.* n.p.: Zen Lotus Society, 1986.

Starhawk. *The Spiral Dance: A Rebirth of the Ancient Religion of the Goddess.* San Francisco: Harper and Row, 1979.

Stein, R.A. *Tibetan Civilization.* Stanford, CA: Stanford University Press, 1972.

Stevens, John. *Lust for Enlightenment.* Boston: Shambhala, 1990.

Streng, Frederick J. *Emptiness: A Study in Religious Meaning.* Nashville: Abingdon, 1967.

Stryk, Lucien, ed. *World of the Buddha: A Reader from the Three Baskets to Modern Zen.* Garden City, NY. Doubleday, 1969.

Suzuki, Daisetz Teitaro, tr. *The Lankavatara Sutra.* London: Routledge and Kegan Paul, Ltd., 1973.

Suzuki, Shinryu. *Zen Mind, Beginner's Mind.* New York: Tuttle, 1974.

Swearer, Donald K. *Wat Haripunjaya.* Missoula, MT: Scholars Press, 1976.

Tabrah, Ruth M. "Reflections on Being Ordained." *Eastern Buddhist* (New Series) XVI:2 (Fall 1983), pp. 124-133.

Talim, Meena V. "Buddhist Nuns and Disciplinary Rules." *Journal of the University of Bombay* 1965, pp. 93-137.

Taranatha, Jo-nan. *The Origin of Tara Tantra.* Trans. and ed. by David Templeman. Dharamsala, India: Library of Tibetan Works and Archives, 1981.

Tay, C.N. "Kuan-Yin: The Cult of Half Asia." *History of Religions* XVI:2 (1976), pp. 147-174.

Tendzin, Osel. *Buddha in the Palm of Your Hand.* Boulder, CO: Shambhala, 1988.

Thomas, Edward J. *The Life of the Buddha as Legend and History.* London: Routledge & Kegan Paul, Ltd., 1969.

Thurman, Robert A. "Guidelines for Buddhist Social Activism Based on Nagarjuna's Jewel Net of Royal Counsels." *The Eastern Buddhist* (New Series) XVI:1 (1983), pp. 19-51.

_____. trs. *The Holy Teaching of Vimalakirti: A Mahayana Scripture.* University Park, PA: Pennsylvania State University Press, 1976.

Tiger, Lionel. *Men In Groups.* New York: Vintage Books, 1970.

Tong, Rosemarie. *Feminist Thought: A Comprehensive Introduction.* Boulder, CO: Westview Press, 1989.

Treblicott, Joyce, ed. *Mothering: Essays in Feminist Theory.* Totowa, NJ: Rowman and Allenheld, 1983.

Tribe, Fran. "Ordinary Practice." *Kahawaii* V: 1 (1983), pp. 37.

Trungpa, Chogyam. *Born in Tibet.* Boulder, CO: Shambhala, 1977.

_____. *Crazy Wisdom.* Boston: Shambhala, 1991.

_____. *Cutting through Spiritual Materialism.* Berkeley: Shambhala, 1973.

_____. *Glimpses of Abhidharma.* Boulder, CO: Prajna Press, 1978.

_____. *The Heart of the Buddha.* Boston: Shambhala, 1991.

_____. *Journey without Goal: The Tantric Wisdom of the Buddha.* Boulder, CO: Prajna Press, 1981.

_____. *Meditation In Action.* Berkeley: Shambhala, 1969.

_____. *The Myth of Freedom and the Way of Meditation.* Berkeley: Shambhala, 1976.

_____. *Shambhala: The Sacred Path of the Warrior.* Boston: Shambhala, 1988.

_____. *Visual Dharma: The Buddhist Art of Tibet.* Berkeley: Shambhala, 1975.

_____, ed. Garuda IV. *The Four Foundations of Mindfulness*. Berkeley: Shambhala, 1976.

Tsai, Kathryn A. "The Chinese Buddhist Monastic Order for Women: The First Two Centuries." In *Women in China: Current Directions in Historical Scholarship*. Ed. by Richard W. Guisso and Stanley Johannesen. Youngstown, NY. Philo Press, 1981.

Tscherbatsky, Th. *The Conception of Buddhist Nirvana*. London: Mouton and Co., 1965.

Tsomo, Karma Lekshe, ed. *Sakyadhita: Daughters of the Buddha*. Ithaca, New York: Snow Lion, 1988.

_____. "Tibetan Nuns and Nunneries." In *Feminine Ground: Essays on Women and Tibet*. Ed. By Janice Dean Willis. Ithaca, NY. Snow Lion, 1987, pp. 118-134.

Tulku, Tarthang. *Sacred Art of Tibet*. Berkeley: Dharma Publishing, 1972.

_____, ed. Garuda IV. *The Four Foundations of Mindfulness*. Berkeley: Shambhala, 1976., trs. *Mother of Knowledge: The Enlightenment of Ye-shes mTsho-rgyal*. Berkeley: Dharma Publishing, 1983.

Uchino, Kumiko. "The Status Elevation Process of Soto Sect Nuns in Modern Japan." In *Speaking of Faith: Global Perspectives on Women, Religion, and Social Change*. Ed. by Diana L. Eck and Devaki Jain. Philadelphia: New Society Publishers, 1987.

Van Esterick, Penny, ed. *Women of Southeast Asia*. De Kalb, IL: Northern Illinois University Center for Southeast Asian Studies, 1982.

_____, ed. "Laywomen of Theravada Buddhism." In *Women of Southeast Asia*. Ed. by Penny van Esterick. De Kalb, IL: Northern Illinois University Press, 1982, pp. 55-78.

Warner, Marina. *Alone of All Her Sex: The Myth and Cult of the Virgin Mary*. New York: Alfred A. Knopf, 1976.

Waldron, William S. "A Comparision of the Alayavijnana with Freud's and Jung's Theories of the Unconscious." *Annual Memoirs of Otani University Shin Buddhist Comprehensive Research Institute* VI (1988), pp. 109-150.

Warren, Henry Clarke, trs. and ed. *Buddhism in Translations*. New York: Atheneum, 1968.

Wayman, Alex. "Female Energy and Symbolism in the Buddhist Tantras." *History of Religions* II:1 (1962), pp. 73-111.

_____ and Hideko, trs. *The Lion's Roar of Queen Srimala*. New York: Columbia University Press, 1974.

Welbon, Guy. *The Buddhist Nirvana and Its Western Interpreters*. Chicago: University of Chicago Press, 1968.

Wiebe, Donald. "The Failure of Nerve in the Academic Study of Religion." *Studies in Religion* XIII:4 (1984), pp. 40-122.

Wijayaratna, Mohan. *Buddhist Monastic Life According to the Texts of the Theravada Tradition*. Cambridge: Cambridge University Press, 1990.

Williams, Paul. *Mahayana Buddhism: The Doctrinal Foundations*. London: Routledge,

1989.

Willis, Janice Dean. "Dakini: Some Comments on its Nature and Meaning." In *Feminine Ground: Essays on Women and Tibet*. Ed. by Janice Dean Willis. Ithaca, NY. Snow Lion, 1987, pp. 57-75.

_____. *The Diamond Light: An Introduction to Tibetan Buddhist Meditations*. New York: Simon & Schuster, 1972.

_____. ed. *Feminine Ground: Essays on Women and Tibet*. Ithaca, New York: Snow Lion, 1989.

_____. "Nuns and Benefactresses: The Role of Women in the Development of Buddhism." In *Women, Religion, and Social Change*. Ed. By Yvonne Yazbeck Haddad and Ellison Banks Findly. Albany, NY. State University of New York Press, 1985, pp. 59-85.

_____. "Tibetan Ani-s: The Nuns Life in Tibet." In *Feminine Ground: Essays on Women and Tibet*. Ed. by Janice Dean Willis. Ithaca, NY: Snow Lion, 1987, pp. 96-117.

Willson, Martin. *In Praise of Tara: Songs to the Saviouress*. London: Wisdom Publications, 1986.

Wilson, E.O. *Sociobiology: The New Synthesis*. Cambridge: Harvard University Press, 1975.

Woodward, F.L., trs. and ed. *Some Sayings of the Buddha According to the Pali Canon*. London: Oxford University Press, 1973.

Yeshe Tsogyal. *The Life and Liberation of Padmasambhava*, 2 vols., trs. by Kenneth Douglas and Gwendolyn Bays. Berkeley: Dharma Publishing, 1978.

색인 INDEX

불교 페미니즘
— 가부장제 이후의 불교

2020년 6월 10일 초판 1쇄 인쇄
2020년 6월 17일 초판 1쇄 발행

지은이 ㅣ 리타 그로스
옮긴이 ㅣ 옥복연
엮은이 ㅣ 종교와젠더연구소
펴낸이 ㅣ 김영호
펴낸곳 ㅣ 도서출판 동연
등   록 ㅣ 제1-1383호(1992. 6. 12)
주   소 ㅣ 서울시 마포구 월드컵로 163-3
전   화 ㅣ (02)335-2630
전   송 ㅣ (02)335-2640
이메일 ㅣ h-4321@daum.net

ISBN 978-89-6447-580-5 93220